封面题签，前六字为（唐）褚遂良墨宝，末一字为（唐）欧阳通墨宝。

漢唐外交制度史

（增訂本）

黎虎 著

History of Diplomatic System in Han and Tang Dynasties

中國社會科學出版社

图书在版编目（CIP）数据

汉唐外交制度史／黎虎著．—增订本．—北京：中国社会科学出版社，2019.1
ISBN 978-7-5203-3037-4

Ⅰ.①汉⋯　Ⅱ.①黎⋯　Ⅲ.①外交—制度—史料—中国—汉代　Ⅳ.①D829

中国版本图书馆 CIP 数据核字（2018）第 193605 号

出 版 人	赵剑英
责任编辑	宋燕鹏
责任校对	闫　萃
责任印制	李寡寡

出　　版	中国社会科学出版社
社　　址	北京鼓楼西大街甲 158 号
邮　　编	100720
网　　址	http://www.csspw.cn
发 行 部	010-84083685
门 市 部	010-84029450
经　　销	新华书店及其他书店
印刷装订	北京君升印刷有限公司
版　　次	2019 年 1 月第 1 版
印　　次	2019 年 1 月第 1 次印刷
开　　本	710×1000　1/16
印　　张	40
插　　页	2
字　　数	636 千字
定　　价	128.00 元

凡购买中国社会科学出版社图书，如有质量问题请与本社营销中心联系调换
电话：010-84083683
版权所有　侵权必究

季羡林先生为本书题签和所写《推荐书》

汉唐外交制度史

季羡林题

北京大学
PEKING UNIVERSITY

推荐书

北京师范大学历史系黎虎教授、博士生导师，穷十数年之力，写成了一部长达三十五万字的《汉唐外交制度史》，是一部十分有学术价值和现实意义的巨著。

中国立国于东亚大陆，五、六千年以来不可避免地要同周围的国家打交道。其间中外关系错综复杂，头绪纷繁，时战时和，时起时落。中国不管哪一个朝代的中央政府都必需认真对待，积累了多年的经验，有成功，有失败，有喜悦，有艰难。因而在政府的政治制度和结构中，逐渐形成了一套办法，如何决策，如何建立相应的机构，来贯彻已决定的政策。中国历史的特点，就是朝代变换频繁

季羡林先生为本书题签和所写《推荐书》 / 3

后一个朝代,接受了前朝的经验和教训,建立了自己之决策和执行机构。朝代愈多,经验愈丰。研究这个问题是中国史研究的一部分。

过去研究中外交通史和中外文化交流史的学者颇有一些,成就亦斐然可观。但是研究中国政府内部的外交制度者,则黎虎教授恐系第一人。所以我们不妨称这种研究为一门新生的学科。

黎虎教授独具慧眼,注意到了这个问题,并且穷十余年之功,在浩如烟海的群籍中爬罗剔抉,搜求资料,终于写成了这一部书,一部有开创意义之著作。因特郑重推荐给"中国传统文化研究丛书"。

北京大学 季羡林
1996.8.3

推荐书

　　北京师范大学历史系黎虎教授、博士生导师，穷十数年之力，写成了一部长达三十五万字的《汉唐外交制度史》，是一部十分有学术价值和现实意义的巨著。

　　中国立国于东亚大陆，五六千年以来不可避免地要同周围的国家打交道。其间中外关系错综复杂，头绪纷繁，时盛时衰，时起时落。中国不管哪一个朝代的中央政府都必要认真对待，积累了多年的经验，有成功，有失败，有欢欣，有苦难。因而在政府的政治制度和结构中，逐渐形成了一套办法。如何决策，如何建立相应的机构，来贯彻已决定的政策。中国历史的特点，就是朝代变换频繁，后一个朝代，接受了前朝的经验和教训，建立了自己的决策和执行机构。朝代既多，经验斯丰，研究这个问题是中国史研究的一部分。

　　过去研究中外交通史或中外文化交流史的学者颇有一些，成就亦斐然可观。但是研究中国政府内部的外交制度者，则黎虎教授恐系第一人，所以我们不妨称这种研究为一门新兴的学科。

　　黎虎教授独具慧眼，注意到了这个问题，并且穷十余年之力，在浩如烟海的群籍中爬罗剔抉，搜求资料，终于写成了这一部书，一部有开创意义的著作。用敢郑重推荐给"中国传统文化研究丛书"。

北京大学

季羡林

1996. 8. 3

序 一

外交，是我国古代王朝统治事务的重要组成部分。众所周知，汉武帝便曾派张骞出使西域，对大月氏、乌孙等国进行外交活动，力图远交近攻，以夹击匈奴。事虽未成，却充分反映了古代统治者对外交的重视。至于后代，外交一直起着重要作用。如公元450年魏太武帝南伐，路经彭城，派尚书李孝伯进行外交活动，企图不战而下；刘宋安北长史张畅拒之，二人唇枪舌剑，针锋相对。《资治通鉴》记下此事，称"畅音容雅丽，孝伯与左右皆叹息；孝伯亦辩赡"。胡三省注："兵交，使在其间。史言行人（指外交人员）善于辞令，亦足以增国威。"由于有外交活动，很早便建立外交制度。至迟汉代已设大鸿胪、客曹尚书掌其事。如客曹尚书职权便是"主外国夷狄事"；东汉分为南、北主客曹，更可见其管辖范围之广。可是长期以来，对外交制度的研究，却显得很薄弱。寡见所及，从无专著问世。一般政治制度史著作，也几乎没有看到有辟出专门篇章予以论述的，这不能不是一个遗憾。

可喜的是，北京师范大学黎虎教授，经过多年潜心研究，于繁重教学工作之余，撰写了这部几十万字的《汉唐外交制度史》，正好填补了这个学术空白。拜读初稿之后，深感受益匪浅。

这是一部史料丰富、考证严谨、具有开创性的优秀史学专著。

首先是开创性。如上所述，前人著作论述甚少，无可参考、依傍，本书不得不自创体系。机构方面，既考订专职机构，又根据具体史料，提出"关涉机构"进行论述；特别是并不就机构论机构，而是首论决策，强调决策权在外交中的巨大作用。这些以及全书崭新的体系都是开创性的集中体现。

其次是考证严谨。如论述外交决策大权集中于皇帝，举汉代陈汤、甘延寿例便相当有说服力（二人在西域自行决策出兵，斩匈奴郅支单于首，虽为汉朝除去大患，立下大功，但因"矫制"，经过朝廷群臣长期争论，最后终受谴责、惩处）。再如突出魏晋南北朝尚书主客曹的外交职能，因为有关官志、《通典》记载过于粗略，作者便通过大量史料，排列出南北朝主客郎的名单，进而对其外交职能展开较清晰、多彩的介绍。其严谨考证举二例：举邢伟墓志证明北魏尚书主客郎可以是尚书南、北、左、右主客郎的省称；不同意《历代职官表》关于四夷馆属大鸿胪管辖的说法，引《魏书·萧宝夤传》以证四夷馆当属尚书主客郎具体管辖。这些都是有说服力的。再如将隋唐鸿胪寺的外交职能归纳为十六条，十分细致，全引史料为据。其中提出第三个职能为"拟授官位"。此权《唐六典》及两《唐书》官志记载不明确，本书引《全唐文》卷九九九吐火罗贵族仆罗上书指责鸿胪寺"授官不当"；又引《册府元龟》卷九九九唐玄宗对此事的批示"敕鸿胪卿准例定品秩，勿令称屈"，这一职能的存在便确定无疑了。

再次是史料丰富，注意吸取前人某些成果。如论述唐代后期"使职差遣制度的盛行"，参考陈仲安先生等专著《汉唐职官制度研究》的观点；分析唐朝与边地羁縻府州的关系，根据谭其骧先生论文"唐代羁縻州述论"的看法。他如多处利用日本僧人圆仁《入唐求法巡礼行记》、朝鲜《三国史记》、阿拉伯《中国印度见闻录》，以及日本学者的《续日本纪》《日本书纪》等著作中有关史料。至于一般史书、类书、笔记、文集、诗集，以至敦煌吐鲁番文书、历代墓志等，旁征博引，相当广泛。

总之，黎虎教授这一专著乃开创之作，填补学术空白之作，优点突出，富有学术价值，某些内容或许还可供当前外交工作参考与借鉴。

专著即将付梓，在此谨为黎虎教授贺，并将拜读初稿后的体会，赘述几句如上，十分粗略，勉强算作一篇序文吧。

北京大学
祝总斌
1997 年 8 月

序　二

对外关系是中国历史的一个重要部分，一直为海内外学者所关注。但迄今为止的研究，主要限于中外交通、中外经济文化交流、中外政治军事关系等方面，而对于各个王朝的外交制度则均未触及。黎虎教授的《汉唐外交制度史》乃是这个领域的开创之作，填补了中国古代外交制度史研究的空白。

汉唐时期是中国古代外交的开创和取得辉煌成就的时期，也是中国外交制度从确立到完善的时期。汉唐时期的外交制度不仅对此后各王朝，而且对亚洲一些国家的外交制度，都有着深远的影响。因此，本书对于深入了解中国和亚洲各国的外交史，全面了解中国和亚洲各国的历史，具有重要意义。

本书分为决策和机构两大部分。决策方面按照时期从皇帝决策、宰相决策、百官决策几个层次进行论述。机构方面除了论述中央的专职管理机构和关涉机构，还详细论述了地方的管理机构，包括地方行政系统、军事与边防系统以及边镇镇抚系统。全书结构严密、层次分明、材料丰富、考证细致入微，给人们提供了一幅全面、系统、准确的汉唐外交制度的画卷。

本书对于汉唐外交制度不是孤立、静止或笼统的叙述，而是严格从史实出发，按照制度本身的发展，清晰地勾画出各个时期的不同特点，找出制度发展变化的轨迹。作者不仅注意到各个时期之间的不同，而且注意到一个朝代中不同时间的变化。如在叙述唐代仗下后决策和延英决策时，都明确指出实行这些制度的时间。在论述唐代外交管理机构时，特别论述了唐后期外交管理体制的变化。这些都反映了作者严谨的学风、深厚的功力和学术上的追求。

《汉唐外交制度史》即将出版了。这样一部科学性高、系统性强，凝聚了黎虎教授多年心血的学术专著的出版，不仅可以满足各界人士对这一领域知识的需求，对于中国古代历史的研究，也具有重要的学术价值。

北京大学
吴宗国
1997年8月

前　言

外交是国与国之间以和平方式进行交往、交涉的政治行为。它作为政治上层建筑的重要组成部分，是国家内政的延伸，是维护国家主权和利益、实现国家对外政策的方式和手段。

中国古代有"外交"一词，泛指与他人或他国之交往。而关于与他国交往，其含义有一个发展演变过程，在先秦两汉六朝时期，其与今天"外交"一词有所不同。鲁隐公元年（前722）祭国国君出访鲁国，《春秋》记作"祭伯来"，而没有记作祭伯"来朝"。《春秋穀梁传》对此解释道："寰内诸侯，非有天子之命，不得出会诸侯，不正其外交，故弗与朝也。"[①] 因为祭国是周天子畿内的诸侯，他没有得到"王命"而私自出访，所以不记作"来朝"而记作"来"，表示对其所进行的不合"礼"的对外活动的贬责。由此可见这里"外交"一词是指臣下私自对外交往，即所谓"境外之交"，含有"里通外国"、相互勾结的意思。这在古人看来是一种非礼的举动，所谓"为人臣者无外交，不敢贰君也"[②]。这个含义一直沿袭下来，战国时苏秦曾抨击"夫为人臣者，割其主之地以求外交"[③] 的行径。三国时孙吴张温出使蜀汉，曾向蜀人称赞同行副使殷礼，后孙权因内部矛盾将张温问罪，以此作为其罪行之一。将军骆统上表为

[①] （晋）范宁注，（唐）杨士勋疏：《春秋谷梁传注疏》卷一，隐公元年，《十三经注疏》，中华书局1980年版，第2366页。

[②] （汉）郑玄注，（唐）孔颖达疏：《礼记正义》卷二五《郊特牲》，《十三经注疏》，中华书局1980年版，第1447页。

[③] （汉）司马迁撰，（南朝宋）裴骃集解，（唐）司马贞索隐，（唐）张守节正义：《史记》卷六九《苏秦列传》，中华书局1982年版，第2261页。此句在《战国策》作："夫为人臣而割其主之地，以外交强虎狼之秦，以侵天下，卒有秦患，不顾其祸。"（缪文远：《战国策新校注》卷一四《楚一》，巴蜀书社1987年版，上册，第498页）

张温辩护，认为奉君命出使而"叹本邦之臣，经传美之以光国，而不讥之以外交也"①。他们所使用的"外交"一词都还是这个意思。到了唐宋时期这个词虽然仍未完全摆脱传统的含义，但已经多少有了现代汉语"外交"一词的含义了，息夫躬向汉哀帝设计离间匈奴与乌孙关系时引用了《孙子兵法》"其次伐交"一语，唐人颜师古对此解释道："知敌有外交连结者，则间误之，令其解散也。"② 这里的"外交"已有两国之间交往之意了。北宋神宗诏称"推恩方夏，外交四表之欢"③，元丰七年（1084）李宪上奏宋神宗曰："自古控驭戎夷，使其左枝右梧，为备不暇，盖由首先结其旁国，绝其外交，然后连横之势常在中国，彼有掎角之患。"④ 他们所使用的"外交"一词均与现代汉语"外交"一词相近了。故晚近以"外交"一词指称国家之间的外交并非偶然。

此外，在古汉语中还有不少专门性词语以表示外交。在周代，"凡诸侯之邦交，岁相问也，殷相聘也，世相朝也"⑤。诸侯之间的"问""聘""朝"即为"邦交"，它们都有外交的意思。据称周代已有"掌交"一职，负责"掌邦国之通事，而结其交好"。郑玄说，所谓"通事，谓朝觐聘问也"。贾公彦进一步解释道："两国交通之事，惟有君臣朝觐聘问之事，结使交好，故以朝觐聘问解，则《易》云'先王建万国、亲诸侯也。'"⑥ 这里的"通事""交通""交好""朝觐""聘问"等也都有外交的含义。"外事"一词也含有外交的意思，《尚书·康诰》："外事，汝陈

---

① 《三国志》卷五七《吴志·张温传》，中华书局1959年版，第1333页。
② 《汉书》卷四五《息夫躬传》，中华书局1962年版，第2183页。欧阳修《准诏言事上书〈庆历二年〉》："今诇事者，皆知北虏与西贼通谋，欲并二国之力，窥我河北、陕西。若使二虏并寇，则难以力支。今若我能先击败其一国，则虏势减半，不能独举。此兵法所谓伐交者也。元昊地狭，贼兵不多，向来攻我，传闻北虏常有助兵。今若虏中自有点集之谋，而元昊骤然被击，必求助于北虏。北虏分兵助昊，则可牵其南寇之力；若不助昊，则二国有隙，自相疑贰。此亦伐交之策也。"[（宋）欧阳修，李逸安点校：《欧阳修全集》卷四六《居士集·准诏言事上书》，中华书局2001年版，第651页] 这里的"伐交"指破坏辽与西夏通过外交而结成的军事同盟，与颜师古对"伐交"的解释是一致的。
③ 《王安石集》卷四七，又见《宋大诏令集》卷二三八。
④ （宋）李焘：《续资治通鉴长编》卷三四六，中华书局1990年版，第8302页。
⑤ （汉）郑玄注，（唐）贾公彦疏：《周礼注疏》卷三七《秋官司寇·大行人》，《十三经注疏》，中华书局1980年版，第893页。
⑥ 《周礼注疏》卷三八《秋官司寇·掌交》及注疏，第903页。

时臬。"孔氏传云:"言外土诸侯奉王事,汝当布陈是法。"① 总之,在古汉语中表示外交意义的词语还是比较丰富的。这无疑是当时社会现实在语言文字上的反映。

现代意义上的"外交"一词不仅在中国出现较晚,西方国家亦复如是,英语"外交"一词 diplomacy 的存在也不过两个世纪。现代英语"外交"一词,源于希腊语,其罗马字为 diploma,这是古代希腊公使出使时由君主所授予的折叠式证书。但是直到18世纪末年英语 diplomacy 才有今天的"外交"的含义②。这表明西方的外交是渊源于使者所持之证书。这同中国古代外交之起源可谓不谋而合,殊途同归。中国古代的使者在出使时也持有权力和身份的证明——节,故称"持节出使",因而"使者"又被称为"使节"。虽然中国和西方在古代都没有现代意义上的"外交"一词,但这并不表明古代中国或西方没有外交。

一 自古就有外交

外交与人类文明历史同样古老,它随着国家的产生而产生。在国家产生之前的氏族部落阶段,氏族部落之间一方面存在着相互的血族仇杀与械斗,另一方面也存在着和平交往与交涉。当国家形成之后,这种原始的氏族部落间和平交往、交涉所累积的方式与惯例,遂衍变为国家政治上层建筑组成部分之一的外交。

中国是世界四大文明古国之一,有着悠久的文明历史,同时也有着悠久的外交发展历史。早在传说中的五帝时代,即前国家时期,部落或部落联盟之间的和平交往已经在文献记载中有了某些踪迹可寻,据说黄帝时"轩辕乃习用干戈,以征不享,诸侯咸来宾从"③。这是部落联盟间在战争之后进行的和平交往。因而职掌对外接待的"官员"也已约略可见,据称唐尧时曾使舜"宾于四门,四门穆穆"。负责宾迎"四方诸侯来

---

① (唐)孔颖达疏:《尚书正义》卷一四《康诰》,《十三经注疏》,中华书局1980年影印版,第204页。
② 参见[英]戈尔—布思主编《萨道义外交实践指南》(第五版),杨立义等译,上海译文出版社1984年版,第8—9页。
③ 《史记》卷一《五帝本纪》,第3页。

朝者"①。这是远古时期首见之迎接四方宾客职务,而舜可谓我国历史上第一位见诸载籍之外事"官员"。据说舜时又曾以"龙主宾客,远人至"②。龙则是继舜之后见诸载籍的又一位外事礼宾"官员"。

随着早期国家的出现,早期外交亦应运而生。殷商甲骨文中有许多关于"史"(使)和"史人"(使人)的记载,这里就包含有商王朝与周边方国、部落交往之使节;至于"来王""来献""来朝"和"氏"(致)与"工"(贡)等卜辞,则表明周边方国、部落与商王朝之间存在着某种"朝贡"关系③。西周实行"封邦建国"制度,西周王朝与封国间的一套朝觐聘问制度,更为日后春秋战国时期列国之间的外交制度奠定了基础。春秋时期各国在争霸战争的同时展开了频繁的外交活动,据鲁史《春秋》所记的 242 年里,列国间的战争凡 483 次,朝聘盟会凡 450 次④。这里的朝聘、盟会即为外交活动。从而呈现出各种聘使、行人络绎不绝,仆仆于列国之间的繁忙景象。到了战国时期,随着战争的升级,列国之间的外交斗争也更为激烈,"合纵"与"连横"为代表的两种外交方针策略,在国际舞台上展开了长期的、尖锐的交锋与较量,从而把"折冲樽俎,纵横捭阖"的外交斗争艺术推进到了一个空前的高峰。

不仅中国自古以来就有外交,世界其他文明古国,如埃及、印度、希腊、罗马等,也同样有着古老的外交历史。

1887—1888 年发现的"推尔·阿玛尔纳文书"中保存着一些古埃及十八王朝时期叙利亚和巴勒斯坦公爵写给埃及国王的外交文书,其主要内容"都是些互致敬仰和爱慕,关于通婚的谈判,和请求埃王赐予作战时的援助,赐予金子和礼物"。而第十九王朝的埃及国王拉美西斯二世和赫梯人皇帝赫吐希尔三世所签订的和平条约,则是最早一部传世的国际条约,被认为"在某种程度上实为后来各种国际条约的原型"⑤。

印度历史学家萨曼德拉·莱·罗伊在《古代印度外交》中说:"有充

---

① 《尚书正义》卷三《舜典》及《孔氏传》,《十三经注疏》,中华书局 1980 年版,第 126 页。
② 《史记》卷一《五帝本纪》,第 43 页。
③ 参见黎虎《殷代外交制度初探》,《历史研究》1988 年第 5 期。
④ 参见范文澜《中国通史简编》第一编,人民出版社 1955 年版,第 179 页。
⑤ [苏联]鲍爵姆金:《世界外交史》第一分册,五十年代出版社 1950 年版,第 5—8 页。

足的文献证明，在印度相当早的历史阶段就开始有外交活动存在，并逐渐得到发展。甚至早在吠陀时期的文献中，就提到各种不同类型的外交使节，如杜塔、普拉希塔、帕尔加拉、苏塔等。"① 约成书于公元前后四个世纪间的《摩奴法典》中，更把外交使节的作用提到了空前的高度，认为："战争与和平系于使节。因为和睦敌人的是使节，离间盟国的也是使节；决定破裂或和好的大计由使节来处理。"视外交使节具有决定性的作用。一国之君必须十分注意发挥外交使节的作用，"国王通过自己的使节，充分获悉外国君主的一切计划企图后，要采取最大的防御措施，使其绝不能为害自己"。基于对外交和外交使节重要性的深刻认识，《摩奴法典》特别强调外交使节的选拔，"要选取一位精通各种法律知识、善于察言观色，作风方正廉洁，精干，出身显赫的人为使节"。它从古印度哲学关于贤人学说的基础出发来观察外交，因而特别重视外交家的人格品质，"国王的使节，和蔼，廉洁，机敏，强记，熟知天时地利，威仪堂堂，大胆且雄辩时，为大家所推重"②。外交使命之成功，有赖于外交家的品质。

  古代希腊的城邦时代，城邦之间有着频繁的、活跃的外交活动，缔结同盟、订立条约是它们之间最经常的外交方式，而公使则是各城邦之间建立外交关系的纽带。由此形成了一套国际关系准则和公使制度，前者如通过调停或仲裁解决争端，战争须经宣战始能进行，条约被看作维系国际关系的依据，以誓约来约束条约义务，等等；后者如给予公使以特别的尊敬，享有各种优待和特权等。这些"成了古代世界以后一切国际关系的基础"③。古代罗马也有活跃的外交活动，其突出贡献是在罗马法的国际法方面。古罗马设置内事大法官以处理国内问题，外事大法官以处理与外国的交涉问题，后者执行的是"外事法"。公元前3世纪罗马大力向外扩张，称雄于地中海地区，在此背景下逐步形成了比原来的"公民法"范围更广泛的"万民法"。"公民法"调整罗马人之间的关系，

---

① 陈正容译自《外交学》，斯特林出版公司，新德里1984年版，见周启朋等编译《国外外交学》，中国人民公安大学出版社1990年版，第321—324页。
② 《摩奴法典》第七卷，[法]迭朗善译，马香雪中译，商务印书馆1982年版，第151页。
③ [苏联]鲍爵姆金：《世界外交史》第一分册，五十年代出版社1950年版，第8页。

"万民法"调整罗马人与外国人的关系。"万民法"对日后国际法的产生起了萌芽作用①。此外,古罗马还有"雄辩学校",许多能言善辩的外交人才都出自这些学校。

以上所述表明,不论在中国还是在世界其他地区,有了国家以后就有了外交;自古就有外交,这是毋庸置疑的历史事实。

二 汉唐外交在中国古代外交史上的地位

在近代意义上的世界性外交出现之前,古代世界的外交并非世界性的而是区域性的,即以几个文明发展最早的国家为中心形成若干区域性的外交圈;再以这些外交圈为中心不断辐射扩大,逐渐相互交叉重叠。这是由于当时生产力发展水平以及由此决定的交通、通信发展水平所决定和制约的。各个外交圈之间不可能立即建立起联系,而只能先在本区域内若干相邻的、交通条件所许可的国家和地区之间发展这一关系,从而形成区域性的外交圈。各个外交圈之间的联系和融为一体是一个缓慢的渐进过程,还须假以时日。

古代世界的外交圈是以若干最古老的文明发祥地为核心,不断向外辐射而逐步形成发展起来的。由于自然地理条件的原因,大体以帕米尔高原、喜马拉雅山脉为界,古代世界形成了两个最主要的外交圈,即在其以东的东亚外交圈和在其以西的西方外交圈,后者大致与中国古籍中广义的"西域"相当,从东方人的角度也可将其称为"西域外交圈"。西方外交圈为地中海、波斯湾、红海、阿拉伯湾沿岸地区,包括北非、西亚、南亚次大陆和欧洲。这里由于有较多的内海和海峡把它们联系起来,因而成为最早的、最大的外交圈。在古代航海技术条件下,利用这些内海和傍岸航行技术,可以比较方便地进行联系。在这个地区即使相对比较封闭的南亚次大陆,也早在公元前 2500—前 1750 年印度河流域文明的青铜时代就通过海路与两河流域建立起了频繁的大规模的贸易往来②,故其外交关系有条件较早发生。而东亚则是一个较西方世界封闭的地区,西部的高原、雪岭,北部的草原、戈壁,限制了其向外交往,东面是无

---

① 参见王铁崖主编《国际法》第一章,法律出版社 1981 年版,第 35 页。
② 培伦主编:《印度通史》,黑龙江人民出版社 1990 年版,第 27 页。

际的太平洋，在古代的航海技术条件下，向东只能达到日本列岛，向南达到南海诸国，因而成为远比西方世界封闭的地区。但是这个地区也在很早就以中国的黄河流域文明为核心，逐步地、不断地向四方辐射而形成了东亚外交圈。正因为其封闭的地理特点，也就使这个外交圈自成体系并具有自己独特的传统和特点。直到西汉张骞"凿空"，黄门译使通黄支（今印度南境康契普腊姆）、己程不国（今斯里兰卡），从水、陆两路打开了通往西域的道路，从而沟通了东、西外交圈之间的联系。这种地理特点和国际态势，决定了汉唐时期是在以东亚外交圈为重心的传统基础上采取"西向"外交，即面向西部世界的外交。

中国自古以来就是东亚外交圈的中心。东亚外交圈的中心始终是在中国，而西方外交圈则是多中心的，而且其中心不断地转移。前者具有一元性特点，后者具有多元性特点。到了汉唐时期，与以中国为中心的东亚外交圈相对应的西方外交圈，先后有以安息帝国、萨珊波斯帝国、阿拉伯帝国等为代表的西亚北非外交中心，以孔雀王朝、笈多王朝为代表的南亚外交中心，以罗马帝国、拜占廷帝国、法兰克国家等为代表的欧亚外交中心。而以中国为中心的东亚外交圈，是世界上最稳定、持续时间最悠久的外交圈。这是西方外交圈难以比拟的。西亚北非外交中心，曾从以伊朗高原为中心立国的安息帝国、萨珊波斯帝国，转移到以阿拉伯半岛为中心立国的阿拉伯帝国；南亚外交中心从孔雀王朝到笈多王朝则呈现时断时续的状况。这两个外交中心还曾一度被立国于中亚的贵霜帝国所取代。欧洲外交中心则在罗马帝国分裂后，逐渐形成以拜占廷帝国为代表的东欧外交中心和以法兰克国家为代表的西欧外交中心。只有东亚外交圈，始终稳定地以中国的中原皇朝为中心，不论是在中国统一时期还是分裂时期都未曾改变。由于中国在整个古代世界中一直是东亚外交圈的中心，几千年来持续不断，加以有着相应的连绵不绝的史籍记载，积累了极其丰富的经验，使得中国古代外交成为世界上体系最为恢宏、完备而又独具东方特色的古代外交典范。

15世纪以后，随着新航路的开辟和美洲大陆的发现，手工业、商业和交通运输的发展，以及近代民族国家的形成和资本——殖民主义的产生和发展，促进了世界市场的形成，从而使古代的区域性外交向着近代的世界性外交转变。到了这个时期，中国社会经济发展的迟滞，导致其在外交上开始步入落后和被动的困境，直到19世纪中叶在列强的炮舰攻击下才被动地跨进近代的世界性外交体系。

中国古代外交发展史大体可以划分为三个发展阶段：第一，先秦时期，为中国古代外交的早期阶段，其主要特点是外交基本上是在中国本土范围内进行的；第二，汉唐时期，为中国古代外交的发展阶段，其主要特点是打开了通往西方世界的道路，进入与域外国家建立外交关系的新阶段；第三，宋元明清时期，为中国古代外交持续发展并走向转型时期，其主要特点是盛极而衰，并逐步由古代外交而向近代外交转化。

汉唐外交处于承上启下的重要历史阶段。汉唐外交一方面是先秦外交的继承和延续，另一方面又在先秦外交的基础上有了重大的发展、创新和突破，其主要表现在以下几个方面。

1. 汉唐时期，是中国第一次打开大门与西方世界发生外交关系，从此才有了真正世界意义上的外交。先秦时期虽然也有过频繁的外交活动和热闹的外交斗争，但那基本上是在中国本土范围内的列国交往，还没有广泛地与域外国家和地区发生正式的外交关系。自"张骞凿空""开外国道"[1]，这一划时代重大事件开启了中国古代外交的崭新阶段，使中国古代外交突破了本土和东亚的范围而开始走向世界。此后在汉唐一千余年中，中国的外交触角西向伸入了中亚、西亚诸国乃至非洲和欧洲；东向及于三韩、日本等国；南向及于中南半岛、南洋群岛和南亚诸国。正是在汉唐时期才奠定了古代中国与域外国家的基本外交格局。这是统一皇朝建立后，在社会生产力发展的基础上，国家的政治、军事和综合国力得到空前发展的必然结果。

2. 汉唐时期出现了与中原皇朝并峙的少数民族政权，形成了中国古代外交的一种新形式和格局。早在先秦时期中原王朝与周边少数民族已有频繁的交往，但这些少数民族均尚未进入国家阶段，尚处于氏族部落或部落联盟阶段。在周边少数民族中，首先迈入国家阶段的是北方的匈奴。公元前209年冒顿杀其父头曼自立为单于，标志着匈奴完成了由氏族部落向国家的转变[2]。时秦二世当政，秦对匈奴基本上采取战争与防范的

---

[1] 《史记》卷一二三《大宛列传》，中华书局1982年版，第3169、3171页。
[2] 参见林幹《匈奴通史》第三章，人民出版社1986年版，第23—26页。

政策，外交活动并不突出。西汉初年刘邦与匈奴和亲，开启了中原皇朝与周边少数民族政权之间官方的外交关系。继匈奴之后，中原各皇朝与柔然、突厥、回纥、吐蕃、南诏等的外交，均属这一类型。

3. 由以上两点所决定，汉唐时期便形成和确立了具有三种类型和层次的外交格局和体系。这种外交格局和体系，便成为此后中国古代基本的外交格局和体系。这三种类型和层次如下。第一，中原皇朝与当时的外国，而且现在其地仍在中国境外的国家的外交。这类国家早在汉代就已有中亚、西亚的贵霜帝国、大宛、康居、安息等，欧洲的大秦，南亚的身毒、天竺、黄支等，海东的三韩、日本等，以及中南半岛诸国等。到了唐代更发展到七十余国之多①。第二，中原皇朝与周边少数民族政权之间的外交。如上所述的汉代的匈奴，南北朝时期的柔然、突厥，唐代的回纥、吐蕃、南诏、渤海等。这个类型中也包括了某些尚未纳入中原皇朝版图的周边少数民族氏族部落或部落联盟。第三，中国境内各独立政权之间的外交。这主要是在三国鼎立时期和东晋十六国、南北朝时期。

这三者并非绝对的、凝固不变的。从大的方面来说，在统一皇朝时期只有前二者而无后者，在分裂时期则三者兼而有之。从具体方面来说，这三者在不同时期又有所变化，有的原来是外国，后来又成为中国的组成部分；有的原来不是外国，但后来又成了外国；有的原为边疆少数民族政权，后来转化为中原皇朝。这些都要根据具体情况而加以具体分析看待。

4. 汉唐时期确立和完善了中国古代外交制度。中国古代外交制度同样也经历了三个发展阶段：第一，先秦时期，为中国古代外交制度的萌芽、孕育时期；第二，汉唐时期，为中国古代外交制度的确立与成型时期；第三，宋元明清时期，为中国古代外交制度持续发展并走向转型时期，即古典外交制度之结束及其向近代外交制度之转型。

早在先秦时期我国古代外交制度已经在逐步产生和积累，它主要以西周封邦建国制度基础上形成的诸侯朝觐聘问制度为蓝本，到了春秋战

---

① （唐）李林甫等撰，陈仲夫点校：《唐六典》卷四《主客郎中》："凡四蕃之国，经朝贡已后自相诛绝及有罪见灭者，盖三百余国。今所在者，有七十余蕃……皆载于鸿胪之职焉。"中华书局1992年版，第129—130页。

国时期演变为以列国之间的使节往还与纵横捭阖之术为代表的某些外交惯例与方式方法。由于这个时期的外交还处于低层次阶段，外交主要是配合兼并战争的一种权宜之计，还没有成为国家政治制度的重要的组成部分。虽然早在周代已有"大行人"一职，但它是将外交与封建王侯事务、周边民族事务合而为一，一身而数任，外交机构还没有在国家政治制度中凸显出来。同时由于尚未出现统一的国家，各国的外交制度也因政治制度之有所不同而存在差异，战国时齐国已有了负责外交的"主客"一职①，但在其他国家中却尚未见到。这就表明当时还没有形成全面、系统、划一的外交制度，只是有了某些外交制度方面的雏形，零散而未成体系，还处于外交制度的萌芽和孕育阶段。

到了汉唐时期，外交的巨大发展，促进了外交制度的确立和完善。主管外交的机构，已逐步发展为国家政权机构的重要部门之一，其外交职能日益强化。秦汉时期的大鸿胪虽然继承先秦余绪，集外交与封建王侯事务、民族事务于一身，但是随着"封邦建国"制度之逐渐名存实亡，封建王侯事务日益淡化，而外交事务日益突显，到了唐代已成为事实上的外交专职机构。随着外交在国家政治生活中地位的提高，外交政务日益繁忙，在外交事务机构鸿胪寺的基础上又产生了新的一级外交政令机构——尚书主客曹。在汉唐时期，以外交管理制度发展为基础，其他相关的外交制度也有了相应的发展和提高，从而形成和确立了一整套全面、系统、完整的外交制度。

汉唐时期中国古代外交制度的确立与完善，有着重大的意义。

1. 这是在古代世界东方独自生成、自成体系的古典外交制度。由于中国所处独特的地理位置，它在亚洲东部，东临大海，北面是荒漠草原，西面和西南面是高原和峻岭，形成一种天然的相对封闭隔绝状态。在这个地理范围内，以中华文明为核心，逐步向四周扩散，形成独具特色的中华文化圈。汉唐时期所确立与完善的古典外交制度，就是中华文明中的瑰宝之一。它与当时以希腊、罗马为代表的西方古代外交制度是在完全不同的历史和地理条件下各自生成、各具特色的，它是古代世界东方外交制度的代表和集大成者。在当时的世界上，西方的古代外交制度是

---

① 《史记》卷一二六《滑稽列传》，第3199页。

以希腊、罗马为代表，而东方的古代外交制度则以中国为代表，两者遥相辉映。汉唐时期确立和完善的外交制度不仅是世界最古老、最完备的古典外交制度之一，而且在当时指导、影响、制约着整个古代东方世界的外交实践，其影响所及并已逾越亚洲而达于非洲、欧洲。它不仅对于中华文明的发展、中国统一多民族国家的形成发展，而且对于世界文明的发展和促进各国人民之间经济、政治、文化的交流发挥了积极的历史作用。

2. 汉唐时期确立和完善的古典外交制度，是后世历代皇朝外交制度的基本范式。唐代以后的千年中，中国历代皇朝的外交制度基本上是以汉唐时期所确立起来的外交制度为基本模式，只是各个皇朝根据不同的历史条件而有不同程度的调整和改进。直到西方殖民主义侵略势力冲开中国闭关锁国的大门，才发生了本质的变化。以1861年总理各国事务衙门的成立为标志，中国古典外交制度让位于近代外交制度。

三 《汉唐外交制度史》旨趣

本书的研究对象是我国汉唐时期的外交制度，探究中国古代在对外交往中自身的制度，着重研究汉唐这一历史时期历代皇朝与政权进行对外交往的体制及其运作方式方法与程序等。

任何国家的政治制度总是包括内政与外交两个方面，它们共同构成国家机构的完整体制。在国家诸职能中，财经、司法、文化教育、人事等主要治内，军事兼具对内对外作用，唯独外交主要为对外。外交制度是国家政治制度必不可少的组成部分，但是从国家产生以来内政始终是政治制度的主体，而外交则是随着国家对外交往的发展及其在国家政治生活中的重要性的逐步提高而日益发展的。在中国古代，最初外交管理是附属于民族与封建事务的，形成民族、外交与封建事务三者混通、合一的管理体制。虽然到了春秋战国时期，外交制度在国家政治制度中已有了初步的发展，但是直到汉唐时期，它才逐步从民族、封建事务的附庸地位中摆脱出来，成为国家政权机构中自成体系的一个重要方面和部门，从而形成、确立并完善了一整套全面、系统的古典外交制度。因而本书选取汉唐时期作为研究中国古代外交制度的突破口。

本书作为著者"汉唐外交制度研究"系列的前编，其主要内容为外交决策与管理机构两个部分，亦即这一历史时期的外交管理制度。

外交决策是外交制度中首要和核心的问题。采取哪些方式进行决策，由哪些成员参与决策，决策的依据和程序为何？这一系列活动的总和，构成了每一时代的外交决策制度及其特点，从一个侧面反映了国家机器的运作过程；并由此而决定其外交方针政策的成败得失。古代外交实质上是君主之间的交往，前文所述古汉语"外交"一词即反映了这样的事实，这个词在早先所强调的是与别国的交往——以是否奉君命为是非界线，奉君命者为是，否则为非。与此相关，古代交聘关系中的"私觌"礼之所以具有两面性，也是这一特征的反映。"私觌"即使者个人面见他国君主并献礼品的私礼，如果是奉君主之命行事则为合"礼"，否则为"非礼"，所谓"私觌，是外交也"①。指的就是并非奉君命之"私觌"。在汉唐中央集权政治体制下，外交决策与内政决策一样，其权力集中于中央政权，而其最高权力归于统治皇朝的代表者皇帝，这是不言而喻的。但是，皇帝不可能包揽全部外交决策，他必须依靠和指挥中央政府庞大的决策群体和机构，才能保证外交方针政策决策的正确性，以维护国家和皇朝根本的、最大的利益。

本书所要阐述的是这一历史时期外交方针政策的制定过程，即决策的方式、层次、程序、参与决策的成员、决策依据等。

汉唐时期外交决策的方式和层次，在两汉、魏晋南北朝时期基本上是以皇帝决策与公卿百官决策为主的两级决策体制，而到了唐代则发展演变为以御前决策、宰相决策与百官决策为主的三级决策体制。外交方针政策是国家的重大政事，在汉唐君主专制体制下，外交决策权力集中于皇帝，一方面他往往亲自进行决策，召开御前会议是其进行决策的基本方式。但是皇帝不可能包揽全部外交决策，他必须依靠和指挥中央政权庞大的决策机器，才能保证外交决策的正确性，以维护国家和皇朝的根本利益，因而同时必须辅之以中枢决策集团乃至整个统治集团进行决策，于是另一方面还有中枢决策或百官决策。而中枢决策与百官决策的最后决断权也集中于皇帝手中。两汉、魏晋南北朝时期在皇帝决策之外

---

① （汉）郑玄注，（唐）孔颖达疏：《礼记正义》卷二五《郊特牲》郑注，《十三经注疏》，中华书局1980年版，第1447页。

的重要决策方式是公卿百官集议（或称廷议、朝议等）决策，到了唐代则在此基础上又增加了宰相决策这一新的决策方式。这一变化从表面看是宰相制度之从两汉、魏晋南北朝时期的独相制向唐代多相制演变的结果。从深层来看，是中国古代政治制度经过汉唐一千余年的发展，已逐步臻于成熟的反映，其突出表现是三省制的定型，即"中书主出令，门下主封驳，尚书主奉行"的三权分工、合作和制约机制的成熟。宰相决策这个层次成为唐代外交决策中的重要一环，起着在皇帝与百官之间承上启下的作用。以御前决策为核心，宰相决策为基础，百官决策为辅助，相辅相成，密切配合，运转灵活高效的三级决策体制的形成，表明我国古代外交决策制度到了唐代已经成熟，臻于完善。

在汉唐时期，外交决策方式与体制也逐步完成了规范化和制度化的发展进程。两汉魏晋南北朝时期的外交决策，不论皇帝决策或公卿百官决策都还有着较大的随意性和一定程度的无序性，尤其是皇帝在外交决策方面更为突出，他可以利用朝会或其他场合与臣下商讨外交问题，也可以独自或任意征询臣下意见以做出决断。而到了唐代皇帝决策已经达到相当规范化和制度化的程度，运用定期或根据需要随时召开的"常参"会议、"仗下后"会议、"延英"会议等不同的御前会议形式，使皇帝与群臣可以比较及时地、充分地商讨外交大政，做出决策。两汉魏晋南北朝时期虽然已经开始出现对于外交决策的审议封驳，但尚未形成完善的制度和体系。到了唐代，随着封驳制度和谏官体制的完备，使审议封驳纳入决策体系之中，成为其不可缺少的组成部分，这就进一步保证了外交决策的相对正确性。

外交决策与内政决策的共性是基本的，但也有其明显的特殊性。除了决策的议题为外交或与外交有关的各种问题之外，从决策的依据来说，综观汉唐时期其议题来源主要有两个方面：一是对方来使、来书所提出或引致的外交问题；二是使节或边境官员报告或提出的外交问题。从参与决策的成员来说，除了一般决策成员之外，也常需吸收熟悉外交问题或外国情况的有关人员，如使节、外交官员或边境军政官员等参与。这是由于外交决策需要具备某些特殊资讯与专业知识，并与复杂的国际关系密切相关所决定的。

为了把外交决策付诸实施，达到预定的目标和获致预期的成效，必须建立相应的外交管理机构。外交管理机构由来已久，自有了国家和国与国之间的交往之后，就有了相应的外交管理机构。中国古代外交管理机构的萌芽可以追溯至虞舜时期，而至少到了周代就已经有了关于外交管理机构的比较明确的文献记载。汉唐时期（公元前3世纪至公元10世纪初的一千一百余年），我国古代外交管理机构的发展进入了新的阶段，是其确立和不断完善以至成熟的历史时期。大体两汉为其确立和奠基时期，魏晋南北朝为其调整时期，唐代为其完善、成熟时期。

外交机构是国家外交事务的职能部门，负责国家对外政令和事务的组织管理与贯彻执行。本书所阐述的是汉唐时期外交的管理机构和部门，它们的职掌、分工与相互配合，以及各有关机构的官员的选拔与任职条件和要求等。

汉唐时期的外交机构，在中央可分为主管机构与关涉机构两大部门：前者为诸卿系统的大鸿胪与尚书系统的主客曹；后者乃指从不同角度、不同侧面配合外交工作进行的其他相关机构或部门，诸如符节台、谒者台、中书舍人、传诏、通事舍人、四方馆、客省等。

鸿胪与主客是汉唐时期中央最重要的外交主管机构，二者的分工大体是以鸿胪主管外交事务，以主客主管外交政令。不过在汉唐一千余年中，它们经历了曲折的演变过程。在两汉时期，大鸿胪兼外交、民族与封建等事务于一体，表现了外交机构的早期性特点以及外交在国家政治生活中的地位尚不突出。随着政治制度的发展演变，鸿胪所负外交以外的职责被逐渐释出，如由于封建王侯制度的蜕变，封建事务最终从鸿胪划出，使其到了唐代已经基本上成为专职的外交管理部门。主客曹在最初是在皇帝与大鸿胪之间担当上传下达之责，随着尚书台省在中枢权力地位的上升，它成了凌驾于大鸿胪之上的外交政令部门，而且不断侵夺、分割大鸿胪的外交职权，这在魏晋南北朝时期尤为突出。到了隋唐时期，由于尚书省与卿监关系已经基本协调，因而礼部主客司主管外交政令，鸿胪寺主管外交事务，两者分工明确，相互协作，密切配合。

外交工作复杂、细致而敏感，所以还需要中央与地方政府各个部门的配合与协作，才能实施并圆满完成这一任务，因而还有许多关涉机构参与其事。这些机构的主要职能并非外交，它们只是在外交工作的某些方面或环节加以协助和配合，因而我们称之为关涉机构。正因为外交是这些机构的附带工作，所以在有关官志记载中往往没有或很少提及它们在这方面的职责，我们只能在外交事务的实施过程中得知其所负之职责。这些机构并非可有可无，而是外交工作中不可或缺的环节和部门，有了这些关涉机构才能保证外交工作的顺利开展和圆满完成。在中央，汉唐时期的外交关涉机构呈现了由少而多、由简而繁的发展趋势，由汉代的寥寥几个机构，到了唐代已发展到三省、六部、九寺、五监、诸省的许多部门，几乎覆盖中央政府的绝大多数机构和单位。如果说鸿胪寺是直接与外宾打交道而处于外交第一线的部门，那么在它的后面还有一系列的机构和部门指挥、协助其工作，从外交政令来说，除了礼部主客司对其进行对口管辖之外，还有中书省、门下省的有关部门，以及尚书省六部诸司从不同角度进行外交政令之指挥；从外交事务来说，则有卿监百司从各自不同角度密切配合。正是在这些幕前幕后的密切配合之下，使唐代的外交得以有效地开展，从而取得空前的辉煌成就。这样我们就可以看到，在唐代中央政府对于外交工作已经形成一整套有组织、有系统，既有分工而又有严密配合的较为完备的外交管理体系，表明中国古代外交管理制度到了唐代已经发育成熟。

物盛而衰，当三省六部制发展到唐代达于鼎盛之时，又开始向着衰退的方向转化，因而到了唐代中后期传统的外交机构逐渐闲简，导致中央外交职能为使职差遣和宦官所侵夺或取代的状况。

外交工作除了中央有关机构进行管理之外，还需要地方各级机构密切配合、协同运作才能顺利开展和圆满完成。因此在汉唐时期地方各级各类机构也在不同程度上、或多或少地承担一定的外交职责。这些担负一定外交职责的地方机构或部门，在汉唐时期主要为三个系统：地方行政系统的沿边州郡，边防系统的关塞军镇，边境镇抚系统的持节领护诸官。由于它们地处边境，直接与周边国家、地区和民族发生关系，故在外交工作中处于特殊的重要地位。地方机构的官员一方面贯彻执行中央有关的外交政策和指示，另一方面则须及时向中央报告有关国家和地区的动态及外交问题，并向中央提供制定外交政策的情报和建议。可以说他们是中央政府在地方对外联系与交涉的前哨和代表。他们所担负的外交职责是相当繁重和复杂的，举凡外交使节之迎送、外交文书之授受、对外交涉之办理、边境互市之管理……各种涉外事务无所不在其职责范围之内。当然这些外交事务大多要经过中央的批准，得到中央的指示之后才能进行。

汉唐时期尤其到了唐代已经形成了自上而下、由内而外、周备严密、相互配合、协调运转的外交管理体制。外交管理已形成一套周密、完整的系统工程，成为古代国家机器不可缺少的、重要的有机组成部分。

通过本书的论述，我们大体上可以清楚地看到汉唐时期外交工作的整个运作过程，从外交方针政策的制订，外交政令的发布与实施，直至外交事务施行的全过程，及其运转过程中的各个方面和环节。

外交管理制度是外交制度的基础和核心，研究古代外交的管理制度，对于进一步认识外交的其他有关制度就有了根底和依归。而外交制度又是外交史研究的基础和核心，研究中国古代外交史，必须从研究外交制度这一基础工作做起，否则将是无本之木、无源之水，难以深入。

汉唐时期我国的外交制度不仅是世界上最古老的外交制度之一，而且其制度之完备、周密，其行用之连绵、久远，其影响与效用之至巨至深，都是古代西方和其他文明古国所不能比拟的，处于世界的领先地位。由于中国有着举世无双的、自古以来连绵不绝的历史载籍，从而使这一独具东方特色的古典外交制度得以详尽地、持续不断地积累和保持下来，这在世界其他文明古国中是绝无仅有的。依托于这一得天独厚的条件，我们可以详尽地阐明我国古代外交制度的各个方面，发掘整理我国古代外交制度这一丰富的、宝贵的遗产，建立中国古代外交制度史这门新学科，对于弘扬我国传统文化，繁荣和发展历史学科，服务于改革开放大业，都具有积极意义。

目　录

上编　汉代外交制度

第一章　汉代外交决策制度 …………………………………… (3)

　第一节　皇帝决策 ………………………………………… (4)

　　一　御前会议决策 …………………………………… (4)

　　二　垂询决策 ………………………………………… (18)

　　三　纳谏决策 ………………………………………… (26)

　　四　卜筮决策 ………………………………………… (30)

　第二节　公卿百官集议决策 ……………………………… (31)

　　一　公卿集议决策 …………………………………… (31)

　　二　中外朝合议决策 ………………………………… (44)

　　三　权臣专决 ………………………………………… (45)

第二章　汉代外交专职机构 …………………………………… (52)

　第一节　大鸿胪建置 ……………………………………… (54)

　　一　大鸿胪沿革 ……………………………………… (54)

　　二　大鸿胪属官 ……………………………………… (56)

　　三　大鸿胪的一般职掌 ……………………………… (59)

　第二节　大鸿胪的外交职能及任职条件 ………………… (64)

　　一　大鸿胪的外交职能 ……………………………… (65)

　　二　大鸿胪的任职条件 ……………………………… (74)

三　典属国及其归并于大鸿胪 …………………………………（75）
 第三节　尚书主客曹及其外交职能 ………………………………（79）
　　一　尚书及其分曹 ………………………………………………（79）
　　二　尚书主客曹的外交职掌 ……………………………………（81）
　　三　尚书主客曹与大鸿胪的关系 ………………………………（86）
 第四节　"使主客"及其外交职掌 …………………………………（88）

第三章　汉代外交关涉机构 …………………………………………（95）
 第一节　中央外交关涉机构 …………………………………………（95）
　　一　大司农 ………………………………………………………（95）
　　二　谒者台 ………………………………………………………（97）
　　三　符节台 ………………………………………………………（100）
　　四　黄门 …………………………………………………………（109）
 第二节　地方行政与边防机构的外交职能 …………………………（113）
　　一　缘边州郡 ……………………………………………………（113）
　　二　边防关塞 ……………………………………………………（131）
 第三节　边境镇抚机构的外交职能 …………………………………（138）
　　一　西域都护 ……………………………………………………（139）
　　二　使匈奴中郎将 ………………………………………………（153）
　　三　度辽将军 ……………………………………………………（156）
　　四　护乌桓校尉 …………………………………………………（159）

中编　魏晋南北朝外交制度

第四章　魏晋南北朝时期的外交决策制度 ………………………（163）
 第一节　三国时期的外交决策 ………………………………………（164）
　　一　曹魏的外交决策 ……………………………………………（164）
　　二　蜀汉的外交决策 ……………………………………………（168）
　　三　孙吴的外交决策 ……………………………………………（170）
 第二节　两晋十六国时期的外交决策 ………………………………（174）

  一　两晋时期的外交决策 ………………………………… (174)
  二　十六国时期的外交决策 ……………………………… (177)
 第三节　南北朝时期的外交决策 …………………………… (181)
  一　南朝的外交决策 ……………………………………… (182)
  二　北朝的外交决策 ……………………………………… (188)

第五章　魏晋南北朝外交专职机构 ……………………………… (200)
 第一节　尚书主客曹及其外交职能 ………………………… (201)
  一　从客曹尚书到主客郎中 ……………………………… (201)
  二　尚书主客曹的外交职能 ……………………………… (205)
  三　尚书主客郎 …………………………………………… (215)
 第二节　鸿胪寺及其外交职能 ……………………………… (225)
  一　从大鸿胪到鸿胪寺 …………………………………… (225)
  二　鸿胪寺的外交职能 …………………………………… (229)
  三　鸿胪寺官员任职条件及其地位变化 ………………… (238)

第六章　魏晋南北朝外交关涉机构 ……………………………… (242)
 第一节　中央外交关涉机构 ………………………………… (242)
  一　中书省 ………………………………………………… (242)
  二　门下省 ………………………………………………… (250)
  三　北魏南北部尚书 ……………………………………… (252)
  四　符节令与谒者台 ……………………………………… (253)
 第二节　地方行政机构的外交职能 ………………………… (254)
  一　缘边州郡 ……………………………………………… (255)
  二　北朝行台 ……………………………………………… (271)
 第三节　地方军事与边防机构的外交职能 ………………… (272)
  一　都督 …………………………………………………… (272)
  二　北周总管 ……………………………………………… (281)
  三　十六国北朝军镇 ……………………………………… (282)
  四　边关 …………………………………………………… (283)

第四节　边境镇抚机构的外交职能 …………………………（284）
　　　一　护乌丸校尉与护鲜卑校尉 ………………………………（285）
　　　二　护东夷校尉 ………………………………………………（286）
　　　三　西域长史 …………………………………………………（287）

下编　唐代外交制度

第七章　唐代外交决策制度 …………………………………（295）
　　第一节　御前决策 ………………………………………………（296）
　　　一　朝参决策 …………………………………………………（297）
　　　二　仗下决策 …………………………………………………（300）
　　　三　延英决策 …………………………………………………（308）
　　　四　谏诤奏议 …………………………………………………（313）
　　第二节　宰相决策 ………………………………………………（320）
　　第三节　百官大会决策 …………………………………………（325）

第八章　唐代外交专职机构 …………………………………（334）
　　第一节　鸿胪寺及其外交职能 …………………………………（336）
　　　一　鸿胪寺的设置及其变迁 …………………………………（336）
　　　二　鸿胪寺的外交职能 ………………………………………（338）
　　　三　鸿胪寺的外交场所职能 …………………………………（364）
　　第二节　尚书主客司及其外交职能 ……………………………（369）
　　　一　尚书省、礼部与主客司 …………………………………（369）
　　　二　主客司的外交管理职能 …………………………………（370）

第九章　唐代中央外交关涉机构 ……………………………（378）
　　第一节　中书省的外交职能 ……………………………………（378）
　　　一　中书省本部 ………………………………………………（379）
　　　二　四方馆与通事舍人 ………………………………………（386）
　　　三　客省 ………………………………………………………（392）

四　史馆 …………………………………………………… (394)
　第二节　门下省的外交职能 …………………………………… (396)
　　一　侍中 …………………………………………………… (397)
　　二　典仪与赞者 …………………………………………… (399)
　　三　符宝郎 ………………………………………………… (400)
　第三节　尚书省的外交职能 …………………………………… (402)
　　一　尚书都省 ……………………………………………… (402)
　　二　尚书各部 ……………………………………………… (403)
　第四节　九寺、五监、诸省 …………………………………… (414)
　　一　九寺 …………………………………………………… (415)
　　二　五监 …………………………………………………… (418)
　　三　诸省 …………………………………………………… (421)
　第五节　唐后期外交管理体制的变化 ………………………… (422)
　　一　原有外交管理机构的闲简 …………………………… (423)
　　二　使职差遣和宦官在外交领域的活跃 ………………… (424)

第十章　唐代地方外交关涉机构 ……………………………… (430)
　第一节　地方行政机构——道、州、县的外交职能 ………… (431)
　　一　迎送外交使节 ………………………………………… (432)
　　二　行使对外权力，执行对外交涉 ……………………… (448)
　　三　接转对方外交事项 …………………………………… (461)
　　四　边境贸易管理 ………………………………………… (465)
　　五　外交行政与事务管理 ………………………………… (474)
　　六　掌握、上报蕃情 ……………………………………… (482)
　第二节　地方军事与边防机构的外交职能 …………………… (484)
　　一　总管、都督与节度使 ………………………………… (484)
　　二　军、镇 ………………………………………………… (499)
　　三　关 ……………………………………………………… (506)
　第三节　边境镇抚机构——都护的外交职能 ………………… (509)
　　一　统辖羁縻府州 ………………………………………… (510)

二　以导宾贡 …………………………………………（511）

　　三　抚和招纳 …………………………………………（512）

　　四　纳质 ………………………………………………（513）

　　五　转赐俸禄 …………………………………………（514）

　　六　使命往还 …………………………………………（514）

　　七　对外交涉 …………………………………………（516）

　　八　辑宁外寇 …………………………………………（516）

　　九　互市管理 …………………………………………（516）

　　十　通蕃情 ……………………………………………（517）

　第四节　其他关涉机构的外交职能 ……………………（519）

　　一　押蕃使 ……………………………………………（519）

　　二　市舶使与押蕃舶使 ………………………………（526）

　　三　互市监 ……………………………………………（534）

后论　汉唐外交制度的发展衍变及其特点 ……………（537）

　一　汉唐外交决策制度的演进及其特点 ………………（537）

　二　外交决策制度的特殊性 ……………………………（552）

　三　汉唐外交管理体制的演进及其特点 ………………（565）

　四　汉唐外交管理体制的运行机制 ……………………（580）

参考文献 …………………………………………………（594）

初版后记 …………………………………………………（602）

再版跋语 …………………………………………………（606）

上 编

汉代外交制度

第 一 章

汉代外交决策制度

两汉时期是我国古代外交决策制度的确立和奠基时期。秦统一帝国的建立，确立了中国古代的政治制度，建立了一整套从中央到地方的官僚体制，史家盛称"秦兼天下，建皇帝之号，立百官之职"[1]。但是，秦代国祚短促，未能在外交上有大的作为，因而在外交决策制度方面建树无多。"汉承秦制"，一方面在政治制度上对秦制多所承继，另一方面又在新的历史条件下进一步完善和发展了这一制度，并在统治的实践过程中比较充分地发挥了这一新兴政治制度的优越性，从而大大推进了其时政治、经济、文化的发展。两汉时期创造了我国古代经济的第一个高潮，综合国力空前强大，在此基础上展开了积极的对外活动，使以中国为核心的东亚外交圈日益扩展，触角遍于东亚各国，远及中亚、西南亚、欧洲和北非。外交发展的需要及其经验之积累，对外交决策提出了新的要求并推动其不断充实、完善，从而形成了一整套比较系统、全面的外交决策制度，这套决策制度是当时外交实践的需要及其产物。

两汉时期在秦制的基础上，充实、完善了以皇帝为首，以三公、九卿（诸卿、列卿）制为辅佐的中央集权政治体制。以三公九卿制为基本模式的中央官僚群体，是汉代中央政权赖以进行决策和施政的基本依靠力量和队伍。汉代的外交决策就是在这一政治体制的基础上，依靠这一群体而进行的。在此基础上确立了由最高决策者皇帝直接主持的决策和以宰相为中心而进行的公卿集议决策相配合的二级决策体制。皇帝决策和公卿百官集议决策遂成为汉代最基本的两种外交决策形式。前者以御

---

[1] 《汉书》卷一九上《百官公卿表上》，中华书局1962年版，第722页。

前会议决策为主，辅以垂询、纳谏等方式，后者以公卿百官集议决策为主，辅以中朝决策、外朝决策、有司决策等方式。这一外交决策体制的确立，在我国古代政治制度和外交制度发展史上具有重要意义，它不仅成为此后历代皇朝外交决策制度的基本模式，而且对于推动汉代及其后历代皇朝对外活动的开展，不断巩固和扩大多民族统一国家的发展起了积极的作用，产生了巨大的影响。

第一节 皇帝决策

外交方针政策是国家的重大政事，两汉时期皇帝往往自己直接进行决策。召开御前会议，是皇帝直接进行外交决策的基本方式。此外，还有垂询决策、纳谏决策和卜筮决策等补充形式。

一 御前会议决策

两汉皇帝在遇有外交方面的重大或疑难问题时，主要运用御前会议进行决策，这种会议是由皇帝亲自主持召开并做出决定的。根据参加会议的人员和范围大小，这种会议可分为三个层次，即御前公卿会议、御前中朝会议、御前公卿将军大议等。

（一）御前公卿会议

汉代的中央行政机构由三公、诸卿组成：三公是最高行政长官；诸卿分掌中央各项行政事务。外交是其掌管的重要政务，故皇帝经常召集他们商讨外交决策。这种御前公卿会议不限于三公诸卿的首长参加，其属官及职掌议论的博士、议郎等官员亦厕列其间。这种会议又称群臣会议或百官会议。这种层次的御前会议较多，是御前会议的主要形式。

汉武帝元光元年（前134），雁门马邑豪帅聂壹通过大行王恢向武帝建议："匈奴初和亲，亲信边，可诱以利致之，伏兵袭击必破之道也。"[①] 次年春，武帝"诏问公卿曰：'朕饰子女以配单于，金币文绣赂之甚厚，单于待命加嫚，侵盗亡已。边境被害，朕甚闵之。今欲举兵攻之，何

[①] 《汉书》卷五二《韩安国传》，第2398—2399页。

如?'"① 关于此次会议，或记作"召问公卿"②，可见这是武帝亲自主持召开的一次公卿会议。在会议上，大行王恢说："……臣窃以为击之便。"御史大夫韩安国则说："……臣窃以为勿击便。"两种意见针锋相对，王恢与韩安国在御前进行了反复的、激烈的争论，最后由武帝拍板定案："上曰：'善'。乃从（王）恢议。"③ 御史大夫为三公之一，大行为诸卿之一，可见公卿都参加了这次御前会议。

这种御前会议又称群臣会议，武帝元封六年（前105），乌孙"使使献马，愿得尚汉公主，为昆弟。天子问群臣，议许"④。此事或记作"天子与群臣议，许之"⑤。所谓"群臣"即公卿百官。这是汉武帝召开群臣会议，讨论是否将公主嫁与乌孙的问题。

在汉代，这种御前公卿会议，不仅文职官员参加，将军等武职官员也参加，这在汉初尤为盛行。惠帝三年（前192）召开了一次关于如何对待匈奴问题的御前决策会议：匈奴冒顿单于致书吕后，言辞不逊，侮辱吕后，吕后大怒，于是"召诸将议之"。会上"上将军樊哙曰：'臣愿得十万众，横行匈奴中'。诸将皆阿吕后意，曰'然'"。在一片主战声中，中郎将季布挺身而出，力排众议曰："'樊哙可斩也！夫高帝将兵四十余万众，困于平城，今哙奈何以十万众横行匈奴中，面欺！且秦以事于胡，陈胜等起。于今疮痍未瘳，哙又面谀，欲摇动天下'。是时殿上皆恐，太后罢朝，遂不复议击匈奴事"⑥。通过这次会议，"于是高后乃止，复与匈奴和亲"⑦。可见上将军、中郎将及其余"诸将"均参加了此次会议。参加此次会议的成员，或记作"召丞相（陈）平及樊哙、季布等议"⑧。时陈平任丞相，也参加了此次会议，故或谓之为"将相大臣"⑨ 会议，亦即

---

① 《汉书》卷六《武帝纪》，第162页。
② 分见《汉书》卷五二《韩安国传》，第2399页；《资治通鉴》卷一八《汉记十》，武帝元光二年（前133），中华书局1956年版，第581页。
③ 《汉书》卷五二《韩安国传》，第2399—2403页。
④ 《汉书》卷九六下《西域传下》，第3903页。
⑤ 《资治通鉴》卷二一《汉纪十三》，武帝元封六年（前105），第695页。
⑥ 《史记》卷一〇〇《季布列传》，第2730—2731页。
⑦ 《史记》卷一一〇《匈奴列传》，第2895页。
⑧ 《汉书》卷九四上《匈奴传上》，第3755页。
⑨ 《资治通鉴》卷一二《汉记四》，惠帝三年（前192），第415页。

公卿会议。汉初不分中外朝，外交大事将相大臣一起商议。这是由吕后主持的御前公卿决策会议，时惠帝年轻而懦弱，由吕后主政。

汉文帝即位之初，也曾召开过有将军参加的关于对外方针政策的御前公卿决策会议。会上，将军陈武等议曰："南越、朝鲜自全秦时内属为臣子，后且拥兵阻厄，选蠕①观望。高祖时天下新定，人民小安，未可复兴兵。今陛下仁惠抚百姓，恩泽加海内，宜及士民乐用，征讨逆党，以一封疆。"提出对外用兵的主张。文帝不同意陈武的意见，说："……今匈奴内侵，军吏无功，边民父子荷兵日久，朕常为动心伤痛，无日忘之。今未能销距，愿且坚边设候，结和通使，休宁北陲，为功多矣。且无议军。"② 陈武或作柴武，曾以大将军参与拥立文帝。大将军位尊权大，"汉兴，置大将军、骠骑，位次丞相"③。这也是有将军参加的御前公卿会议。此次会议否定了将军陈武等人对外用武的主张，制定了"结和通使"的外交方针，收到了良好的效果，史称："故百姓无内外之徭，得息肩于田亩，天下殷富。"④"文景之治"的出现，与其执行这一和平外交方针有关系。

在召开御前公卿会议进行外交决策时，有时也根据需要而吸收熟悉外情、外事的有关人员参加会议，这是由外交决策的特殊性所决定的。安帝永初（107—113）年间，"西域诸国既绝于汉，北匈奴复以兵威役属之，与共为边寇"⑤。匈奴控制了西域，对汉边构成威胁，元初六年（119）敦煌太守曹宗遣行长史索班率兵千余人出屯伊吾以招抚之，试图消弭这一威胁。永宁元年（120）北匈奴攻杀索班等，略有北道。曹宗向朝廷请求"出兵五千人击匈奴，报索班之耻，因复取西域"。是否出兵报复匈奴，关系到弃取西域的重大问题。但是"公卿多以为宜闭玉门关，遂弃西域"。当时邓太后临朝，"召（班）勇诣朝堂会议"。班勇即经营西域三十一年的名将班超之子，他长期随父在西域。后西域反叛，永初

---

① 《史记》卷二五《律书》，《索隐》："选蠕，谓动身欲有进取之状也。"第1243页。
② 同上书，第1242页。
③ （晋）司马彪撰，（梁）刘昭注补：《续汉书》志二四《百官志一》注引蔡质《汉仪》，见点校本《后汉书》，中华书局1965年版，第3563页。
④ 《史记》卷二五《律书》，第1242页。
⑤ 《资治通鉴》卷五〇《汉纪四十二》，安帝元初六年（119），第1602页。

元年（107）他以军司马的身份"出敦煌，迎都护及西域甲卒而还"。他有长期活动于西域的经历，熟悉西域情况，因而特召他出席此次御前决策会议。班勇总结了从汉武帝以来与匈奴争夺西域的历史经验教训，既反对放弃西域的主张，也不同意出兵攻打匈奴的意见，提出了两项建议：一是恢复敦煌郡原有的营兵三百人，同时恢复设置护西域副校尉，驻扎于敦煌；二是派遣西域长史将兵五百人，出屯楼兰，以便"西当焉耆、龟兹径路，南强鄯善、于阗心胆，北扞匈奴，东近敦煌"。班勇的建议提出后，在会议上展开了激烈的争论，相继提出质疑问难的有：尚书某、长乐卫尉镡显、廷尉綦母参、司隶校尉崔据、太尉属毛轸等人。班勇一一作了答辩，阐述了自己的主张。会议最后采纳了班勇的意见，"复敦煌郡营兵三百人，置西域副校尉居敦煌"。但是班勇的另一建议当时并未付诸实行，"虽复羁縻西域，然亦未能出屯"，即未派兵出屯楼兰。结果"其后匈奴果数与车师共入寇钞，河西大被其害"。后来到延光二年（123）夏，才以班勇为西域长史，率兵五百人出屯柳中（今新疆鄯善西南鲁克沁），"于是前部始复开通"[①]。

参加这次御前会议的，有三公之一的太尉府的属官，有廷尉、长乐卫尉等诸卿，还有司隶校尉和尚书等。尚书是在汉代逐步发展起来的一个中枢机构，从汉武帝以后权力日重，东汉时已发展为独立的机构——尚书台，故其得以参与国家政事之谋议。司隶校尉负责督察百官，兼部领京师州郡。东汉初规定朝会时，其得与御史中丞、尚书令"专席而坐"，号称"三独坐"[②]，可见其权力、地位之特殊。这次会议否定了放弃西域和出击匈奴这两种极端的主张，制定了既能最大限度地维护东汉皇朝在西域的利益，又比较切实可行的方针和措施，从而收到了继续"羁縻西域"并进而开通"前部"的功效。这是一次比较成功的外交决策，这与吸收了熟悉西域事务的人员与会有关，又经过公卿百官与其反复论难，最后选择了这一最佳决策方案。

由皇帝亲自召开御前会议进行外交决策，君臣直接对话，便于对复杂的外交大事迅速做出决策。但并非所有的外交问题在御前会议上都能

[①] 《后汉书》卷四七《班超传附班勇传》，第1587—1589页。
[②] 《后汉书》卷二七《宣秉传》，第927页。

立即做出决定。东汉建武二十七年（51），北匈奴遣使至武威，要求与汉和亲，"天子召公卿廷议，不决"①。这是因为当时南匈奴归附东汉不久，如与北匈奴和亲可能导致南匈奴离贰等后果，故尔颇费斟酌。

运用御前会议这一方式进行外交决策，还可以使皇帝直接听取臣下各种不同意见，便于在多种方案中进行选择，作出优化的对策。明帝永平十八年（75），北匈奴围攻西域戊校尉耿恭于金蒲城，又围己校尉关宠于柳中城。耿恭率励将士，英勇御敌，坚持数月之久，只剩士卒数十人。时值明帝死，章帝新即位，东汉救兵不至，车师趁机而叛。于是关宠上书求救，章帝为此召开御前公卿会议商议对策。会上司空第五伦以为不宜出兵援救。司徒鲍昱反对第五伦的意见，认为"今使人于危难之地，急而弃之"，其影响将非常恶劣，"外则纵蛮夷之暴，内则伤死难之臣"。如果今后再有边事发生，匈奴再次犯塞为寇，"陛下将何以使将"？而且戊、己校尉二部兵力不过各有数十人，匈奴包围他们久而不下，可见他们是在寡不敌众的情况下尽了最大努力了。因此，鲍昱建议"可令敦煌、酒泉太守各将精骑二千，多其幡帜，倍道兼行，以赴其急。匈奴疲极之兵，必不敢当，四十日间，足还入塞"②。最后汉章帝采纳了鲍昱的意见。

尽管章帝新即位，还缺乏处理复杂外事工作的经验，但是他亲自主持此次决策会议，直接听取臣下不同意见的争论；在两种对立的意见中，以司徒鲍昱为代表的一方主张出兵援救的理由论证充分，又有具体的援救措施，因而被章帝采纳。于是东汉政府调集七千余人的兵力，于次年正月"会柳中，击车师，攻交河城，斩首三千八百级，获生口三千余人，驼驴马牛羊三万七千头"。其结果是"北虏惊走，车师复降"③。事实证明这一决策是正确的，不仅挽救了戊校尉、己校尉二部将士生命，使其得以安全返塞，而且在一定程度上遏止了北匈奴在西域的势力，维护了东汉在西域的利益。表面上看这是一次军事行动，实际上牵涉汉与北匈奴、西域三者关系以及汉、匈对于西域的争夺。

由于君主专制制度固有的性质所决定，皇帝在御前决策会议上独断

---

① 《后汉书》卷八九《南匈奴传》，第2945页。
② 《后汉书》卷一九《耿恭传》，第722页。
③ 同上。

专行，打击、压制不同意见的现象亦有所见。武帝元狩四年（前119），"匈奴来请和亲，群臣议上前"。这是武帝主持召开的一次群臣会议。且看君臣在会上的一段对话：

> 博士狄山曰："和亲便。"上问其便，山曰："兵者凶器，未易数动。高帝欲伐匈奴，大困平城，乃遂结和亲。孝惠、高后时，天下安乐。及孝文帝欲事匈奴，北边萧然苦兵矣……竟景帝不言兵，天下富实。今自陛下举兵击匈奴，中国以空虚，边民大困贫。由此观之，不如和亲。"上问（张）汤，汤曰："此愚儒，无知。"狄山曰："臣固愚忠，若御史大夫汤乃诈忠……"于是上作色曰："吾使生居一郡，能无使虏入盗乎？"曰："不能。"曰："居一县？"对曰："不能。"复曰："居一障间？"山自度辩穷且下吏，曰："能。"

武帝果然把狄山派去边境镇守要塞，"至月余，匈奴斩（狄）山头而去。自是以后，群臣震慑"①。外交决策会议除公卿参加以外，通常还有博士参加。博士隶属太常，"掌通古今"②，可以参与议政。狄山因违反了武帝的意愿，落得个悲惨的下场，皇帝对决策的独断专行和打击压制不同意见的情况于此可见。

公元2世纪50年代，鲜卑族在其首领檀石槐的领导下崛起，"因南抄缘边，北拒丁零，东却夫余，西击乌孙，尽据匈奴故地，东西万四千余里，南北七千余里，网罗山川水泽盐池"，成为汉朝在北边的严重威胁。灵帝初立，"幽、并、凉三州缘边诸郡无岁不被鲜卑寇抄，杀略不可胜数"。熹平六年（177）鲜卑又屡屡进犯三边，护乌桓校尉夏育上言请求发兵出击。但是"大臣多有不同，乃召百官议朝堂"。会上，议郎蔡邕详尽地申述了不宜进兵的主张。议郎职掌顾问应对，朝廷每有大事，常参与议政。蔡邕总结历史经验教训，结合当时内部危机严重，农民反抗斗争日益激烈的现实，反对大规模对外用兵，认为"夫边陲之患，手足之疥搔；中国之困，胸背之癕疽"。但是"帝不从"。于是派兵"三道出

---

① 《史记》卷一二二《酷吏列传·张汤传》，第3141页。
② 《汉书》卷一九上《百官公卿表上》，第726页。

塞二千余里"，结果大败，"死者十七八"①。由此可见皇帝的愚智及其能否正确抉择不同意见，对于决策的正确与否起着决定性的作用。

（二）御前中朝会议

西汉朝官自武帝始，有中朝与外朝之分。中外朝官员之区分，据孟康说："大司马、左右前后将军、侍中、常侍、散骑、诸吏为中朝；丞相以下至六百石为外朝也。"②皇帝与中朝亲近而与外朝较疏远。西汉中后期，皇帝有时撇开外朝官员，直接召开中朝会议进行外交决策。

中外朝的产生与两汉外交态势之发展变化有直接关系。西汉前期，外交基本上处于被动和守势状态，中期以后转变为主动与攻势的状态。汉武帝就是在这一历史转变时期多置左右近臣，逐渐形成"中朝"为其外交谋议决策之参谋：

> 郡举贤良，对策百余人，武帝善（严）助对，繇是独擢助为中大夫。后得朱买臣、吾丘寿王、司马相如、主父偃、徐乐、严安、东方朔、枚皋、胶仓、终军、严葱奇等，并在左右。是时征伐四夷，开置边郡，军旅数发，内改制度，朝廷多事，娄举贤良文学之士。公孙弘起徒步，数年至丞相，开东阁，延贤人与谋议，朝觐奏事，因言国家便宜。上令助等与大臣辩论，中外相应以义理之文，大臣数诎。其尤亲幸者，东方朔、枚皋、严助、吾丘寿王、司马相如。③

这一记载表明，到了汉武帝时大举"征伐四夷，开置边郡"，对外关系进入一个新的历史阶段，因而"朝廷多事"，外交事务亦空前繁剧。就是在这种历史背景下汉武帝大力延揽人才，多置左右近臣，作为谋议决策之参谋。值得注意的是，不仅皇帝为然，丞相也大力"延贤人与谋议"。于是在这个时期决策过程中呈现了一种新的景象：皇帝的左右近臣"与大臣辩论，中外相应以义理之文"的盛况。这里的"'中'谓天子之

---

① 《后汉书》卷九〇《乌桓鲜卑列传》，第2989—2994页。
② 《汉书》卷七七《刘辅传》注引，第3253页。
③ 《汉书》卷六四上《严助传》，第2775页。

宾客，若严助之辈也；'外'谓公卿大夫也"①。而且在"中""外"进行决策辩论中，往往外朝的"大臣数诎"，表明武帝周围的"内朝"确实聚集了许多有才华的人士。这对于提高决策的正确性、合理性，即更符合国家最大利益起了积极的作用。这是汉代决策水平提高的表现。与此同时汉代外交决策也进入了一个新的阶段，对于推动对外关系的发展起到了积极的作用。兹举两事以明之。

其一，建元三年（前138），闽越举兵围东瓯，东瓯告急于汉。当时武帝即位日浅，年未二十，即以此事询问于太尉田蚡。田蚡认为越人自秦时即弃而不属，这是他们自相攻击的平常事，而且他们反复无常，故没有必要烦劳中国前往援救。于是武帝亲信之臣严助诘问田蚡道："特患力不能救，德不能覆，诚能，何故弃之？且秦举咸阳而弃之，何但越也！今小国以穷困来告急，天子不振，尚安所愬，又何以子万国乎？"认为现在与秦的情况已不同，如今国力强大，拯救一小国，足以子万国，驳斥了其放弃瓯越之地的论调。汉武帝完全同意严助的见解，说："太尉不足与计。吾新即位，不欲出虎符发兵郡国。"②认为这样的问题与太尉商议无益，于是派遣严助持节直接至会稽发兵。汉兵未至，闽越即已引兵退走。

对于是否出兵援助东瓯以反击闽越的进犯，太尉持反对态度，他的认识还停留于"越人相攻击，其常事……自秦时弃不属"的旧观念中。汉武帝不得不依靠严助等近臣与其进行辩论。严助以天子当"子万国"，"诚能，何故弃之"的新眼光驳斥了田蚡。于是武帝撇开太尉，依靠近臣，毅然出兵援救，结果导致东瓯之内迁，并为日后闽越之内属打下了基础。事实证明，这一决策对于多民族统一国家的发展起到了积极的作用。

从表面上看，东瓯、闽越问题似与外交关系不大，实则是汉武帝外交战略的重要组成部分之一。东瓯和闽越是汉皇朝建立后最早册封的分布于东南地区的百越族封国，建元三年（前138）两国相争之时，正是武帝派遣张骞第一次通西域，以图联络月氏，从右翼牵制匈奴，以解除对

---

① 《汉书》卷六四上《严助传》注，第2776页。
② 《汉书》卷六四上《严助传》，第2776页。

于汉皇朝最大威胁——匈奴。与此同时，解决内部割据势力、统一国家，解除后顾之忧，与联络西域遥相呼应，都是武帝解决匈奴问题战略方针的组成部分。解决内部割据势力，是从东南而南方，而西南夷，大体按照顺时针的顺序而次第进行的，故武帝首先从东瓯和闽越开刀，它与张骞通西域都是汉皇朝解决匈奴问题战略方针的组成部分。

其二，元朔二年（前127）主父偃向汉武帝盛言朔方"地肥饶，外阻河，蒙恬筑城以逐匈奴，内省转输戍漕，广中国，灭胡之本也"。汉武帝看了他的报告后，将其"下公卿议"，公卿反对这个主张，"皆言不便"。其中如内史公孙弘就认为："秦时尝发三十万众筑北河，终不可就，已而弃之。"① 次年以公孙弘为御史大夫，"是时，方通西南夷，东置苍海，北筑朔方之郡。公孙弘数谏，以为罢敝中国以奉无用之地，愿罢之"。公孙弘继续坚持反对开朔方的成见，于是"天子使朱买臣等难以置朔方之便，发十策，弘不得一。弘乃谢曰：'山东鄙人，不知其便若是，愿罢西南夷、苍海而专奉朔方。'上乃许之"②。朱买臣提出十个问题质问公孙弘，公孙弘一个也回答不了，经过武帝亲信之臣朱买臣与其进行反复而激烈的辩论，迫使他不得不放弃原先的看法，接受了开朔方的主张，是年春，遂罢苍海郡，全力开朔方郡。

主父偃是在武帝于元朔二年发动进攻匈奴、收复其所占河南地之时提出筑朔方建议的。夺取河南地的战役，是武帝为扭转汉对匈奴关系的被动局面，以武力求和平的战略方针的第一步。而筑朔方则是进一步实现武帝这一战略方针的重要措施。但是以公孙弘为代表的公卿对这个措施的重要意义并不理解，他也是以秦时的失败经验看待武帝筑朔方之举的。武帝依然不顾公卿的反对而毅然实施筑朔方的行动，同时依靠朱买臣等左右近臣与公卿经过激烈辩论才说服他们同意这一决策的。解决匈奴问题是汉代外交的、军事的首要问题，从软、硬两手配合进行。

从上述两事我们可以看到：当时公卿们对于变化了的内外形势，尚未有充分的认识，他们还或多或少地停留在旧的认识水平上；他们对于武帝推行的新的对外战略方针还不甚理解，因而在外交决策方面多所掣

---

① 《汉书》卷六四上《主父偃传》，第2803页。
② 《资治通鉴》卷一八《汉纪十》武帝元朔三年（前126），第610页。

肘。而武帝所引用的一批新进人才，身处其左右，参与谋议，对于武帝的战略意图理解较深，因而能够根据变化了的历史条件提出并支持新的、积极进取的外交方针。武帝也正是依靠这批新进人才，与外朝公卿进行"诘难"，并使他们"数诎"，从而保证了其外交方针政策的推行，这对于在新的历史条件下推动积极进取的新的外交方针无疑起了积极的作用。以往论者多从君、相矛盾出发论证中外朝之产生，实际上它的产生与新的历史条件和时代要求有着密切的关系，是汉代统治集团在新形势下对于决策机制所作的调整和强化，是当时决策水平提高的一种表现。

武帝之后，西汉皇帝继续经常依靠"中朝"以进行决策。

宣帝元康二年（前64），匈奴发兵进攻汉在车师的屯田，郑吉率渠犁田卒七千余人往救，反被匈奴所包围，郑吉要求汉朝派兵援救。为此"上与后将军赵充国等议，欲因匈奴衰弱，出兵击其右地，使不敢复扰西域"。赵充国为后将军，是中朝官。这是宣帝主持召开的中朝会议。当时的丞相是魏相，他作为外朝官之首并没有参加此次会议。他在得知这一决策后，上书反对，其中说道："今闻诸将军欲兴兵入其地，臣愚不知此兵何名者也。"① 可见这次决策会议是宣帝与后将军赵充国和其他"诸将军"共同参与的，所谓"诸将军"，即中朝官。由于"丞相不与中朝之议，故言闻诸将军"②。魏相上书中还说道：现在边郡困乏，内部不稳，"今左右不忧此，乃欲发兵报纤介之忿于远夷"。这里的"左右，谓近臣在天子左右者"③。中朝官即在天子左右之近臣。

五凤元年（前57）匈奴发生内乱，汉"议者多曰匈奴为害日久，可因其坏乱举兵灭之"。但宣帝对此拿不定主意，于是派中朝官韩增等人去向御史大夫萧望之问"计策"④。萧望之作为三公之一的御史大夫并没有参与此次会议，而是在事后由皇帝特派中朝官员前往问计，可知前述之"议者"不包括外朝之三公，这无疑也是一次中朝决策会议。

（三）御前公卿将军大议

当遇到外交上的疑难问题时，皇帝有时召开公卿、将军大议以商讨

---

① 《汉书》卷七四《魏相传》，第3136页。
② 《资治通鉴》卷二五《汉纪十七》，宣帝元康二年（前64），胡三省注曰，第828页。
③ 《汉书》卷七四《魏相传》及注引颜师古曰，第3136—3137页。
④ 《汉书》卷七八《萧望之传》，第3279页。

对策。这里的"公卿"指外朝官员,"将军"指内朝官员。公卿将军大议,即中外朝官员的联席会议。

哀帝建平四年(前3)匈奴单于遣使上书,提出因健康原因不能依时于今年来朝,请改变日期,"愿朝明年"。为此,光禄大夫左曹给事中息夫躬上奏,认为单于托病不朝,恐生他变。当时乌孙昆弥卑爰疐纳质于匈奴,双方存在矛盾,于是息夫躬提出一个计谋:让归降的胡人扮作乌孙卑爰疐派来的使者,上书欲借汉朝的威势,令匈奴归还其质子。然后将乌孙的上书下达"诸将军,令匈奴客闻焉",故意让匈奴使者听见乌孙上书的内容,以达到离间匈奴与乌孙关系的目的。"书奏,上引见躬,召公卿、将军大议。"① 公卿为外朝官员,将军指中朝官员。这是哀帝主持的中外朝官员大会。两汉时期的"大议"不必都指中外朝大会,凡全体会议均可称大议②。不过这次会议则是一次中外朝大会。这次中外朝会议中发生了激烈的争论,左将军公孙禄认为"中国常以威信怀服夷狄",而息夫躬却造设奸诈不实之计谋,不可允许。他进一步阐述道:"且匈奴赖先帝之德,保塞称蕃。今单于以疾病不任奉朝贺,遣使自陈,不失臣子之礼。"因而公孙禄声言,敢保证自己有生之年"不见匈奴为边竟忧也"。息夫躬反制曰:"臣为国家计几先,谋将然,豫图未形,为万世虑。而左将军公孙禄欲以其犬马齿保目所见。臣与禄异议,未可同日语也。"双方争执不下,于是"上曰:'善'。乃罢群臣,独与躬议"③。此次中外朝合议未能作出决策,于是哀帝解散会议,单独与息夫躬商议。当时息夫躬甚得哀帝亲信,其所任给事中为加官,也是中朝官。

元帝初元四年(前45),匈奴郅支单于遣使来求其侍子,为此"汉议遣卫司马谷吉送之",但御史大夫贡禹等人反对。于是谷吉上书表示愿意出使护送匈奴侍子至单于庭。究竟要不要遣使匈奴,决策集团纷争不已,于是元帝以谷吉上书颁示朝臣,但贡禹仍坚持原议,认为派遣谷吉前往匈奴"必为国取悔生事,不可许"。而右将军冯奉世则"以为可遣,

---

① 《汉书》卷四五《息夫躬传》,第2182—2183页。
② 《汉书》卷八九《循吏传·黄霸传》:"公卿大议廷中",颜师古注曰:"大议,总会议也。"第3629页。
③ 《汉书》卷四五《息夫躬传》,第2183—2184页。

上许焉"①。御史大夫为外朝官，右将军为中朝官，可知这也是公卿将军合议决策。

(四) 御前会议决策的特点

以上是两汉时期御前会议进行外交决策的基本情况。从中我们可以看到御前会议决策具有如下几个特点。

1. 御前决策会议有三个层次，即御前公卿会议，御前中朝会议和御前公卿将军大议（即中外朝合议）

其中御前中朝会议和中外朝合议主要出现于西汉中后期，这是由于其时中央权力结构变化而引致的，并由此而导致中外朝对于外交决策权力的争夺。丞相魏相反对宣帝与中朝官所作关于出兵匈奴的决策时，向宣帝建议"愿陛下与平昌侯、乐昌侯、平恩侯及有识者详议乃可"。这里提到的"平昌侯王无故、乐昌侯王武，并帝之舅。平恩侯许伯，皇太子外祖父也"②。这几位外戚在政治上未见突出能力与作为，魏相之意主要在于让宣帝与"有识者"商议，这"有识者"实际上是指以丞相为首的外朝官员。上述御前决策会议绝对不是全部，只不过是文献记载中关于会议议题、参加成员、辩论情况或前因后果、相关程序等要素比较明确或详细的，但是还是能够大体上反映汉代外交决策的基本情况和问题。从中可见，御前公卿会议这种层级的会议最多，这是两汉御前决策会议的最主要、最基本的形式。在西汉前期和东汉时期御前决策基本上采取的是这种方式。

2. 御前决策会议的议题均为重大、紧迫的外交问题

首先，从议题内容看，主要有五个方面。一是和战问题。在上述御前会议中有八次是关于和战问题的，即惠帝三年（前191）讨论以和平方式还是战争方式回应匈奴冒顿单于来书侮辱吕后的问题，文帝初年讨论是否出兵征讨南越、朝鲜的问题，武帝元光二年（前134）讨论是否主动出击匈奴问题，宣帝元康二年（前64）讨论是否出击匈奴右地，令其不敢再扰西域的问题，五凤元年（前57）讨论是否乘匈奴内乱而出兵灭之的问题，明帝永平十八年（75）讨论是否出兵解救被北匈奴围困的戊己

---

① 《汉书》卷七〇《陈汤传》，第3008—3009页。
② 《汉书》卷七四《魏相传》及颜师古注，第3136页。

校尉的问题，安帝元初六年（119）讨论是否出兵反击北匈奴的问题，灵帝熹平六年（177）是否出兵反击鲜卑檀石槐进犯问题。和战问题是御前决策会议讨论最频繁的问题。外交与战争本是密切联系、相互依存的。二是和亲问题，为四次，即武帝元封六年（前105）讨论是否许可乌孙求尚汉公主问题，元光二年（前134）讨论是否改变和亲政策问题（与上述是否主动出击匈奴问题同时讨论），元狩四年（前119）讨论对匈奴的和亲是否还需要坚持的问题，光武帝建武二十七年（51）讨论是否答应北匈奴和亲之请的问题。和亲是两汉政权与周边国家或政权维系外交关系的重要手段，因而也是御前会议所讨论的重要问题之一。三是西域问题，为一次，安帝元初六年（119）讨论是否放弃西域的问题（与上述是否出兵反击北匈奴问题同时讨论）。四是遣使送质的问题，为一次，即元帝初元四年（前45）讨论是否遣使送匈奴侍子问题。五是单于来朝问题，为一次，即哀帝建平四年（前3）关于匈奴单于要求推迟至明年来朝的问题。君主来朝也是两汉政权维系对外关系的重要方式之一。不少决策会议往往与其他问题交叉讨论，但仍然可以看到和战问题是御前决策会议所讨论的最主要问题，除上述八次之外，其他会议中也或多或少与和战问题相关。此外即为双边之外交关系问题，如和亲、质侍[①]、朝贡、遣使等问题。如果从国别或地区来看，与匈奴相关议题十一次，与西域相关议题四次，与南越、朝鲜、鲜卑相关议题各一次。由此可见汉代外交的重点首先是匈奴问题，其次是西域问题。从议题来源看，上述会议议题主要为三个方面。一是对方来书、来使所提出或引致的外交问题，共为六桩，即惠帝三年（前191）之匈奴冒顿单于来书、武帝元狩四年（前119）之匈奴来请和亲、元封六年（前105）之乌孙来请和亲、元帝初元四年（前45）之匈奴求送侍子、哀帝建平四年（前3）之匈奴单于"遣使言病"、光武帝建武二十七年（51）之北匈奴请求和亲。二是边境官员之请求或建议，共为五桩，即武帝元光元年（前135）雁门马邑豪帅聂壹通过大行王恢建议出击匈奴、宣帝元康二年（前64）驻西域渠黎屯田将

---

① "质侍"一词为笔者所创，为"质子"与"侍子"两词之合称，其含义详见黎虎《汉代外交体制研究》第四章第五节（二）"汉代之由'质'而'侍'"，商务印书馆2015年版，第489—491页。

领郑吉求援反击匈奴、明帝永平十八年（75）已校尉关宠之上书求援、安帝元初六年（119）敦煌太守曹宗建议出击匈奴收复西域、灵帝熹平六年（177）护乌桓校尉夏育建议攻打鲜卑。三是中央决策集团成员主动提出的问题，即文帝即位初之议击南越朝鲜、宣帝五凤元年（前57）之议击匈奴问题。由此可见议题多由对方来书、来使所提出或引致之问题，其次为边境官员所提出之问题，只有少量为中央决策集团主动提出之问题。

3. 御前会议决策程序

第一，御前会议的议题由皇帝亲自下达。皇帝根据上述三方面之议题来源，感到有必要召开御前会议讨论决策时；或者公卿百官廷议之后无结果时；或者决策集团出现严重意见分歧时，均可召开御前会议。第二，参加会议的成员及会议方式由皇帝决定。一般而言公卿百官会议的成员均可参加，人员相当广泛。但皇帝也可根据会议所要解决的问题而指定专人与会，元初六年邓太后主持的会议便特邀熟悉西域问题的班勇参加。在御前会议上，皇帝有时也把亲幸召上殿以备顾问，明帝时耿秉"拜谒者仆射，遂见亲幸。每公卿会议，常引秉上殿，访以边事，多简帝心"①。第三，畅所欲言，争论热烈。这种会议虽由皇帝直接主持，但在会上围绕所要解决的问题可以展开热烈的讨论，惠帝三年吕后主持的会议上，樊哙与季布争论之激烈达到"殿上皆恐"的地步，元初六年邓太后主持的会议上，百官对班勇所提出的主张就曾一一加以质疑问难，反复推敲论证。有时因意见不同还发生激烈的争吵，如建平四年息夫躬与公孙禄之争论。不仅与会成员可以热烈争论，皇帝与臣下也可以面对面交锋争论，元狩四年武帝主持的会议上，武帝与博士狄山的争论就是一个例证，虽然武帝以惩罚手段压制了狄山的意见，但君臣在御前会议上可以面对面争论则是当时的实际情况。第四，御前会议最终的决断权集中于皇帝。根据会议上所提各种方案，由皇帝择优决断，做出决策，省却了整理会议结果再上报皇帝批准的烦琐手续，因而可以较快采取相应的外交对策。虽然皇帝有时可根据"从众"的原则听取大多数人的意见，做出比较优化的决策，但有时也可

---

① 《后汉书》卷一九《耿弇传》附《耿秉传》，第716页。

置多数意见于不顾而独断专行,熹平六年,灵帝主持讨论是否对鲜卑用兵的会议,事前"大臣多有不同",反对出兵,会上蔡邕又详细论证了反对的理由,但是"帝不从",还是悍然出兵,结果招致大败。

4. 御前决策会议的地点一般是在朝堂

前述邓太后、汉灵帝所召开的御前决策会议都明言是在"朝堂"进行的。班固《西都赋》谓:"左右庭中,朝堂百僚之位,萧、曹、魏、邴,谋谟乎其上。"① 萧何、曹参、魏相、邴吉均为西汉相国或丞相,"朝堂盖在殿廷左右"②,则朝堂为丞相与皇帝议政决策之所。《周礼·考工记·匠人》:"外有九室,九卿朝焉。"东汉郑玄注云:"九室如今之朝堂,诸曹治事处。"③ 东汉改丞相为司徒,"司徒府中有百官朝会殿,天子与丞相决大事"。百官朝会殿即朝堂,"国每有大议,天子车驾亲幸其殿"④。朝堂为皇帝与臣下议政之所。可知遇有外交上的重大问题时,皇帝要亲临朝堂主持百官集议以进行决策。这从一个侧面表明两汉的决策中枢是在丞相府、司徒府。

二 垂询决策

皇帝在进行外交决策时,并非都是通过召开会议这一形式,还有其他形式,垂询决策就是比较常用的形式之一。这种方式是皇帝通过垂询有关人员而直接做出决策。

皇帝垂询的对象主要有三类,第一类是熟悉外事外情的有关人员,第二类是三公,第三类是宫省近臣。

(一)熟悉外事外情的有关人员

这类人员又有如下三种:即外交使节、熟悉外事之官员或降附者。

1. 外交使节

西汉建国之初,北边匈奴在冒顿单于领导下,国势强大,"控弦之士

---

① (汉)班固:《西都赋》,(梁)萧统编,(唐)李善注:《文选》卷一,中华书局1977年版,第26页。
② 《资治通鉴》卷五〇《汉纪四十二》,安帝永宁元年(120)胡三省注,第1603页。
③ 《周礼注疏》卷四一《冬官考工记下·匠人》,第928页。
④ 《续汉书》志二四《百官志一》注引干宝、应劭语,见点校本《后汉书》,第3560页。

三十余万……尽服从北夷，而南与中国为敌国"①。匈奴成为新建立的汉皇朝的严重威胁。在汉七年（前200）对匈奴战争失败之后，汉高祖苦谋对策，于是向曾经出使匈奴的刘敬征询计策，匈奴"数苦北边。上患之，问刘敬"。刘敬洞悉匈奴内情，对曰："天下初定，士卒罢于兵，未可以武服也。冒顿杀父代立，妻群母，以力为威，未可以仁义说也。独可以计久远子孙为臣耳，然恐陛下不能为。"刘敬根据汉、匈国情，认为不能以武力解决问题，应从长计议，改用其他方式手段方能奏效。高祖急切地问道："诚可，何为不能！顾为奈何？"刘敬提出了自己独特的解决汉、匈争斗的一种方式，对曰："陛下诚能以嫡长公主妻之，厚奉遗之，彼知汉嫡女送厚，蛮夷必慕以为阏氏，生子必为太子，代单于。何者？贪汉重币。陛下以岁时汉所余彼所鲜数问遗，因使辩士风谕以礼节。冒顿在，固为子婿；死，则外孙为单于。岂尝闻外孙敢与大父抗礼者哉？兵可无战以渐臣也。若陛下不能遣长公主，而令宗室及后宫诈称公主，彼亦知，不肯贵近，无益也。"这就是著名的"和亲策"。其方式之核心是以汉皇室公主嫁与匈奴为阏氏，辅以财物之馈送，礼义之浸染，通过这一方式达到维系双方和平友好之目的。实即以血缘的、经济的、文化的联系与影响，收化敌为友、渐为外臣之效果。刘敬将这一古老外交方式与手段提升到一个新的高度，闪耀着智慧的火花。高祖接受了这一主张，于是"使刘敬往结和亲约"②。

这是汉高祖直接征询刘敬的意见，而做出与匈奴和亲的决策。这一决策不仅成为汉代的，而且也成为后世历代皇朝的一项重要外交策略。此事发生于高帝八年（前199），此前一年刘敬曾奉命出使匈奴，因其刺探匈奴虚实准确可靠，曾受到高帝的嘉奖，封为关内侯，因而被垂询于对匈奴外交方略之决策。

汉高祖在对待使节在外交决策中的作用问题上是有过教训的。高帝七年（前200）时"韩王信反，高帝自往击之。至晋阳，闻信与匈奴欲共击汉，上大怒"③。于是高帝遣使前往匈奴刺探虚实。但冒顿事先将其

---

① 《史记》卷一一〇《匈奴列传》，第2890页。
② 《史记》卷九九《刘敬列传》，第2719页。
③ 同上书，第2718页。

壮士及肥壮之牛马藏匿,而让汉使只能见到老弱者及瘦弱牲畜,以迷惑汉使。于是"使者十辈来,皆言匈奴可击"。在这种情况下,高祖"复使刘敬往使匈奴"①。刘敬回来向高祖报告说:"两国相击,此宜夸矜见所长。今臣往,徒见羸瘠老弱,此必欲见短,伏奇兵以争利。愚以为匈奴不可击也。"当时汉兵已经越过句注山(今山西代县西北),二十余万大军也已经出发。于是高祖大怒,骂刘敬道:"齐虏!以口舌得官,今乃妄言沮吾军。"并将其囚禁于广武。高祖继续率军前往,与匈奴决战于平城。高祖没有听从刘敬的建议,而是根据前使错误的情报而做出征伐匈奴的决策。结果平城之役失败,高祖及西汉大军被围困白登七日才得解脱。回到广武,高祖赦免了刘敬,说:"吾不用公言,以困平城。吾已斩前使十辈言可击者矣。"② 通过这次教训,刘邦对称职的、优秀的使节在外交决策中的重要性的认识有所加强,因而有上文所述向刘敬征询而做出和亲匈奴的重大外交决策。此后他还多次派刘敬出使匈奴,并经常听取他对匈奴方略的意见。

张骞第一次出使西域回国后,曾向汉武帝详细报告了出使之见闻,"身所至者大宛、大月氏、大夏、康居,而传闻其旁大国五六,具为天子言之……天子欣然,以骞言为然"。汉武帝对此极感兴趣,不止一次地向张骞了解西域情况,"是后天子数问骞大夏之属"。张骞在向武帝汇报时乘机提出了联络乌孙以"断匈奴右臂"③ 的建议。于是汉武帝决定派遣张骞第二次出使西域,从而进一步打开了通向西方世界之门。

乌孙是汉皇朝在西域的重要联盟者。宣帝甘露元年(前53),乌孙肥王翁归靡的匈奴妻所生儿子乌就屠自立为昆弥,汉解忧公主长子元贵靡不得立,在这汉、匈争夺乌孙的紧急时刻,"宣帝征冯夫人,自问状"。冯夫人即和亲乌孙之解忧公主的侍者冯嫽,她"能史书,习事,尝持汉节为公主使,行赏赐于城郭诸国,敬信之,号曰冯夫人"④。所谓"习事",即"内习汉事,外习西域诸国事也"⑤。可见她是一位熟悉西域情

---

① 《资治通鉴》卷一一《汉纪三》,高帝七年(前200),第377页。
② 《史记》卷九九《刘敬列传》,第2718页。
③ 《史记》卷一二三《大宛列传》,第3160、3166、3168页。
④ 《汉书》卷九六下《西域传下》,第3907页。
⑤ 《资治通鉴》卷二七《汉纪十九》,宣帝甘露元年(前53)胡三省注,第883页。

况的出色的外交使者。而且她与乌孙统治集团成员又有良好的密切关系，她嫁给乌孙右大将为妻，而这位右大将与乌就屠关系很亲密。因此宣帝特召见她征询意见，作出派遣她出使乌孙解决其政治纷争的决策。于是"冯夫人锦车持节"，前往乌孙，把乌就屠召到乌孙国都赤谷城，晓以利害，进行调停。从而达成有利于汉、乌关系的协议，立元贵靡为大昆弥，乌就屠为小昆弥，皆赐以印绶。于是"破羌将军不出塞，还"①。冯嫽果然不辱使命，圆满地解决了乌孙的王位纷争，使汉皇朝在与匈奴争夺乌孙控制权的斗争中赢得了一个重要回合，促进了汉、乌关系的发展。

2. 熟悉外事之官员

五凤元年（前 57）匈奴大乱，宣帝召开中朝决策会议，商讨对策。当时大多数人主张趁机出兵消灭匈奴，但宣帝犹豫未决，于是派中朝官大司马车骑将军韩增、诸吏富平侯张延寿，以及光禄勋杨恽、太仆戴长乐等人前去向御史大夫萧望之"问计策"。萧望之反对乘乱而伐之，认为："前单于慕化乡善称弟，遣使请求和亲，海内欣然，夷狄莫不闻。未终奉约，不幸为贼臣所杀，今而伐之，是乘乱而幸灾也，彼必奔走远遁。不以义动兵，恐劳而无功。"并提出了具体的建议："宜遣使者吊问，辅其微弱，救其灾患。"认为这样做的结果将使"四夷闻之，咸贵中国之仁义。如遂蒙恩得复其位，必称臣服从，此德之盛也"。其意义深远，影响巨大。宣帝采纳了萧望之的意见，"后竟遣兵护辅呼韩邪单于定其国"②。萧望之曾任大鸿胪，主管外交工作，有外事的经验与知识，故宣帝特派中朝官员等前往问计。

元帝竟宁元年（前 33），汉以王昭君嫁匈奴呼韩邪单于后，"单于欢喜，上书愿保塞上谷以西至敦煌，传之无穷，请罢边备塞吏卒"。提出让汉朝撤销北部边防的请求。于是"天子令下有司议，议者皆以为便"。而郎中侯应提出反对，认为不能答应匈奴的这种要求。于是元帝"问状"，侯应列举了十条理由加以申述，"对奏，天子有诏：'勿议罢边塞事。'"元帝在听取侯应的意见之后，决定不解除边塞武备，并派车骑将军许嘉向呼韩邪单于进行解释。呼韩邪表示满意，从而圆满地处理了双方这一

---

① 《汉书》卷九六下《西域传下》，第 3907 页。
② 《汉书》卷七八《萧望之传》，第 3279—3280 页。

微妙关系。元帝之亲自询问并重视侯应之意见，不仅因为他作为郎中，居职亲近，而且因其"习边事"①，所提意见中肯。

章和二年（88）章帝死，窦太后临朝。是年七月，南匈奴单于上书要求乘北匈奴饥乱，与汉兵联合攻打北匈奴。窦太后将南单于的书信"以示耿秉"。耿秉时为执金吾，他看了南单于的书信后，上言可以北伐，于是"太后从之"②。耿秉长期与匈奴打交道，对匈奴情况非常了解，范晔赞曰："（耿）秉洽胡情"，故常被皇帝"访以边事"③。

有的官员虽已离职退休，但因熟悉外情与外交事务，也可能被皇帝召见垂询。赵充国致仕就第后，"朝廷每有四夷大议，常与参兵谋，问筹策焉"。这不仅因为他曾任中朝官，为皇帝近密，而且因为他"通知四夷事"④，熟悉外情和外交事务。

甚至犯了错误受处分的熟悉外事、外情的官员也可能被召垂询。成帝建始四年（前29），西域都护段会宗被乌孙兵包围，派驿骑上书成帝请求调发西域城郭诸国和敦煌郡的兵力以解围自救。当时丞相王商、大将军王凤以及百僚讨论了几天不能做出决定。王凤向成帝建议，说：陈汤"多筹策，习外国事，可问"。于是"上召汤见宣室"。陈汤曾长期出使西域，任西域副校尉，后因矫制发城郭诸国兵击斩匈奴郅支单于和上书言康居王侍子非王子事不实，遭到斥逐，待罪士伍。由于陈汤熟悉西域情况，故成帝召他入见垂询。陈汤在当年攻打匈奴郅支单于时，感受风寒得病，两臂不能屈伸。成帝召见陈汤时，优礼有加，特诏其毋庸跪拜。成帝将段会宗的奏疏给陈汤看。陈汤辞谢道："将相九卿皆贤材通明，小臣罢癃，不足以策大事。"成帝答曰："国家有急，君其毋让。"于是陈汤陈述了自己对此事件的看法，说："臣以为此必无可忧也。"宣帝问："何以言之？"于是陈汤向成帝分析了胡、汉的兵力长短与态势，不同意发兵相救，认为"今（段）会宗欲发城郭敦煌，历时乃至，所谓报仇之兵，非救急之用

---

① 《汉书》卷九四下《匈奴传下》，第3803、3805页。
② 《后汉书》卷八九《南匈奴列传》，第2992—2993页。
③ 《后汉书》卷一九《耿秉传》，第725、716页。
④ 《汉书》卷六九《赵充国传》，第2994、2971页。

也"。成帝问："奈何？其解可必乎？度何时解？"陈汤"知乌孙瓦合，不能久攻，故事不过数日。因对曰：'已解矣！'屈指计其日，曰：'不出五日，当有吉语闻。'"他估计乌孙只能坚持数天，实际上当时已经解围了，果然不出陈汤所料，"居四日，军书到，言已解"①。陈汤长期担任驻西域官员，对西域情况非常了解，因而判断准确可靠，可见这类人员在外交决策中有着特殊的重要性。

成帝召见陈汤垂询的地点是在宣室。宣室"在未央宫殿北"，乃"未央前殿正室也"②。这里是西汉皇帝垂询臣下进行决策的重要地点。汉文帝曾在宣室召见贾谊，询问鬼神之事。"贾生征见。孝文帝方受釐，坐宣室。上因感鬼神事，而问鬼神之本。贾生因具道所以然之状。"③ 汉宣帝也"常幸宣室，斋居而决事，狱刑号为平矣"。故宣室被称为"布政教之室也"④。可见宣室是西汉皇帝延见臣下，垂询决策的地点。我们虽然不能说两汉皇帝垂询外交决策都在宣室进行，但宣室是汉代皇帝垂询外交决策的一个重要地点则是无疑的。

3. 降附者

对方的降附人员，可以提供不少有关对方的情报，这对于外交决策亦有重要参考价值。故皇帝有时也亲自向降附者询问情况，以为决策之用。汉武帝时，国力强大了，他决心解决匈奴在北边的威胁，在听取了"匈奴降者"⑤ 提供的匈奴与大月氏矛盾的内情后，决定募人出使西域，联络大月氏以牵制匈奴，因而有张骞之第一次出使西域。

（二）三公

西汉时以丞相（大司徒）、太尉（大司马）、御史大夫（大司空）为三公，东汉以太尉、司徒、司空为三公。三公是汉代中央政府的最高长官，即所谓宰相，"三公称曰冢宰，王者待以殊敬……入则参对而议政

---

① 《汉书》卷七〇《陈汤传》，第3022—3023页。
② 陈直：《三辅黄图校证》卷三《未央宫》"宣室殿"，陕西人民出版社1980年版，第53—54页。
③ 《史记》八四《贾生列传》，第2502—2503页。
④ 《汉书》卷二三《刑法志》注引如淳曰，第1102页。
⑤ 《汉书》卷六一《张骞传》，第2687页。

事，出则监察而董是非"①。由于三公位尊权重，故遇有外交大事时皇帝亦常垂询之。

建平四年（前3），匈奴单于上书称病，希望将入朝时间改在建平五年（前2）。哀帝为此召开御前会议讨论对策，会上意见纷纭，莫衷一是，哀帝乃"罢群臣，独与（息夫）躬议"。息夫躬为哀帝宠臣，他乘机大谈灾异之变，建议派大将军巡视边境，整饬武备，杀一郡守以立威，震慑四夷，以消除灾变。"上然之，以问丞相。"当时王嘉为丞相，他据理驳斥息夫躬的胡言，反对"谋动干戈，设为权变"，制造边衅。但是"上不听"②。哀帝虽然没有接受王嘉的意见，但是表明皇帝在进行外交决策遇到疑难问题时，是会征询三公意见的。

东汉建武十七年（41），西域莎车王贤"遣使奉献，请都护。天子以问大司空窦融"。窦融认为莎车王贤"父子兄弟相约事汉，款诚又至，宜加号位以镇安之"。光武帝接受了窦融的建议，"乃因其使，赐贤西域都护印绶，及车旗黄金锦绣"③。时窦融为大司空，乃三公之一；同时他原割据河西，熟悉边情，故光武帝向其征询。这是光武帝在征询大司空窦融的意见后，做出以"西域都护"封赐西域国君担任的决策。

上文所述五凤元年（前57）关于是否应乘匈奴内乱消灭之的问题，虽然中朝官员多主张乘机灭之，但宣帝仍犹豫不决，于是派人向御史大夫萧望之"问计策"，萧望之反对用兵，宣帝最后接受了他的意见。御史大夫为三公之一，宣帝向其征询意见，除因其熟悉外交事务之外，亦因其为三公之关系。

（三）宫省近臣

这类人员由于职务关系，常侍皇帝左右，与皇帝接触密切，故也常被垂询于外交决策。

章帝时，郑弘为尚书仆射，"乌孙王遣子入侍，上问弘：'当答其使否？'弘对曰：'乌孙前为大单于所攻，陛下使小单于往救之，尚未赏；今如答之，小单于不当怨乎！'上以弘议问侍中窦宪，对曰：'礼

---

① 《后汉书》卷四六《陈忠传》，第1565页。
② 《汉书》卷四五《息夫躬传》，第2184—2185页。
③ 《后汉书》卷八八《西域传》，第2923页。

存往来。弘章句诸生，不达国体。'上遂答乌孙"①。虽然司马光对这段文字之后关于小单于寇金城事提出质疑，但这里所反映的决策情况应当还是可以参考的。这是章帝在先后征询了他们两个人的意见后，决定向乌孙报使的。尚书仆射为尚书令之副，尚书"为陛下喉舌……出纳王命"②，"掌于封奏"③，是皇帝的秘书。东汉章帝以后，皇帝朝见群臣日稀，而由于尚书台设在宫中，为"机密近臣"④，皇帝更多地征询他们的意见是很自然的。侍中"切问近对，喻旨公卿"⑤，比尚书更接近皇帝，为帷幄近臣。

　　光武帝时臧宫"以谨信质朴，故常见任用"。适值匈奴遭受饥疫，自相纷争，光武帝有一次询问臧宫，对此有何看法，臧宫答道："愿得五千骑以立功"，建议乘机出击。光武帝笑曰："常胜之家，难与虑敌，吾方自思之。"⑥ 当时光武对匈奴执行"和而纳焉"⑦ 的方针，因此没有接受臧宫乘衅出击的建议。臧宫时为左中郎将。左中郎将"主更直，执戟宿卫"⑧，为皇帝近侍，故亦得以垂询。

　　上述决策，都是皇帝在征询个别人的意见之后作出的。皇帝垂询的对象，上至三公、宫省长官、左右亲幸，下至使者、降卒，人员相当广泛。不过从上述三类垂询对象来看，皇帝垂询者主要为第一类，即熟悉外事的有关人员，这是外交决策的特殊性所决定的。皇帝垂询的问题，以上述十二次垂询为例，按地区而分，其中关于西域问题六次，关于匈奴问题六次，可见西域和匈奴是汉代外交的重点。按问题的性质而分，其中和战问题五次，通使问题三次，和亲问题两次，边备和边境镇抚官

---

①《资治通鉴》卷四七《汉纪三十九》，章帝元和三年（86）《考异》引袁宏《后汉纪》，第1506页。
②《后汉书》卷六三《李固传》，第2076页。
③（唐）欧阳询撰，汪绍楹校：《艺文类聚》卷四八《职官部》引《齐职仪》，上海古籍出版社1965年版，第851页。
④《后汉书》卷二九《郅恽传》附《郅寿传》，第1033页。
⑤（唐）杜佑：《通典》二一《职官典三·侍中》，中华书局1984年版，第121页。
⑥《后汉书》卷一八《臧宫传》，第695页。
⑦《后汉书》卷八九《南匈奴列传》，第2966页。
⑧（隋）虞世南撰：《北堂书钞》卷六三《五官中郎将》引《汉官仪》，天津古籍出版社1988年版，第253页。

员问题各一次。由此可见，和战问题是皇帝垂询的最主要的问题。

三 纳谏决策

皇帝在外交决策过程中，还常须对臣下的各种谏言或上书做出抉择，从而构成外交决策之另一重要补充形式——纳谏决策。这表明在汉代已经初步形成了对于外交决策的审议批评制度，尽管这一制度尚未形成健全的体系，但它在外交决策中已显示了一定的积极作用。对外交决策的谏议主要表现在三个方面：一是对于已经做出决策之外交方针政策之审议、批评；二是决策未定之时提出谏议；三是主动提出外交方针政策之建议。

（一）对于已经做出决策之外交方针政策之审议与批评

汉宣帝元康二年（前64），匈奴屡次兴兵攻击汉在车师的屯田，郑吉率渠犁屯田卒七千余人前往援救，反被匈奴所围。宣帝与中朝议定"欲因匈奴衰弱，出兵击其右地，使不敢复扰西域"。丞相魏相得知后，上书提出反对意见，认为近来"匈奴尝有善意，所得汉民辄奉归之，未有犯于边境，虽争屯田车师，不足致意中"。应全面考量汉、匈关系，不能因小失大。"今闻诸将军欲兴兵入其地，臣愚不知此兵何名者也。"实属师出无名，不论对内对外均有负面影响，"今边郡困乏……出兵虽胜，犹有后忧，恐灾害之变因此以生……今左右不忧此，乃欲发兵报纤介之忿于远夷，殆孔子所谓'吾恐季孙之忧不在颛臾而在萧墙之内'也"。于是"上从（魏）相言而止"①。

汉宣帝接受了魏相上书的意见，放弃出兵匈奴的计划，"遂以车师故地与匈奴"②，退出车师以确保汉在西域南道的利益。这是在皇帝召开中朝会议作出决策之后，外朝首脑丞相对这一决策提出反对，最后得到皇帝的采纳，从而改正了原来的决策。

哀帝建平四年（前3），匈奴单于遣使提出请求入朝，哀帝决定拒绝。"单于使辞去，未发，黄门郎扬雄上书谏。"扬雄从历史上论证了与匈奴关系的重要性，认为不能拒绝单于入朝，"书奏，天子寤焉。召还匈奴使

---

① 《汉书》卷七四《魏相传》，第3136页。
② 《资治通鉴》卷二五《汉纪十七》，宣帝元康二年（前64），第829页。

者,更报单于书而许之"①。这是在公卿朝议决策之后,而且匈奴使者已经辞行之后,郎官上书对这一决策提出异议,被皇帝接受,从而更改了原先之决策。

东汉建武十七年(41),光武帝征询窦融意见而决定以莎车王贤为西域都护,敦煌太守裴遵上书反对这一决策,认为:"夷狄不可假以大权,又令诸国失望。"②光武帝接受了裴遵的意见,立即下诏书追还所赐都护印绶,另以汉大将军印绶赐予莎车王贤。这是光武帝自己作出决策,而且已经付诸实行之后,边境官员提出异议,加以采纳,并立即采取措施纠正原来的决定。

谏议被拒绝的情况亦时有发生。

汉七年(前200),高帝决定进攻匈奴。御史成对这一决策提出反对意见,谏曰:"不可。夫匈奴,兽聚而鸟散,从之如搏景。今以陛下盛德攻匈奴,臣窃危之。"③但是高祖不听,仍决定进攻匈奴,结果在平城被匈奴包围,大败而回。这也是在皇帝做出决策之后,作为谏官之御史提出异议。但是这一谏议未被皇帝采纳,从而招致严重失败。

景帝中三年(前147)匈奴王徐卢等五人④降汉,景帝决定给他们封侯,以资鼓励。周亚夫不同意,谏曰:"彼背其主降陛下,陛下侯之,即何以责人臣不守节者乎?"景帝没有采纳,认为"丞相议不可用"。于是徐卢等人均被封为列侯。周亚夫"因谢病免相"⑤。周亚夫时为丞相。这也是在皇帝决策之后,对于臣下谏议之拒绝。

和帝即位后,窦太后临朝。永元元年(89)太后兄车骑将军窦宪准备大举发兵北击匈奴,司徒袁安、太尉宋由、司空任隗及九卿均反对这一决策,他们一起"诣朝堂上书谏,以为匈奴不犯边塞,而无故劳师远涉,损费国用,徼功万里,非社稷之计"。但他们接二连三上书均无结果,于是有的人开始动摇,太尉宋由恐惧,"遂不敢复署议",其余诸卿

---

① 《汉书》卷九四下《匈奴传下》,第3812、3817页。
② 《后汉书》卷八八《西域传》,第2924页。
③ 《汉书》卷六四上《主父偃传》,第2801页。
④ 《资治通鉴》卷一六《汉纪八》,景帝中三年(前147)作"六人",第539页。
⑤ 《汉书》卷四〇《周勃传》附子《亚夫传》,第2061页。

亦"稍自引止"。唯有袁安与任隗"守正不移，至免冠朝堂固争者十上"①。窦太后仍然不听。此外还有侍御史鲁恭以及尚书令韩棱、骑都尉朱晖、议郎乐恢等也都上书谏②，均遭太后拒绝。这是太后与权臣独断决策之后，虽遭到举朝公卿百官之反对，均被拒绝。

（二）决策未定之时提出谏议

建武二十七年（51），北匈奴遣使至武威，要求与汉和亲。光武帝与群臣集议不能做出决定。这时皇太子对光武帝提出建议，说："南单于新附，北虏惧于见伐，故倾耳而听，争欲归义耳。今未能出兵，而反交通北虏，臣恐南单于将有二心，北虏降者且不复来矣。"光武帝采纳了太子的建议，于是"告武威太守勿受其使"③。这是在御前会议未能作出决定时，光武帝接受了皇太子的意见而终于做出了决定。

（三）主动提出外交方针政策之建议

汉武帝时，"汉方征匈奴，招怀四夷"，锐意于武功，主爵都尉汲黯不赞同，主张"务少事"。于是"乘上间，常言与胡和亲，无起兵"。但武帝听不进去，"天子既数征匈奴有功，（汲）黯之言益不用"④。这是臣下对于当时执行的外交方针主动提出异议。

东汉建武二十四年（48）匈奴分裂为南北二部，南匈奴亲汉，北匈奴无力犯汉，使东汉北边的威胁大为减轻。在这种历史背景下，建武二十七年（51），臧宫与马武建议乘匈奴遭受天灾之机出兵灭之，上书曰："匈奴贪利，无有礼信，穷则稽首，安则侵盗，缘边被其毒痛，中国忧其抵突。虏今人畜疫死，旱蝗赤地，疫困之力，不当中国一郡。万里死命，悬在陛下。福不再来，时或易失，岂宜固守文德而堕武事乎？"主张以武力解决匈奴问题，并提出了具体的战略计划："今命将临塞，厚悬购赏，喻告高句丽、乌桓、鲜卑攻其左，发河西四郡、天水、陇西羌胡攻其右。如此，北虏之灭，不过数年。"光武帝没有接受他们的意见，诏报曰："今国无善政，灾变不息，百姓惊惶，人不自保，而复欲远事边外

---

① 《后汉书》卷四五《袁安传》，第1519页。
② 参见《资治通鉴》卷四七《汉纪三十九》，和帝永元元年（89），第1519—1520页。
③ 《后汉书》卷八九《南匈奴列传》，第2945—2946页。
④ 《史记》卷一二〇《汲黯列传》，第2108—2109页。

乎？……且北狄尚强，而屯田警备传闻之事，恒多失实。诚能举天下之半以灭大寇，岂非至愿；苟非其时，不如息人。"①

光武帝鉴于前汉对匈奴用武的教训，加以东汉初面临的国内问题，因而对匈奴执行"和抚"方针。范晔评述道："光武审《黄石》，存苞桑，闭玉门以谢西域之质，卑词币以礼匈奴之使，其意防盖已弘深。"②揭示了光武帝睦邻的外交指导思想。臧宫、马武的意见与光武帝的外交方针相悖，故被摒而不采，"自是诸将莫敢复言兵事者"③。这也属于臣下对于当前之外交方针大计主动提出建议。

章帝建初四年（79）班超攻破疏勒都尉番辰后，拟乘胜进攻龟兹。由于乌孙兵力强盛，班超认为应当与之结盟，借助其兵力，方能奏效。班超因而上书道："乌孙大国，控弦十万，故武帝妻以公主，至孝宣皇帝，卒得其用。今可遣使招慰，与共合力。"上书后"帝纳之"④。这是边将根据外界之实际情况而主动提出具体建议。

对于臣下的建议，皇帝也可能指定一个专门小组进行审议，从而提出决策方案以供选择。永平十五年（72），谒者仆射耿秉屡次向明帝建议击匈奴，于是明帝下令有关人员进行商讨，"上以显亲侯窦固尝从其世父（窦）融在河西，明习边事，乃使（耿）秉、（窦）固与太仆祭肜、虎贲中郎将马廖、下博侯刘张、好畤侯耿忠等共议之。"窦固因"明习边事"而被指定与会；耿秉因为是提议者，也被指定参加会议；此外还指定四位有关人员与会。会议议决一方面从军事上"先击白山，得伊吾，破车师"。而"今兵出白山，匈奴必并兵相助，又当分其东以离其众"。另一方面从外交上"通使乌孙诸国以断其右臂"⑤的方略。这些均被明帝所采纳。

以上是皇帝根据臣下的谏言与上书而进行的外交决策。我们从中可以看到上书与进谏的人员相当广泛：首先为最高行政长官三公，如丞相魏相、周亚夫，司徒袁安，太尉宋由，司空任隗等均曾就外交决策进谏。

---

① 《后汉书》卷一八《臧宫传》，第695—696页。
② 《后汉书》卷一八《臧宫传》，第697页。
③ 《后汉书》卷一八《臧宫传》，第696页。
④ 《后汉书》卷四七《班超传》，第1577页。
⑤ 《资治通鉴》卷四五《汉纪三十七》，明帝永平十五年（72），第1458—1459页。

丞相亦即总理万机的宰相，其职责之一是"外填抚四夷诸侯"①，外交亦在其主管范围之内，故其有责任就外交决策中存在的问题向皇帝进谏。三公作为中央决策集团之核心成员，其对皇帝决策之进谏，含有审议封驳之意味。其次为职司应对顾问与谏议的官员，如黄门郎、侍御史、御史、议郎等。向皇帝提供建议或进谏本为其职责所在。再次为熟悉外事、外情之有关官员，如裴遵因职在边陲，熟悉西域情况，故其意见中肯而被采纳。班超长期在西域活动，熟悉西域情势，故其意见得体而被接受。最后为诸卿及功臣宿将等其他各级各类官员，也可就外交决策向皇帝提出建议或谏诤。

谏议的内容，以上述十例来看，其中关于匈奴问题为七例，西域问题为三例。从问题的性质来看，关于和战问题为五例，册封两例，此外为朝贡、结盟、和亲等双边问题各一例。举凡外交方面之各种问题均可进谏，从中再一次证明匈奴问题与和战问题是汉代最主要的外交问题。

四　卜筮决策

卜筮决策是原始落后的决策方式，早在夏、商时期已经盛行这种决策方式，即由神权代表者巫史以甲骨、蓍草进行卜筮以进行决策。到了汉代，皇帝在进行外交决策时，有时也利用卜筮这种古老的、非科学、非理性的方式进行决策。

汉代继承秦制，设有"太卜"以主持卜筮，高帝时"因秦太卜官"，汉初承秦而设置太卜。到了武帝时，"数年之间，太卜大集"②。太卜的机构和成员都有了空前的发展。太卜为太常属官，以令、丞为正副之长③。

汉武帝在制定对外政策时，常利用卜筮方式进行决策，"会上欲击匈奴，西攘大宛，南收百越，卜筮至预见表象，先图其利。及猛将推锋执节，获胜于彼，而蓍龟时日亦有力于此。上尤加意，赏赐至或数千万"④。

---

① 《汉书》卷四〇《王陵传》，第2049页。
② 《史记》卷一二八《龟策列传》，第3224页。
③ 参见《汉书》卷一九上《百官公卿表上》，第726页。
④ 《史记》卷一二八《龟策列传》，第3224页。

可见汉武帝在出击四夷之前,均进行卜筮以测吉凶。征和四年(前89)武帝在《轮台诏》中对这一作法曾有所追悔,说:"古者卿大夫与谋,参以蓍龟,不吉不行。"意即"谓共卿大夫谋事,尚不专决,犹杂问蓍、龟也"。在这一思想支配下,武帝曾以卜筮决定其对外方针政策。其时"公车方士、太史治星望气,及太卜龟蓍,皆以为吉,匈奴必破,时不可再得也"。除太卜之外,方士、太史等人也从不同角度参与占卜对外方针政策的成败得失。通过事实的检验和教训,武帝晚年已省悟,"今计谋卦兆皆反缪"①,占卜结果并无效验,虚妄谬误。认识到这种决策方式并不可取,实乃成事不足败事有余。

第二节 公卿百官集议决策

外交上的大政方针,除了皇帝直接进行决策以外,更多的是交由公卿百官进行集议,提出方案,最后由皇帝作出决断。这是两汉时期外交决策的最基本方式。早在战国时期,遇有外交上的问题,已有交由群臣集议的制度,楚怀王"业已欲和于秦,见齐王书,犹豫不决,下其议群臣。群臣或言和秦,或曰听齐"②。两汉时期由于外交事务日益繁忙,因而这一方式更被经常运用,并发展为一套较为完整的制度。西汉初建,制度草创,当时外交方面主要是对匈奴的和战问题,汉高帝集外交决策权于一身,主要采用皇帝直接决策方式,少用公卿群臣集议的方式。从惠帝高后始,外交决策逐渐制度化,公卿群臣集议进行外交决策的方式逐渐行用。这一决策方式,按其参加人员以及范围大小又可分为三种类型,即公卿集议决策、公卿将军合议决策和权臣专决等。

一 公卿集议决策

两汉时期的"公卿"是中央政府的总称。公即三公,指丞相、御史大夫和太尉,东汉为太尉、司徒、司空,他们为汉代之宰相,亦即最高政务决策者;卿即诸卿,为分掌政事、武事和宫廷事务之中央行政诸机

---

① 《汉书》卷九六下《西域传下》,第3913—395页。
② 《史记》卷四〇《楚世家》,第1726页。

关及其长官。广义而言，公卿百官都属于"有司"，因为他们都是负有政府中各项政务职能的官员，故汉代史籍经常将公卿百官集议决策称为"有司"决策，宣帝甘露二年（前52），"匈奴呼韩邪单于来朝，诏公卿议其仪"①。而在同书另一处将此事记作："匈奴呼韩邪单于款五原塞，愿奉国珍朝三年正月。诏有司议。"② 两者实为一事。西汉哀帝时，"会有上书言古者以龟贝为货，今以钱易之，民以故贫，宜可改币"。哀帝征求左将军、大司空师丹的意见，师丹"对言可改"，后"章下有司议，皆以为行钱以来久，难卒变易。（师）丹老人，忘其前语，后从公卿议"③。同一会议，或称"有司议"，或称"公卿议"。这虽然不是外交问题的决策会议，但从中可知汉史所谓"有司"会议与公卿会议往往是同义语。同时，汉代之公卿会议又被称为"三府"会议，三府即三公府，在东汉指太尉、司徒、司空府，"三公"皆开府，故曰"三府"，为当时的宰相府署，分曹处理日常政务之处。"凡国有大造大疑，（太尉）则与司徒、司空通而论之。"④ 外交决策即为需要三府"通而论之"的国家大事之一。三府会议亦即上文所述之公卿会议。故汉代史籍常见"事下公卿"或"事下三府""事下有司"的表述，其含义是一致的。由此可知，汉代所谓公卿会议、有司会议或"三府"会议实为一事。

公卿集议，除了公卿长官参加以外，他们的属官以及议郎、博士等亦参加。如果要对一些具有专门性、专业性的问题进行讨论时，还会特邀具有专业知识的特定人员与会。公卿决策会议与前述御前公卿决策会议的区别在于后者皇帝亲临而前者皇帝不参加，公卿集议是汉代进行决策的基础性会议。

这种会议的模式可以从灵帝熹平四年（175）的一次会议而窥知。

是年，五官郎中冯光、沛相上计掾陈晃提出"历元不正，故妖民叛寇益州，盗贼相续为害"的问题，于是"诏书下三府，与儒林明道者详议，务得道真。以群臣会司徒府议"⑤。因为历数问题具有很强的专业性，

---

① 《汉书》卷七八《萧望之传》，第3282页。
② 《汉书》卷八《宣帝纪》，第270页。
③ 《汉书》卷八六《师丹传》，第3506页。
④ 《续汉书》志二四《百官志一》，见点校本《后汉书》，第3557页。
⑤ 《续汉书》志二《律历志中》，见点校本《后汉书》，第3037页。

故特别提出由"儒林明道者"与会"详议"。博学多才而又精于天文历数的蔡邕是这次问难的首席发言人,他记载了参加这次会议的情形:

> 三月九日,百官会府,公殿下,东面;校尉南面;侍中、郎将、大夫、千石、六百石重行北面;议郎、博士西面。户曹令史当坐中而读诏书,公议。蔡邕前坐侍中西北,近公卿,与(冯)光、(陈)晃相难问是非焉。①

司徒府即"百官朝会殿",为中央政府诸曹办公机关和朝会决策场所。这里的"校尉"为司隶校尉,其负有朝会监察职责,故各种集会均有其出席。太尉(大司马)属吏有户曹,"主民户、祠祀、农桑"②。"主庶民上书事"③,这个辩题在于"历元不正"与"阴阳不和,奸臣盗贼"之间关系问题,在其主管业务范围,故由其负责宣读诏书。会场的布局如下:

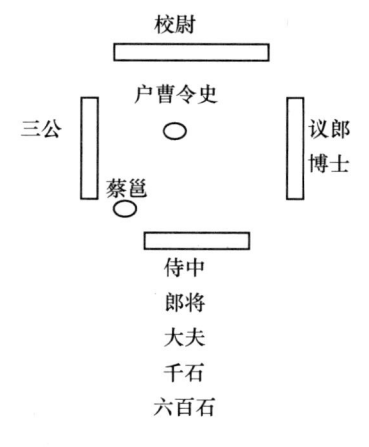

```
            校尉
        ┌────────┐
        └────────┘
           户曹令史
 ┌──┐         ○        ┌──┐
 │三│                   │议郎│
 │公│                   │博士│
 └──┘   蔡邕            └──┘
          ○
        ┌────────┐
        └────────┘
           侍中
           郎将
           大夫
           千石
           六百石
```

三府会议会场布局示意图

---

① 《蔡邕集》,《续汉书》志二《律历志中》注引,见点校本《后汉书》,第 3037 页。
② 《续汉书》志二四《百官志一》,见点校本《后汉书》,第 3559 页。
③ (清)孙星衍等辑,周天游点校:《汉官六种·汉旧仪》卷上,中华书局 1990 年版,第 64 页。

首先，三公坐西朝东，座位最尊，一般而言"古人之坐以东向为尊"①，三公"号称万石"②，尊于其他与会者，故东向。从宾主关系而言，"宾主位东西面"③，因在"三公府"集会，故"三公"为主人，其余与会者为宾，主人坐西朝东。

司隶校尉其次，坐北朝南。司隶校尉秩比二千石④，"职在典京师，外部诸郡，无所不纠。封侯、外戚、三公以下，无尊卑……每会，后到先去"⑤。司隶校尉的秩等虽然与下述坐南朝北组合中的最高秩等者相同，但是由于他职司监察，故被安排仅次于三公的座位。司隶校尉与御史中丞、尚书令共同构成东汉的"三独坐"，负责各种"朝会"的督察。

第三为侍中、郎将、大夫、千石、六百石等官员，他们又按照秩位高低自北而南依次排列。侍中，比二千石，"掌侍左右，赞导众事，顾问应对"⑥。依次直至六百石官员。汉制："吏六百石以上皆长吏"，其下则为"下吏"⑦，六百石为高级官员的起点。

最后为议郎、博士，他们均秩比六百石，在第三组排于末位的六百石官员之下，故座次最卑。议郎"掌顾问应对，无常事，唯诏令所使"⑧。博士"掌教弟子。国有疑事，掌承问对"⑨。时蔡邕为议郎，他应当在坐东朝西的座位上，但是因为他是这次会议的主要问难者，故置于此特定座位。这些集会官员，不仅秩禄等级不同，而且还有职事官员与非职事官员之别，"凡吏秩比二千石以上，皆银印青绶，光禄大夫无。秩比六百石以上，皆铜印黑绶，大夫、博士、御史、谒者、郎无"⑩。公卿会议基本上集合了统治集团诸层级、诸职能之官员。

---

① （清）顾炎武著，（清）黄汝成集释：《日知录集释》卷二八，上海古籍出版社1985年版，第2087页。
② 《汉书》卷一九上《百官公卿表上》颜师古注，第721页。
③ 《汉书》卷四《文帝纪》注引如淳曰，第109页。
④ 《续汉书·百官志四》，见点校本《后汉书》注引蔡质《汉仪》，第3614页。
⑤ 《续汉书·百官志四》，见点校本《后汉书》，第3613页。
⑥ 《续汉书·百官志三》，见点校本《后汉书》，第3593页。
⑦ 《汉书》卷五《景帝纪》，第149页。
⑧ 《续汉书·百官志二》，见点校本《后汉书》，第3577页。
⑨ 同上书，第3572页。
⑩ 《汉书》卷一九上《百官公卿表上》，第743页。

蔡邕的记载中没有明确指出诸卿的座位，但是从其"前坐侍中西北，近公卿"的记载中，表明诸卿是与三公同一坐向的。诸卿是三公所统各项行政事务的长官，秩中二千石，内外政事之决策必定需要他们的参与。就外交决策而言，外交主管部门的鸿胪应当是重要的参与者。武帝"轮台诏"中有云："大鸿胪等又议，欲募囚徒送匈奴使者，明封侯之赏以报忿。"① 所谓"报忿"，"盖欲使刺单于以报忿也"②。即以囚徒冒充使者，利用护送匈奴使者返国之机以刺杀单于。这应当是大鸿胪在公卿决策会议上提出的议案，其职"掌诸侯及四方归义蛮夷"③，报使之事为其主管范围，故其可就此具体问题提出处置方案，经公卿会议决议，然后报请皇帝裁决。根据蔡邕在这里的记载方式，则其所记司隶校尉坐北朝南这一组合中，还应当包括"三独坐"的御史中丞和尚书令。

公卿决策会议按照秩等高低分别置于尊卑不等的座位，从而形成四个组合，依次是：（一）万石至二千石；（二）比二千石；（三）比二千石至六百石；（四）比六百石。

从上述蔡邕的记载中可见这种决策会议的程序是：第一，由户曹令史宣读诏书，表明这是奉皇帝之命而召开的会议。第二，会议主持者为三公，他根据诏旨发表讲话，布置讨论。第三，进入辩论主题。这次讨论的这个问题，是以蔡邕为一方，冯光、陈晃为另一方进行辩论。第四，经过辩论，三公进行总结，作出结论：冯光、陈晃的提议为非，蔡邕所驳议为是，于是"太尉（陈）耽、司徒（袁）隗、司空（许）训以（蔡）邕议劾（冯）光、（陈）晃不敬，正鬼薪法"。冯光、陈晃被认为触犯"不敬"之罪，应处以"鬼薪"之刑④。第五，三公将总结报告上报皇帝，听候裁决。最后，灵帝加以批复，并"诏书勿治罪"⑤，做出对提案者不予追究罪责的决定。

这次会议虽然不是讨论外交决策问题，但是外交决策会议应亦如之。

---

① 《汉书》卷九六下《西域传下》，第3913—3914页。
② 《资治通鉴》卷二二《汉纪十四》，武帝征和四年（前89）胡注，第741页。
③ 《续汉书》志二五《百官志二》，见点校本《后汉书》，第3583页。
④ 《汉官六种·汉官旧仪》卷下："鬼薪三岁。鬼薪者，男当为祠祀鬼神，伐山之薪蒸也。"第53页。
⑤ 《续汉书》志二《律历志中》，见点校本《后汉书》，第3040页。

前文所述安帝永宁元年（120）在决定是否出兵攻打北匈奴以及是否放弃西域的问题时，所召开的一次公卿决策会议正是这种类型的会议。由于是决定西域问题的大政方针，故特邀熟悉西域情况并对于西域有实践经验的人士与会，长期跟随父亲班超活动于西域，熟悉西域情况的班勇被特召参加此次会议并为这一论题的议主。由班勇与公卿百官进行激烈的辩论，最后采纳了班勇"复敦煌郡营兵三百人，置西域副校尉居敦煌"的意见，否决了完全退出西域的那种主张，并为日后进一步以班勇为西域长史，率兵五百人出屯柳中（今新疆鄯善西南鲁克沁），"于是前部始复开通"① 奠定了基础。

公卿决策会议除了上述模式之外，还有另一种模式，即召开三府掾属会议以进行决策。桓帝延熹二年（159）范滂被太尉黄琼辟为掾属，参加了"举谣言"②的会议。何谓"举谣言"？"三公听采长吏臧否，民所疾苦，还条奏之，是为举谣言也。顷者举谣言，掾、属、令史都会殿上，主者大言州郡行状云何，善者同声称之，不善者默尔衔枚。"③ 这是一种"诏三府掾属"④与会的决策会议，根据诏旨，三府召集掾属全体会议，就各人所了解的地方长官之贪廉优劣征求意见，进行评审，以决定对这些地方长官的陟黜奖惩，因为三府掾属经常被派往地方巡察，了解下情。谣言即民间对于长官治绩评价的谣谚。在这种会议上，主持人大声宣读"州郡行状"之后，由三府掾属表态以定其取舍，其方式类似于后世的举手表决。范滂在会上"奏刺史、二千石权豪之党二十余人。尚书责（范）滂所劾猥多，疑有私故。滂对曰：'臣之所举，自非叨秽奸暴，深为民害，岂以污简札哉！间以会日迫促，故先举所急，其未审者，方更参实……若臣言有贰，甘受显戮。'吏不能诘"⑤。可见在上述表决方式之前，三府掾属还需要发言指出遭到谴责的地方长官的具体问题。当尚书指责他揭发对象过多，疑心他公报私仇时，范滂辩称由于"会日"迫促，他所揭发的只不过是紧急的、证据充分的案件，还有不少则待日后充实

---

① 《后汉书》卷四七《班超传附班勇传》，第 1587—1589 页。
② 《后汉书》卷六七《党锢列传·范滂传》，第 2204 页。
③ 同上。
④ 同上。
⑤ 同上。

之后再议。何谓"会日"？"谓三府掾、属会于朝堂之日也。"① 可见三府掾属"会日"是当时一个制度性的集会。这种制度性的"会日"实为三府掾属全体会议进行决策的一种方式。

外交决策一般来说似不可能采取那种类似举手表决的方式，但是召集三府掾属进行讨论以决定可否，应当也是存在的。建武二十八年（52），北匈奴遣使来朝，贡献马匹、皮裘等物，除了请求与汉和亲、赐予汉的音乐之外，又要求率领西域诸国的"胡客"一起前来朝献。为此，光武帝"下三府议酬答之宜"②，即如何应对北匈奴遣使贡献及其所提出的各项问题，这是将比较具体的任务交由"三府"商议。班彪时为司徒掾，在三府中司徒府分管外交，主管外交事务之大鸿胪为"司徒所部"③。我们看到，班彪不仅提出了对于北匈奴"酬答之宜"的具体意见，并起草了报匈奴的外交文书，表明他参加了这次会议。以他的意见为主而形成议决上报之后，他的这些意见和所起草的文书，均被光武帝完全采纳。班彪所参加的这次会议，或许为掾属与会的上述公卿会议或许为这种三府掾属会议，未敢确指。

运用公卿集议方式进行外交决策在两汉时期是最为普遍的，其议决之达成主要有如下几种情况。

1. 多数意见一致，顺利达成决议

文帝前三年（前177）匈奴右贤王入寇河南地，被汉兵击败。次年六月，匈奴派使者持冒顿单于致汉文帝的书信，表示"愿寝兵休士卒养马，除前事，复故约，以安边民"。提出了双方停战，恢复和平友好的建议。单于"书至，汉议击与和亲孰便。公卿皆曰：'单于新破月氏，乘胜，不可击。且得匈奴地，泽卤非可居也。和亲甚便。'汉许之"④。这是与会公卿意见完全一致，顺利达成决议案，并被皇帝所批准。

武帝建元六年（前135）"匈奴来请和亲，上下其议"。会上出现了两种对立的意见，以大行王恢为代表的一派主战，议曰："汉与匈奴和

---

① 《资治通鉴》卷五四《汉纪四十六》，桓帝延熹二年（159）胡注，第1748页。
② 《后汉书》卷八九《南匈奴列传》，第2946页。
③ 《续汉书》志二五《百官志二》注引《汉官目录》，见点校本《后汉书》，第3584页。
④ 《史记》卷一一〇《匈奴列传》，第2896页。

亲，率不过数岁即背约。不如勿许，举兵击之。"以韩安国为代表的一派主和，议曰："千里而战，即兵不获利。今匈奴负戎马足，怀鸟兽心，迁徙鸟集，难得而制。得其地不足为广，有其众不足为强，自上古弗属。汉数千里争利，则人马罢，虏以全制其敝，势必危殆。臣故以为不如和亲。"争论结果"群臣议多附（韩）安国，于是上许和亲"①。时韩安国任御史大夫，为三公之一，王恢任大行，为诸卿之一，可见这是一次公卿集议。会议虽有两种不同意见，但是大多数成员附议和亲的意见，因而也顺利达成决议案，并为皇帝所批准。

乌孙小昆弥末振将杀解忧公主曾孙、大昆弥雌栗靡，不久末振将死，"汉恨诛不加"。元延二年（前11），汉派段会宗"发戊己校尉诸国兵，即诛末振将太子番丘"。段会宗"还奏事，公卿议（段）会宗权得便宜，以轻兵深入乌孙，即诛番丘，宣明国威，宜加重赏"。公卿会议肯定段会宗处理乌孙问题的措施，决定予以重赏，于是"天子赐会宗爵关内侯，黄金百斤"②。公卿会议的意见得到了皇帝的批准。

2. 多数人意见被否决，少数人意见获批准

东汉建武二十四年（48），匈奴分裂为南北二部，日逐王比自立为呼韩邪单于，是为南匈奴。南匈奴"款塞称藩，愿扞御北虏"。提出与汉联盟抗御北匈奴，于是"事下公卿"。在公卿会议上，"议者皆以为天下初定，中国空虚，夷狄情伪难知，不可许"。多数主张拒绝南匈奴的建议。唯独耿国力排众议，曰："臣以为宜如孝宣故事受之，令东扞鲜卑，北拒匈奴，率厉四夷，完复边郡，使塞下无晏开之警，万世安宁之策也。"会上多数人反对接受南匈奴"称藩"，只有耿国一人主张接受，最后由皇帝裁决，批准了耿国的意见，"帝从其议，遂立比为南单于"。耿国时为五官中郎将，属光禄勋。日后的事实证明耿国的意见是正确的，"由是鲜卑、乌桓保塞自守，北虏远遁，中国少事"③，对维护东汉北疆的安宁起了积极的作用。

章帝元和二年（85），南匈奴进攻业已向东汉表示和好的北匈奴，武

---

① 《汉书》卷五二《韩安国传》，第2398页。
② 《汉书》卷七〇《段会宗传》，第3030—3031页。
③ 《后汉书》卷一九《耿弇列传附耿国传》，第715—716页。

威太守孟云上书提出建议："北虏既已和亲，而南部复往抄掠，北单于谓汉欺之，谋欲犯边。宜还其生口，以安慰之。"章帝"诏百官议朝堂"，以商讨对策。对于是否将南匈奴抄略所得北匈奴"生口"归还北匈奴的问题，会上展开了激烈的争论，公卿大多认为"夷狄谲诈，求欲无厌，既得生口，当复妄自夸大，不可开许"。反对将"生口"归还北匈奴。唯独太仆袁安主张将"生口"归还北匈奴，其理由有二。一是"北虏遣使奉献和亲，有得边生口者，辄以归汉，此明其畏威，而非先违约也"。北匈奴已经对汉友好，并未违约犯汉。二是"（孟）云以大臣典边，不宜负信于戎狄，还之足示中国优贷，而使边人得安，诚便"。归还"生口"有利于显示汉皇朝的诚信，使外交上处于主动地位。袁安所阐述的理由，被司徒桓虞所接受，于是他放弃了原先的主张，改从袁安之议。桓虞的转变立场，激起了更激烈的冲突，太尉郑弘、司空第五伦对此非常愤恨，郑弘高声大喊："诸言当还生口者，皆为不忠。"企图以此"不忠"的大帽子压制桓虞，桓虞奋起斥责郑弘，第五伦及大鸿胪韦彪等人亦"各作色变容"，会场一片混乱。这种情况，导致赋有督察公卿会议权力的司隶校尉的"举奏"，以致袁安等人"皆上印绶谢"。由此可见这种决策会议争辩之激烈。最后还是由皇帝出面收拾局面，章帝诏报曰："久议沈滞，各有所志。盖事以议从，策由众定……君何尤而深谢？其各冠履。"① 而且章帝最后还是采纳了袁安等少数派的意见。从这次决策过程我们可以看到，决策会议中这种激烈的争论，有利于双方阐明各自的观点，有利于做出最优化之抉择。有时正确的是在少数人手中，少数人的意见有时也可能最后被接受。

宣帝神爵二年（前60）乌孙请求为嗣主元贵靡娶汉公主，于是"诏下公卿议"。在公卿会议上，大鸿胪萧望之反对，认为"乌孙绝域，变故难保，不可许"。但宣帝不听，决定答应乌孙的和亲要求，以解忧公主之侄女相夫为公主，嫁予元贵靡。当汉使常惠护送相夫公主至敦煌时，乌孙政情发生变化，乌孙昆弥翁归靡死，乌孙贵族拥立前王军须靡的匈奴妻所生儿子泥靡为昆弥，解忧公主之子元贵靡不得立。常惠从敦煌上书建议："愿留少主敦煌，（常）惠驰至乌孙责让不立元贵靡为昆弥，还迎

---

① 《后汉书》卷四五《袁安传》，第1518—1519页。

少主。"于是又一次"事下公卿"。会上，萧望之坚持原议，认为"乌孙持两端，难约结"，主张立即征还少主。"天子从之，征还少主。"① 萧望之一直反对将公主嫁乌孙，他的意见是少数，但最后皇帝还是采纳了他的意见。

宣帝甘露二年（前52），"匈奴呼韩邪单于款五原塞，愿奉国珍朝三年正月。诏有司议"②。此次会议主要讨论接待呼韩邪的礼仪。丞相黄霸、御史大夫于定国认为"其礼宜如诸侯王，位次在下"。太子太傅萧望之以为"宜待以不臣之礼，位在诸侯王上"。萧望之的意见虽然为少数，但最后还是被皇帝所采纳。"天子采之，下诏曰：'……其以客礼待之，令单于位在诸侯王上。'"③ 参加会议的除丞相、御史大夫外，还有太子太傅。太子太傅为东宫官，"真二千石，礼如师"④，地位与九卿相当，多以名儒博士为之。此次会议被称为"有司"会议，但实际上是公卿集议，故亦称"诏公卿议其仪"⑤。

安帝建光元年（121），句骊王宫死，其子遂成继位，玄菟太守姚光上言，"欲因其丧发兵击之，议者皆以为可许"。与会者多数主张按照姚光的建议，出兵攻之。唯独尚书陈忠反对，他说："宫前桀黠，（姚）光不能讨，死而击之，非义也。宜遣吊问，因责让前罪，赦不加诛，取其后善。"由于陈忠所论为优，虽为少数，最后安帝还是批准了他的意见。明年，"遂成还汉生口，诣玄菟降"⑥。表明这一决策的效果是好的。

3. 两派意见纷争不决

公卿会议对于有关外交方面的问题议而不决的情况亦时有发生。昭帝末年，匈奴"使使之乌孙，求欲得汉公主"。同时派兵攻打乌孙，夺去乌孙的车延、恶师两地。于是"乌孙公主上书"请求汉朝出兵援助，昭帝将这一问题"下公卿议救，未决"⑦。这是公卿集议未能就是否出兵援

---

① 《汉书》卷九六下《西域传下》，第3905—3906页。
② 《汉书》卷八《宣帝纪》，第270页。
③ 《汉书》卷七八《萧望之传》，第3282—3283页。
④ （清）孙星衍等辑，周天游点校：《汉官六种·汉旧仪卷下》，中华书局1990年版，第78页。
⑤ 《汉书》卷七八《萧望之传》，第3282页。
⑥ 《后汉书》卷八五《东夷列传》，第2815页。
⑦ 《汉书》卷九四上《匈奴传上》，第3785页。

救乌孙做出决议。这里所称"汉公主"和"乌孙公主",均指楚王刘戊之孙解忧公主,她于武帝时和亲乌孙。

造成议而不决的原因有两个方面。一方面是参与会议的成员两派意见对立,不能统一。明帝永平八年(65),郑众出使北匈奴,"虏欲令拜,(郑)众不为屈……拔刀自誓,单于恐而止,乃更发使随众还京师"。郑众在北匈奴受辱,但北匈奴还是遣使随郑众回报。对于北匈奴此次来使,"朝议复欲遣使报之"①。对于究竟要不要派郑众再度出使北匈奴的问题,公卿会议曾"廷争连日,异同纷回,多执其难,少言其易"②。经过几天的辩论仍然未能统一意见。最后还是由明帝裁决,决定派郑众再度出使。和帝永元三年(91),窦宪派遣耿夔等打破了北匈奴,北匈奴"遁走乌孙,塞北地空,余部不知所属"。于是窦宪"日矜己功,欲结恩北虏,乃上立降者左鹿蠡王阿佟为北单于"。和帝将此"事下公卿议"。会上对于是否应立阿佟为北单于,两派意见争持不决,太尉宋由、太常丁鸿、光禄勋耿秉等十人"议可许",同意扶立北单于。司徒袁安与司空任隗以为不可,宗正刘方、大司农尹睦等人也赞同袁安等人之议。于是会议将对立的两种意见均上报和帝,"事奏,未以时定"。和帝尚未批复,袁安担心窦宪的计谋得逞,便单独上封事进一步详细陈述己见。于是皇帝命令召开第二次公卿会议,"诏下其议"。会上,袁安又与窦宪进行辩论,"更相难折"。窦宪"险急负势,言辞骄讦,至诋毁(袁)安"。发展到进行人身攻击的地步,但袁安"终不移",始终坚持己见。第二次会议仍然相持不下。对于是否立阿佟为北单于的问题,由于两派意见对立,举行了两次公卿会议仍未能达成一致。时窦宪擅权,"竟立匈奴降者右鹿蠡王于除鞬为单于,后遂反叛,卒如(袁)安策"③。后来的事实证明袁安的意见是正确的。

另一方面是皇帝与公卿意见不一而久议不决。元帝建昭三年(前36),甘延寿、陈汤出使西域,未经朝廷批准而发城郭诸国兵和屯田兵,攻杀了匈奴郅支单于。竟宁元年(前33),甘延寿、陈汤自西域回,对于

---

① 《后汉书》卷三六《郑兴传附郑众传》,第1224页。
② 《后汉书》卷四下《班彪传附子班固传》,第1374页。
③ 《后汉书》卷四五《袁安传》,第1520—1521页。

是否应给予他们奖赏的问题，皇帝与公卿的分歧甚大。二人"既至，论功，石显、匡衡以为'延寿、汤擅兴师矫制，幸得不诛，如复加爵土，则后奉使者争欲乘危徼幸，生事于蛮夷，为国招难，渐不可开'。元帝内嘉（甘）延寿、（陈）汤功，而重违（匡）衡、（石）显之议，议久不决"①。时匡衡为丞相，石显为中书令。中书令即尚书长官中尚书谒者令。中书为皇帝近侍，武帝以后权力日大。元帝"以（石）显久典事，中人无外党，精专可信任，遂委以政。事无大小，因显白决"②。可见元帝对石显之亲信。元帝虽欲嘉奖甘延寿、陈汤，但因他们二人的反对，故而议久不决，为甘延寿、陈汤论功的议案终于未获通过。

4. 两种意见对立，采取折中方案

在两种意见不能统一时，有时便以一种折中方案做出决议。武帝元狩四年（前119），"匈奴用赵信之计，遣使于汉，好辞请和亲。天子下其议，或言和亲，或言遂臣之"。一派主张和亲，一派主张臣之，不与其和亲而令其臣服，双方均不能说服对方。丞相长史任敞提出了一个折中方案，他说："匈奴新破，困，宜可使为外臣，朝请于边。"③ 任敞的方案是以"外臣"对待匈奴，许其于边境"朝请"，既不是完全"和亲"，也不是完全"臣之"，而是介于两者之间。会议最后通过了任敞的折中方案。同时就派遣任敞出使匈奴。长史为丞相府属官，"有两长史，秩千石"④。长史"盖众史之长也，职无不监"⑤，为丞相府之总管，故得参与外交决策。可见公卿属官亦参加公卿集议。

甘延寿、陈汤矫制杀匈奴郅支单于，受到惩罚。后来故宗正刘向上书为他们申诉，主张对甘、陈二人"宜以时解县通籍，除过勿治，尊宠爵位，以劝有功"。建议解除他们的罪名，加以爵位。于是元帝下诏赦免甘、陈二人，"诏公卿议封焉"。会上"议者皆以为宜如军法捕斩单于

---

① 《汉书》卷七〇《陈汤传》，第3016页。
② 《汉书》卷九三《佞幸传·石显传》，第3726页。颜师古注"无外党"曰："少骨肉之亲，无婚姻之家也。"
③ 《史记》卷一一〇《匈奴列传》，第2911页。
④ 《汉书》卷一九上《百官公卿表上》，第724—725页。
⑤ 《通典》卷二一《职官典三·宰相》"丞相长史"条，第121页。

令"①，多数意见认为应比照"军法捕斩单于令"给予嘉奖。汉代有奖励军功之"赏令"，青海大通上孙家寨出土的汉简，其中有关于斩首捕虏赏赐之法令，规定"能斩捕君长有邑人者，及比二千石以上赐爵各四级"②。可知捕、斩敌方君长可赐四级爵位。但是匡衡、石显极力反对，认为"郅支本亡逃失国，窃号绝域，非真单于"。不同意按照"捕斩单于令"给予嘉奖。于是"元帝取安远侯郑吉故事，封千户"③。由于匡衡、石显的反对，元帝未能按"捕斩单于令"重赏他们二人，而是比照郑吉故事给予封侯和千户食邑。所谓"郑吉故事"，是指郑吉于宣帝地节三年（前67）破车师，神爵二年（前60）收降匈奴日逐王，被封为安远侯，食邑千户④。这一折中方案仍被匡衡、石显反对，最后"乃封延寿为义成侯，赐汤爵关内侯，食邑各三百户，加赐黄金百斤"⑤。元帝只得仅给他们以封侯食邑三百户的奖励，以更在其次之妥协办法暂时结束了这场争议。

元帝永光元年（前43），车骑都尉韩昌、光禄大夫张猛出使匈奴，他们在那里得悉，许多匈奴大臣鼓动呼韩邪单于北归故地。韩昌、张猛担心匈奴北去后难于约束，于是未经请示朝廷，即与呼韩邪订立盟约。盟约称："自今以来，汉与匈奴合为一家，世世毋得相诈相攻……令其世世子孙尽如盟。"他们回来报告此事后，受到了决策集团的谴责，公卿议者认为："单于保塞为藩，虽欲北去，犹不能为危害。昌、猛擅以汉国世世子孙与夷狄诅盟，令单于得以恶言上告于天，羞国家，伤威重，不可得行。宜遣使往告祠天，与解盟。昌、猛奉使无状，罪至不道。"做出了解除盟约并以"不道"之罪严惩韩昌、张猛的决定。但是元帝并不完全同意公卿的意见，私意还是肯定他们二人的行为，于是"上薄其过，有诏昌、猛以赎论，勿解盟"⑥。最后元帝采取了折中办法，给予韩昌、张猛处以较轻之赎刑，而他们与匈奴所订盟约仍然有效。

---

① 《汉书》卷七〇《陈汤传》，第3018—3020页。
② 《大通上孙家寨汉简释文》，《文物》1981年第2期。
③ 《汉书》卷七〇《陈汤传》，第3020页。
④ 参见《汉书》卷七〇《郑吉传》，第3006页。
⑤ 《汉书》卷七〇《陈汤传》，第3020页。
⑥ 《汉书》卷九四下《匈奴传下》，第3801页。

5. 公卿会议议案被皇帝否决

宣帝神爵二年（前60），乌孙昆弥通过汉使常惠上书，提出愿以解忧公主之子元贵靡为嗣，并续娶汉公主为其妻，双方"结婚重亲，畔绝匈奴"，以马骡各千匹为聘礼。于是"诏下公卿议"。大鸿胪萧望之认为"乌孙绝域，变故难保，不可许"①。但是"天子不听"②，否定了公卿会议的意见。

皇帝不仅可以否决公卿会议议案，甚至还可能惩罚那些提出不合旨意意见的与会者。武帝太初二年（前103）在进攻匈奴时，浞野侯赵破奴之兵两万余人被匈奴消灭，于是"公卿及议者皆愿罢击宛军，专力攻胡"。主张放弃对大宛的征伐，以便全力对付匈奴。但是"天子已业诛宛，宛小国而不能下，则大夏之属轻汉，而宛善马绝不来，乌孙、仑头易苦汉使矣，为外国笑。乃案言伐宛尤不便者邓光等"③。汉武帝不愿意放弃进攻大宛的军事行动，不仅否决了公卿会议的决议，而且对于在会上发表不宜征伐大宛言论的邓光等人加以惩处，这不仅表现了汉武帝的专断，也反映了这种决策制度不可能做到经常地畅所欲言。

二 中外朝合议决策

西汉中后期，有内外朝之分，公卿为外朝，将军一般指内朝或中朝，为大司马、左右前后将军等。这种外交决策方式主要见于昭、宣、元、成时期。

昭帝时，西域楼兰王安归与匈奴勾结，经常拦截、袭杀汉使及安息、大宛等国通汉的使节。元凤四年（前77），傅介子受命出使西域，斩楼兰王，"持王首还诣阙，公卿、将军议者咸嘉其功"。参与此次决策会议的有外朝之公卿及内朝之将军，可知这是一次中外朝合议决策。昭帝于是下诏曰："其封介子为义阳侯"④，根据公卿、将军会议的决策而嘉奖了傅介子。

---

① 《汉书》卷九六下《西域传下》，第3905页。
② 《汉书》卷七八《萧望之传》，第3279页。
③ 《史记》卷一二三《大宛列传》，第3176页。
④ 《汉书》卷七〇《傅介子传》，第3002页。

宣帝元康元年（前65），冯奉世奉命出使西域护送大宛使节返国时，莎车王煽动西域诸国畔汉。冯奉世相机行事，进击莎车，攻拔其城，莎车王自杀；大宛闻其杀莎车王，敬之异于其他使者。冯奉世回国后，"上甚说，下议封奉世。丞相、将军皆曰：'……（冯）奉世功效尤著，宜加爵土之赏。'"少府萧望之认为不宜受封，"以（冯）奉世奉使有指，而擅矫制违命，发诸国兵，虽有功效，不可以为后法"。宣帝"善（萧）望之议，以（冯）奉世为光禄大夫、水衡都尉"①。丞相为外朝首长，将军为内朝官员，故也是内外朝合议。

元帝建昭三年（前36），甘延寿、陈汤出使西域，斩匈奴郅支单于首。建昭四年春正月，郅支首传至京师，甘延寿、陈汤上疏以为"宜悬头藁街蛮夷邸间，以示万里，明犯强汉者，虽远必诛"。元帝将此"事下有司"，丞相匡衡、御史大夫繁延寿认为郅支等人的首级自西域传至京城"更历诸国，蛮夷莫不闻知"。而且时值春季，根据《月令》规定尸骨此时宜及时掩埋，故"宜勿悬"。车骑将军许嘉、右将军王商提出折中方案："宜悬十日乃埋之。"元帝"有诏将军议是"②，采纳了两位将军的意见。丞相、御史大夫为三公，为外朝长官，将军为内朝。这里说是下"有司"议，实际参加会议的有公卿和将军，因此也是一次公卿将军合议。

成帝建始四年（前29），西域都护段会宗被乌孙兵包围，上书请求发兵援救。"丞相王商、大将军王凤及百僚议数日不决。"③ 这也是中外朝的合议。

三 权臣专决

权臣专决是对公卿集议决策的否定和破坏。在皇权削弱、权臣势力膨胀的情况下，外交决策中有时会出现权臣专决的情形，这虽然不是正常的决策方式，但在两汉的外交决策中却是一个客观存在的事实，也是古代皇权政治制度中不可避免的现象。

---

① 《汉书》卷七九《冯奉世传》，第3294—3295页。
② 《汉书》卷七〇《陈汤传》，第3015页。
③ 同上书，第3022页。

昭帝时大司马大将军霍光专权。西域的楼兰、龟兹与匈奴关系密切，且经常袭击汉朝出使西域的使节，元凤四年（前77）傅介子出使西域时，特令其责备楼兰、龟兹。傅介子回来后，因功封为平乐监。傅介子向霍光建议：楼兰、龟兹反复无常，应加以惩处。龟兹王平日戒备不严，极易接近，"愿往刺之，以威示诸国"。霍光说："龟兹道远，且验之于楼兰。"让他先从楼兰王下手，"于是白遣之"①。此事表明：使节在出使之前是向权臣霍光请命的；霍光在未经公卿会议决策即径自向使节布置使命，然后才口头禀告皇帝。可见这种"白遣"实为汉代权臣专决的一种方式。傅介子到了西域，"遂斩（楼兰）王尝归首"②。

宣帝本始三年（前71），汉朝派常惠出使乌孙，对于去年与汉联兵攻打匈奴有功的乌孙贵人进行赏赐。常惠向宣帝提出请求，顺道击杀龟兹国王，以对其于元凤四年（前77）杀害校尉赖丹之事进行惩罚，宣帝不同意。于是大将军霍光"风（常）惠以便宜从事"。颜师古注此句曰："言至前所专命而行也。"示意常惠专命而行。常惠从乌孙返回时，发兵攻龟兹，龟兹王解释说杀赖丹事乃先王时贵人姑翼所主谋。常惠令其交出姑翼，常惠"斩之而还"③。这是权臣公然违背皇帝的意旨，擅自做出决定。

以上是两汉时期公卿百官集议进行外交决策的大体情况，从中我们可以看到这一决策方式具有如下几方面的特点。

（一）公卿会议是两汉外交决策的基本方式

本节我们考察了两汉时期23次外交决策，这些绝不是当时外交决策会议的全部，但大体上包括了两汉时期公卿百官主要的外交决策方式。在这23次决策中，公卿会议有17次，约占74%；其余两种决策方式各有2—4次，共为6次，约占26%。可见在上述决策方式中，行用最多、最频繁的是公卿会议这种方式。公卿将军合议主要行用于西汉的中后期，而权臣专决则并非正常的决策方式，是在特定条件下的产物。后面两种方式相对来说显然少得多。因此两汉时期的外交决策，一方面是由皇帝

---

① 《汉书》卷七〇《傅介子传》，第3002页。
② 《汉书》卷九六上《西域传上》，第3878页。
③ 《汉书》卷七〇《常惠传》，第3004页。

直接进行决策,另一方面则由公卿会议进行决策,这两种方式是两汉时期外交决策最基本的方式。

(二) 公卿百官集议决策的议题

首先,从议题的来源看,有三类。第一类是对方来使、来文所提出的请求,共有8次,即:文帝前四年(前176)"单于遗汉书"提出"愿寝兵休士养马,除前事,复故约"①;武帝建元六年(前135)"匈奴来请和亲"②;武帝元狩四年(前119)匈奴"遣使好辞请和亲"③;昭帝末匈奴侵乌孙,"乌孙公主上书"④求救;宣帝神爵二年(前60)乌孙昆弥通过汉使常惠上书求和亲⑤;甘露二年(前52)"匈奴呼韩邪单于款五原塞,愿奉国珍朝三年正月"⑥;光武帝建武二十四年(48)匈奴单于"款塞称藩,愿捍御北虏"⑦;建武二十八年(52)"北匈奴复遣使诣阙……更乞和亲"⑧。第二类是使节或边郡太守提出的建议或请求,共有7次,即:昭帝元凤四年(前77)曾出使大宛者傅介子建议刺楼兰、龟兹王⑨;宣帝本始三年(前71)出使乌孙者常惠奏请便道击龟兹⑩;神爵二年(前60)常惠出使乌孙,从塞下上书,建议留少主敦煌,往责乌孙⑪;元帝建昭四年(前35)汉使甘延寿、陈汤建议悬郅支单于首⑫;成帝建始四年(前29)西域都护段会宗为乌孙兵包围,上书求救⑬;章帝元和二年(85)武威太守孟云上书建议归还南匈奴所掠北匈奴生口⑭;安帝建光元年(121)玄菟太守姚光建议因句丽丧而伐之⑮。第三类为其他,包括

---

① 《汉书》卷九四上《匈奴传上》,第3757页。
② 《汉书》卷五二《韩安国传》,第2398页。
③ 《汉书》卷九四上《匈奴传上》,第3771页。
④ 同上书,第3785页。
⑤ 《汉书》九六下《西域传下》,第3905页。
⑥ 《汉书》卷八《宣帝纪》,第270页。
⑦ 《后汉书》卷一九《耿弇列传附耿国传》,第715页。
⑧ 《后汉书》卷八九《南匈奴列传》,第2946页。
⑨ 《汉书》卷七〇《傅介子传》,第3001—3002页。
⑩ 《汉书》卷七〇《常惠传》,第3004页。
⑪ 《汉书》卷七八《萧望之传》,第3279页。
⑫ 《汉书》卷七〇《陈汤传》,第3015页。
⑬ 同上书,第3022页。
⑭ 《后汉书》卷四五《袁安传》,第1518页。
⑮ 《后汉书》卷八五《东夷列传》,第2815页。

出使返命后之例行论功过赏罚，或臣下主动提出的建议等，共有 8 次。从议题的内容种类来看，上述 23 次外交决策中，计有和战问题 7 次，和亲问题 5 次，出使官员之功过赏罚问题 5 次，谋刺问题 3 次，遣使、礼仪、册封等问题各 2 次，遣返、悬郅支首等问题各 1 次（以上类别中有相互交叉者）。虽然和战问题相对来说仍然不少，但是更大量的还是比较次要的、具体的各种外交问题和外交事务，与御前决策所讨论的多为外交上的重大问题相比较，公卿百官会议显然稍逊一筹。从两种决策方式议题上的差别，可以认为这两种决策方式在层次上有所差别，御前决策是高于公卿百官决策的最高层次的决策方式。

（三）公卿百官决策会议的决策程序

第一，议题由皇帝下达。除了个别权臣专断情况而外，都是经由皇帝下达的。故史书多言"诏下公卿议""上下其议"等。第二，会议由最高行政长官三公主持，故会议地点一般都在"朝堂"举行。如果未经皇帝批准而召开会议是非法的，昭帝元凤元年（前 80）丞相车千秋召集百官"议问吴之法"，被劾以"擅召中二千石以下"，"甚无状"①。此次虽不是外交决策会议，但它所反映的制度是一致的。第三，会议有专官进行督察。司隶校尉是公卿集议的主要督察者。上述元和二年（85）议归还北匈奴生口问题的会议上，由于两派意见争论激烈，乃至"各作色变容"，于是"司隶校尉举奏，（袁）安等皆上印绶谢"②。表明司隶校尉不仅参加了此次会议，而且行使督察职权。司隶校尉"掌察举百官以下，及京师近郡犯法者"③。它"无所不纠"，其中也包括朝廷之各种决策会议。"司隶诣台廷议，处九卿上"，"每会，后到先去"④。可见其参与决策会议时地位之特殊。上述熹平四年（175）讨论历数与民心不稳问题的决策会议，虽然不是外交决策会议，同样也特为司隶校尉设置显要的座位，即其与会行使督察职能的体现。汉制：司隶校尉与尚书令、御史中丞共同构成督察各种朝会的"三独坐"，他们均职司朝会监察，故于朝会

---

① 《汉书》卷六〇《杜周传附杜延年传》，第 2662—2663 页。
② 《后汉书》卷四五《袁安传》，第 1519 页。
③ 《续汉书》志二七《百官志四》，见点校本《后汉书》，第 3613 页。
④ 《续汉书》志二七《百官志四》注引蔡质《汉仪》，见点校本《后汉书》，第 3614 页。

中设置"独坐":"每朝会,尚书令、御史中丞、司隶校尉各独坐,故京师号曰'三独坐'。"①"三独坐"不限于正旦朝那样的大型集会中,同时包括日常的公卿决策会议。范滂参加延熹二年(159)的三府掾属会议时,"尚书责(范)滂所劾猥多,疑有私故"②。可见"三独坐"之一的尚书也出席了这次"三府"会议并职司监察。第四,会议的讨论结果由与会者"署议"。前述永元元年(89)为反对窦宪征匈奴,百官连连上书均不被采纳,太尉宋由害怕,"遂不敢复署议"③。会议的不同意见均要上报皇帝,永元三年(91)讨论是否立北匈奴降者阿佟为单于,太尉宋由等十人"议可许",袁安等人反对,宗正刘方等"同(袁)安议"。这两种不同意见均由当事者署议之后一齐上报,"事奏,未以时定"④。即上报之后皇帝还未作出裁决,袁安又上封事继续阐述自己的主张。可见议案均须上报,等候裁定。第五,最后由皇帝做出裁决,拍板定案。

以上我们考察了汉代外交决策制度的基本情况,可以看到这一历史时期在我国古代首次确立了一套大体完整的、系统的外交决策制度,在以皇帝为核心的金字塔式的决策体制中,采取了多层次的多种多样的决策方式方法,较好地调动了统治集团的群体智慧,保证了外交方针政策的正确性,对于推动当时外交的发展起了积极的作用。

两汉时期外交决策体制的确立,在我国古代政治发展史上有着重要意义。

两汉时期是我国古代外交决策制度的确立和奠基时期。秦统一帝国的建立,虽然对于确立中国古代皇权政治制度起了巨大作用,建立了一整套从中央到地方的官僚制度,史家盛称"秦兼天下,建皇帝之号,立百官之职"⑤。但是,由于秦代国祚短促,未能在外交上有重大作为,因而在外交决策方面建树无多。汉代虽然在官僚制度上对秦代多所继承,但它又在新的历史条件下进一步充实、完善、发展了这一政治制度,并

---

① (唐)李林甫等撰,陈仲夫点校:《唐六典》卷一《尚书都省》注引《汉官仪》,中华书局1992年版,第6页。
② 《后汉书》卷六七《党锢列传·范滂传》,第2204页。
③ 《后汉书》卷四五《袁安传》,第1519页。
④ 同上书,第1520页。
⑤ 《汉书》卷一九上《百官公卿表上》,第722页。

在其统治的实践过程中较好地发挥了这一新的政治制度的优越性,从而推动了当时经济、政治和文化的发展。两汉时期创造了我国古代皇朝经济的第一个高潮,综合国力空前强大,并在此基础上展开了积极的对外活动,把以中国为核心的东亚外交圈扩展到了亚洲各国,甚至远及欧洲、非洲。外交实践的需要及其经验之积累,对外交决策提出了新的要求,并推动其不断充实、完善和发展。正是在这样的历史条件下,两汉得以确立了一整套初步的、系统的、全面的外交决策制度,这套决策制度可以说是当时外交实践的产物及其反映。

  汉代所确立的这一外交决策体制是在中央集权政治制度下的产物,因而这一决策体制的精髓就是外交权力之高度集中。两汉时期的外交决策权力集中于皇帝及以他为首的中央统治集团,上至对外关系的大政方针,下至各项具体的外交方式、策略和外交事务的决定,均集中于中央朝廷。使节在外的活动均须得到中央的批准,否则便被认为是矫制。元帝建昭三年(前36)陈汤与甘延寿使出西域击斩郅支单于的遭遇就是一个典型。陈汤"既领外国,与(甘)延寿谋曰:'……西域本属匈奴,今郅支单于威名远闻,侵陵乌孙、大宛,常为康居画计,欲降服之。如得此二国……数年之间,城郭诸国危矣。且其人剽悍,好战伐,数取胜,久畜之,必为西域患。郅支单于虽所在绝远,蛮夷无金城强弩之守,如发屯田吏士,驱从乌孙众兵,直指其城下,彼亡则无所之,守则不足自保,千载之功可一朝而成也。'"主张突袭郅支,以免其进一步控制乌孙、大宛等国,日益坐大,威胁汉所控制的城郭诸国。甘延寿完全同意陈汤的意见,但认为应当事先"奏请之",得到批准后再行动。陈汤说:"国家与公卿议,大策非凡所见,事必不从。"认为朝廷不了解西域的具体情况,不会批准此项计划,不必请示。甘延寿"犹与不听"。于是陈汤利用甘延寿生病的机会,"独矫制发城郭诸国兵、车师戊己校尉屯田吏士"。甘延寿得知后大惊,急欲制止他,但已无济于事,于是发"汉兵胡兵合四万余人",同时他们二人"上疏自劾奏矫制,陈言兵状"[①]。

  陈汤所言"国家与公卿议",这里的"国家"即皇帝,"此时已称天

---

① 《汉书》卷七〇《陈汤传》,第3010—3011页。

子为国家"①。可知使者在外面的行动是要经过皇帝与公卿讨论批准的。他们未经中央朝廷批准而采取行动,故为"矫制"。甘延寿、陈汤的行动获得了巨大的成功,斩获郅支单于首,大败之。但是,这件事在汉朝决策集团中引起了激烈的、长期的争论。中书令石显、丞相匡衡坚持认为"延寿、汤擅兴师矫制,幸得不诛,如复加爵土,则后奉使者争欲乘危徼幸,生事于蛮夷,为国招难,渐不可开"。围绕他们的行动该奖还是该惩,"议久不决"。后在元帝的干预下,才勉强封甘延寿为义成侯,赐陈汤爵关内侯。元帝死后成帝即位,丞相匡衡又上奏此事,说:"(陈)汤以吏二千石奉使,颛命蛮夷中……不宜处位。"再加上其他罪名,结果陈汤被"坐免"②。尽管甘延寿、陈汤权宜行事取得了极大的成功,但因为违反了外交决策权集中于中央朝廷的原则,所以长期受到谴责和惩处。

两汉时期所确立的外交决策制度,遂成为此后中国古代历代皇朝外交决策的基本模式,历代皇朝依据各自时代的发展变化和所面临的不同外交态势,在此基础上不断做出某些调整和改革,从而使其不断臻于完善和成熟,因而两汉时期的外交决策制度在我国古代外交制度史上实具有开创和垂范的重要意义。

当然,两汉时期毕竟处于我国古代外交决策制度的初期阶段,决策过程中还存在一定的随意性和无序性,皇帝决策与公卿百官决策之间的关系还不是十分协调,对决策之封驳、审议也还未制度化,甚至还存留某些原始落后的决策方式。外交决策之进一步制度化、规范化还需假以时日。

---

① 《资治通鉴》卷二九《汉纪二十一》,元帝建昭三年(前36)胡注,第936页。
② 《汉书》卷七〇《陈汤传》,第3016—3020页。

第 二 章

汉代外交专职机构

汉代是我国古代外交管理机构的确立和奠基时期，其主要表现是确立和构架起一整套从中央到地方的、大体完备的、粗具规模的外交管理机构和管理体系。在中央确立了以九卿之一的大鸿胪、诸曹尚书之一的主客曹为外交主管机构，并以中央若干部门配合协同运作。在地方确立了由中央垂直领导的边疆行政单位、边防单位、边境镇抚单位分头负责、相互配合的外交管理体制。这一整套外交管理机构和体制，成为此后中国古代外交管理制度的基本模式。

我国古代外交管理体制所以在汉代得以确立，不是偶然的，这是我国古代外交在汉代进入了一个崭新阶段所决定的。先秦时期虽然有了外交管理机构的萌芽，如周代的"行人"①，战国时期的"诸侯主客"② 等，但这些机构都还很简单，其机构和职能均语焉不详。因其时的外交基本上是在中原王朝及其周边地区范围内的列国诸侯交往。秦代虽然设置了"典客"③ 这一机构，但由于其国祚短促，于外交方面活动无多，这一机构未见发挥多大作用。汉代是我国古代历史上第一次打开通向世界的大门，以张骞"凿空"④ 为标志，由封闭走向开放，由中国走向世界。中国古代外交亦随之进入了崭新的时代。正是在这种客观形势要求下，汉代确立并架构起完整的一套外交管理体制。汉代所建立的外交机构，虽然

---

① 徐元诰撰，王树民、沈长云点校：《国语集解》，《鲁语下》，中华书局2002年版，第178页。韦昭注："行人，官名，掌宾客之礼。"又见《晋语八》，第428页。
② 《史记》卷一二六《滑稽列传》，第3199页。
③ 《汉书》卷一九上《百官公卿表上》，第730页。
④ 《史记》卷一二三《大宛列传》，第3169页。

有的与先秦有一定的传承关系,但其内涵和作用已有很大变化,如汉代的大鸿胪与周代的大行人之间的差别,《历代职官表》按语云:"鸿胪一官,自《唐六典》、《通典》、《初学记》诸书,皆以为出于《周礼》之大行人,然古今立制各殊,详考其实,汉魏以后之鸿胪,与周大行人之职,已有不同。"认为最大的不同是周代大行人"兼柔远人、怀诸侯二者而有之"。而秦汉以后罢封建置郡县,"无复邦交之事",即使分建诸侯王,亦不过令大鸿胪掌管封拜礼仪,因而鸿胪所掌主要是"蛮夷朝贡献见之礼,犹大行人职守之一端"[①]。这一看法基本上是正确的。即使"蛮夷朝贡"方面的内涵,已经开放的、走向世界的汉代与基本上处于封闭状态的先秦时期亦大相径庭。

外交工作在两汉时期已经成为行政管理的重要组成部分之一。两汉时期的行政体制,在中央确立了三公、九卿(诸卿)的行政管理体制;在地方,则从西汉的郡、县两级体制转变为东汉的州、郡、县三级体制。在中央政府方面,三公为行政中枢机构,诸卿为行政事务机构。西汉前期三公以丞相为宰相,总领百官,协理万机,一切国事皆归其管辖[②]。西汉成帝以后确立三公鼎立制度,同为宰相[③]。宰相将中枢决策集团制定的诏令、法律下达诸卿和地方州郡贯彻执行。与此同时尚书异军突起,到东汉时期逐步侵夺三公以及诸卿的权力。两汉时期的外交行政管理就是在这种政治体制中逐步形成和运作的。

汉代的外交管理机构,本书将其分为专职机构与关涉机构两个方面。所谓专职机构,是指以外交工作为其主要职能的机构,所谓关涉机构,是指在外交工作运转过程中起一定的协助、配合作用的有关机构。前者为诸卿系统的大鸿胪和尚书系统的主客曹,后者则散见于自中央至地方之诸部门。本章先述汉代之专职机构。汉代所确立的外交专职机构的最大特点是其双轨并行之制,即以诸卿系统的大鸿胪以及尚书系统的主客

[①] (清)永瑢等:《历代职官表》卷三三《鸿胪寺》"三代"按语,《丛书集成初编》第一〇册,中华书局 1985 年北京新一版,第 876—877 页。

[②] 参见安作璋、熊铁基《秦汉官制史稿》上册第一章第二节,齐鲁书社 1984 年版,第 25—34 页。

[③] 参见祝总斌《两汉魏晋南北朝宰相制度研究》第三章,中国社会科学出版社 1990 年版,第 55—56 页。

曹并存，同为专职之外交管理机构。前者以外交事务为主，后者以外交政务为主。汉代所确立的这种外交管理机构，一直行用于此后之魏晋南北朝和隋唐时期，成为中国古代诸皇朝外交管理机构之基本模式。这里所谓专职只是相对而言，因为这两个机构管理的工作并不完全是外交，还包含民族事务和封国王侯事务等，外交只是其中的主要职能，但相对来说它们所承担的外交事务最为集中，因此我们将其视为专职机构。

第一节 大鸿胪建置

诸卿之一的大鸿胪是两汉时期最主要的外交主管机构①。如所周知，汉代诸卿多为直接、间接为皇室服务之机构，只有少数为管理国家政事之机构，大鸿胪即属于这种性质的少数行政机构之一。东汉时，宰相"三公"对于诸卿等行政部门实行分工监督管理，大鸿胪是由原来丞相改称的司徒所分管②。

一 大鸿胪沿革

关于大鸿胪的来历，《通典》有一个概括的叙述："《周官》大行人，掌大宾客之礼。秦官有典客，掌诸侯及归义蛮夷。汉改为鸿胪。"③汉代的鸿胪是由周代的大行人、秦代的典客继承发展而来的。汉代是何时改称鸿胪的，由于对相关记载的理解不同而产生了歧异。《汉书·百官公卿表上》："景帝中六年（前144）更名大行令，武帝太初元年（前104）更名大鸿胪。"④但是有人根据《汉书·景帝纪》的下述记载："（中元）二年春二月，令诸侯王薨、列侯初封及之国，大鸿胪奏

---

① 或谓"典客职掌接待，并非正式外交机构"。（陈仲安、王素：《汉唐职官制度研究》，中华书局1993年版，第9页）此说不妥，典客（大鸿胪）为汉代外交正式的主管机构，详见下文所述。

② 见《续汉书》志二五《百官志二》刘昭注引《汉官目录》，见点校本《后汉书》，第3584页。

③ （唐）杜佑：《通典》卷二六《职官典八·诸卿中·鸿胪卿》，中华书局1984年版，第153页。

④ 《汉书》卷一九上《百官公卿表上》，第730页。

谥、诔、策。列侯薨及诸侯太傅初除之官，大行奏谥、诔、策。"① 遂认为早在景帝的中元二年（前148）就已有大鸿胪，而且同时还有大行，如臣瓒说："景帝此年已置大鸿胪，而《百官表》云武帝太初元年更以大行为大鸿胪，与此错。"颜师古更认为："据此《纪》文，则景帝已改典客为大鸿胪，改行人为大行矣。而《百官公卿表》乃云景帝中六年更名典客为大行令，武帝太初元年更名大行令为大鸿胪，更名行人为大行令。当是表误。"② 虽然刘攽、刘敞均怀疑或反对《表》误之说，并指出这是由于班书以"武帝时官记景帝世事"，撰史者"失于改革"，乃以"最后官名"而"追举"前事。③ 但二刘氏之说也只是一种推测或推论，未能列举充分证据而明确肯定典客改称鸿胪的年代，及其属官称谓的相应演变。笔者《汉代外交体制研究》一书中，通过将西汉时期的典客、大行以及大鸿胪的递嬗情况及其相互关系进行全面梳理，从而明确否定臣瓒、颜师古等关于景帝中元二年已改典客为大鸿胪之说，肯定《史记·景帝本纪》以及《汉书·百官公卿表》所载景帝中元六年改典客为大行，武帝太初元年改大行为大鸿胪的记载是符合历史事实的。从而得出结论，汉代大鸿胪及其属官的改易过程和名称变化如下：汉初典客之属官为大行；景帝中元二年（前148）典客更名为大行之后，其属官则为行人；武帝太初元年（前104）改大行为大鸿胪之后，其属官行人亦随之改称为大行令。④

何以这一官名称为"鸿胪"呢？关于鸿胪名称含义的解释不甚一致，刘熙《释名》曰："鸿，大也；腹前曰胪。此言以京师为心腹，以王侯蕃国为四体。"⑤ 或引作："腹前肥者曰胪，此主王侯及蕃国，言以京师为心

---

① 《汉书》卷五《景帝纪》，第145页。唐人的这种认识非独颜师古而已，司马贞亦然，故其释"大行"时称"汉景帝改曰大鸿胪"，见《史记》卷二三《礼书》《索隐》，第1157页。
② 《汉书》卷五《景帝纪》注，第145页。
③ 《历代职官表》卷三三《鸿胪寺》引《汉书刊误》载刘攽曰："盖班氏博采他书成之，故于景帝世谓典客为大鸿胪，行人为大行，由它书，即武帝时官记景帝世事，班氏失于改革耳。然则改诸官名在武帝世无疑，非表误也。"刘敞曰："景十三王传河间献王薨，犹云大行令奏谥，则非表误也，但官名改易未定，故史于此追举最后官名也。"第878页。
④ 详见黎虎《汉代外交体制研究》，商务印书馆2015年版，第820、836—838页。
⑤ （唐）徐坚等著，《初学记》卷一二《职官部下·鸿胪卿》引，中华书局1962年版，第305页。

体，王侯外国为腹胠，以养之也。"① 而韦昭则说："鸿，声也；胪，附皮。以言其掌四夷宾客，若皮胪之在外附于身也。"② 刘熙和韦昭的解释大同小异。但是《艺文类聚》引韦昭《辩释名》却另有解释，他说，鸿胪"掌礼，鸿，大也；胪，陈序也，欲大以礼陈序宾客"③。《初学记》引胡广的说法又与韦昭此说不同，他说："鸿，声也；胪，传也。所以传声，赞导九宾。"④ 应劭的说法则与胡广基本一致，认为是："郊庙行礼赞九宾，鸿声胪传之也。"⑤ 上述三种说法从不同角度解释了鸿胪的含义，第一种说法着重从鸿胪所主王侯四夷事务着眼，第二、三种说法着重从鸿胪作为礼宾官员执行司仪职务而着眼。它们各有一定道理，并非矛盾，要之鸿胪名称本身即有主管外交及其礼仪之含义则是无疑的。

二 大鸿胪属官

大鸿胪设正副长官，正长官为卿，中二千石；副长官为丞，比千石。大鸿胪有"员吏五十五人，其六人四科，二人二百石，文学六人百石，一人斗食，十四人佐，六人骑吏，十五人学事，五人官医"⑥。西汉人平当曾以"功次补大鸿胪文学"⑦。此大鸿胪文学即为大鸿胪机构之员吏。大鸿胪的属官主要有：

（一）大行令、丞

大行令，汉初承秦称大行，景帝中元六年（前144）改称行人，武帝太初元年（前104）改称为大行令，直至东汉时期。"大行令一人，六百石……丞一人。"⑧ 大行丞为其副。其下属有"员吏四十人"⑨。公孙弘曾

---

① （唐）欧阳询撰，汪绍楹校：《艺文类聚》卷四九《职官部五·鸿胪》引刘熙《释名》，上海古籍出版社1965年，第884页。
② 《史记》卷一一《孝景本纪》《索隐》引，第447页。
③ 《艺文类聚》卷四九《职官部五·鸿胪》引韦昭《辩释名》，第884页。
④ 《初学记》卷一二《职官部下·鸿胪卿》引胡广曰，第305页。
⑤ 《汉书》卷一九上《百官公卿表上》注引，第730页。
⑥ 《续汉书》志二五《百官志二》刘昭注引《汉官》，见点校本《后汉书》，第3583页。
⑦ 《汉书》卷七一《平当传》，第3048页。
⑧ 《续汉书》志二五《百官志二》，见点校本《后汉书》，第3583页。
⑨ 《续汉书》志二五《百官志二》刘昭注引《汉官》，见点校本《后汉书》，第3583页。

"请选择其秩比二百石以上及吏百石通一艺以上补左右内史、大行卒史"①。这里的"大行卒史",当为西汉中后期大行令所属之员吏。

此外还有治礼郎四十七人,分别为"四人四科,五人二百石,文学五人百石,九人斗食,六人佐,六人学事,十二人守学事"②。他们的职责为"主斋祠傧赞九宾"③。

但是,除了这里所记治礼郎之外,散见于《史》《汉》者尚有大行礼官、大行治礼丞、大行郎、大行治礼等。司马迁曾说:"余至大行礼官,观三代损益,乃知缘人情而制礼,依人性而作仪,其所由来尚矣。"④ 西汉人平当"少为大行治礼丞"⑤。萧望之亦曾"察廉为大行治礼丞"⑥。此外,西汉末年有"校尉东海公宾就,故大行治礼"⑦。他们之间是什么关系呢?

"大行治礼"即大行令之属官"治礼",正旦朝时"先平明,谒者、治礼,引以次入殿门"⑧。这里的"治礼"即大行令之属官,他与谒者共同负责"傧赞"事宜。"治礼"为省称,具体来说则或有"大行治礼丞""大行治礼郎"等,前者见于西汉时期,后者见于东汉时期。东汉曾大量取消大鸿胪属官中的令、丞,而改由郎来负责有关事务。东汉时取消了译官、别火二令,丞和郡邸长、丞,"但令郎治郡邸"⑨。可能"大行治礼丞"亦随之改称为"大行治礼郎",后者或省称为"大行郎"⑩。至于"大行礼官"并非具体职官,而是泛指大行令属官"治礼",因为他们的主要职责是礼仪事务。"掌九仪之制,以宾诸侯"⑪,即其职掌之一。何为

---

① 《史记》卷一二一《儒林列传序》,第3119页。
② 《续汉书》志二五《百官志二》刘昭注引《汉官》,见点校本《后汉书》,第3583页。
③ 《续汉书》志二五《百官志二》刘昭注引《东观书》,见点校本《后汉书》,第3142页。
④ 《史记》卷二三《礼书》,第1157页。
⑤ 《汉书》卷七一《平当传》,第3048页。
⑥ 《汉书》卷七八《萧望之传》,第3273页。
⑦ 《汉书》卷九九下《王莽传下》,第4191页。
⑧ 《史记》卷九九《叔孙通列传》,第2723页。按:标点本"谒者治礼"连读,窃意"谒者"后应加顿号。
⑨ 《续汉书》志二五《百官志二》,见点校本《后汉书》,第3584页。
⑩ 《续汉书》志二五《百官志二》刘昭注引卢植《礼》注,见点校本《后汉书》,第3583页。
⑪ 《史记》卷一一《孝景本纪》《集解》注引臣瓒语,第447页。

九仪？九仪即九宾，"谓公、侯、伯、子、男、孤、卿、大夫、士也"①。

（二）译官令、丞

东汉人许慎在《说文解字》中解释"译"字的含义说："传四夷之语者。"② 据称，译者原有四种名称，"东方曰寄，南方曰象，西方曰狄鞮，北方曰译。"③ 可知译这种官员早就有了，据称"周成王时，越裳氏重九译而贡白雉"④。这四种名称后来总称为"象"或"象胥"，"合总名曰象者，周之德先致南方也"⑤。据称周代就有了"象胥"这种翻译官，"象胥，译官也"⑥。"掌蛮夷闽貉戎狄之国，使掌传王之言而谕说焉，以和亲。"⑦ 郑玄说："通夷狄之言者曰象胥。"贾公彦谓："掌四夷之国使，以传宾主之语。"⑧ 到了秦汉时期这种官职已统一称为译⑨。汉代于大鸿胪下设译官，其长官为令，译官丞为其副⑩。汉宣帝时周堪曾任译官令⑪。西汉于设置大鸿胪之外又设置典属国，典属国"秦官，掌蛮夷降者"⑫。"主四方夷狄朝贡侍子。"⑬ 其属官有"九译令"。其与大鸿胪职掌多有重叠，故成帝河平元年（前28）将典属国省并大鸿胪⑭，则"九译令"亦当并于"译官令"。东汉省译官令、丞。

（三）别火令、丞

汉武帝太初元年（前104）改大鸿胪名称时始置别火，"别火，狱令

---

① （汉）张衡：《东京赋》注引韦昭曰，《文选》卷三，第56页。
② （汉）许慎撰，（清）段玉裁注：《说文解字注》，上海古籍出版社1981年版，第101页。
③ 《礼记正义》卷一二《王制》，第1338页。
④ 《后汉书》卷六〇上《马融列传》注引《尚书大传》，第1968页。
⑤ 《周礼注疏》卷三四《秋官司寇》郑玄注，第869页。
⑥ 《周礼注疏》卷三七《秋官司寇·大行人》注引郑司农云，第893页。
⑦ 《周礼注疏》卷三八《秋官司寇·象胥》，第899页。
⑧ 《周礼注疏》卷三四《秋官司寇》郑注、贾疏，第869页。
⑨ 何以到了秦汉时期已统一称为"译"？《宋高僧传》："周礼有象胥氏通六蛮语，狄鞮主七戎，寄司九夷，译知八狄。今四方之官，唯译官显著者何也？疑汉已来多事北方，故译名烂熟矣。"［（宋）赞宁：《宋高僧传》，范祥雍点校，中华书局1987年版，第52页］聊备一说。
⑩ 《汉书》卷一九上《百官公卿表上》，第730页。
⑪ 《汉书》卷八八《儒林传·周堪传》，第3604页。
⑫ 《汉书》卷一九上《百官公卿表上》，第735页。
⑬ 《续汉书》志二五《百官志二》，见点校本《后汉书》，第3584页。
⑭ 《汉书》卷一九上《百官公卿表上》，第735页。

官,主治改火之事"①。改火之制,由来已久,古人钻木取火,一年四季用不同的木材,故称"改火"②。东汉省别火令、丞。

(四)郡邸长、丞

郡邸长、丞"主诸郡之邸在京师者也"③。郡邸即地方各郡的驻京办事处。郡邸官原属少府,后属中尉,最后才归大鸿胪。东汉省郡邸长、丞,而由郎负责郡邸事。

三 大鸿胪的一般职掌

关于大鸿胪的职掌,《汉表》所载比较简略,曰"掌诸归义蛮夷"④,《续汉志》比较详细,曰:"掌诸侯及四方归义蛮夷。其郊庙行礼,赞导,请行事,既可,以命群司。诸王入朝,当郊迎,典其礼仪。及郡国上计,匡四方来,亦属焉。皇子拜王,赞授印绶。及拜诸侯、诸侯嗣子及四方夷狄封者,台下鸿胪召拜之。王薨则使吊之,及拜王嗣。"⑤ 现在我们就以这些记载为基本依据以分析大鸿胪的职掌。

首先我们可以看到,大鸿胪的工作的基本性质是负责礼宾,可以说是中央政府的一个礼宾部门。鸿胪之掌"礼宾"可谓源远流长,"鸿胪赞通四门,抚柔远宾"⑥。何以言之?"昔唐虞宾于四门,此则礼宾之制,与鸿胪之任亦同。"⑦ 鸿胪继承唐虞"四门"礼宾以来之传统。那么它所礼

---

① 《汉书》卷一九上《百官公卿表上》注引如淳引《汉仪注》,第730页。
② 据说周代设"司爟"一职以"掌行火之政令,四时变国火,以救时疾"。《郯子》曰:"春取榆柳之火,夏取枣杏之火,季夏取桑柘之火,秋取柞楢之火,冬取槐檀之火。"(《周礼注疏》卷三〇《夏官司马·小司马》,第843页)(魏)何晏注,(宋)邢昺疏《论语注疏》卷一七《阳货》:"钻燧改火,期可已矣。"何晏《集解》引马融曰:"《周书·月令》有更火之文……一年之中,钻火各异木,故曰改火也。"(《十三经注疏》,中华书局1980年版,第2526页)汉代犹存此制,居延出土宣帝元康五年(前101)汉简有云:"官先夏至一日,以除隧取火,授中二千石二千石官在长安云阳者,其民皆受,以日至易故火。"(谢桂华、李均明、朱国炤:《居延汉简释文合校》(5.10),文物出版社1987年版,第8页。参见陈直《居延汉简研究》,天津古籍出版社1986年版)是为别火官主管吏民改火之具体情况。陈仲安、王素《汉唐职官制度研究》径称:"别火管蛮夷饮食"(中华书局1993年版,第9页),未见具体论述,不知何所据?
③ 《汉书》卷一九上《百官公卿表上》颜师古注,第730页。
④ 《汉书》卷一九上《百官公卿表上》,第730页。"诸"下疑夺"侯"字。
⑤ 《续汉书》志二五《百官志二》,见点校本《后汉书》,第3583页。
⑥ 《北堂书钞》卷五四《设官部六·鸿胪》注引《汉官解诂》,第204页。
⑦ 《太平御览》卷二三二《职官部·鸿胪卿》引《汉官解诂》,第1101页。

宾的对象有哪些呢？从上引鸿胪职掌来看主要有三种，一是诸侯，二是四方归义蛮夷，三是郡国上计吏。这里第一、三种人的含义和界限都是明确的，第二种所谓"四方归义蛮夷"或"四方夷狄"则比较含混。在我国古代，中原王朝的统治者，对于周边少数民族与外国均视为夷狄，并无严格的区分，因此这里的"蛮夷"或"夷狄"实际上是包含周边少数民族和外国。但是在当时的观念上和对待上两者是难以区分的。这样我们可以知道当时大鸿胪礼宾的对象主要有四：即诸侯、郡国计吏、少数民族、外国人。现在我们先略述大鸿胪的一般职掌，然后再着重叙述其所掌管的外交工作。

（一）主诸侯

两汉时期继续实行封国制度，有王国和侯国，他们的地位大体与地方郡、县相当。这些封国王侯初封或就国，以及朝觐聘享等有关礼仪和接待工作是由大鸿胪负责的，所以"掌诸侯"是大鸿胪的重要职责之一。具体来说主要有如下几种。

一是拜授王侯。上引《续汉志》谓："皇子拜王，赞授印绶。及拜诸侯、诸侯嗣子……台下鸿胪召拜之。"① 如有封拜事宜，由尚书台根据皇帝指示草拟诏书下达大鸿胪，大鸿胪根据诏令而具体执行册封礼仪。从这个记载来看，似乎大鸿胪主要是"掌赞导拜授诸王"② 这类礼仪性的事务，但实际上大鸿胪不仅掌管诸侯拜授礼仪，而且负责选拔、监察封授对象。光武帝建武二年（26）下诏封功臣皆为列侯，诏文有云："其显效未酬，名籍未立者，大鸿胪趣上，朕将差而录之。"③ 和帝永元三年（91）诏曰："大鸿胪求近亲宜为嗣者，须景风绍封，以章厥功。"④ 都强调由大鸿胪负责选拔、上报封授对象。诸侯继位也要先上报大鸿胪，由其负责审核，并管理诸侯档案。五凤二年（前56）赵敬肃王刘彭祖之孙缪王元甍。大鸿胪王禹奏："（缪王）元前以刃贼杀奴婢，子男杀谒者，为刺史所举奏，罪名明白。"病逝前又留遗嘱，让那些善于奏乐的奴婢为

---

① 《续汉书》志二五《百官志二》，见点校本《后汉书》，第3583页。
② 《宋书》卷三九《百官志上》，中华书局1974年版，第1233页。
③ 《后汉书》卷一《光武帝纪上》，第26页。
④ 《后汉书》卷四《和帝纪》，第172页。

其殉葬，"迫胁自杀者凡十六人，暴虐不道"。故"不宜立嗣"。可见大鸿胪掌握诸侯的各方面言行，从而得以做出是否立嗣的建议。王禹的报告得到宣帝的批准，"奏可，国除"①。宣帝时，扶阳侯韦贤病危，尚未确定继承人，门下生博士与宗家计议，"共矫（韦）贤令，使家丞上书言大行"，以少子韦玄成为嗣。韦玄成不愿继位，于是装疯，"大鸿胪奏状，章下丞相御史案验"②。大鸿胪还密切关注并掌握诸侯立嗣操作中的弊端，得以提出审查建议。秺侯金日䃅后嗣金赏、金常皆无子国绝，金日䃅曾孙金当之母南即王莽母功显君的"同产弟也"，于是王莽封金钦、金当奉其后。金当受封后，又"上南大行为太夫人"③，上报"大行"封其母南为太夫人，亦即"上名状于大行也"④。由上述可知，封拜侯王的程序大体上是：事先需要将拟授封者的"名状"上报大鸿胪属官"大行"，由"大行"禀告大鸿胪上报尚书台，期间大鸿胪如果发现拟封者存在问题，还需要将情况及时上奏，以便由丞相御史等有关部门检察、核实。审核无误之后，尚书台上报皇帝以批复是否可以封拜。然后再由尚书台将皇帝的决定下达大鸿胪执行封拜事宜。也就是说在封拜王侯的上下行运作链条中大鸿胪均处于不可或缺的重要的环节。

二是迎送。"诸王入朝，当郊迎"，由大鸿胪"典其礼仪"⑤。昭帝去世后，因无嗣，于是"遣大鸿胪、宗正迎昌邑王"⑥来京继位，昌邑王"到霸上，大鸿胪郊迎"⑦。建初六年（81）东平宪王刘苍上疏求朝，"使大鸿胪窦固持节郊迎"。诸侯返国由大鸿胪奏遣。刘苍是明帝的同母兄弟，双方感情甚笃，建初七年（82）三月"大鸿胪奏遣诸王归国，帝特留（刘）苍"。迁延"至八月饮酎毕，有司复奏遣（刘）苍，乃许之"。这里的"有司"还是大鸿胪，明帝不得已让刘苍返国时，手诏赐刘苍曰："骨肉天性，诚不以远近为亲疏，然数见颜色，情重昔时。念王久劳，思

---

① 《汉书》卷五三《景十三王传》，第2421—2422页。
② 《汉书》卷七三《韦贤传》，第3109页。
③ 《汉书》卷六八《金日䃅传》，第2965页。
④ 《汉书》卷六八《金日䃅传》注引文颖曰，第2966页。
⑤ 《续汉书》志二五《百官志二》，见点校本《后汉书》，第3583页。
⑥ 《汉书》卷七二《王吉传》，第3061页。
⑦ 《汉书》卷六三《武五子传》，第2765页

得还休，欲署大鸿胪奏，不忍下笔，顾授小黄门，中心恋恋，恻然不能言。"大鸿胪关于遣送诸王归国的奏文上报明帝之后，明帝迟迟不忍批示，最后不得已"于是车驾祖送，流涕而诀"①。大鸿胪根据规章制度奏遣诸王返国，皇帝也不得不遵守。护送亦由大鸿胪负责，楚王英废，"徙丹阳泾县，赐汤沐邑五百户。遣大鸿胪持节护送"②。

三是料理诸侯丧事。景帝中元二年（前148）"令诸侯王薨、列侯初封及之国，大鸿胪奏谥、诔、策。列侯薨及诸侯太傅初除之官，大行奏谥、诔、策"③。由于大鸿胪熟悉诸侯王的情况，故其死后亦由大鸿胪"奏其行迹，赐与谥及哀策诔文也"④。根据王侯地位之差别，大鸿胪及其属官大行有所分工，"故事之尊重者遣大鸿胪，而轻贱者遣大行也"⑤。吊唁及监丧亦由其负责，"王薨则使吊之，及拜王嗣"⑥。建初八年（83）东平宪王刘苍死，"遣大鸿胪持节，五官中郎将副监丧"⑦。由此可见，诸侯从被封拜至终结的全过程均由大鸿胪负责。

四是纠弹诸侯不法。这方面的职能在《续汉书·百官志》中并没有记载，但是从其他记载中可以看到这还是大鸿胪的重要职责之一。景帝孙刘勃立为常山王，违法乱纪，诸多不轨，武帝"遣大行（张）骞验王后及问王（刘）勃，请逮（刘）勃所与奸诸证左"⑧。此"大行"即日后之大鸿胪。广陵王刘胥因祝诅事发，又杀人灭口，宣帝"遣廷尉、大鸿胪即讯"⑨。燕王刘旦与齐孝王刘泽等谋反，刘泽被捕，昭帝"遣大鸿胪丞治，连引燕王"⑩。大鸿胪丞为大鸿胪之副。梁王刘立杀人，哀帝"遣廷尉赏、大鸿胪由持节即讯"⑪。

---

① 《后汉书》卷四二《光武十王列传·东平宪王苍传》，第1439—1441页。
② 《后汉书》卷四二《光武十王列传·楚王英传》，第1429页。
③ 《汉书》卷五《景帝纪》，第145页。
④ 《汉书》卷五《景帝纪》注引应劭曰，第145页。
⑤ 《汉书》卷五《景帝纪》颜注，第145页。
⑥ 《续汉书》志二五《百官志二》，见点校本《后汉书》，第3583页。
⑦ 《后汉书》卷四二《光武十王列传·东平宪王苍传》，第1441页。
⑧ 《史记》卷五九《五宗世家》，第2103页。
⑨ 《汉书》卷六三《武五子传》，第2762页。
⑩ 《资治通鉴》卷二三《汉纪十五》，昭帝始元元年（前86），第751页。
⑪ 《汉书》卷四七《文三王传》，第2218页。

东方朔认为理想的大鸿胪应当如古代善于治民的贤臣契那样的人选，如以"契为鸿胪"①则可谓得人，因为"卨（契）作司徒，敬敷五教。是时诸侯王治民，鸿胪主诸侯王也"②。可见大鸿胪主管诸侯的工作对于诸侯治民具有重要意义，而诸侯治民是与郡县治民同样重要的巩固汉皇朝长治久安的两根支柱之一。

（二）主郡国计吏

上计制度是两汉对于地方郡国进行考课的重要方式，每年年终派员到中央汇报全年政绩，并参加朝会，接受考察询问，带回中央的有关指示。这种上传下达的工作多由上计吏承担。他们在京期间的接待礼宾工作也由大鸿胪负责。由于他们在京城要停留相当一段时间并参加朝廷的各种活动，他们来京以后住在郡邸之中，"郡国朝宿之舍在京师者名邸"③。郡邸就是各郡的驻京办事处和招待所。各郡都在首都设有郡邸，如"燕邸"④"代邸"⑤"鲁邸"⑥等均是各地在京所置之邸。郡邸归大鸿胪管理，其属官有郡邸长、丞，负责"主诸郡之邸在京师者也"⑦。郡邸的设置对于上计吏在京的工作和活动是重要的，永元十年（98）大匠应顺上言："百郡计吏，观国之光，而舍逆旅，崎岖私馆，直装衣物，敝朽暴露，朝会邈远，事不肃给。昔晋，霸国盟主耳，舍诸侯于隶人，子产以为大讥。况今四海之大，而可无乎？"于是"和帝嘉纳其言，即创业焉"⑧。大鸿胪不仅负责计吏的生活安排，还负责各种礼宾工作，"及郡国上计，匡四方来，亦属焉"⑨。当时是把郡国计吏也同诸侯一样视为天子的宾客，给予相当礼遇的。上计吏如果犯罪，也由大鸿胪管理，因此设

---

① 《汉书》卷六五《东方朔传》，第2860页。
② 《汉书》卷六五《东方朔传》注引应劭曰，第2860页。
③ 王先谦：《汉书补注》卷一九上《百官公卿表上》注引钱大昭曰，第300页。
④ 《史记》卷九三《韩信卢绾列传》，第2639页。
⑤ 《史记》卷一《孝文本纪》，第415页。
⑥ 《汉书》卷八八《儒林传·申公传》，第3608页。
⑦ 《汉书》卷一九上《百官公卿表上》颜师古注，第730页。
⑧ 《续汉书》志二五《百官志二》注引，见点校本《后汉书》，第3583页。
⑨ 《续汉书》志二五《百官志二》，见点校本《后汉书》，第3583页。

有郡邸狱，"郡邸狱，治天下郡国上计者，属大鸿胪"①。昭帝元平元年（前74）皇曾孙刘病已生数月，因巫蛊事而"亦坐收系郡邸狱"，由于巫蛊事件牵连人员甚多，监狱为满，故皇曾孙刘病已也"寄在郡邸狱"②，由大鸿胪所管辖的"郡邸狱"负责关押。

（三）主少数民族

大鸿胪所掌"归义蛮夷"③，其中包含周边少数民族事务，这是不言而喻的，因此这里就不再一一细述。

第二节　大鸿胪的外交职能及任职条件

大鸿胪的重要职能之一是掌管"归义蛮夷"④。所谓"归义蛮夷"即与汉皇朝有着友好来往的民族、地区或国家。因此在大鸿胪的职责中，包含着重要的外交方面的内容。古代学者在解释"鸿胪"含义时或谓："此主王侯及蕃国，言以京师为心体，王侯外国为腹胪。"⑤ 或曰："鸿，声也；胪，附皮。以言其掌四夷宾客，若皮胪之在外附于身也。"⑥ 这些解释的意思基本是一致的，均强调鸿胪所掌为中原皇朝之外部世界事务——"四夷"或外国的宾客，同时也强调了外交对于一个国家的重要性，犹如皮肤之于身躯、内脏之密切而重要的依存关系。在两汉时期这种管理外交事务的官员或机构不独汉皇朝有之，周边国、族也有类似的机构。如匈奴之"主客"⑦、高句丽之"古邹大加"⑧ 等，均为与汉皇朝"鸿胪"相似之职官。大鸿胪之外交职掌在相关官志中并没有十分具

---

① 《资治通鉴》卷二四《汉纪十六》，昭帝元平元年（前74）注引《汉旧仪》，第788页。

② 《资治通鉴》卷二四《汉纪十六》，昭帝元平元年（前74）及胡注，第788页。

③ 《汉书》卷一九上《百官公卿表上》，第730页；《续汉书》志二五《百官志二》，见点校本《后汉书》，第3583页。

④ 同上。

⑤ 《艺文类聚》卷四九《职官部五·鸿胪》引刘熙《释名》，第884页。

⑥ 《史记》卷一一《孝景本纪》《索隐》引韦昭说，第447页。

⑦ 《史记》卷一一〇《匈奴列传》，第2912页。《集解》引韦昭曰："主使来客官也。"《正义》曰："官名，若鸿胪卿。"

⑧ 《后汉书》卷八五《东夷列传》，第2813页。李贤注曰："高丽掌宾客之官，如鸿胪也。"

体的记载，我们试图通过纠集零散史料以勾勒其具体的外交职能。

一 大鸿胪的外交职能

汉代大鸿胪的外交职能，见诸文献记载者主要有如下六个方面。

（一）接待来使，转递外交文书

外国使节到达京城以后，其接待工作由大鸿胪负责。元封六年（前105）成安侯韩延年"坐为太常行大行令事留外国书一月，乏兴，入谷赎，完为城旦"①。韩延年本官为太常，但当时代理大行令的职务，此"大行令"即日后的"大鸿胪"。他是在以大行令的身份管理外交事务时，没有将外国使节所持外交文书及时上交，滞留达一月之久而触犯了"乏兴"罪的。何谓"乏兴"？"当有所兴发，因其迟留故阙乏。"②《汉表下》也记载了此事，说："成安侯韩延年为太常，二年坐留外国使人，入粟赎论。"③ 这里记载其罪责是"坐留外国使人"，此与前者应当是一致的，即由于韩延年没有及时上交来使文书，导致来使不能及时返国，故其罪责就不仅是延误外交文书的上报，同时包括"留外国使人"在内。韩延年是在元封五年（前106）出任太常的，做了两年太常，即元封六年犯了此罪。韩延年不是因任太常，而是在摄行大行令中犯了此罪的，故王先谦说："合《功臣表》观之，乃明太常不主外国事。"④ 综合这两处记载可以知道，大行令负责接待外国来使及收受其携带之外交文书，并负责及时引见使节和转交外交文书。由于大行令有此职责，因此当他身处京师之外时，如遇来使也要及时接待并上报。元狩二年（前121）匈奴浑邪王与休屠王等谋欲降汉，先遣密使在边境寻找汉人以通信息，当时"大行李息将城河上，得浑邪王使，即驰传以闻"⑤。李息得匈奴密使之后迅速上报朝廷，固然与其作为边将有关，同时也应与其作为"大行"（大鸿胪）之责有关。

---

① 《汉书》卷一七《景武昭宣元成功臣表》，第653页。
② 《汉书》卷一七《景武昭宣元成功臣表》颜注，第654页。
③ 《汉书》卷一九下《百官公卿表下》，第782页。
④ 《汉书补注》卷一九下《百官公卿表下》，第320页。
⑤ 《史记》卷一一一《卫将军骠骑列传》，第2933页。

(二) 礼宾来使

来使在京师期间需要参加朝觐、宴飨等一系列礼仪活动，在这些活动中的礼宾工作亦由大鸿胪负责。1986 年湖北江陵张家山 336 号汉墓出土的汉律中有《朝律》，是在汉七年叔孙通所订朝仪基础上的增订。现已公布的汉简《朝律》有云：

(1) 趋。下就立（位）∨少府中郎进
(2) 并趋（跪）大行左。大行进趋（跪）曰
(3) 后五步，北上，谒者一人立东陛者，南面。立定，典客言具，谒者以闻。皇帝出房，宾九宾及朝者①

汉简《朝律》较《史》《汉》所载汉七年叔孙通朝仪有所补充和发展，主要体现于朝者入场、就位及传声上报方面较后者具体、详细，其要有二：一是《史》《汉》所缺载的礼仪官员的职责和地位有所补充而得以明确，即大行、典客在殿下值守引导，而谒者立于"东陛"，负责殿下与殿上之沟通，表明谒者作为宫内近侍较宫外行政官员大行、典客与皇帝要亲近；二是将《史》《汉》所载高度概括的"胪句传"具体化了，当"大行"负责"设九宾"②，"立定"（即朝位已确定）之后，于是，"大行进趋（跪）曰"→"典客言具"→"谒者以闻"，这样依次向上传言。此外，典客与谒者在朝会中的出现，亦为《史》《汉》所不载，赖汉简《朝律》而得以补缺。

据张家山汉简所见《朝律》，汉初在举行正旦朝时，"大鸿胪"的前身"典客"及其属官"大行"（日后的"大行令"）在殿下负责朝会前的准备，排列朝见者的位次，准备就绪之后，"大行"上报"典客"，"典客"向立于殿"东陛"的"谒者"报告，"谒者以闻。皇帝出房，宾九宾及朝者"③。"谒者"将信息传上去之后，典礼即正式开始。

---

① 引自胡平生《中国湖北江陵张家山汉墓出土竹简概述》，收于大庭修主编《汉简研究国际シンポジウム92 报告书——汉简研究の现状と展望》，第 273 页，日本关西大学出版部 1993 年版。简文中的标点，引者作了一些改动。以下引用此件简称《朝律》。
② 《史记》卷九九《叔孙通列传》，第 2723 页。
③ 张家山汉简《朝律》。

张家山汉简《朝律》大约修订于何时？从《朝律》中的"典客"与"大行"的关系中，我们可以看到：典客地位高于大行，也就是说典客是九卿之一的礼宾部门主官，即日后之大鸿胪，大行为典客之属官，即日后之大行令。这一关系存在于汉初至景帝中元六年（前144）期间，那么，汉简《朝律》应当是在景帝中元六年（前144）之前所修订，而不能在此之后[1]。

随着汉代外交的发展，正旦朝中日益增加了外交的成分，更多的外宾、来使参加正旦朝，使其日益成为一种外交宣示礼仪。其规模亦逐渐扩大。东汉人张衡《东京赋》描绘了汉代最重大的礼仪活动"正旦朝"的盛大场面：

> 藩国奉聘，要荒来质，具惟帝臣，献琛执贽，当觐乎殿下者，盖数万以二，尔乃九宾重，胪人列。[2]

何谓"胪人列"？"言鸿胪所主羌胡之人，皆罗列于朝廷也。"[3] 四方国、族宾客是这一盛会的重要参加者，从而使这一典礼具有强烈的外交性质，而鸿胪则是这些外来宾客的主管者。皇帝祭陵也是一项重大的礼仪活动，四方国、族宾客照例均被邀请参加，也具有外交活动的性质。东汉时"天子以正月五日毕供，后上原陵，以次周遍，公卿百官皆从……匈奴朝者、西国侍子皆会"[4]。而在这种活动中的礼宾工作也是由大鸿胪负责的，"西都旧有上陵。东都之仪，百官、四姓亲家妇女、公主、诸王大夫、外国朝者侍子、郡国计吏会陵。昼漏上水，大鸿胪设九宾，随立寝殿前"[5]。参加祭陵的宾客除了"四姓亲家妇女"等皇帝亲戚之外，与正旦朝的宾客基本上相同。何谓九宾？"九宾谓王、侯、公、

---

[1] 说详黎虎《汉代外交体制研究》，第836—838页。
[2] （汉）张衡：《东京赋》，《文选》卷三，第56页。
[3] （汉）张衡：《东京赋》注，《文选》卷三，第56页。
[4] （汉）蔡邕：《独断》，王先谦《后汉书集解》《续汉书·礼仪志上》注引，中华书局1984年版，第1102页。
[5] 《续汉书》志四《礼仪志上》，见点校本《后汉书》，第3103页。

卿、二千石、六百石下及郎、吏、匈奴侍子，凡九等。"① 由于汉代外交的发展，"九宾"的内涵也发生了变化，加入了"侍子"等外来宾客。由此可见属于大鸿胪管辖的所有"宾客"，其中包括"外国朝者侍子"等均被邀参加各种隆重的典礼。而在此类活动中的礼宾工作"设九宾"均由大鸿胪负责。祀辟雍、明堂、灵台的"三朝之礼"是汉代与朝会、上陵同样重大的国家礼仪活动，"群僚藩辅，宗室子孙，众郡奉计，百蛮贡职，乌桓、濊貊咸来助祭，单于侍子、骨都侯亦皆陪位"②。也是具有外交性质的礼仪活动。平帝元始年间（公元1—5年），"作明堂辟雍，大朝诸侯，征（萧）由为大鸿胪，会病，不及宾赞"。可见在这些典礼中也是由大鸿胪负责"宾赞"，所谓"宾赞"，即"赞导九宾之事"③。总之，"赞导九宾"是大鸿胪在各种重要礼仪活动中的礼宾工作之一。以上所述即大鸿胪"掌诸侯及四方归义蛮夷。其郊庙行礼，赞导，请行事，以命群司"④ 的具体情况。

（三）主持封拜

册封外国或少数民族以王侯、官职，是汉代重要的外交方式，"中国之于夷狄，羁縻而已……汉氏之后，乃复加以侯王之号，申之封拜之宠，备物典册以极其名数，持节封建以震乎威灵"⑤。大规模封拜外国或少数民族是从汉代开始的，而这一工作也是由大鸿胪具体负责的，史称"四方夷狄封者，台下鸿胪召拜之"⑥。反映了大鸿胪在这一外交工作中的作用和地位的重要性。其中封拜匈奴单于是最为隆重的礼仪，顺帝汉安二年（143）立匈奴兜楼储为单于，"天子临轩，大鸿胪持节拜授玺绶，引上殿。赐青盖驾驷、鼓车、安车、驸马骑、玉具刀剑、什物，给綵布二千匹。赐单于阏氏以下金锦错杂具，軿车马二乘"⑦。对于投降或有功的少数民族或外国的王侯将相，汉皇朝往往给予封侯之赏。据粗略统计，

---

① 《续汉书》志四《礼仪志上》注引薛综曰，见点校本《后汉书》，第3103页。
② 《后汉书》卷二《明帝纪》，第100页。
③ 《汉书》卷七八《萧望之传》附传及颜师古注，第3291页。
④ 《续汉书》志二五《百官志二》，见点校本《后汉书》，第3583页。
⑤ （宋）王钦若等：《册府元龟》卷九六三《外臣部·册封序》，中华书局1960年版，第11326页。
⑥ 《续汉书》志二五《百官志二》，见点校本《后汉书》，第3583页。
⑦ 《后汉书》卷八九《南匈奴列传》，第2962—2963页。

西汉"蛮夷降者"被封侯者共五十一人，其中匈奴三十三人，南越六人，东越四人，瓯骆一人，朝鲜五人，小月氏二人①。从这里我们可以看到，这些"蛮夷降者"既有少数民族，也有外国人。这种册封拜授工作也都是由大鸿胪掌管的。

（四）礼送使者

来宾或来使在京活动完毕，完成使命返回时，亦由大鸿胪负责礼送。汉武帝诏中曾说："大鸿胪等又议，欲募囚徒送匈奴使者。"② 这是在送匈奴使者之前，大鸿胪拟订送使人选，报请汉武帝批准。可见送使工作是由大鸿胪具体负责的。下面是敦煌博物馆近年在玉门关附近所掘得数百枚汉简之一：

> 阳朔二年四月辛丑朔甲子，京兆尹信、丞义下左将军、使送康居校尉，承书从事下当用者如诏书。四月丙寅，左将军丹下大鸿胪、敦煌太守，承书从事下当用者如诏书。③

成帝阳朔二年（前23）京兆尹信、丞义就遣使护送康居来使返国一事，根据诏旨行文左将军，左将军又行文大鸿胪和敦煌太守，指示大鸿胪和敦煌太守按照诏旨执行送使事宜。由此可见，送使返国在京城由大鸿胪具体负责，在地方则由所经边郡负责。为此特设"使送康居校尉"一职以执行送使使命，之所以加"校尉"，是因为出使康居不仅路途遥远，而且危险性大，需配备一定武装力量，且谙熟军事的官员担任。此职有类所特设之"使大宛车骑将军"④"使送大月氏使者"⑤"使匈奴中郎将"等。

韦安世于河平四年（前25）至阳朔二年为大鸿胪，阳朔二年转为长

---

① 据《汉书》卷一六《高惠高后文功臣表》及卷一七《景武昭宣元成功臣表》所载统计，第527—675页。
② 《汉书》卷九六下《西域传下》，第3913—3914页。
③ 释文据郝树声、张德芳《悬泉汉简研究》，甘肃文化出版社2009年版，第222—223页。
④ 《悬泉汉简研究》（Ⅱ90DXT0314②：121），第152页。
⑤ 《悬泉汉简研究》（V92DXT1210③：97），第82页。

乐卫尉①，由勋接替韦安世任大鸿胪②。此简中的大鸿胪非韦安世即为勋。河平三年（前26）"三月辛卯，左将军千秋卒，右将军史丹为左将军"③。直至永始中病逝，史丹仍为左将军④，此简中的"左将军丹"即史丹。

送别礼仪亦为大鸿胪之职司。前述兜楼储立为单于之后，顺帝乃"遣行中郎将持节护送单于归南庭。诏太常、大鸿胪与诸国侍子于广阳城门外祖会，飨赐作乐，角抵百戏。顺帝幸胡桃宫临观之"⑤。这是一次盛大的欢送会。《资治通鉴》胡三省注此事曰："太常掌乐，大鸿胪典四夷之客，故诏使祖单于。祖会，为祖道之会也。"⑥

从上述诸职掌可以看到，凡来宾、来使从迎到送的全过程都由大鸿胪负责，而在这个过程中还有两个重要环节，即生活服务与翻译，这两者也是大鸿胪重要的外交职责范围。

（五）来宾生活服务

来宾、来使在京师的生活安排、馆饩事宜亦由大鸿胪负责。在外交生活服务设施中最重要的是"蛮夷邸"。"蛮夷邸"即来宾、来使住宿、生活的馆舍。类似设施早在汉代以前就已经有了，战国时魏国派遣须贾出使秦国，秦相范雎"闻之，为微行，敝衣间步之邸，见须贾"。这种"邸"即"诸国客馆"⑦。可见"邸"是战国时各国接待来使的馆舍。汉代在首都也设置了很多邸，我们在前面已经介绍了接待诸郡计吏的"郡邸"，与此并存的还有"蛮夷邸"。蛮夷邸是与战国时期的"诸国客馆"类似的外交服务设施。在汉代，来京的少数民族或外国使节均被安置于蛮夷邸。王莽企图胁迫匈奴右骨都侯须卜当到长安来，严尤谏曰："（须

---

① 《汉书》卷七三《韦贤传》，第3115页；《汉书》卷一九下《百官公卿表下》，第828页。
② 《汉书》卷一九下《百官公卿表下》，第829页。
③ 《汉书》卷二六《天文志》，第1310页。按：《天文志》将史丹为左将军事记于三年九月之事与四年四月之事之间，易误认史丹之事为四年三月，河平四年三月无辛卯日，河平三年三月有辛卯日，故史丹为左将军事应在河平三年三月，参徐锡祺《新编中国三千年历日检索表》，人民教育出版社1992年版。
④ 《汉书》卷八二《王商史丹傅喜传》，第3379页。
⑤ 《后汉书》卷八九《南匈奴列传》，第2963页。
⑥ 《资治通鉴》卷五二《汉纪二十四》，顺帝汉安二年（143）胡三省注，第1696页。
⑦ 《史记》卷七九《范雎蔡泽列传》及《正义》，第2413页。

卜）当在匈奴右部，兵不侵边，单于动静，辄语中国，此方面之大助也。于今迎（须卜）当置长安藁街，一胡人耳，不如在匈奴有益。"迎来须卜当之后何以置于藁街呢？因为"藁街，蛮夷馆所在也"①。"藁街，街名。蛮夷邸在此街"②，蛮夷邸相当于后世的鸿胪馆。因为蛮夷邸设在藁街，所以汉代的文献往往以藁街作为蛮夷邸的代称。安置来宾于蛮夷邸，有时也称为"就邸"或"留邸"，甘露三年（前51）呼韩邪单于来朝，"单于就邸"③。王莽时招诱匈奴单于侄登，"将登至长安，拜为顺单于，留邸"④。这些都属于"蛮夷邸"范围内的馆舍。

由于"蛮夷邸"为四方来宾、来使安置之所，因此这个地方便成为显示汉王朝威势，震慑四夷的宣传场所。西汉建昭三年（前36）甘延寿、陈汤斩匈奴郅支单于首，他们上疏说："斩郅支首及名王以下。宜县头藁街蛮夷邸间，以示万里，明犯强汉者，虽远必诛。"⑤ 于是"传诣京师，县蛮夷邸门。"⑥ 东汉永元六年（94）班超"斩焉耆、尉黎二王首，传送京师，悬蛮夷邸。"⑦

蛮夷邸隶属于哪个部门呢？史籍没有明确的记载。但是有不少迹象表明它应属于大鸿胪。首先，郡国计吏来京之后所居住的郡邸是由大鸿胪管辖的。那么同样归大鸿胪负责接待的少数民族和外国使节所居住的"蛮夷邸"应当也是归其管辖。其次，蛮夷邸在藁街，其地理位置就在大鸿胪附近，藁街"在朱雀街西，与鸿胪寺近"⑧。蛮夷邸之设于大鸿胪附近，当与其便于管理不无关系。最后，唐朝人都把汉代的蛮夷邸与唐代的鸿胪客馆相比，颜师古说："蛮夷邸，若今鸿胪客馆。"⑨ 李贤说："蛮夷皆置邸以居之，若今鸿胪寺也。"⑩ 客馆而冠以鸿胪，表明了它们之间

---

① 《汉书》卷九九下《王莽传下》及颜注，第4156页。
② 陈直：《三辅黄图校证》卷六《杂录·蛮夷邸》，陕西人民出版社1980年版，第154页。
③ 《汉书》卷八《宣帝纪》，第271页。
④ 《汉书》卷九九中《王莽传中》，第4126页。
⑤ 《汉书》卷七〇《陈汤传》，第3015页。
⑥ 《汉书》卷九《元帝纪》，第295页。
⑦ 《后汉书》卷八八《西域传》，第2928页。
⑧ 据（宋）程大昌，黄永年点校《雍录》卷八，中华书局2002年版，第161页。
⑨ 《汉书》卷九《元帝纪》颜师古注，第295页。
⑩ 《后汉书》卷八八《西域传》注，第2928页。

的联系。魏晋南北朝、隋、唐，客馆均隶属于鸿胪，蛮夷邸即客馆的前身，那么蛮夷邸隶属于大鸿胪应当是无疑的。唐代客馆归典客署负责，《唐六典》作者把汉代大鸿胪属官大行令视为唐代典客署之前身[1]，那么汉代的蛮夷邸可能是由大鸿胪属官大行令具体管理的。

东汉别火令、丞省去，但是这一工作当由郎继续承担。

（六）翻译

外交方面的翻译事宜也由大鸿胪主管，故其属官有译官令、丞；与其关系密切的典属国也有属官九译令，后来典属国合并于大鸿胪，其翻译力量和职责当更为加强。译者在外交上的应用十分广泛，"远国使来，因九译言语乃通也"[2]。

译官的职责见于载籍者大略有以下三个方面。

一为笔译外交文书。汉宣帝时，有一次朝廷讨论匈奴单于是否来朝的问题，"中书谒者令宣持单于使者语，视诸将军、中朝二千石。（杨）恽曰：'冒顿单于得汉美食好物，谓之殟恶，单于不来明甚。'"这是一位叫宣的中书谒者令，在中朝决策会议上把"单于使者语"拿给诸将军和中朝二千石们传阅。"单于使者语"是什么？"谓译者所录也。"[3] 可知中书谒者令所持的是经翻译成汉语的匈奴使者的谈话记录，由此可见，与来使会谈要由译者笔录并翻译成汉文。参加此次会议的杨恽根据单于把汉朝赐给的美食好物称为殟恶，判断单于不会来朝。同样，来使所携来的外交文书，如果不是汉文文书，交到大鸿胪之后，也要由译官将其翻译成汉语，并誊成正式文本，再上交有关部门，以供决策时使用。

二为口语翻译。来宾在朝见皇帝、会见官员、参加各种礼仪活动时，均由译官担任口语翻译。哀帝元寿二年（前1），"匈奴单于来朝，宴见，群臣在前"。当时哀帝的宠臣董贤也参加了这次非正式的会见，"单于怪（董）贤年少，以问译。上令译报曰：'大司马年少，以大贤居位。'"单于

---

[1] （唐）李林甫等撰，陈仲夫点校：《唐六典》卷一八《鸿胪寺·典客署》，中华书局1992年，第506页。

[2] 《汉书》卷六四下《贾捐之传》注引晋灼曰，第2832页。

[3] 《汉书》卷六六《杨敞传》附《杨恽传》及注，第2891、2892页。

乃起拜，贺汉得贤臣"①。单于看见有一位不熟悉的年轻人参加会见，产生疑问，他先向译官发问，译官转告皇帝，皇帝再让译官转告单于，单于听完译官的翻译以后才起拜祝贺的。译者是皇帝和单于交谈的中介，此即所谓"传宾主之语"②。

三为衔命出使。译者由于通晓四夷之言，所以也常被奉派出使。他们或作为译员而随从使团出使。王莽篡汉后，派遣王骏率六人代表团出使匈奴，"谕晓以受命代汉状，因易单于故印"。他们到达匈奴后，"单于再拜受诏。译前，欲解取故印绂，单于举袂授之"。单于侍臣说不能交出，于是单于又收回去了。后经王骏等人劝诱，单于又同意交出，"复举袂授译"③。"译，通中国之语于匈奴者也。"④ 此次六人使团为一"将"五"帅"，可知这位"译"是以使团随员身份出使的。译者有时也直接以使节身份出使，王莽时"使译出塞诱呼右犁汗王咸、咸子登、助三人，至则胁拜咸为孝单于"⑤。这位译者就是这次使命的负责人。

翻译在外交中十分重要，而外交的发展更需要翻译。有的四方远国由于语言隔阂大，仅靠一个语种不足于传译，需要若干语种配合方能达意，这种情况被称为"重译"或"九译"，意即需要经过多重翻译才能进行交流。两汉时期，诸如"康居西域，重译纳贡"⑥，"日南徼外国重译贡献"⑦，"永昌徼外蛮夷及掸国重译奉贡"⑧，"南徼因九译而致贡，朔狄属象胥而来同"⑨，这类记载史不绝书，表明汉代的外交发展是与翻译工作密切相关的。因此有时就把译者视为国家的代表和象征，"今乌桓就阙，稽首译官"⑩，即此之谓。

---

① 《汉书》卷九三《佞幸·董贤传》，第3737页。
② 《周礼注疏》卷三四《秋官司寇》贾疏，第869页。
③ 《汉书》卷九四下《匈奴传下》，第3820—3821页。
④ 《资治通鉴》卷三七《汉纪二十九》，王莽始建国二年（10）胡注，第1183页。
⑤ 《汉书》卷九四下《匈奴传下》，第3823页。
⑥ 《汉书》卷五七下《司马相如传下》，第2577页。
⑦ 《后汉书》卷八《灵帝纪》，第335页；又见《后汉书》卷八六《南蛮西南夷传》，第2839页。
⑧ 《后汉书》卷四《和帝纪》，第183页。
⑨ （汉）马融：《广成颂》，《后汉书》卷六〇上《马融传上》，第1967页。
⑩ 《后汉书》卷四〇下《班固传》，第1374页。

二 大鸿胪的任职条件

由于大鸿胪负责外交和礼仪工作，因此对于大鸿胪及其属官的选拔任用就有一些特殊的条件和要求。

第一个条件是具有传统文化修养。萧望之"好学，治《齐诗》，事同县后仓且十年。以令诣太常受业，复事同学博士白奇，又从夏侯胜问《论语》《礼服》。京师诸儒称述焉"。不久"察廉为大行治礼丞"，后又迁大鸿胪①。韦贤"以读书术为吏，至大鸿胪"②。桥仁"从同郡戴德学，著《礼记章句》四十九篇，号曰'桥君学'。成帝时为大鸿胪"③。戴德为礼学大师，大戴礼的开山祖，桥仁师从他并自成一家之言，可见其礼学造诣颇深。李咸"孤特自立。家贫母老，常躬耕稼以奉养。学《鲁诗》、《春秋公羊传》、三《礼》。三府并辟，司徒胡广举茂才，除高密令，政多奇异，青州表其状。建宁三年，自大鸿胪拜太尉"④。洼丹"世传《孟氏易》。王莽时，常避世教授，专志不仕，徒众数百人。建武初，为博士，稍迁，十一年，为大鸿胪。作《易通论》七篇，世号《洼君通》。丹学义研深，《易》家宗之，称为大儒"⑤。大鸿胪掌管对象涉及内外宾客和王侯，每一工作环节均涉及礼仪，堪称汉代中央政府中重要的礼仪之官，故具有以儒家礼学为中心的传统文化素养者，为这一官职之重要条件之一。

第二个条件是形体容貌端庄。大鸿胪一方面为礼仪场合之组织者和指挥者，同时他们处于与四方宾客接触的第一线，经常面对四面八方的来宾，故在其仪容方面要求较高。车千秋"长八尺余，体貌甚丽，武帝见而说之……立拜千秋为大鸿胪"⑥。承宫"名播匈奴。时北单于遣使求得见（承）宫，显宗敕自整饰，宫对曰：'夷狄眩名，非识实者也。臣状丑，不可以示远，宜选有威容者。'帝乃以大鸿胪

---

① 《汉书》卷七八《萧望之传》，第3271、3273、3278页。
② 《史记》卷九六《张丞相列传》，第2686页。
③ 《后汉书》卷五一《桥玄传》，第1695页。
④ 《后汉书》卷四四《胡广传》注引《谢承书》，第1511页。
⑤ 《后汉书》卷七九上《儒林列传上·洼丹传》，第2551页。
⑥ 《汉书》卷六六《车千秋传》，第2884页。

魏应代之"①。承宫因自己外貌不雅而拒见匈奴使者,认为应选择"有威容者"代替,于是改派大鸿胪魏应去见匈奴使者。可见大鸿胪魏应是"有威容者"。大鸿胪的属官也有同样的要求,"大行郎亦如谒者,兼举形貌"②。鸿胪属官大行与谒者经常配合一起司仪,故两者的选拔条件相同,都要求形体、容貌方面出众者。

第三个条件是熟悉边事及外国事务。大鸿胪掌管外交事务,故对于外部世界的了解和熟悉程度是选拔的重要条件之一。张骞曾两度出使西域,前后二十余年,对西域情况了如指掌。"还到,拜为大行,列于九卿。"③ "大行王恢,燕人也,数为边吏,习知胡事。"④ 章帝时,"征(窦)固代魏应为大鸿胪。帝以其晓习边事,每被访及"⑤。

第四个条件是勇武善战。当时大鸿胪不仅主管外交礼宾,有时也要领兵出征。这与汉代文武界线并不绝对,文武兼备的情况仍然比较普遍,外交与军事征服是相辅相成有关,因此有的大鸿胪还颇具武略。李息"凡三为将军,其后常为大行"⑥。大行王恢也是久征惯战的将军。东汉庞雄为大鸿胪,"有勇略,称为名将"⑦。

由上所述可见大鸿胪官员选拔任用条件和要求的特点是,他们必须具备渊博的知识和深厚的文化礼仪修养,熟悉外部世界及边事,文武兼备,仪表堂堂,风度翩翩。这反映了这一职官所承担职务的特殊性,因其作为外交及礼宾官员,代表国家和政府的形象所决定的。

三　典属国及其归并于大鸿胪

典属国是与大鸿胪有着密切关联的一个官职。这个官职也是秦朝所置,西汉建立后继续设置。这是以民族事务为主而兼具外交职能的职官。

---

① 《后汉书》卷二七《承宫传》,第945页。注引《续汉书》曰:"夷狄闻臣虚称,故欲见臣。臣丑陋形寝,不如选长大有威容者示之也。"
② 《续汉书·百官志二》注引卢植《礼》注曰,见点校本《后汉书》,第3583—3584页。
③ 《史记》卷一二三《大宛列传》第3168—3169页。
④ 《史记》卷一〇八《韩长孺列传》,第2861页。
⑤ 《后汉书》卷二三《窦融列传附窦固传》,第811页。
⑥ 《汉书》卷五五《卫青霍去病传附李息传》,第2491页。
⑦ 《后汉书》卷四七《梁慬传》,第1593页。

典属国也是诸卿之一，其"秩中二千石"①。属官有九译令。关于它的职掌，提出以下几个方面加以讨论。

一是"掌蛮夷降者"②。关于典属国职掌，《汉表》曰："典属国，秦官，掌蛮夷降者。武帝元狩三年昆邪王降，复增属国，置都尉、丞、候、千人。"③《续汉志》谓："承秦有典属国，别主四方夷狄朝贡侍子。"④ 两个记载虽然详略不同，但是所反映的典属国职掌情况基本上是一致的，均指出其所掌为四方"蛮夷"（"夷狄"），但前者明确指出这些"蛮夷"（"夷狄"）为"降者"，后者虽然没有使用"降者"一词，但是指出他们是前来汉庭"朝贡侍子"的"蛮夷"（"夷狄"），因为在汉皇朝看来，前来"朝贡"或"纳质"就意味着"投降"，因而两者的意涵基本上是一致的。故《续汉志》在另处也指出其"主蛮夷降者"⑤。这方面的职掌，有的学者把它说为"掌归义蛮夷"⑥，并不确切，这样似与大鸿胪的职掌无别，"蛮夷降者"与"归义蛮夷"是有所区别的，前者已归属汉朝而成为边疆少数民族，后者并非如此。实际上两者之间的职掌虽有相同之处，但也是有所区别，典属国所掌为"蛮夷"之投降者，史籍记载很明确。《十三州志》说典属国"掌纳匈奴降者也"⑦。这个说法稍嫌片面，典属国所掌"蛮夷"降者在事实上虽以匈奴为多，但并不仅限于匈奴。不过贾谊也曾说"属国之官以主匈奴"⑧，这是因为汉代的"蛮夷"问题主要是匈奴问题。

二是掌管周边之属国。正如其官名所称，其职责是掌管"属国"的，如淳谓其职"典主诸属国"⑨，王应麟也说其职"所以统边郡属国都尉等

---

① 《汉书》卷五四《苏武传》，第2467页。《通典》卷三六《职官十八》将其列入二千石，低于中二千石的大鸿胪。

② 《汉书》卷一九上《百官公卿表上》，第735页。

③ 同上。

④ 《续汉书》志二五《百官志二》，见点校本《后汉书》，第3584页。

⑤ 《续汉书》志二八《百官志五》，见点校本《后汉书》，第3621页。

⑥ 《汉书》卷七《昭帝纪》颜师古注，第224页；《资治通鉴》卷二三《汉纪十五》，昭帝始元六年（前81）胡注，第759页。胡注曰："班表：典属国本秦官，掌归义蛮夷；汉因之。"这是将《班表》关于"典客"（大鸿胪）的职掌讹为"典属国"职掌。

⑦ 《后汉书》卷四《和帝纪》李贤注引，第170页。

⑧ 《汉书》卷四八《贾谊传》，第2242页。

⑨ 《汉书》卷七《昭帝纪》注引如淳语，第224页。

官也"①。秦汉时期对于降附或内属的国、族,于边境地区设置属国进行管理。何谓"属国"?"因其故俗为属国",亦即"不改其本国之俗而属于汉,故号属国"②。也就是说周边国、族归属于汉皇朝之后,仍然按照本国、本族习俗而存在者,是为"属国"。故"凡言属国者,存其国号而属汉朝,故曰属国"③。或曰:"属国谓诸外国属汉也。"④ 由此可知,典属国所主为周边国、族已经归属于汉皇朝而成为汉皇朝所辖之少数民族。它是汉皇朝设于边境的一种特区。汉武帝增置属国,始设属国都尉以领之,秩比二千石,丞一人,还有候、千人⑤等。属国都尉的地位与郡守大体相当。武帝所置五属国为安定、天水、上郡、西河、五原。后来宣帝时又"置金城属国以处降羌","置西河、北地属国以处匈奴降者"⑥。到东汉时所建属国更多。

　　三是"主四方夷狄朝贡侍子"⑦。两汉时期对于"侍子",或称"质"或称"侍",西汉前期承先秦绪余,一般仍然使用"质子"为称,西汉中期开始"质子"与"侍子"并用,到了东汉则基本上以"侍子"为称,故我们将两汉时期的纳质入侍统称为"质侍"。"质侍"并非两字简单相加,而是蕴含汉代质子制度及相关时代的变化,其义有三:第一是称谓上的由"质"而"侍"的变化;第二是纳质制度性质的变化,质子制度中双向的、对等的关系变为单向的、不对等的关系;第三是相关时代变化的反映。统一的汉皇朝的建立打破了先秦以来诸侯、列国长期并存、并峙的格局,以强势地位将四方国、族纳质视若内部侯王、臣属之"入侍"。⑧

---

① (宋)王应麟:《玉海》卷一三三,江苏古籍出版社、上海书店1987年版,第2447页。
② 《汉书》卷五五《卫青霍去病传》及颜注,第2483页。
③ 《汉书》卷六《武帝纪》颜注,第177页。
④ 《汉书》卷九六上《西域传上》颜注,第3877页。
⑤ 分见《汉书》卷一九上《百官公卿表上》,第742、735页;《续汉书》志二八《百官志五》,见点校本《后汉书》,第3621页。
⑥ 《汉书》卷八《宣帝纪》,第262、267页。
⑦ 《续汉书》志二五《百官志二》,见点校本《后汉书》,第3584页。
⑧ 详参黎虎《汉代和亲与'质侍'在外交中的互动关系》,载于《朱绍侯九十华诞纪念文集》,河南大学出版社2015年版,第266—285页,后收入黎虎《先秦汉唐史论》,北京师范大学出版社2016年版,第86—103页。

西汉前期四方国、族遣子入侍的情况并不普遍，除了东南和南方百越封国之外，主要是西域的一些小国，元封三年（前108）十二月赵破奴虏楼兰王，"楼兰既降服贡献，匈奴闻，发兵击之。于是楼兰遣一子质匈奴，一子质汉"①。太初四年（前101）汉破大宛之后，"立昧蔡为宛王而去"。次年大宛贵人"以为昧蔡善谀，使我国遇屠，乃相与杀昧蔡，立毋寡昆弟曰蝉封为宛王，而遣其子入质于汉"②。大宛之战之后，纳质者逐渐增加，贰师将军李广利击大宛后回师东归，"诸所过小国闻宛破，皆使其子弟从军入献，见天子，因以为质焉"③。李广利还过扜弥，扜弥遣太子赖丹为质于龟兹。李广利责龟兹曰："外国皆臣属于汉，龟兹何以得受扜弥质？"即将赖丹入至京师④。这些小国之向汉皇朝遣子贡献并纳质，符合典属国掌管"蛮夷降者"以及蛮夷降者"朝贡侍子"的界定，这些应当就是在其执掌的范围。到了西汉中期，四方国、族向汉皇朝"朝贡侍子"进入新的阶段，不仅周边小国，匈奴、乌孙等大国也纷纷朝贡纳质，于是掌管这方面事务的大鸿胪与典属国职能的交叉、重叠势必更为突出，于是有了解决这一矛盾的客观需求，到了成帝河平元年（前28）遂将典属国"省并大鸿胪"⑤。

从上述三个方面，我们可以看到典属国的第一、二项职能与大鸿胪还不算矛盾冲突，因为典属国所掌属于周边少数民族事务，与大鸿胪所掌那些并不归属汉皇朝的"归义蛮夷"是有所区别的。但是第三项其所"主四方夷狄朝贡侍子"，则与大鸿胪的职掌难以截然区别，随着四方国、族朝贡纳质进入高峰时期，两者职能的交叉、重叠乃至矛盾冲突就在所难免。故典属国之合并于大鸿胪实属势所必然，顺理成章。河平元年（前28）六月"罢典属国，并大鸿胪"⑥。从此典属国所主管的事务均归属于大鸿胪，大鸿胪的职责便相应扩大和加强了。

---

① 《汉书》卷九六上《西域传上》，第3877页。
② 《史记》卷一二三《大宛列传》，第3179页。
③ 同上书，第3178页。
④ 《汉书》卷九六下《西域传下》，第3916页。
⑤ 《汉书》卷一九上《百官公卿表上》，第735页；《续汉书》志二五《百官志二》，见点校本《后汉书》，第3584页。
⑥ 《汉书》卷一《成帝纪》，第309页。

综上所述，典属国主要是负责少数民族工作，他所掌"蛮夷降者"和"典主诸属国"基本上属于少数民族事务，因为那些边郡属国已是汉皇朝的地方政权。他所掌"朝贡侍子"，则既有民族事务，也有外交事务。可以认为，典属国是以民族事务为主，兼管外交事务的机构。因此，典属国的任职条件与要求也与大鸿胪官员有相似之处。东方朔在与汉武帝讨论"诚得天下贤士，公卿在位咸得其人"的问题时，其中提出要以春秋时秦国大夫百里奚那样的人才担任典属国，何以然？因为"奚，秦人。秦近西戎，晓其风俗，故令为之"①。汉代出任典属国者多为熟悉边事与外国情况的人员，苏武"使匈奴，留单于庭十九年乃还，奉使全节，以（苏）武为典属国"。何以任其此职？"以其久在外国，知边事，故令典主诸属国。"② 后来常惠代替苏武为典属国，也因其"明习外国事，勤劳数有功"③。冯奉世亦然，奉使西域，"威振西域"，后"右将军典属国常惠薨，奉世代为右将军典属国，加诸吏之号"④。故西汉末它与大鸿胪之合并，从机构业务和官员素质而言均可谓顺理成章。

第三节　尚书主客曹及其外交职能

主客曹，或称客曹，是尚书中的一个分支部门，是汉代又一重要的专职外交管理机构。

一　尚书及其分曹

关于尚书的早期发展情况，《宋书·百官志上》有一概括的叙述："秦世少府遣吏四人在殿中主发书，故谓之尚书。尚犹主也。……秦时有尚书令、尚书仆射、尚书丞。至汉初并隶少府，汉东京犹文属焉。"⑤ 可见秦代已有尚书，汉承秦制亦设置尚书。在秦汉时期它是少府的一个属官。尚是主管之意，尚书即主管文书，"尚犹奉也，百官言事当省案平处

---

① 《汉书》卷六五《东方朔传》及注引应劭曰，第2860、2862页。
② 《汉书》卷七《昭帝纪》及如淳语，第223、224页。
③ 《汉书》卷七〇《常惠传》，第3005页。
④ 《汉书》卷七九《冯奉世传》，第3294—3296页。
⑤ 《宋书》卷三九《百官志上》，第1233—1234页。

奉之，故曰尚书"①。此说与前一说稍有差别，但尚书职责为主管文书是一致的。尚书在西汉初期权力不大，只是"在殿中主发书"的近侍小吏。从汉武帝以后逐渐重要起来。汉武帝"游宴后庭"②而又总揽大权，因而信用近臣，尚书就是在这种情况下崭露头角的。"汉武帝时，左右曹诸吏分平尚书奏事，知枢要者始领尚书事。"③因而尚书成为"禁门内枢机近臣"④，品秩不高而地位重要。但是总的来说"其任犹轻"，只是到了东汉以后其权力和地位才真正得到提高，"后汉则为优重，出纳王命，敷奏万机，盖政令之所由宣，选举之所由定，罪赏之所由正。斯文昌天府，众务渊薮，内外所折衷，远近所秉仰"⑤。这时尚书名义上还是"文属"少府，实际上已成为独立的机构。关于东汉尚书权力的膨胀，当时人或认为："光武皇帝愠数世之失权，忿强臣之窃命，矫枉过直，政不任下，虽置三公，事归台阁，自此以来，三公之职，备员而已。"⑥这里的"台阁"即指"尚书"⑦。史称"三府任轻，机事专委尚书"。身为尚书仆射的陈忠说道："今之三公，虽当其名而无其实，选举诛赏，一由尚书，尚书见任，重于三公。"⑧不过尚书的权力主要还是在于其所掌管的"出纳王言"，故一般称其为"枢机""近密""机衡""喉舌"等，就是这个意思。正如马端临所说："然当时尚书不过预闻国政，未尝尽夺三公之权也。"⑨

　　西汉时尚书机构还比较简单，到东汉时机构有了进一步的发展。有尚书令一人为长，秩千石。尚书仆射一人为副，秩六百石。尚书六人为列曹长官，秩六百石。以上八人号称"八座"，是为尚书台长官。下面还

---

① 《太平御览》卷二一二《职官部十·总叙尚书》引韦昭《辩释名》，第1014页。
② 《汉书》卷七八《萧望之传》，第3284页；《汉书》卷九三《佞幸传·石显传》，第3727页。
③ 《通典》卷二二《职官典四·尚书上·录尚书》，第129页。
④ 《汉书》卷七七《孙宝传》，第3262页。
⑤ 《通典》卷二二《职官典四·尚书上·尚书省》，第129页。
⑥ 《后汉书》卷四九《仲长统传》，第1657页。
⑦ 《后汉书》卷四九《仲长统传》李贤注，第1658页。
⑧ 《后汉书》卷四六《陈宠传》附《陈忠传》，第1565页。
⑨ （元）马端临：《文献通考》卷四九《职官考三·宰相》，中华书局1986年版，第450页。

有左、右丞各一人，侍郎三十六人，秩均四百石，为尚书台的具体办事官员。再下面还有令史等供役使的吏职人员①。

由于尚书职事逐渐增加，于是需要分曹理事。"尚书四员，武帝置，成帝加一为五。有侍曹尚书，主丞相御史事；二千石尚书，主刺史、二千石事；户曹尚书，主人庶上书事；主客尚书，主外国四夷事；成帝加三公尚书，主断狱事。"② 武帝时尚书有四曹，成帝时增加为五曹。东汉光武帝时又分为六曹，"世祖承遵，后分二千石曹，又分客曹为南主客曹、北主客曹，凡六曹"③。尚书何时何帝分为若干曹，史料记载颇有出入，学术界也有不同的意见，这里我们暂不置论。大体说来从西汉到东汉，由四曹而五曹而六曹是没有问题的。

二　尚书主客曹的外交职掌

主客曹（或称客曹）为列曹尚书之一。不论尚书如何分曹，在两汉时期尚书主客曹都是始终存在的，而且到东汉时还一分为二，设置了南主客曹和北主客曹。关于主客曹的职掌，各种史料的记载是一致的，或谓"主客尚书，主外国四夷事"④。或谓"主客尚书，主外国事"⑤。或谓"客曹尚书，主外国夷狄事"⑥。可见它是掌管外交与民族事务的专职机构。早在战国时已有"主客"一官，齐威王曾"以（淳于）髡为诸侯主客"，唐人张守节注"主客"曰："今鸿胪卿也。"⑦ 秦汉时期，匈奴也有类似的官职，武帝时郭吉出使匈奴，"匈奴主客问所使"。唐人颜师古注曰："主客，主接诸客者也。"⑧ 唐人张守节注此职曰："官名，若鸿胪卿。"⑨ 由此可见，从战国以降，从中原皇朝到匈奴，均设有"主客"一职以掌外交。

---

① 《续汉书》志二六《百官志三》，见点校本《后汉书》，第3596—3597页。
② 《后汉书》卷一上《光武帝纪上》注引应劭《汉官仪》，第15页。
③ 《续汉书》志二六《百官志三》，见点校本《后汉书》，第3597页。
④ 《汉官六种》《汉官仪》卷上，第141页。
⑤ 《汉书》卷一《成帝纪》注引《汉旧仪》，第308页。
⑥ 《续汉书》志二六《百官志三》，见点校本《后汉书》，第3597页。
⑦ 《史记》卷一二六《滑稽列传》及《正义》，第3199页。
⑧ 《汉书》卷九四上《匈奴传》及颜注，第3772页。
⑨ 《史记》卷一一〇《匈奴列传》《正义》，第2912页。

由于尚书政务日渐繁忙，诸曹下面又设置郎官以协助办理具体事务。西汉时设尚书郎四人，"其一郎主匈奴单于营部，一郎主羌夷吏民。民曹一郎主天下户口垦田功作，谒者曹一郎主天下见钱贡献委输"①。沈约对此提出怀疑，其理由有二，一是"汉成帝之置四尚书也，无置郎之文"。二是"匈奴单于，宣帝之世，保塞内附，成帝世，单于还北庭矣。一郎主匈奴单于营部，则置郎疑是光武时，所主匈奴，是南单于也"②。此外还有一个问题就是这里所说四郎，与西汉四曹尚书不相对应，四郎中有二郎的工作属于主客曹。如果沈约的怀疑不错，那么它们是否一郎属于北主客曹，一郎属于南主客曹呢？这个问题只能暂时存疑。要之，由于外交、民族事务的日渐繁忙，主客曹下面也置郎以协助办理具体事务。东汉时郎官的数量有了较大的增加，据《晋书·职官志》："及光武分尚书为六曹之后，合置三十四人，秩四百石。并左右丞为三十六人。"③ 但《续汉志》却说："侍郎三十六人，四百石。本注曰：一曹有六人。"④ 故《宋书·百官志上》说："《汉官》云，置郎三十六人，不知是何帝增员。然则一尚书则领六郎也。"⑤ 尚书郎的称号随任职时间长短而有所变化，"尚书郎初从三署诣台（即尚书台）试，初上台称守尚书郎，中岁满称尚书郎，三年称侍郎"⑥。不过亦有起家为尚书郎者，何远"起家为尚书主客郎"⑦。主客曹之由一而二，并相应增加了郎官数量，表明汉代外交与民族事务之日益繁忙。

主客曹是如何掌管外交、民族事务的呢？

众所周知，尚书原是主管文书的近臣，两汉时期其基本职务亦以此为基础而逐渐扩展，而以"出纳王言""通章奏"为主要职能，在皇帝和公卿之间起着上传下达的作用。因此主客曹的职务也是基本上围绕这个方面而进行的。或谓西汉"置列曹尚书四员，通掌图书章奏之事，各有

---

① 《汉旧仪》卷上，《汉官六种》第64页。
② 《宋书》卷三九《百官志上》，第1236页。
③ 《晋书》卷二四《职官志》，中华书局1974年版，第731—732页。
④ 《续汉志》志二六《百官志三》，见点校本《后汉书》，第3597页。
⑤ 《宋书》卷三九《百官志上》，第1236页。
⑥ 《续汉志》志二六《百官志三》注引蔡质《汉仪》，见点校本《后汉书》，第3598页。
⑦ 《太平御览》卷二一八《职官部十六·礼部尚书》引《后汉书》，第1038页。

其任"①。或谓"四人分为四曹,通掌图书秘记章奏及封奏,宣示内外"②。东汉时职权加重,"出纳王命,敷奏万机,盖政令之所由宣,选举之所由定,罪赏之所由正"③。这是在其掌管文书和上传下达的基础上进一步扩展的。那么这些也应当是主客曹的职责范围。

通章奏诏令、掌管文书是主客曹的基本职务。东汉时钟离意为尚书仆射,"时诏赐降胡子缣,尚书案事,误以十为百。帝见司农上簿,大怒,召郎将笞之。(钟离)意因入叩头曰:'过误之失,常人所容。若以懈慢为愆,则臣位大,罪重,郎位小,罪轻,咎皆在臣,臣当先坐。'乃解衣就格。帝意解,使复冠而贳郎"④。《意别传》记此事较为详细:"意为尚书仆射,其年匈奴羌胡归义,诏赐缣三百匹。尚书侍郎广陵暨酆受诏,误以为三千匹赐匈奴。诏大怒,鞭酆欲死。意独排省阁入谏曰:'陛下德被四表,恩及夷狄,是以左衽之徒稽首来服。愚闻刑疑从轻,赏疑从重。今陛下以酆赏误,发雷电之威,海内遐迩谓陛下贵微财而贱人命,臣所不安。'明帝以意谏且酆错合大义,恚损怒消,贳酆,敕大官赐酒药,诏谓意曰:'非钟离尚书,朕几降威于此郎。'"⑤ 两个记载稍有差异,其中的"降胡子",《意别传》作"匈奴羌胡归义";或本《钟离意别传》作"其年匈奴来降"⑥;或引作"胡侍子"⑦。案事之"尚书",《意别传》作"尚书侍郎",且有籍贯姓名。赐缣"以十为百",《意别传》作"三百匹……误以为三千匹"⑧;而《通典》则引作"当五十匹……误以三十匹"⑨。

尽管各书的记载在细节上多所差异,但是这一事件中所反映的尚书

---

① 《初学记》卷一一《职官部上·诸曹尚书第五》,第263页。
② 《通典》卷二二《职官典四·尚书上·尚书省》,第129页。
③ 同上。
④ 《后汉书》卷四一《钟离意传》,第1409页。
⑤ 王先谦:《后汉书集解》卷三一《钟离意传》引惠栋所引《意别传》,中华书局1984年版,第494页。
⑥ 《初学记》卷一一《职官部上·仆射第四》注引,第261页;《太平御览》卷二一一《职官部九·左右仆射》引,第1013页。
⑦ 《通典》卷二二《职官典四·尚书上·仆射》注,第130页。
⑧ 《后汉书集解》卷三一《钟离意传》引惠栋所引《意别传》,第494页。
⑨ 《通典》卷二二《职官典四·尚书上·仆射》注,第130页。

经办政务的过程还是明晰的。综合各书所记此事大体表明了如下几点。（1）其年匈奴（或羌胡）来降（或入侍），明帝下诏赐缣若干。（2）事下尚书台，尚书侍郎暨酆负责起草诏书。然后诏书下达大司农执行，因其"掌诸钱谷金帛诸货币"①。（3）大司农据诏书赏赐完毕，将其登记在簿，上呈皇帝。明帝发现赏赐数量有误，误以百为千（或以十为千），遂追究尚书侍郎。尚书仆射钟离意作为尚书台长官承担了责任。以上就是赏赐"降胡"或"侍子"这一行政事务的基本运作过程。当时尚书台设于宫中，作为"九卿"之一的大司农和其他公卿均在宫外，尚书处于皇帝和外朝公卿之间，起着上传下达的作用，即通常所谓"枢机""近密""喉舌"的地位。诏旨来源于皇帝，尚书负责起草诏书并下达外朝公卿执行。侍郎之职"主作文书起草"②，那么起草诏书的具体工作应当是由尚书侍郎负责的。东汉设置侍郎三十六人，六曹尚书每曹六人，这位负责起草赐缣者必是属于主客曹六位侍郎之一，其所起草诏书内容属于主客曹管辖范围。

因为尚书负责诏书章奏的出纳，所以它也就负责这些文件的收藏保管工作。主客曹所掌有关外交、民族事务的诏书，也同样保存在尚书台。东汉人应劭编撰有《五曹诏书》，于建安元年（196）奏上③。这就是包括主客曹在内的五曹尚书所起草诏书的汇编。到了东汉，还将《五曹诏书》公之于世："光武中兴以来，五曹诏书题乡亭壁，岁补正多有缺谬。永建中兖州刺史过翔笺撰卷别，改著板上，一劳而久逸。"④ 由于这些诏书包含汉皇朝内政、外交方面丰富的内容，可以成为后世规章制度、政策法令的依据，故公布以利吏民学习、参考。除了这些公开的诏书之外，还有其他文书档案，"五曹自有条品，簿书自有故事"⑤。条品即列曹尚书职责范围内的法令规章条款，故事即已有行政事务执行过程中之成

---

① 《续汉书》志二六《百官志三》，见点校本《后汉书》，第 3590 页。
② 同上书，第 3597 页。
③ 《后汉书》卷四八《应劭传》，第 1612—1613 页。
④ 王先谦：《后汉书集解》卷三八《应劭传》注引《风俗通》，第 567 页。参见（宋）李昉等《太平御览》卷五九三《文部九·诏》引《风俗通》，中华书局影印 1985 年版，第 2670—2671 页。
⑤ 王充：《论衡·程材篇》，《诸子集成》（第七册），中华书局 1954 年版，第 120 页。

例和典章制度，应劭于建安元年奏上的撰述中还有《尚书旧事》，即尚书所经办、保管的"故事"汇编，这些文件资料都归尚书保管存档。

由于尚书台保管了大量的有关文件，因此在遇到外交上的疑难问题时，就可以从中查阅有关资料，以为定夺之参考和根据。东汉安帝永宁元年（120）十二月，西南夷掸国王遣使来献音乐及"幻人"，表演吐火、自支解、易牛马头等杂技。次年元会时，演出了这些杂技，安帝与群臣共同观赏，大为惊奇。谏议大夫陈禅当场举手大声反对道："帝王之庭，不宜设夷狄之技。"但尚书陈忠批驳了陈禅的意见，他劾奏陈禅曰："古者合欢之乐舞于堂，四夷之乐陈于门……今掸国越流沙，逾县度，万里贡献，非郑卫之声，佞人之比，而禅廷讪朝政，请劾禅下狱。"① 掸国在今缅甸东北部②。这件事在东汉朝廷中引发了一桩有关外交问题的纷争。应劭追述此事曰："邓太后时，西夷檀国来朝贺，诏令为之。而谏大夫陈禅以为夷狄伪道不可施行。后数日，尚书陈忠案《汉旧书》，乃知世宗时犛轩献见幻人，天子大悦，与俱巡狩，乃知古有此事。"③ 应劭所说与《陈禅传》所记为同一事。这场关于可否在朝廷中表演掸国所献杂技的争执，终于因尚书陈忠查到了历史根据，才解决了这一争议。而陈忠所查阅的《汉旧书》，即保存于尚书台的档案资料，亦即汉代文献常称的"故事"或"旧事"。在《汉旧书》中记载了汉武帝时犛轩以幻人献于汉，受到武帝热烈欢迎的故事，表明此事已有先例，故安帝时演出掸国杂技亦属名正言顺。由此可见尚书"故事""旧事"对于外交方针政策的执行是有很大参考价值的。陈忠所查阅的无疑是主客曹经手后而存留下来的有关外交政务方面的文书。

由上所述我们可以知道，主客曹对外交工作的管理，主要是在外交政令方面，即有关诏令之起草与颁行，外交成例、规章制度的贯彻执行，以及有关文书档案之收藏保管。

---

① 《后汉书》卷五一《陈禅传》，第1685页。

② 陈佳荣、谢方、陆峻岭：《古代南海地名汇释》，中华书局1986年版，第690页。掸国又作檀国。

③ 《汉书》卷六一《张骞传》颜师古注引应劭曰，第2696页。

三　尚书主客曹与大鸿胪的关系

两汉时期尚书主客曹与列卿之一的大鸿胪都是掌管外交与民族事务的，那么当时在中央政府中就有两个部门同时管理外交、民族事务，它们之间是什么关系，如何分工的呢？

这个问题实际上就是尚书与诸卿的关系问题。上文已经说到，尚书在宫中，是宫官，是皇帝的"喉舌""近密"，大鸿胪在宫外，属于外朝公卿，是外官[1]。尚书处于皇帝与外朝公卿之间，起着上传下达的中介作用。因此，一方面尚书与大鸿胪之间在工作上是一种相互配合，协同运作的关系。即皇帝关于外交方面的有关指示，通过尚书撰写为诏令，下达大鸿胪具体贯彻执行。如册封"四方夷狄"的工作属于大鸿胪的职掌，这项工作的程序是："四方夷狄封者，台下鸿胪召拜之。"[2] 这里的"台"即尚书台。虽然汉代与尚书称为中台的同时还有称为宪台的御史、外台的谒者，即所谓三台，但是一般所谓"台"均指尚书台。可知有关册封"四夷"事项，是先由尚书根据皇帝指示草拟诏书以后下达大鸿胪，大鸿胪根据诏令而具体执行册封礼仪。这就是它们之间在工作上的配合与协作。其他各项外交工作大体上也是如此配合和协作的。与此同时大鸿胪有关外交工作的奏疏，亦经尚书平处之后转交皇帝批示。配合与协作是尚书与大鸿胪之间工作上的基本关系。

另一方面尚书又在一定程度上凌驾于大鸿胪之上，甚而侵夺了大鸿胪的某些行政事务。在汉代一般来说宫官总是居于上流，而外朝公卿则居于下流，受其掣肘。尚书与大鸿胪之间也是如此。尚书不仅通过掌管诏令章奏而可以指挥、掣肘大鸿胪，而且通过其所介入的人事任免的管理权而凌驾于大鸿胪，元帝时冯野王为大鸿胪，因御史大夫病故，"在位多举野王。上使尚书选第中二千石，而野王行能第一"。颜师古注曰："定其高下之差也。"[3] 随着尚书权力地位的日益上升，特别到了东汉以后尚书在一定程度上逐渐凌驾于三公九卿之上。尚书不仅侵夺了三公的不

---

[1] 参见杨鸿年《汉魏制度丛考》，武汉大学出版社1985年版，第13—20页。
[2] 《续汉书》志二五《百官志二》，见点校本《后汉书》，第3583页。
[3] 《汉书》卷七九《冯奉世传》附《冯野王传》及注，第3302、3303页。

少权力，而且侵夺了九卿的许多权力。西晋人刘颂说："秦汉以来，九列执事，丞相都总。"胡三省说："此西都以前制也。"后来"尚书制断，诸卿奉成"。胡三省对此解释道："自汉光武以来，以吏事责尚书，事归台阁，诸卿奉成而已。"① 又谓："汉初九卿各有所掌，东都以后，尚书诸曹分掌众事，九卿殆为具官。"② 主客曹与大鸿胪的关系也基本如此。尚书主客曹侵夺鸿胪权力的情况日益发展，东汉末"客曹掌羌、胡朝会，法驾出，护驾"③。故沈约评论道："汉末曹名及职司又与光武时异也"④，这时客曹已经不限于掌管外交、民族方面的文书等政令，而且介入具体的外交、民族事务，侵夺了大鸿胪的不少职事。

尚书台权力地位的上升，导致其政治礼遇亦凌驾于公卿百官之上，"凡三公、列卿、将、大夫、五营校尉行复道中，遇尚书仆射、左右丞郎、御史中丞、侍御史，皆避车豫相回避。卫士传不得连台官，台官过后乃得去"。这里的"列卿"当然包括大鸿胪在内。御史中丞在遇见公卿百官时虽然与尚书一样享有回避的礼遇，但是他在遇见尚书时又要给尚书回避，"御史中丞遇尚书丞、郎，避车执板住揖，丞、郎坐车举手礼之，车过远乃去"。御史中丞是御史台的长官，而丞、郎是尚书台的属官，由此可见尚书地位的特殊。这里还要提出来的是，本来尚书的政治待遇已高于其他官员，而尚书中的客曹官员的待遇又高于尚书其他曹官员，"客曹郎主治羌胡事，剧迁二千石或刺史，其公迁为县令，秩满自占县去，诏书赐钱三万与三台祖饯，余官则否。治严一月，准谒公卿陵庙乃发"⑤。客曹郎在升迁和待遇上的优惠为其他官员所不及，可见客曹郎不仅在百官中，而且在尚书台中都享有与众不同的地位，这与其所承担的外交、民族工作的特殊性、重要性当不无关系。

---

① 《资治通鉴》卷八二《晋纪四》，武帝太康十年（289）及胡注，第2597页。
② 《资治通鉴》卷八〇《晋纪二》，武帝咸宁五年（279）胡注，第2560页。
③ 《宋书》卷三九《百官志上》引应劭《汉官》，第1235页。《通典》卷二二《职官典四·尚书上·历代尚书》注引同，第132页。
④ 《宋书》卷三九《百官志上》，第1235页。
⑤ 以上均引自《续汉书》志二六《百官志三》注引蔡质《汉仪》，见点校本《后汉书》，第3597、3598页。

第四节 "使主客"及其外交职掌

西汉后期于中朝特置"使主客"专掌外交。

"使主客"在传世文献中仅一见：成帝时，"上召（金）岑，拜为郎，使主客"①。唐人颜师古注引东汉人服虔说：使主客为"官名，属鸿胪，主胡客也"②。由于记载甚为简略，又无其他记载可供参考，故长期以来学术界都不得不采用颜注服虔说，以"使主客"为鸿胪属官。虽然钱大昕曾指云："《百官表》大鸿胪属无此官"③，但仍然无助于认清"使主客"之属性。幸赖敦煌汉简中孑遗一些关于"使主客"的简文，使今人有了进一步探究的可能性④。

悬泉汉简"五凤四年六月丙寅"条记曰：

> 五凤四年六月丙寅，使主客散骑光禄大夫□扶韦制诏御史曰：使云中太守安国、故□未央仓龙□卫司马苏于武彊，使送车师王、乌孙诸国客，与军候周充国载先俱，为驾二封轺传，二人共载。
> 御史大夫延年下扶风厩，承书以次为驾，当舍传舍，如律令。⑤

是为宣帝五凤四年（前54）为了遣使护送车师、乌孙等国的来使返

---

① 《汉书》卷六八《金日䃅传》，第2963页。

② 《汉书》卷六八《金日䃅传》注引服虔曰，第2964页。王先谦《汉书补注》卷三八《金日䃅传》曰：官本"无郎字，引宋祁曰'拜为'下当添'郎'字"。中华书局影印本，1983年版，第1312页。

③ （清）钱大昕著，田汉云点校：《三史拾遗》卷三，江苏古籍出版社1997年版，第82页。

④ 本书修订稿完成之后请部分友人审读期间，有友人以邬文玲先生大作《汉代"使主客"略考》（《中国史研究》2016年第3期）电子版见赐，该文对于"使主客"问题有精深的考论，与管见不谋而合之处，如"在朝内履行使职"，"承制代表皇帝处理"外交事宜，亦有某些尚可进一步商讨之处，如对于此官职之性质以及所谓"只是在有外国使客事务需要处置时，临时授命"云云。

⑤ 释文据郝树声、张德芳《悬泉汉简研究》（Ⅱ90DXT0113④：122），甘肃文化出版社2009年版，第145—146页。

国，使主客、散骑、光禄大夫□扶韦转达皇帝的命令，由御史①下书丞相之副御史大夫，命令内容有四项：所送来使国别——"车师王、乌孙诸国客"；己方送使成员——"云中太守安国、故□未央仓龙□卫司马苏于武强"；随行人员——"军候周充国"；旅途交通待遇——"为驾二封轺传，二人共载"。汉制：使者或其他官员出使，需持御史大夫府出具的加封的"传信"以为通行、食宿交通之凭证，"诸当乘传及发驾置传者，皆持尺五寸木传信，封以御史大夫印章。其乘传参封之。参，三也。有期会累封两端，端各两封，凡四封也。乘置驰传五封也，两端各二，中央一也。轺传两马再封之，一马一封也"②。其乘车规定是"四马高足为置传，四马中足为驰传，四马下足为乘传，一马二马为轺传。急者乘一乘传"③。"传信"所加之封数即为驾车马匹之数，这里的"二封轺传"即驾二匹马的车。御史大夫接获诏旨之后，行文"扶风厩"执行，一是按照朝廷确定的档次"以次为驾"，二是按照律令规定"当舍传舍"，解决食宿粮草等供应。

这是汉代典型的政令发布过程：诏旨→承制下御史→御史大夫下有关部门贯彻执行。不过这里的诏旨宣达环节有点特殊，是由"使主客"承担的。另有"甘露二年三月丙午"简的情况与此相同：

> 甘露二年三月丙午，使主客郎中臣超承制诏侍御史曰：顷都内令霸、副候忠，使送大月氏诸国客，与庠候张寿、侯尊俱，为驾二封轺传，二人共载。
> 御属臣弘行御史大夫事，下扶风厩，承书以次为驾，当舍传舍，如律令。④

宣帝甘露二年（前52）为了护送大月氏诸国客返国，使主客郎中超

---

① 此御史乃御史大夫属官"给事殿中"的侍御史，参见代国玺《说"制诏御史"》，《史学月刊》2017年第7期，第36页。
② 《汉书》卷一二《平帝纪》注引如淳曰，第359—360页。
③ 《汉书》卷一下《高帝纪下》注引如淳曰，第57页。
④ 释文据《悬泉汉简研究》（V92DXT1411②：35），第148页。

将宣帝诏旨宣达侍御史①，侍御史转御史大夫，命令内容亦有四：一是所送来使国别——大月氏等国；二是汉方送使成员——正使为"都内令"名霸者，副使为"候"名忠者；三是随行人员——"序候张寿、候尊"；四是旅途交通待遇——"二封轺传，二人共载"。诏旨下达御史府之后，这次是由御史府属员名弘者代行御史大夫之责，行文"扶风厩"具体执行。其发布程序与上简所记完全相同，其承上启下之中间环节亦为"使主客"。

"永光五年六月"简反映的则是来使与边郡政府官员发生纠纷，来使上告朝廷之后，由"使主客"直接移书边郡政府，责成查实此事并上报朝廷。简文曰：

> 康居王使者杨佰刀、副扁阗，苏䚟王使者姑墨、副沙囷即，贵人为匿等皆叩头自言：前数为王奉献橐佗入敦煌关，县次赠食至酒泉，昆归官太守与杨佰刀等杂平直肥瘦。今杨佰刀等复为王奉献橐佗入关，行直不得食至酒泉。酒泉太守独与小吏直畜，杨佰刀等不得见所献橐佗。姑墨为王献白牡橐佗一匹，牝二匹，以为黄；及杨佰刀等献橐佗皆肥，以为瘦，不如实，冤。
>
> 永光五年六月癸酉朔癸酉，使主客谏大夫汉侍郎当移敦煌太守，书到验问言状。事当奏闻，毋留，如律令。
>
> 七月庚申，敦煌太守弘、长史章、守部候修仁行丞事，谓县：写移书到，具移康居、苏䚟王使者杨佰刀等献橐佗食用谷数，会月廿五日，如律令。/掾登、属建、书佐政光。
>
> 七月壬戌，效穀守长合宗，守丞敦煌左尉忠，谓置：写移书到，具写传马止不食谷，诏书报，会月廿三日，如律令。/掾宗、啬夫辅。②

元帝永光五年（前39）康居王、苏䚟王使者杨伯刀等人前来贡献骆驼，杨伯刀等人上诉称酒泉太守查验骆驼的做法存在问题，由本府吏员暗箱操作，而没有邀请来使参与，评议结果不公不实；使团由敦煌至酒

---

① 此"侍御史"与上引五凤四年简之"御史"同。
② 释文据《悬泉汉简研究》（Ⅱ90DXT 0216②：877－883），第197页。按：部分标点引者作了改变。

泉得不到正常的饮食待遇。上诉朝廷之后，由使主客直接移文敦煌太守，责令查实问题并上报朝廷。

据上述悬泉汉简，我们可以知道："使主客"所掌为有关外交方面的职事。使节往还事宜是外事官员的一项重要工作内容，上述前两简反映了这方面的一些情况，第三简所反映的外交纠纷，数量虽然不及前一项，但也是外事官员必须处理的具体问题，亦属外事官员的职掌之一。故服虔说使主客"主胡客"是符合事实的。但是，认为其"属鸿胪"则存在问题。

从上述三简我们可以获得如下初步认识：使主客并非大鸿胪下属官员，而是在中朝特设的主管外交政令的官员。其理由有三。

一是鸿胪与"使主客"所掌外交政事之性质有所不同。虽然鸿胪与使主客所掌均为外交，但是两者所掌外交政事之性质是不同的，鸿胪所掌为外交事务，而使主客所掌为外交政务。上述五凤四年（前54）使主客所下达的是遣使护送车师、乌孙等国来使返国方面的政令，甘露二年使主客所下达的是遣使护送大月氏等国来使返国方面的政令，永光五年下达的是处理外交纠纷方面的政令。这与大鸿胪的职掌是不同的，大鸿胪的职掌基本上属于具体的外交事务而非外交政令，两者职掌有着很大的区别。

二是鸿胪与使主客在汉代官僚体系中的地位有所不同。西汉中后期形成发展起来的中外朝制度，把汉代官僚体系分别为中朝官员与外朝官员两个体系，处于内廷的核心决策成员为中朝官，处于内廷之外的行政部门官员为外朝官，前者与皇帝近密而后者与皇帝疏远，故在汉代的官僚体系中，前者居于上游而凌驾于后者，后者居于下游而听命于前者。上述第一个方面的不同，是由于这个方面的不同所决定的。大鸿胪为外朝公卿之一，其属官更居于下游之下而无疑。

而使主客处于内朝，何以知之？上述姓名为"囗扶韦"的使主客，其本官为光禄大夫，"秩比二千石"[①]，其加官为散骑，因"骑并乘舆车"[②]而得名，两者均为皇帝近密而极其显贵。大鸿胪尚不及之，遑论鸿

---

① 《汉书》卷一九上《百官公卿表上》，第727页。
② 同上书，第739页。

胪之属官。更重要的是在西汉后期，加"散骑"者为"中朝官"，即进入核心决策班子。这位"□扶韦"应该就是中朝官，他是由中朝官而兼"使主客"之职，可知他不是外朝刀笔吏而是以决策核心成员而分管外交政务的。另一位名超的使主客，其本官为"郎中"，郎中为光禄勋属官，秩比三百石①，虽然其秩级远不如"□扶韦"，但也是宫内近臣。另一位使主客名汉者为"谏大夫"，谏大夫亦为光禄勋属官，"秩比八百石"②，亦为宫内近臣。

金岑之被成帝拜为"使主客"更证明了这一职务所具有的亲信近臣之特点。金岑为金日磾之侄孙。金日磾本为匈奴休屠王太子，休屠王与昆邪王谋欲降汉，"休屠王后悔，昆邪王杀之，并将其众降汉"。时金日磾年十四，"以父不降见杀，与母阏氏、弟伦俱没入官，输黄门养马"，由于其笃慎忠贞，甚得武帝信任，武帝临终，"属霍光以辅少主，（霍）光让（金）日磾。日磾曰：'臣外国人，且使匈奴轻汉。'于是遂为（霍）光副"。金氏家族一直为武帝及其后之昭、宣、元、成诸帝所亲密和信赖，几乎均为内廷之近密臣僚或是"中朝官"，故史家盛赞金氏家族"世名忠孝，七世内侍，何其盛也！"③ 其弟金伦后嗣之盛更胜乃兄，金伦之子金安上"少为侍中，惇笃有智，宣帝爱之"。金安上之子金敞，于"元帝为太子时，为中庶子，幸有宠，帝即位，为骑都尉光禄大夫，中郎将侍中"。其子金涉本为左曹，成帝拜其为侍中，父子均为"中朝官"。金岑子被拜为"使主客"，与其家庭世代得到汉朝诸帝之宠幸有密切关系，同时我们应当注意的是，他是在贵为"中朝官"的其史金敞临终托付成帝的一个遗愿，金敞"为人正直，敢犯颜色，左右惮之，唯上亦难焉。病甚，上（成帝）使使者问所欲，以弟（金）岑为托。上召岑，拜为使主客"。这种情况下成帝不会轻易将他安排到外朝去担任一个普通吏职，必然是在内朝安排尊贵的职位，何况在此之前金岑及其弟金明均为诸曹中郎将④，此亦为贵胄之家所任职，例如刘岑即位为楚元王后，亦

---

① 《汉书》卷一九上《百官公卿表上》，第727页。
② 同上。
③ 《汉书》卷六八《金日磾传》，第2967页。
④ 同上书，第2959—2963页。

"为诸曹中郎将"①。故金岑所拜之"使主客"必为内廷权位俱优之职。金岑之被任命为使主客与其胡人血统亦有一定关系。金岑的家族和血缘背景有助于我们认识使主客这一官职的性质。

三是鸿胪与使主客在决策—政令流程之中的作用和地位有所不同。鸿胪作为外朝公卿之一，其与朝廷高层决策核心的关系和距离较使主客为疏远，使主客则或直接参与决策，或直接从皇帝或决策核心那里得到处理外交问题的决策意见，并据此向外朝乃至地方政府下达指令，亦即处于决策—政令流程之间的"承上启下"环节，而鸿胪则基本上处于决策—政令这一流程之外。

既然使主客不是鸿胪属官，那么它属于什么部门和系统呢？

从上述悬泉汉简我们可以看到，使主客的职务性质与鸿胪不同，但是与尚书却有某些相似之处。尚书五曹之一为主客曹，其职"主外国四夷事"②。从名称到职掌均相似，而且两者均处于内廷。但是其与主要负责文书及其上传下达的客曹尚书大不相同，其地位远在客曹尚书之上，他不仅根据诏旨下达指令，而且或参与决策或与决策核心有着密切联系，甚至还可能直接从皇帝那里得到外交工作的指示，从这方面来说又与领尚书事有某些类似之处。但是领尚书事是全面负责尚书台事，而使主客只是负责诸尚书事之中的"主客"之事。所以，我们认为"使主客"是一种在中朝特设的负责外交政令的专职官员，或可以理解为是皇帝处理外交问题的贴身助手。使主客或与今时的中央外事委有某些类似之处，当然，任何比拟都不可能十分确切，不过多少有助于我们去理解这个官职的性质与地位。

目前所见使主客之设置在于西汉后期的宣、元、成、平③时期，由此可知其存在于整个西汉后期，具有相当的连续性，非一时一事之设。之所以在这个时期特设此职，一方面与这个时期汉代外交的发展有密切关系。汉武帝"外事四夷"之后，打开了汉代外交的新局面，到了汉代后

---

① 《汉书》卷三六《楚元王传》，第1928页。
② 《汉旧仪》卷上，自《汉官六种》，第64页。
③ 平帝"元始五年（公元5）十二月辛酉朔戊寅"条敦煌汉简亦有似为"使主客"的记载，见甘肃省文物考古研究所编《敦煌汉简》（上），一一〇八A/一一〇八B号，中华书局1991年版，第261页。

期，进入了外交丰收阶段，中外交往十分频繁，外交事务随之空前繁多，故外事官员处理来使的接待和礼送返国及其他外交任务极其繁重。使主客的设置，提高了外交决策与执行之运转效率，加快了外交政令之贯彻执行速度。另一方面则与西汉中外朝制度的出现有密切关系。从汉武帝开始逐渐形成发展起来的中外朝制度，使中朝承担的政务日益繁多，权力日益由外朝流向内朝，不仅决策权由外朝日益向内朝集中，行政权亦有流向内廷之势，处于内廷的尚书不仅日益收揽行政政务权力，甚至日益侵夺行政事务权力即为其代表。以往学术界均认为中朝官只是集中了决策权，而不涉行政权。现在看来，中朝官不仅进行决策，可能同时也染指行政权。上述作为中朝官的"□扶韦"，以"使主客"之身份而介入下达外交诏旨流程之中，即其表现。既然"使主客"是随着汉代外交的发展以及"中朝官"制度的产生而产生，则其随着汉代外交的收缩以及"中朝官"制度之淡出而淡出也是很自然的事情。

第 三 章

汉代外交关涉机构

外交是一种复杂而敏感的政务，它需要各个方面密切配合才能实施并圆满完成，因此除了专职机构之外还有其他一些机构相互协作，这里把后者称为关涉机构。所谓关涉机构，即其主管工作并非外交而是其他，但是外交工作中的某些方面或环节需要其配合、协同才能完成。这种关涉机构涉及中央与地方之诸多部门。

第一节 中央外交关涉机构

汉代中央政府中的关涉机构应当是不少的，但是正因为外交不过是其附带工作，所以在有关典志中没有或很少提及它们在这方面的职事，只是在外交事务实施过程中涉及某个单位时，我们才能确定其为外交关涉机构。因此这里只能介绍我们已知的一些关涉机构。

一 大司农

大司农亦为诸卿之一，中二千石。秦代称治粟内史，景帝时改名大农令，武帝时更名大司农，东汉仍置。其职"掌诸钱谷金帛诸货币"[1]，以"供军国之用"[2]。外交的费用亦属"军国之用"，故与大司农之职掌有关。大司农与外交事务有关的职责，今见于相关记载者主要有两个方面。

---

[1] 《续汉书》志二六《百官志三》，见点校本《后汉书》，第3590页。
[2] 《汉书》卷一九上《百官公卿表上》颜注，第732页。

一是外交使节物资供应。悬泉汉简：

> 建始二年八月丙辰朔壬申敦煌太守延、守部候彊行长史事、丞义谓县☐……羌胡众数遣在道，马谷使外国今少，恐乏，调给仓谷，大司农☐☐☐……①

成帝建始二年（前31）敦煌太守延、行长史彊、郡丞义行文属县，有出使外国的使者马谷不多，为防止供应缺乏，准备调用政府粮仓之谷。此事需得到大司农的准许。汉代于"郡国诸仓农监、都水六十五官长丞皆属"② 大司农，其所管辖包括诸郡国之粮仓。其中尤需保证"边郡"的需求，"边郡诸官请调度者，皆为报给，损多益寡，取相给足"③。"边郡诸官请调者，皆为调均报给之也。"④ 这是因为边郡多军国大事，其中即包括满足外交使节之需要。粮仓的管理也是严格的，"郡国四时上月旦见钱谷簿，其逋未毕，各具别之"⑤。每月上报钱谷之开支账簿。由于边郡粮食供应任务繁重，故大司农于边郡派驻有官员，悬泉汉简：

> 西合檄四，其一封凤博印，诣破羌将军莫府，一封临淮侯印，诣太守府☑，一封延寿，诣大司农卒史张卿治府☐，一封破，旁封，阳关都尉☐。⑥

这次经过悬泉置的四封书信中有一封是需要送交大司农属吏张卿"治府"的，可见大司农在敦煌郡有大司农的驻郡的官府。所以，在悬泉置发现的来往官员食宿记录中，有不少大司农官吏的来往记录就是很自然的事情了，甚至还有大司农本人途经悬泉置的记录：

---

① 中国文物研究所胡平生、甘肃省文物考古研究所张德芳编撰：《敦煌悬泉汉简释粹》（Ⅱ0114②：291），上海古籍出版社2001年版，编号五三，第53页。
② 《汉书》卷一九上《百官公卿表上》，第731页。
③ 《续汉书》志二六《百官志三》，见点校本《后汉书》，第3590页。
④ 《续汉书》志二六《百官志三》注引胡广曰，见点校本《后汉书》，第3591页。
⑤ 《续汉书》志二六《百官志三》，见点校本《后汉书》，第3590页。
⑥ 释文据《悬泉汉简研究》（Ⅱ90DXT0113④：152），第169页。

"五凤四年二月癸亥☐

大司农延☐始行趣☐

为驾二封轺传　　外十一"①

宣帝五凤四年（前54）途经悬泉置的大司农名延，他自五凤元年（前57）至黄龙元年（前49）任大司农②。

二是有所赏赐时负责钱谷财物的拨付。前文已经提到明帝"时诏赐降胡子缣，尚书案事，误以十为百，帝见司农上簿，大怒，召郎将笞之"③。这里我们看到皇帝下令赏赐"降胡子"缣时，是通过尚书下诏让大司农具体去办理的，大司农办理完毕还要将执行情况写成"簿书"上报皇帝。凡是外交、民族工作方面需要赏赐财物时，均由大司农负责拨付，因为一应钱谷金帛出纳均为其管辖范围。"大司农供军国之用"④，外交方面的赏赐即属"军国之用"的范畴。赏赐财物是汉代重要的外交方式和手段之一，其数量很大而且经常。

二　谒者台

谒者在西汉为郎中令属官，其职"掌宾赞受事，员七十人，秩比六百石，有仆射，秩比千石"⑤。东汉时虽然文属光禄勋，但已别为一台，与尚书、御史并称三台。以谒者仆射一人"为谒者台率，主谒者"。下属有常侍谒者五人，比六百石，"主殿上时节威仪"。还有谒者三十人，分别为给事谒者（四百石）、灌谒者郎中（比三百石）等，"掌宾赞受事，及上章报问"⑥。基本上属于礼仪之官。

谒者与外交、民族事务有关的工作主要是礼宾司仪，衔命出使，或送迎贵宾、使节。

礼宾司仪是谒者的重要职责。在汉皇朝举行的各种重大典礼中，人

---

① 释文据《悬泉汉简研究》（Ⅱ90DXT0215s∶399），第140页。
② 《汉书》卷一九下《百官公卿表下》，第808—812页。
③ 《后汉书》卷四一《钟离意传》，第1409页。
④ 《汉书》卷一九上《百官公卿表上》颜师古注，第732页。
⑤ 《汉书》卷一九上《百官公卿表上》，第727页。
⑥ 《续汉书》志二五《百官志二》，见点校本《后汉书》，第3578页。

们总是能够看到谒者的身影,他们经常与典客(鸿胪)官员配合赞襄礼仪,而这些典礼多为涉外平台。一年一度的正旦朝是最为隆重的涉外典礼,"蛮、貊、胡、羌朝贡"① 是这一典礼中的重要内容。典礼开始,"先平明,谒者、治礼,引以次入殿门"②。以谒者与典客(鸿胪)属官"治礼"合作引导宾客按照次序进入宫殿大门而揭开典礼的帷幕。殿中的朝位排列停当后,"谒者一人立东陛者,南面。立定,典客言具,谒者以闻。皇帝出房,宾九宾及朝者"③。典客(鸿胪)向站立在东阶的谒者报告准备工作完成,由谒者向殿上转告之后,于是皇帝出场,典礼正式进行。礼毕进入饮法酒上寿的环节,"觞九行,谒者言'罢酒'"④,也是由谒者宣告饮酒仪式的结束。到了东汉,正旦朝最后还增加了演出节目这一环节,演出结束,"小黄门吹三通,谒者引公卿群臣以次拜,微行出,罢。卑官在前,尊官在后"⑤。如同朝会开始时由其迎接宾客一样,也由其引导宾客拜谢皇帝,依次退场,从而朝会宣告结束。此即谒者在朝会中"宾赞受事"之具体情况。从中可见谒者的职责贯穿于朝会的始终,其职责不仅限于一般性的司仪,而且在实际上是起了朝会指挥者的作用。除了正旦朝,还有上陵礼、祀"三雍"礼(祀辟雍、明堂、灵台为"三雍")等,也是重要的典礼。这些典礼也都是重要的外交平台,"外国朝者侍子"⑥ 照例出席,"匈奴朝者、西国侍子皆会"⑦。"百蛮贡职,乌桓、濊貊咸来助祭,单于侍子、骨都侯亦皆陪位。"⑧ 在这些典礼中,仍然是由"谒者、治礼引客"⑨。由此可见,汉代的各种典礼,基本上都是由谒

---

① 《汉官六种·汉官典职仪式选用一卷》,第 210 页。
② 《史记》卷九九《叔孙通列传》,第 2723 页。《汉书》卷四三《叔孙通传》所载略同,见第 2127—2128 页。
③ 引自胡平生《中国湖北江陵张家山汉墓出土竹简概述》,收于大庭修主编《汉简研究国际シンポジウム92 报告书——汉简研究の现状と展望》,第 273 页,日本关西大学出版部 1993 年版。简文中的标点,引者作了一些改动。
④ 《史记》卷九九《叔孙通列传》,第 2723 页。《汉书》卷四三《叔孙通传》所载略同,见第 2127—2128 页。
⑤ 《续汉书·礼仪志》注引蔡质《汉仪》,见点校本《后汉书》,第 3131 页。
⑥ 《续汉书·礼仪志上》,见点校本《后汉书》,第 3103 页。
⑦ 《太平御览》卷五三一《礼仪部十一·宗庙》引《汉杂事》,第 2409 页。
⑧ 《后汉书》卷二《明帝纪》,第 100 页。
⑨ 《续汉书·礼仪志上》,见点校本《后汉书》,第 3103 页。

者与典客（鸿胪）配合进行司仪的。

衔命出使是谒者的另一重要职责。西汉时期频见谒者奉命担任外交使节。汉初，冒顿单于遣使致书高后，出言不恭，高后大怒，经朝廷会议讨论决定还是善言回报，于是"令大谒者张泽报书"①，出使匈奴递送汉方回报文书。或谓"大谒者"为谒者之"长"②。文帝前元年（前179）陆贾出使南粤时，以"谒者一人为副使"③，这也是以谒者为使。文帝前六年（前174），以文书回复匈奴冒顿单于并赐物，乃"使中大夫意、谒者令肩遗单于"④。有时为了让某人出使，还特意加为谒者职衔而遣之，武帝近臣江充自请出使匈奴，于是"以充为谒者，使匈奴"⑤。

送迎侍子、使节也是谒者的重要职责之一。甘露元年（前53）宣帝派遣冯夫人出使乌孙，以谒者竺次为副使而送之⑥。东汉时送迎侍子是谒者的经常性任务，"单于岁遣侍子来朝，谒者常送迎焉"⑦。这种工作还相当繁忙，"单于岁尽辄遣奉奏，送侍子入朝……汉遣谒者送前侍子还单于庭，交会道路"。与此同时，护送匈奴使节也是谒者的经常性任务，"正元朝贺，拜祠陵庙毕，汉乃遣单于使，令谒者将送……岁以为常"⑧。由于谒者经常担任护送侍子、使节出境，因而可以收到对方大量的回赐，其"得赂弓马毡罽他物百余万。谒者事讫，还具表付帑藏，诏书敕自受"⑨。可见所得回赠礼物数量相当可观。这些回赠礼物照例须上表交付有关部门收藏，但经皇帝特许可以自受。

由于谒者经常担任与外交和礼仪有关的工作，所以其人员选拔也与大鸿胪官员的选拔有相似之处，特别注重其礼宾交际能力和仪表风度，大鸿胪属官"大行郎亦如谒者，兼举形貌"⑩。这一说法表明了两者职务

---

① 《汉书》卷九四上《匈奴传上》，第3755页。
② 参见《资治通鉴》卷一二《汉纪四》，惠帝三年（前192）胡注，第413页。
③ 《汉书》卷九五《南粤传》，第3849页。
④ 《史记》卷一一〇《匈奴列传》，第2897页。
⑤ 《汉书》卷四五《江充传》，第2177页。
⑥ 《汉书》卷九六下《西域传下》，第3907页。
⑦ 《续汉书》志二八《百官志五》注引应劭《汉官》，第3626页。
⑧ 《后汉书》卷八九《南匈奴传》，第2944页。
⑨ 《续汉书》志二八《百官志五》注引应劭《汉官》，第3626页。
⑩ 《续汉书·百官志二》注引卢植《礼》注，见点校本《后汉书》，第3583—3584页。

性质及其选拔条件的一致性。汉明帝曾诏称谒者乃帝尧时之尊官，是自其使虞舜担任"宾于四门"的官职传承而来的礼宾官员，故很重视其官员的选拔，或谓"汉皆用孝廉年五十，威容严恪能宾者为之"①。这是从礼宾官员要求的角度而言之，或谓"皆选仪容端正，任奉使者"②。这是从衔命出使要求的角度而言之，这些显然是外交和礼仪工作的需要而拟定的选拔标准。不过，谒者的选拔条件比典客（鸿胪）更有过之而无不及，由于谒者在朝会赞唱方面较典客（鸿胪）更为突出，故在选拔谒者人才时对于声音方面的要求更高于典客（鸿胪）官员，如果谒者缺编而需要补充的话，则"令美须眉大声者以补之"③。强调了对其声音洪亮方面的要求，因为谒者需要在各种朝会中赞唱，以指挥典礼的进行，尤其是在大型朝会时，如果不能让全体与会者都能够听到，则典礼就难于做到整齐划一。东汉人何熙，"身长八尺五寸，体貌魁梧，善为容仪。举孝廉。为谒者，赞拜殿中，音动左右，和帝伟之"④。谒者何熙因赞唱声音洪亮动听而受到和帝的赞赏。由此可见声音洪亮动听是选拔谒者的重要条件。

三 符节台

符节玺印是代表皇帝权力的信物，它们不仅应用于内政，同时应用于外交。这些信物均由符节台掌管。汉元年（前206）十月秦王子婴"封皇帝玺符节，降轵道旁"⑤。意味着向刘邦交出权力，从而宣告秦亡汉兴。秦王子婴所交出的"玺符节"即上述代表皇帝权力的信物，"天子印称玺……符，发兵符也。节，使者所拥也"⑥。秦有符玺令⑦，汉承秦制，

---

① 《续汉书》志二五《百官志二》注引荀绰《晋百官表注》，见点校本《后汉书》，第3578页。
② 《续汉书》志二五《百官志二》注引蔡质《汉仪》，见点校本《后汉书》，第3578页。
③ （唐）虞世南编撰：《北堂书钞》卷六二《设官部十四·谒者仆射》引《汉旧仪》，（据光绪十四年南海孔氏刊本影印），中国书店1989年版，第252页。
④ （西晋）华峤：《汉书》，《三国志》卷一二《魏志·何夔传》注引，第378—379页。
⑤ 《史记》卷八《高祖本纪》，第362页。
⑥ 《史记》卷八《高祖本纪》《索隐》韦昭云，第362页。
⑦ 《史记》卷八七《李斯列传》，第2547页。战国时期秦已有此官，秦嘉谟辑注《世本八种》卷七上《氏姓篇》：符氏，"鲁顷公之孙公雅仕秦为符玺令，因而氏焉。"

西汉少府属官有符节，设令、丞以掌其事①，到东汉时已"别为一台"②。符节台设符节令一人，"为符节台率"，秩六百石。其职掌为"主符节事。凡遣使掌授节"。属官有"尚符玺郎中四人。本注曰：旧二人在中，主玺及虎符、竹符之半者。符节令史，二百石。本注曰：掌书"。东汉时文属少府③。

符节台的职责与外交工作有关者主要有二。

第一，掌管外事印玺。符节台掌管朝廷的各种印玺，外事所用印玺亦由其掌管。"汉初有三玺，天子之玺自佩，行玺、信玺在符节台。"④ 何时发展演变为"六玺"，没有明确的记载，不过，专门记载西汉制度的《汉旧仪》已经有了关于"六玺"的明确记载："天子有六玺，皆白玉蟠兽纽，文曰：'皇帝行玺''皇帝之玺''皇帝信玺''天子行玺''天子之玺''天子信玺'。"⑤ 表明西汉时期"六玺"之制已经确立。这六玺各有不同用场，"所封事异，故文字不同"⑥。其中"皇帝"三玺主要用于内政，"天子"三玺主要用于外交。"六玺"之制的确立，是汉代外交发展的结果，"天子"三玺的出现就是为了适应汉代外交发展需要的产物，由于外交的发展，印玺制度也有了相应的发展变化，因此六玺制度应当是在汉代才可能形成。六玺制度的产生，是汉代外交的发展在礼仪制度上的一个反映。

"天子三玺"在汉代外交中是如何应用的，《汉书·百官公卿表》和《续汉志》都没有记载，幸赖《汉旧仪》（或称《汉官旧仪》）、《汉官仪》和《汉仪》三书有所记载。但是，此三书所记"天子"三玺在汉代外交中的用场颇有歧异，兹列表3—1以示之。

由表3—1可见，"策拜外国"（"封拜外国"）或谓以"天子之玺"，或谓以"天子行玺"；"外国事"抑或谓以"天子之玺"，或谓以"天子行玺"；而"赐匈奴单于、外国王书"以及"发外国兵"则仅见于《汉

---

① 《汉书》卷一九上《百官公卿表上》，第731页。
② 《通典》卷二一《职官典三·门下省·符宝郎》，第124页。
③ 《续汉书》志二六《百官志三》，标点本《后汉书》第3599、3600页。
④ 《汉书》卷六八《霍光传》注引孟康曰，第2943页。
⑤ 卫宏：《汉旧仪》，《唐六典》卷八《门下省·符宝郎》引，第252页。
⑥ 虞喜：《志林》，《唐六典》卷八《门下省·符宝郎》引，第252页。

仪》，不见于其他二书。那么，"策拜外国"（"封拜外国"）之玺究竟以哪个玺文为是？仅见于《汉仪》的"赐匈奴单于、外国王书"以及"发外国兵"所用之玺是否可信？所谓"外国事"又究竟为何？这些记载，孰是孰非？这给研究汉代"天子三玺"制度带来困惑，而这些相互抵牾的记载如果不加辨析，则无所适从，"天子三玺"在汉代究竟如何应用，就不可能弄清楚。我们试从下面三个方面加以探讨。一是从皇帝三玺的用法以观之；二是从后代的用法以观之；三是从"汉官六种"被引用的时间先后以观之。

表3—1　　　　　　　　汉代天子三玺应用一览

天子之玺	天子行玺	天子信玺	出处
	策拜外国		《汉旧仪》（《续汉书·舆服志下》引，第3673页）
赐匈奴单于、外国王书	封拜外国及征召	有事及发外国兵	《汉仪》（《唐六典·门下省》引，第252页）
外国事	征大臣	鬼神事	《汉仪》（《唐六典·门下省》引，第252页）
	策拜外国及事天地鬼神		《汉官仪》（《通典》卷六三引，第355页）
事天地鬼神	外国事		《汉旧仪》（《御览》卷六八二引，第3045页）
策拜外国事	征大臣	事天地鬼神	《汉官旧仪》（自《汉官六种》，第31页）
策拜外国事	征大臣	事天地鬼神	《汉旧仪》（自《汉官六种》，第62页）

一是从汉代"皇帝三玺"的用法以观之。

汉代"六玺"是由"皇帝三玺"和"天子三玺"组成的，两者的应用是互相对应的，《唐律释文》说唐代"天子三宝"的用法与"皇帝三宝"相同，"惟施蕃国也"①，两者用法的区别只在于前者用于"蕃国"，后者用于本国而已，这是汉代以来的用玺制度传统。因此，从"皇帝三玺"在汉代的应用情况，有助于推知"天子三玺"的应用。"皇帝三玺"的应用情况，仍然仅见于《汉旧仪》《汉官仪》《汉仪》三书，兹列

---

① （元）王元亮重编：《唐律释文》，（唐）长孙无忌等《唐律疏议》附录，中华书局1983年版，第645页。"开元岁中，改玺曰'宝'"。（《唐律疏议》卷一，第11页）

表 3—2 以示之。

表 3—2　　　　　　　汉代皇帝三玺应用一览

皇帝之玺	皇帝行玺	皇帝信玺	出处
赐诸侯王书	凡封①	发兵征大臣	《汉旧仪》（《续汉书·舆服志下》引，第 3673 页）
赐诸侯王书	凡杂	发兵	《汉仪》（《唐六典·门下省》引，第 252 页）
	赐诸侯王书	发兵征大臣	《汉旧仪》（《御览》卷 682 引，第 3045 页）
赐诸侯王书	凡封	发兵	《汉官旧仪》（自《汉官六种》，第 30—31 页）
赐诸侯王书	凡杂	发兵	《汉旧仪》（自《汉官六种》，第 62 页）
赐王侯书	凡封	发兵征大臣	《汉官仪》（自《汉官六种》，第 187 页）

从表 3—2 观之，其中"皇帝之玺"用于文书方面，"皇帝信玺"用于发兵方面，基本上是一致的。表明关于此两玺用法的记载应当是可信的。唯"皇帝行玺"用法的记载存在一些差异，其中以"凡封"为多，"凡杂"次之，"赐诸侯王书"为个别。如果关于"皇帝之玺"与"皇帝信玺"用法的记载是可信的，那么"皇帝行玺"的用法应当就是用于册封，而恰恰有关"皇帝行玺"用法的记载中以"凡封"为多，看来不是偶然的。将此表与上面的"汉代天子三玺应用表"进行对照，可以看到，"皇帝三玺"的用法，在"天子三玺"中都有相应的用法。由"皇帝三玺"的用法推之，则"天子三玺"中的"天子之玺"用于文书，"天子行玺"用于册封，"天子信玺"用于发兵的可能性是最大的。

二是从后代的用法以观之。

汉代的"皇帝六玺"制度在其后的皇朝中基本上得以继续行用，因此我们考察后代的"六玺"用法有助于推知其在汉代的用法。但是，汉代以后由于政治上的分裂和社会的动乱，文化上也遭受影响，导致载籍有所缺失，唐人杜佑在梳理玺印制度时即已慨叹："秦汉以降，逮于周隋，既多无注解，或传写讹舛，有义理难明，虽研核莫辨。今但约其本

---

① 《续汉书·舆服志下》引《汉旧仪》，中华书局标点本作："凡六玺。皇帝行玺，凡封之玺赐诸侯王书；信玺，发兵征大臣。"（第 3673 页）窃意这段记载中的标点不妥，似应改作："凡六玺。皇帝行玺，凡封；之玺，赐诸侯王书；信玺，发兵征大臣。"

史，聊存一代之制，他皆类此。览之者，幸详察焉。"① 因为在杜佑那个时代，不仅"汉官六种"已经残缺不全，而有"传写讹舛"之憾，而且诸多正史也存在缺陷，如《三国志》《梁书》《陈书》《北齐书》《北周书》等均无"志"，有的虽然有"志"但其系统性、完整性人尽如人意，《宋书》、《南齐书》、《魏书》等虽然有"志"，但关于玺印制度则往往缺载或语焉不详，因此导致魏晋南北朝诸多制度缺失，包括"六玺"制度在内，以致"义理难明"，"研核莫辨"了。这是问题的一个方面。

另一方面，用玺制度又有很强的承袭性。现在我们就来看看汉唐间"六玺"制度有明确记载的北齐、北周和隋代的情况，分别列表3—3、表3—4如下。

表3—3　　　　　　　北齐、北周、隋"皇帝三玺"应用一览

皇朝	皇帝之玺	皇帝行玺	皇帝信玺	出处
北齐	赐诸王书	封常行诏敕	下铜兽符，发诸州征镇兵，下竹使符，拜代征召诸州刺史	《隋书》卷一一《礼仪志六》，第239页
北周	与诸侯及三公书	封命诸侯及三公	发诸夏之兵	《隋书》卷一一《礼仪志六》，第250页
隋	赐诸侯及三师、三公书	封命诸侯及三师、三公	征诸夏兵	《隋书》卷一二《礼仪志七》，第255页

表3—4　　　　　　　北齐、北周、隋"天子三玺"应用一览

皇朝	天子之玺	天子行玺	天子信玺	出处
北齐	赐诸外国书	封拜外国	发兵外国，若征召外国	《隋书》卷一一《礼仪志六》，第239页
北周	与蕃国之君书	封命蕃国之君	征蕃国之兵	《隋书》卷一一《礼仪志六》，第250页
隋	赐蕃国之君书	封命蕃国之君	征蕃国兵	《隋书》卷一二《礼仪志七》，第255页

---

① 《通典》卷六三《礼典二十三·天子诸侯玉佩剑绶玺印》自注，第355页。

从表3—3、表3—4可以看到,"皇帝三玺"与"天子三玺"的用法是完全一致的,即"之玺"用于文书方面,"行玺"用于封拜方面,"信玺"用于发兵方面,只是前者用于国内,后者用于对外。在南北朝的内政运行中帝玺实际运用的一些资料进一步加强了上述论断,刘宋永初二年(421),侍中谢晦"坐行玺封镇西司马、南郡太守王华大封,而误封北海太守球,版免(谢)晦侍中"①。可知"行玺"确实是用于封拜的。值得注意的是,北齐、北周和隋代"皇帝三玺"的用法与汉代"皇帝三玺"的用法也是一致的,只是汉代的"皇帝行玺"用法因为记载的残缺不全和错讹,而显得有所差异,但是尽管如此,其被用于"凡封"的记载也处于多数地位,表明汉代的"皇帝行玺"也可能是用于封拜方面的,因此,《太平御览》所引《汉旧仪》谓"皇帝行玺"用于"赐诸侯王书"的说法,可以视为引用中发生的错讹,并非《汉旧仪》之原文原意。由汉代"皇帝三玺"用法的肯定,则汉代"天子三玺"的用法也可以得到基本上的肯定,上文指出的:"'天子三玺'中的'天子之玺'用于文书,'天子行玺'用于册封,'天子信玺'用于发兵的可能性是最大的。"这一说法又得到了进一步的加强。

三是从"汉官六种"被引用的时间先后以观之。

现在所见《汉官六种》是六部关于《汉官》著述的集大成,是我们今天研究汉代官制的重要参考,关于汉代"天子三玺"的记载,主要见于《汉官六种》中的《汉旧仪》、《汉官仪》和《汉仪》三书。但是我们在前面已经指出,它们都是从历代残篇断简中引用而缀辑而成的,由于展转传写、引用,因此其中存在错讹、脱漏的情况是很自然的。今天我们所见《汉官六种》为清代人所辑,其中所引诸书的时间先后是不同的,我们在制作汉代"天子三玺"表和"皇帝三玺"表时,是按照被引用时间的先后次序而排列的,也就是说最早被引用的资料排列在前面,最晚被引用的排列在最后面。在涉及"天子三玺"的"汉官"载籍中,《续汉书·舆服志下》所引《汉旧仪》是最早的,众所周知《续汉书志》为西晋司马彪所著,南朝梁刘昭注补。也就是说《汉旧仪》关于"天子行玺"被用于"策拜外国"这条材料是在南朝梁代被引用的。在刘昭引用

---

① 《宋书》卷四四《谢晦传》,第1348页。

《汉旧仪》之后则为《唐六典》所引的《汉仪》。《唐六典》于唐玄宗开元二十七年（739）成书，引用《汉仪》的文内小字注亦为撰写者所作，故《汉仪》之被引用是在上述刘昭引用《汉旧仪》之后。在《唐六典》引用《汉仪》之后则是杜佑《通典》所引《汉官仪》。《通典》于唐德宗贞元十七年（801）成书，距《唐六典》成书晚62年，或可将两书基本上视为同一时代之书。《通典》之后是《太平御览》引用的《汉旧仪》。《太平御览》完成于宋太宗太平兴国八年（983），距《通典》之成书又近180余年之后了。今本《汉官六种》为清人所辑，故最为晚出。

虽然我们不能认为早出者就没有或者错讹少，晚出者就一定错讹多，但是一般来说，时代越早者，其错讹频率相对小一些，时代越晚者，其错讹频率相对多一些，也应当是成立的。不过，具体到某一条材料究竟错讹与否，还得根据其他方面的条件和情况综合考量，不能一概而论。现在我们就对汉代"天子三玺"的用法加以综合分析。

首先，《唐六典·门下省》所引《汉仪》，谓"天子之玺"用于"赐匈奴单于、外国王书"可以得到确认。①这里关于文书问题，特别提到"赐匈奴单于书"，并将其置于赐"外国王书"之前，符合汉代外交的实际情况，汉代外交的重点是匈奴，与匈奴通文书亦最早、最为频繁，可以说这段引文是原汁原味的汉代文字。②从汉代"皇帝三玺"中"皇帝之玺"的用法观之，"汉官"三书均记作其用于"赐诸侯王书"，可以推知"天子之玺"亦用之于文书而无疑。③从后代的北齐、北周及隋代的"皇帝六玺"中的"之玺"均用之于文书而无一例外，只存在用于内政或外交之别而观之，进一步强化了"天子之玺"为用于外交文书之印玺。

其次，《唐六典·门下省》所引《汉仪》，谓"天子信玺"用于"发外国兵"也可以得到确认。①从汉代"皇帝三玺"中的"皇帝信玺"用法观之，"汉官"三书均记作"发兵"所用，也是无一例外。②从后代的北齐、北周和隋代的"皇帝六玺"中的"信玺"观之，不论"皇帝信玺"还是"天子信玺"均用于发兵，唯一的区别在于前者用于国内，后者用于国外。信玺为发兵所用亦可无疑。

再次，《唐六典·门下省》所引《汉仪》、《续汉书·舆服志下》所引《汉旧仪》以及《通典》所引《汉官仪》，均谓"天子行玺"用于

"策拜外国"也可以得到确认。①在"天子之玺"用于文书和"天子信玺"用于发兵这两项得到确认之后,则"天子行玺"用于封拜随之可以自行成立。②从汉代的"皇帝行玺"用法观之,虽然诸书记载有所差异,但其中以用于"凡封"的记载为多,不会是偶然的。③从后代北齐、北周和隋代的"皇帝六玺"用法观之,除北齐以"皇帝行玺"用于"封常行诏敕"之外,北周和隋均用于封拜,而"封常行诏敕"是个宽泛的概念,封拜亦可以包括其中。至于"天子行玺"之用于封拜,则北齐、北周和隋代完全一致。因此,"行玺"用于国内外之封拜也应当是没有疑义的。

复次,在上面我们肯定《唐六典·门下省》所引《汉仪》关于"天子之玺"用于文书,"天子信玺"用于发兵,以及《唐六典·门下省》所引《汉仪》、《续汉书·舆服志下》所引《汉旧仪》和《通典》所引《汉官仪》均谓"天子行玺"用于册封的同时,还需要分析一下其他几种"汉官"的有关记载问题:一是《唐六典·门下省》所引《汉仪》关于"天子之玺"用于"外国事";二是《太平御览》所引《汉旧仪》谓"天子行玺"用于"外国事";三是今本《汉官六种》所引《汉官旧仪》及《汉旧仪》谓"天子之玺"用于"策拜外国事"。在上述三个问题中,第一、二两个问题,即《唐六典·门下省》所引《汉仪》以及《太平御览》所引《汉旧仪》均谓"天子之玺"用于"外国事"均存在一些问题,"外国事"这一概念过于含混,是有关"外国"的什么事情不明,是用于致外国的文书?还是用于册封外国?还是用于向外国发兵?这个问题,或是引用者过于概括和笼统所致?还是引用时或转引时有所缺失而造成的?未敢遽断。第三个问题,即今本《汉官六种》所引《汉官旧仪》及《汉旧仪》谓"天子之玺"用于"策拜外国事"可以断定为错讹,乃将"天子行玺"的用法误置于"天子之玺"之下。因此,这里提出的四处记载,都存在不同程度的问题,基本上可以否定或不宜采用。至于其他关于"征大臣"或"事天地鬼神"等事项与外交没有多大关系,故略而不置论。

最后,我们的结论是:汉代"天子三玺"中的"天子之玺"用于外交文书,"天子行玺"用于册封外国,"天子信玺"用于发外国兵。关于这个问题的文献记载,《唐六典·门下省》所引《汉仪》对于"天子三玺"用法的记载均为正确,《续汉书·舆服志下》所引《汉旧仪》以及《通典》所引《汉官仪》关于"天子行玺"用于策拜外国的记载也是正确的。也就是说,"天子行玺"的用法,以《续汉书·舆服志下》所引《汉旧仪》、《唐六典·门下省》所引《汉仪》、《通典》所引《汉官仪》为是;"天子之玺"和"天子信玺"的用法,则以《唐六典·门下省》所引《汉仪》为是。从记载汉代"天子三玺"的"汉官"三书情况观之,唐代及其之前所引"汉官"相对比较准确,宋代以后则错讹比较严重。

两汉时期在册封外国四夷君长时,也都同时授予其印绶。汉宣帝册封匈奴呼韩邪单于时,即"赐以玺绶"[1],其具体形制为"黄金玺盭绶",即金质印玺,以戾草染绶,这是低于皇帝一等的"诸侯王之制"[2]。但是匈奴单于所得到的印绶,与当时一般的诸侯王和四夷君主的印绶并不完全等同,而是高于他们。王莽篡位后,遣使匈奴"因易单于故印,故印文曰'匈奴单于玺',莽更曰'新匈奴单于章'"[3]。可见汉宣帝所授匈奴单于的印文是"匈奴单于玺"五字,汉制"天子独称玺,又以玉,群臣莫敢用也"[4]。授予匈奴单于的印玺虽然是黄金铸造,而非汉皇帝之印玺为白玉所制,但是其印文却称"玺",其规格突破了赐予诸侯王和其他外国四夷君长的印玺制度。何以匈奴得此特殊礼遇?这是在呼韩邪单于来朝之前汉皇朝决策集团讨论给予呼韩邪单于何等待遇时做出的决定,按照惯例匈奴单于应当被给予"位在诸侯王下"的待遇,但是经过讨论,决定给予其"位在诸侯王上"[5]的待遇。单于印文称"玺"而不称"章"即为这一特殊地位的体现之一。也就是说汉皇朝给予匈奴单于的地位是在汉皇帝之下、诸侯王和其他四夷君主之上的一种特殊地位。匈奴之所以能够得到此唯一特殊待遇,原因在于匈奴是这个时代东亚地区唯一能够与汉皇朝分庭抗礼的强国,是汉皇朝军事上、外交上的最强劲的对手,故即使在其"臣服"之后仍然能够得到这一殊遇。南越王赵胡的墓葬中

---

[1] 《汉书》卷八《宣帝纪》,第271页。
[2] 《汉书》卷九四下《匈奴传下》及颜注,第3798、3799页。
[3] 《汉书》卷九四下《匈奴传下》,第3820页。
[4] 《汉旧仪》,自《汉官六种》,第62页。
[5] 《汉书》卷九四下《匈奴传下》,第3798页。

出土了一枚"文帝行玺"金印①,此为南越王僭汉称帝时所刻印玺。赵胡死后其子婴齐继位,"即藏其先武帝、文帝玺"②,可知赵胡之父赵陀亦有"帝玺",这都是南越国僭越汉皇室用玺制度而刻制的,与汉皇朝授予匈奴单于印玺称"玺"不同。王莽改匈奴单于玺为"章",降低了匈奴印玺的规格,被匈奴方面认为"与臣下无别"③,故遭到匈奴的强烈不满。这种授予外国或少数民族君长的印绶也是归符节台管理的。

第二,掌管使者旌节。符节令的重要职掌之一是"凡遣使掌授节"。两汉时期使者出使时都要授予节,因为节是被授予权力的凭证和象征,"将命者持之以为信"。节的形制:"以毛为之,上下相重,取象竹节,因以为名。"④"以竹为之,柄长八尺,以旄牛尾为其眊三重。"⑤ 汉代使者出使都要持节,它是国家的象征,张骞出使西域时被匈奴扣留十余年仍然"持汉节不失"⑥,苏武出使匈奴,遭到迫害,被单于徙往北海牧羊,他"杖汉节牧羊,卧起操持,节旄尽落"⑦。张骞、苏武在被迫害的情况下仍然持节不弃,体现了他们对国家的忠贞不渝。元帝时匈奴郅支单于"困辱汉使者江乃始等",后又杀汉使谷吉等,建昭三年(前36)陈汤、甘延寿斩郅支单于,"得汉使节二及谷吉等所赍帛书"⑧。表明汉使被杀害后,其所持之节亦被对方所缴获。对于节的争夺是双方外交斗争的一种体现。这些记载表明外交使节必持"节"出使,而"节"是由符节台负责授予和收藏保管的。

四 黄门

黄门是少府所属机构之一,汉元帝初元二年(前47)"诏罢黄门乘

---

① 广州市文物管理委员会、中国社会科学院考古研究所、广东省博物馆编:《西汉南越王墓》(上),文物出版社1991年版,第204—207页。
② 《汉书》卷九五《西南夷两粤朝鲜传》,第3854页。
③ 《汉书》卷九四下《匈奴传下》,第3821页。
④ 《汉书》卷一上《高帝纪上》颜师古注,第23页。
⑤ 《后汉书》卷一上《光武帝纪上》李贤注,第10页。
⑥ 《汉书》卷六一《张骞传》,第2687页。
⑦ 《汉书》卷五四《苏武传》,第2463页。
⑧ 《汉书》卷七〇《陈汤传》,第3014页。

舆狗马"①，颜师古注曰："黄门，近署也，故亲幸之物属焉。"汉武帝征和二年（前91），"上乃使黄门画者画周公负成王朝诸侯以赐（霍）光"②。颜师古注云："黄门之署，职任亲近，以供天子，百物在焉，故亦有画工。"可知黄门为供应皇室之需的部门，"以养天子也"③。但是它与汉代外交亦有重要的关系，是为外交关涉机构之一。黄门与外交的关系主要体现于两个方面。

一是从境外采购皇室所需物资的同时也带动了外交关系的发展。黄门既然以供养天子为主要职掌，那么从境外采购珍异自然是其重要任务。汉代开辟了一条从海路出使东南亚和印度洋一带的重要使路，一方面采购海外珍异，另一方面则发展外交关系，黄门在其中扮演了重要角色。这条路线是："自日南障塞、徐闻、合浦船行可五月，有都元国；又船行可四月，有邑卢没国；又船行可二十余日，有谌离国；步行可十余日，有夫甘都卢国。自夫甘都卢国船行可二月余，有黄支国……自黄支船行可八月，到皮宗；船行可二月，到日南、象林界云。黄支之南，有已程不国，汉之译使自此还矣。"④ 所历诸国地址学术界歧见颇多，大体上是从交州所属的日南（今越南境）、徐闻、合浦等北部湾口岸登船，傍中南半岛海行，或通过马六甲海峡，或陆行通过克拉地峡，自安达曼海西行抵达印度半岛，所抵之国重要者有半岛东南部的黄支国（马德拉斯西南的康契普腊姆）、已程不国（今斯里兰卡）⑤。这个记载中的"译使"就是黄门所派遣的，黄门的属官"有译长……与应募者俱入海市明珠、璧流离、奇石异物，赍黄金杂缯而往。所至国皆廪食为耦，蛮夷贾船，转送致之。亦利交易，剽杀人。又苦逢风波溺死，不者数年来还。大珠至围二寸以下"⑥。黄门下属有"译长"一职，经常被派遣担任"译使"，随汉皇室船队远涉重洋到东南亚、南亚诸国采购奇珍异物，远达印度、

---

① 《汉书》卷九《元帝纪》，第281页。
② 《汉书》卷六八《霍光传》，第2932页。
③ 《汉书》卷一九上《百官公卿表上》颜注，第732页。
④ 《汉书》卷二八《地理志下》，第1671页。
⑤ 参见黄时鉴主编《插图解说中西关系史年表》，浙江人民出版社1994年版，第39页；陈佳荣、谢方、陆峻岭《古代南海地名汇释》（以下不标著者），中华书局1986年版，第694、550页。
⑥ 《汉书》卷二八下《地理志下》，第1671页。

斯里兰卡。"译长"不仅负责翻译事宜,而且还是出使海外使团之负责人,故这种使团被称为"译使"。黄门署专设"译长"一职,表明向域外采购珍异非偶尔为之,乃一经常性活动。这种使团无疑以外贸为其主要任务,但是同时也负有外交的使命和任务。古代世界,外交与外贸结合进行是一种常见现象,有的以外交为主而附带外贸任务,有的以外贸为主而附带外交任务,黄门译长所率使团属于后者。故我们不能一见其进行贸易活动则否认其外交作用,或一见其进行外交活动就认为与贸易无缘,将两者截然分离或对立。这种贸易活动与外交的关系表现在:首先,这条使路就是由贸易活动所开辟并推动发展起来的外交道路。以黄支国为例,"民俗略与珠厓相类。其州广大,户口多,多异物,自武帝以来皆献见"。所谓"献见",泛指商人或使节前来贸易或进行外交活动。黄支国一般认为即建支、建志补罗,在今印度南部的康契普腊姆(Conjevaram)①,那里的商人、使节与汉使频繁互动,不仅促进了双方贸易,也促进了双方的外交关系。其次,海上贸易与外交的良性互动,推动了双方外交关系的发展。在频繁的商贸互动中奠定了双方外交关系的基础,"平帝元始中,王莽辅政,欲耀威德,厚遗黄支王,令遣使献生犀牛"②。王莽之所以能够根据他的政治需要"厚遗"黄支国王并示意其贡献生犀牛,如果没有以往建立的外交关系基础,就不可能在这时突然提升双方的外交关系。这条南海使路的开辟,与张骞陆上使路的开辟具有同样重要的历史意义,表明中国古代的西向外交,从汉代肇始并已夯实了基础,从海陆两个方面构筑,以钳形态势、海陆兼济而展开的。汉皇朝与东南亚、南海诸国乃至海西远国的外交于这条使路多所仰仗,上述"夫甘都卢国"即在今缅甸境内③,这里是东西方进行贸易和外交活动的枢纽,东汉安帝永宁元年(120)"掸国王雍由调复遣使者诣阙朝贺,献乐及幻人,能变化吐火,自支解,易牛马头。又善跳丸,数乃至千。自言我海西人。海西即大秦也,掸国西南通大秦"④。罗马帝国的杂技演员通过缅甸一带

---

① 《古代南海地名汇释》,第 694 页。
② 《汉书》卷二八下《地理志下》,第 1671 页。
③ 《古代南海地名汇释》,第 172—173 页。
④ 《后汉书》卷八六《南蛮西南夷传》,第 2851 页。

而传入汉地。这样又进一步推动了汉与罗马帝国的外交,延熹九年(166),"大秦王安敦遣使自日南徼外献象牙、犀角、瑇瑁,始乃一通焉"①。表明罗马帝国在必要时也是通过这条海路与汉皇朝开展外交活动的。南海诸国与汉皇朝的外交到了东汉更有了进一步的发展,桓帝延熹二年(159)、四年(161)天竺国相继"来献"②,就是这种外交关系发展的表现。

二是在外贸、外交活动中所得四方国、族之贡献或礼品,由黄门等相关部门加以收藏。史称西汉外交关系发展之后,"明珠、文甲、通犀、翠羽之珍盈于后宫,蒲梢、龙文、鱼目、汗血之马充于黄门,钜象、师子、猛犬、大雀之群食于外囿。殊方异物,四面而至"③。这些四方珍异,除了主动向域外采购、罗致者外,大多为四方国、族使节之贡献或礼品,黄门是这些异域物品的主要收藏、管理部门。都城长安之"西郊则有上囿禁苑,林麓薮泽,陂池连乎蜀汉。缭以周墙,四百余里。离宫别馆,三十六所。神池灵沼,往往而在。其中乃有九真之麟,大宛之马。黄支之犀,条支之鸟。逾昆仑,越巨海。殊方异类,至于三万里"④。这些珍禽异兽是汉皇朝外交成就的体现。西域地区的马匹是这个时代的重要入境畜类,黄门是重要的养马部门⑤,外交所得珍贵马匹即由其负责饲养,这里所说的"汗血之马""大宛之马"即属此类。与此并列的外交所得珍品,还有上述黄支国所献犀牛,"黄支自三万里贡生犀"⑥成为夸示外交成就的重要依据。

同古代世界很多国家一样,我国古代外交与外贸也往往是结合在一起的,所以黄门所负责的外贸工作实际上也是一项外交工作。汉代黄门译使出使南海诸国实开一千五百余年后明代郑和出使西洋诸国之先河,

---

① 《后汉书》卷八八《西域传》,第 2920 页。
② 《后汉书》卷六《桓帝纪》,第 306、309 页。
③ 《汉书》卷九六下《西域传下》,第 3928 页。
④ 班固:《西都赋》,《文选》卷一,第 24 页。
⑤ 金日䃅,本匈奴休屠王太子。武帝元狩(前 122—前 117)中休屠王与昆邪王"谋降汉。休屠王后悔,昆邪王杀之,并将其众降汉。金日䃅"以父不降见杀,与母阏氏、弟伦俱没入官,输黄门养马"。(《汉书》卷六八《金日䃅传》,第 2959 页)吾丘寿王,为侍中中郎,"坐法免。上书谢罪,愿养马黄门"。(《汉书》卷六四上《吾丘寿王传》,第 2794 页)。
⑥ 《汉书》卷九九上《王莽传上》,第 4077 页。

两者性质相同，前后辉映，均属中国古代西向外交之壮举。

第二节 地方行政与边防机构的外交职能

外交工作固然主要由中央有关机构进行管理，但是还需要地方各级机构，尤其是边境地方机构密切配合、协同运作才能圆满完成。除中央关涉机构以外，地方各级各类机构也在不同程度上、或多或少地承担重要的外交职责。两汉时期这种地方关涉机构主要为两大系统，即作为地方基层政权和边防军事单位的缘边州郡、边防关塞，以及作为边境镇抚机构的持节领护诸官等。本节先述地方行政与边防机构之外交职能。

一 缘边州郡

汉代的地方基层政权机构主要为郡、县两级制，后来作为监察区的州逐渐演变为凌驾于郡县之上的行政区域，于是形成州、郡、县三级政权体制。由于边境许多少数民族地区陆续纳入汉皇朝的统治，于是在边疆地区又设置了许多边郡。汉武帝"征伐四夷，开置边郡"①。两汉时期边郡数量不少，仅"北边边塞西自敦煌、东至乐浪凡二十一边郡"②。边郡又称外郡，而与称为"内郡"的内地郡相表里，"中国为内郡，缘边有夷狄障塞者为外郡"③。边郡与内郡同为地方基层行政部门，集政治、经济、军事、文化大权于一身，而最大的不同在于边郡还担负着边防军事与外交的重任。不仅边郡如此，凡缘边州郡均具有这一特点。

缘边州郡在外交上具有重要意义，这里是双方外交往来与角逐的第一线。文帝后六年（前158）匈奴大举进犯，不久景帝即位，即于前元年（前156）派遣御史大夫陶青"至代下与匈奴和亲"④，恢复了和好关系。代下在北部边郡的代郡，这是以边郡作为外交谈判场所。职是之故，边郡长官也就负有重要的外交职责。汉皇朝对于边郡处理外交问题曾给予

---

① 《汉书》卷六四上《严助传》，第2775页。
② 陈梦家：《汉简缀述》，《汉简所见居延边塞与防御组织》，中华书局1980年版，第39页。
③ 《汉书》卷八《宣帝纪》注引韦昭，第241页。
④ 《汉书》卷五《景帝纪》，第140页。

具体的指导，"孝宣皇帝敕边守尉曰：'匈奴大国，多变诈。交接得其情，则却敌折冲；应对入其数，则反为轻欺。'"① 要求边郡官员头脑清醒，在双方交往中注意不要落入对方圈套，分寸得宜，并尽力获取对方实情，以求掌握主动、稳操胜券，这可以视为是汉皇朝对于边郡外交工作的指导方针和方法。同时，又赋予边郡"得以便宜从事"② 的权力，这无疑包括灵活处理外交问题的权力。由于边郡长官在外交上具有重要作用，因而对边郡长官的选拔就格外重视，尤其对于肩负外交重任之边郡，注意以其外事官历和外交能力作为重要条件。成帝河平四年（前25）春正月匈奴单于来朝，在此之前即"以单于当朝"，特将沛郡太守段会宗徙为雁门太守，因这里是单于入朝必经之门户。何以作此安排？因为段会宗曾担任西域都护，"西域敬其威信"③，名播异域而具有卓越的军事和外交才能。可见汉皇朝对于边郡在外交上的重要性是有充分认识的。

缘边州郡是进行外交接触和联系的第一道门户和必经之地，举凡双方的外交往来均须通过这里或直接在这里进行。缘边州郡担负着重要的多方面的外交职责，其主要表现有以下诸方面。

（一）接待来使

外国或周边少数民族政权向汉皇朝朝贡、遣使，或有其他任何外交等事项需要与汉皇朝进行联系时，首先须经由缘边州郡，由其负责接待或转达。桓帝延熹二年（159）、四年（161）天竺国"频从日南徼外来献"④，延熹九年（166）"大秦王安敦遣使自日南徼外来献"⑤。日南为交州属郡，治所在今越南广治省境，经海路而来的西方和南亚、东南亚使节一般均自日南郡入境，由其负责接待和转致。东汉末刘虞为幽州牧时，"诸外国羌、胡，有所贡献，道路不通，皆为传送，致之京师"⑥。这是由边州将外国的贡献转送朝廷。东汉后期州已成为地方行政机构，而且逐渐取代郡的职权，故刘虞作为边州之长而履行了同样的职责。

---

① 《后汉书》卷八九《南匈奴列传》，第2946页。
② 《史记》卷一二二《酷吏列传·郅都传》，第3133页。
③ 《汉书》卷七〇《段会宗传》，第3029页。
④ 《后汉书》卷八八《西域传》，第2922页。
⑤ 同上书，第2920页。
⑥ 《三国志》卷八《魏志·公孙瓒传》注引《吴书》，第242页。

有时由于种种原因对方不便与汉朝廷直接交涉，便通过边郡进行试探或转圜。匈奴就曾不止一次遣使至边郡，提出有关要求，通过边郡上达朝廷，因此北部边郡常常需要负责接待这些来使。建武二十二年（46）匈奴发生内争，加以遭受严重天灾，蒲奴立为单于后，"畏汉乘其敝，乃遣使诣渔阳求和亲。于是遣中郎将李茂报命"①。匈奴使者通过渔阳郡提出和亲的要求，进行试探，经渔阳郡上报朝廷，接受了其要求，于是朝廷遣使报命。北匈奴曾在永元十六年（104）时至朝廷贡献，求和亲，但和帝"以其旧礼不备，未许之"。直闯汉廷碰壁之后，于是北匈奴改变方式，于次年（元兴元年，105）"遣使诣敦煌贡献"，通过边郡进行试探，"辞以国贫未能备礼"②，对去年的失礼进行解释，并再次提出通好的要求。由此可见边郡具有双方之间的缓冲和桥梁作用。

来使出入边境时，如有外交问题未获解决，边郡有权令其去留，但其去留须经请示朝廷作出答复之后才能行动。建武二十七年（51）"北匈奴遣使诣武威乞和亲"③。为什么北匈奴要通过武威来求和亲呢？因为当时"自北地以东，南部分居塞内，北使不敢至塞下，故诣武威求和"④。这是碍于南匈奴而不得不绕远至武威通信息。武威太守迅速将这一信息上报朝廷，为此朝廷进行了反复商议，为了不致引起南匈奴的猜疑，决定不接受北匈奴的要求，于是光武帝"告武威太守勿受其使"⑤。由此可知北匈奴使者一直在武威郡等待东汉朝廷的回音，武威太守也是只有等到朝廷作出明确答复之后才能决定是否准许其入境。由于边郡长官熟悉外情，故可以就相关外交问题的处理向朝廷提出意见。建武十七年（41）莎车王贤遣使奉献，请求汉朝向西域派遣都护。光武帝决定让莎车王担任西域都护，并交莎车使者带去赐给莎车王的西域都护的印绶和车骑、黄金、锦绣等。莎车使者返抵敦煌时，太守裴遵得知这种情况，立即上书光武帝说："夷狄不可假以大权，又令诸国失望。"反对以西域国王担任西域都护。光武帝接受了裴遵的意见，立即"诏书收还都护印绶，更

---

① 《后汉书》卷八九《南匈奴传》，第2942页。
② 同上。
③ 《后汉书》卷一下《光武帝纪下》，第79页。
④ 《资治通鉴》卷四四《汉纪三十六》，光武建武二十七年（51）胡注，第1417页。
⑤ 《后汉书》卷八九《南匈奴传》，第2946页。

赐贤以汉大将军印绶"。裴遵接诏后便向莎车使者更换印绶等物，但"其使不肯易，（裴）遵迫夺之"①。这表明如果边郡发现来使之问题时，可以截留该使者，同时上报朝廷等候定夺。莎车使者被敦煌太守截留后，一直在敦煌待命，直至朝廷做出答复之后，由敦煌太守将其所得印绶更换之后始得离境。

（二）供应使者

缘边州郡为使者出入必经之地，因此它又担负着供应使者的任务。汉制，不论外国来使或汉使出境，均由边郡负责其生活服务和粮草供应。为此汉朝在使节来往频繁的边郡，设置专门机构以管理使节生活服务以及生产粮食以供来往使节之需，自贰师将军李广利伐大宛之后，西域诸国"多遣使来贡献"，汉朝派往西域的使节也日益频繁。于是"自敦煌西至盐泽，往往起亭，而轮台、渠犁皆有田卒数百人，置使者校尉领护，以给使外国者"。这些由校尉管理的屯田，就是为了供应来往使节的，"收其所种五谷以供之"②。由于当时来往使节频繁而且数量巨大，因而这种供应负担是相当繁重的，"敦煌、酒泉小郡及南道八国，给使者往来人马驴橐驼食，皆苦之"③。几达不堪重负的地步。

汉代在缘边对外交通要道上，设立了许多邮置。它们一方面具有传递军事和外交情报的职能，"事有便宜，因骑置以闻"④。所谓"骑置"即"置"所及其中配备的驿马，通过这一渠道可以迅速将边境地区情报送达中央。另一方面则负有接待来往使节的任务。汉代敦煌郡效谷县悬泉置就是这种性质的设施。据甘肃省考古所悬泉置遗址发掘队的报告称，该遗址从1990年10月开始进行连续两年的考古发掘，出土了大量邮驿文书，仅简牍就有一万五千余枚，此外还有麻纸、帛书，以及其他珍贵文物二千余件。从这些出土文物可以知道"置有接待过往官员，提供食宿、车辆、马匹、草料及传递官府文书等两项职能，同时耕种少量田地，解决部分口粮、饲料供给。由于悬泉置地处中西交通的要冲，规模较大，

---

① 《后汉书》卷八八《西域传》，第2923—2924页。
② 《汉书》卷九六上《西域传上》，第3873页。
③ 同中书，第3893页。
④ 《汉书》卷九六下《西域传下》，第3912页。

额定传马、驿马 36 匹。接待的过往人员除朝廷使者、行边御史、太守、都尉、司马等高级官员外，尚有西域各国如大月氏、乌孙、车师、莎车、且末等国的贵人、使者，规模有时多达 100 余人，并有朝廷官员护送。数量巨大的各种簿籍，翔实生动地记录了接待官员、使者的过程，支付的食品、粮谷、车马、草料的数额和价值"①。随着悬泉置资料的陆续披露，其供应并服务于中外使节的具体情况日益呈现于世，大大弥补了传统文献记载之不足。

汉宣帝甘露元年（前53），乌孙已故肥王翁归靡与匈奴妇所生子乌就屠杀了在位昆弥狂王，自立为昆弥，乌孙政局突变，于是汉宣帝"征冯夫人，自问状"，然后派遣"冯夫人锦车持节"② 出使乌孙，冯夫人即解忧公主的侍者冯嫽。与此同时派遣破羌将军辛武贤出兵敦煌应对，汉方使出了软、硬两手。下面是出使乌孙的冯夫人在悬泉置得到接待的记载：

> 甘露二年二月庚申朔丙戌，鱼离置啬夫禹移县（悬）泉置，遣佐光持传马十匹，为冯夫人柱，廪穈麦小卅二石七斗，又荥廿五石二钧。今写券墨移书到，受薄（簿）入，三月报，毋令缪（谬），如律令。③

这是鱼离置行文悬泉置，说明派遣置佐名光者持传马十匹为汉使冯夫人西行应用，希望悬泉置提供这些马匹的饲料，并于三月份上报相关账目。

由于乌孙政情危急，为了加快使者西行速度，故调集所有能够调动的马匹，传马不足，加以骑马，昼夜兼程，以致马匹极度疲劳，损失不少。下面一简反映了这方面的情况：

> 甘露二年四月庚申朔丁丑，乐官令充敢言之：诏书以骑马助传

---

① 《汉悬泉置遗址发掘获得重大收获》，《中国文物报》1992 年 1 月 5 日。
② 《汉书》卷九六下《西域传下》，第 3907 页。
③ 《悬泉汉简研究》（Ⅱ90DXT0115③：96），第 234 页。

马，送破羌将军、穿渠校尉、使者冯夫人。军吏远者至敦煌郡，军吏晨夜行，吏御逐马，前后不相及，马罢亟，或道弃，逐索未得。谨遣骑士张世等，以物定逐各如牒，唯府告部、县官、旁郡：有得此马者，以与（张）世等。敢言之。①

这是在冯夫人西行两月之后，酒泉郡乐涫县令请求郡府要求沿途有关单位协助寻找为冯夫人和破羌将军辛武贤等人西行时丢失的马匹。

边郡有关单位对于来往使节提供供应，均是根据朝廷的指示而行事的：

神爵二年四月戊戌，大司马车骑将军臣□承制诏请□：大月氏、乌孙长□凡□□□富侯臣或与斥候利邦国，侯君、侯国、假长□□□中乐安世归义□□□□□□□□。为驾二封轺传，十人共□，二人共载。御史大夫□下扶凤厩，承书以次为驾，当舍传舍，如律令。十月□②

这是宣帝神爵二年（前60）朝廷下令地方有关部门为大月氏、乌孙使者返国及汉方的护送使团提供食宿交通的传信。

外国来使到达边郡之后，边郡政府亦行文有关部门为来使入京提供服务：

使大月氏副右将军史柏盛忠，将大月氏双靡翎侯使者万若、山副使苏赣，皆奉献言事，诣在所，以令为驾一乘传。永光元年四月壬寅朔壬寅，敦煌太守千秋、长史张、仓长光兼行丞事，谓敦煌，以次为驾，当传舍，如律令。四月丙午过东。③

这是元帝永光元年（前43）汉方出使大月氏的副使右将军史柏盛忠

---

① 《悬泉汉简研究》（V92DXT1311④：82），第169页。
② 《悬泉汉简研究》（Ⅰ91DXT0309③：59），第201页。
③ 《悬泉汉简研究》（V92DXT1210③：132），第202页。

所率领的大月氏双靡翎侯和山国使者欲面见汉元帝"奉献言事",他们入境之后,敦煌太守行文敦煌县有关部门为他们提供服务。

□□□遣守候李□送自来大月氏休密翎侯。□□□国贵人□□国贵人□□□□□弥勒弥□……建昭二年三月癸巳朔辛丑,敦煌太守疆、长史□□□□□□乌孙国客皆奉献诣

……三月戊申东。守部候脩仁行丞事,谓敦煌,以次为驾,如律令。①

这是元帝建昭二年(前37)敦煌派遣守候李□护送大月氏、乌孙使者进京奉献而下发的提供服务的指示。

☑校尉丞义,使送大月氏诸国客。从者一人,凡二人,人一食。食三升。东。②

这是大月氏等国来使入境之后,地方政府派遣人员护送他们入京,路过悬泉置而得到相关服务的记载。

(1) 出粟三升,以食守属因送大月氏客,一食,食三升。西。③
(2) 大月□禹一食,西。送大月氏副使者……④
(3) 出粟一斗八升。(六石八斗四升,五石九斗四升) 以食守属周生广送自来大月氏使者,积六食,食三升。⑤
(4) 出粟二斗四升,以食乌孙大昆弥使者三人,人再食,食四升,西。⑥

---

① 《悬泉汉简研究》(Ⅱ90DXT0216②:702),第203页。
② 《悬泉汉简研究》(V92DXT1311③:129),第205页。
③ 《悬泉汉简研究》(V92DXT1311③:140),第206页。
④ 《悬泉汉简研究》(87-89DXC:39),第207页。
⑤ 《悬泉汉简研究》(Ⅱ90DXT0214①:126),第206页。
⑥ 《敦煌悬泉汉简释粹》(V1611③:118),编号204。

这是大月氏、乌孙等国来使返国时，汉方遣使护送他们返国，路过悬泉置而得到相关服务的记载。

  （1）□以给都吏董卿所送罽宾使者□☑①
  （2）遮要第一传车为乌弋山离使者☑②
  （3）黄龙元年六月壬申，使臣宏、给事中侍谒者臣荣☑
  制诏侍御史，自使送康居诸国客卫候义与□□☑
  为驾二封轺传，二人共载。③
  （4）传送康居诸国客卫候臣弘、副□池阳令臣忠上书一
  封。黄龙元年☑④

上述四简分别是罽宾、乌弋山离、康居等国来使或汉方派遣护送他们的人员在悬泉置得到的服务。服务内容除了交通、饮食之外，还有传送书信的服务，第四简所载即护送康居等国使者返国的汉使的上书，传送经悬泉置的记载。这里的罽宾、乌弋山离、康居等国加上上述频繁出现的大月氏，都是《汉书·西域传》所载"不属都护"之西域远国，史称"而康居、大月氏、安息、罽宾、乌弋之属，皆以绝远不在数中，其来贡献则相与报，不督录总领也"⑤。所谓"其来贡献则相与报"，即指上述诸简所载遣使护送其返国以示报答的情形。

除了一般的遣使迎送之外，如有特殊的贡献，则从京城派遣特定人员至边境迎接：

  ☑其一只以食折垣王一人师使者
  ☑只以食钩盾使者迎师子
  ☑□以食使者弋君。⑥

---

① 《悬泉汉简研究》（Ⅱ90DXT0213②：37），第 208 页。
② 《悬泉汉简研究》（Ⅱ90DXT0115②：37），第 209 页。
③ 《悬泉汉简研究》（Ⅱ90DXT0114④：277），第 196 页。
④ 《悬泉汉简研究》（Ⅱ90DXT0214③：109），第 196 页。
⑤ 《汉书》卷九六下《西域传下》，第 3928 页。
⑥ 《悬泉汉简研究》（Ⅱ90DXT0214S：55），第 209 页。

这是折垣王遣使来贡献狮子，汉方遣使前往迎接的记载。传世文献不见西域折垣国之记载，西汉时期也不见有贡献狮子之具体的西域国家，到东汉始见有月氏、安息、疏勒等国曾向东汉皇朝贡献狮子[1]，不过《汉书·西域传·赞》有一个笼统的说法，称西汉时期由于外交的发展，于是"巨象、师子、猛犬、大雀之群食于外囿。殊方异物，四面而至"[2]。其中即有"师子"（即狮子），此简的记载补充了贡献狮子的一个具体国家。前往迎接狮子的使者是少府属官"钩盾"，其职"主近苑囿"[3]。中国不产狮子，是为珍稀动物，故特遣皇家苑囿官员前往迎接。此次供应折垣王送狮使者的饮食似较常规供应优厚，供应之物以"只"为计量单位，应当是家禽。得到贡狮被当时视为外交上的重大收获，极其荣耀之盛事，故对其使者另眼相待亦属自然之事。

有时有的使者还能得到酒水的招待：

> 出钱百六十，沽酒一石六斗，以食守属董竝√叶贺所送沙车使者一人、罽宾使者二人、祭越使者一人，凡四人，人四食，食一斗。[4]

从该简观之，此次供应的酒水并非悬泉置自己酿造，而是购买的；此酒亦只供莎车、罽宾、祭越使者四人饮用，汉方送使者并不能享用；此次送使者地位并不高，只是一般小吏，汉代从地方到中央政府的属吏中均有"属"和"守属"，"正曰掾，副曰属"[5]。从中似乎看不出给予特殊招待的原因。唯一可以供人思考的是使者的特殊性。三者之中莎车为常见，祭越不见于传世载籍，三国中唯罽宾使者二人，其他两国均一人。罽宾"户口胜兵多，大国也"。与汉皇朝关系比较特殊，"自武帝始通罽

---

[1] 分见《后汉书》卷八八《西域传》，第2918、2927页；《后汉书》卷四《和帝纪》，第168、189页；《后汉书》卷六《顺帝纪》，第263页；《后汉书》卷四七《班超传》，第1580页，等。

[2] 《汉书》卷96下《西域传下》赞曰，第3928页。

[3] 《汉书》卷一九上《百官公卿表上》，第731—732页。

[4] 《悬泉汉简研究》（ⅡT90DXT0113②：24），第208页。

[5] 《续汉书·百官志一》注引《汉书音义》，见点校本《后汉书》，第3559页。

宾，自以绝远，汉兵不能至，其王乌头劳数剽杀汉使"。后"遣使者上书谢。孝元帝以绝域不录，放其使者于县度，绝而不通"。至"成帝时，复遣使献谢罪，汉欲遣使者报送其使，杜钦说大将军王凤"加以反对，认为"前罽宾王阴末赴本汉所立，后卒畔逆"云云，可见罽宾与汉皇朝关系并不亲密，时好时坏，而且其通汉之目的不纯，"罽宾实利赏赐贾市，其使数年而一至云"①。但是它仍然是汉皇朝需要努力争取的一个西域大国，故对于其使者给予比较优厚的款待，也是可以理解的。

综上所述，可知边郡及其邮置设施对于汉皇朝之外交发挥了十分巨大的作用，而外交只是其所承担的诸多任务之一，尚有内政和军事方面的承担，可见其负担是多么沉重。史称汉皇朝"列邮置于要害之路，驰命走驿，不绝于时月"②，悬泉置相关资料表明此绝非虚言。

（三）接送侍子

与汉皇朝建立外交关系的国家和地区，常以派遣侍子入质于汉皇朝的方式，借以巩固、发展双方之关系。

边郡是侍子来往出入的必经之地，敦煌悬泉置出土简牍有不少西域诸国侍子来往的记录。

> 元始二年二月己亥，少傅左将军臣丰、右将军臣建，承制诏御史曰，候旦□送乌孙归义侯侍子，为驾一乘轺传，得别驾，载从者二人，御七十六。大……如……③

成帝永始元年（前16）乌孙小昆弥末振将指使贵人乌日领刺杀了亲汉的大昆弥雌栗靡，小昆弥之弟卑爰疐也参与了杀害大昆弥之事，平帝元始（1—6）年间，卑爰疐"杀乌日领以自效，汉封为归义侯"④。将功折罪，故被汉方封拜。他为了结好汉皇朝而派遣侍子入汉，这是汉方遣使护送其侍子返国，御史大夫根据诏旨发文说明汉方护送使团组成以及

---

① 《汉书》卷九六上《西域传上》，第3884—3887页。
② 《后汉书》卷八八《西域传》，第2931页。
③ 《悬泉汉简研究》（ⅠaoDXT0116∶S14），第142页。
④ 《汉书》卷九六下《西域传下》，第3910页。

交通待遇，责成沿途按照指示执行。这是悬泉置在接待乌孙侍子之后而遗存的简文。

> 阳朔四年四月庚寅朔戊戌……
> 送康居王质子乘……如律令。①

这是成帝阳朔四年（前21）汉方遣使护送康居侍子返国的相关记载，史称"至成帝时，康居遣子侍汉，贡献"②。此简表明史籍记载是符合事实的。

此外，悬泉汉简还有一枚记载了接待姑墨、危须、乌垒等西域国家使者的竹简，其中可能有乌垒的"侍子"③。此事不见于传世载籍。

有汉一代入汉的侍子数量很多，也很频繁，因此边郡便成为接待侍子的中转站。南北朝人康绚，其先世为康居国人。据《梁书·康绚传》记载："初，汉置都护，尽臣西域，康居亦遣侍子待诏于河西，因留为黔首，其后即以康为姓。"④ 康绚即康居侍子的后代。由此可知康居侍子曾有"待诏"于河西的。东汉前期莎车称雄于西域，葱岭以东诸国受其侵逼，建武二十一年（45）西域车师前王、鄯善、焉耆等十八国遣子入侍，意图通过纳质而请求东汉派遣都护镇抚西域，以平衡莎车势力，但光武帝"以中国初定，北边未服，皆还其侍子"，这就意味着暂时不派遣都护。当这批侍子返抵敦煌时，"诸国闻都护不出，而侍子皆还，大忧恐，乃与敦煌太守檄，愿留侍子以示莎车，言侍子见留，都护寻出，冀且息其兵"。意即争取将这些被汉方遣返的侍子留在敦煌，以向莎车显示汉皇朝即将派遣都护的架势，以阻滞莎车的兵锋。"裴遵以状闻，天子许之。"经光武帝批准，这批侍子便留居于敦煌。后来这些侍子因"久留敦煌，愁思，皆亡归"⑤。可知返回西域的侍子均集中于敦煌，敦煌当局亦须等待朝廷的命令后才能定其去留。边郡可以说是四方侍子的集散地。

---

① 《悬泉汉简研究》（Ⅱ90DXT0215④：17），第199页。
② 《汉书》卷九六上《西域传上》，第3892页。
③ 《敦煌悬泉汉简释粹》（V1410③：57），第134—135页。
④ 《梁书》卷一八《康绚传》，第290页。
⑤ 《后汉书》卷八八《西域传》，第2924页。

(四) 接送和亲公主

以汉皇帝之女下嫁邦交国君主，以加强双方的关系，是汉代外交中常用的一种方式，史称"和亲"。汉与西域乌孙建立了比较长期的和亲关系，故西北边境政府就常有接送和亲公主的任务。悬泉汉简中遗留了一些反映这一历史事实的简牍：

> 上书二封。其一封长罗侯，一乌孙公主。甘露二年二月辛未日夕时受平望译骑当富，县泉译骑朱定付万年译骑。①

甘露元年（前53）乌孙政局动荡，经汉方调解，乌孙各方同意分立为大、小昆弥。宣帝派遣和亲乌孙的解忧公主的侍者冯嫽（尊称冯夫人）出使乌孙，与屯驻于赤谷城的长罗侯常惠合作进行调解，立解忧公主之子"元贵靡为大昆弥"，匈奴女所生"乌就屠为小昆弥"。但是乌孙内争并未止息，汉方再次为之"分别其人民地界"②。上述两封上书，一封是长罗侯常惠所发，一封是乌孙公主（即解忧公主）所发。显然是与乌孙政局有关的紧急文书，辛未那天傍晚接平望驿骑名当富者递到，悬泉驿骑朱定接手递至万年驿，由那里的驿骑接手往京师方向继续传递。由此可见汉方通向西域的整个邮驿系统均动员起来传递这两封急件。

> 甘露三年十月辛亥，丞相属王彭，护乌孙公主及将军、贵人、从者道上。传车马为驾二封轺传，有请诏。
> 御史大夫万年下谓（渭）成（城），以次为驾，当舍传舍，如律令。③

甘露三年（前51）解忧公主之子"元贵靡、鸱靡皆病死，公主上书言年老土思，愿得归骸骨，葬汉地。天子闵而迎之，公主与乌孙男女三

---

① 《悬泉汉简研究》（Ⅱ90DXT 0113③：65），第234页。
② 《汉书》卷九六下《西域传下》，第3907页。
③ 《悬泉汉简研究》（V92 DXT 1412③：100），第149页。

人俱来至京师"①。上简反映的就是朝廷派遣丞相府的属官王彭前往迎接解忧公主及其随行人员返国,及御史大夫府发出的传信。时御史大夫为陈万年②。

> 甘露三年十月辛亥朔,渊泉丞贺移广至、鱼离、县泉、遮要、龙勒,厩啬夫昌持传马送公主以下过,禀穅麦各如牒,今写券墨移书到,受簿入,十一月报,毋令缪,如律令。③

上简则是敦煌郡属县渊泉县的县丞名贺者的移文,向广至、鱼离、县泉、遮要、龙勒等县或置通告:厩啬夫名昌者"持传马送公主以下过",请各地按照规定供应粮食马料,登记造册,下月上报,不得有误。从中可见为了迎接解忧公主返国,敦煌郡境内沿途有关部门均行动起来为之服务。

(五)接受文书

周边国家和地区如有任何需要与汉皇朝进行沟通、联络的事项,也可以直接致书于边郡,或通过边郡上达朝廷。王莽之乱时匈奴趁机控制了西域,只有莎车不肯附属,因其国王延曾在元帝时为侍子居住于长安,对汉文化非常仰慕。他"常敕诸子,当世奉汉家,不可负也"。莎车王延死后,子康继位,率领西域诸国共拒匈奴,并护卫着汉末残留于西域的都护吏士妻子一千余口。时值两汉之际,中原政局多变,西域诸国未得悉内地底细,建武五年(29)莎车王康"檄书河西,问中国动静,自陈思慕汉家"。莎车试图通过致书边郡而与汉皇朝恢复联系,当时割据河西的窦融已被光武帝授予凉州牧,他将收到的莎车王的文书转致朝廷,经光武批复,窦融"承制"立康为"汉莎车建功怀德王、西域大都尉,五十五国皆属焉"。莎车王康死后,其弟贤继位,"自负兵强,欲并兼西域,攻击益甚"。于是出现了上文所述建武二十一年(45)西域十八国遣子入侍、请求派遣都护,以抗拒莎车侵逼的事件,但这些要求均被光武帝拒

---

① 《汉书》卷九六下《西域传下》,第3908页。
② 《汉书》卷一九下《百官公卿表下》,第811页。
③ 《悬泉汉简研究》(ⅡDXT 0114③:522),第236页。

绝，十八国"大忧恐，乃与敦煌太守檄"。也是通过向边郡致文书而继续提出上述要求。于是敦煌太守"裴遵以状闻，天子许之"①。边郡起着双方文书往还的枢纽作用。

（六）招纳内附

缘边州郡一方面负有以武力守土之责，另一方面则抚以恩信，广事招纳，把军事与外交紧密结合在一起，这对于多民族国家的发展有着积极的意义。这当然主要是由汉皇朝的向心力所决定的，但同时也与边郡太守的工作分不开，东汉时祭彤为辽东太守近三十年，"抚夷狄以恩信，皆畏而爱之……彤之威声，畅于北方，西自武威，东尽玄菟及乐浪，胡夷皆来内附，野无风尘。乃悉罢缘边屯兵"②。建武二十五年（49）句骊进犯右北平、渔阳、上谷、太原等郡，与此形成鲜明对比的是辽东太守祭彤"以恩信招之，皆复款塞"③。起到了化干戈为玉帛的作用。可见边郡太守是否善于招纳，对于双方关系有着重要影响。

两汉时期周边地区前来边郡内附的记载史不绝书。东北地区主要内附于乐浪、玄菟、辽东等郡，武帝元朔元年（前128）"濊君南闾等畔右渠，率二十八万口诣辽东内属"④。王莽地皇时，辰韩右渠帅廉斯鑡至乐浪内附⑤。建武二十年（44）秋，"东夷韩国人率众诣乐浪内附"⑥。建武二十三年（47），句骊蚕支落首领戴升等人，率领部众"万余口诣乐浪内属"。永初五年（111）句丽王宫"遣使贡献，求属玄菟"。延光元年（122）句丽王遂成"还汉生口，诣玄菟降"。建宁二年（169）句丽王伯固"降服，乞属玄菟"⑦。北部地区主要内附于云中、五原、朔方、北地、西河等郡，建武二十三年匈奴日逐王比"密遣汉人郭衡奉匈奴地图……诣西河太守求内附"。章和元年（87）北匈奴被鲜卑打败，"北庭大乱，屈兰、储卑、胡都须等五十八部，口二十万，胜兵八千人，诣云中、五

---

① 《后汉书》卷八八《西域传》，第2923—2924页。
② 《后汉书》卷二〇《祭彤传》，第745页。
③ 《后汉书》卷八五《东夷传》，第2814页。
④ 同上书，第2817页。
⑤ 《三国志》卷三〇《魏志·东夷传》注引《魏略》，第851页。
⑥ 《后汉书》卷一下《光武帝纪下》，第72页。
⑦ 《后汉书》卷八五《东夷传》，第2814—2815页。

原、朔方、北地降"①。岭南地区主要内附于九真、日南等郡，延光元年"九真徼外蛮夷贡献内属"②。延光三年（124）"日南徼外蛮夷内属"③。诸如此类，史不绝书。

由此可见，在汉皇朝的四境，内附是相当频繁的，而且数量还相当巨大，有时一次竟达数十万人之多。边郡在招纳安抚方面负有巨大的责任。

（七）转付赏赐

赏赐是汉皇朝与境外国家或地区维系外交关系的重要方式和手段。赏赐的方式主要有两种，一种是外国君主或使节前来朝贡时在朝廷直接给予，另一种则是由边疆政府代为赏赐。因此汉代的缘边州郡经常负责转付赏赐，这成为其重要的外交职责之一。

汉朝赐予高句丽、夫余的礼仪服物和丧葬衣物就是由玄菟郡负责转赐的。汉所赐高句丽"衣帻、朝服、鼓吹，常从玄菟郡受之"④。所赐之物为礼服和仪仗，此外还赐予"鼓吹技人"。则所赐不仅有物，而且还有技艺人员。原先是由高句丽派员到玄菟郡领取，"后稍骄恣，不复诣郡，于东界筑小城，置朝服衣帻其中，岁时来取之，今胡犹名此城为帻沟溇。沟溇者，句丽名城也"⑤。即于邻近玄菟郡之东部边界上专筑一城，以为领取汉朝所赐物品之所。由此可见这种赏赐不是偶然的，而是经常性的。向夫余国的赏赐也是由玄菟郡转付，"其王葬用玉匣，汉朝常豫以玉匣付玄菟郡，王死则迎取以葬焉"⑥。至曹魏时，"公孙渊伏诛，玄菟库犹有玉匣一具"。东汉末公孙度割据辽东时，玄菟郡为其所辖，故魏明帝景初二年（238）平定公孙渊时，尚缴获其玄菟郡库中所藏玉匣一具。直至西晋陈寿撰《三国志》时，"今夫余库有玉璧、珪、瓒数代之物，传世以为宝，耆老言先代之所赐也。其印文言'濊王之印'"⑦。所谓"先代"，当包括两汉与曹魏。据此则除赏赐玉匣之外，尚有各种玉器和印绶。

---

① 《后汉书》卷八九《南匈奴传》，第2942、2951页。
② 《后汉书》卷八六《南蛮西南夷传》，第2837页。
③ 《后汉书》卷五《安帝纪》，第239页。
④ 《梁书》卷五四《诸夷传·高句丽传》，第801—802页。
⑤ 《三国志》卷三〇《魏志·东夷传》，第843页。
⑥ 《后汉书》卷八五《东夷传·夫余国传》，第2811页。
⑦ 《三国志》卷三〇《魏志·东夷传》，第842页。

赏赐钱谷也常从边郡就近拨付。元帝初元元年（前48）"呼韩邪单于复上书，言民众困乏。汉诏云中、五原郡转谷二万斛以给焉"①。永平元年（58）"鲜卑大人皆来归附，并诣辽东受赏赐，青徐二州给钱岁二亿七千万为常"②。

（八）遣使出境

缘边州郡也可以直接派遣使者出境办理交涉事宜。王莽地皇（20—23）年间，辰韩右渠帅廉斯鑡投奔汉乐浪郡后，报告有户来等一千五百余名被辰韩所俘汉人，尚在那里为奴服苦役的情况。乐浪郡即遣使至辰韩交涉遣返这批俘虏，"郡即以鑡为译，从芩中乘大船入辰韩，迎取户来"。廉斯鑡作为乐浪郡使团的译员随同前往。其时一千五百人已死去五百人，经过交涉，辰韩答应赔偿损失，廉斯鑡"收取直还，郡表鑡功义，赐冠帻、田宅，子孙数世，至安帝延光四年时，故受复除"③。虽然这起交涉是由乐浪郡负责办理的，但是乐浪郡是上报并得到了朝廷批准的，故对于廉斯鑡的嘉奖直到东汉时期仍然得以继续。东汉初，匈奴、鲜卑、赤山乌桓勾结一起经常犯边，"朝廷以为忧"。辽东太守祭肜因此设计分化瓦解他们的联盟关系，于建武二十五年（49）遣使"招呼鲜卑，示以财利"。鲜卑大都护偏何乃"遣使奉献，愿得归化。（祭）肜慰纳赏赐，稍复亲附"。通过双方使命往还，祭肜争取了鲜卑倒向汉朝，令其连连攻打匈奴，"自是匈奴衰弱，边无寇警，鲜卑、乌桓并入朝贡"④。从而导致鲜卑、乌桓亲附，成功地瓦解了他们的联盟，解除了北边的威胁。灵帝时故中山相张纯、泰山太守张举与乌桓大人丘力居连盟叛乱寇边，是年以刘虞为幽州牧，"刘虞到部，遣使至鲜卑中，告以利害，责使送张举、张纯首，厚加购赏。丘力居等闻虞至，喜，各遣译自归"⑤。刘虞不是运用战争而是通过遣使这种和平方式达到了瓦解和吸附对方的目的。

---

① 《汉书》卷九四下《匈奴传下》，第3800页。
② 《后汉书》卷九〇《鲜卑传》，第2986页。
③ 《三国志》卷三〇《魏志·东夷传》注引《魏略》，第851页。
④ 《后汉书》卷二〇《祭肜传》，第744—745页。
⑤ 《资治通鉴》卷五九《汉纪五十一》灵帝中平六年（189），第1893页。

（九）签订条约

边郡有时还可与对方签订条约。西汉初辽东太守曾与朝鲜签订条约，时朝鲜王满在位，"会孝惠、高后时天下初定，辽东太守即约满为外臣，保塞外蛮夷，无使盗边；诸蛮夷君长欲入见天子，勿得禁止"。这是辽东太守与朝鲜王满所签订的条约，规定朝鲜为汉王朝的"外臣"，一方面负责保证其他国、族不得侵犯汉边，另一方面则不得妨碍和阻拦其他国、族朝汉。条约签订以后要上报皇帝批准，辽东太守"以闻，上许之"①。

（十）开展互市

边郡互市是汉代的外交诸方式之一，但两汉时期不论在中央还是地方政府中都还没有设置管理互市的机构，边境互市一般均由缘边州郡政府负责管理。边境互市的开展大体有两种情况，或应对方的要求而进行，或由己方主动进行。元和元年（84）武威太守孟云"上言北单于复愿与吏人合市，诏书听（孟）云遣驿使迎呼慰纳之"②。这是由北匈奴向武威太守提出互市要求，武威太守再上报朝廷，经皇帝批准之后而进行的。刘虞为幽州牧时，积极"开上谷胡市之利"③，这是由己方主动开展的互市。

从以上十个方面，我们看到缘边州郡所承担的外交职责可以说是全方位的，而且是相当繁重的，举凡中央政府所进行的外交活动都需要它们的配合，都与它们有着密切的关系。它们是汉皇朝外交管理体系中不可缺少的、重要的组成部分。对内来说，它们是汉皇朝外交的触角和前哨，对外来说，它们又是汉皇朝的代表和象征。由于缘边州郡与境外接触频繁，熟悉彼方情况，又肩负一系列外交职责，因此他们需要经常把外交方面的有关信息上报朝廷，并提出具体的建议和主张，以供朝廷讨论决策。中央朝廷依靠它们提供的信息，得以及时地掌握边境与外部世界的动态，采取因应措施，以维护汉皇朝之利益。因为他们身处边境，情况比较熟悉，所以他们的意见一般均受到重视，常被朝廷采纳。缘边州郡在履行外交职责时虽然要接受朝廷的指示，但也并非消极地奉命行

---

① 《史记》卷一一五《朝鲜列传》。
② 《后汉书》卷八九《南匈奴传》，第2950页。
③ 《后汉书》卷七三《刘虞传》，第2354页。

事，而是根据具体情况灵活、主动地开展工作，把政令一统的原则性与因地制宜、因事权变的灵活性很好地结合在一起，积极地开展外交活动，使汉代的外交呈现空前活跃的面貌，为发展对外关系、维护汉皇朝的利益发挥了积极作用。

当然，并非所有缘边州郡都承担上述所有的外交职责，事实上，各个边郡因其所处地理位置不同，其所承担的外交任务和发挥的作用也是有所差别的，其中以敦煌郡所承担的外交职责较其他边郡要更为繁重，更具典型性。东汉人杜笃《论都赋》有云："肇置四郡，据守敦煌，并域属国，一郡领方。"李贤注曰："以敦煌一郡领西方也。"① 敦煌郡处于中西交通的枢纽和中转站，以其特殊重要的地理位置，的确处于统领西方外交事务的重要地位，尤其是在都护未设或撤离西域的时期就更为突出。

敦煌郡除了承担上述诸外交职事以外，还要负责管理有关西域方面的其他外交事务。居延汉简载："诏伊循候章□卒曰持楼兰王头诣敦煌留卒十人女译二人留守□"。② 此简所载当为元凤四年（前77）傅介子斩楼兰王事，时楼兰王与匈奴勾结，经常拦截杀害汉使，于是大将军霍光指使傅介子"扬言以赐外国为名"③，借机刺杀楼兰王。简文所载为昭帝令将楼兰王头先送敦煌，以等待朝廷的命令发落。伊循为楼兰国内一城。可见敦煌为处置西域事宜的据点。经此事件后楼兰国名改为鄯善。元嘉元年（151）西域长史赵评在于阗病死，其子至于阗迎丧，路经拘弥国。拘弥王与于阗王有仇隙，便向赵评之子挑拨说是于阗王令胡医以毒药害死其父。赵评之子"信之，还入塞，以告敦煌太守马达"。次年汉朝派遣王敬代替赵评任西域长史，于是敦煌太守马达"令（王）敬隐核其事"④。可见西域发生的问题也可向敦煌太守报告，而他也有权命令西域长史去调查核实所发生的问题。

敦煌太守还参与废立西域国王。顺帝永建四年（129）于阗王放前杀拘弥王兴，自立其子为拘弥王，而遣使者贡献于汉。敦煌太守徐由上书

---

① 《后汉书》卷八〇上《文苑列传上·杜笃传》，第2600页。
② 谢桂华等：《居延汉简释文合校》303·8，文物出版社1987年版。以下引此书简称《合校》。
③ 《汉书》卷九六上《西域传上》，第3878页、《汉书》卷七〇《傅介子传》，第3002页。
④ 《后汉书》卷八八《西域传》，第2916页。

请求讨之，顺帝赦于阗罪，令将所立王遣归拘弥国，但放前不肯。于是阳嘉元年（132），徐由"遣疏勒王臣磐发二万人击于阗，破之……更立兴宗人成国为拘弥王而还"①。桓帝永兴元年（153）车师后部王阿罗多与戊部候严皓不和，忿而逃亡北匈奴。敦煌太守宋亮"上立后部故王军就质子卑君为后部王"②。

由此可见，敦煌郡对于西域事务的管理是全方位的，而且权力很大，俨然朝廷西方事务的总代表和总管。

二　边防关塞

缘边州郡担负着重要的边防任务，因而同时有一套边防军事系统，边郡郡守之下设若干部都尉分管军事，在扼要之地设关，置关都尉。"边县有障塞尉。本注曰：掌禁备羌夷犯塞"③。其"大者曰障，小者曰塞，并置有障尉、塞尉"④。史称"中国四方皆有关梁障塞"⑤，但其重点则在北部边境，"北边自敦煌至辽东万一千五百余里，乘塞列隧"⑥。这些关隘障塞主要是军事意义，所谓"建塞徼，起亭隧，筑外城，设屯戍，以守之，然后边境得用少安"。同时"非独以备塞外也，亦以防中国奸邪放纵，出为寇害，故明法度以专众心也"⑦。从对外、对内两方面都强调了它们作为边防的军事意义。但是它们同时也具有一定的外交职能和作用，在一定意义上这些关塞又是双方和好交往的通道，两汉时期"叩关""款塞"的记载史不绝书正是这种事实的反映。由于关塞处于边境必经之地和险扼之处，在必要时双方可以在这里进行接触，外交方面的许多信息就是从这里传递的，因此关塞也具有一定的外交功能。敦煌汉简有："龙勒写大鸿胪挈令津关。"⑧敦煌郡有龙勒县，县境"有阳关、玉门关，皆

---

① 《后汉书》卷八八《西域传》，第2915页。
② 同上书，第2931页。
③ 《续汉书》志二八《百官志五》，标点本《后汉书》，第3625页。
④ 陈直：《汉书新证》，天津人民出版社1979年版，第134页。
⑤ 《汉书》卷九四下《匈奴传下》，第3805页。
⑥ 《汉书》卷六九《赵充国传》，第2989页。
⑦ 《汉书》卷九四下《匈奴传下》，第3803、3805页。
⑧ 《敦煌汉简》（上），二〇二七号，第298页。

都尉治"①。何谓"挈"？韦昭曰："在板挈也。"颜师古曰："挈，狱讼之要也。书于谳法挈令以为后式也。"② 也就是说龙勒县将大鸿胪下达之"挈令"通告包括阳关、玉门关在内的诸关津，而大鸿胪主管涉外事务，则可能有关涉外的法令事项要求关津重视并遵照执行。

关塞在外交方面的作用主要体现于以下几个方面。

（一）接待来使

关塞为使者出入必经之处，关塞接待来使的情况在出土汉简中也有反映。敦煌汉简：

> 甘露二年正月庚戌，敦煌太守千秋、库令贺兼行丞事敢告酒泉大☐
>
> 罢军候臣赵千秋上书：送康居王使者二人、贵人十人、从者☐
>
> 九匹、驴卅一匹、橐他廿五匹、牛一。戊申入玉门关。已阅☐☐③

宣帝甘露二年（前52）正月庚戌敦煌太守移书酒泉太守，通报称：康居王所派遣之使团，为使者二人、贵人十人以及从者若干人，所携物资为（简文未辨明之牲畜）九匹，以及驴卅一匹、骆驼廿五匹、牛一匹，已于戊申日进入玉门关。

> 府移玉门书曰：降归义大月氏闻须勒等☐④

这当是郡府移文玉门，告知大月氏的闻须勒等人之动态，"归义"多指境外国家、地区人员来归、来降，与汉方亲近之意。

境外国、族如有所求或其他需要，也常直接派遣使者至边塞进行联

---

① 《汉书》卷二八下《地理志下》，第1614页。
② 《汉书》卷五九《张汤传》，第2639页。
③ 《悬泉汉简研究》（Ⅱ90DXT0213③：6），第195页。
④ 《悬泉汉简研究》（Ⅰ91DXT0405④A：22），第207页。

系或交涉，因此边塞也有接待来使的任务。建武二十四年（48）"匈奴薁鞬日逐王比遣使款五原塞，求扦御北虏"①。时匈奴分裂为南北，薁鞬日逐王比被立为呼韩邪单于，此"北虏"指北匈奴。南匈奴这一请求被传送到了朝廷，为此召开了决策会议，决定接受其要求，令其"东扦鲜卑，北拒匈奴，率厉四夷，完复边郡"。两汉之际北部边郡多所残破，"时边郡皆创残，有南匈奴为扦蔽，则可以完复矣"②。故"完复边郡"亦为东汉朝廷决定接受其要求的重要原因之一。从此开启了东汉与南匈奴友好关系的发展及其日后之内附。与南匈奴关系的重要进展是从五原塞接转对方来使而开启的。

和帝永元（89—105）初，北匈奴与东汉曾频繁在边塞进行外交接触。永元元年（89），大将军窦宪出征北匈奴，击败北匈奴后，北匈奴单于遣其弟奉贡入侍。窦宪因为北单于未能亲来，便上奏还其侍弟。次年北匈奴又"遣使款居延塞，欲修呼韩邪故事，朝见天子，请大使。（窦）宪上遣（班）固行中郎将事，将数百骑与虏使俱出居延塞迎之"③。这是北匈奴遣使至居延塞提出自己的要求，居延塞接北匈奴使后，转报窦宪，再由窦宪上报皇帝，经朝廷决策后，双方使者出居延塞迎北单于。匈奴使者在上报下达期间，可能一直待在居延塞等候汉朝方面的答复。永元三年（91）北匈奴单于再次被汉军打败，逃亡不知所在，其弟自立为单于，"止蒲类海，遣使款塞"④。由此可见北匈奴来使款塞是相当频繁的，边塞是汉与北匈奴进行外交联系的一个重要孔道。

关塞接待来使的情况在出土汉简中也有反映。敦煌汉简记："乌孙小昆便仗者雨墨。"⑤ 林梅村等谓"便"疑当释"弥"；劳干《敦煌汉简校文》释"仗"为"使"。准上则此简所记为："乌孙小昆弥使者雨墨。"汉宣帝甘露元年（前53）起，乌孙分立大、小两昆弥。此即小昆弥所遣使者入关时受到接待的有关记录。

---

① 《后汉书》卷一下《光武帝纪下》，第76页。
② 《资治通鉴》卷四四《汉记三十六》，"光武帝建武二十四年"条及胡注，第1407页。
③ 《后汉书》卷四〇下《班固传》，第1385页。
④ 《后汉书》卷八九《南匈奴传》，第2954页。
⑤ 林梅村、李均明：《疏勒河流域出土汉简》379，文物出版社1994年版，第55页。以下引此书简称《疏》。

（二）接转文书

对方的外交文书有时也通过关塞递交，关塞接到以后再转交有关方面上报中央。汉文帝即位之初，匈奴趁机犯边，前三年（前177）五月，"匈奴右贤王入居河南地，侵盗上郡葆塞蛮夷，杀略人民"。于是文帝派遣丞相灌婴率领车骑八万五千反击，文帝御驾亲征至于太原。"是时济北王反，文帝归，罢丞相击胡之兵。"双方均暂时撤退。匈奴单于派遣郎中系雩浅携带致汉文帝的文书，"以六月中来至薪望之地。书至，汉议击与和亲孰便"①。薪望之地，为"汉界上塞下地名，今匈奴使至于此也。"② 这是在双方剑拔弩张之际，匈奴派遣使者通过关塞而与汉方通文书，边塞方面接受匈奴文书之后，再转送至朝廷，朝廷据匈奴来书而讨论了应对方针政策。

通过关塞进行外交文书的传递，这在出土汉简中亦多所反映。敦煌汉简："入西蒲书二封。其一封文德大尹章诣大使五威将莫府。一封文德长史印诣大使五威将莫府。始建国元年十月辛未日食时关啬夫□受□□卒赵彭。"③ 王莽改敦煌为文德，郡守为大尹，文德大尹即敦煌太守。蒲书即簿书。④ 始建国元年（9）秋王莽"遣五威将王奇等十二人班《符命》四十二篇于天下……外及匈奴、西域，徼外蛮夷，皆即授新室印绶，因收故汉印绶"⑤。上述汉简所载是当时朝廷给出使西域的五威将之一的有关文书，敦煌太守和敦煌长史在文书封泥上盖章以后，送达边关时，关吏卒详细登记了接到文书的时间和受授吏卒的姓名，然后再往西传送。居延汉简又载："皇帝陛下车骑将军下诏书曰乌孙小昆弥乌。"⑥ 宣帝甘露元年（前53）汉朝立乌孙乌就屠为小昆弥，此简所记当为汉朝给乌孙小昆弥乌就屠的诏书，通过边关时为关吏所作的有关记录。

---

① 《史记》卷一一〇《匈奴列传》，第2895—2896页。
② 《史记》卷一一〇《匈奴列传》《索隐》引服虔曰，第2897页。
③ 《疏》357，第54页。
④ 参《王国维遗书》第三册《观堂集林》卷一七《史林九·敦煌汉简跋十一》，第18—19页，上海古籍书店1983年版。
⑤ 《汉书》卷九九中《王莽传中》，第4112—4114页。
⑥ 《合校》387.19，562.27。

文书之外的其他信息也可通过边塞而转达。武帝元鼎五年（前112）南越吕嘉叛乱，"尽杀汉使者"，又歼灭汉所派遣2000人的军队，然后"使人函封汉使节置塞上，好为谩辞谢罪，发兵守要害处"①。将所杀汉使所持之节函封置于塞上，以表示绝交之决心。

（三）接转口信

除了接转文书以外，边塞也负责接转有关口信。汉武帝为了解除匈奴的威胁，于元狩二年（前121）派遣霍去病大举进攻匈奴浑邪王、休屠王所辖之河西地区，大败匈奴。匈奴单于追究浑邪王、休屠王失败之责，他们二人恐，谋欲降汉，于是"使人先要道边"。何谓"先要道边"？颜师古注曰："先为要约来言之于边界。""要"即"约"，"道"为"言"之意，这是匈奴王遣使至边界约会边吏，传递其归降的口信。当时大将军李息正在边境筑城，迅速将这一口信"驰传以闻"②，上报了汉武帝。宣帝时，匈奴经过"五单于争立"之后，国势削弱，在内争中获胜的呼韩邪单于决定附汉，甘露二年（前52）"匈奴呼韩邪单于款五原塞，愿奉国珍朝三年正月"③。这是匈奴通过五原塞转达愿于明年参加正旦朝会的意向。这一信息通过五原塞转达到了朝廷，经朝廷召开决策会议决定接受其要求。新莽时汉匈关系恶化，匈奴之亲汉派通过边塞转达和好的口信。始建国五年（13），王昭君女儿伊墨居次云及其婿右骨都侯须卜当，共立左犁汗王咸为乌累单于，并劝其与汉和亲。于是天凤元年（14）伊墨居次云、须卜当夫妇"遣人之西河虎猛制虏塞下，告塞吏曰：'欲见和亲侯。'和亲侯王歙者，王昭君兄子也。中部都尉以闻"④。这是匈奴方面派人到西河郡虎猛县境的制虏塞，求见塞吏传达匈奴方面的请求，塞吏将此口信转报其上级中部都尉，中部都尉再上报中央。王歙与王昭君为姑表亲，故匈奴使者提出要求见王歙，以转达其姑有关和亲之意向。

---

① 《汉书》卷九五《西南夷两粤朝鲜传》，第3856页。《元和郡县图志》卷三四《岭南道一》：大庾岭"越之北疆也。越相吕嘉破汉将军韩千秋于石门，封送汉节，置于塞上，即此岭"。中华书局1983年版，第902页。

② 《汉书》卷五五《卫青霍去病传》，第2482—2483页。

③ 《汉书》卷八《宣帝纪》，第270页。

④ 《汉书》卷九四下《匈奴传下》，第3827页。

（四）接转奉献

在接待来使的同时，边关也负责接收奉献物品，转交朝廷。敦煌汉简载：

> 降归义乌孙女子
> 复裙献驴一匹骓牡
> 两拔齿□岁封颈以
> 敦煌王都尉章。①

这里的"归义"为乌孙归义侯，是为乌孙小昆弥末振将之弟卑爰疐。末振将先前指使乌孙贵人乌日领刺杀了解忧公主之曾孙、大昆弥雌栗靡。及至元始（公元1—5年）中，卑爰疐"杀乌日领以自效，汉封为归义侯"②。卑爰疐虽然没有即位为小昆弥，但是在乌孙政坛中处于强势地位而凌驾于两昆弥之上。简文所记为下嫁乌孙归义侯的汉女献驴之事，关吏接收以后登记驴的年齿，并由敦煌都尉盖章封颈以后转送朝廷。汉朝在武、宣时期与乌孙建立了和亲关系，以公主嫁乌孙。这里的"归义乌孙女子复裙"当为下嫁卑爰疐之汉女，因归义侯卑爰疐不是昆弥，故以非公主身份的汉女下嫁之。这与传统意义上以汉公主嫁对方君主的和亲不同，可以视为是汉与乌孙的一种准和亲关系。

（五）供应使节

关塞为使节出入必经之地，因而对于过往使节负有供应食宿、粮草等任务。敦煌汉简记："出粟五石二斗二升以食使车师□君卒八十七人……"③，"出粟一斗二升以食使莎车续相如上书良家子二人八月癸卯□□"④，这两简都是边关供应出使西域人员粮食的登记册。第二简所记出使莎车的续相如，据《汉书》记载，他曾"以使西域发外王子弟，诛斩扶乐王首，虏二千五百人"⑤ 而于太始三年（前94）五月被封为承父

---

① 《疏》370。《敦煌汉简》（上）作"二岁"，一九〇六号，第293页。
② 《汉书》卷九六下《西域传下》，第3910页。
③ 《疏》390。
④ 《疏》391。
⑤ 《汉书》卷一七《景武昭宣元成功臣表》，第662页。

侯。简文所记即为其在此次出使西域时，曾派良家子二人回京城而携带给朝廷的上书，在入关时受到廪食接待之记录。

（六）接受降附

边塞也是接受降附的重要渠道。东汉前期随着社会经济的恢复和国力的增强，明帝永平十六年（73）开始实施对北匈奴大规模的攻击战。经过数年的战争，给予北匈奴沉重打击，于是其部众纷纷向南归附汉朝。东汉章帝建初八年（83）夏六月，北匈奴部众在三木楼訾大人稽留斯等率领之下，有38000人以及马20000匹、牛羊十余万，"款五原塞降"。元和二年（85）正月，又有北匈奴在其大人车利、涿兵等率领下"亡来入塞"[1]，先后共有73批。这些降附都是通过关塞而进行的。

（七）会谈、交涉场所

由于边塞具有双方交会便捷的有利条件，因而经常成为会谈和交涉的场所。始建国三年（11）王莽企图将匈奴分为十五单于以削弱之，便派遣蔺苞、戴级二人"多赍珍宝至朔方塞下，招诱呼韩邪单于诸子，欲以次拜之"。蔺苞、戴级"使译出塞诱呼右犁汗王咸、咸子登、助三人，至则胁拜咸为孝单于……拜助为顺单于"，将他们诱骗至朔方塞而拜为单于并厚加赏赐，然后"传送助、登长安"[2]。朔方塞为此次王莽使团与匈奴方面会谈、交涉的场所。天凤五年（18）王莽又乘匈奴使者来长安奉献之机，派遣和亲侯王歙带领匈奴使者"俱至制虏塞下，与云、当会"[3]。云即王昭君之女伊墨居次云，当即其婿须卜当。王歙等以武力胁迫云、当等人至长安，拜当为单于。这些虽然都是王莽所采取的欺诈行为，但也说明当时以边塞作为双方会谈、交涉场所的情况是较为普遍的。

边塞也经常为双方办理交接之场所。匈奴单于咸之子登被王莽杀害于长安，至天凤二年（15）双方关系缓和，王莽遣使护送登等人的丧车"至塞下，单于遣云、当子男大且渠奢等至塞迎"[4]。这是匈奴方面遣使至边塞迎接新莽使团和丧车。始建国元年（9），王莽遣使至匈奴，使团返

---

[1] 《后汉书》卷八九《南匈奴传》，第2950页。
[2] 《汉书》卷九四下《匈奴传下》，第3823页。
[3] 同上书，第3829页。
[4] 同上书，第3828页。

国途经匈奴左犁汗王咸的居地时，看见那里有很多乌桓民，遂询问左犁汗王咸是怎么回事？左犁汗王咸告诉王莽使者这是从前驱略所得乌桓妇女弱小。王莽使者遂根据平帝元始二年（2）王莽曾经向匈奴颁布的四条诏令："中国人亡入匈奴者，乌孙亡降匈奴者，西域诸国佩中国印绶降匈奴者，乌桓降匈奴者，皆不得受。"① 提出："前封四条，不得受乌桓降者，亟还之。"左犁汗王咸遂请示匈奴单于如何处理此事，单于遣使让左犁汗王询问新莽使者："当从塞内还之邪，从塞外还之邪？"使者们不敢专决，请示王莽，"诏报，从塞外还之"②。责令匈奴从汉方边塞之外将所掠乌桓民遣返给乌桓方面。汉匈双方均以边塞为基点以决定遣返乌桓俘虏的场所。东汉桓帝永寿二年（156）鲜卑犯边，因李膺曾任乌桓校尉，治边有方，便命其为度辽将军，"自（李）膺到边，皆望风惧服，先所掠男女，悉送还塞下"③。这也是以边塞作为交接俘虏场所。

第三节　边境镇抚机构的外交职能

两汉时期对于边境地区的少数民族及其政权，往往派遣一些"持节使者"以"领护"之，如西域都护、使匈奴中郎将、度辽将军、戊己校尉、护乌桓校尉、护羌校尉等，秩为二千石或比二千石，相当于郡守。它们多由临时性质的"加官"，逐步演变为正式职官。设置这类官职的目的，是为了"镇抚诸国"④。他们的主要任务是"监护"这些少数民族及其政权，军事上的镇服和政治上的抚慰并施，除了边防的作用之外，还具有外交方面的职能。故担任这类职务之官员，多为具有外事经验与才能者，例如昭、宣时期的范明友"以家世习外国事，使护西羌。事昭帝，拜为度辽将军"⑤。两汉时期于边境地区普遍设置这类镇抚机构，以"开四夷之境，款殊俗之附"，因而"录名中郎、校尉之署，编数都护、部守

---

① 《汉书》卷九四下《匈奴传下》，第3819页。
② 同上书，第3822页。
③ 《后汉书》卷六七《党锢列传·李膺传》，第2192页。
④ 《汉书》卷七〇《郑吉传》，第3008页。
⑤ 《史记》卷二〇《建元以来侯者年表》，第1063页。

之曹，动以数百万计"①。所指多为上述持节领护诸官，他们管理或联系的地区和政权是相当繁多的。

两汉时期还在周边地区设置属国，以安置内属或降附的少数民族，"凡言属国者，存其国号而属汉朝，故曰属国"②。在这些属国设置属国都尉以治理，相当于边郡太守。西汉曾一度于中央设置典属国以专门管理各地属国和属国都尉。这些属国都尉与边境镇抚机构的性质有所不同，属国都尉是管理已经内属的少数民族，兹不论及，属国已经划入汉皇朝版图，而上述边境镇抚机构管理的多是"叛服无常"的少数民族或政权。因此属国都尉是正式的职官，而管理后者的官员原先都是作为加官的持节使者，在一定意义上是汉朝中央政府派驻该地区的使节和派出机构。下面分述这些边境镇抚机构及其外交职能。

一　西域都护

汉代把玉门关以西地方统称为西域，狭义的西域主要指今天我国新疆一带，即葱岭以东36国（后分为50余国），广义的西域则凡路经今新疆所能达到的地方都是，包括中亚、西亚、南亚及其以西的广阔地区。前者即所谓"纳质内属"诸国，但是"当时自译长、城长、且渠、当户而上，佩汉印绶者三百七十六人，然不过虚奉名号而已，非能有其土宇，设官以治之也"③。后者即为"不督录总领"的"绝远"④ 之国。

西域原来被匈奴所控制，从张骞通西域之后，汉朝陆续在西域派使者、校尉以领护之，到汉宣帝时开始设置西域都护。当时"汉独护南道，未能尽并北道也，然匈奴不自安矣。其后日逐王畔单于，将众来降，护鄯善以西使者郑吉迎之……乃因使（郑）吉并护北道，故号都护。都护之起，自吉置矣"。西域都护始置于神爵二年（前60）⑤，"都护"的含义

---

① 《后汉书》卷八六《南蛮西南夷传》，第2860页。
② 《汉书》卷六《武帝纪》颜师古注，第177页。
③ 《历代职官表》卷七〇《新疆各官》"历代建置"按语，第1972页。
④ 《汉书》卷九六下《西域传下》，第3928页。
⑤ 《资治通鉴》卷二六《汉纪十八》宣帝神爵二年（前60）《考异》曰："百官表曰：'西域都护，加官，地节二年初置。'盖误以神爵为地节也。西域传又云'神爵三年'，亦误。"第859页。

则如颜师古所说："都犹总也,言总护南北之道。"① 郑吉就是第一任西域都护。西域都护最先是一种加官,后来成为正式的官职,"秩二千石"②。其属官"有副校尉,秩比二千石,丞一人,司马、候、千人各二人"③。王莽时与西域关系断绝,西域都护亦罢,至东汉明帝永平十七年(74)复置,期间或罢或置,至安帝永初元年(107)之后不复置。

汉皇朝在西域地区除了设置西域都护之外,还设置诸多使者、校尉,其中比较重要的有戊己校尉、西域长史(或称将兵长史)等,亦废置不恒。从汉元帝开始在西域设戊己校尉,属官"有丞、司马各一人,候五人,秩比六百石"。颜师古解释戊己校尉官名含义说:"甲乙丙丁庚辛壬癸皆有正位,唯戊己寄治耳。今所置校尉亦无常居,故取戊己为名也。有戊校尉,有己校尉。一说戊己居中,镇复四方,今所置校尉亦处西域之中抚诸国也。"④ 戊己校尉一方面受西域都护指挥,一方面又单独开府,具有较大的独立性。东汉章帝建初八年(83)以班超为西域长史,在没有西域都护时它实际上起着西域都护的作用。

西域是汉代外交的门户,控制了它,就打开了通往西方世界,特别是通往西亚、南亚、欧洲和北非的通道,否则就将局促于东亚一隅,隔断了与西方世界的联系和外交。两汉时期西域一直是汉与匈奴互相争夺的焦点,故汉代在西域并非一直设有都护,而是时置时废,有时则仅有西域副校尉或西域长史、军司马等(其职权与西域都护无异,故我们在下文叙述时统归入西域都护,不再细分)。王莽末年和东汉初,西域又被匈奴所控制,史称东汉时"自建武至于延光,西域三绝三通"⑤。总观两汉西域可谓"叛服不恒,屡经征战"⑥。设置西域都护以及其他领护西域诸官就是为了"宣威布德,以系诸国内向之心,以疑匈奴觊觎之情"⑦。其中以西域都护为核心建置,从而可以"镇抚诸国,诛伐怀集之"⑧。具

---

① 《汉书》卷九六上《西域传上》,第3873—3874页。
② 《汉官六种》《汉官仪》卷上"西域都护"条,第155页。
③ 《汉书》卷一九上《百官公卿表上》,第738页。
④ 同上。
⑤ 《后汉书》卷八八《西域传》,第2912页。
⑥ 《隋书》卷六七《裴矩传》,第1578页。
⑦ 《后汉书》卷四七《班勇传》,第1589页。
⑧ 《汉书》卷七〇《郑吉传》,第3006页。

有军事的、外交的职能。因西域处于东西交往的特殊重要地理位置，故其外交职能更显突出，是中央朝廷在西域地区的外交派出机构和代表。

(一) 督察动静

都护在西域的一项重要职责是督察动静，并及时把这些情报上报中央。西域都护所统主要是指"佩汉印绶"的36国，"而康居、大月氏、安息、罽宾、乌弋之属，皆以绝远不在数中，其来贡献则相与报，不督录总领也"①。西域都护"察西域诸国动静以闻"②的职能，主要却是针对那些没有内属的外国，即所谓"都护督察乌孙、康居诸外国动静，有变以闻。可安辑，安辑之；可击，击之"③。以外交为先，必要时则以武力从事，两手并用。东汉和帝永元六年（94）班超重新控制西域后，"于是五十余国悉纳质内属，其条支、安息诸国至于海濒四万里外，皆重译贡献"④。仍然将西域区分为"纳质内属"与"重译贡献"的外国两大部分。

督察动静的目的是为中央外交决策提出建议或提供参考。西域都护郭舜曾上书报告康居在接待都护所派使者时的傲慢表现，他说："而康居骄黠，讫不肯拜使者。都护吏至其国，坐之乌孙诸使下，王及贵人先饮食已，乃饮啖都护吏，故为无所省以夸旁国。"颜师古注曰："言故不省视汉使也。"《资治通鉴》胡注曰："夸者，自矜耀其能傲汉也。"⑤ 西域都护派遣其"吏"出使康居，从中还有机会接触乌孙及其他国家派遣至康居的使者，这种行动本身就是其"督察动静"重要措施。都护郭舜根据出使康居的"都护吏"的报告，向朝廷分析了康居的外交动机以及对康居外交的利弊得失：他揭露了康居通汉的意图，认为其遣子入侍的目的是为了商贸利益，"以此度之，何故遣子入侍？其欲贾市为好，辞之诈也"。进而指出其对待汉使的这种态度起着不良国际影响，"匈奴百蛮大国，今事汉甚备，闻康居不拜，且使单于有自下之意"。根据上述情报，他最后提出建议："宜归其侍子，绝勿复使，以章汉家不通无礼之国。敦煌、酒泉小郡及南道八国，给使者往来人马驴橐驼食，皆苦之。空罢耗

---

① 《汉书》卷九六下《西域传下》，第3928页。
② 《后汉书》卷一下《光武帝纪下》李贤注，第73页。
③ 《汉书》卷九六上《西域传上》，第3874页。
④ 《后汉书》卷八八《西域传》，第2910页。
⑤ 《资治通鉴》卷三二《汉纪》，成帝元延二年（前11）胡注，第1037页。

所过，送迎骄黠绝远之国。非至计也。"① 认为与康居保持外交关系弊大于利。

(二) 对外遣使

西域都护在外交上享有相当大的权力，根据需要可以直接遣使出境，联系或解决有关外交问题。这也是其督察外国动静的重要手段之一。上文提到西域都护郭舜曾派遣"都护吏"出使康居，此即其对外遣使的行动。东汉章帝元和元年（84）莎车王忠反叛，西保乌即城，投靠康居，"康居遣精兵救之"。班超久攻乌即城而不能下。时无西域都护，以班超为将兵长史，掌管西域事务，实际上起着西域都护的作用。"是时月氏新与康居婚，相亲，（班）超乃使使多赍锦帛遗月氏王，令晓示康居王，康居王乃罢兵，执（莎车王）忠以归其国，乌即城遂降于（班）超。"② 这是班超配合军事斗争而主动开展的外交行动，他遣使说服月氏王，通过月氏王的斡旋而使康居撤兵，拆散了康居与莎车的联盟，从而获得了胜利。这是一次成功的外交行动。

西域都护主动的外交行动，大大扩展了汉朝与西方远国的外交关系，其最著名的壮举是班超派遣其掾属甘英出使大秦。和帝永元九年（97）"都护班超遣甘英使大秦，抵条支。临大海欲度，而安息西界船人谓英曰：'海水广大，往来者逢善风三月乃得度，若遇迟风，亦有二岁者，故入海人皆赍三岁粮。海中善使人思土恋慕，数有死亡者。'英闻之乃止"。时班超从将兵长史擢升为西域都护。大秦即罗马帝国，"大秦国一名犁鞬，以在海西，亦云海西国。地方数千里，有四百余城"③。甘英虽然功亏一篑没有到达罗马帝国，但是也已到达罗马帝国属地条支（今叙利亚地区），以及安息（今伊朗）和地中海之滨，开拓了对西方外交的新局面，加深了对外部世界的了解，史家盛赞"班超遣掾甘英穷临西海而还，皆前世所不至，《山经》所未详，莫不备其风土，传其珍怪焉。于是远国蒙奇、兜勒皆来归服，遣使贡献"④。甘英出使不仅加强了与他所到达的

---

① 《汉书》卷九六上《西域传上》，第 3892—3893 页。
② 《后汉书》卷四七《班超传》，第 1579 页。
③ 《后汉书》卷八八《西域传》，第 2918 页。
④ 同上书，第 2910 页。

那些国家和地区的外交关系，影响所及，导致蒙奇、兜勒等"远国"与汉皇朝建立了外交关系，和帝永元十二年（100）"冬十一月，西域蒙奇、兜勒二国遣使内附，赐其王金印紫绶"①。

由于都护掌握较多西方诸国的国情及其动静，故能因时、因地制宜，相机行事，及时处置有关外交问题。乌孙狂王暴恶失众，与汉朝和亲公主解忧失和，甘露元年（前53）乌孙肥王匈奴妻所生子乌就屠袭杀狂王，自立为昆弥，而解忧公主子元贵靡不得立，汉朝派遣破羌将军辛武贤率兵至敦煌准备讨之。在此乌孙政局动荡，汉、乌关系岌岌可危之际，由于西域都护郑吉熟悉乌孙政情，他知道乌就屠与乌孙右大将私交甚笃，而右大将恰巧是解忧公主侍者冯嫽的丈夫，冯嫽又颇有外交才能，她"能史书，习事，尝持汉节为公主使，行赏赐于城郭诸国，敬信之，号曰冯夫人"。于是都护郑吉派遣冯夫人去劝说乌就屠，晓以利害："以汉兵方出，必见灭，不如降。"冯嫽果然不辱使命，谈判取得成功，"乌就屠恐，曰：'愿得小号。'"② 从而为以后立元贵靡为大昆弥、乌就屠为小昆弥奠定了基础。这是西域都护调遣和亲女子为使者并取得外交成功的范例。可见西域都护有权根据外交需要而调度在西域的各类人员以维护汉方外交利益。

（三）接转来使

西方各国来汉朝的使节，一般首先要由西域都护负责接待，然后转送朝廷。永元十二年（100）西域都护班超给和帝的上书中说："谨遣子（班）勇随献物入塞"③。这里所说的"献物"，即《后汉书·和帝纪》所载永元十三年（101）冬十一月"安息国遣使献师子及条支大爵"④ 一事，"时安息遣使献大爵、师子，（班）超遣子（班）勇随入塞"⑤。这次安息来使是由班超遣子随同进京的。西域都护认为可以入境的外交使节，

---

① 《后汉书》卷四《和帝纪》，第188页。蒙奇、兜勒地点不甚明确，或以为蒙奇即马其顿（Macedonia），兜勒为吐火罗（Tuhara），见张星烺编注、朱杰勤校订《中西交通史料汇编》第一册，中华书局1977年版，第24页。
② 《汉书》卷九六下《西域传下》，第3906—3908页。
③ 《后汉书》卷四七《班超传》，第1583页。
④ 《后汉书》卷五《和帝纪》，第189页。
⑤ 《后汉书》卷四七《班超传》注引《东观记》，第1584页。

则由其派员护送入朝；如果认为不可，则有权拒绝其入朝。

西域都护不仅负责迎送外国使节，而且有权直接与外国交往，接受其使节。和帝永元二年（90）月氏派遣其副王谢率兵七万进攻班超，月氏副王谢失利，"大惊，即遣使请罪，愿得生归，（班）超纵遣之。月氏由是大震，岁奉贡献"①。这是在交战过程中接待对方来使。永元二年（90），"初，月氏尝助汉击车师有功，是岁贡奉珍宝、符拔、师子，因求汉公主。（班）超拒还其使，由是怨恨"②。月氏即贵霜王国。班超拒绝月氏来使，有两个可注意之点。

一是班超何以拒绝月氏与汉"和亲"的请求？"和亲"是汉代诸多外交方式、手段之一，它的实施必须服务于国家的外交目的和利益。两汉的"和亲"基本上是与有着重要的外交价值和需求的大国、强国而采用的，故有汉一代与汉和亲的国家主要是匈奴和乌孙两个大国、强国，在东亚地区主要在西汉前中期与汉皇朝紧邻的匈奴实行和亲，在西域地区主要在西汉中期与汉皇朝相对近邻的乌孙和亲。前者因对汉构成直接的严重威胁，需借助"和亲"以缓和双方关系，求得边境安宁，后者为汉皇朝牵制匈奴的需要而在西部的援手和同盟。贵霜王国虽然也属于中亚地区大国、强国，但是从人口和军力而言，均次于乌孙，乌孙有户十二万，口六十三万，胜兵十八万八千八百人③，而月氏有户十万，口四十万，胜兵十万人④。更重要的是月氏对于汉皇朝的外交需求和价值而言逊于乌孙，它与汉皇朝距离遥远，对汉皇朝没有十分直接的利害关系，其武力对汉皇朝亦不能构成直接的威胁。由此而决定其战略上的意义和迫切性与前汉时期的乌孙不能比拟。

二是表明西域都护的外交权力是相当大的，不仅外来使节要先经过他的接待，而且他还有权决定是否接受这些使节，如果认为有所不宜，他可以拒还外国使节，不许入境。班超之所以敢于断然拒绝月氏的"和亲"使者，与东汉皇朝的外交方针政策是一致的。自西汉后期匈奴衰落，

---

① 《后汉书》卷四七《班超传》，第1580页。
② 同上。
③ 《汉书》卷九六下《西域传下》，第3901页。
④ 《汉书》卷九六上《西域传上》，第3890页。

对汉皇朝的威胁基本上解除之后，汉皇朝就基本上不采取"和亲"这一外交方式了①，表明班超对于朝廷的外交方针政策是了然于胸的，可以说西域都护是汉皇朝处于第一线的外交官。

西域与汉断绝65年后，于永平十六年（73）复通，次年耿恭出任戊己校尉，"（耿）恭至部，移檄乌孙，示汉威德，大昆弥已下皆欢喜，遣使献名马，及奉宣帝时所赐公主博具，愿遣子入侍，恭乃发使赍金帛，迎其侍子"②。戊己校尉与西域都护一样也有对外权力，他一方面发出对外文书，"移檄乌孙，示汉威德"，另一方面又可接受对方来使，在接受其贡献之后，又对乌孙遣子入侍的愿望予以支持，随即遣使携带礼品出境并迎接其侍子。这是一次完整的外交程序，不仅与乌孙方面使节往还，而且办理并完成了与乌孙恢复中断多年的"质侍"关系。可见戊己校尉与西域都护一样有着很大的外交权力。

"质侍"与"和亲"都是汉代重要的外交方式，何以与班超之拒绝月氏的"和亲"请求相反，耿恭却欢迎并积极促成了乌孙的纳质愿望呢？在汉代，"和亲"与"质侍"是根据外交对象国的强弱变化以及与此相联系的有求于对方与否而变换用之的，一方面是就某一外交对象国而言，国强时用和亲，国弱时用"质侍"；另一方面是就整体外交关系国而言，和亲用于强国，"质侍"用于弱国。③ 东汉时期由于国际局势的发展变化，基本上不用和亲而用质侍。因此我们可以看到，就乌孙而言，在西汉时期当其比较强大，并且对牵制匈奴有着重要价值时，主要与之实行和亲，随着乌孙内部分裂，国势下降时则同时采取了"质侍"方式，到了东汉时期乌孙因内部分裂而更为羸弱，加以匈奴对汉的威胁与西汉时期已不可同日而语，其在汉皇朝外交棋盘中的作用和价值大为降低，故不用和亲而采用质侍。由此可见戊己校尉耿恭与西域都护班超一样，都对于汉皇朝的外交方针政策有充分的掌握，故都能够很好地拿捏对外关系的分寸，无愧为汉皇朝派驻西域的外交代表。

---

① 详参黎虎《汉代和亲与'质侍'在外交中的互动关系》，载于《先秦汉唐史论》，北京师范大学出版社2016年版。
② 《后汉书》卷一九《耿恭传》，第720页。
③ 详参拙文《汉代和亲与'质侍'在外交中的互动关系》。

（四）收发文书

外交文书有时也通过都护而转交朝廷。汉元帝时，匈奴郅支单于杀害汉使谷吉，西奔康居。于是"汉遣使三辈至康居求谷吉等死，郅支困辱使者，不肯奉诏，而因都护上书言：'居困厄，愿归计强汉，遣子入侍。'其骄慢如此"[①]。颜师古注曰："故为此言以调戏也。归计谓归附而受计策也。"这虽然是郅支单于的恶意戏言，但西域都护负有接转外交文书责任则是无疑的。西域都护不仅收转有关外交文书，而且自己也可以迳自向外发出文书，上文提到，永平十七年（74）耿恭为戊己校尉时，"至部，移檄乌孙，示汉威德"[②]即为其证。通过向乌孙发出"檄书"而重建双方已断绝六十余年的关系。

（五）迎送侍子

西方国家的侍子入质汉朝，也由西域都护负责迎送。永平十七年（74）耿恭为戊己校尉，乌孙遣使至耿恭驻地金蒲城，表示愿意遣子入侍，上文提到于是耿恭"乃发使赍金帛，迎其侍子"[③]。建初八年（83）李邑出使乌孙，上书诬告班超在西域"拥爱妻，抱爱子，安乐外国，无内顾心"。汉章帝了解并信任班超的忠诚，于是怒责李邑，"令（李）邑诣（班）超受节度。诏（班）超：'若（李）邑任在外者，便留与从事。'"章帝的意思是让班超留下李邑在西域以示惩罚。但是班超不想借机报复，而是"即遣（李）邑将乌孙侍子还京师"，借护送侍子之便而让李邑得以回京。对于班超的决定，其副手军司马徐干对班超说："（李）邑前亲毁君，欲败西域，今何不缘诏书留之，更遣它吏送侍子乎？"[④]徐干的意思是顺应诏书所令，留下李邑为班超下属，而改派别的官员护送侍子回京。可见西域都护是负有护送侍子入京责任的。

（六）护卫外交道路

西域是汉皇朝与西方通使的必经要道，"自玉门、阳关出西域有两道。从鄯善傍南山北，波河西行至莎车，为南道；南道西出逾葱岭则出

---

① 《汉书》卷七〇《陈汤传》，第3009页。
② 《后汉书》卷一九《耿恭传》，第720页。
③ 同上。
④ 《后汉书》卷四七《班超传》，第1578—1579页。

大月氏、安息。自车师前王廷随北山,波河西行至疏勒,为北道;北道西逾葱岭则出大宛、康居、奄蔡焉"①。此即世人盛言之"丝绸之路"。都护的重要职责之一就是保护南北两条交通要道的畅通无阻,护送接应使节的来往,这也是"都护"命名的由来之一。

出使西域是一项艰苦而充满危险的事情,一方面粮草接济维艰,另一方面生命安全没有保障,沿途经常受到袭击。这在西域初开之时更为突出,"初,武帝感张骞之言,甘心欲通大宛诸国,使者相望于道,一岁中多至十余辈。楼兰、姑师当道,苦之,攻劫汉使王恢等,又数为匈奴耳目,令其兵遮汉使"②。其中"楼兰国最在东垂,近汉,当白龙堆,乏水草,常主发导,负水担粮,送迎汉使,又数为吏卒所寇,惩艾不便与汉通。后复为匈奴反间,数遮杀汉使"③。针对这种情况,早在都护设立之前汉皇朝就在西域设置使者校尉,建立屯田据点,派遣人员保护这条出使要道,"自敦煌西至盐泽,往往起亭,而轮台、渠犁皆有田卒数百人,置使者校尉领护,以给使外国者"④。这种使者校尉可以说是日后西域都护的前身,其主要任务之一就是生产粮食以供应来往的外交使节。在使节出入最繁忙、负担最重的楼兰也设置了屯田,楼兰改国名鄯善后,新王向汉皇朝提出:"国中有伊循城,其地肥美,愿汉遣一将屯田积谷,令臣得依其威重。"鄯善王之所以主动提议在那里设置屯田据点,一方面他知道这是汉皇朝经略西域的需要,另方面则可借以得到汉方的保护。于是"汉遣司马一人、吏士四十人,田伊循以填抚之。其后更置都尉。伊循官置始此矣"⑤。都护建立以后更加强了这方面的职能,西域各处屯田均归其管理,"于是徙屯田,田于北胥鞬,批莎车之地,屯田校尉始属都护"。到汉元帝时"复置戊己校尉,屯田车师前王庭"⑥。可见汉皇朝政府自始至终坚持在西域进行屯田,从粮草物资方面支持这条最重要的外交通道。

---

① 《汉书》卷九六上《西域传上》,第3872页。
② 同上书,第3876页。
③ 同上书,第3878页。
④ 同上书,第3832页。
⑤ 同上书,第3878页。
⑥ 同上书,第3874页。

但是屯田并不能完全解决使者的粮草供应，还需要西域各国继续分担，尤其是那些处于南、北大道的国家，正如都护郭舜说："南道八国，给使者往来人马驴橐驼食，皆苦之。"① 因此西域都护还要负责监视这些国家，保护使节安全及外交道路的通畅。王莽篡位后，"以广新公甄丰为右伯，当出西域。车师后王须置离闻之，与其右将股鞮、左将尸泥支谋曰：'闻甄公为西域太伯，当出，故事给使者牛羊谷刍茭，导译，前五威将过，所给使尚未能备。今太伯复出，国益贫，恐不能称。'欲亡入匈奴"。车师后王的动向被戊己校尉获悉，"戊己校尉刀护闻之，召置离验问，辞服，乃械致都护但钦在所埒娄城"②。西域都护负责对于不愿供应使节所需、怀有二心的国家加以惩处。除了保证出使通道的粮草、畜力、译员供应之外，还要负责保护使者的人身安全。汉成帝时派遣使者护送罽宾国使者返国，杜钦说大将军王凤曰："凡遣使送客者，欲为防护寇害也。起皮山南，更不属汉之国四五，斥候士百余人，五分夜击刀斗自守，尚时为所侵盗。"③ 在皮山以内，使者来往还比较安全，这与其在都护的保护范围内有密切关系。皮山以外已在都护保护范围之外，则使者安全便难以保障了。可见西域都护在维护使节安全及外交道路通畅方面有着重要作用。

为了保证出使的便利，都护也负责开通道路。西域北道原先是出玉门关后经过白龙堆而至车师前王庭，后来开辟了一条新道，可以避开白龙堆之险，又比旧道节省一半路程，是为戊己校尉徐普所开。平帝元始（1—5）年间，戊己校尉徐普"欲开以省道里半，避白龙堆之院"，于是徐普"欲分明其界然后奏之，召姑句使证之"。车师后王姑句担心开通这条新道后，使节往来更为频繁，加重其负担，加以其"地又颇与匈奴南将军地接"，心中不愿意。姑句不肯配合，被徐普拘禁，后逃亡匈奴④。可见驻西域官员诸如开通道路之类举措需得到朝廷批准才能进行，同时

---

① 《汉书》卷九六上《西域传上》，第3893页。
② 《汉书》卷九六下《西域传下》，第3925页。
③ 《汉书》卷九六上《西域传上》，第3886页。
④ 《汉书》卷九六下《西域传下》，第3924页。本传所载："车师后王国有新道"，论者或以为应是"车师前王国"之误。参见冯承钧《西域南海史地考证论著汇辑》：《高昌事辑》，中华书局1957年版，第50页。

也需要得到西域国家的协助。这条新道的开通，对于加强内地与西域的联系，进一步发展与中亚和西方国家的外交关系，有着巨大意义。

（七）接受降附

西域都护也负有接受降附的职责。"神爵中，匈奴乖乱，日逐王先贤掸欲降汉，使人与（郑）吉相闻。吉发渠黎、龟兹诸国五万人迎日逐王，口万二千人、小王将十二人随吉至河曲。"① 这是神爵二年（前60）之事，此即"使都护西域骑都尉郑吉迎日逐"② 之谓。一般认为西域都护始置于神爵三年（前59），郑吉因此事而立功被封侯，其封侯在神爵三年四月③。宣帝在封侯诏中也说"都护西域骑都尉郑吉"④ 云云，看来神爵二年郑吉已任都护。从这个事件可以看到，降附者先遣使向西域都护通达意向，然后由西域都护负责组织人力，实施受降事宜。元帝时"匈奴东蒲类王兹力支将人众千七百人降都护，都护分车师后王之西为乌贪訾离地以处之"⑤。西域都护不仅接受匈奴王的归附，而且还在西域划分土地安置降众。

另一种情况是由中央派员前往受降，西域都护加以配合。成帝时段会宗为西域都护，"康居太子保苏匿率众万余人欲降，会宗奏状，汉遣卫司马逢迎。会宗发戊己校尉兵随司马受降"。西域都护接获降附信息后，要及时上报中央批复。这次是由中央派遣卫司马前来受降，西域都护派兵随同前往。但段会宗"以擅发戊己校尉之兵"⑥ 而得罪，可见发兵需经朝廷批准。

（八）安辑卫护

西域都护的重要职责之一是"拊循外蛮，宣明威信"⑦。此即所谓对于"乌孙、康居诸外国……可安辑，安辑之；可击，击之"⑧ 之谓。"击"属于军事行动，"安辑"则属于外交行动，即通过外交手段使邻国

---

① 《汉书》卷七〇《郑吉传》，第3005页。
② 《汉书》卷八《宣帝纪》，第262页。
③ 《汉书》卷一七《景武昭宣元成功臣表》，第672页。
④ 《汉书》卷七〇《郑吉传》，第3006页。
⑤ 《汉书》卷九六上《西域传上》，第3874页。
⑥ 《汉书》卷七〇《段会宗传》，第3030页。
⑦ 《汉书》卷七〇《郑吉传》，第3006页。
⑧ 《汉书》卷九六上《西域传上》，第3874页。

与汉朝保持友好关系。成帝元延二年（前11）乌孙小昆弥末振将派人刺杀大昆弥雌栗靡，"汉欲以兵讨之而未能，遣中郎将段会宗持金币与都护图方略，立雌栗靡季父公主孙伊秩靡为大昆弥"①。这就是武力达不到的目的，通过外交手段得以实现。扶立解忧公主之孙伊秩靡为大昆弥，这有利于乌孙与汉朝继续保持友好关系，而这件事情的实现得力于汉朝使节与西域都护的"图方略"。不久投靠康居的小昆弥季父卑爰疐企图借兵兼并两昆弥，于是"汉复遣（段）会宗使安辑，与都护孙建并力"②。这种安辑工作又是在都护的配合下进行的。当卑爰疐"谋欲借兵兼并两昆弥，两昆弥畏之，亲倚都护"③。乌孙方面也把西域都护作为自己的保护者。乌孙是汉朝在西方的重要盟友，因此西域都护时时都在密切注视其政治动态，故能很好地协助朝廷使者完成安辑任务。此外在其权限范围内，他也主动进行各种安辑工作，成帝阳朔四年（前21）乌孙日贰杀死小昆弥后逃亡康居，汉朝遣使立安日为小昆弥。安日派遣乌孙贵人姑莫匿等三人诈为叛逃投奔日贰，乘机将其刺杀。于是西域都护廉褒赏赐姑莫匿等每人金二十斤，缯三百匹。运用外交手段支持亲汉政治势力，这是在都护职权范围之内所进行的一种安辑工作。

由上所述可见，所谓安辑卫护就是以武力为后盾，运用恩威并施的外交手段，维系西域诸国的向心力，遏止匈奴在西域的势力和影响。西域都护所开展的安辑卫护，起到了"系诸国内向之心，以疑匈奴觊觎之情"，使"外夷归心，匈奴畏威"④的积极作用。

（九）抗衡匈奴

设置西域都护的重要目的是与匈奴争夺西域，正如扬雄所说："图西域，制车师，置城郭都护三十六国，费岁以大万计者，岂为康居、乌孙能逾白龙堆而寇西边哉？乃以制匈奴也。"⑤西域都护的重要职责就是"制匈奴"。西域原先役属于匈奴，汉通西域以后，匈奴与汉对西域仍然长期进行争夺，一方面匈奴指使西域一些王国"遮杀汉使"，阻碍汉朝与

---

① 《汉书》卷九六下《西域传下》，第3909页。
② 《汉书》卷七〇《段会宗传》，第3031页。
③ 《汉书》卷九六下《西域传下》，第3909页。
④ 《后汉书》卷四七《班勇传》，第1589、1588页。
⑤ 《汉书》卷九四下《匈奴传下》，第3816页。

西域发展关系，另一方面则继续派出使者到西域活动，拉拢西域诸国。因此汉朝与匈奴在西域除了进行军事斗争以外，还展开激烈的外交角逐，驱逐匈奴在西域的使者就是其重要内容之一。

班超通西域所做的第一件事就是大力驱逐匈奴在西域的使者。在鄯善他设计策斩匈奴"使及从士三十余级，余众百许人悉烧死"。然后"召鄯善王广，以虏使首示之，一国震怖，超晓告抚慰，遂纳子为质"①。通过驱逐匈奴使者，迫使鄯善倒向汉皇朝。接着班超到达于阗，当时于阗王广德"雄张南道，而匈奴遣使监护其国"。因而对于班超等人非常冷淡，班超责备于阗王广德，"广德素闻超在鄯善诛灭虏使，大惶恐，即攻杀匈奴使者而降超。超重赐其王以下，因镇抚焉"②。班超挟攻杀匈奴使者之余威，迫使于阗亲自杀掉匈奴使者而投降汉朝。后来班超之子班勇为西域长史时，延光四年（125）在车师后部捕得"匈奴持节使者，将至索班没处斩之以报其耻，传首京师"③。原来元初六年（119）索班率千余人屯伊吾，北匈奴单于与车师后部联合攻杀索班，故班勇把俘虏的匈奴使者押至索班死难处斩决。

匈奴使者不仅活动于城郭诸国，而且在乌孙以西的"远国"中也很活跃，与汉朝展开外交争夺战。由于"自乌孙以西至安息，近匈奴。匈奴尝困月氏，故匈奴使持单于一信到国，国传送食，不敢留苦。及至汉使，非出币物不得食，不市畜不得骑，所以然者，以远汉，而汉多财物"④。可见在汉通西域之初，汉、匈在西方远国中的外交地位还比较悬殊，相互争夺是相当激烈的，这种状况直至呼韩邪单于朝汉以后才得以改观。匈奴郅支单于西迁后，仍企图联合乌孙，于是遣使见小昆弥乌就屠，但"乌就屠见呼韩邪为汉所拥，郅支亡虏，欲攻之以称汉，乃杀郅支使，持头送都护在所"⑤。乌孙看准了呼韩邪朝汉后郅支孤弱的形势，于是杀掉匈奴使者，交给西域都护，表示尊汉之决心。这是汉朝与匈奴在西方远国外交争夺战中的胜利。

---

① 《后汉书》卷四七《班超传》，第1573页。
② 同上。
③ 《后汉书》卷四七《班超传附班勇传》，第1590页。
④ 《汉书》卷九六上《西域传上》，第3896页。
⑤ 《汉书》卷九四下《匈奴传下》，第3800页。

（十）贡献计策

由于西域都护身负繁重的外交职责，又熟悉西方远国的风土人情和政情，因此可以就对于这些国家的外交问题向中央提出建议，贡献计策。

汉成帝时，康居虽然向汉朝进贡，派遣侍子，但是依仗其与汉朝相距遥远，因而态度傲慢，并不友善。为此西域都护郭舜于元延二年（前11）向成帝上书，详细分析了康居、乌孙、匈奴三者之间关系以及它们与汉朝关系的变化和特点，从而提出对于这三者的不同处置策略，他说："本匈奴盛时，非以兼有乌孙、康居故也；及其称臣妾，非以失二国也。汉虽皆受其质子，然三国内相输遗，交通如故，亦相候司，见便则发；合不能相亲信，离不能相臣役。以今言之，结配乌孙竟未有益，反为中国生事。然乌孙既结在前，今与匈奴俱称臣，义不可距。而康居骄黠，讫不肯拜使者……以此度之，何故遣子入侍？其欲贾市为好，辞之诈也。匈奴百蛮大国，今事汉甚备，闻康居不拜，且使单于有自下之意。宜归其侍子，绝勿复使，以章汉家不通无礼之国。"郭舜对三国情况的分析还是有根据的，但是他因康居态度傲慢而建议断绝与康居外交关系，则未必恰当，因而他的意见未被朝廷采纳，"汉为其新通，重致远人，终羁縻而未绝"[1]。

解忧公主之子元贵靡死后，元贵靡之子星靡继任大昆弥，但幼弱无能，因此都护韩宣上书建议："乌孙大吏、大禄、大监皆可以赐金印紫绶，以尊辅大昆弥。"朝廷同意了韩宣的意见。采取这些措施以后，情况未见有大的好转，于是韩宣再次上书提出新的建议："星靡怯弱，可免，更以季父左大将乐代为昆弥。"[2] 这次朝廷没有采纳韩宣的意见。

汉章帝时，班超计划平定西域诸国，认为如能"得龟兹，则西域未服者百分之一耳"。为了实现进攻龟兹的目标，班超考量"乌孙兵强，宜因其力，乃上言：'乌孙大国，控弦十万，故武帝妻以公主，至孝宣皇帝，卒得其用。今可遣使招慰，与共合力。'帝纳之"。认为得西域必须先平龟兹，平龟兹必须联络乌孙。朝廷采纳了班超的建议，开展了

---

[1] 《汉书》卷九六上《西域传上》，第3892—3893页。
[2] 《汉书》卷九六下《西域传下》，第3908页。

对乌孙大规模的外交行动。建初八年（83），"拜超为将兵长史，假鼓吹幢麾。以徐干为军司马，别遣卫候李邑护送乌孙使者，赐大小昆弥以下锦帛"①。

以上我们约略缕述了西域都护的外交职能，可以看到一方面它与边郡的外交职能有不少相似之处，另一方面又与一般边郡有所不同，这主要表现在以下几方面。第一，它的外交权力比一般边郡要大，对于外国来使它可以决定是否接纳，它更为频繁地遣使出境，主动地积极地开展外交工作。第二，它所担负的外交任务比一般边郡繁重，这是因为其所面临的地域辽阔，国家众多，情况复杂，其处于东西方交通的枢纽地位，因而外交事务繁忙，使节往来异常频繁。这里是汉代外交的重点所在。第三，它所取得的外交成就比一般边郡要巨大突出，一方面西域都护的外交活动有力地驱逐了匈奴在西域的势力，加强了西域三十六国的内属，促进了多民族国家的发展，当时人的评论认为："通西域则虏势必弱"，如不在西域设官，"则西域望绝"，"屈就北虏"②，就是这种情况的反映。另外，西域都护的外交活动进一步打开了中国与西方的外交，把中国古代的外交推到一个崭新的阶段，史称班超通西域后，"于是五十余国悉纳质内属。其条支、安息诸国至于海濒四万里外，皆重译贡献"③。范晔评论道："都护西指，则通译四万。"④ 这些评论是符合历史实际的，西域都护的外交作用与业绩是十分突出和巨大的。

二　使匈奴中郎将

汉朝与匈奴之间经常处于交战状态，故出使匈奴时常派武职官员中郎将充任，以后成为惯例，便出现了"匈奴中郎将"这一官名，西汉末年金参曾任此职，颜师古说："以其出使匈奴，故拜为匈奴中郎将也。"⑤这种临时的使节，到了东汉初年转变为常驻使节。建武二十六年（50）"诏遣中郎将段彬、副校尉王郁使南匈奴，立其庭……始置使匈奴中郎

---

① 《后汉书》卷四七《班超传》，第1577页。
② 《后汉书》卷四七《班超传附班勇传》，第1588页。
③ 《后汉书》卷八八《西域传》，第2910页。
④ 《后汉书》卷四《和帝纪》，第195页。
⑤ 《汉书》卷六八《金日磾传》，第2964页。

将，将兵卫护之"①。正式设立"使匈奴中郎将"，此后成为经常设置的一种官职。"使匈奴中郎将一人，比二千石。本注曰：主护南单于。置从事二人，有事随事增之，掾随事为员。"② 这一官职在这个时期设置的原因是，建武二十四年（48）匈奴日逐王比自立为南单于，于是分裂为南北匈奴，南匈奴"愿永为藩蔽，扞御北虏"③。南匈奴成为汉朝的藩国，它一方面以汉朝为宗主国，称臣纳贡，另一方面又保持着自己的政权，具有相对的独立性。使匈奴中郎将主要就是负责南匈奴事务的，这种事务具有民族的外交的双重性质。

（一）驻扎监护

使匈奴中郎将这个职官是应南匈奴的要求而设置的，建武二十五年（49）"南单于复遣使诣阙，奉藩称臣，求使者监护，遣侍子，修旧约"④。旧约，《资治通鉴》胡注谓指"宣帝旧约"⑤。南匈奴方面主动要求派使者监护，于是第二年便派遣使匈奴中郎将进驻南单于庭。"使匈奴中郎将，拥节，秩比二千石。"⑥ 所谓拥节就是持节出使，使匈奴中郎将实际上就是汉朝派驻南匈奴的使节，代表汉朝对于南匈奴行使各种监护职能。监，即观察匈奴动静，当时使匈奴中郎将"置安集掾史将弛刑五十八，持兵弩随单于所处，参辞讼，察动静"⑦。护，即护南单于，保证南匈奴政局的稳定及对汉朝的向心。顺帝永和五年（140）以来，南匈奴句龙王吾斯等反叛，南单于虚位，汉安二年（143）立兜楼储为单于，"遣行中郎将持节护送单于归南庭"⑧。是年冬，使匈奴中郎将马寔又派人刺杀了句龙王吾斯。这就是保护南单于的具体体现。桓帝延熹元年（158）张奂为使匈奴中郎将，"以单于不能统理国事，乃拘之，上立左谷蠡王。桓帝诏曰：'《春秋》大居正，居车儿一心向化，何罪而黜！其遣

---

① 《资治通鉴》卷四四《汉纪》，光武帝建武二十六年条，第1415页。段彬，《后汉书》卷八九《南匈奴传》作段郴，第2943页。
② 《续汉书》志二八《百官志五》，见点校本《后汉书》，第3626页。
③ 《后汉书》卷八九《南匈奴传》，第2942页。
④ 同上书，第2943页。
⑤ 《资治通鉴》卷四四《汉纪》，光武帝建武二十五年胡注，第1409页。
⑥ 《汉官六种》《汉官仪》卷上"使匈奴中郎将"条，第154页。
⑦ 《后汉书》卷八九《南匈奴传》，第2944页。
⑧ 同上书，第2962—2963页。

还庭。'"① 使匈奴中郎将可以就单于的废立提出建议,但因南单于居车儿一心向汉,即使不能统理国事也应维护。这也是保护南单于的一种体现。南匈奴的军事行动也由使匈奴中郎将负责监护,和帝永元二年(90)南匈奴遣兵进袭北匈奴,即由使匈奴中郎将耿谭"遣从事将护之"。《资治通鉴》胡注曰:"将,领也;护,监也。"②

北匈奴于次年又遭窦宪指挥的东汉军队进攻,大败之后逃离漠北。北单于之弟右谷蠡王于除鞬自立为单于,率残部数千人集结于蒲类海,遣使款塞,东汉立其为北单于。永元四年(92)"使中郎将任尚持节卫护屯伊吾,如南单于故事"③。对于新立之北单于,也派遣使匈奴中郎将行使"卫护"职能。

(二) 封赐吊慰

使匈奴中郎将还代表朝廷对南单于行使一系列封、赐、吊、慰的职责。朝廷授予南单于玺绶,即由使匈奴中郎将具体执行,建武二十六年"遣中郎将段郴授南单于玺绶"④,此即南匈奴第一任单于比,段郴即为第一任使匈奴中郎将。单于去世亦由使匈奴中郎将代表朝廷吊祭,同时给予各种劳赐,"单于比立九年薨,中郎将段郴将兵赴吊,祭以酒米,分兵卫护之。比弟左贤王莫立,帝遣使者赍玺书镇慰,拜授玺绶,遗冠帻,绛单衣三袭,童子佩刀、绲带各一,又赐缯彩四千匹,令赏赐诸王、骨都侯已下。其后单于薨,吊祭慰赐,以此为常"⑤。

(三) 领送侍子

南匈奴向汉朝称藩后,即每年遣子入侍,而由使匈奴中郎将派遣属吏领送入朝。"单于岁尽辄遣奉奏,送侍子入朝,中郎将从事一人将领诣阙。"⑥ 单于侍子前者返后者至,交会于道路,领送任务颇为繁忙。

(四) 接受谢罪

汉皇朝因事向南匈奴提出抗议时,单于则直接向使匈奴中郎将谢罪,

---

① 《后汉书》卷八九《南匈奴传》,第2963—2964页。
② 《资治通鉴》卷四七《汉纪》和帝永元二年,第1526页。
③ 《后汉书》卷八九《南匈奴传》,第2954页。
④ 《后汉书》卷一下《光武帝纪下》,第78页。
⑤ 《后汉书》卷八九《南匈奴传》,第2948页。
⑥ 同上书,第2944页。

使匈奴中郎将代表朝廷接受单于的谢罪。永和五年（140）夏，南匈奴左部句龙王吾斯、车纽等叛乱，进攻汉边城邑，"天子遣使责让单于，开以恩义，令相招降。单于本不豫谋，乃脱帽避帐，诣（梁）并谢罪"①。当时梁并为使匈奴中郎将。

由于使匈奴中郎将担负一定的外交职责，因而他不仅需具备用兵作战的能力，还需熟悉蕃情。汉灵帝时臧旻"迁匈奴中郎将。还京师，太尉袁逢问其西域诸国土地风俗人物种数，（臧）旻具答言西域本三十六国，后分为五十五，稍散至百余国。大小，道里近远，人数多少，风俗燥湿，山川草木鸟兽异物名种不与中国同者，口陈其状，手画地形。（袁）逢奇其才，叹息言：'虽班固作《西域传》，何以加此乎？'"② 臧旻还京师后，袁逢居然向其了解西域情况，可见这是使匈奴中郎将所可能或应当具备的知识；而他也能够详细地介绍西域的情况，以致袁逢感叹其可与班固《西域传》比美。可见使匈奴中郎将不仅负责匈奴事务，而且其职责涉及与匈奴有关的从东北的乌桓、鲜卑以至西北的西域地区的整个北方的外交事务。

三　度辽将军

西汉时始置度辽将军，昭帝元凤三年（前78）辽东乌桓反，以范明友为度辽将军往击之。关于这个官名的含义，应劭说："当度辽水往击之，故以度辽为官号。"③ 东汉明帝永平八年（65）又置度辽将军，但"皆权行其事"④，安帝元初元年（114）以邓遵为正度辽将军，"始为真将军焉"⑤。度辽将军屯五原曼柏。据《汉官仪》，度辽将军"银印青绶，秩二千石"。属官有"长史、司马六百石"⑥。度辽将军的职掌："以卫南单于众新降有二心者。后数有不安，遂为常守。"⑦ 度辽将军与使匈奴中

---

① 《后汉书》卷八九《南匈奴传》，第2960页。
② 《后汉书》卷五八《臧洪传》注引谢承《后汉书》，第1884页。
③ 《汉书》卷七《昭帝纪》注引应劭曰，第229页。
④ 《后汉书》卷八九《南匈奴传》注，第2958页。
⑤ 《后汉书》卷八九《南匈奴传》，第2958页。
⑥ 《汉官六种》《汉官仪》卷上"度辽将军"条，第127页。
⑦ 《续汉书》志二四《百官志一》，见点校本《后汉书》，第3565页。

郎将有密切关系，其职掌与使匈奴中郎将有很多相同之处，而且有时还要接受使匈奴中郎将的管辖，张奂为护匈奴中郎将，"以九卿秩督幽、并、凉三州及度辽、乌桓二营"①。度辽将军和护乌桓校尉均由其负责督领。

度辽将军除了主要的军事职能以外，也有一定的外交职能。

（一）防备南北匈奴交通

东汉时匈奴分裂为南北之后，重设度辽将军的目的便是防备南北匈奴交通。建武二十七年（51）大司农耿国曾上言宜置度辽将军，左右校尉，屯五原以防南匈奴逃亡。耿国去世后，明帝"追思（耿）国言，后遂置度辽将军，左右校尉，如其议焉"②。明帝所以采取这一措施是因为当时南北匈奴已经有所勾结，由于北匈奴与汉朝的交往，引起南匈奴的猜忌和怨恨，于是南匈奴秘密遣使北匈奴，约定叛变北逃。汉使郑众获知这一情报后，即"上书宜更置大将，以防二虏交通。由是始置度辽营，以中郎将吴棠行度辽将军事"③。这除了军事上的意义外，还有在外交上牵制南北匈奴，防止他们相互交通的作用。所以牵涉南北匈奴的外交事务便由度辽将军负责办理。元和二年（85）南匈奴出兵进攻北匈奴，斩获而还，当时北匈奴已与汉朝修好，汉朝担心这会使北匈奴认为汉朝欺骗他，于是要求南匈奴遣返所得北匈奴俘虏，为此汉章帝下诏曰："其敕度辽及领中郎将庞奋倍雇南部所获生口，以还北虏。其南部斩首获生，计功受赏如常科。"④度辽将军一方面要从南匈奴那里以加倍的价钱赎回北匈奴俘虏，去还给北匈奴，以与北匈奴修好；另一方面又要按照以往惯例奖赏南匈奴俘斩北匈奴的战功，以维护与南匈奴已有的友好关系。度辽将军所处理的显然是一项复杂的外交工作，这一工作不仅维护了汉朝与南、北匈奴的关系，同时也防止了南、北匈奴的交往，如果让南匈奴直接把俘虏遣返北匈奴，则在客观上促进了南、北匈奴交往，这对汉朝是不利的。

---

① 《后汉书》卷六五《张奂传》，第2139页。
② 《后汉书》卷一九《耿国传》，第716页。
③ 《后汉书》卷八九《南匈奴传》，第2949页。
④ 同上书，第2951页。

（二）护卫商路

两汉时期中原地区与北边塞外在争战的同时，友好交往与商贸关系亦始终不断。北边的交通道路是双方使节来往和商贾往还的渠道，度辽将军负有保护这些交通道路的职责。顺帝阳嘉四年（135）乌桓进犯云中，"遮截道上商贾车牛千余两"①，度辽将军耿晔率两千余人追击，不利，又调发度辽营和积射士共三千余人，才将乌桓击退。这条云中道是中原与北边塞外进行商贸的重要路线，从一次就被乌桓拦截"贾车"一千余辆来看，其时边塞贸易的数量是相当巨大的。这种"贾车"在居延汉简中也有记载：

日食时贾车出
日东中时归过②

这些都是沿边地区商贾来往频繁的反映。

（三）招纳降献

度辽将军除了在军事上防御、征讨外，还要采取外交手段分化瓦解，招诱降附。马续为度辽将军，朝廷指示其"以恩信招降，宣示购赏，明其期约"。"设购开赏，宣示反悔"以"招降畔虏"。对此马续和沿边诸郡"并各遵行"。于是"右贤王部抑鞬等万三千口诣（马）续降"③。由于度辽将军执行这一方针，因此常需接受降献，并代表朝廷实施封赐。邓遵为度辽将军时，"辽西鲜卑大人乌伦、其至鞬率众诣邓遵降，奉贡献。诏封乌伦为率众王，其至鞬为率众侯，赐䌽缯各有差"④。永初三年（109）南单于与乌桓大人反，次年被汉军打败，当时梁慬行度辽将军，"单于惶怖，遣左奥鞬日逐王诣（梁）慬乞降，慬乃大陈兵受之。单于脱帽徒跣，面缚稽颡，纳质"⑤，也是到度辽将军那里投诚。

---

① 《后汉书》卷九〇《乌桓鲜卑传》，第2983页。
② 甲附1四B。
③ 《后汉书》卷八九《南匈奴传》，第2961页。
④ 《后汉书》卷九〇《鲜卑传》，第2987页。
⑤ 《后汉书》卷四七《梁慬传》，第1592—1593页。

四　护乌桓校尉

班彪语曰："旧制：益州部置蛮夷骑都尉，幽州部置领乌桓校尉，凉州部置护羌校尉，皆持节领护，理其怨结，岁时循行，问所疾苦。"[1] 在这些持节领护官中，护乌桓校尉的外交职能较其他领护官为明显。汉武帝时击破匈奴左地，因迁徙乌桓于上谷、渔阳、右北平、辽东塞外，设置护乌桓校尉监领之。至王莽时，乌桓叛，护乌桓校尉由是罢。光武帝建武二十五年（49）辽西乌桓大人郝旦等人率众内属，汉政府将其布于缘边诸郡，司徒掾班彪上言："但委主降掾吏，恐非所能制。臣愚以为宜复置乌桓校尉，诚有益于附集，省国家之边虑。"光武帝接受了这一建议，再度设置护乌桓校尉，屯驻上谷宁城，"开营府"[2]。护乌桓校尉秩比二千石，"主乌桓胡"[3]，"拥节"出使，同时"并领鲜卑客"，属官有"长史一人，司马二人，皆六百石"[4]。乌桓、鲜卑是我国北方的少数民族，两汉时期他们在不同程度上建立了自己的部族政权，东汉后期鲜卑族在檀石槐统领下还一度建立了强大的军事部落联盟。他们对汉朝"叛服无常"，通过长期的交往，先后逐步不同程度地与汉族融合或纳入汉皇朝的统治。护乌桓校尉的职责亦具有民族的、外交的双重性质。

（一）牵制匈奴

护乌桓校尉的职责是"以护内附乌丸"，并"招附东胡"[5]。乌桓曾长期役属匈奴，因此护乌桓校尉的一项重要任务便是对乌桓"拥节监护之"，特别是监视其与匈奴的关系，"使不得与匈奴交通"；同时令其"为汉侦察匈奴动静"[6]。从外交上孤立、牵制匈奴是护乌桓校尉的重要职责之一。

（二）赐质互市

《汉官仪》记载护乌桓校尉的另一重要职责是"赐质子，岁时胡市焉"[7]。

---

[1] 《后汉书》卷八七《西羌传》，第2878页。
[2] 《资治通鉴》卷四四《汉纪》，光武帝建武二十五年（49），第1413—1414页。
[3] 《续汉书》志二八《百官志五》，点校本《后汉书》第3626页。
[4] 《汉官六种》《汉官仪》卷上"护乌桓校尉"条，第154页。
[5] 《后汉书》卷四《和帝纪》注引阚骃《十三州志》，第179—180页。
[6] 《后汉书》卷九〇《乌桓传》，第2981页。
[7] 《汉官六种》《汉官仪》卷上"护乌桓校尉"条，第154页。

《后汉书·乌桓传》记此曰："赏赐质子，岁时互市焉。"① 对于鲜卑也同样进行这两方面的工作，护乌桓校尉的职责同时为："并领鲜卑赏赐、质子，岁时互市焉。"② 护乌桓校尉亦对鲜卑"通胡市，因筑南北两部质馆"。李贤注曰："筑馆以受降质。"③ 可知当时乌桓、鲜卑的质子都由护乌桓校尉负责接待和管理，为此特意在护乌桓校尉所在地建筑了"质馆"。当时所受质子数量相当多，据称"鲜卑邑落百二十部，各遣入质"④。

---

① 《后汉书》卷九〇《乌桓传》，第2982页。
② 《资治通鉴》卷四四《汉纪》，"光武帝建武二十五年"条，第1414页。
③ 《后汉书》卷九〇《鲜卑传》，第2986页。
④ 同上。

中 编

魏晋南北朝外交制度

第四章

魏晋南北朝时期的外交决策制度

魏晋南北朝时期是我国由秦汉统一帝国进入分裂割据（中间只有西晋短期统一）的时期，这一变局导致我国古代外交格局亦随之发生了变化，其主要表现是外交类型和层次由原先的两种而转变为三种，即由秦汉统一帝国时期主要与周边国家、民族和地区的外交，转变为除上述之外还包括各分裂政权之间的外交。统一帝国之分裂，加以社会经济的破坏，导致各个政权国力相对削弱，这在不同程度上影响了与周边及四方远国外交的发展。而各个分裂政权又把主要精力集中于彼此的兼并和争霸战争，相互之间虽有一定的外交关系，但它总是与频繁的战争结合、交织在一起，战争多于外交，重于外交。这些都使这一时期的外交呈现了鲜明的时代特色。与此同时这一时期的政治制度和职官制度也在发生相应的变化，处于从两汉向隋唐转变的过渡阶段，一方面继承了汉制，另一方面又发生了一系列的变化，其突出表现是三公九卿制逐渐被三省制度所取代，后者正是在这一时期得以日益发展和趋于完成。由于上述两个方面的原因，这一时期外交决策制度也显示了与两汉不同的诸多特色。昔日统一皇朝在政治制度上的恢宏气象已黯然失色，旧有外交决策制度也随之在一定程度上遭到破坏而重新做出调整；由于各个政权立国的条件、背景、地理环境之差异，国力强弱之不同，各自的政治制度和所面临的外交态势也不尽相同，因而不同时期、不同政权之间的外交决策制度也存在一定的差异，使这一时期的外交决策制度呈现了多样性和变动性的特点。从汉唐这一大的历史跨度而观之，则这一时期的外交决策制度正处于从汉代的两级决策体制向隋唐的三级决策体制的转变阶段。

第一节　三国时期的外交决策

汉末三国时期由于战争频繁，三国之间的外交关系与争霸战争密不可分，因而外交决策权力高度集中，像两汉那样的公卿百官集议制度虽然继续存在，但是在外交领域中更多的则是由帝王、权臣个人专决，不仅像曹操、诸葛亮、孙权这样的强权政治家总揽外交决策大权，即使其后如魏明帝这样的二三流皇帝也是"政自己出"[1]。但是由于三国政治制度和外交处境的差异，因而各国之间的外交决策制度也各有自己的某些特点。

一　曹魏的外交决策

曹魏的外交决策基本上是由帝王个人专决。其外交重点是对孙吴的关系。在其与孙吴的外交往还中，我们可以看到在曹魏建国前大多是由曹操决策，在曹魏建国后大多是由皇帝决策的。在帝王专断外交决策同时，亦辅之以垂询、谏议等方式。

建安二十四年（219）"孙权上书称臣，称说天命"，曹操"以（孙）权书示外曰：'是儿欲踞吾着炉火上邪！'"[2] 侍中陈群、尚书桓阶、前将军夏侯惇等都劝曹操不必谦让，但是曹操却说："若天命在吾，吾为周文王矣。"[3] 这里曹操并非让公卿集议，不过是听听臣下的反应而已，正如胡三省所说："然（曹）操必以（孙）权书示外者，正欲以观众心耳。"[4] 显然曹操自有主张，并不为群臣意见所动。

与此同时"太祖以孙权称臣遣贡咨（王）朗"[5]，此与上文所述为一事。看来围绕孙权称臣的问题，曹操曾广泛征询臣下的意见。王朗时官大理。尽管这是一个外交上的重大问题，但是曹操并没有与群臣集议商讨对策，只是征询了臣属的意见而已，而由自己思谋对策。

---

[1]《三国志》卷三《魏志·明帝纪》注引孙盛曰，第115页。
[2]《三国志》卷一《魏志·武帝纪》注引《魏略》，第52页。
[3]《三国志》卷一《魏志·武帝纪》注引《魏略》、《魏氏春秋》，第52页。
[4]《资治通鉴》卷六八《汉》，建安二十四年（219）条胡三省注，第2173页。
[5]《三国志》卷一三《魏志·王朗传》注引《魏略》，第408页。

第四章　魏晋南北朝时期的外交决策制度　/　165

　　黄初二年（221）孙权因遭刘备大举进犯，而向曹魏"遣使称臣，卑辞奉章"①。魏文帝曾就此征询侍中刘晔，刘晔对曰："（孙）权无故求降，必有内急……外有强寇，众心不安，又恐中国承其衅而伐之，故委地求降，一以却中国之兵，二则假中国之援，以强其众而疑敌人。"认为这是其在内忧外患下玩弄的外交手法，主张"宜大兴师，径渡江袭其内。蜀攻其外，我袭其内，吴之亡不出旬月矣"。不如出兵与蜀东西夹击，乘机灭之。文帝不同意，说："人称臣降而伐之，疑天下欲来者心，必以为惧，其殆不可。孤何不且受吴降，而袭蜀之后乎？"认为不如受吴之降而袭蜀之后。刘晔对曰："今（刘）备已怒，故兴兵击吴，闻我伐吴，知吴必亡，必喜而进与我争割吴地，必不改计抑怒救吴，必然之势也。"认为刘备不可能改变伐吴之初衷。双方争论无结果，"帝不听，遂受吴降"②。最后还是按照文帝之意行事。

　　刘晔作为侍中而侍从皇帝左右，此职被称为"谋议之官"③，故文帝征求他的意见，但是并没有接受他的意见。不仅如此，不久文帝又进而决定"遣太常邢贞奉策即拜孙权为吴王，加九锡"④。由此引起了魏文帝与刘晔之间的又一场争论，刘晔对此进谏道："不可……不得已受其降，可进其将军号，封十万户侯，不可即以为王也……我信其伪降，就封殖之，崇其位号，定其君臣，是为虎傅翼也。权既受王位，却蜀兵之后，外尽礼事中国，使其国内皆闻之，内为无礼以怒陛下。"但是魏文帝"又不从。遂即拜（孙）权为吴王"⑤。

　　孙权利用这一外交上的有利时机，大败刘备于彝陵，而孙权"外礼愈卑，而内行不顺，果如（刘）晔言"⑥。而当刘备"军败退，吴礼敬转废"之时，魏文帝却又"欲兴众伐之，（刘）晔以为'彼新得志，上下齐心，而阻带江湖，必难仓卒。'帝不听"⑦。魏文帝的独断专行，导致曹

---

①　《资治通鉴》卷六九，魏黄初二年（221）条，第2192页。
②　《三国志》卷一四《魏志·刘晔传》注引《傅子》载，第447页。
③　《三国志》卷二五《魏志·辛毗传》，第697页。
④　《资治通鉴》卷六九，魏黄初二年（221）条，第2193页。
⑤　《三国志》卷一四《魏志·刘晔传》注引《傅子》，第447页。
⑥　同上。
⑦　《三国志》卷一四《魏志·刘晔传》，第446页。

魏外交上的失策，而被孙吴所利用，胡三省对此批评道："若魏用刘晔之言，吴其殆矣"①，此话不无道理。在这场外交角力中吴胜魏败，当与曹魏外交决策中存在比较严重的帝王专断不无关系。从处理魏吴这一外交问题的过程中，我们大体可以了解曹魏外交决策的一般情况及其存在的问题。

曹魏要求孙权派遣儿子孙登入侍的问题，也是魏吴之间反复交涉的一桩外交大事。关于这个问题曹魏方面很少召开群臣集议，同样多由皇帝一人决策处理。于禁护军浩周、军司马东里衮被俘在吴，后被遣送回魏，魏文帝"有诏皆见之"②。召见时"帝问（浩）周等，'（孙）权可信乎？'周以为权必臣服，而（东里）衮谓其不可必服。帝悦周言，以为有以知之，故立（孙权）为吴王，复使周至吴"。魏文帝派遣浩周使吴的目的在于使孙权遣子入侍。然而"（浩）周还而侍子不至"③。魏文帝这个目的没有达到。这是魏文帝询问从吴返国的战俘，听信错误不实的国情判断而径自做出的外交决策。

当然魏文帝为了这个问题还是垂询过臣下的意见，"时孙权称藩，请送任子，当遣前将军于禁还，久而不至。天子以问（司马）孚"。时司马孚"为中书郎、给事常侍，宿省内，除黄门侍郎，加骑都尉"，为皇帝近臣，故得以垂询。司马孚的核心意见是认为"不可以嫌疑责让，恐伤怀远之义"。尽管后来于禁得以遣返，但是任子还是没有送来，魏文帝"大军临江，责其违言，吴遂绝不贡献"④。司马孚的意见亦并未被采纳。

其他臣下对此有所谏诤，亦不为采纳。黄初三年（222）"孙权欲遣子（孙）登入侍，不至。是时车驾徙许昌，大兴屯田，欲举军东征"。魏文帝企图以武力迫使孙权纳侍。对此王朗上疏谏曰："设师行而（孙）登乃至，则为所动者至大，所致者至细。"反对采取军事威胁手段。但是魏文帝不听，"是时，帝以成军遂行"。结果"（孙）权子不至，车驾临江而还"⑤。曹魏外交决策上的皇帝独断专行，不听谏言，导致在这一问题

---

① 《资治通鉴》卷六九，魏黄初二年（221）条胡三省注，第2192页。
② 《三国志》卷四七《吴志·吴主传》注引《魏略》，第1128页。
③ 《资治通鉴》卷六九，魏黄初三年（222）条，第2207页。
④ 《晋书》卷三七《宗室·司马孚传》，第1082页。
⑤ 《三国志》卷一三《魏志·王朗传》，第411—412页。

第四章　魏晋南北朝时期的外交决策制度　/　167

上一再失误。

虽然存在皇帝独断专行的问题，但是汉代的朝议制度在曹魏时期还是继续存在，外交决策中也仍然可见群臣集议。黄初三年（222）当浩周随魏使至吴，要求孙权遣子入侍，以及侍中辛毗、尚书桓阶出使孙吴与其盟誓并责求侍子均告失败后，魏文帝决定举兵伐吴。于是孙权"卑辞上书，求自改厉"。为此魏文帝向孙权发出一通最后通牒，其中说道："又遣尚书、侍中践修前言，以定任子。君遂设辞，不欲使进，议者怪之。又前都尉浩周劝君遣子，乃实朝臣交谋，以此卜君，君果有辞……浩周之还，口陈指麾，益令议者发明众嫌，终始之本，无所据仗，故遂俛仰从群臣议……（孙）登身朝到，夕召兵还。"① 从魏文帝这里一再提到"朝臣交谋""议者""从群臣议"等语观之，表明在处理这一外交问题时，似也曾举行过朝议。

三国时期外交与军事问题经常交织在一起，在这种情况下采用群臣集议的方式就更多一些。建安二十四年（219）"关羽围曹仁于樊，孙权遣使辞以'遣兵西上，欲掩取（关）羽……樊军之围，不解自救。乞密不漏，令羽有备。'"究竟该不该将吴军西进的消息让樊城中的曹仁和城外之关羽知道？为此，"太祖诘群臣，群臣咸言宜当密之"。唯董昭认为不应替孙权保密，而应将其透露围城内外，他说："宜应（孙）权以密，而内露之。"如果关羽得知吴军西上，还保江陵、公安，则樊城之围自解；令曹仁得知，则可鼓舞城内士气。若"秘而不露，使权得志，非计之上"。曹操很同意董昭的意见，"即敕救将徐晃以（孙）权书射着围里及（关）羽屯中，围里闻之，志气百倍。羽果犹豫。权军至，得其二城，羽乃破败"②。看来曹操为此曾与群臣商议对策。曹操接受了董昭之议，收到了一箭双雕的良好效果。

"建安末，孙权始遣使称藩，而与刘备交兵。诏议'当兴师与吴并取蜀不'？"王朗建议宜坐观成败，"帝纳其计"③。这也是与军事密切缠结的外交问题，也是通过集议进行决策的。

---

① 《三国志》卷四七《吴志·吴主传》，第1125—1126页。
② 《三国志》卷一四《魏志·董昭传》，第440页。
③ 《三国志》卷一三《魏志·王朗传》，第411页。

至于军事方面更为突出的问题，集议决策相对又更经常一些。黄初元年（220）"诏问群臣令料刘备当为关羽出报吴不?"① 黄初六年（225）秋，"帝欲征吴，群臣大议"。御史中丞鲍勋"面谏"提出反对意见，"帝益忿之，左迁勋为治书执法"②。这些都是群臣集议的事实。因为战争成败直接关系国家的生死存亡，故必须集思广益。而比较单纯的外交来往，看似不如军事之紧迫，集议决策就少得多了。这在一定程度上表明曹魏将外交置于军事之后，对于外交重要性的认识有所不足。

二 蜀汉的外交决策

蜀汉与曹魏一样，外交基本上由帝王个人专决，不过刘备在世时以刘备专决为主，刘备去世后则以诸葛亮专决为主。

建安二十年（215）"会闻魏公操将攻汉中，刘备惧失益州，使使求和于（孙）权"③。结果双方达成和议，以湘水为界，中分荆州。时刘备引兵五万在公安（今湖北公安县），与东吴对峙，得知曹操动向而在前线做出的决定。

蜀汉章武元年（221）刘备"耻关羽之没，将击孙权"。这不仅是一桩军事行动，也是重大的外交问题，它关系着吴、蜀联盟共抗曹魏的战略方针能否坚持的问题。这也是刘备自己作出的伐吴决策。当时"群臣谏者甚众，汉主皆不听"④。赵云曾就此事谏道："国贼是曹操，非孙权也；且先灭魏，则吴自服。"⑤ 刘备也没有听。诸葛亮时为丞相，在这一决策中也没有起作用，事后诸葛亮说："法孝直若在，则能制主上，令不东行；就复东行，必不倾危矣。"⑥ 这一决策在外交上是错误的，它违反了隆中对策中确定的联吴抗曹的外交方针。加以军事指挥上的失着，给刚立国的蜀汉造成重大损害。不仅如此，后来在伐吴前线，"孙权遣书请

---

① 《三国志》卷一四《魏志·刘晔传》，第446页。
② 《三国志》卷一二《魏志·鲍勋传》，第385—386页。
③ 《资治通鉴》卷五九，汉建安二十年（215）条，第2138页。
④ 《资治通鉴》卷六九，魏黄初二年（221）条，第2189页。
⑤ 《三国志》卷三六《蜀志·赵云传》注引《云别传》，第950页。
⑥ 《三国志》卷三七《蜀志·法正传》，第962页。

和，先主盛怒不许"①。又丧失了一次弥补损失的外交机会。而这一决策又是刘备在前线做出的。

章武二年（222）刘备伐吴之役遭到惨败，退居白帝（今四川奉节县），孙权"遣使请和，先主许之，遣太中大夫宗玮报命"②。其时"吴王孙权请和，先主累遣宋玮、费祎等与相报答"③。这些都是刘备个人在白帝做出的外交决策。刘备从失败中吸取教训，做出了正确的决策，但已于事无补。

章武三年（223）刘备死后，蜀汉的外交决策大权便集中于诸葛亮之手。蜀汉丞相权力较魏、吴突出，这是由于蜀汉的特殊条件造成的，一方面刘禅幼弱无能，另一方面诸葛亮既受托孤之重，又具杰出的治国才能。其时"嗣子幼弱，事无巨细，（诸葛）亮皆专之。于是外连东吴，内平南越……"④ "政事无巨细，咸决于亮。"外交大权同样也操于诸葛亮手中。诸葛亮大力调整外交政策，进一步贯彻隆中对策所制定的联吴抗曹的外交方针，修复与吴的友好关系。此时，南中诸郡乘机叛乱，诸葛亮"以新遭大丧，故未便加兵，且遣使聘吴，因结和亲，遂为与国"⑤。通过修复与孙吴的外交关系，以便集中力量解决南中问题。这一决策是由诸葛亮做出的。这次遣使聘吴的决策经过，史籍有较具体、生动的记载：

> 丞相诸葛亮深虑（孙）权闻先主殂陨，恐有异计，未知所如。（邓）芝见亮曰："今主上幼弱，初在位，宜遣大使重申吴好。"亮答之曰："吾思之久矣，未得其人耳，今日始得之。"芝问其人为谁？亮曰："即使君也。"乃遣芝修好于权。⑥

由此可见，遣使赴吴修好的大计方针，诸葛亮已经成竹在胸，只是

---

① 《三国志》卷三二《蜀志·先主传》，第890页。
② 同上。
③ 《三国志》卷四五《蜀志·邓芝传》，第1071页。
④ 《三国志》卷三五《蜀志·诸葛亮传》，第930页。
⑤ 同上书，第918页。
⑥ 《三国志》卷四五《蜀志·邓芝传》，第1071页。

一时尚未物色到合适的人选，邓芝的想法与诸葛亮不谋而合，所以诸葛亮当场拍板派遣邓芝使吴。

诸葛亮南征回来后，又派费祎以昭信校尉使吴。后来诸葛亮北驻汉中，请费祎为参军，又"因奉使称旨，频烦至吴"①。这些也都是由诸葛亮做出的决策。

在诸葛亮专决的情况下，并非完全不举行群臣的集议。事实上群臣集议进行外交决策的情况也是有的。建兴七年（229）孙权称帝，遣使至蜀"以并尊二帝来告"。蜀国"议者咸以为交之无益，而名体弗顺，宜显明正义，绝其盟好"。从这一记载来看，蜀汉为此曾举行群臣集议以商讨对策。但是最后还是由诸葛亮做出决断，他在会上发表了长篇讲话，分析了魏蜀吴三方的利害得失关系，认为蜀国的最高利益还是联吴抗曹，承认孙权称帝所失小于与孙吴交恶，因此应当承认孙权的帝号，以巩固与孙吴的友好关系，认为"若就其不动而睦于我，我之北伐，无东顾之忧，河南之众不得尽西，此之为利，亦已深矣。（孙）权僭之罪，未宜明也"。于是诸葛亮"乃遣卫尉陈震庆（孙）权正号"②。陈震出使东吴，双方订立盟约，中分天下，进一步巩固了吴蜀联盟。

三 孙吴的外交决策

孙吴的外交决策与魏、蜀一样，也是以帝王个人专决为主。

孙权当政凡三十余年，举凡外交大事多由其亲自决策。孙权统事前期颇能"任才尚计"③，其中包括外交方面垂询谋士，接纳谏言。

对于蜀汉的外交方针，他主要采纳了鲁肃的主张。赤壁战前他接受鲁肃的建议，对刘备"宜抚安，与结盟好"，执行联刘抗曹的外交方针，从而取得赤壁之战的大胜。赤壁战后继续遵循鲁肃联刘抗曹的方针，建安十五年（210）刘备"诣京见（孙）权，求都督荆州，惟（鲁）肃劝权借之，共拒曹公"④。当时吕范"密请留（刘）备"⑤，鲁肃坚决反对。

---

① 《三国志》卷四四《蜀志·费祎传》，第1061页。
② 《三国志》卷三五《蜀志·诸葛亮传》注引《汉晋春秋》，第924—925页。
③ 《三国志》卷四七《吴志·吴主传》，第1149页。
④ 《三国志》卷五四《吴志·鲁肃传》，第1269、1270页。
⑤ 《三国志》卷五六《吴志·吕范传》，第1310页。

《汉晋春秋》记此事曰:"吕范劝留(刘)备,肃曰:'不可。将军虽神武命世,然曹公威力实重,初临荆州,恩信未洽,宜以借备,使抚安之。多操之敌,而自为树党,计之上也。'权即从之。"① 鲁肃从孙刘联盟、共抗曹魏的长远战略方针考量这个问题,不仅反对扣押刘备,而且主张把荆州借给他,以树曹操之敌。孙权深谙这个方针的意义,于是力排众议而采纳了鲁肃的意见。

对于曹魏的外交方针,他主要接受了孙邵的建议。"及(孙)权统事,(孙邵)数陈便宜,以为应纳贡聘,权即从之。"② 于是孙吴在联刘抗曹的同时,又对曹魏执行"卑辞厚币"的外交方针,以军事和外交两手结合,与曹魏进行长期的周旋,赢得了鼎足江东的环境条件。与蜀汉方面对待曹魏只用军事斗争一手,而缺乏外交一手可谓大相径庭。这也是孙权在外交决策方面善于接纳谏议的表现。此外,中大夫赵咨曾频繁出使曹魏,对曹魏内情十分了解,他据此而向孙权建议:"观北方终不能守盟,今日之计……宜改年号,正服色,以应天顺民。"孙权"纳之"③。孙权之称帝也是以外交决策作为考量依据的。

但是对于不符合自己想法的谏言,孙权并不轻易采纳。如上述刘备到京会见孙权一事,周瑜也曾上书建议"宜徙(刘)备置吴",不令其还。孙权却"以曹公在北方,当广揽英雄,又恐(刘)备难卒制,故不纳"④。可见他对这个问题是有自己的既定方针的。黄初二年(221)孙权打算与魏和好,于是派使者遣返曹魏俘虏于禁。当时虞翻反对,孙权也没有采纳⑤。

孙权在外交决策方面有不少明断,然而也因其刚愎自用而造成诸多失误。其中最能反映孙权在外交上独断专行、拒绝正确谏言的是对于辽东公孙渊关系的问题上。孙吴嘉禾三年(233)公孙渊遣使者宿舒、孙综"奉表称臣于吴;吴主大悦,为之大赦"⑥。同时孙权决定派遣张弥、许

---

① 《三国志》卷五四《吴志·鲁肃传》注引《汉晋春秋》,第1271页。
② 《三国志》卷四七《吴志·吴主传》注引《吴录》,第1131页。
③ 同上书,第1124页。
④ 《三国志》卷五四《吴志·周瑜传》,第1264页。
⑤ 参见《三国志》卷五七《吴志·虞翻传》注引《吴书》,第1321页。
⑥ 《资治通鉴》卷七二,魏青龙元年(233)条,第2284页。

晏、贺达"将兵万人,金宝珍货,九锡备物,乘海授渊"。群臣对于派出如此庞大的使团、携带如此丰厚的物资,均表反对,"举朝大臣,自丞相顾雍已下皆谏,以为(公孙)渊未可信,而宠待太厚,但可遣吏兵数百护送舒、综"。建议派遣数百人的使团护送即可。但是孙权"终不听"①。在谏阻孙权的举朝大臣中,以顾命老臣张昭之谏最为激烈,而孙权在这个问题上的独断专行表现得也最为突出。张昭谏曰:"(公孙)渊背魏惧讨,远来求援,非本志也。若渊改图,欲自明于魏,两使不反,不亦取笑于天下乎?"提醒孙权,公孙渊有改而讨好曹魏的可能,吴使之安全毫无保障。但孙权不听,与张昭"相反覆",张昭也愈益坚持己见。孙权"不能堪,案刀而怒曰:'吴国士人入宫则拜孤,出宫则拜君,孤之敬君,亦为至矣,而数于众中折孤,孤尝恐失计。'昭熟视权曰:'臣虽知言不用,每竭愚忠者,诚以太后临崩,呼老臣于床下,遗诏顾命之言故在耳。'因涕泣横流。权掷刀致地,与昭对泣。然卒遣弥、晏往。昭忿言之不用,称疾不朝。权恨之,土塞其门,昭又于内以土封之"②。

从这一决策过程我们可以看到,皇帝在外交决策中具有最高的和最终的权力,对于这么重大的外交行动,竟然没有经过统治集团的集议,而由皇帝个人做出决策。皇权体制下的谏议制度并不能制约决策中的独断专行。裴松之强烈批评了孙权在这个问题上"愎谏违众"③的错误。后来的事实证明了孙权的决策是错误的,"(公孙)渊果斩(张)弥等,送其首于魏,没其兵资"④,使孙吴在外交上遭到惨重损失。消息传来,孙权大怒,又打算亲自率兵讨伐公孙渊,经上大将军陆逊、尚书仆射薛综、选曹尚书陆瑁等人反复切谏,他才放弃了这一愚蠢的想法。

在帝王专决的同时,群臣集议决策的制度在孙吴也是实行了的。在孙权称帝以前,对于外交上的大事也常召集群臣会议。建安七年(202)曹操"下书责(孙)权质任子。权召群臣会议"⑤,以商讨是否向曹操派质子的问题。建安十三年(208)曹操向孙权下最后通牒,孙权"得书以

---

① 《三国志》卷四七《吴志·吴主传》,第1138页。
② 《三国志》卷五二《吴志·张昭传》,第1223页。
③ 《三国志》卷四七《吴志·吴主传》裴松之注,第1139页。
④ 《三国志》卷四七《吴志·吴主传》,第1138页。
⑤ 《三国志》卷五四《吴志·周瑜传》注引《江表传》,第1260页。

示群臣"①，从"诸议者皆望风畏惧，多劝权迎之。惟（周）瑜、（鲁）肃执拒之议，意与权同"② 来看，对此事孙权是召集了群臣集议以商讨对策。黄初二年（221）曹魏派遣邢贞使吴，拜孙权为吴王，孙权"群臣议，以为宜称上将军九州伯，不应受魏封"③。这是召集群臣集议以决定是否接受曹魏的封号。同年魏文帝欲封孙权子孙登，孙权以孙登年幼为由，上书辞封，同时派遣西曹掾沈珩前往曹魏陈谢④。魏文帝在接见沈珩时问道："闻太子当来，宁然乎？"沈珩答道："臣在东朝，朝不坐，宴不与，若此之议，无所闻也。"⑤ 沈珩推托自己没有参与这个问题的集议，当然是一种外交上的托辞，但从中也可见这类外交问题是可能经过群臣集议的。孙权称帝以后，关于外交问题的集议相对较少了，但也不是没有进行过，嘉禾元年（232）与公孙渊的外交斗争中，陆瑁的上书中曾说过"群臣愚议，窃谓不安"⑥ 云云，可见也曾举行过群臣会议。

从三国的外交决策，我们可以看到，这个时期帝王和权臣专决的情况，比两汉时期突出，更经常运用。这是由于三国时期特定的历史条件所造成的。一方面是这个时期兼并战争激烈频繁，因而帝王、权臣专权成为普遍现象，而且许多外交问题与战争问题紧密联系，交织在一起。各国首先必须对军事问题迅速做出决策，外交问题相对不如战争问题突出，常为帝王、权臣处理军事的附属问题；另一方面三国时期的君主和权臣，特别是那些创业之主，大多足智多谋、有丰富的斗争经验，有能力就复杂的外交问题作出个人的决断。不过帝王和权臣在个人专决时，也经常征询臣下的意见，或接受臣下的建议，两汉的谏议制度在一定程度上有所继续。而且两汉的集议制度也还在一定程度上继续实行。

但是三国的外交决策又存在差异，各有自己的某些特点。曹魏和蜀汉以帝王专决比较突出，孙吴与他们相比则群臣集议相对经常一些。曹魏方面，因其为权臣篡位所建立的政权，不仅在篡位之前靠专权起家，

---

① 《三国志》卷四七《吴志·吴主传》注引《江表传》，第1118页。
② 《三国志》卷四七《吴志·吴主传》，第1117—1118页。
③ 《三国志》卷四七《吴志·吴主传》注引《江表传》，第1123页。
④ 《三国志》卷四七《吴志·吴主传》，第1123页。
⑤ 《三国志》卷四七《吴志·吴主传》注引《吴书》，第1124页。
⑥ 《三国志》卷五七《吴志·陆瑁传》，第1337页。

篡位之后仍继续这一传统不坠；加以其国力和政治、军事上均压倒吴、蜀二国，又以"正统"自居，因而他们并不十分看重对此二国的外交。蜀汉方面，则因其在三国中力量最为弱小，疲于奔命，刘备、诸葛亮经常各在一方，权力中心分散，进行集议决策有客观条件的限制；刘备死后，幼主庸劣，诸葛亮受"托孤"之重，只能由其专决。孙吴方面，则在政治上、军事上均处于劣势，在政治上既无曹魏"挟天子以令诸侯"、又无西蜀"汉室宗亲"的资本，在军事上处于北方和上游的重压之下，为求生存与发展，不能不在运用军事手段的同时十分注意外交手段的配合，因而在外交上兢兢业业、集思广益，以应付错综复杂的三角关系，弥补劣势，立足江东，相机图霸。

第二节　两晋十六国时期的外交决策

一　两晋时期的外交决策

两晋时期的社会、政治及政治制度都发生了某些变化，因而其外交决策也有一些相应的变化。司马氏建立的西晋皇朝，除开国皇帝稍有作为外，大都昏庸无能。东晋皇权尤为羸弱，士族、外戚、宗室都对皇权构成严重的威胁。在中央职官制度方面的显著变化，是尚书台取代汉代的三公成为宰相，总理中央政务[1]。这些变化都对两晋的外交决策有所影响。

首先，外交事务多由尚书直接上奏皇帝，经皇帝批准执行。泰始二年（266）孙吴派大鸿胪张俨、五官中郎将丁忠来吊祭司马昭之丧，"有司奏为答诏。帝曰：'……（孙）皓遣使之始，未知国庆，但以书答之。'"[2] 这里的"有司"是指哪个部门呢？从晋武帝时围绕齐王司马攸"就国"问题引起的风波中有助于我们了解当时的"有司"是指哪个部门。晋武帝令齐王司马攸"就国"，遂"下礼官议崇锡之物"，博士庚旉等人"上表谏"，武帝"以博士不答所问，答所不问，大怒，事下有司"。

---

[1] 参见祝总斌《两汉魏晋南北朝宰相制度研究》第六章第二节，中国社会科学出版社1990年版，第159—204页。

[2] 《晋书》卷三《武帝纪》，第53页。

于是尚书朱整、褚䂮等奏："请收（庾）旉等八人付廷尉科罪。"廷尉刘颂据此奏庾旉等"大不敬，弃市论，求平议"。于是"尚书又奏请报听廷尉行刑"。这时另一位尚书夏侯骏谓朱整曰："国家乃欲诛谏臣！官立八座，正为此时，卿可共驳正之。"朱整不从，夏侯骏怒起曰："非所望也！"乃独为驳议。左仆射魏舒、右仆射王晃等从夏侯骏议。他们的驳议奏上之后，在武帝那里压了七天，才下诏免庾旉等人死罪，但是"并除名"①。从中可见晋武帝"事下有司"中的"有司"是指尚书。此后一系列公事往还中也是以尚书为中心而展开的，尚书奏请报听廷尉行刑之后，廷尉要求"平议"，也是由尚书进行平议并将平议决定上奏，尚书中有不同意见，又可以进行驳议。清楚地显示尚书为当时的行政主管部门。夏侯骏所称"八座"即"尚书八座"。泰始二年"有司奏为答诏"中的"有司"亦当指尚书的有关部门。"有司"请示拟用诏书答孙吴，晋武帝不同意，认为孙吴遣使之时不知司马氏已代魏建晋，孙吴与晋"未正君臣之仪"②，故不应用"诏"而应用"书"答之。太康四年（283）"有司奏：鄯善国遣子元英入侍，以英为骑都尉，佩假归义侯印，青紫绶各一具"③。这也当是有关尚书向皇帝奏报对鄯善国侍子处置的初步意见，请皇帝批准。这一报告得到了皇帝的批准，于是有《晋书·武帝纪》太康四年八月"鄯善国遣子入侍，假其归义侯印"④的记载。晋代尚书台取代了汉代诸卿的权力，总揽国家政务，其中包括外交事务，由他们直接上报皇帝，经皇帝批准执行。

其次，士族权臣对于外交决策的专断也很突出。由于皇权的羸弱，士族权臣操纵国政，其中包括外交方面的权力，尤以东晋时期为甚。谢安当政时，"时强敌寇境，边书续至"，谢安"每镇以和靖，御以长算"⑤。他总揽国家对外政策。庾翼以晋康帝舅的身份，"年少超居大任"，代其兄庾亮出镇武昌时，"遣使东至辽东，西到凉州，要给二方，欲同大举。

---

① 《晋书》卷五〇《庾旉传》，第 1402—1403 页。
② 《晋书》卷三《武帝纪》，第 53 页。
③ 《初学记》卷二六《器物部·绶第四》注引《晋永安起居注》，第 626 页。
④ 《晋书》卷三《武帝纪》，第 75 页。
⑤ 《晋书》卷七九《谢安传》载，第 2074 页。

慕容皝、张骏并报使请期"①。以一方镇守而采取重大的外交行动。刘裕总揽东晋朝政，北伐南燕时，与后秦的外交亦由其全权专决，时后秦姚兴遣使威胁刘裕说：后秦与南燕为"邻好"，晋方如不撤军，后秦铁骑十万将"长驱而进"，刘裕答后秦使者说："语汝姚兴，我定燕之后，息甲三年，当平关、洛。今能自送，便可速来。"刘裕的录事参军刘穆之听说有后秦使者，急驰入，刘裕告诉他后秦使者已走，并将他的答词告知刘穆之，刘穆之埋怨道："常日事无大小，必赐与谋之。此宜善详之，云何卒尔便答。公所答（姚）兴言，未能威敌，正足怒彼耳。若（南）燕未可拔，羌救奄至，不审何以待之？"刘裕笑曰："此是兵机，非卿所解，故不语耳。夫兵贵神速，彼若审能遣救，必畏我知，宁容先遣信命。此是其见我伐燕，内已怀惧，自张之辞耳。"录事参军刘穆之，"有经略才具"，刘裕"以为谋主，动止必咨焉"②。如此重要的外交事项，连与他的亲信高参刘穆之都没有商议，更不必说向东晋朝廷请示了。灭后秦后刘裕又径自"遣使遗（赫连）勃勃书，请通和好，约为兄弟"③。更是撇开了东晋皇帝。

再次，汉代的朝议制度在晋代仍被继承，不过与汉制不同的是举凡军国大事，包括外交大事一般由尚书"八座"集议，"晋西朝八坐丞郎，朝晡诣都坐朝，江左唯旦朝而已"④。所谓"都坐"是指尚书台议政之所，"八座"是指尚书台首长令、仆射以及列曹尚书。咸康七年（341）慕容皝派刘翔至建康，向东晋"求大将军、燕王章玺"，东晋"朝议以为……不可许"。刘翔留住建康一年多，"众议终不决"。这里面有一个重要原因是诸葛恢"独主异议"，以为"夷狄相攻，中国之利；惟器与名，不可轻许"。当时诸葛恢为尚书令兼吏部尚书。显然这件事在尚书八座中曾进行多次讨论。后来刘翔通过中常侍彧弘"入言于帝，帝意亦欲许之"⑤。加以慕容皝上表指责庾氏兄弟"擅权召乱"，庾冰"甚惧，以其

---

① 《晋书》卷七三《庾翼传》，第1932页。
② 《宋书》卷一《武帝纪上》，第16—17页。
③ 《晋书》卷一三〇《赫连勃勃载记》，第3208页。
④ 《宋书》卷三九《百官志上》，第1237页。
⑤ 《资治通鉴》卷九六《晋纪》，成帝咸康七年（341）条，第3042—3044页。

绝远，非所能制，遂与何充等奏听㑺称燕王"①，这件事才算了结。何以这个问题要经庾冰、何充同意才得以通过呢？当时庾冰是中书监兼录尚书事，何充是中书令兼领军将军。东晋时录尚书事权力膨胀，其"职无不总"②，控制朝政。这是东晋皇权削弱的政治表现。与此同时中书省的权力也有很大发展，中书监、令"自晋建国，尝命宰相参领，中兴以来，益重其任"③，中书监同时兼录尚书事为宰相，把不宜兼任的二职集于一身，反映了东晋的君弱臣强④。庾冰当时身兼此二职，故能对外交决策起决定作用。前述建元元年（343）庾翼遣使东约慕容㑺，西约张骏，刻期大举。"朝议多以为难，唯庾冰意与之同"⑤，可见此事也曾举行过朝议。尽管朝议"以为难"，庾翼仍然敢于独断专行，这与庾冰的支持是分不开的。兄弟二人，一握兵于外，一专政于内，其垄断外交决策就很自然了。由上述外交决策可见东晋时期的朝议也深深地打上了士族门阀势力的烙印。

二　十六国时期的外交决策

十六国政权多为少数民族所建立，但其政治制度基本上沿袭魏晋，故其外交决策也与魏晋基本相同。其决策方式主要有两种，一为帝王直接决策，二为通过朝议以进行决策。

（一）帝王决策

十六国时期列国纷争，军事和外交斗争非常频繁而错综复杂，需要对于外交问题迅速作出抉择，因此十六国的统治者经常直接对于外交问题进行决策。而十六国的君主中，有的富有政治经验，有能力就此做出决策；有的属于昏暴专横，故而在外交决策中也独断专行。

前秦建元十八年（382）车师前部王弥寘、鄯善王休密驮入朝于苻坚，因见前秦强盛，"甚惧，因请年年贡献"。但苻坚"以西域路遥，不

---

① 《晋书》卷一〇九《慕容㑺载记》，第2821页。
② 《宋书》卷三九《百官志上》，第1234页。
③ 《通典》卷二一《职官三·中书令》，第125页。
④ 参见祝总斌《两汉魏晋南北朝宰相制度研究》第九章第二节，中国社会科学出版社1990年版，第345页。
⑤ 《资治通鉴》卷九七，晋建元元年（343）条，第3055页。

许，令三年一贡，九年一朝，以为永制"。这是苻坚直接做出的外交决策。他们又向苻坚请求道："大宛诸国虽通贡献，然诚节未纯，请乞依汉置都护故事。若王师出关，请为乡导。"于是苻坚决定派吕光等人率兵七万，平定西域。苻融"固谏以为不可"，其他朝臣又屡谏，苻坚"皆不纳"①。这是苻坚拒绝谏诤而独自做出的决策。

后秦弘始七年（405）"刘裕遣使求和于秦，且求南乡等诸郡，秦王（姚）兴许之"。后秦的群臣都反对这样做，但姚兴不听，"遂割南乡、顺阳、新野、舞阴等十二郡归于晋"②。这是姚兴独自做出的外交决策。

当然十六国君主在进行决策时，也常听取臣下的规谏，魏晋的谏议制度也有所承袭。

后赵建武六年（340），前凉张骏惧怕石季龙势盛，派遣其别驾马诜朝之，"季龙初大悦，及览其表，辞颇蹇傲，季龙大怒，将斩（马）诜"。于是其侍中石璞进谏曰："为陛下之患者，丹杨也。区区河右，焉能为有无！今斩马诜，必征张骏，则南讨之师势分为二，建邺君臣延其数年之命矣。胜之不为武，弗克为四夷所笑，不如因而厚之。彼若改图谢罪，率其臣职者，则我又何求！迷而不悟，讨之未后也。"③ 石璞的谏言，分析了后赵与前凉、东晋的三角关系，认为后赵的主要敌手是江南的东晋，而非河右的前凉，对于前凉应当采取联合的方针，以便集中力量对付东晋。因此不能斩前凉的使节。这实际上是擘划了后赵的外交方针政策。石季龙接受了石璞的谏言。

前秦建元十一年（375），丞相王猛临终前，苻坚"问以后事"，王猛特别提出："晋虽僻陋吴、越，乃正朔相承。亲仁善邻，国之宝也。臣没之后，愿不以晋为图。鲜卑、羌虏，我之仇也，终为人患，宜渐除之，以便社稷。"④ 王猛的临终遗言，实际是为前秦制定的重要外交方针。史文没有说苻坚是否接受了王猛的意见，但是从后来苻坚悍然发动进攻东晋的淝水之战，苻融以王猛临终之言谏阻，苻坚也不听的情况来看，他

---

① 《晋书》卷一一四《苻坚载记下》，第2911页。吕光率兵七万，《资治通鉴》卷一〇四晋太元七年条作"总兵十万，铁骑五千"，第3300页。
② 《资治通鉴》卷一一四晋义熙元年，第3585页。
③ 《晋书》卷一〇六《石季龙载记上》，第2771页。
④ 《晋书》卷一一四《苻坚载记下》附《王猛传》，第2933页。

是没有接受王猛的意见。这终于导致苻坚身死国灭的严重后果。

后凉神鼎元年（401），后秦大举进攻后凉，包围后凉都城姑臧一个月，后凉粮尽援绝，政局动荡，"于是群臣表求与姚兴通好"。但是后凉君主吕隆不同意，其弟吕超谏曰："何惜尺书单使，不以危易安！且令卑辞以退敌，然后内修德政，废兴由人，未损大略。"吕隆不听，吕超又谏，吕隆才接受，于是向后秦遣使"请降"①。

北燕太平六年（414），拓跋魏派遣于什门出使北燕，被北燕扣留，导致双方关系长期紧张。太平十年（418），太史令张穆借"有赤气四塞"的天象，向北燕君主冯跋进言，说这是"兵气也。今大魏威制六合，而聘使断绝。自古未有邻国接境，不通和好。违义怒邻，取亡之道。宜还前使，修和结盟"。冯跋答道："吾当思之。"② 张穆是利用"灾异"申述与拓跋魏结好的外交方针政策。

君主在外交上的专断和拒谏，有可能做出错误的决策，导致严重后果。北燕与拓跋魏的外交关系一直存在问题，双方时有战事，关系紧张，许多北燕朝臣都主张与北魏修好。但是北燕君主冯弘在这个问题上举措失当，导致失国。北燕太兴二年（432），尚书郭渊"劝燕王送款献女于魏，乞为附庸"。但燕王不同意，说："负衅在前，结忿已深，降附取死，不如守志更图也。"③ 后来北魏要求北燕以太子为质，但"燕王不遣太子质魏"。于是散骑常侍刘滋谏曰："愿亟遣太子，而修政事……社稷犹庶几可保。"对此燕王不但不听，反而大怒"杀之"④。于是燕、魏关系日益恶化。次年，因"魏人数伐燕，燕日危蹙，上下忧惧。太常杨岷复劝燕王速遣太子入侍。燕王曰：'吾未忍为此。若事急，且东依高丽以图后举。'岷曰：'魏举天下以击一隅，理无不克。高丽无信，始虽相亲，终恐为变。'燕王不听，密遣尚书阳伊请迎于高丽"⑤。对于这么重大的外交问题，燕王继续实行个人专决，拒绝臣下的谏言，"后为魏所伐，东奔高

---

① 《晋书》卷一二二《吕隆载记》，第3070页。
② 《晋书》卷一二五《冯跋载记》，第3133页。
③ 《资治通鉴》卷一二二，宋元嘉九年（432）条，第3840页。
④ 《资治通鉴》卷一二二，宋元嘉十一年（434）条，第3854页。
⑤ 《资治通鉴》卷一二二，宋元嘉十二年（435）条，第3859页。

句丽。居二年，高句丽杀之"①。重蹈前秦因外交决策上的错误，而招致身死国灭的严重后果。

（二）朝议决策

十六国政权的中央官制，基本上模仿魏晋制度。朝议制度亦仿照魏晋，咸和五年（330）石勒称赵天王，行皇帝事后，下书曰："自今有疑难大事，八座及委丞郎赍诣东堂，诠详平决。其有军国要务须启，有令仆尚书随局入陈，勿避寒暑昏夜也。"② 这条材料反映了两方面的问题，一是尚书台为石赵政权的中枢权力机构，二是军国大事由尚书台集议，然后上报帝王决断。这完全是西晋的制度。外交大事亦由尚书台朝议决策。

南凉建和三年（402），后凉吕隆被北凉沮渠蒙逊所伐，遣使向南凉求救，南凉君主秃发利鹿孤"引群下议之"。尚书左丞婆衍崘主张"使二寇相残，以乘其衅"，不宜相救。车骑将军、录尚书事秃发傉檀主张速救，以免姑臧落入沮渠蒙逊之手。最后"利鹿孤曰：'车骑之言，吾之心也'。遂遣傉檀率骑一万救之"③。这是南凉实行尚书朝议决策。

南燕君主慕容超的母亲和妻子早先被后秦姚兴扣留于长安，姚兴以此要挟慕容超。南燕太上三年（407）姚兴"责（慕容）超称藩，求太乐诸伎，若不可，使送吴口千人。超下书遣群臣详议"。尚书左仆射段晖主张"掠吴口与之"。尚书张华反对，认为这样会挑起与东晋的战争，不如派中书令韩范出使后秦，"降号修和"。慕容超大悦，说："张尚书得吾心矣。"④ 于是派韩范出使后秦。这是南燕实行尚书朝议决策。

晋安帝义熙三年（407）八月后秦派员外散骑常侍韦宗"聘于燕"。慕容超"与群臣议见（韦）宗之礼"。尚书张华曰："陛下前既奉表，今宜北面受诏。"封逖等人反对，最后慕容超说："'吾为太后屈，愿诸君勿复言！'遂北面受诏。"⑤ 这也是南燕进行尚书朝议决策。

北燕太平三年（411），柔然可汗勇斛律遣使献马三千匹，求娶北燕

---

① 《晋书》卷一二五《冯跋载记》，第3133页。
② 《晋书》卷一〇五《石勒载记下》，第2746页。
③ 《晋书》卷一二六《秃发利鹿孤载记》，第3147页。
④ 《晋书》卷一二八《慕容超载记》，第3178—3179页。
⑤ 《资治通鉴》卷一一四，晋安帝义熙三年（407）条，第3600—3601页。

君主冯跋女乐浪公主。冯跋"命其群下议之",录尚书事、大司马冯素弗等议以为不可许,冯跋曰:"朕方崇信殊俗,柰何欺之!"① 于是答应了柔然的要求。这是北燕实行尚书朝议决策。

前秦建元四年(369),前燕因遭东晋进攻,派散骑侍郎乐嵩出使前秦求救,并许愿割让虎牢以西之地给前秦。于是"秦王(苻)坚引群臣议于东堂"②。这是前秦实行尚书朝议决策。"东堂"为西晋宫中一殿,郗诜迁雍州刺史,"武帝于东堂会送"③。十六国政权宫中亦有此殿,苻坚兄苻法被杀前,苻坚"与(苻)法诀于东堂"④。到十六国时,东堂已成为朝议决策场所,前引石勒下书令尚书八坐议政于东堂,此处苻坚引群臣议于东堂等,均属此例。

但是十六国的政治制度复杂多变,并非整齐划一,一律由尚书八座丞郎集议决策。中书等亦常参与集议。

成汉将领李宏被东晋所俘,后逃奔于后赵。成汉主李寿致书石季龙,要求引渡李宏。成汉的书信中题曰"赵王石君",石季龙对此"不悦,付外议之,多有异同"。这里的"外"当指尚书台。会上,中书监王波议以为遣返李宏于国有利,并且不以"诏"而以"书"⑤ 答之。这是中书参与朝议。这时恰巧"挹娄国献楛矢石砮于赵,(王)波因请以遗汉,曰:'使其知我能服远方也。'(石)虎从之,遣李闳归,厚为之礼。闳至成都,(李)寿下诏曰:'羯使来庭,贡其楛矢。'虎闻之,怒,黜王波,以白衣领职"⑥。西晋时中书监、令权力比曹魏时期扩大,掌管诏命之外亦参与朝议,十六国时期当承袭其制。

第三节　南北朝时期的外交决策

经历魏晋十六国时期二百年的演进,到了南北朝时期,形成了南北

---

① 《晋书》卷一二五《冯跋载记》,第 3130 页。
② 《资治通鉴》卷一〇二,晋海西公太和四年(369)条,第 3216 页。
③ 《晋书》卷五二《郗诜传》,第 1443 页。
④ 《晋书》卷一一三《苻坚载记上》,第 2885 页。
⑤ 《晋书》卷一〇六《石季龙载记上》,第 2771 页。
⑥ 《资治通鉴》卷九六,晋成帝咸康六年(340)条,第 3041—3042 页。此李闳即《晋书》所载李宏。

隔江而治、相对强大、稳定的胡汉对立政权。这一政治态势导致这一时期外交呈现了某些特点：南北双方在军事对抗的同时，亦展开激烈的外交斗争，两者密切配合、相互为用，以争正统地位；各自向周边国家和地区展开频繁的外交活动，积极争取与国，以期在战略上包围、压倒对方。因而这一时期的外交较前一时期活跃，有了长足的发展。

与此相应，这一时期的政治制度也呈现南北互有异同的某些特点。南朝为汉人政权，其政治制度是在继承魏晋制度的基础上逐步演进。北朝为胡族政权，其政治制度则是在不断改造浓厚的胡族色彩的同时，借鉴、吸收汉族传统政治制度，并最后与之并轨。皇权的加强与中央三省制度的日益发展并向着完成的门槛迈进，则是南北方的共同特点和发展趋势。

在这种历史条件下，南北朝的外交决策也呈现了互有异同的某些特点：在南朝的外交决策中，以皇帝专决和佞幸用事较为突出，而在北朝则运用御前会议这一方式较南朝为多。北朝虽然也建立了专制皇权政治，但因受鲜卑族早期军事民主制度的影响，决策中的民主、协商精神较南朝明显。与此同时不论南北朝，在外交决策中都不同程度地逐步施行了三省博议制度，这标志着日后隋唐时期的宰相决策方式在这个时期已露端倪，为从汉代的两级决策体制向隋唐的三级决策体制的转变准备了条件。

一 南朝的外交决策

南朝的政治制度一方面继承晋制，另一方面又有很大的发展变化。由于士族地主的腐朽衰落，和寒人的兴起，南朝在政治上表现为皇权的相对加强和皇帝亲信权力的加强，而这些亲信多出身寒素，出现了"寒人掌机要"的情形。南朝的尚书省仍然是宰相机构，但是门下、中书两省权力有了进一步的发展，侵蚀了尚书省的部分权力。南朝政治的发展变化，导致了其外交决策的某些变化。

（一）皇帝决策

南朝改变了东晋主弱臣强的局面，皇权有所增强，因而在外交决策方面，皇帝往往独断专行。这种现象在南朝是比较普遍的。大同六年（540）梁武帝在关于尚书议政过分依赖皇帝的诏令中说道："顷者不尔，每有疑事，倚立求决……岂朕寡德，所能独断。"① 梁武帝谋求改变这种状况，这表明在以往的决策中皇帝"独断"、朝臣"倚立求决"的情况是经常现象。

元嘉二十年（443）宋文帝"欲伐林邑，朝臣不同"②。只有广州刺史陆徽和侍中沈演之赞成宋文帝的旨意。宋文帝违反众议而决定出兵林邑。元嘉二十七年（450）"始议北侵，朝士多有不同"，但宋文帝仍然决定北伐，结果遭到北魏强大兵力的反击，宋文帝叹曰："北伐之计，同议者少，今日士庶劳怨，不得无惭，贻大夫之忧，在予过矣。"③ 这里所谓"同议者"是指江湛和徐湛之二人。北伐失败后，太子刘劭欲归罪于江、徐二人，文帝说："北伐自是我意，江、徐但不异耳。"胡注曰："言不持异议也。"④ 可见这一决策是宋文帝违反群臣意见而专断的。

太建五年（573），陈宣帝谋伐北齐，"公卿各有异同，唯镇前将军吴明彻决策请行。帝谓公卿曰：'朕意已决，卿可共举元帅。'"⑤ 这是陈宣帝违反众议而独断伐齐，只许朝臣讨论北伐将领的人选问题。在人选问题上，"众议咸以中权将军淳于量位重，共署推之"。唯尚书仆射徐陵推举吴明彻，"于是争论累日不决。都官尚书裴忌曰：'臣同徐仆射'。（徐）陵应声曰：'非但（吴）明彻良将，裴忌即良副也'。是日，诏明彻为大都督，令（裴）忌监军事"。结果陈军获胜，攻占淮南数十州之地，陈宣帝"因置酒，举杯属陵曰：'赏卿知人'。陵避席对曰：'定策出自圣衷，非臣之力也。'"⑥ 徐陵的对答虽有奉承的成分，但也多少反映了皇帝在决策中独断专行的实际情况。

不仅和战大计皇帝经常独断专行，甚至一些具体的外交事务皇帝也往往大权独揽。齐永明八年（490），河南国王易度侯死，其子休留茂继位，齐武帝派振武将军丘冠先出使吊唁、封拜。"上初遣（丘）冠先，示

---

① 《梁书》卷三《武帝纪下》，第84页。
② 《宋书》卷六三《沈演之传》，第1685页。
③ 《南史》卷二《宋本纪中》，第52页。
④ 《资治通鉴》卷一二五，宋文帝元嘉二十七年（450）条，第3961页。
⑤ 《资治通鉴》卷一七一，陈宣帝太建五年（573）条，第5316页。
⑥ 《陈书》卷二六《徐陵传》，第333—334页。

尚书令王俭，俭答上曰：'此人不啻堪行'。乃再衔命"①。永明三年（485）丘冠先已出使过河南国，故令其再次前往。按照正常制度，派遣外交使节应当先经过朝议，这是尚书省的职权范围。宋后废帝元徽（473—477）初，"遣北使，朝议令（刘）善明举人"。这说明推举使节要先经过朝议。而这次朝议决定由刘善明荐举人选，则是一个特例，因这次遣使的目的之一是为刘善明赎母。刘善明母亲在泰始五年（469）青州陷落时被北魏俘走，"善明布衣蔬食，哀戚如持丧。明帝每见，为之叹息，时人称之……朝廷多哀善明心事"②。一般情况下则是由尚书省推荐，刘宋末"王俭举员外郎孔逿使虏，（虞）玩之言论不相饶，逿、俭并恨之"③。当时王俭为萧齐尚书右仆射，虞玩之为尚书仪曹郎，在朝议中他们对王俭所荐举的人选有所争议。这些都应当是选任使节中的正常程序。然而丘冠先的任命则是齐武帝先决定，他在决定之后才征求尚书令王俭的意见，这是皇帝包办尚书省职权的事实。不仅如此，丘冠先后来出使河南被杀，齐武帝"以冠先不辱命，赐其子（丘）雄钱一万，布三十匹。雄不受，诣阙上书曰"云云，"书奏不省"④。看来事后的处理也可能是由其一手包办的。

皇帝在外交决策上的独断专行还表现在对臣下谏诤的处理上。

永明五年（487）北魏遣使向南朝求书籍，"朝议欲不与"。中书郎王融上疏曰："臣侧闻金议，疑给虏书，如臣愚情，切有未喻。"认为应当把书籍送给北魏，以使"汉家轨仪，重临畿辅"，不待用兵即可实现"三秦大同，六汉一统"。齐武帝对此答道："吾意不异卿。今所启，比相见更委悉。"然而"事竟不行"⑤。

永明九年（491）北魏派李道固、蒋少游来报使。崔元祖向齐武帝谏道："少游，臣之外甥，特有公输之思。宋世陷虏，处于大匠之官。今为副使，必欲模范宫阙……臣谓且留少游，令使主反命。"崔元祖因蒋少游精通建筑，疑其借出使之名，前来搜集南朝宫廷建筑资料，故建议将其

---

① 《南齐书》卷五九《河南传》，第1027页。
② 《南齐书》卷二八《刘善明传》，第523页。
③ 《南齐书》卷三四《虞玩之传》，第611页。
④ 《南史》卷七三《丘冠先传》，第1820页。
⑤ 《南齐书》卷四七《王融传》，第818—820页。

扣留。但是"世祖以非和通意，不许"①。

南齐建武（494—498）初，孔稚珪出任南郡太守，"以虏连岁南侵，征役不息，百姓死伤。乃上表"，就对北魏的外交方针问题提出建议，认为：对于北魏的方针无非用武与通使二途，然而"今之议者，咸以丈夫之气，耻居物下"，反对通和，以为"请和示弱，非国计也"。他驳斥了这种观点，总结了元嘉、永明年间南北通和给边境人民及国家带来的好处，主张停止南北武力对抗，恢复双方通和关系。但是"帝不纳"②。

（二）朝议决策

外交大事按照正常制度应当是通过群臣朝议进行决策。梁武帝大同六年（540）诏曰："经国有体，必询诸朝，所以尚书置令、仆、丞、郎，旦旦上朝，以议时事，前共筹怀，然后奏闻……自今尚书中有疑事，前于朝堂参议，然后启闻。"③ 这是明确规定国家政事需先经尚书省朝议，再上报皇帝批准。"朝堂"即尚书议政之所，又称"都坐"。南朝尚书省有上省与下省之分。上省在禁中，为尚书八座丞郎议政之所"朝堂"所在④。齐高帝建元（479—482）年间，河南王"拾寅子易度侯好星文，尝求星书，朝议不给"⑤。永明五年（487）北魏"使遣求书，朝议欲不与"⑥。这些都是有关外交问题的朝议决策。

有时这种朝议的争论还是很激烈的。刘宋元嘉二十七年（450）北魏"遣使求婚"，就此曾举行朝议："上召太子（刘）劭以下集议，众并谓宜许。（江）湛曰：'戎狄无信，许之无益。'劭怒，谓湛曰：'今三王在厄，讵宜苟执异议。'声色甚厉。坐散俱出，劭使班剑及左右推之，殆将侧倒。"⑦ 这是就是否与北朝和亲之事进行朝议。当时北魏大军压境，拓跋焘亲至刘宋都城建康北岸之瓜步，扬言渡江，首都形势紧急。刘劭所称"三王"，指江夏王刘义恭、武陵王刘骏、南平王刘铄，当时他们分别

---

① 《南齐书》卷五七《魏虏传》，第990页。
② 《南齐书》卷四八《孔稚珪传》，第838、840页。
③ 《梁书》卷三《武帝纪下》，第84页。
④ 参见祝总斌《两汉魏晋南北朝宰相制度研究》第七章第一节，中国社会科学出版社1990年版，第227—228页。
⑤ 《南齐书》卷五九《河南传》，第1026页。
⑥ 《南齐书》卷四七《王融传》，第818页。
⑦ 《宋书》卷七一《江湛传》，第1849页。

率军在彭城、寿阳前线与魏相峙。江湛时为吏部尚书，他反对与魏和亲，竟然遭到粗暴压制，此虽与刘劭的"弑逆"性格有关系，但也反映了朝议中争论之激烈。北魏提出和亲，实际并无诚意，最后"魏亦竟不成婚"①。

朝议之所虽然在尚书朝堂，但是对于外交大事进行决策时并非只是尚书八座丞郎参加，而是统治集团决策成员均可与议，此即所谓"博议"。元嘉三十年（453）四月宋孝武帝即位后，"时索虏求通互市，上诏群臣博议"②。参加这次博议的都有些什么人呢？当时会上分为两派，"江夏王义恭、竟陵王诞、建平王宏、何尚之、何偃以为宜许；柳元景、王玄谟、颜竣、谢庄、檀和之、褚湛之以为不宜许"③。这是参加这次博议的主要代表人物。他们当时所居官职分别是：刘义恭为录尚书六条事，刘诞为侍中，刘宏为尚书仆射、中书监，何尚之为尚书令领吏部，何偃为侍中，柳元景为侍中领左卫将军，王玄谟为徐州刺史加都督，颜竣为侍中，檀和之为右卫将军，褚湛之为尚书右仆射。由此可见尚书、中书、门下三省长官，宿卫将领等均参与博议。其中尚书省长官录尚书事、令、仆都参加了，可见尚书省在外交决策中还占有相当重要地位。门下省长官侍中也很活跃，而柳元景以侍中领左卫将军，宋文帝说："侍中领卫，望实优显，此盖宰相便坐"④，更成为决策集团核心分子。宿卫将领中最重要的左右卫进入决策中枢也是南朝中央权力机构变化中一个突出现象。侍中与宿卫将领多为皇帝"恩幸"，他们在决策中枢地位的加强，正是南朝皇权强化的反映。中书省长官这里只见刘宏一人，而且是以尚书仆射兼中书监。南朝中书监、令的作用已日趋降低，陶氏《职官要录》谓此职"比尚书令特进之流无事任，清贵华重，大位多领之"⑤。

孔稚珪曾就对北魏通和的方针向齐明帝上表提出建议，其表末云："所表谬奏，希下之朝省，使同博议。"⑥ 这里的"博议"大概也是这种

---

① 《资治通鉴》卷一二五，宋文帝元嘉二十七年（450）条，第3961页。
② 《宋书》卷八五《谢庄传》，第2168页。
③ 《宋书》卷九五《索虏传》，第2354页。
④ 《宋书》卷六三《沈演之传》，第1685页。
⑤ 《太平御览》卷二二〇《职官部十八·中书监》引，第1047页。
⑥ 《南齐书》卷四八《孔稚珪传》，第840页。

类型的外交决策会议。

在中书监、令"清贵无事"的同时，中书舍人的权力却迅速膨胀。中书舍人宋、齐时居四品，梁时居第四班，地位较低。宋、齐时期中书舍人多出身寒人，作为皇帝的恩幸而受到信任，掌管诏命起草，且"参决于中"①。梁、陈时期舍人出身有所提高，多为低级士族，而其职权比宋、齐更有发展。中书舍人"始专掌中书诏诰"②，因而外交文书亦由其典掌。刘係宗在齐武帝时兼中书通事舍人，"虏使书常令（刘）係宗题答，秘书书局皆隶之"③。裴子野在梁朝长期兼任中书通事舍人，"敕掌中书诏诰"。其参与外交文书起草，史籍有具体、生动的记述：

> 普通七年（526），王师北伐，敕子野为喻魏文，受诏立成。高祖以其事体大，召尚书仆射徐勉、太子詹事周捨、鸿胪卿刘之遴、中书侍郎朱异，集寿光殿以观之，时并叹服。高祖目子野而言曰："其形虽弱，其文甚壮。"俄又敕为书喻魏相元叉。其夜受旨，子野谓可待旦方奏，未之为也。及五鼓，敕催令开斋速上，子野徐起操笔，昧爽便就。既奏，高祖深嘉焉。自是凡诸符檄，皆令草创。④

从这条材料可以具体地了解中书舍人典掌外交文书的详情，他们直接奉皇帝之命起草文书，再交由皇帝批准即成正式文书。可见他们的权力取决于皇帝的信任。而掌握了外交文书的起草权，实际就是参与了外交的决策。梁武帝召集决策核心成员审定文书时，裴子野也是参与其会的。

中书舍人有时也参与外交大事的谋议，并且具有重要的决策权力。梁太清二年（548）东魏要求"更通和好"，梁武帝"敕有司及近臣定议"。朱异主张答应东魏的要求而通和，傅岐持异议，认为这是东魏离间梁与侯景关系的计谋，不可答应。但是"朱异等固执，高祖遂从（朱）

---

① 《通典》卷二一《职官典三·中书省》"中书舍人"条，第125页。
② 《初学记》卷一一《职官部上·中书舍人》，第276页。
③ 《南齐书》卷五六《倖臣传·刘係宗传》，第976页。
④ 《梁书》卷三〇《裴子野传》，第443页。

异议"①。朱异和傅岐都是中书通事舍人,而且他们不论其他官职如何升迁,始终兼任舍人如故。朱异"居权要三十余年","咨谋帷幄"②。傅岐"在禁省十余年,机事密勿,亚于朱异"③。中书舍人在外交决策中地位重要,是南朝外交决策中的一大特色。

二 北朝的外交决策

北魏政权为鲜卑族所建,其政治制度一方面与魏晋南朝制度有着传承、借鉴和吸收的关系,另一方面又有诸多带有民族色彩而与汉制不同的地方,拓跋族早期的军事民主制度在其决策制度中存留着不同程度的影响,因而其外交决策也有着不少独特之处。

(一) 御前决策

北魏政权是由鲜卑游牧氏族部落逐步发展变化而来的,其皇帝也是由部落联盟酋长转化而来的。北魏的皇帝一方面有着汉族皇权体制中皇帝的专制本质,另一方面又保留不少部落联盟军事首长的特性,因而其皇权格外强大。在外交决策方面皇帝也是大权独揽的。

御前会议是北魏政权的最高决策形式。泰常七年(422)明元帝拓跋嗣因病而立皇太子拓跋焘为国副主,代行皇帝职权,"居正殿临朝"。以司徒长孙嵩、山阳公奚斤、北新公安同"为左辅,坐东厢西面";以崔浩和太尉穆观、散骑常侍丘堆"为右弼,坐西厢东面。百僚总己以听焉"。这"六辅"就是拓跋焘作为"国副主"而"临朝"听政决策的核心班子。这个班子安排好之后,明元帝"避居西宫,时隐而窥之,听其决断,大悦"。当时有的大臣还向明元帝"奏所疑",明元帝说:"此非我所知,当决之汝曹国主也。"④ 明元帝所谓"国主"即指拓跋焘。从这个材料可知拓跋焘是在正殿中与六辅共同商讨政事、进行决策的。群臣在施政中有何问题也是向这个决策班子请示报告的。当时拓跋焘虽然还未正式做皇帝,但是明元帝已把皇帝的很多权力移交给他,他临朝决策的这种方

---

① 《梁书》卷四二《傅岐传》,第 602—603 页。
② 《梁书》卷三八《朱异传》,第 540 页。
③ 《梁书》卷四二《傅岐传》,第 602 页。
④ 《魏书》卷三五《崔浩传》,第 813 页。

式，必然是当时北魏皇帝进行决策时的基本方式。因此，我们可以说，这就是北魏前期的御前决策方式。不过这种御前会议表面上看与汉代的御前会议相似，但实际上有很大不同，这"六辅"之中，有四位是鲜卑皇室贵族，长孙氏、奚氏、丘氏为献帝拓跋邻兄弟的姓氏，穆氏为八大著姓之一；安同是鲜卑化之胡人；只有崔浩是汉族清河大姓。从"六辅"的构成成分可见这种御前会议实际上是拓跋部落联盟氏族贵族议事制度在新条件下的运用。

魏孝文帝实行汉化之后，北魏政治制度也完成了汉化改革进程，因而其御前会议也进行了相应的改革，仿效汉制并开始制度化。太和十七年（493）"高祖临朝堂，谓（穆）亮曰：'三代之礼，日出视朝，自汉魏以降，礼仪渐杀。《晋令》有朔望集公卿于朝堂而论政事，亦无天子亲临之文。今因卿等日中之集，中前则卿等自论政事，中后与卿等共议可否。'遂命读奏案，高祖亲自决之"[①]。孝文帝规定上午由公卿议政，下午则召开御前会议，由公卿"读奏案"，对于公卿所议之政事进行讨论，并由皇帝作出最后决断。从这时开始实行的御前会议已与汉族皇朝政治体制融为一体，成为北魏政权决策体系中的最高层次。

御前会议是北魏政权在外交决策中经常运用的一种方式。北魏泰常七年（422）七月，当刘宋出使北魏的使者返国途中，北魏方面获知宋高祖死，于是"魏主遣人追执之，议发兵取洛阳、虎牢、滑台"[②]。在会上崔浩坚决反对明元帝"乘丧伐之"的主张，而提出"遣人吊祭，存其孤弱，恤其凶灾，布义风于天下"。即以外交手段争取人心、等待时机的主张，认为"若此，则化被荆扬，南金象齿羽毛之珍，可不求而自至"。但是"太宗锐意南伐，诘（崔）浩曰：'刘裕因姚兴死而灭其国，裕死我伐之，何为不可？'"但崔浩仍坚持己见，曰："（姚）兴死，二子交争，裕乃伐之。"认为当年刘裕之所以能克服后秦，是因其内部矛盾激烈，今天的刘宋与往日的后秦不同，故不能用武。于是"太宗大怒，不从浩言，遂遣奚斤南伐"[③]。明元帝在会上与崔浩直接辩论，显然这是其亲自主持

[①] 《魏书》卷二七《穆崇传》附《穆亮传》，第670页。
[②] 《资治通鉴》卷一一九，宋武帝永初三年（422）条，第3747页。
[③] 《魏书》卷三五《崔浩传》，第813—814页。

的一次御前决策会议。值得注意的是这件事是在明元帝任命太子拓跋焘为国副主、组成"六辅"决策班子之后的当年,可见遇有外交大事时,皇帝即使是在交出日常权力之后,也要亲自召开御前会议以决策的,这种外交方针大事还是得由明元帝亲自拍板。

太延二年(436)北魏灭北燕,北燕主冯文通投奔高丽,太武帝遣使要求高丽将冯文通遣送于魏。但是,"高丽不送文通,遣使奉表,称当与文通俱奉王化。帝以高丽违诏,议将击之,纳乐平王(丕)不计而止"①。这里的"议"应也是太武帝主持的一次御前外交决策会议。

北魏太和十年(486)柔然遣使于魏,当时柔然可汗正领兵出击敕勒,北魏左仆射穆亮等人"请乘虚击之"。中书监高闾反对,魏孝文帝也不同意,说:"先帝屡出征伐者,以有未宾之虏故也。今朕承太平之业,奈何无故动兵革乎!"于是"厚礼其使者而归之"②。这是尚书省提出决策方案后,向孝文帝报告,孝文帝召开御前会议否决了这个方案。

遇有疑难问题时皇帝也会主动召开御前会议以作决断。神䴥二年(429)"议击蠕蠕,朝臣内外尽不欲行"。而且尚书令刘洁、左仆射安原等又推举去年所俘夏主赫连昌之太史张渊、徐辩以天象不利为由劝说太武帝改变伐柔然的主意,只有崔浩赞成此计。在这种情况下,"世祖意不决,乃召(崔)浩令与(张)渊等辩之"③。此事《资治通鉴》记作:"魏主意不快,诏浩与渊等论难于前。"④ 可知这是太武帝亲自主持的御前会议。在会上崔浩与张渊互相辩论,各自申述自己的理由,经过反复交锋,张渊等人理屈词穷。崔浩最后质问张渊在当年夏国灭亡之前有无向国君赫连昌提醒过有何天象征兆否?"时赫连昌在座,(张)渊等自以无先言,惭赧而不能对。世祖大悦,谓公卿曰:'吾意决矣。亡国之师不可与谋,信矣哉。'"⑤ 通过这次御前会议而最后做出了伐柔然的决断。恰在此时,北魏派往刘宋的使者从江南回到,报告刘宋威胁北魏交还河南地,否则将发动进攻。"魏主方议伐柔然,闻之,大笑,谓公卿曰:'龟鳖小

---

① 《魏书》卷四上《世祖纪上》,第87页。
② 《资治通鉴》卷一三六,齐武帝永明四年(486)条,第4272页。
③ 《魏书》卷三五《崔浩传》,第815—816页。
④ 《资治通鉴》卷一二一,宋文帝元嘉六年(429)条,第3807页。
⑤ 《魏书》卷三五《崔浩传》,第817页。

竖，自救不暇，夫何能为！就使能来，若不先灭蠕蠕，乃是坐待寇至，腹背受敌，非良策也。吾行决矣。'"① 使者的报告为太武帝说服群臣接受他的主张增添了根据，而这无疑又是一次御前会议。

北魏前期的御前会议还有两种补充形式。一为由监国主持的决策会议。前文已经谈到明元帝以太子拓跋焘为国副主，组成一个决策班子以掌管日常政务，代行皇帝职权。北魏泰常七年（422）明元帝亲自做出讨伐刘宋的决定后，"魏军将发，公卿集议于监国之前，以先攻城与先略地"。这里的"监国"即指拓跋焘。可见在重大方针由明元帝亲自决策之后，其次的问题则由"监国"负责决策。在这次会上，攻城与略地两种意见争执不下，最后因"公孙表固请攻城，魏主从之"②。最终还得由明元帝拍板定案。二为皇太后前会议。神䴥二年（429）太武帝锐意北伐柔然，不仅群臣反对，而且保太后也坚决反对。在太武帝召开以太史张渊、徐辩为一方，崔浩为另一方的辩论会议之后，已经做出了讨伐柔然的决定。但是"保太后犹难之"。于是太武帝"复令群臣于保太后前评议"③。保太后原为拓跋焘幼时保母，拓跋焘"感其恩训，奉养不异所生。及即位，尊为保太后，后尊为皇太后"。在太武帝朝她在政治上有不小影响和权力，如"世祖征凉州，蠕蠕吴提入寇，太后命诸将击走之"④。这次太武帝决心伐柔然，保太后坚执反对，太武帝不能不考虑，因而又令群臣在保太后面前再次讨论此事。会前太武帝对崔浩作了交代，说："此等意犹不伏，卿善晓之令悟。"⑤ 其目的是让保太后等人理解并接受这个决策。这种决策方式的运用，当与包括拓跋族在内的北方少数民族尊重母权的古老习俗有某种渊源关系。

（二）朝议决策

皇帝主持的御前会议虽然是最高的决策层次，但是决策的基本方式仍然是朝议决策。北魏的中央职官制度的发展变化可以孝文帝太和十七年（493）为界划分为前、后两个阶段，前一阶段以鲜、汉杂糅为主要特

---

① 《资治通鉴》卷一二一，宋文帝元嘉六年（429）条，第3809页。
② 《资治通鉴》卷一一九，宋武帝永初三年（422）条，第3748—3749页。
③ 《魏书》卷三五《崔浩传》，第817页。
④ 《魏书》卷一三《皇后传》，第328页。
⑤ 《魏书》卷三五《崔浩传》，第817页。

色；后一阶段太和二十三年（499）以后则完全为汉制。北齐、北周的制度则是在北魏后期制度基础上的发展变化。因此整个北朝的职官制度的发展变化基本上也可以太和改制为界而划分为前、后两个阶段。北朝的朝议决策大体上也呈现这么两个相应的发展阶段。

1. 北魏前期的朝议决策

登国元年（386）拓跋珪复国，北魏建立。皇始元年（396）"始建曹省，备制百官"①，开始实行汉族皇权体制的职官制度，其中包括建立三省。但是在北魏前期三省制度并不完备，又兴废无常，因而其作用并没有得到很好的发挥。其时占主导地位的是鲜卑官制，即大人制和内侍官制。外交决策方面也以后者为主。道武帝时设立外朝大人一职，其重要职责之一即为外事工作，参与外交决策和奉命出使。他们"出入禁中，迭典庶事"②，"参军国大谋"③。但是在外交决策上具有更大权力的是内朝而非外朝。泰常元年（416）东晋刘裕准备进攻后秦，舟师从淮河、泗水入清水，打算溯黄河西上，以便攻打关中的后秦。这条道路要通过北魏的辖区，于是东晋向北魏提出借道。为此明元帝"诏群臣议之"。"外朝公卿咸曰"不可借，应断河上流，勿令晋军西过。然后"又议之内朝，咸同外计。太宗将从之。（崔）浩曰：'此非上策……'议者犹曰'不可借道。'太宗遂从群议"④。这条材料所表达的外交决策程序非常明晰：先由外朝公卿集议，提出处理这一问题的方案，再由内朝集议进行审核，最后交由皇帝决断批准。虽然内外朝都参与决策，但是内朝的决策权力显然是居于外朝之上的。所谓内朝是指鲜卑官系的内侍官，这是北魏前期的权力核心，所谓外朝是指按照汉族官系而建立的三省，以及鲜卑官系中的外朝大人等。

虽然在北魏前期外朝的决策权力不如内朝，但是由于外朝负责日常外交事务，因而在外交决策方面常需预先提出建议或初步方案，报请皇帝审批。"太祖初，经营中原，未暇及于四表。既而西戎之贡不至，有司

---

① 《魏书》卷一一三《官氏志》，第2972页。
② 《魏书》卷三〇《安同传》，第712页。
③ 《魏书》卷二八《和跋传》，第681页。
④ 《魏书》卷三五《崔浩传》，第809—810页。

奏依汉氏故事，请通西域，可以振威德于荒外，又可致奇货于天府。"这里的"有司"即是负责外交事务的外朝，他们根据当时外交的现状而提出了通西域的建议。但是"有司"这一发展对外关系的建议上报之后被否决了，道武帝不从，而且这一方针政策一直沿袭下来，"历太宗世，竟不招纳"①。直到太武帝时仍然采取这一方针，太延（435—440）年间，西域等九国纷纷来朝，太武帝认为招之无益，不打算报使答之。在这种情况下，"有司奏九国不惮遐险，远贡方物，当与其进，安可豫抑后来，乃从之"②。从此才开始了北魏遣使通西域的新局面。可见外朝有司在外交决策中也是有很大作用的。延兴五年（475）柔然可汗予成遣使来求婚，"有司以予成数犯边塞，请绝其使，发兵讨之"。这一建议被献文帝否决了，答应其求婚要求，但是"予成每怀谲诈，终显祖世，更不求婚"③。可见"有司"对于外情的了解还是比较深刻的。

北魏前期在外交决策中的另一方式是公卿会议。北魏有三公、八公，他们实际上是由部落大人转化而来的，不仅是荣誉官号，而且参与政事谋议。北魏前期遇有重大外交问题往往召开公卿会议进行决策。太武帝神䴥四年（431）吐谷浑王慕璝将所俘夏国君主赫连定送交北魏，北魏封慕璝为西秦王。次年（延和元年，432）慕璝上表称"爵秩虽崇而土不增廓，车骑既饰而财不周赏"，提出领土和财产等方面的要求。于是太武帝"诏公卿朝会议答施行"。太尉长孙嵩及议郎、博士二百七十九人议曰："前者有司处以为秦王荒外之君，本非政教所及，来则受之，去则不禁。皇威远被，西秦王慕义畏威，称臣纳贡，求受爵号。议者以为……今西秦王若以土无桑蚕，便当上请，不得言'财不周赏'……西秦所致，唯（赫连）定而已。塞外之人，因时乘便，侵入秦凉，未有经略拓境之勋，爵登上国，统秦、凉、河、沙四州之地，而云'土不增廓'。比圣朝于弱周，而自同于五霸，无厌之情，其可极乎？"根据公卿所议，太武帝做出决断，制曰："公卿之议，未为失体。西秦王所收金城、枹罕、陇西之地，彼自取之，朕即与之，便是裂土，何须复廓。西秦款至，绵绢随使

---

① 《魏书》卷一○二《西域传》，第2259页。
② 同上书，第2260页。
③ 《魏书》卷一○三《蠕蠕传》，第2296页。

疏数增益之，非一匹而已。"① 这个材料所反映的决策过程是：①由于吐谷浑提出增加赏赐和领土等方面的要求，北魏须对此作出决策回应；②"有司"先行裁处，提出初步处理意见；③皇帝对"有司"的意见或直接作出裁决，或如果他认为还须斟酌商议，则下达公卿进行集议；④公卿就皇帝所下议题进行讨论，形成决议，上报皇帝；⑤皇帝根据公卿会议的决议作出决断，完成最终决策。从这一决策过程可见，公卿会议是高于有司决策的一个外交决策层次，它对有司提出的方案进行更深入的论证，成为统治集团的决策方案。参加公卿会议的成员广泛、人数众多，吸收百官乃至议郎、博士等人员参加，仅此次会议就有279人参加，规模颇为不小。这大体就是北魏前期公卿决策的程序。

献文帝皇兴四年（470）柔然进犯于阗，于阗遣使向北魏求援。于是北魏就是否出兵援助于阗问题进行决策。"显祖诏公卿议之"，公卿将议案上奏曰："于阗去京师几万里，蠕蠕之性，惟习野掠，不能攻城，若为所拒，当已旋矣。虽欲遣师，势无所及。"献文帝批准了公卿的议案，于是将此议案给于阗使者看，于阗使者看后亦以为然。于是根据这一议案精神，作诏答复于阗，文曰："朕承天理物，欲令万方各安其所，应敕诸军以拯汝难。但去汝辽阻，虽复遣援，不救当时之急，已停师不行，汝宜知之。朕今练甲养卒，一二岁间当躬率猛将，为汝除患，汝其谨警候以待大举。"②

这里也是公卿会议在做出决议之后，要形成书面报告上呈，由皇帝最后审查决断，以"制""诏"等形式颁布执行。

北魏前期的公卿会议与两汉制度在形式上有相似之处，但在实质上则有所不同，它是原始社会末期氏族部落大人民主制的残存与汉族皇权制度相结合的产物。因而其决策中的协商、民主精神较为突出。

太延五年（439）因北凉沮渠牧犍表面臣服而"内有贰意，世祖将讨焉"。在征得其得力谋臣崔浩同意后，乃"命公卿议之"。在公卿会议上，弘农王奚斤等三十余人皆曰："牧犍西垂下国，虽心不纯臣，然继父职贡，朝廷接以蕃礼……宜羁縻而已。今士马劳止，宜可小息。又其地卤

---

① 《魏书》卷一〇一《吐谷浑传》，第2235—2237页。
② 《魏书》卷一〇二《西域传》，第2263页。

斥，略无水草，大军既到，不得久停。彼闻军来，必完聚城守，攻则难拔，野无所掠。"不同意出征北凉。尚书古弼、李顺等也附和奚斤等人的意见，皆曰："（奚）斤等议是也。"在举朝公卿反对出征北凉的情况下，太武帝乃命崔浩"以其前言与（奚）斤等共相难抑"，继续展开辩论。经过辩论，"诸人不复余言，唯曰'彼无水草'"。强调其地荒凉无水草。崔浩又批驳了当地"无水草"的说法，指出"此言大抵诬于人矣"。李顺等人继续狡辩道："耳闻不如目见，吾曹目见，何可共辩！"崔浩气愤地揭露了李顺接受北凉贿赂的底细："汝曹受人金钱，欲为之辞，谓我目不见便可欺也！"在这场辩论中，太武帝一直在外"隐听，闻之乃出，亲见（奚）斤等，辞旨严厉，形于神色。群臣乃不敢复言，唯唯而已。于是遂讨凉州而平之"①。从这一决策过程人们不难窥见其决策制度中包含的某些民主、协商精神。①太武帝事先征求了崔浩的意见，尽管崔浩的意见与其完全一致，他还是要通过公卿会议进行决策，以取得统治集团的认可。②这一议案遭到弘农王奚斤等三十余人及尚书古弼、李顺等人的反对，尽管反对派提出的凉州缺乏水草等理由并不正确，太武帝还是让崔浩与反对派进行辩论，以求统治集团认识之统一。辩论进行得非常激烈，以致崔浩把李顺因曾多次出使北凉，接受过他们的贿赂，有包庇之嫌的老底也揭了出来。③太武帝没有参加这个辩论会，他的回避有利于公卿们畅所欲言，充分辩论。他非常关注这一问题的辩论，因而在幕后窃听，只是在忍无可忍之时才出面斥责反对派。皇帝在决策中享有最高和最终的裁决权。

　　这种"民主"协商精神还表现在公卿会议决策在一定程度上实行从众的原则。神麚三年（430），南边诸将报告宋军进犯，守兵不足，要求调发幽州以南精兵协助防守，并在漳水造船以拒宋军。"公卿议者佥然"，均表同意边将的请求。这时崔浩提出反对，认为此非上策，并从各个方面反复申述自己的理由。但是"世祖不能违众，乃从公卿议。（崔）浩复固争，不从"②。这种从众的原则，与拓跋族早年的军事民主制度不无一定的渊源关系。

---

① 《魏书》卷三五《崔浩传》，第822—823页。
② 同上书，第820页。

公卿会议虽然在北魏后期仍然发挥作用，但是从外交决策来看，它主要行用于北魏前期。

2. 北魏后期与北齐北周的朝议决策

自从孝文帝进行官制改革以后，北魏的中央官制基本上纳入汉族皇权体制的三省制体系。因此在外交决策方面，也转变为主要是尚书省朝议与尚书、门下博议这两种形式。

（1）尚书省朝议

虽然三省制在太和改制后才得以全面确立，但是在此之前三省的某些部门也已有不同程度的发展，例如尚书省从太武帝拓跋焘开始即有了一定的发展，神䴥元年（428）"置左右仆射、左右丞、诸曹尚书十余人，各居别寺"①，负责全国的政务，掌管有关决策权力。拓跋焘"乃敕诸尚书曰：'凡军国大计，卿等所不能决，皆先谘（崔）浩，然后施行。'"② 尚书所"决"之"大计"当然包括外交在内。因而在外交方面由尚书省朝议决策的方式逐渐行用。太延三年（437），北凉沮渠牧犍娶太武帝之妹武威公主，派其相宋繇出使北魏，并上表请求为武威公主以及沮渠牧犍的母亲定位号。"朝议谓礼母以子贵，妻从夫爵。牧犍母宜称河西国太后，公主于其国内可称王后，于京师则称公主。诏从之。"③ 太和十年（486）柔然遣使北魏，孝文帝曰："今欲遣蠕蠕使还，应有书问以不？"于是"群臣以为宜有，乃诏（高）闾为书"④。这种群臣会议实际就是尚书省朝议。这可以太和十三年（489）的"群臣会议"为证。是年孝文帝"诏以与萧赜绝使多年，今宜通否，群臣会议"。都曹尚书陆睿、仪曹尚书游明根都参加了这次会议，并建议应当与南齐通使，"高祖从之"⑤。此外，太和十四年（490）"宕昌国遣使朝贡，诏议国之行次"⑥。同年文明太后崩，北魏遣使至吐谷浑告凶，"群臣以其受诏不恭，不宜纳所献"⑦

---

① 《魏书》卷一一三《官氏志》，第2975页。
② 《魏书》卷三五《崔浩传》，第819页。
③ 《魏书》卷九九《沮渠牧犍传》，第2208页。
④ 《魏书》卷五四《高闾传》，第1203页。
⑤ 《魏书》卷五五《游明根传》，第1214页。
⑥ 《魏书》卷七下《高祖纪下》，第166页。
⑦ 《魏书》卷一〇一《吐谷浑传》，第2239页。

等，这些外交决策会议，都是以尚书省为主的朝议。

太和改制以后这种朝议成为定制，运用更加频繁。因而在外交决策中也经常采用这种朝议方式。正始元年（504）北魏围萧梁的钟离，俘虏了萧衍的舅子张惠绍。萧衍"乃移书求之，朝议欲示威怀，遂听惠绍等还"①。此"朝议"即所谓"八座会议"②。永平元年（508）北魏悬瓠城民白早生反，执宣武帝派去宣慰的主书董绍送于萧衍。萧衍将董绍遣返北魏，并"请割宿豫内属，以求和好。时朝议或有异同，世宗以（萧）衍辞虽款顺，而不称藩，诏有司不许"③。熙平二年（517）柔然主丑奴"遣使来朝，抗敌国之书，不修臣敬。朝议将依汉答匈奴故事，遣使报之"④。正光元年（520）十二月，"肃宗以阿那瓌国无定主，思还绥集，启请切至，诏议之。时朝臣意有同异，或言听还，或言不可"⑤。西魏大统元年（535）"时与东魏争衡，戎马不息，蠕蠕乘虚，屡为边患。朝议欲结和亲"⑥。东魏天平四年（537）"欲与梁和好，朝议将以崔㥄为使主"⑦。这些都是通过朝议进行外交决策的事实。由此可见北朝尚书省不仅总理外交政务，而且在外交决策中也起着重要作用。

北齐基本上承袭北魏制度。武平二年（571）"陈遣使连和，谋伐周，朝议弗许"⑧。这是通过朝议进行决策。所谓朝议，实际上是以尚书省为中心举行的决策会议。武平四年（573）陈人进犯淮南，"诏令群官共议御捍"，领军将军封辅相主张出击，开府仪同三司王紘反对，他说："官军频经失利，人情骚动，若复兴兵极武，出顿江、淮，恐北狄西寇，乘我之弊，倾国而来，则世事去矣。莫若薄赋省徭，息民养士，使朝廷协睦，遐迩归心，征之以仁义，鼓之以道德，天下皆当肃清，岂直伪陈而已。"王紘发表意见后，高阿那肱"谓众人曰：'从王武卫者南席。'众皆

---

① 《魏书》卷九八《岛夷传·萧衍传》，第2173页。
② 《魏书》卷一九中《任城王云传附澄》传，第473页。
③ 《魏书》卷九八《岛夷传·萧衍传》，第2175页。
④ 《魏书》卷二四《张衮传附张伦传》，第617页。
⑤ 《魏书》卷一〇三《蠕蠕传》，第2300页。
⑥ 《周书》卷三三《库狄峙传》，第569页。
⑦ 《北史》卷四三《李谐传》，第1604页。
⑧ 《北齐书》卷八《后主纪》，第104页。

同焉"①。这一决策会议是由高阿那肱主持的,当时高阿那肱为录尚书事,可知是由尚书省主持决策会议。北齐时尚书省"又有录尚书一人,位在令上,掌与令同"②。此外,在这一决策会议中,运用了类似表决的方式,把"从众"的民主原则更加具体化、数量化。

北周虽然附会周礼实行复古主义官制,但在实际上是"用六官来比拟尚书八座,用御正、纳言来比拟中书、门下"。而到了北周后期,"表面上尽管是《周礼》的一套六官制度,实际却还是依靠着魏晋以来所形成的三省制度在发挥封建地主阶级专政的作用"③。因而其外交决策亦大体仿照魏晋以来政治制度,以朝议的方式进行。北周与北齐争夺与突厥建立和亲关系,保定三年(563)"朝议以魏氏昔与蠕蠕结婚,遂为齐人离贰。今者复恐改变,欲遣使结之"④。这是经"朝议"而制订和亲突厥、抗衡北齐的外交方针。保定五年(565)北周派窦毅等出使突厥迎娶木杆可汗女阿史那,"及(窦)毅之至,齐使亦在焉。突厥君臣,犹有贰志。毅抗言正色,以大义责之,累旬乃定,卒以皇后(阿史那)归。朝议嘉之"⑤。这是经"朝议"而嘉奖外交使节。北周宗室权臣宇文护之母被扣押于北齐,北周向北齐交涉遣返宇文护之母,但是"往返再三,而母竟不至。朝议以其失信,令有司移齐……移书未送而母至。举朝庆悦,大赦天下"⑥。这是经"朝议"决定向北齐提出交涉。

(2)尚书、门下博议

与南朝中书权重、门下权轻的情况相反,北朝则门下权重而中书权轻,史称"时政归门下,世谓侍中、黄门为小宰相"⑦。门下省在北魏后期中央决策中占有举足轻重的作用。这时在外交决策中实行了尚书、门下博议制度。早在北魏前期已经实行过这种博议制度,天兴元年(398)东晋"遣使来朝,太祖将报之,诏有司博议国号"。崔玄伯参加了这次会

---

① 《北齐书》卷二五《王纮传》,第366—367页。
② 《隋书》卷二七《百官志中》,第752页。
③ 王仲荦:《北周六典·前言》,中华书局1979年版,第4页。
④ 《周书》卷三三《王庆传》,第575页。
⑤ 《周书》卷三〇《窦炽传附窦毅传》,第522页。
⑥ 《周书》卷一一《晋荡公护传》,第172—174页。
⑦ 《魏书》卷三八《王慧龙传附王遵业传》,第879页。

议，建议国号为魏。"太祖从之。于是四方宾王之贡，咸称大魏矣。"① 当时崔玄伯任黄门侍郎，与同居此官的张衮"对总机要，草创制度"②。黄门侍郎为门下省副长官，可见参加这次博议的"有司"是包括门下省在内的。到了北魏后期这种方式运用更多，正光二年（521）柔然主阿那瑰因本国大乱，请求向北魏借兵一万人平定漠北。孝明帝"诏付尚书、门下博议"③。同年十月高阳王雍等奏请处置归顺的柔然二主阿那瑰和婆罗门的办法，在这个奏请中署名的有录尚书事高阳王雍、尚书令李崇、侍中侯刚、尚书左仆射元钦、侍中元叉、侍中安丰王延明、吏部尚书元脩义、尚书李彦、给事黄门侍郎元纂、给事黄门侍郎张烈、给事黄门侍郎卢同等，这十一人中，尚书省五人，门下省六人，这显然又是一次尚书、门下博议。这种尚书、门下博议制度为日后隋唐三省共议外交决策的方式奠定了基础。

---

① 《魏书》卷二四《崔玄伯传》，第 620—621 页。
② 同上书，第 620 页。
③ 《魏书》卷一〇三《蠕蠕传》，第 2301 页。

第 五 章

魏晋南北朝外交专职机构

魏晋南北朝时期的外交管理机构处于两汉到隋唐的过渡和转变阶段，它在两汉的基础上发生了若干变化，为隋唐时期外交管理机构的成熟和完善作了必要的准备。这一变化主要是由汉代外交管理机构的幅度过大和层次不清向着幅度适中和层次逐渐分明的方向调整和转变。其具体表现是外交专职机构由汉代以负责外交事务的大鸿胪为主要机构，以西汉中后期以后日益崛起的、负责外交政务的尚书主客曹为辅，以及两者之间职责的模糊和交叉，向着以负责外交政务的尚书主客曹为主、负责外交事务的大鸿胪为辅，以及两者管理幅度的相应调整和职责区分逐渐分明的方向发展；中央关涉机构在汉代原有的少数几个部门的基础上增加了若干新的部门，中书省、门下省的介入外交政务乃至事务是其突出表现；地方管理机构因中央集权的相对削弱而地方外交管理权限有所加强和活跃，但地方行政机构和边防、军事系统因政权多变和南北差异而复杂化，呈现较汉代无序的状态。

发生这些变化的原因和条件主要有三：①魏晋南北朝时期是一个分裂割据的时期，处于统一的两汉到再统一的隋唐的过渡阶段。这一时期由于统一帝国被打破，造成汉族一统皇朝的分裂以及许多周边民族入主中原建立政权，从而决定了外交格局的变化。统一时期的外交主要是与周边国家或民族政权的关系，而魏晋南北朝时期的外交虽然仍有上述成分，但是主要方面已经转变为各个分裂割据政权之间的关系了。外交格局的这种变化决定了这一时期外交制度的一系列变化，其中包括外交管理机构的某些变化。②由于统一皇朝的瓦解，或多国分立，或南北对峙，或偏安一隅，年祚不永，兴废无恒，纷纷失却了往日统一皇朝的气象，中央集权制度相对削弱，其政权机构也难免相应凌替，有所并省。又由于各个政权的政治、经济、文化以及民族、地理等诸多差异，为了适应各自的政治环境，其政权机构也必然要作某些相应的调整，有所建置。因此影响这一时期的外交管理机构的某些变化。③从政治制度方面来说，这一时期是从两汉的三公九卿制向隋唐的三省六部制的转变阶段，正处于三省六部制生长发育的时期，更是直接影响了这一时期外交管理机构的相应变化。魏晋南北朝时期由于尚书取代了汉代的三公成为宰相，总管全国的政务，因此在外交管理机构方面，尚书主客曹不仅负责主管外交政务，与九卿之一的大鸿胪形成对口管理的关系，而且取代大鸿胪而承担了许多外交事务。但是作为九卿之一的大鸿胪不仅依然存在，而且仍为实职，继续承担不少外交事务。两者关系的复杂而微妙，体现了其时外交行政管理层次虽向着比较分明的方向发展，但又尚未完全分明的过渡状态。

第一节　尚书主客曹及其外交职能

魏晋南北朝时期尚书主客曹是重要的专职外交管理机构，随着尚书台（省）的地位与机构的变化，它也经历了曲折的变化过程。

一　从客曹尚书到主客郎中

魏晋南北朝时期尚书省主管外交工作的机构，经历了由客曹尚书到主客郎中的嬗变过程。

尚书台在东汉时还"文属"少府，到了魏晋时期已经正式成为独立的机构，而且据《桓温集》称"事归内台"①，尚书成为全国的行政中枢，因而其组织机构也有所发展和完善。

魏晋时期尚书台已称为省，"后汉尚书称台，魏晋已来为省"②。尚书省以令一人为长官，仆射一至二人为副长官，置二则分为左右，令阙则以左主之。其下有尚书五六人，分曹理事。他们被称为"八坐"，为尚书

---

① 《太平御览》卷二〇三《职官部一·总叙官》引，第979页。
② 《唐六典》卷一《尚书都省》，第6页。

省的领导班子。下面又有左、右丞，为令、仆之佐。诸尚书曹郎则是各项具体政务的负责人。丞、郎以下还有都令史、令史、书令史、书吏、干等办事人员。

综合各种典志的记载，魏晋南北朝尚书主客曹的演变过程大体如下。

曹魏和西晋前期继承东汉制度，在尚书台设置客曹尚书，负责外交工作。"魏世有吏部、左民、客曹、五兵、度支五曹尚书。晋初有吏部、三公、客曹、驾部、屯田、度支六曹尚书。"① 但是到了西晋太康年间，客曹尚书被裁撤，"太康中，有吏部、殿中及五兵、田曹、度支、左民为六曹尚书，又无驾部、三公、客曹"②。从此以后尚书台中再不设置客曹尚书，外交工作由尚书主客曹郎负责。曹魏时设置尚书郎二十三人，青龙二年（234）又增置二曹郎，合为二十五曹郎，其中之一为南主客曹郎。西晋时增加为三十五曹，其中有四个主客曹，即左主客、右主客、南主客、北主客。曹魏时期只设南主客一曹，当与这个时期外交格局的变化以及处于分裂时期，外交事务相对减少不无关系。南主客曹可能与主要接待吴、蜀使者有关。西晋重建统一皇朝，主客曹增加为四。东晋偏安江左，又是只置一主客曹，而且只设主客曹郎一人。康、穆（343—361）以后尚有主客曹，但后来则取消了主客曹。东晋何时取消，不得而知。这种状况显然与东晋政权偏安一隅，外交事务相应减少有密切关系。

南朝恢复了尚书主客曹，"宋高祖初，加置骑兵、主客、起部、水部四曹郎"③。与东晋旧有的十五曹，合为十九曹。但是到了宋文帝元嘉十年（433）又一度裁撤尚书主客曹，不过第二年就又恢复了建置。此后历齐、梁、陈均沿置而不替。整个南朝时期只设主客曹郎一人，所以杜佑说："宋、齐、梁、陈单有主客。"④

主客曹归左仆射领导，宋时"仆射、尚书，分领诸曹。左仆射领殿中、主客二曹"⑤。齐时"左仆射领殿中、主客二曹事"⑥。魏晋南朝"郎

---

① 《宋书》卷三九《百官志上》，第1235页。
② 《晋书》卷二四《职官志》，第731页。
③ 《宋书》卷三九《百官志上》，第1237页。
④ 《通典》卷二三《职官典五·尚书下·礼部尚书》，第137页。
⑤ 《宋书》卷三九《百官志上》，第1235页。
⑥ 《南齐书》卷一六《百官志》，第319页。

以下则有都令史、令史、书令史、书吏干"等办事人员协助曹郎工作，"分曹所掌如尚书也"。其人员数，"晋初正令史百二十人，书令史百三十人。自晋至今，或减或益，难以定言"①。楼兰尼雅出土文书有"泰始四年七月四日……客曹史张抚"②的记载，此即客曹令史。主客曹同样有这些办事人员。主客令史见于史传者有刘宋时的周伯齐③。

北朝的情况比南朝复杂。北魏前期官制胡汉杂糅，姑置不论。从太武帝拓跋焘到太和官制改革之前，其尚书省的建置始有较大改进，但与汉制仍有不少差异。此期间在尚书省中设有主客一曹。卢统于"高宗（文成帝）即位，典选部、主客二曹。兴安二年（453）卒"④。不过这个主客曹与魏晋以来的主客曹不同，它不是列曹尚书之下的郎曹，而是相当于魏晋时期列曹尚书之一的客曹。这种主客曹实际就是主客尚书，所以有时就径直把它称为主客尚书，刘乞归于"献文末，除主客尚书"⑤。北魏前期又另有"主客给事"（或称"主客给事中"）的设置，李安世曾"迁主客给事中"⑥。尉羽"起家秘书中散，驾部令，转主客给事，加通直散骑常侍"⑦。原来北魏前期有内外朝之分，与外朝的尚书省相对应，在内廷亦设置一套班子，负责对外朝相关部门进行指导，"给事""给事中"就是内朝官员，"主客给事"代表内廷对尚书省的主客曹实行对口领导。

北魏自孝文帝太和十七年（493）、二十三年（499）两次官制改革之后，基本上确立了汉化的政治体制，在魏晋制度的基础上设置三省，其中的尚书省也已成为宰相机构，负责全国的政务。不过尚书省的主客部门，则早在孝文帝初年便已设主客郎中一职，与南朝之制相仿。裴宣于"高祖初，征为尚书主客郎"⑧。"太和九年，萧赜使至，乃诏（薛）麟驹

---

① 《宋书》卷三九《百官志上》，第 1237 页。
② 林梅村：《楼兰尼雅出土文书》570，文物出版社 1985 年版，第 76 页。
③ 《宋书》卷五三《庾登之传附庾炳之传》，第 1518 页。
④ 《魏书》卷三四《卢鲁元传附卢统传》，第 802 页。
⑤ 《北史》卷二〇《刘库仁传附刘乞归传》，第 734 页。按：严耕望《北魏尚书制度考》认为此主客曹"盖属仪曹尚书或祠部尚书"，即尚书之下的郎曹。似不确。
⑥ 《魏书》卷五三《李安世传》，第 1175 页。
⑦ 《魏书》卷五〇《尉元传附尉羽传》，第 1116 页。
⑧ 《魏书》卷四五《裴宣传》，1023 页。

兼主客郎以接之。"①"高祖纳（崔）休妹为嫔，以为尚书主客郎"②。郦道元于"太和中，为尚书主客郎"③。这样看来孝文帝初已设置主客曹。李彦于孝文初入仕，后"行主客曹事，徙郊庙下大夫。时朝仪典章咸未周备，彦留心考定，号为称职"。其后方载"高祖南伐事"④，则李彦行主客曹事显在太和改革之前。太和官制改革后，主客曹被一分为四，设左、右、南、北主客郎中，远效西晋制度，这一方面表明到此时北魏官制已趋成熟，另一方面也是北魏推行改革政策之后国势强盛，外交发展的需要，与西晋立国相似，东、西、南、北四方都需要发展外交关系。

关于北魏主客分曹之事，"太和中，吏部管南主客、北主客，祠部管左主客、右主客"⑤。从太和以后北魏王朝频见南、北、左、右主客郎中，直至北魏末年均有此官。

这里有一个问题须提出略加讨论，即与此同时史籍中又还常见尚书主客郎的记载，如元晖"世宗即位，拜尚书主客郎"⑥。裴让之"梁使至，帝令（裴）让之摄主客郎"⑦。那么是否北魏末年已省四曹为一曹了呢？似未必然，一则从宣武至魏末不论南北左右四主客郎还是主客郎均同时见于载籍，虽然前者多于后者，但不可能同时两设；二则记载中省称左右南北主客郎为主客郎是可能的，兹举一例证之：邢伟的官职，《魏书·邢峦传》和《北史·邢峦传》均记为"尚书郎中"⑧，但是出土的《邢伟墓志》却明确记载其为"尚书南主客郎中"⑨。可见两书的记载都有所省略。

北齐官制多循北魏，但对北魏的南、北、左、右四主客曹作了并省调整，据北齐《河清令》曰："改左主客为主爵，南主客为主客，掌诸蕃

---

① 《魏书》卷四二《薛辩传附薛麟驹传》，第944页。
② 《魏书》卷六九《崔休传》，第1525页。
③ 《魏书》卷八九《酷吏传》，第1925页。
④ 《魏书》卷三九《李彦传》，第888页。
⑤ 《唐六典》卷四《尚书礼部》"主客郎中"条注引北魏《职品令》，第129页。
⑥ 《魏书》卷一五《昭成子孙传》，第378页。
⑦ 《北齐书》卷三五《裴让之传》，第465页。
⑧ 《魏书》卷六五《邢峦传》，第1448页；《北史》卷四三《邢峦传》，第1585页。
⑨ 赵超：《汉魏南北朝墓志汇编》，天津古籍出版社1992年版，第78页。

杂客事。"① 这样外交工作便又由一个主客曹负责,而划归祠部统辖②。清四库馆臣《历代职官表》说:"历代主客曹,南北左右各有分署,故不统于一尚书,齐始合为一曹,领之祠部,则后代主客司之专属礼部,实自北齐始也。"③ 过去封爵之事无专官负责,多由主客曹兼管,现在设立主爵曹以司其事,则主客曹的外交职能更为集中。北齐主客曹的设置,可以说是魏晋南北朝主客官制发展的总结。此外北齐在首都邺城之外又于晋阳另立一套机构,形成都省与并省两套班子,平起平坐。因此在并省也有主客曹,卢思道就曾任"并省主客郎中"④。

二 尚书主客曹的外交职能

魏晋时期客曹尚书继承汉制"主外国夷狄事",南北朝时期主客曹"掌诸蕃杂客等事"⑤,一脉相承主管外交工作。那么,它是如何掌管这一工作,发挥其外交工作的职能的呢?

(一) 外交行政管理

魏晋南北朝时期尚书省成为正式的宰相机构,总管全国的政务,与诸卿形成领导与被领导的关系,正如西晋人刘颂所说:"今尚书制断,诸卿奉成。"⑥ 而作为尚书省中一个部门的客曹或主客曹,自然也成为外交行政的领导部门,因此它在外交工作中的首要任务便是负责外交行政的管理。"晋西朝八坐、丞、郎,朝晡诣都坐朝,江左唯旦朝而已。"⑦ 由此可知,客曹尚书及其下的主客曹郎,每天都要到都坐(即尚书省的办公厅)参加朝会(尚书省的办公会议),讨论行政事务。外交行政事务当然也是在这种朝会中进行商议并作出决定的。客曹尚书和主客曹郎主要是通过收发文书来管理外交政务的。一方面他们要负责接受各方面送来的有关外交方面的文书,另一方面则将都坐朝会的议决通过下达尚书符等

---

① 《唐六典》卷四《尚书礼部》"主客郎中"条注引北齐《河清令》,第129页。
② 《隋书》卷二七《百官志中》,第753页。
③ 《历代职官表》卷九《礼部》"北齐"按语,第232页。
④ 《北史》卷八三《文苑传序》,第2780页。
⑤ 《隋书》卷二七《百官志中》,第753页。
⑥ 《晋书》卷四六《刘颂传》,第1303页。
⑦ 《宋书》卷三九《百官志上》,第1237页。

形式以指挥外交政务。东晋时，"将缮宫城，尚书符下陈留王，使出城夫"①。陈留王是曹魏的后人，晋篡魏后封王以礼遇之。魏晋南朝继承汉制，封国王侯事务也归主客曹负责，南齐时武陵王萧晔参加"冬节问讯"迟到，齐武帝"敕主客：'自今诸王来不随例者，不得复为通。'"②陈霸先的长女死于梁朝，他当上皇帝后，追封其为永世公主，"将葬，尚书主客请详议"③，欲加公主之夫及他们已死之子官爵。由此可知，令陈留王出城夫助修宫城的"尚书符"，必定是由主客曹草拟之后由尚书省发出的。此类事项虽然不属外交事务而属封国王侯事务，不过主客曹在管理外交事务时同样运用这一方式应该是没有疑问的。

尚书主客郎就是这种管理外交工作的尚书符的起草者。这种文案工作是尚书郎的重要职责之一，曹操《选举令》说："国家旧法，选尚书郎，取年未五十者，使文笔真草，有才能谨慎，典曹治事，起草立义，又以草呈示令仆讫，乃付令史书之耳。"④ 这里强调尚书郎要有很好的文字能力，负责"起草立义"，工作重要。起草之后经令、仆审查后，交由令史抄写誊正。当尚书郎缺员时，"白试诸孝廉能结文案者五人，谨封奏其姓名以补之"⑤。由此可见文案工作是尚书郎的重要职事。虽然由于魏晋门阀士族发展的影响，尚书郎一度疏于文案工作，"魏正始及晋之中朝，时俗尚于玄虚，贵为放诞，尚书丞、郎以上，簿领文案，不复经怀，皆成于令史。逮乎江左，此道弥扇。"⑥ 于是东晋时"簿领文案"多由寒素出身的尚书令史来负责。这恰恰反映"簿领文案"是尚书郎应尽职分。事实上从整个魏晋南北朝来看，尚书郎负责"簿领文案"的情况并没有改变。南朝人萧子良说："尚书列曹，上应乾象。如闻命议所出，先咨于都，都既下意，然后付郎，谨写关行。愚谓郎官尤宜推择。"⑦ 皇帝的有关命令或尚书都省的决议，最后都要交给尚书

---

① 《晋书》卷三九《荀奕传》，第1161页。
② 《南齐书》卷三五《武陵昭王晔传》，第625—626页。
③ 《陈书》卷一七《袁枢传》，第240页。
④ 《太平御览》卷二一五《职官部十三·总叙尚书郎》引，第1028页。
⑤ 《晋书》卷二四《职官志》，第732页。
⑥ 《梁书》卷三七《何敬容传论》引陈吏部尚书姚察曰，第534页。
⑦ 《南齐书》卷四〇《武十七王传》，第697页。

郎"谨写关行"，所以尚书郎的选拔十分严格。尚书台工作运转时，"应须命议相值者，皆郎先立意，应奏黄案及关事，以立意官为议主"①。尚书郎负责对有关命令先拿出具体方案，并在有关会议上就该问题作主要发言。可见尚书郎是尚书台中"簿领文案"的具体负责人，尚书符的实际起草者。

尚书主客郎的外交行政管理职责还体现在各部门、各方面的有关外交文书均由其负责接受，并据此提出处理意见。北魏时源子恭任尚书北主客郎中，同时摄南主客事，当时梁朝有许周、许团等人投奔北魏，许周自称在梁任给事黄门侍郎，朝士咸共信待。源子恭提出质疑，上奏道："徐州表投化人许团并其弟周等。究其牒状，周列云已萧衍黄门侍郎……比加采访，略无证明，寻其表状，又复莫落。案牒推理，实有所疑……请下徐、扬二州密访，必令获实，不盈数旬，玉石可睹。"于是"诏推访，周果以罪归阙，假称职位，如子恭所疑"②。这里我们可以具体地看到尚书主客郎处理外交政务的过程，边境地区关于敌国投诚事件的上报文件转到了尚书主客郎中那里，他研究了这份报告，并进行了调查，发现了疑点，于是草奏提出处置意见上报皇帝，经皇帝批准下文徐、扬二州复查，终于查实了问题，使事件获得圆满解决。这就是尚书主客郎管理外交行政事务的具体运作过程。所以我们可以说尚书主客曹是魏晋南北朝时期的外交行政指挥机关。

（二）外交接待事务

汉代外交接待事务是由大鸿胪负责的，到了魏晋南北朝时期尚书主客曹也负责外交接待工作了。不过这种情况在魏晋时期尚不多见，而到了南北朝时期却已经非常普遍了。这样主客郎中就不仅通过行政管理指挥外交工作，而且亲自参与外交事务，大鸿胪的职权更多地转到了尚书主客曹。

1. 接待来使

接待来使是主客郎经常承担的职责。裴宣于"高祖初，征为尚书主

---

① 《南齐书》卷一六《百官志》，第321页。
② 《魏书》卷四一《源子恭传》，第932—933页。

客郎,与萧赜使颜幼明、刘思效、萧琛、范云等对接"①。"萧衍遣使朝贡,侍中李神儁举(李)系为尚书南主客郎。系前后对接凡十八人,颇为称职。"② 南齐派庾䋈出使北魏,他见任城王子元澄"音韵遒雅,风仪秀逸"。便对北魏主客郎张彝说:"往魏任城以武著称,今魏任城乃以文章见美也。"③ 这必是主客郎在接待来使过程中的谈助。这是北朝以主客郎负责接待南朝使节。同样南朝也以主客郎负责接待北朝来使。《酉阳杂俎》记梁主客郎陆缅在接待魏使尉瑾时,双方曾就彼此石阙高低而论及荀勖所造尺之长短问题④,亦必是接待过程中的谈资。这类记载很多,不烦一一列举。

特别值得提出的是,南朝已经形成了主客郎完成接待任务之后的工作总结报告制度。当时规定在接待工作完毕后,接待来使的负责人要把接待过程中的谈话内容记载下来,写成书面报告——《语辞》。王融于永明十一年(493)以主客郎身份接待北朝来使后,便写了一篇《接虏使语辞》。后来王融参与拥立萧子良失败,郁林王即位后将王融投入监狱,并指使人历数王融罪状,其中有"动迹惊群,抗言异类""诽谤朝政"等。王融在答辩中称:"但圣主膺教,实所沐浴,自上……《接虏使语辞》,竭思称扬,得非'诽谤'?"⑤ 可知王融曾特撰《接虏使语辞》一文,以记述他在担任主客郎时接待北朝使者过程中的言辞往还,这是记述外交接待、谈判的外交工作报告和著述。这种报告要"竭思称扬",即在接待来使的会谈中竭力宣扬己方的种种业绩与荣耀,以在外交上处于凌驾对方之有利地位。主客郎在接待来使之后,撰述接待来使《语辞》在南朝已经形成一种制度了,萧齐时刘绘以主客郎身份接待北朝来使后,"事毕,当撰《语辞》。绘谓人曰:'无论润色未易,但得我语亦难矣。'"⑥ 这里所说的《语辞》,与王融的《接虏使语辞》是同样性质的,都是在接

---

① 《魏书》卷四五《裴骏传附裴宣传》,第1023页。
② 《魏书》卷四九《李灵传附李系传》,第1100页。
③ 《魏书》卷一九中《任城王澄传》,第464页。
④ (唐)段成式撰,许逸民校笺:《酉阳杂俎》卷一一《广知》,中华书局2015年版,第840页。
⑤ 《南齐书》卷四七《王融传》,第823—824页。
⑥ 《南齐书》卷四八《刘绘传》,第842页。

待来使之后追记接待过程中的交涉、谈判、辩难情形的报告或著述。从中可知，按照规定主客郎在接待工作完毕之后都要撰写这样的工作报告或文章，这表明我国古代外交的接待、谈判发展到南北朝时期已经相当规范，而主客郎在外交接待工作中已经起着相当重要的作用。

接待工作中的一项重要活动是宴接来使。北朝遣使到南朝，南朝常以主客郎负责宴接。南朝宋顺帝昇明二年（478）北魏派遣郑羲来使。此事南朝史籍不载，《魏书》记曰：太和二年（478）"冬十月壬辰，诏员外散骑常侍郑羲使于刘准"①。但郑羲到了南朝的具体活动情况，《南》《北》史乘均付阙如，赖《八琼室金石补正》所录今山东掖县寒同山磨崖石刻《兖州刺史荥阳文公郑羲下碑》保存了这方面的史实，碑铭云：郑羲"南使宋国，宋主客郎孔道均就邸设会，酒行乐作，均谓公曰：'乐其何如？'公答曰：'哀楚有余，而雅正不足，其细已甚矣，而能久乎？'均默然而罢"②。可知刘宋方面是以主客郎负责宴接来使的。齐永明九年（北魏太和十五年，491），北魏遣李彪来使，齐武帝"遣其主客郎刘绘接对，并设燕乐。（李）彪辞乐。及坐，彪曰"③云云。其时北魏值文明太后丧期，故李彪辞乐并作了一番解释，于是刘绘与李彪就丧服问题相互反复答问。北魏遣李骞、崔劼使梁，"梁宴魏使李骞、崔劼，乐作，……梁主客王克曰：'听音观俗，转是精者。'劼曰：'延陵昔聘上国，实有观风之美。'"④同样，南朝遣使至北朝，北朝也常以主客郎负责宴接。东魏武定六年（548），梁遣通直散骑常侍徐陵来使，"魏人授馆宴宾，是日甚热，其主客魏收嘲（徐）陵曰：'今日之热，当由徐常侍来。'陵即答曰：'昔王肃至此，为魏始制礼仪；今我来聘，使卿复知寒暑。'（魏）收大惭"⑤。由此可见双方在宴接对方使节时，每于折冲樽俎之间进行外交较量。因此这种宴会是十分重要的外交方式，主持宴接工作的主客郎的外交职责之重要可见一斑。

---

① 《魏书》卷七上《高祖纪上》，第146页。
② 《八琼室金石补正》卷一四《兖州刺史荥阳文公郑羲下碑》，文物出版社1985年版，第79页。
③ 《魏书》卷六二《李彪传》，第1389页。
④ （唐）段成式撰，许逸民校笺：《酉阳杂俎》卷一二《语资》，第879页。
⑤ 《陈书》卷二六《徐陵传》，第326页。

来使在京期间的其他活动，如参观访问等，主客郎也要负责陪同。魏使李骞、崔劼出使梁时，曾至建康同泰寺参观，"主客王克、舍人贺季友及三僧迎门引接"①。然后陪同进寺参观，并在参观过程中对宾客作了介绍，相互交谈。

2. 礼宾安排

礼仪工作原是大鸿胪的专职，到了南北朝时期尚书主客郎也负起这方面的职责来了。北魏文明太后死后（490），萧齐派遣裴昭明、谢竣等人前来吊唁，他们"欲以朝服行事"。北魏主客不同意，执之云："吊有常式，何得以朱衣入山庭！"裴昭明等说："本奉朝命，不容改易。"双方发生争执，"如此者数四，执志不移"②。来使服饰不合礼仪，经主客发现并加以制止，为此双方进行了反复的交涉。永明七年（489），萧齐遣颜幼明、刘思敩出使北魏，在参加元会时，北魏方面把齐使与高丽使安排在一起，齐使提出抗议，"（颜）幼明谓伪主客郎裴叔令曰：'我等衔命上华，来造卿国，所为抗敌，在乎一魏，自余外夷，理不得望我镳尘，况东夷小貊，臣属朝廷，今日乃敢与我蹴踖！'"③ 礼仪安排不当，来使找主客郎交涉，可见主客郎负礼仪之责。

3. 交涉谈判

既然来使由主客负责接待、陪同，那么对方使节在京期间，如有交涉、谈判事宜，亦由主客郎出面进行。上述北魏主客与齐使裴昭明关于服饰问题的谈判，主客裴叔令与齐使颜幼明关于元会座次问题的谈判，都是主客郎负责与来使交涉、谈判的事实。南朝情况也是如此。王融在接待魏使房景高、宋弁时，齐武帝对北魏所赠马匹不满意，便派他去与魏使交涉此事，"上以虏献马不称，使（王）融问曰：'秦西冀北，实多骏骥。而魏主所献良马，乃驽骀之不若。求名检事，殊为未孚。将旦旦信誓，有时而爽，駉駉之牧，不能复嗣？'宋弁曰：'不容虚伪之名，当是不习土地。'融曰：'周穆马迹遍于天下，若骐骥之性，因地而迁，则

---

① （唐）段成式撰，许逸民校笺：《酉阳杂俎》卷三《贝编》，第395页。
② 《魏书》卷七九《成淹传》，第1751—1752页。《校勘记》：《资治通鉴》"山"作"凶"，当是。
③ 《南齐书》卷五八《东夷传·高丽国传》，第1009—1010页。

造父之策,有时而踬。'弁曰:'王主客何为勤勤于千里?'融曰:'卿国既异其优劣,聊复相访。若千里日至,圣上当驾鼓车。'弁曰:'向意既须,必不能驾鼓车也。'融曰:'买死马之骨,亦以郭隗之故。'弁不能答"①。由此可见南朝主客郎也负有与对方谈判的职责。这也表明主客郎必须具备良好的谈判技巧和才能。

主客郎与来使在外交会谈之余,还可进行广泛的交往,包括对彼此风土人情、地理物产之了解。北魏太和年间曾担任尚书主客郎的郦道元,在其所著《水经注》中写道:"若浿水东流,无渡浿之理(指汉武帝元封二年遣军讨灭右渠事)。其地(王险城)今高句丽之国治。余访蕃使,言城在浿水之阳。"② 这是他利用访问高句丽使者所得到的第一手资料,以纠正浿水"东入于海"的说法。接待外交使节是主客郎的职责,故有较多机会通过这一工作了解别国的各方面情况。

3. 降附与侨民管理

南北朝时期,由于中外交流的发展以及周边民族的内迁,中原政权辖境内的四方侨民日益增多,又由于南北政权的对立,双方均以优惠条件吸引政治上的降附者,于是降附与侨民的管理也就更加受到统治者的重视。而降附者实际上也是一种侨民,不过是高级侨民。北魏对于降附和侨民的管理最为突出,"四夷馆"就是这方面的重要设施,而"四夷馆"当时是归尚书管辖的。

北魏迁都洛阳以后,在洛阳城南建造了"四夷馆",以作为降附者与外侨的居住区。"四夷馆"在洛阳城南,永桥以南,圜丘以北,伊、洛两水之间,夹峙于城南御道两侧,御道东有四馆,为金陵馆、燕然馆、扶桑馆、崦嵫馆;御道西有四里,为归正里、归德里、慕化里、慕义里。这四馆、四里的使用安排是这样的,"吴人投国者处金陵馆,三年已后,赐宅归正里";"北夷来附者处燕然馆,三年已后,赐宅归德里";"东夷来附者处扶桑馆,赐宅慕化里"; "西夷来附者处崦嵫馆,赐宅慕义

---

① 《南齐书》卷四七《王融传》,第822页。
② (北魏)郦道元著,(清)王先谦校:《水经注》卷一四浿水注,巴蜀书社1985年版,第277页。

里"①。由此可见"四夷馆"主要是用来安置四方的投附者，而这些投附者被授以官爵、赐宅居住、娶妻生子，在洛阳安家立业，因此成为北魏的侨民。这是根据传统的四夷观念，按照四方不同国家、民族与地区分别安置侨居者。四馆与四里相互配套，配合为用。这些投附者先被安置于四馆中，待三年之后才被安置于四里中，成为北魏的正式居民。萧衍攻下萧齐都城建业后，齐明帝之子萧宝夤为逃避萧衍加害，渡江投奔北魏，被北魏封为会稽公，后来才正式为其在归正里筑宅，后又进爵为齐王，娶了南阳长公主。跟他同来的会稽山阴人张景仁，后来也被"赐宅城南归正里"②。萧衍之子萧正德因统治集团内争而投奔北魏，也是被"处金陵馆，为筑宅归正里"③。梁武帝子萧综投靠北魏后，向北魏举荐其旧部徐之才，于是徐之才于孝昌二年（526）"至洛，敕居南馆，礼遇甚厚"④。这个"南馆"就是四夷馆之一的金陵馆。当时北魏对于吸引南朝投奔者格外用心，"时朝廷方欲招怀荒服，待吴儿甚厚，褰裳渡于江者，皆居不次之位"。所以当时南朝投附之人被安置于归正里的相当多，由于"南来投化者多居其内"，故"民间号为吴人坊"⑤。归正里的规模在四里中是最大的，里内竟有三千余家居民，俨然一个南朝人的居民小区。金陵馆与归正里是如此配套使用，其他各馆、各里也是如此，如正光元年（520）柔然主阿那瓌因内乱而投奔北魏，则被"处之燕然馆，赐宅归德里"⑥。阿那瓌来时跟随之人很多，也被安置于此。待其返国时，北魏决定其"在京馆者任其去留"⑦，允许离开或继续居住于四夷馆。后来另一柔然主婆罗门也投奔北魏，于正光五年（524）"死于洛南之馆"⑧。这个"洛南之馆"就是四夷馆之一的燕然馆。由此可见这四馆、四里不同的相应安排是确如其事的，并非文人的夸张之词。四馆具有宾馆的性质，四

---

① （北魏）杨炫之撰，范祥雍校注：《洛阳伽蓝记校注》卷三《城南》，上海古籍出版社1978年版，第160—161页。（下引不标注校者）
② 《洛阳伽蓝记校注》卷二《城东》，第117页。
③ 《洛阳伽蓝记校注》卷三《城南》，第160页。
④ 《北齐书》卷三三《徐之才传》，第444页。
⑤ 《洛阳伽蓝记校注》卷二《城东》，第117页。
⑥ 《洛阳伽蓝记校注》卷三《城南》，第160页。
⑦ 《魏书》卷一〇三《蠕蠕传》，第2302页。
⑧ 《魏书》卷一〇三《蠕蠕传》，第2302页。

里则是侨民居住区。

"四夷馆"除了接待上述高级侨民之外，也居住着许多普通侨民。当时"自葱岭已西，至于大秦，百国千城，莫不欢附，商胡贩客，日奔塞下，所谓尽天地之区已。乐中国土风，因而宅者，不可胜数。是以附化之民，万有余家"[1]。这里成了洛阳城一个特定的外侨居住区，这些侨民被统称为"附化之民"。他们来自四面八方，风俗习惯各异，所谓"四方风俗，万国千城"[2]。这个侨民特区的规模是相当巨大的，这里聚居着一万多家外侨，如以一家五口计算，则有五万余人，这在今天看来也是一个不小的城镇了。由于这里是外侨居住区，所以馆区的建设、生活服务设施的配置都比较完善。馆区内"门巷修整，阊阖填列，青槐荫陌，绿树垂庭"。建筑整齐，环境幽雅。为了满足不同国家民族人民生活的需求，又特意"别立市于洛水南，号曰'四通市'，民间谓永桥市"。这是为四馆、四里居民特设的市。洛阳珍贵的土产在这里上市，"伊、洛之鱼，多于此卖，士庶须脍，皆诣取之。鱼味甚美，京师语曰：'洛鲤伊鲂，贵于牛羊。'"加以侨民聚荟、外商云集，于是"天下难得之货，咸悉在焉"[3]。除了四通市这个大市之外，在归正里内还有一个市，它"自立巷市，所卖口味，多是水族，时人谓为鱼鳖市也"[4]。归正里所住多为吴人，这是为了满足南方人喜吃鱼虾之类水产而特设的。

"四夷馆"的设置是当时中外交流、南北交往发展的结果，是有利于进一步巩固和发展这个成果的进步举措。但是由于时代思想观念的局限，当时有些人对这个特区表现出某些歧视态度，有个住在城南中甘里叫荀子文的青年，有一同学李才嘲笑他住在城南，因"城南有四夷馆，（李）才以此讥之"[5]。这是洛阳普通市民中一些人对四夷馆的心态。那些南朝来的投附者，这种态度更为强烈，如北降的南齐宗室萧宝夤，当局已经为他在归正里建好住宅，但他"耻与夷人同列"[6]，便让其妻南阳公主去

---

[1] 《洛阳伽蓝记校注》卷三《城南》，第160页。
[2] 同上书，第178页。
[3] 同上书，第161页。
[4] 《洛阳伽蓝记校注》卷二《城东》，第117页。
[5] 《洛阳伽蓝记校注》卷三《城南》，第178页。
[6] 同上书，第160页。

向宣武帝请求搬迁到城内，经批准而迁入城内的永安里。与萧宝夤同时投北的张景仁，也"住此以为耻，遂徙居孝义里"①。

"四夷馆"究竟属哪个部门管理，并无明确的记载。《历代职官表》在谈及四夷馆的归辖问题时说："魏世鸿胪，实主藩国一切馆饩朝谒，当为其专职。"② 认为"四夷馆"属鸿胪管辖，但是它并没有提出根据以支持这一推测。事实上"四夷馆"是受尚书管辖的。其根据如下：前面我们谈到萧宝夤投奔北魏后被安置于"四夷馆"，而景明三年（502）宣武帝在派人到寿春去迎接他到洛阳来之前，曾为此下诏曰："其资生所须之物，及衣冠、车马、在京邸馆，付尚书悉令豫备。"③ 这"在京邸馆"显然就是指"四夷馆"。可见萧宝夤被安置于"四夷馆"是由尚书负责的，表明"四夷馆"也可能是归尚书管辖的。与萧宝夤同样安置于"四夷馆"的柔然主阿那瓌在返国前，孝明帝的诏书中指示："其行装资遣，付尚书量给。"④ 可知投附者的遣送也由尚书负责。那么这些诏书中的"尚书"具体是指尚书的哪一级、哪一部门呢？前面我们已经谈到由主客郎负责处理南朝降人事宜，如源子恭处理萧衍降人许团、许周事就是其例。那么像萧宝夤等人投附之事也当是由主客郎具体负责的。这样我们可以推知"四夷馆"很可能就是由主客郎具体管理的。北魏制度主客郎统辖于吏部尚书，而吏部尚书则统辖于尚书左丞。⑤ 上述诏书中的"尚书"当指尚书左丞及吏部及主客郎这一系统。所以"四夷馆"由尚书的这一系统负责，而由这一系统的主客郎具体管理是很可能的。柔然主阿那瓌返国的途中，迁延于边境，要求救济，当时北魏就是派尚书左丞元孚前往赈恤的⑥。可见尚书左丞这个系统是负责管理外事及与此有关的降附者等问题的。那么由这一系统具体主管这方面工作的主客郎负责管理"四夷馆"应当是自然的。

---

① 《洛阳伽蓝记校注》卷二《城东》，第117页。
② 《历代职官表》卷一七《理藩院》"北魏"按语，第462页。
③ 《魏书》卷五九《萧宝夤传》，第1314页。
④ 《魏书》卷九《肃宗纪》，第231页。
⑤ 参见《通典》卷二二《职官典四·尚书左右丞》，第132页。此由北齐制度推测。
⑥ 《魏书》卷八二《常景传》，第1803页。

三 尚书主客郎

（一）主客郎职责的分工

主客郎所负外交职责，主要为上述三个方面。但这里还有一个问题需略作说明，即主客郎职责分工问题。在只设一个主客曹时，如东晋南朝和北齐时期，这个问题不会存在，外交工作当然均由此一曹掌管，但是在西晋和北魏时期却是多曹并设，均有南、北、左、右四主客，而曹魏则只设南主客一曹。那么他们是如何分工管理的呢，史籍并没有明确的交代。所幸北魏时期关于南主客郎中的职责，透露出来一些线索，使我们得知南主客郎中就是具体负责对于南朝诸国外交事务的部门。前面我们已经提到北魏时源子恭曾担任尚书北主客郎中，同时摄南主客事，恰在此时发生了南朝人假冒官职投奔北魏的事情，于是南边州镇关于此事的报告上报到了他那里，由他负责处理了这件事情。由此可见关于对南朝的外交行政管理工作是由南主客郎中负责的。而同时对于南朝来使的接待工作，也是由南主客郎中来承担的。李系曾任南主客郎，史称："萧衍遣使朝贡，侍中李神儁举（李）系为尚书南主客郎。系前后对接凡十八人，颇为称职。"[1] 这里明指李系是因接待南朝来使而被任命为南主客郎中的，而且先后接待了南朝使者十八人之多。可知南主客郎中是负责南朝使节的接待工作的。正因为南主客郎中是负责对南朝外交的，所以在选拔南主客郎中时便会考虑到其在南朝的影响声望等因素，如北魏李元和担任南主客郎就可能与此有关。北魏曾向萧齐求书遭到拒绝，王融上书齐武帝主张将书送予北魏，他在上书中谈到，北魏的"李元和、郭季祐上于中书……今经典远被，诗史北流，冯、李之徒，必欲遵尚"[2]。认为将典籍送给北魏将有助于在北魏中央任官的李元和等人与南朝友好。看来李元和在南朝人眼中还是颇有地位的，李元和的墓志铭中也说他"誉溢一京，声辉二国"。并且详细地记述了这次求书和王融主张给书的事情，紧接着便说他被"转授尚书南主客郎"[3]，可见两者之间是有必然

---

[1] 《魏书》卷四九《李灵传附李系传》，第 1100 页。
[2] 《南齐书》卷四七《王融传》，第 819 页。
[3] 《李璧墓志》，见赵超《汉魏南北朝墓志汇编》，天津古籍出版社 1992 年版，第 118 页。

联系的。既然南主客郎负责南朝事务，那么北主客郎自然就是负责北方如柔然、高车、突厥等事务。曹魏时期也设有南主客郎，而且只此一曹，很可能它是主管对南方吴、蜀政权的，曹魏的外交重点在南方，而北方诸族其时纷纷入居中原，尚无劲敌，故不设北主客郎。西晋的南、北主客也可能是分别负责南、北民族和国家事务的。北魏左、右主客的职责未见记载，不过根据北齐《河清令》"改左主客为主爵"来看，很可能北魏的左主客郎就是负责封爵事务的。杜佑说："汉尚书有封爵之任而无其官"之后，紧接着便说："晋尚书有左右主客曹，北齐河清中改为主爵……主封爵之事。"① 看来他是把西晋的左、右主客与北齐的主爵郎中联系在一起的，西晋的左右主客亦当负责封爵事务。

（二）主客郎的人选要求

由于主客郎负责外交管理的工作，因此对于主客郎的人选，除了一般郎官所要求的文案工作能力之外，还有一些特殊的要求，即为了胜任外交工作而必须具备的一些素质和条件。主要是如下几个方面。

1. 博学高才

魏晋时期由于处于外交格局和职官制度的急剧转变阶段，客曹尚书与主客郎的人选还不见有十分明显的、特别的要求，到了南北朝时期我国古代外交进入一个新的发展阶段，其突出表现之一是南北双方以文化、学术为外交斗争的手段，尤其当北朝政权在魏孝文帝改革和汉化成功之后，随着北方政权文化、学术水平提高之后更为突出，因此对于主客郎的人选就特别注重具有渊博的学识和才具。我们先看北朝的情况。李彦"颇有学业。高祖初，举司州秀才，除中书博士……寻行主客曹事"②。薛骥驹"好读书。举秀才，除中书博士。太和九年，萧赜使至，乃诏骥驹兼主客郎以接之"③。他们的经历大体相同，都是由秀才而中书博士而主客。许琰"有干用。初除太学博士，累迁尚书南主客郎"④。他则由太学博士而为主客。其他人选也大多学养有素。源子恭"聪惠好学"⑤，后出

---

① 《通典》卷二三《职官典五·吏部尚书》"司封郎中"条，第136页。
② 《魏书》卷三九《李彦传》，第888页。
③ 《魏书》卷四二《薛辩传》附《薛骥驹传》，第944页。
④ 《魏书》卷四六《许彦传》，第1038页。
⑤ 《魏书》卷四一《源子恭传》，第932页。

任北主客郎中，摄南主客事。裴宣"通辩博物，早有声誉。少孤，事母兄以孝友称。举秀才，至都，见司空李䜣，与言自旦及夕，䜣嗟善不已。司空李冲有人伦鉴识，见而重之。高祖初，征为尚书主客郎"。他不仅"家世以儒学为业"，而且"素明阴阳之书"，通晓佛经，"甚有理诣"①。辛子馥"早有学行"，任右主客郎中。后"以三《传》经同说异，遂总为一部，《传》注并出，校比短长，会亡未就"②。高师"有学识"③，任尚书主客郎。李系"少聪惠，有才学"④。任南主客郎。魏彦"博学善属文"，以《晋书》著作多家，欲勒成一家之典，"俄而彭城王闻李崇称之，复请为掾，兼知主客郎中，书遂不成"⑤。李晓"博涉经史，早有时誉"⑥，永安初任左右主客郎。郑元礼"少好学，爱文藻，有名望"⑦，为南主客郎中。元晖出身拓跋皇室，但"少沉敏，颇涉文史。世宗即位，拜尚书主客郎"。他还"颇爱文学，招集儒士崔鸿等撰录百家要事，以类相从，名为《科录》，凡二百七十卷"⑧。孝庄帝时出任南主客郎的温子昇早年"受学于崔灵恩、刘兰，精勤，以夜继昼，昼夜不倦。长乃博览百家，文章清婉"。被誉为一代"大才士"，名震南北，萧衍称之曰："曹植、陆机复生于北土。恨我辞人，数穷百六。"⑨ 太和年间出任主客郎的郦道元则是撰述《水经注》的著名学者。孝庄帝时出任北主客郎的魏收，更是一代史学大家。从上引事例可以看到，以博学文士出任主客郎中，主要发生于魏孝文帝以后，这是北魏汉化在外交职官制度上的反映，也是北朝外交进入一个新阶段的必然要求。

南朝更是如此。南朝政权一向以文化、学术陵轹北朝，随着北方文化、学术水平的提高，更不容北朝在外交领域的文化、学术角力中占了上风，故其选拔博学高才出任主客郎更是不遗余力。范述曾"幼好学，

---

① 《魏书》卷四五《裴骏传附裴宣传》，第1023—1024页。
② 《魏书》卷四五《辛绍先传附辛子馥传》，第1028—1029页。
③ 《魏书》卷四八《高允传附高师传》，第1092页。
④ 《魏书》卷四九《李灵传附李系传》，第1100页。
⑤ 《北史》卷五六《魏长贤传附魏彦传》，第2040—2041页。
⑥ 《北史》卷一〇〇《序传》，第3338页。
⑦ 《北史》卷三五《郑羲传附郑元礼传》，第1307页。
⑧ 《魏书》卷一五《昭成子孙传》，第378、380页。
⑨ 《魏书》卷八五《文苑传·温子昇传》，第1975—1876页。

从余杭吕道惠受《五经》，略通章句"。齐初，任主客郎。注《易·文言》，著杂诗赋数十篇①。萧介"少颖悟，有器识，博涉经史，兼善属文"②。天监十二年（513）任主客郎。刘霁"年九岁，能诵《左氏传》，宗党咸异之……既长，博涉多通"。天监中为主客郎。著《释俗语》八卷，文集十卷③。主客郎孔子祛"少孤贫好学，耕耘樵采，常怀书自随，投闲则诵读。勤苦自励，遂通经术，尤明古文尚书"。为一代儒师，著书四种、三百卷④。蔡徵"幼聪敏，精识强记"，"聪敏才瞻"⑤，天嘉初为主客郎。诸如此类，不胜枚举。

2. 口齿辩捷

由于南北朝时期主客郎往往亲自参与外交接待工作，而在这个过程中经常需要与对方交谈、辩难、谈判，因此主客郎除了需要有丰富的学识之外，还要有良好的口头表达能力，要能言善辩。当时出任主客郎的人员多具有这方面的才能。南朝方面：刘宋时担任过主客郎的张畅是一位出色的谈判能手，在宋、魏前线与拓跋焘的代表多次周旋，"随宜应答，吐属如流，音韵详雅"，令北魏的对手李孝伯"及左右人并相视叹息"⑥。陈朝主客郎蔡徵，"有口辩，多所详究。至于士流官宦，皇家戚属，及当朝制度，宪章仪轨，户口风俗，山川土地，问无不对"⑦。北朝亦复如是。早在太武帝时任主客的屈道赐，"机辩有辞气"⑧。孝文帝初年的主客郎裴宣，"通辩博物，早有声誉"⑨。东魏主客郎裴让之，"少好学，有文俊辩，早得声誉"⑩。

3. 容仪蕴藉

主客郎因为需要参加对来使的接待和各种礼仪活动，而俊雅沉稳的

---

① 《梁书》卷五三《良吏传·范述曾传》，第769—770页。
② 《梁书》卷四一《萧介传》，第587页。
③ 《梁书》卷四七《孝行传·刘霁传》，第657页。
④ 《梁书》卷四八《儒林传·孔子祛传》，第680页。
⑤ 《陈书》卷二九《蔡徵传》，第391、393页。
⑥ 《宋书》卷五九《张畅传》，第1605页。
⑦ 《陈书》卷二九《蔡徵传》载，第392页。
⑧ 《魏书》卷三三《屈遵传附屈道赐传》，第778页。
⑨ 《北史》卷三八《裴宣传》，第1374页。
⑩ 《北齐书》卷三五《裴让之传》，第465页。

仪表、风度对于外交工作所起的作用是不言而喻的，所以对其仪表、风度就有较高的要求，这在当时南北双方都是非常留意的。北魏裴夙"沉雅有器识。仪望甚伟，高祖见而异之。自司空主簿，转尚书左主客郎中"①。东魏裴让之"容仪蕴藉"②，其与杨愔友善，两人"相遇则清谈竟日。（杨）愔每云：'此人风流警拔，裴文季为不亡矣。'梁使至，常令让之摄主客郎"③。南朝如上文我们提到的刘宋时曾任主客郎的张畅，不仅善于辞令，而且"风仪华润"④。后他在彭城前线与北魏尚书李孝伯数相周旋，以其言谈风度令对方赞叹不已。萧齐时的庾杲之"风范和润，善音吐。世祖（齐武帝）令对房使"⑤。此即指"（庾）杲之尝兼主客郎对魏使"⑥ 之事。

但也并非担任主客郎者均为风仪俊雅之选，亦有少数容貌寝陋者。北魏甄琛"形貌短陋，尠风仪"⑦。却于"高祖（魏孝文帝）时兼主客郎，迎送萧赜使彭城刘缵"⑧。其担任主客郎当与其"明解有干具，在官清白"⑨，并为孝文帝所"知赏"⑩ 有关。不过他在接待萧齐使节刘缵时却"钦其器貌，常叹咏之"⑪。毕竟外交官员之仪表风度是重要的。

（三）主客郎职务的兼摄

主客郎职务的兼摄是南北朝时期的一个突出现象，这在魏晋时期尚未见到。在南朝主要是从萧齐时，北朝主要是从魏孝文帝时开始盛行的。齐武帝时庾杲之"尝兼主客郎对魏使"⑫。庾杲之本来的官职是御史中丞，主客郎是一种临时兼职。钱大昕在《廿二史考异》中解释庾杲之"尝兼侍中夹侍"的"兼"字时说："此兼字当读去声，盖假职未真授之称，与

---

① 《魏书》卷六九《裴延儁传附裴夙传》，第1530页。
② 《北齐书》卷三五《裴让之传》，第466页。
③ 《北史》卷三八《裴让之传》，第1384页。
④ 《宋书》卷五九《张畅传》，第1605页。
⑤ 《南齐书》卷三四《庾杲之传》，第615页。
⑥ 《南史》卷四九《庾杲之传》，第1210页。
⑦ 《魏书》卷六八《甄琛传》，第1509页。
⑧ 同上书，第1514页。
⑨ 同上书，第1516页。
⑩ 同上书，第1509页。
⑪ 同上书，第1514页。
⑫ 《南史》卷四九《庾杲之传》，第1210页。

一人兼两职之兼有别。"① 庾杲之兼主客郎的含义也是如此，并非身兼二职，而是以御史中丞而临时代行主客郎职事，负责接待北魏来使。下面这个材料，把"兼主客郎"的临时代理性质说得更为明白。范胥于萧梁"大同中，常兼主客郎，立接北使"②。当时东魏派李谐出使萧梁，"（李）谐至石头，萧衍遣其主客郎范胥当接。谐问胥曰：'主客在郎官几时？'胥答曰：'我本训胄虎门，适服今任。'谐言：'国子博士不应左转为郎。'胥答曰：'特为应接远宾，故权兼耳。'谐言：'屈己济务，诚得事宜。由我一介行人，令卿左转。'胥答曰：'自顾菲薄，不足对扬盛美，岂敢言屈。'"③ 范胥的官职本是国子博士，主客郎只是临时的兼职，这个"兼"的含义他自己已经说得非常明白，即"特为应接远宾，故权兼耳"。摄主客郎亦复如是。对于庾杲之、范胥来说，此"兼""摄"之职为"非真官"，而庾杲之所任御史中丞、范胥所任之国子博士则为"真官"。这是秦汉以降中国古代官制史上的常见现象④。

北朝是从魏孝文帝时始见这种情况的。"太和九年，萧赜使至，乃召（薛）骥驹兼主客郎以接之。"⑤ 甄琛"高祖时兼主客郎，迎送萧赜使彭城刘缵"⑥。东魏时崔长谦于"天平中，被征为兼主客郎，接萧衍使张皋等"⑦。魏收"又敕兼主客郎接梁使谢珽、徐陵"⑧。裴让之，"梁使至，帝令让之摄主客郎"⑨。《北史》本传记作"常令让之摄主客郎"⑩。北齐时薛道衡于"武平初……除尚书左外兵郎。陈使傅縡聘齐，以道衡兼主客郎接对之"⑪。

---

① （清）钱大昕：《廿二史考异》卷三六《南史二》，商务印书馆1958年版，第690页。
② 《南史》卷五七《范胥传》，第1422页。
③ 《魏书》卷六五《李谐传》，第1460页。
④ 关于"真吏"与"非真吏"问题，见黎虎《说"真吏"——从长沙走马楼吴简谈起》，《史学月刊》2009年第5期，后收入黎虎《先秦汉唐史论》（下册），北京师范大学出版社2016年版，第563—588页。
⑤ 《魏书》卷四二《薛辩传附薛骥驹传》，第944页。
⑥ 《魏书》卷六八《甄琛传》，第1514页。
⑦ 《魏书》卷六九《崔休传》附《崔长谦传》，1528页。
⑧ 《北齐书》卷三七《魏收传》，第487页。
⑨ 《北齐书》卷三五《裴让之传》，第465页。
⑩ 《北史》卷三八《裴让之传》，第1384页。
⑪ 《北史》卷三六《薛辩传附薛道衡传》，第1337页。

主客郎职务的兼摄何以在南北朝时期频繁出现呢？其原因主要是到了南北朝时期，南北方的外交进入一个新的阶段，这个新阶段的突出特征就是在外交领域中进行高层次的文化、学术交锋。

自从秦汉建立统一帝国之后，到南北朝时期为止，我国古代外交大体经历了两个发展阶段。第一阶段秦汉时期，那时外交的主要对象是周边的民族政权以及四方远国。那时的外交是不同民族、不同文化之间的交锋，双方在文化、学术上并无多少共同语言，还谈不上在文化、学术上一争高下。到了魏晋南北朝时期，进入外交发展的第二阶段，由于汉族统一政权的分裂，外交对象除了继续前一阶段的之外，又增加了新的内容，即各个分裂政权之间的外交，而且后者还占居了更重要的地位。而这是同一民族、同一文化之间的交锋，因此双方就以文化、学术为手段进行外交斗争。三国时期魏、蜀、吴之间是这种形式的外交的早期，但由于当时文化、学术发展和外交机制与水平的限制，这种交锋还处于较低的层次。永嘉之乱后，文化、学术随之南迁，南方政权不仅在政治上，而且在文化、学术上也以正统自居。北方政权为少数民族所建，在十六国时期在这些问题上尚无资格与南方争衡。但是随着北魏统一北方，尤其是魏孝文帝改革、汉化的成功，北方政权的文化、学术水平大为提高。这时南北政权之间不仅在政治上争正统，在文化、学术上也争高低。这反映到外交领域，则是双方在外交斗争中的文化、学术交锋。南北聘使接触过程中，相互以文化、学术问题陵轹对方，论难所及包括文化、学术的各个方面和领域，上至天文，下至地理，诸子百家、文学艺术、诗词歌赋、历史知识、释道经义……几乎无所不包。

因此当时南北交聘中，双方都要"妙简行人"，选拔学识渊博、能言善辩、仪容风流之士充任使节。针对这种情况，那么接待来使的主客者，在这些方面自然不能逊于对方，必须精心选拔优异人才充任其职，史称"既南北通好，务以俊乂相矜，衔命接客，必尽一时之选，无才地者不得与焉"。当时南北统治者对于这种接待工作都是非常重视的，如梁使至北朝，"宴日，齐文襄使左右觇之，宾司一言制胜，文襄为之拊掌。魏使至梁，亦如梁使至魏"①。其时对于接待礼宾及遴选主客的高度重视的情况

---

① 《北史》卷四三《李崇传》，第 1604 页。

可见一斑。前面我们已经谈到，当时的主客郎一般都是具备学识、口才、仪容三项条件的，但是一则不见得每位主客郎都具备这些条件，在皇权政治下官员的任用受着错综复杂关系的影响。二则一个人的知识才能毕竟有所偏向或局限，而对方的来使都是经过精心挑选，而且随时变换各种具有不同专长和才具的人选，一个主客郎也未必能应付这些各具特长的来使，因此根据对方来使的情况和己方当时的需要，选派恰当人选充任主客，负责临时的接待工作就是很自然的事情。这是南北朝时期主客郎职务临时兼摄频繁的一个重要原因。

因此，根据外交工作的需要，临时选拔合适人员充任"非真官"以负责接待来使，成为南北朝外交中的常态。武定三年（545）秋，梁"遣散骑常侍徐君房、通直常侍庾信朝贡"①。北朝史籍记曰："时徐君房、庾信来聘，名誉甚高，魏朝闻而重之，接对者多取一时之秀，卢元景之徒并降阶摄职，更递司宾。"② 由于南朝来使"名誉甚高"，东魏方面"闻而重之"，于是选拔"一时之秀"，"降阶摄职"担任"司宾"负责接待。根据来使情况而选拔合适官员"兼""摄"主客郎，即属这种情况。

当时被临时派遣充兼主客郎者，的确是"尽一时之选"，多为出色的外交礼宾人才。南朝如：王融"神明警惠，博涉有文才"③，"文藻富丽，当世称之"④。永明十一年（493）"上以融才辩"，"使兼主客，接房使房景高、宋弁"。王融在接待中的确充分发挥了其"才辩"的特长："（宋）弁见融年少，问主客年几？融曰：'五十之年，久逾其半。'因问：'在朝闻主客作《曲水诗序》。'景高又云：'在北闻主客此制，胜于颜延年，实愿一见。'融乃示之。后日，宋弁于瑶池堂谓融曰：'昔观相如《封禅》，以知汉武之德，今览王生《诗序》，用见齐王之盛。'融曰：'皇家盛明，岂直比踪汉武；更惭鄙制，无以远匹相如。'"⑤ 原来永明九年（491）王融曾作《曲水诗序》，可见北朝方面事先已经掌握了这方面的情况，而王融的诗文在这次兼主客郎工作中也着实发挥了良好的作用。刘绘不仅文才

---

① 《魏书》卷九八《岛夷萧衍传》，第2178页。
② 《北齐书》卷三九《祖珽传》，第521页。
③ 《南齐书》卷四七《王融传》，第817页。
④ 同上书，第821页。
⑤ 《南齐书》卷四七《王融传》，第821—822页。

被誉为"祢衡何以过此",而且口才出众,"应接流畅",言吐"顿挫有风气",因而"北虏使来,绘以辞辩,敕接虏使"①。此即《魏书·李彪传》所载太和年间李彪出使南齐,齐"遣其主客郎刘绘接对"② 一事。南朝杰出的无神论者范缜之子范胥,"传父学,起家太学博士。胥有口辩,大同中,常兼主客郎,对接北使"③。庾杲之"少而贞立,学涉文义"④,"美容质,善言笑"⑤,因其"风范和润,善音吐",故"世祖令对虏使"⑥。其在接待中的表现,从其有一次兼主客郎负责接待北魏来使时可见一斑,魏使见建康城中许多住宅门口张贴告示出卖,问庾杲之曰:"百姓那得家家题门帖卖宅?"庾杲之答道:"朝廷既欲扫荡京洛,尅服神州,所以家家卖宅耳。"谈锋虽锐,然矫饰太露,以致"魏使缩鼻而不答"⑦。

北朝的情况亦然。薛骥驹"好读书。举秀才,除中书博士。太和九年,萧赜使至,乃诏骥驹兼主客郎以接之"⑧。裴让之文采风流,能言善辩,风度翩翩,曾任主客郎,"省中语曰:'能赋诗,裴让之。'"他"与杨愔友善,相遇则清谈竟日。愔每云:'此人风流警拔,裴文季为不亡矣。'梁使至,帝令让之摄主客郎"⑨。他当时已经不任主客郎,"摄主客郎"即为临时职务。

能赋诗、善清谈,这是南北朝时期外交官员需具备的重要条件之一。接待过程中赋诗是重要的一个项目,魏孝文帝在派遣卢昶、王清石出使南朝之前,嘱咐他们说:"或主客命卿作诗,可率卿所知"⑩云云。可见作诗是外交场合必不可少的内容。北齐时"陈使傅縡聘齐,以(薛)道衡兼主客郎接对之。縡赠诗五十韵,道衡和之,南北称美,魏收曰:'傅

---

① 《南齐书》卷四八《刘绘传》,第841—842页。
② 《魏书》卷六二《李彪传》,第1389页。
③ 《梁书》卷四八《儒林传·范缜传附范胥传》,第671页。
④ 《南齐书》卷三四《庾杲之传》,第615页。
⑤ 《南史》卷四九《庾杲之传》,第1210页。
⑥ 《南齐书》卷三四《庾杲之传》,第615页。
⑦ 《南史》卷四九《庾杲之传》,第1210页。
⑧ 《魏书》卷四二《薛辩传附薛骥驹传》,第944页。
⑨ 《北齐书》卷三五《裴让之传》,第465页。
⑩ 《魏书》卷四七《卢昶传》,第1055页。

綍所谓以蚓投鱼耳。'"①

尽管南北双方都很重视物色人才兼任主客，以期折服对方，取得外交胜利。但是杰出的人才也仍然不免有失误之时，魏收号称"硕学大才"，又曾担任过北主客郎，并曾数次出使南朝，可是在他受"敕兼主客郎接梁使谢珽、徐陵"②时，因在接待宴会上谈及天气，被南使徐陵乘机嘲辱，以致魏收"大惭。齐文襄为相，以（魏）收失言，囚之累日"③。外交接待中受辱于对方，要遭到惩罚。由此可见当时统治者对外交接待工作的良苦用心，他们所以如此殚精竭虑物色人才兼主客郎以负责接待来使的原因也就很清楚了。赵翼《廿二史札记》卷一四《南北朝通好以使命为重》条评论南北通使时的言辞交锋有云："此等犹不过以言语文学见长，无大关系，若事涉朝政边事，而能以片言全国体，折敌谋，则尤有足尚者。"④后者固然重要，而前者亦并非无关宏旨，一言制胜则增国之光，统治者为之拊掌；反之则有损国格，受到惩处，离开南北朝时期外交斗争的新特点就不能深刻理解它。

除了上述主客郎临时兼摄的主要原因之外，还由于当时尽管南北政权对立，但两方人士之间仍有着不可割断的千丝万缕联系，因此有时也要根据对方来使的身份，而选拔相应的合适人员去兼主客郎负责接待。亲族关系就是其中被考虑利用的一种因素，文明太后时刘芳被遣兼主客郎即属这种情况，"会萧赜使刘缵至，（刘）芳之族兄也，擢芳兼主客郎，与（刘）缵相接"⑤。刘芳之被任命兼主客郎以负责接待刘缵，其为萧齐使者刘缵之族兄是其原因之一。

南北朝时期外交方面的文化学术交锋，一方面是这个时期北方民族融合发展的结果。这种融合进程导致南北文化、学术水准的接近和平衡，从而使外交斗争增添了新的内容与方式，把我国古代外交推进到了一个新的阶段。另一方面这种新型的外交斗争方式，反过来又进一步推动、

---

① 《隋书》卷五七《薛道衡传》，第1406页。
② 《北齐书》卷三七《魏收传》，第487页。
③ 《南史》卷六二《徐陵传》，第1523页。
④ （清）赵翼：《廿二史札记》卷一四《南北朝通好以使命为重》，中华书局1984年版，第296页。
⑤ 《魏书》卷五五《刘芳传》，第1220页。

促进了民族融合的发展和南北鸿沟的消弭，为南北文化、心理的趋同和最终实现南北的统一创造了条件，起了积极的作用。

第二节 鸿胪寺及其外交职能

汉代以大鸿胪掌管外交，魏晋南北朝时期亦然。不过这一时期不仅机构名称由大鸿胪逐渐演变为鸿胪寺，而且其职掌也发生了一些变化，其在外交工作中的地位和作用也因而相应有所变化。

一 从大鸿胪到鸿胪寺

魏晋南北朝时期大鸿胪的机构发生了若干变化。

魏晋时期继续汉代的制度，在中央设置大鸿胪一职，为列卿之一。其在"魏及晋初皆有之"[1]，而到东晋时则省置无恒，"晋江左初省，有事则权置，事毕即省"[2]。这是偏安政权外交事务减少的反映。大鸿胪长官为卿，下置丞、功曹、主簿、五官等员。不过据《晋令》曰："大鸿胪置主簿、录事、史。"[3] 大鸿胪卿，三国时魏、蜀、吴均置此职，可考者魏有十人，蜀有三人，吴有四人[4]。

关于大鸿胪的属官，《晋书·职官志》记曰："大鸿胪，统大行、典客、园池、华林园、钩盾等令，又有青宫列丞、邺玄武苑丞。"[5] 这里与外交工作关系最密切者为典客与大行。关于典客，《通典·职官典八·鸿胪卿》谓：汉"鸿胪属官有大行令、丞。魏改大行为客馆令，晋改为典客。"[6] 可知汉代为大行令，曹魏为客馆令，晋为典客令。西晋人李重卒，"家贫，宅宇狭小，无殡敛之地，诏于典客署营丧"[7]。这是惠帝永康（300—301）年间事，可见当时有典客署这一机构。但是到了东晋后期典

---

[1] 《通典》卷二六《职官典八·鸿胪卿》，第153页。
[2] 《宋书》卷三九《百官志上》，第1233页。
[3] 《唐六典》卷一八《鸿胪寺》注引，第505页。
[4] 洪饴孙：《三国职官表》卷上，参《后汉书三国志补表三十种》下册，中华书局1984年版。
[5] 《晋书》卷二四《职官志》，第737页。
[6] 《通典》卷二六《职官典八·鸿胪卿》，第153页。
[7] 《晋书》卷四六《李重传》，第1313页。

客又改为客馆，仍曹魏旧称。孝武帝太元十三年（388）十二月，延贤堂及"螽斯则百堂、客馆、骠骑库皆灾"①。《晋书》卷二七《五行志上》亦有相同的记载，并谓："于时朝多弊政……会稽王道子宠幸尼及姐母，各树用其亲戚，乃至出入宫掖，礼见人主。天戒若曰，登延贤堂及客馆者多非其人，故灾之也。"② 可见当时有客馆这一官署。《五行志》作者认为，因为司马道子用事，登客馆者"多非其人"，因而造成此次灾害。关于大行，从上引《通典》的记载来看，"魏改大行为客馆令"，似乎大行已经撤销。但是《通典·职官典七·太常卿》条下又记道："汉大鸿胪有理礼郎四十六人。晋理礼郎四人，属大行令。"③ 这一记载与上引晋《志》所记大鸿胪属官相合，可见大行令还是有的。至于大鸿胪的其他属官，或与外交工作关系不大，或不能详究。如钩盾令，据《通典·司农卿》，在汉代属少府，"典诸近园苑游观之事"，为少府属官，到了晋代"大鸿胪属官有钩盾令，自后无闻"④。

南朝前期继续东晋的状况，宋、齐两代均不常置大鸿胪，"有事权置兼官，毕乃省"⑤。这种状况直到梁武帝天监七年（508）才有了改变，是年"诏复置宗正、太仆、大匠、鸿胪……仍先为十二卿"⑥。至此始恢复鸿胪的建置。与此同时"除大字，但曰鸿胪卿，位视尚书左丞"⑦。诸卿的称谓，"梁初犹依宋、齐，皆无卿名"⑧。至此大鸿胪改称鸿胪卿。陈承梁制，置鸿胪卿，品第三。鸿胪卿下置丞及功曹、主簿等。

南朝时期鸿胪的下属机构主要是客馆。刘宋"永初中，分置南、北客馆令、丞"⑨。官制典籍一般均记载称晋改曹魏时的客馆令为典客令。我们在上文已指出东晋后期已经改典客令为客馆令。那么刘宋设客馆令

---

① 《晋书》卷九《孝武帝纪》，第237。
② 《晋书》卷二七《五行志上》，第807页。
③ 《通典》卷二五《职官典七·太常卿》，第148页。
④ 《通典》卷二六《职官典八·司农卿》，第154页。
⑤ 《南齐书》卷一六《百官志》，第318页。
⑥ 《梁书》卷二《武帝纪中》，第47页。
⑦ 《通典》卷二六《职官典八·鸿胪卿》，第153页。
⑧ 《隋书》卷二六《百官志上》，第724页。
⑨ 《唐六典》卷一八《鸿胪寺》"典客署"注，第506页。

必是承袭东晋后期之制。萧齐亦置客馆令①。萧梁改为典客馆令，"梁有典客馆令、丞，在七班之下，为三品勋位"②。

北朝的情况较为复杂。北魏前期已有大鸿胪，拓跋焘延和二年（433）"诏兼大鸿胪卿崔颐"拜杨难当为南秦王。③ 到了太和十五年（491）又置主客少卿，即鸿胪少卿。大鸿胪从第二品上，主客少卿第三品上④。太和二十三年（499）后《职员令》，大鸿胪降为第三品，主客少卿已改称大鸿胪少卿，降为第四品⑤。北齐鸿胪为九寺之一，改称鸿胪寺，"置卿、少卿、丞各一人。各有功曹、五官、主簿、录事等员"⑥。北周依周官改制，"司寇有蕃部中大夫，掌诸侯朝觐之叙，有宾部中大夫，掌大宾客之仪"⑦。大抵蕃部中大夫、宾部中大夫相当于鸿胪之职。

北朝时期鸿胪统辖的机构主要有典客、司仪、典寺等部门，北齐鸿胪寺"统典客、典寺、司仪等署令、丞"。而"后齐制官，多循后魏"⑧。

（一）典客署

北魏设有典客监，从第五品上。又有典客舍人、典客参军，第九品中。"后魏初曰典客监，太和中置主客令。"⑨《唐六典》的说法相同，并指出置主客令在太和十五年（491）⑩。那么北魏的主客令即典客监，为大鸿胪属官。不过这里还存在两个问题须提出加以讨论。

一是主客令的统属问题。严耕望《北魏尚书制度考》把主客令视为尚书的属官，说："主客曹，自太武，历文成至孝文时皆置之，盖属仪曹尚书或祠部尚书。其职称之可考者，有主客令，孝文太和改制以前极常见，直至末叶或尚未废。"⑪ 此说不确，这是将"主客曹"与"主客令"

---

① 《南齐书》卷一六《百官志》，第319页。
② 《唐六典》卷一八《鸿胪寺》"典客署"注，第506页。
③ 《册府元龟》卷九六三《外臣部·册封一》，第11334页。
④ 《魏书》卷一一三《官氏志》前《职员令》，第2979、2980页。
⑤ 《魏书》卷一一三《官氏志》后《职员令》，第2995、2996页。
⑥ 《隋书》卷二七《百官志中》，第755页。
⑦ 《通典》卷二六《职官典八·鸿胪卿》，第153页。
⑧ 《隋书》卷二七《百官志中》，第756、751页。
⑨ 《通典》卷二六《职官典八·鸿胪卿》，第153页。
⑩ 《唐六典》卷一八《鸿胪寺》"典客署"注，第506页。
⑪ 国立中央研究院：《历史语言研究所集刊》第十八本，商务印书馆1948年发行，第342页。

混为一谈。事实上主客令乃鸿胪属官，而非尚书属官。太和七年（483）萧齐派遣刘缵出使北魏，当时李安世任主客令，负责接待工作，"缵等呼安世为典客，安世曰：'三代不共礼，五帝各异乐，安足以亡秦之官，称于上国。'缵曰：'世异之号，凡有几也。'安世曰：'周谓掌客，秦改典客，汉名鸿胪，今曰主客。君等不欲影响文武，而殷勤亡秦。'"① 李安世把自己担任官职的来历讲得非常明白，北魏的主客令相当于汉代的鸿胪。胡三省注李安世接待刘缵事时也说："主客令即典客令也。"②《唐六典》在追述鸿胪寺属官典客署之沿革时亦曰："后魏典客从五品；太和十五年，置主客令。"③ 北魏的主客令无疑为鸿胪属官。

另一问题是主客令始置于何时。据上引《唐六典》说是在太和十五年（491）置，事实上早在太和十五年之前北魏已经有了主客令。李安世以主客令接待刘缵一事，《资治通鉴》系于齐武帝永明元年，即北魏之太和七年（483），其出任主客令当更早些。窃意太和之前已置主客令。裴修"年十三，补中书学生，迁秘书中散，转主客令。以妇父李䜣事，出为张掖子都大将"④。裴修是因岳父李䜣事受到牵连而从主客令左迁为张掖子都大将的。太和元年（477）二月范檦在文明太后授意下，"希旨告（李）䜣外叛。文明太后征（范）檦至京师，言其叛状……遂见诛"⑤。裴修当在是年受到李䜣一案之株连，其出任主客令当在太和元年或此之前。《唐六典》所谓太和十五年置主客令似不确，在太和之前可能已经有了主客令。

（二）司仪署

北魏太和"十五年七月，置司仪官"⑥。《前职员令》有典仪监，从第五品上。又有治礼郎，从第六品下。《后职员令》，治礼郎降为从第九品。北齐司仪署有令、丞，其属官"又有奉礼郎三十人"。北周有司仪上

---

① 《魏书》卷五三《李安世传》，第1175页。
② 《资治通鉴》卷一三五，齐武帝永明元年（483）胡三省注，第4257页。
③ 《唐六典》卷一八《鸿胪寺》"典客署"注，第506页。
④ 《魏书》卷四五《裴骏传附子裴修传》：第1021页。
⑤ 《魏书》卷四六《李䜣传》，第1042页。
⑥ 《魏书》卷一一三《官氏志》，第2976页。

士一人、中士二人①。

（三）典寺署

北齐"典寺署，有僧祇部丞一人"②。北周有司寂上士、中士，掌法门之政；又有司玄中士、下士，掌道门之政③。

二　鸿胪寺的外交职能

魏晋南北朝时期的鸿胪寺（大鸿胪）与汉代一样是中央专职外交管理机构，西晋名士山涛在担任吏部尚书时曾说："鸿胪职主胡事，前后为之者率多不善，今缺，当选御史中丞刁攸，旧能可参。"④ 这里所谓鸿胪"主胡事"，实际上就是汉代所谓掌"外国夷狄"事。所以魏晋南北朝时期鸿胪掌管外交的这一基本职能与汉代是一致的。不过魏晋南北朝时期的外交不完全是"胡事"，也包括汉族政权之间的交往。陈昕于"十二随父入洛，于路遇疾，还京师。诣鸿胪卿朱异，异访北间形势，昕聚土画地，指麾分别，异甚奇之"⑤。陈庆之于梁武帝大通二年（528）受命将兵护送北魏宗室元颢还北，于次年入据洛阳。陈昕随父入洛即指此事。从鸿胪卿朱异向前线回京人士了解"北间形势"，陈昕汇报其为周悉观之，北方形势是南朝鸿胪卿所十分关注的问题，表明北方王朝亦为其职司之重点所在。具体来说其外交职责主要有以下几个方面。

（一）接待来使

曹魏时期崔林曾任大鸿胪，当时"龟兹王遣侍子来朝，朝廷嘉其远至，褒赏其王甚厚。余国各遣子来朝，间使连属，（崔）林恐所遣或非真的，权取疏属贾胡，因通使命，利得印绶，而道路护送，所损滋多。劳所养民，资无益之事，为夷狄所笑，此曩时之所患也。乃移书敦煌喻指，并录前世待遇诸国丰约故事，使有恒常"⑥。这个记载表明当时接待来使是由大鸿胪负责的；他还有权下文书指示边郡太守有关接待事宜；他负

---

① 《隋书》卷二七《百官志中》，第756页。
② 同上。
③ 《唐六典》卷一六《宗正寺》"崇贤署"注，第467页。
④ 《北堂书钞》卷五四《鸿胪》引《山涛启事》，第204页。
⑤ 《梁书》卷三二《陈庆之传附子陈昕传》，第464页。
⑥ 《三国志》卷二四《魏志·崔林传》，第680页。

责搜集、整理过去接待工作的有关法规,并制定接待条例,使接待工作有章可循。崔林任大鸿胪是在魏初文帝时期,这个时期承东汉余绪,大鸿胪还有颇大的权力。到了曹魏后期随着尚书省权力的上升,接待工作的指挥权逐渐转入主客尚书,大鸿胪的权力亦随之相应削弱。

到了南北朝时期接待来使的工作具体由大鸿胪的属官客馆令(主客令)负责。"客馆令,掌四方宾客。"[1] 潘徽在陈朝任客馆令时,"隋遣魏澹聘于陈,陈人使徽接对之"。魏澹返国前给陈后主所上"启"中,潘徽认为用词有不够敬重之处,于是"却其启而不奏"。为此双方进行了激烈的辩论,最后魏澹"不能对,遂从而改焉"[2]。从中可见来使的外交文书是先由鸿胪属官客馆令负责审查,经其审查无碍后再上呈皇帝的。如果发现问题,则由客馆令负责与对方来使进行交涉。陈制显然是继承了齐制。北朝的情况亦复如是。刘宋昇明年间,曾派遣殷灵诞、苟昭先出使北魏,恰值萧道成代宋建齐,消息传来,殷灵诞等人便"谓虏典客曰:'宋魏通好,忧患是同。宋今灭亡,魏不相救,何用和亲?'"[3] 北魏鸿胪属官,初曰典客监,后改为主客令。刘宋的使者向北魏的典客,即鸿胪官员提出抗议,可见北朝也是以鸿胪属官典客署负责接待来使工作。南朝梁末,聘魏使徐陵自邺奉表称:"东渐玄菟,西逾白狼,高柳生风,扶桑盛日,莫不编名属国,归质鸿胪,荒服来宾,遐迩同福。"[4] 这当然是吹嘘不实之辞,不过"归质鸿胪",即接待来使(包括质子)这一传统还是继续着的。北魏时鸿胪官员在接待来使时还有过一些出色的表现,孝文帝时李安世任鸿胪属官主客令,就曾负责接待齐使刘缵,"刘缵聘于魏,魏主客令李安世主之"[5]。李安世在接待过程中言词锋利机警,频频折服刘缵[6]。鸿胪官员在接待来使过程中,由于工作关系不免有的来使可能向他们赠送一些财物,成淹在孝文帝、宣武帝世曾长期担任主客令,史称其"小心畏法,典客十年,四方贡聘,皆有私遗,毫厘不纳,乃至

---

[1] 《南齐书》卷一六《百官志》,第319页。
[2] 《北史》卷八三《文苑传·潘徽传》,第2814—2815页。
[3] 《南齐书》卷五七《魏虏传》,第988页。
[4] 《梁书》卷五《元帝纪》,第130页。
[5] 《资治通鉴》卷一三五,齐武帝永明元年(483)条,第4257页。
[6] 《魏书》卷五三《李安世传》,第1175页。

衣食不充，遂启乞外禄"①。可见作为主客令，负责四方来使之接待，是有可能收受其贡献之财物的，成淹不接受来使的馈赠，当属少数，故史家特予褒扬。

（二）礼宾司仪

魏晋南北朝时期继承汉代制度，鸿胪官员负责外交方面的礼宾和司仪工作。元正朝贺是外交宾客和使节参加的一项重大礼宾活动。《咸宁注》是西晋制定的礼仪大典，"晋氏受命，武帝更定元会仪，《咸宁注》是也"②。我们从《咸宁注》所载元正朝会的礼仪中，可以看到鸿胪官员在这种仪式中的职责和作用情况。在朝会中，大鸿胪及其属官大行令、治礼郎等均参与其事，各司其职。这一"匈奴南单于子"及"诸蛮夷胡客"均出席的重大外交礼宾活动是从"大鸿胪跪奏：'请朝贺。'治礼郎赞：'皇帝延王登'"的赞礼声中开始的；朝贺者上殿行礼毕，依次下殿，由"治礼郎引公、特进、匈奴南单于子、金紫将军当大鸿胪西，中二千石、二千石、千石、六百石当大行令西，皆北面伏"；"王公置璧成礼时，大行令并赞"③。由此可见大鸿胪及其属官在这个盛典上担负着重要的礼宾、司仪职责。

南北朝时期亦复如是。《南齐书·百官志》曰："鸿胪掌导护赞拜。"④梁朝亦规定"鸿胪卿……掌导护赞拜"⑤。北齐"鸿胪寺，掌蕃客朝会，吉凶吊祭"。北周的宾部"掌大宾客之仪"⑥。这都是指其所负礼宾司仪工作。《魏书·官氏志》没有载明鸿胪职掌，但北齐官制依照北魏，两者制度是一致的。杨舒于太和中任鸿胪丞，《杨舒墓志》称其"弼赞九仪，宾翼四门，蕃卫载缉，戎陌来庭"⑦。也强调其礼宾之责。这虽然是墓志中的溢美套词，但外交礼宾为鸿胪之职责则是无疑的。

由于鸿胪职掌礼宾、司仪，所以在鸿胪中特设礼宾官员。晋代设有

---

① 《魏书》卷七九《成淹传》，第1755页。
② 《晋书》卷二一《礼志下》，第649页。
③ 《宋书》卷一四《礼志一》引《咸宁注》，第243—244页。
④ 《南齐书》卷一六《百官志》，第318页。
⑤ 《隋书》卷二六《百官志上》，第726页。
⑥ 《通典》卷二六《职官典八·鸿胪卿》，第153页。
⑦ 赵超：《汉魏南北朝墓志汇编》，天津古籍出版社1992年版，第95页。对鸿胪职责的相似表述，亦见于同书所载同时期的《元悌墓志》《乞伏宝墓志》等。

治礼郎，属大行令。北魏太和年间特设司仪官，北齐设"司仪署，又有奉礼郎三十人"①。北周也设有司仪上士、中士专司其职。

（三）封拜册命

和汉代一样，封拜册命也是魏晋南北朝时期大鸿胪的一项职责，但是由于这个时期册封制度的变化，我们没有看到它像汉代那样对册封负有更多的职责，主要是被朝廷派遣出使进行封拜册命，而且经常还是以它官兼鸿胪卿去进行。东晋时，成帝曾派郭希兼大鸿胪持节册拜燕王慕容皝为燕王②。与此同时北方的十六国政权也大多如此，后秦姚兴遣其兼大鸿胪梁斐拜南凉秃发傉檀为广武公、北凉沮渠蒙逊为西海侯、西凉李玄盛为高昌侯等③，即属此类。而十六国大体是模仿魏晋制度。北朝的情况也是如此。北魏早在拓跋焘时即行此制，始光四年（427）遣公孙轨兼大鸿胪，持节拜氐王杨玄为南秦王④。此后屡见史册，太和十五年（491）高丽王琏卒，孝文帝遣大鸿胪拜琏孙云为高句丽王，并"赐衣冠服物车旗之饰，又诏云遣世子入朝，令及郊丘之礼"⑤。诸如此类，不胜枚举。

（四）馆饩来使

来使来宾在京的生活服务工作，与汉代一样，在魏晋南北朝时期也是由大鸿胪负责的。而其中最重要的就是食宿等方面的安排照料。汉代在京师设有蛮夷邸，作为来使来宾的下榻场所，而蛮夷邸是归鸿胪管理的。魏晋南北朝时期各国也在都城设置客馆、宾馆等，以接待四方来使。《说文》："馆，客舍也……《周礼》五十里有市，市有馆，以待朝聘之客。"⑥

曹魏时期改大行令为客馆令，首次专设负责客馆事宜的官员。晋改为典客，至东晋后期又改称客馆令。客馆令或典客令均负责来使接待工作，那么其中便包括馆饩事宜。十六国政权的政治制度大都仿照魏晋制度，这些政权亦多有客馆设施，永和七年（351）冉魏遣常炜出使前燕，

---

① 《隋书》卷二七《百官志中》，第756页。
② 《晋书》卷一〇九《慕容皝载记》，第2821—2822页。
③ 《晋书》卷一一七《姚兴载记上》，第2983页。
④ 《魏书》卷三三《公孙表传附公孙轨传》，第784页。
⑤ 《魏书》卷一〇〇《高句丽传》，第2216页。
⑥ 《说文解字注》，第221页。

前燕群臣企图杀掉他，燕主慕容儁不许，于是"使出就馆"①。前秦苻健称帝后，"西虏乞没军邪遣子入侍，（苻）健于是置来宾馆于平朔门以怀远人"②。这些都是接待来使的馆舍。

南北朝时期的客馆制度比魏晋时期有了更大的提高，其客馆之类型及管理体制、规模等方面都更为完善和进步。

先看南朝的情况。南朝从刘宋开始分置南、北客馆令。刘宋以后的情况《通典·鸿胪卿》只说："齐、梁、陈皆有客馆令、丞。"③ 没有说其时是否也分置南、北客馆。北朝魏收出使梁时，"在馆，遂买吴婢入馆，其部下有买婢者，（魏）收亦唤取，遍行奸秽，梁朝馆司皆为之获罪"④。所谓"馆司"，即客馆中负责馆务之官员和一般工作人员，来使在客馆有违纪行为，要追究馆司的责任，可见馆司不仅负责管理客馆本身的事务，而且有监察来使活动的职责。

客馆不仅是来使下榻居住的地方，而且是外交活动场所。北朝的温子昇为中书郎时，"尝诣萧衍客馆受国书"⑤。可见客馆也是授受国书的场所。接受来使的贡献也在这里进行，东魏派遣李谐、卢元明出使梁，梁武帝"以（萧）㧑辞令可观，令兼中书侍郎，受币于宾馆"⑥。宴请来使有时也在客馆中举行，郑羲出使刘宋时，宋主客郎即"就邸设会"⑦，款待郑羲。因为客馆在外交中具有重要作用，所以当时统治者都很重视建造客馆，南齐高帝拟修建宣阳门，刘善明上表建议不如"开宾馆以接邻国"，齐高帝答曰："饰馆以待遐荒，皆古之善政，吾所宜勉"，立即"敕停"宣阳门工程⑧。

北朝的客馆制度比南朝又有过之而无不及。北魏鸿胪下设典客监，后改为主客令，管理客馆事宜。北齐设典客署以司其事，北周的类似机构则是掌客。

---

① 《资治通鉴》卷九九，晋穆帝永和七年（351）条，第3113—3114页。
② 《晋书》卷一一二《苻健载记》，第2871页。
③ 《通典》卷二六《职官典八·鸿胪卿》，第153页。
④ 《北齐书》卷三七《魏收传》，第485页。
⑤ 《魏书》卷八五《文苑传·温子昇传》，第1877页。
⑥ 《周书》卷四二《萧㧑传》，第751页。
⑦ 《八琼室金石补正》卷一四《兖州刺史荥阳文公郑羲下碑》，第79页。
⑧ 《南史》卷四九《刘善明传》，第1231页。

北朝还设置"监馆"一职,以具体负责使馆的管理事宜。北朝著名的科技家綦毋怀文曾任监馆,他"昔在晋阳为监馆,馆中有一蠕蠕客,同馆胡沙门指语怀文云:'此人别有异算术。'"① 房彦询"少时为监馆,尝接对陈使江总。及陈灭,(江)总入关,见彦询弟彦谦曰:'公是监馆弟邪?'因惨然曰:'昔因将命,得申言款。'彦询所赠(江)总诗,今见载《总集》"②。上述记载表明,客馆接待的对象除外交使节之外,尚有外国僧侣等胡客;监馆的职责,不仅负责管理客馆的具体事务,还负有外交接待的职责,房彦询作为监馆向来使赠诗,这是当时外交接待工作中的常事。

当时已经按照不同国家设置客馆,类似今天的某国驻华使馆,据《建康地记》载,有"显仁馆,在江宁县东南五里青溪中桥东湘宫巷下,古高丽使处"③。这个显仁馆被称为"高丽使处",可见是专供高丽使下榻之所,有类高丽驻华使馆。那么其他与南朝政权交往频繁的国家也可能有了自己的使馆。

北魏时已经明确为不同的国家设置专有的使馆。当时"虏置诸国使邸,齐使第一,高丽次之"④。这种"诸国使邸"就是各国驻北魏的使馆,这是我国历史上首次明确记载国别外交使馆的出现,而在此之前如汉代的蛮夷邸,魏晋时期的客馆等,都尚未专为一国而设,只是到了这个时期才正式出现了国别使馆。由此亦可进一步证明南朝以显仁馆为代表的客馆也是各国驻南朝的国别使馆,在这方面南北朝大体是同步的。这说明到了南北朝时期使馆制度已日趋完善、成熟,这也是我国古代外交制度已发展到一个新阶段的标志。从这个记载我们还可以看到,北魏的诸国使邸还有等级的差别,朝鲜古史《三国史记·高句丽本纪》说:"时魏人谓我方强,置诸国使邸,齐使第一,我使者次之。"⑤ 这种差别的根据当然与该国的国力强弱大小有关,但也与该国对于主国的重要性和

---

① 《北史》卷八九《艺术传上·綦毋怀文传》,第2940页。
② 《北史》卷三九《房法寿传附房彦询传》,第1416页。
③ 《太平御览》卷一九四《居处部二二·馆驿》引,第936页。
④ 《南齐书》卷五八《东夷高句丽国传》,第1009页。
⑤ [朝鲜]金富轼:《三国史记》卷一八《高句丽本纪》,(韩国·汉城)景仁文化社1995年版,第191页。

地位有关。设置"诸国使邸"在我国古代外交制度史上是件重要事情，但是南、北史书都没有说明是在什么时候出现的，《三国史记》将此事系于长寿王七十二年，是年"冬十月，遣使入魏朝贡"①。接着就叙述了北魏设诸国使邸一事。据《三国史记》的《年表》，长寿王七十二年相当于南朝永明二年（484）②，是年为北朝太和八年。太和八年北魏国都还在平城，那么在平城时北魏就已创置"诸国使邸"了。北魏置"诸国使邸"之事还有一个旁证，萧齐时王敬则曾以散骑的身份出使北魏，他在出使期间，"于北馆种杨柳，后员外郎虞长耀北使还，敬则问：'我昔种杨柳树，今若大小？'长耀曰：'虏中以为甘棠。'"③ 王敬则在北朝使馆中种树，颇有长远打算的意味，故多年后仍关心此树生长情况；而其后的使者虞长耀仍下榻于此馆中，可见这个使馆是属南朝使者专用的。王敬则出使北魏大约也在永明初，那么《三国史记》所记"诸国使邸"的设置时间应当是可信的。

　　北朝的使馆同南朝一样也是一个外交活动场所。这里是接受国书的场所，李德林于"齐天统中，兼中书侍郎，于宾馆受国书。陈使江总目送之曰：'此即河朔之英灵也。'"④ 这是双方于宾馆进行国书的交接仪式。使馆也是宴请来使的一个场所，徐陵出使东魏时，主客魏收即"授馆宴宾"⑤，款待徐陵。萧渊明即帝位后，遣使至北齐拜谢，北齐盛情款待梁使，"在馆供给宴会丰厚，一同武帝时使"⑥。萧渊明在北齐支持下得登帝位，于使馆受到北齐盛情设宴款待固不待言，而此制"一同武帝时使"，表明这是一贯的制度。使馆也是双方进行外交角逐的场所。北齐、北周通好，天和三年（568）北周派兵部尹公正出使北齐，其在齐活动时，"与齐人语及《周礼》，齐人不能对。乃令（熊）安生至宾馆与（尹）公正言……公正于是具问所疑，安生皆为一一演说，咸究其本。公

---

① 《三国史记》卷一八《高句丽本纪》，第191页。
② 《三国史记》卷三〇《年表》（中），第310页。
③ 《南齐书》卷二六《王敬则传》，第484页。
④ 《隋书》卷四二《李德林传》，第1208页。
⑤ 《南史》卷六二《徐陵传》，第1523页。
⑥ 《南史》卷五一《梁宗室传上·萧明传》，第1272页。

正深所嗟服，还，具言之于高祖。高祖大钦重之"①。北周使者尹公正以《周礼》难倒了北齐的接待官员，于是北齐改派《周礼》专家熊安生前往宾馆应敌。熊安生时为国子博士，博通《五经》。由于他逐一圆满回答了周使的问难，博得了周使的叹服，从而扭转了北齐在这一外交较量中的被动局面。尹公正回国向周武帝汇报了情况，周武帝对熊安生大为赏识，为周灭齐后对其信用埋下伏笔。使馆也是来使与出使国各界人士交往的场所，南朝使节到了东魏邺都时，"梁使每入，邺下为之倾动，贵胜子弟盛饰聚观，礼赠优渥，馆门成市"②。使馆外交公关活动之盛况于此可见。所在国人士可以到使馆拜访来使，姚察曾奉陈朝使命出使北周，"江左耆旧先在关右者，咸相倾慕。沛国刘臻窃于公馆访《汉书》疑事十余条，并为剖析，皆有经据"③。使者也可以主动约请有关人士到使馆叙谈，陈朝庾弘正出使北周，他素闻北周人韦敻名声，要求与他相见，经北周有关方面批准之后，便"请（韦）敻至宾馆"，但是"（韦）敻不时赴。（周）弘正仍赠诗曰：'德星犹未动，真车讵肯来。'"④ 使节对于接触出使国人士的主动性、积极性于此可见，此实为民间外交一种方式。

除了使馆之外，北魏首都洛阳又有"四夷馆"的设置。四夷馆的性质与使馆不同，是为收容"附化之民"而设的，我们在前面已经讨论过，但它也有某些使馆的作用，如当时具有一定外交使者意义的质子就被安排住在四夷馆中，据《洛阳伽蓝记》卷三《城南》记载，这些"北夷酋长遣子入侍者"，就住在这里，他们"常秋来春去，避中国之热"，当时人们把他们戏称为候鸟般的"雁臣"⑤。鸿胪寺的职责之一是管理诸国侍子，鸿胪寺与"四夷馆"也有一定的关系。

（五）侨民管理

魏晋时期鸿胪寺还有一项重要职责就是管理留居境内的各种侨民，这主要由其属官典客令负责。由于中外交流的发展以及周边民族的内迁，中原政权辖境内的四方侨民日益增多，于是侨民的管理也就提到统治者

---

① 《周书》卷四五《儒林传·熊安生传》，第813页。
② 《北史》卷四三《李谐传》，第1604页。
③ 《陈书》卷二七《姚察传》，第348—349页。
④ 《周书》卷三一《韦敻传》，第545页。
⑤ 《洛阳伽蓝记》卷三《城南》，第160页。

的议事日程上来。早在汉代即于藁街设置蛮夷邸,除接待来使和投附者之外,也有旅居汉朝的侨民。而蛮夷邸是归大鸿胪管辖的,那么汉代的大鸿胪也是兼管侨民事务的。到了晋时侨民的管理已经明确归鸿胪的属官典客令负责,东晋初万默曾任典客令,"时典客令万默领诸胡,胡人相诬,朝廷疑(万)默有所偏助,将加大辟"①。这条材料表明,典客令负责境内胡人的管理工作,胡人之间的诉讼亦由其处理。典客令所领的"诸胡",不会全是官方使节,大多应是侨居东晋的各类人员。此事发生于元帝太兴三年(320)。北齐典客署属官有"京邑萨甫"与"诸州萨甫"②,其职司史志没有明确记载,不过《隋书·百官志下》记隋初官制曰:"诸州胡二百户已上萨保,为视正九品。"③ 那么"萨保"所司当与"胡户"有关。隋初官制多依北齐,则北齐典客署之"萨甫"亦当与管理"胡户"有关。所谓"胡户"实际上就是入居北齐的外侨,从首都到各州都设"萨甫"进行管理。北齐以典客署负责侨民管理,当系继承晋制。

(六) 翻译

汉代的外交翻译基本上是归大鸿胪管辖的,但是自东汉撤消译官令、丞之后,直到魏晋南北朝时期我们没有看到在鸿胪寺有这方面的官员设置,只是北周时,在相当于鸿胪寺的秋官宾部下有象胥一职,设象胥中士,正二命,象胥下士,正一命。这是依周礼而设的翻译官员。魏晋南北朝时期鸿胪寺继续负责来使的接待和馆饩事宜,其配备译员当无疑义,不过没有译官设置,大约只是一般吏员而已。

这个时期我们还可以看到翻译不完全是由己方解决,来使往往自己也要准备译员,解决翻译问题。曹魏景初三年(239)二月,"西域重译献火浣布"④。西晋时倭国于"泰始初,遣使重译入贡"⑤。十六国"张重华时,天竺重译贡乐伎"⑥。凡此种种,不一而足。虽然"重译入贡"一词常为皇权统治者显示万国朝宗的套话,但上述记载显示当时各国来使

---

① 《晋书》卷七八《孔坦传》,第 2056 页。
② 《隋书》卷二七《百官志中》,第 756 页。
③ 《隋书》卷二八《百官志下》,第 791 页。
④ 《三国志》卷四《魏志·齐王芳纪》第 117 页。
⑤ 《晋书》卷九七《四夷传》,第 2536 页。
⑥ 《旧唐书》卷二九《音乐志二》,第 1069 页。

常常需要通过辗转翻译才能通达，则是事实，这里就有可能包含使团中的翻译人员。南朝时的滑国（即嚈哒），"无文字，以木为契。与旁国通，则使旁国胡为胡书，羊皮为纸……其言语待河南人译然后通"①。这里的"河南人"指吐谷浑人。滑国与其他国家交往时，文字则通过旁国胡写成胡书，言语则通过吐谷浑人才能翻译过来。可见"重译"绝非全为夸张之词。同书又记新罗国，"无文字，刻木为信。语言待百济而后通焉"②。新罗来使的翻译要通过百济人才能通。所以当时翻译工作需要诸多方面，甚至是邻国的配合才能完成，此即所谓"重译"，鸿胪寺不可能把各语种人才都准备齐全。有的来使自带翻译的情况也见诸史册，倭国于"魏时，译通中国。三十余国，皆自称王"③。刘宋孝武帝大明三年（459）"十一月己巳，肃慎氏献楛矢石砮，高丽国译而至"④。肃慎是通过高丽国的翻译而朝献的。这些表明他们有可能是各自解决翻译而前来通使的。

三　鸿胪寺官员任职条件及其地位变化

魏晋南北朝时期鸿胪寺的地位虽较汉代凌替，但其作为在中央重要的专职外交机构的性质并未发生变化，外交是其最重要的职能，因而鸿胪官员与汉代一样，其任职除了一般官员所须具备的条件之外，还有某些特定的要求。

第一，在学识方面继续汉代的传统要求鸿胪官员具有较高的素养。据《吴录》记载，孙皓时，张俨"弱冠知名，历显位，以博识多闻，拜大鸿胪"⑤。这里强调其拜大鸿胪的主要条件是"博闻多识"。《吴录》对张俨的评价可从《文士传》的记载得到证实：张俨少时即有"才名"，曾与张纯、朱异往见骠骑将军朱据，朱据令他们各赋一物乃得坐，"三人各随其目所见而赋之，皆成而后坐，（朱）据大欢悦"⑥。其博学与机敏在日后的大鸿胪职务中，尤其在出使西晋时曾有出色的发挥。到了北魏更

---

① 《梁书》卷五四《诸夷传》，第812页。
② 同上书，第806页。
③ 《隋书》卷八一《东夷传》，第1825页。
④ 《宋书》卷二九《符瑞志》，第873页。
⑤ 《三国志》卷四八《吴志·孙皓传》注引《吴录》，第1166页。
⑥ 《三国志》卷五六《吴志·朱桓传》注引《文士传》，第1316页。

把这一任职条件制度化、法典化，北魏《职令》曰："鸿胪少卿，第四品上第二清用雅学详当明枢达理者。"① 据《魏书》卷一一三《官氏志》，大鸿胪少卿为第四品上阶，可知《御览》所引为后《职令》。这里将学识和明理作为鸿胪少卿的必具条件。这是对汉魏两晋以来鸿胪官员任职条件的一个总结。

第二，在德行方面也继承前代而提出一定要求。韩宣于魏明帝时为尚书大鸿胪，"始南阳韩暨以宿德在（韩）宣前为大鸿胪，暨为人贤，及宣在后亦称职，故鸿胪中为之语曰：'大鸿胪，小鸿胪，前后治行曷相如。'"② 这个记载虽然只强调韩暨是以"德""贤"而任以大鸿胪之职，但从其后韩宣之与前任"治行"相似观之，则其德行亦与韩暨大体相当。北魏永熙二年（533）《乞伏宝墓志》云："鸿胪任掌诸侯，职兼归义，自非尚德厚贤，莫能居此，乃以君为大鸿胪卿。"③ 这里也以"德""贤"作为鸿胪任职的必要条件。

第三，要求有较强的才干。薛琡于北魏宣武帝时"以干用为典客令"④。他是以工作才干、办事能力强而得以任用为典客令的，这与典客令承担繁重的接待外宾事务的工作性质有密切关系。史称其"久在省闼，闲明簿领，当官剖判，敏速如流"⑤。是为其"干用"之具体表现。

第四，一定的外交工作经验及条件。《北史·孟威传》，谓其"颇有气尚，前后频使远蕃，粗能称旨。普泰（531—532）中，除大鸿胪卿"⑥。其外交才能并不特别突出，但却有长期的外交工作实践经验，因而被任命为大鸿胪卿。《魏书·孟威传》对其"前后频使远蕃，粗皆称旨"有较具体的介绍，早在孝文帝时他即奉命出使柔然，对投奔柔然的高车部人进行"晓谕"，从而"追还逃散"。宣武帝永平（508—512）中又曾奉命出使高昌。孝明帝正光（520—525）年间柔然主阿那瓌来投，他又奉命为使副迎劳，并任使主护送其返国。此外他还具备一些对北方外交的必

---

① 《太平御览》卷二三二《职官部》引北魏《职令》，第1102页。
② 《三国志》卷二三《魏志·裴潜传》注引《魏略列传》，第675—676页。
③ 赵超：《汉魏南北朝墓志汇编》，第304页。
④ 《北史》卷二五《薛琡传》，第921页。
⑤ 《北齐书》卷二六《薛琡传》，第371页。
⑥ 《北史》卷五〇《孟威传》，第1838页。

要条件，他"尤晓北土风俗"。又曾"以明解北人之语，敕在著作，以备推访"①。这些外交经历及条件无疑是其被选任大鸿胪卿的重要原因。

第五，仪容风度也是对鸿胪官员的要求之一。薛琡"形貌魁伟，少以干用称。为典客令，每引见客，仪望甚美。魏帝召而谓之曰：'卿风度峻整，姿貌秀异，后当升进，何以处官。'"② 薛琡之为典客令，与其仪表有一定关系，其在此职位上执行公务时因"仪望甚美"而颇受宣武帝的赞赏，以致感叹不知以何官进一步处之。北魏末年乞伏宝为大鸿胪卿，其墓志铭称其"府仰咸则，容止可模"③。亦强调其在执行公务中的仪表风度，从而可推知仪表在这一官职选拔中是考量因素之一。外交官员的仪表风度对于外交对方往往会产生重要影响，李安世于北魏献文帝时为主客令，时逢"萧赜使刘缵朝贡，安世美容貌，善举止，缵等自相谓曰：'不有君子，其能国乎？'"④ 刘缵对李安世仪表的赞叹，已不仅是李安世个人的事情，而是系乎国家之形象了。由此可见外交官员之仪容举止在外交工作中具有不可忽视的重要性，关乎国家的形象和影响，自古已然。

从上文所述魏晋南北朝时期鸿胪寺的外交职能，我们可以看到这一时期鸿胪寺的外交职能与汉代大体上是一致的，即外交方面的接待和礼仪等事务工作。但是也发生了一些变化，其主要表现是有更多的外交事务被尚书主客曹所分割，如接待来使的工作，虽然鸿胪寺还有一定的职责，但是重要的接待工作却是由主客郎来承担，尤其到了南北朝时期基本上是由主客郎出面负责接待，形成主客郎活跃于外交舞台的情形。虽然鸿胪寺的主客令也有时出面接待来使，如北魏时的主客令李安世也曾有过出色的表现，但就整个接待工作来看，尚书主客曹已把重要的接待工作分割而去，剩下的是大量的接待事务则仍归鸿胪寺。

鸿胪寺与尚书主客曹的关系，牵涉到一般所谓尚书与诸卿的关系。魏晋时期处于由三公九卿制向三省六部制转轨时期，两者之间不协调的情形比较突出，晋初关于两者关系的争论就是一个明证，其中以刘颂的

---

① 《魏书》卷四四《孟威传》，第1005—1006页。
② 《北齐书》卷二六《薛琡传》，第369页。
③ 赵超：《汉魏南北朝墓志汇编》，第305页。
④ 《魏书》卷五三《李安世传》，第1175页。

说法较有代表性，西晋官僚刘颂曰："秦汉已来，九列执事，丞相都总。今尚书制断，诸卿奉成，于古制为重。"① 但是到了南北朝时期这种争议便日益沉寂。这是两者已逐步协调的反应。我们从尚书主客曹与鸿胪寺的关系来看，在南北朝时期已看不到两者之间有明显的冲突，相反地两者在外交工作方面基本上是一种相互配合，相互补充的关系。尚书主客曹负责外交行政管理和外交接待，鸿胪寺负责外交接待礼仪和事务。虽然偶有重复与冲突之处，但总的来说是相互协作、密不可分的。所以尽管尚书台成为行政中枢，但列卿始终不废而且执掌实职，这说明它是中央行政机构运转过程中不可缺少的环节。所谓"尚书八坐五曹，各有恒任，系以九卿六府，事存副职"②。就是这个时期中央行政机构相互协调运转的大体情况。

---

① 《晋书》卷四六《刘颂传》，第1303页。
② 《南齐书》卷五六《倖臣传论》，第979页。

第 六 章

魏晋南北朝外交关涉机构

魏晋南北朝时期与汉代一样，从中央到地方都有一系列的外交关涉机构。中央关涉机构较汉代有所增加，中书省、门下省的介入外交政务乃至事务为其突出现象；地方关涉机构虽然复杂多变，但总的趋势是向着地方行政、边防与军事、边境镇抚机构三个系统协同进行外交管理的方向发展。

第一节　中央外交关涉机构

魏晋南北朝在中央除了专职外交管理机构之外，还有若干关涉机构，其中有的是继承前代所有，有的则是因官制变化而产生的新的部门。

一　中书省

南北朝时期南北方中书省的情况有所不同，兹分别论述之。

（一）南朝的中书舍人

中书与尚书一样原是汉代宫中掌文书、通章奏的办事人员，到魏晋时发展为中书省，与尚书、门下并称为三省。曹魏时中书省长官监、令的职权有了很大发展，"号为专任，其权重矣"。主要职务是"掌赞诏命，记会时事，典作文书"[①]。但从东晋以后，典作文书的权力转入其副手中书侍郎之手，监、令逐渐演变为清闲华贵之职。降及南朝中书省的权力更落入出身寒素的中书舍人手中。南朝时高门旧族式微，寒族兴起，而

[①]《通典》卷二一《职官典三·中书令》，第125页。

南朝君主亦出身寒人，为了恢复和强化君权，大举擢用寒人掌机要，出身寒素的中书舍人就是在这种背景下脱颖而出的。刘宋时中书舍人已逐渐排挤中书侍郎而掌握机要，《晋令》曰："中书通事舍人品第七"，至"宋初又置通事舍人四人，品秩同晋氏，入直阁内，出宣诏命，而侍郎之任轻矣。"到萧齐时已经发展到"权倾天下"①的地步。"建武世，诏命殆不关中书，专出舍人。省内舍人四人，所直四省，其下有主书令史，旧用武官，宋改文吏，人数无员。莫非左右要密，天下文簿板籍，入副其省，万机严密，有如尚书外司。"②这四位舍人"各住一省，时谓之四户，权倾天下"③。而且居然自立为"舍人省"④。中书舍人原称中书通事舍人，至梁时去"通事"而只称中书舍人。"自是诏诰之任舍人专之。"⑤到了陈朝发展到登峰造极地步，"国之政事，并由中书省。有中书舍人五人，领主事十人，书吏二百人。书吏不足，并取助书。分掌二十一局，各当尚书诸曹，并为上司，总国内机要，而尚书唯听受而已"⑥。这样炙手可热的部门对于外交这一国家大事是不能不干预的，除了参与外交决策，如第四章所论之外，也掌管若干外交行政事务，主要有下述两个方面。

1. 外交文书起草

中书的职责之一就是起草诏诰文书，那么外交文书由其负责起草是很自然的。前面我们提到东晋时起草文书权力已转入中书侍郎之手，外交文书的起草亦然，刘裕灭后秦占长安后，遣使携文书至大夏，与赫连勃勃"请通和好，约为兄弟"。赫连勃勃复函刘裕，其过程是："命其中书侍郎皇甫徽为文而阴诵之，召（刘）裕使前，口授舍人为书，封以答裕。"⑦第一步是中书侍郎起草，第二步由中书舍人书写誊正。这虽然是赫连勃勃玩弄的外交手腕，但所反映的外交文书起草过程大体还是符合

---

① 《唐六典》卷九《中书省·中书舍人》引《晋令》，第276页。
② 《南齐书》卷五六《倖臣传序》，第972页。
③ 《通典》卷二一《职官典三·中书令》，第125页。
④ 参见《南齐书》卷五六《倖臣传·吕文显传》，第978页、《南史》卷二一《王弘传附王融传》，第578页。
⑤ 《通典》卷二一《职官典三·中书令》，第125页。
⑥ 《隋书》卷二六《百官志上》，第742页。
⑦ 《晋书》卷一三〇《赫连勃勃载记》，第3208页。

当时实际的。这里起草人是侍郎而非舍人，舍人还只是担任书吏之类的角色。十六国的制度仿照魏晋制度，夏国外交文书起草制度可视为东晋制度的反映。

南朝自萧齐以后外交文书起草权归中书舍人。刘係宗在宋末即任中书通事舍人，"使写诸处分敕令，及四方书疏。使主书十人、书吏二十人配之，事皆称旨"。萧齐建国后继续担任中书通事舍人，"永明中，诏使书常令（刘）係宗题答，秘书书局皆隶之"①。不过这种起草工作一方面是根据皇帝的命令和意图，另一方面最后还要经过中央决策集团的批准。梁代中书舍人裴子野"敕掌中书诏诰"，负责外交文书的起草。以普通七年（526）起草移北魏的文书为例，是年"王师北伐，敕子野为喻魏文，受诏立成，高祖以其事体大，召尚书仆射徐勉、太子詹事周舍、鸿胪卿刘之遴、中书侍郎朱异，集寿光殿以观之，时并叹服"。因裴子野文才甚高，故在决策集团中顺利通过。不久梁武帝又命裴子野"为书喻魏相元叉，其夜受旨，子野谓可待旦方奏，未之为也，及五鼓，敕催令开斋速上，子野徐起操笔，昧爽便就。既奏，高祖深嘉焉。自是凡诸符檄，皆令草创"②。可见当时对于中书舍人的文字能力要求是很高的。这里还须指出，由于中书舍人责任繁重，故从梁代以后颇重才能选拔，中书舍人"用人殊重，简以才能，不限资地，多以他官兼领"③。以裴子野为例，他不仅文笔过人，而且学识渊博，他是史学家裴松之的曾孙，有家学渊源，他任著作郎，掌国史及起居注，而兼任中书舍人。他不仅于传统学术渊博，外交知识也很丰富，"是时西北徼外有白题及滑国，遣使由岷山道入贡。此二国历代弗宾，莫知所出。子野曰：'汉颍阴侯斩胡白题将一人。服虔注云：白题，胡名也。'又汉定远侯击虏，八滑从之，此其后乎。'时人服其博识"。因为他负责外交文书起草，又有渊博的外交知识，故梁武帝命他撰写《方国使图》，"广述怀来之盛，自要服至于海表，凡二十国"④。

---

① 《南齐书》卷五六《倖臣传·刘係宗传》，第975、976页。
② 《梁书》卷三〇《裴子野传》，第443页。
③ 《通典》卷二一《职官典三·中书令》，第125页。
④ 《梁书》卷三〇《裴子野传》，第443页。

2. 外交接待

南朝的中书舍人不仅负责外交文书起草，而且侵夺了外交接待事务，这原是鸿胪或尚书主客郎的职分。这种情况主要发生于萧梁以后。梁武帝普通初，与北魏连和，当时北魏派遣刘善明来聘，梁武帝"敕使中书舍人朱异接之"。南北朝时期接待来使的工作常常临时差遣他官兼任，那么朱异接待刘善明是否也是临时差遣呢？不是，他是以中书舍人职分所属而负责接待工作的，当时"预宴者皆归化北人。（刘）善明负其才气，酒酣谓（朱）异曰：'南国辩学如中书者几人？'异对曰：'异所以得见宾晏者，乃分职是司。二国通和，所敦亲好；若以才辩相尚，则不容见使。'"① 朱异的话说得非常明白，他之所以出来接待魏使，不是因为口辩之才被临时差遣，而是职分所定。可见在梁代中书舍人负责外交接待工作已是制度所规定的。因此在梁、陈时期多见中书舍人接待来使的情形，傅岐在梁长期兼任中书舍人，"大同中，与魏和亲，其使岁中再至，常遣（傅）岐接对焉"②。陈朝中书舍人傅縡因统治集团内部矛盾，施文庆等人"因共谮（傅）縡受高丽使金，后主收縡下狱"③。这证明傅縡曾负责接待过高丽使者。北齐时崔瞻出使陈朝，因其"雍容可观，辞韵温雅，南人大相钦服。陈舍人刘师知见而心醉，乃言：'常侍，前朝通好之日何意不来？今日谁相对扬者！'其见重如此"④。这是陈朝中书舍人接待来使之例。除了在京城接待宴请来使外，也出京迎送宾客或使节，北魏镇将元法僧乘魏室大乱而称帝，魏发兵攻之。元法僧遣使梁朝，"请为附庸"，"高祖遣中书舍人朱异迎之"⑤。北魏宗室元彧因河阴之变奔梁，梁武帝"遣其舍人陈建孙迎接，并观（元）彧为人"⑥。

与接待来使相关的一项任务是奉命宣诏。奉命宣诏是中书舍人的基本职责之一，故外交宣诏亦常由其担当，"魏使陆操至梁，梁王坐小舆，

---

① 《梁书》卷二一《王份传》附《王锡传》，第326页。
② 《梁书》卷四二《傅岐传》，第602页。
③ 《陈书》卷三〇《傅縡传》，第405页。
④ 《北史》卷二四《崔逞传附崔瞻传》，第876页。
⑤ 《梁书》卷三九《元法僧传》，第553页。
⑥ 《北史》卷一六《太武五王·元彧传》，第606页。

使再拜，遣中书舍人殷炅宣旨劳问"①。即转达皇帝意旨并代致问候。此事在北朝更为多见。

（二）北朝的中书监令与舍人

北朝中书省的情况与南朝有所不同，一是中书省的权力不像南朝那么膨胀，二是权力不似东晋南朝那样由监令而侍郎而舍人层层下移，因而中书省各级掌管外交事务的情况与南朝也有所区别。现将中书省各级官员掌管外交事务的情况分述如下。

1. 外交文书起草

北魏掌管外交文书起草的是中书监、令。早在拓跋珪时中书令就已"出纳王言，兼总文诰"②。到文明太后和孝文帝时这一职能更有所加强，这是魏晋制度的传承。高闾于承明（476）初为中书令，"诏令书檄碑铭赞颂皆其文也"。外交文书无疑也是中书监、令的职掌范围。太和初高闾任中书监时，就曾负责起草外交文书，太和九年（485）柔然遣牟提出使北魏，孝文帝在牟提返国前征求群臣意见，是否应有文书报答柔然？群臣认为应该有，于是孝文帝"乃诏（高）闾为书"。当时柔然部真可汗去世不久，还在丧服期间，可是高闾所草文书"不叙凶事"，孝文帝看后说道："卿为中书监，职典文词，所造旨书，不论彼之凶事。若知而不作，罪在灼然；若情思不至，应谢所任。"这里孝文帝明确指出中书监是"职典文词"。对于在国书中提不提柔然国丧的问题，孝文帝和高闾之间还有一段争论，"（高）闾对曰：'昔蠕蠕主敦崇和亲，其子不遵父志，屡犯边境，如臣愚见，谓不宜吊。'高祖曰：'敬其父则子悦，敬其君则臣悦。卿云不合吊慰，是何言欤！'闾遂引愆，免冠谢罪。高祖谓闾曰：'蠕蠕使牟提小心恭慎，甚有使人之礼，同行疾其敦厚，每至陵辱，恐其还北，必被谤诬……今为旨书，可明牟提忠于其国，使蠕蠕主知之。'"③ 这里把外交文书的起草过程表达得非常清楚：首先经皇帝与决策集团做出决策，然后交由中书监起草，起草内容必须符合皇帝的旨意，故孝文帝把它径

---

① （唐）段成式撰，许逸民校笺：《酉阳杂俎》卷一一《广知》，中华书局2015年版，第392页。
② 《魏书》卷三三《屈遵传》，第777页。
③ 《魏书》卷五四《高闾传》，第1198、1203页。

称为"旨书"。如果违反皇帝的旨意则可能受到惩处。文书的最后批准权当然在皇帝之手。

北魏后期，徐纥、郑俨等任中书舍人，"军国诏命，莫不由之"①。中书舍人已负责起草诏书。北齐置中书舍人十人，"品同魏氏，并掌诏诰"②。当亦为北魏后期事。与此同时我们也看到中书舍人已负责起草外交文书。宇文泰为了平定侯莫陈悦，想借用费也头的军队，于是命其记室冀俊伪造魏孝武帝的敕书给费也头，令其出兵助宇文泰。冀俊"依旧敕模写，及代舍人、主书等署，与真无异……费也头已曾得魏帝敕书，及见此敕，不以为疑"③。冀俊仿照旧敕摹写时，要模仿中书舍人和主书在敕书上署名。可见这时的外交文书是由中书舍人起草的，舍人下面的主书令史也要联署。费也头接到这种敕书以后便"不以为疑"，表明这是当时文书的正常规格。那么到北魏后期外交文书的起草已由中书监、令逐渐转入舍人手中了。

2. 外交宣诏

北魏中后期常见中书舍人在外交场合承担宣诏的任务。前面我们谈到南朝后期中书舍人在外交中宣诏的情况，但是似不及北朝之频繁。熙平二年（517）柔然派遣巩顾礼等到北魏朝贺，神龟元年（518）二月孝明帝"临显阳殿，引顾礼等二十人于殿下，遣中书舍人徐纥宣诏，让以蠕蠕藩礼不备之意。"④ 这是在皇帝接见来使时承担宣诏的职责，即在皇帝与来使、宾客之间传达旨意。在盛大的外交场合，担任宣诏的中书舍人还不止一人，正光元年（520）柔然主阿那瓌来朝北魏，孝明帝于显阳殿举行盛大宴会，参加者有五品以上清官、皇宗、藩国使客等，坐次排定后，孝明帝"遣中书舍人曹道宣诏劳问"，阿那瓌通过曹道向孝明帝要求让随从其来的从兄亦升殿预会，"诏听之"。宴会将结束时，阿那瓌又"执启立于座后"，于是"诏遣舍人常景问所欲言，阿那瓌求诣殿前，诏引之"。阿那瓌到了皇帝跟前，陈述了希望北魏帮助其复国的要求后，

---

① 《魏书》卷九三《徐纥传》，第 2008 页。
② 《唐六典》卷九《中书省·中书舍人》，第 276 页。
③ 《周书》卷四七《艺术传·冀俊传》，第 838 页。
④ 《魏书》卷一〇三《蠕蠕传》，第 2297 页。

"仍以启付舍人常景，具以奏闻"①。在这次宴会上先后有两位中书舍人进行宣诏。来使、来宾辞见时也由中书舍人负责宣诏，正光二年（521）"阿那瓌等五十四人请辞，肃宗临西堂，引见阿那瓌及其伯叔兄弟五人，升阶赐坐，遣中书舍人穆弼宣劳"②。中书舍人不仅在皇帝接见使者时宣诏，也常奉命出使宣诏，神龟元年柔然使者巩顾礼回国时，北魏即派中书舍人曹道出使柔然宣诏，正光元年阿那瓌来朝时向孝明帝追述此事道："是以曹道芝北使之日，臣与主兄即遣大臣五人拜受诏命。"③ 梁敬帝绍泰元年（555）以萧庄出质于北齐。梁敬帝禅位、陈武帝建陈之后，王琳向北齐求援抗陈。永定二年（558）王琳请纳出质于北齐的萧庄为梁主，北齐派兵援送，同时遣"舍人辛悫、游诠之等赍玺书江表宣劳，自琳以下皆有颁赐"④。这也是以中书舍人出使"宣劳"。

3. 外交接待

在东魏北齐时期中书舍人经常承担外交接待任务。前面我们提到北朝的中书省不像南朝那样明显地呈现权力逐级下移的情景，但是到了北魏后期监、令之下的舍人的外交权力仍有所上升，上面提到北魏舍人已代替监、令掌管外交文书以及其所负宣诏之责就是其具体表现。这种情况到东魏北齐还在发展，因此这一时期外交接待工作也常由其负责。刘鸷于武定初任中书舍人，"于时与萧衍和通，鸷前后受敕接对其使十六人"⑤。陆卬为中书舍人，兼中书侍郎，"自梁、魏通和，岁有交聘，（陆）卬每兼官燕接"⑥。陆彦师"为中书舍人、通直散骑侍郎。每陈使至，必高选主客，彦师所接对者，前后六辈"⑦。李谔"仕齐，为中书舍人，有口辩，每接对陈使"⑧。

---

① 《魏书》卷一〇三《蠕蠕传》，第 2298—2299 页。
② 同上书，第 2300 页。
③ 同上书，第 2299 页。曹道芝即前引之曹道，参《魏书》卷一〇三《校勘记》（12），第 2316 页。
④ 《北齐书》卷三二《王琳传》，第 434 页。
⑤ 《魏书》卷五五《刘芳传附刘鸷传》，第 1228 页。
⑥ 《北齐书》卷三五《陆卬传》，第 469 页。
⑦ 《北史》卷二八《陆彦师传》，第 1019 页。
⑧ 《北史》卷七七《李谔传》，第 2613 页。

（三）传诏

南北朝时期又有"传诏"一职常负外交之责。其在外交方面所见主要有两方面的职责。

一是奉皇帝之命出使。刘宋滑台戍将朱脩之被北魏俘虏后逃至北燕，受到冷遇。在北燕"留一年，会宋使传诏至，（朱）脩之名位素显，传诏见即拜之。彼国敬传诏，谓为'天子边人'，见其致敬于脩之，乃始加礼"①。当时北燕正遭到北魏的频繁进攻，意欲遣使刘宋求援，"（朱）脩之乃使传诏说而遣之"②。于是朱脩之得以回到南朝。从这件事我们可以看到"传诏"是代表皇帝出使的，故被称为"天子边人"，他在所出使之国颇受尊敬，有很大影响力，他不仅使北燕对朱脩之刮目相看，而且能说动北燕以朱脩之为使，联络刘宋抗魏。林邑国王范阳迈桀傲不驯，元嘉二十三年（446）宋文帝派檀和之率军伐之，阳迈求和，檀和之"军至朱梧戍，遣户曹参军日南太守姜仲基、前部贼曹参军蟜弘民随传诏毕愿、高精奴等宣扬恩旨，阳迈执仲基、精奴等二十八人"③。这两位"传诏"是代表皇帝来向林邑"宣扬恩旨"的。北魏中书舍人董绍被叛乱城民白早生囚送萧梁，永平二年（509）北魏提出以所俘梁将齐苟儿等交换董绍，梁武帝召见董绍，表示愿与北魏通好，并对之曰："卿宜备申此意，故遣传诏周灵秀送卿至国，迟有嘉问。"④梁武帝准备派遣传诏护送俘虏返国。由此可见"传诏"常代表皇帝出使，执行各种外交任务。

传诏的另一职责是参与外交礼仪工作。北齐迎接南朝使节的仪式中，有"传诏二人骑马荷信在前，羊车二人捉刀在传诏后。监舍一人，典客令一人，并进贤冠。……使主、副各乘车"⑤。传诏在这里起着引导来使的傧赞作用。

那么"传诏"是一种什么官职呢？"传诏"不见于职官制度记载，只能根据零星资料稍事补苴。关于"传诏"的记载，南朝较北朝稍详。昇

---

① 《宋书》卷七六《朱脩之传》，第1970页。
② 《南史》卷一六《朱脩之传》，第463页。
③ 《宋书》卷九七《夷蛮传·林邑国传》，第2378页。
④ 《魏书》卷七九《董绍传》，第1758页。
⑤ （唐）段成式撰，许逸民校笺：《酉阳杂俎》卷一一《广知》，中华书局2015年版，第53页。

明三年（479）宋顺帝禅位于萧道成那天，恰逢侍中谢朏直日。侍中的职责之一是"负玺陪乘"。在这种禅代仪式上，"侍中当解玺"，但谢朏反对萧道成篡宋，因而"佯不知，曰：'有何公事？'传诏曰：'解玺授齐王。'朏曰：'齐自应有侍中。'乃引枕卧。传诏惧，乃使称疾，欲取兼人。朏曰：'我无疾，何所道！'"① 从这个记载我们可以看到，"传诏"是皇帝的贴身人员，负责御前传宣诏旨，其地位并不高。这与前述"天子边人"的记载是吻合的。从其奉命传宣皇帝诏旨的工作性质来看，与中书舍人的"宣诏"职务相似。《资治通鉴》胡注谓："传诏，属中书舍人，出入宣传诏旨。"② 这一说法是符合事实的。不过，"传诏"还有由童子担任者，"梁主常遣传诏童赐群臣岁旦酒、辟恶散、却鬼丸三种"③。则又有类宫中侍童、杂使了。综上所述我们可以得出如下认识：传诏是中书舍人属下之成员，由各种年龄段的人员担任，其地位并不高，为皇帝贴身侍臣；其职务主要乃负责传宣皇帝诏旨，故名为"传诏"；其职责范围，或在禁省，或奉使四方，上自军国大事，下至宫廷琐屑。

二 门下省

关于门下省的沿革，《唐六典·门下省·侍中》本注有一概括的叙述："初，秦、汉置侍中曹，无台省之名，自晋始有门下省。历宋、齐、梁、陈、后魏、北齐、隋、国初皆曰门下省。"④ 自西晋设置门下省以后，其职权日益发展。侍中、给事黄门侍郎为其正副长官。其主要职掌，"掌傧赞威仪"，"备切问近对，拾遗补阙"⑤。但他不仅是作为皇帝的侍从，顾问应对，赞导礼仪，而且参与决策和掌握部分行政大权，成为中枢集团重要成员。在北朝更发展到"政归门下"⑥的地步。门下省在外交方面也有重要作用。关于门下省在外交决策中的作用，我们在第四章中已经叙述，这里不再赘述，这里只就其在外交方面的其他具体职掌作一叙述。

---

① 《梁书》卷一五《谢朏传》，第262页。
② 《资治通鉴》卷一三五，齐高帝建元元年（479条）胡注，第4224页。
③ （唐）段成式撰，许逸民校笺：《酉阳杂俎》卷一一《广知》，第71页。
④ 《唐六典》卷八《门下省·侍中》本注，第241页。
⑤ 《晋书》卷二四《职官志》，第732—733页。
⑥ 《魏书》卷三八《王遵业传》，第879页。

（一）傧赞威仪

门下官员的职掌之一是"傧赞威仪"，其中即包含外交方面的内容。凡遣大使及封拜礼仪，"军校、侍中、散骑常侍、给事黄门侍郎、散骑侍郎升殿夹御座。"在仪式开始时，由"侍中奏：'外办。'"皇帝即升太极殿，临轩南面。随后由侍中与鸿胪配合赞唱礼仪，"谒者引护当使者、当拜者入就拜位"①。这里所谓"大使"，包括外交使节；封拜者亦包括蕃国、友邦之受封拜者。在"诸蛮夷胡客"和质子出席的元会大典上，侍中亦与鸿胪官员、谒者、太常等共同赞相礼仪。这是我国古代一项最为隆重的外交礼宾活动。由于门下官员常参与这类礼宾活动，故对任侍中者在形体、姿容等方面要求颇高，萧齐时侍中一职"其朝会多以美姿容者兼官"②。齐明帝时欲用陆慧晓为侍中，但"以形短小，乃止"③。这与侍中常在帝侧并职司礼仪不无关系。

（二）对接来使

庾杲之"风范和润，善音吐。世祖令对虏使，兼侍中"④。这个材料表明，选拔对接来使官员的两个条件是，一者仪表口才出众，二者以侍中或侍中的名义。齐武帝是令庾杲之以"侍中"的名义负责接待北魏来使的，表明接待来使为侍中之职分所在。北魏卢度世"除散骑侍郎，使刘骏"。刘宋"遣其侍中柳元景与（卢）度世对接，度世应对失衷。还，被禁劾，经年乃释"⑤。《资治通鉴》系此事于宋孝武帝大明四年（460），即北魏文成帝和平元年。这是刘宋以侍中对接北魏使者。

（三）奉命出使

袁泌于梁、陈两朝均曾以侍中出使北朝。梁末"贞阳侯僭位，以（袁）泌为侍中，奉使于齐"⑥。入陈之后，袁泌"累迁通直散骑常侍，兼侍中，聘周"⑦。袁奭亦于梁末"萧庄时以侍中奉使贡"⑧，出使北齐。

---

① 《宋书》卷一四《礼志一》，第341—342页。
② 《通典》卷二一《职官典三·侍中》，第122页。
③ 《南齐书》卷四六《陆慧晓传》，第807页。
④ 《南齐书》卷三四《庾杲之传》，第615页。
⑤ 《魏书》卷四七《卢度世传》，第1046页。
⑥ 《陈书》卷一八《袁泌传》，第245页。
⑦ 《南史》卷二六《袁泌传》，第722页。
⑧ 《北齐书》卷四五《文苑传·袁奭传》，第626页。

三 北魏南北部尚书

北魏前期在尚书省设有南部尚书与北部尚书，"南部尚书知南边州郡，北部尚书知北边州郡"①。这是十六国时期胡族政权实行胡汉分治政策在行政机构上的某种继续，这种南、北部尚书虽然主要是内政管理部门，但是对于北魏王朝南部、北部的外交事务也负有一定责任。齐武帝时于石头造露车三千乘，企图从陆路攻取彭城，"形迹颇著"，被北魏所发觉。永明七年（489）底萧齐派遣颜幼明、刘思敩出使北魏，次年初他们二人返国前，北魏的南部尚书李思冲（李冲）就此事向萧齐方面提出交涉，质问两位使者道："二国之和，义在庇民。如闻南朝大造舟车，欲侵淮、泗，推心相期，何应如此？"齐使颜幼明答道："主上方弘大信于天下，不失臣妾。既与辑和，何容二三其德？疆埸之言，差不足信。且朝廷若必赫怒，使守在外，亦不近相淮溃。"对于齐使的辩解，李思冲继续加以质问道："我国之强，经略淮东，何患不荡海东岳，政存于信誓耳。且和好既结，岂可复有不信？昔华元、子反，战伐之际，尚能以诚相告，此意良慕也。"② 从魏、齐之间就此事的交涉，我们可以看到南部尚书是密切关注南朝的动态的，对于南朝的军事意图了然于心，因而借南朝来使的机会，向南朝提出警告。可见南部尚书对于与南朝的外交也是负有责任的。

南朝人士向北朝政治避难之事也由南部尚书负责，宋明帝时徐州刺史薛安都请降，"于时朝议，谓彼诚伪未可保信"。当时南部尚书李敷不仅在朝议中力排众议，从分析南朝内部矛盾出发，断定其降乃必然，"于是众议乃同，遣师接援。淮海宁辑，（李）敷有力焉"③。李敷作为南部尚书对于南朝政情比较了解，故其判断比较准确。而在北朝就此事商讨期间，薛安都"又遣第四子道次为质，并与李敷等书，络绎相继"④。可见南部尚书直接与南朝降附者联系，故其掌握的情况比较详细，有可能

---

① 《南齐书》卷五七《魏虏传》，第985页。
② 同上书，第992页。
③ 《魏书》卷三六《李顺传附李敷传》，第834页。
④ 《魏书》卷六一《薛安都传》，第1354页。

做出正确判断。这类事情是南北外交中经常发生的，也归南部尚书主管。既然南部尚书也管理与南朝的外交事务，那么北部尚书对于北边的外交当也同样负有责任。

四 符节令与谒者台

东汉有符节台，文属少府，以符节令为台率，主符节之事，已见前章所述。曹魏时期与后汉基本相同。晋武帝太始元年（265）撤销符节台，省并兰台，设符节御史以主其事。宋承晋制。萧齐时置主玺令史于兰台，以持书侍御史领之。梁、陈时则于御史台设置符节令史。北魏于御史台置符节令，符节令领符玺郎中。符节令初为从第四品中，太和末为从第六品上。北齐于御史台设置符节署，有符节署令一人，领符玺郎中四人。北周天官府置主玺下士四人，分掌神玺、传国玺与六玺之藏。① 北朝符节令所掌"天子六玺"中有三玺与外交工作有关，"'天子行玺'，封拜外国则用之。'天子之玺'，赐诸外国书则用之。'天子信玺'，发兵外国，若征召外国，及有事鬼神，则用之"②。基本上继承了汉代的制度。

魏晋南北朝时期谒者继承汉代制度担负一定的外交职责，不过其隶属建置有曲折的变化。曹魏仍袭东汉设谒者仆射，"掌大拜授及百官班次"③，统谒者仆射十人。晋武帝裁省谒者仆射，撤销谒者台，以谒者并兰台。东晋恢复谒者仆射，后又裁省。东晋还令中书省的舍人、通事兼谒者之任。宋武帝大明中恢复谒者仆射一人，"掌大拜授及百官班次。领谒者十人。谒者掌小拜授及报章"④。齐复置谒者台，官员与宋同。"谒者台，掌朝觐宾享。"⑤ 梁"谒者台，仆射一人，掌朝觐宾享之事。属官谒者十人，掌奉诏出使拜假，朝会摈赞。高功者一人为假吏，掌差次谒者"⑥。陈因之。北魏、北齐亦置谒者台，"掌凡诸吉凶公事导相礼仪"⑦，

---

① 《唐六典》卷八《门下省·符宝郎》注，第250—251页。
② 《隋书》卷一一《礼仪志六》，第239页。
③ 《通典》卷二一《职官典三·通事舍人》，第126页。
④ 《宋书》卷四〇《百官志下》，第1252页。
⑤ 《南齐书》卷一六《百官志》，第325页。
⑥ 《隋书》卷二六《百官志上》，第724页。
⑦ 《通典》卷二一《职官典三·通事舍人》，第126页。

设仆射二人、谒者三十人。

谒者的外交职能主要有三个方面。一是外交礼宾。在接待外交使节、宾客时担任礼仪工作，即所谓"朝觐宾享之事""朝会摈赞""导相礼仪"等。《咸宁注》所定元会仪，即以谒者与鸿胪为主要司仪者。二是拜授册封。刘宋时吐谷浑主慕璝于元嘉六年（429）上表称："去年七月五日，谒者董湛至，宣传明诏，显授荣爵。"① 这是指刘宋派谒者董湛册封其兄阿豺之事。齐武帝永明八年（490）百济王牟大遣使上表请求册封，于是"使兼谒者仆射孙副策命（牟）大袭亡祖父牟都为百济王"②。北魏太和十五年（491），高句丽王琏死，孝文帝"遣谒者仆射李安上策赠车骑大将军、太傅、辽东郡开国公、高句丽王，谥曰康"③。此即上述"拜授""拜假"之职。三是奉命出使，北魏天兴三年（400），后秦姚兴遣使朝贡，道武帝"遣谒者仆射张济使于（姚）兴"④。于什门于北魏"太宗时为谒者，使喻冯跋"⑤。被北燕主冯跋扣留了二十四年。魏孝文帝时谒者张思宁与卢昶一起出使萧齐，适值孝文帝南伐，齐明帝于是"酷遇（卢）昶等"，而"谒者张思宁辞气謇谔，曾不屈挠，遂以壮烈死于馆中"⑥。此即前述"奉诏出使"之职。

第二节　地方行政机构的外交职能

魏晋南北朝时期的地方机构主要有三个系统，即作为地方行政系统的州、郡、县和行台；作为军事与边防系统的都督、总管、军镇等；作为边境镇抚系统的校尉郎将诸官。它们都在不同程度上负有一定的外交职责。由于魏晋南北朝是一个分裂时期，故其地方机构与统一的两汉时期比较要复杂、混乱，其主要表现是地方行政长官与军事长官互相兼领，交叉错综；军事重于行政，不断取代、侵夺行政权力；机构重叠，层次

---

① 《宋书》卷九六《鲜卑吐谷浑传》，第2371页。
② 《南齐书》卷五八《东夷传·百济传》，第1011页。
③ 《魏书》卷一〇〇《高句丽传》，第2216页。
④ 《魏书》卷九五《姚兴传》，第2082页。
⑤ 《魏书》卷八七《节义传·于什门传》，第1889页。
⑥ 《魏书》卷四七《卢昶传》，第1055页。

繁多；行政区划多变，不断增殖。这些特点导致这一时期地方机构的外交职能在不同阶段、不同地区、不同政权有所变化与差异。兹分述于下。

一 缘边州郡

魏晋南北朝时期的地方行政机构，基本上为州、郡、县三级。但是这个时期的州牧、刺史多同时掌管兵权，因而州牧、刺史多带将军之号，或是将军兼领州牧、刺史之职，其"庶姓为州而无将军者，谓之单车刺史"[①]。而单车刺史并不太多。有的郡守也兼带将军之号。到了南北朝时期，由于滥置州、郡，州郡的数量激增，其地位亦随之下降，州牧、刺史的许多权力遂被都督所取代。因而从其所负外交职能来看，魏晋时期州郡的外交职责较南北朝时期要突出一些。

魏晋南北朝继承汉代制度，亦以缘边剧要之地为"边郡"。泰始八年（272）二月"诏内外群官举任边郡者各三人"[②]。北魏孝明帝正光（520—525）年间，"诏以阳平郡邻接萧衍，绥捍须人，仰尚书举才而遣"[③]。这都是特别下诏举荐边郡长官人选。由此可见边郡长官之选任，为中央统治集团所格外关注。这是因为边郡接近"夷虏"，所负边防与外交职责重于内地州郡。魏文帝时王观出为涿郡太守，因"此郡滨近外虏，数有寇害"，故被划为"外剧"[④] 之郡。牵招于魏文帝时出为雁门太守，"郡在边陲，虽有候望之备，而寇钞不断"[⑤]。亦属外剧边郡。交州牧陶璜于西晋平吴后上言云：日南郡"去州海行千有余里，外距林邑才七百里……且连接扶南"，亦"数作寇逆，攻破郡县"[⑥]。这是西晋南陲之"边郡"。《晋书》卷一《宣帝纪》谓："并州近胡，善为之备。"此即"边州"。可见缘边州郡的共同特点是接近"夷虏"，为剧要所在，故其责任重大。崔林于魏文帝时出为幽州刺史，尝言："此州与胡虏接，宜镇之

---

① 《文献通考》卷六一《职官考十五·州牧刺史》，第553页。
② 《晋书》卷三《武帝纪》，第61—62页。
③ 《魏书》卷四四《薛野䐗传附薛昙尚传》，第999页。
④ 《三国志》卷二四《魏志·王观传》，第693页。
⑤ 《三国志》卷二六《魏志·牵招传》，第731页。
⑥ 《晋书》卷五七《陶璜传》，第1560页。

以静，扰之则动其逆心，特为国家生北顾忧，以此为寄。"① 将缘边州郡之重要性说得相当明白。故其除边防军事重任之外，尚须承担重要之外交职责。

（一）接转使节

魏晋南北朝继续汉代的制度，由沿边州郡负责接转外交使节。

一方面是接转对方的来使。曹魏时期倭人国来使均由带方郡（今朝鲜黄海南道、黄海北道一带）入境，因此带方郡成为魏、倭两国通使的中转站，负有接转倭人国来使的重任。景初三年（239）六月，倭国女王卑弥呼派遣大夫难升米等至带方郡，"求诣天子朝献"。此即其时日本列岛上最强大的邪马台国。于是带方太守刘夏"遣吏将送诣京都"。由边郡派遣官员护送外国使团至京都。同年十二月魏明帝在报倭女王的诏书中称："带方太守刘夏遣使送汝大夫难升米、次使都市牛利奉汝所献男生口四人，女生口六人，班布二匹二丈，以到。"② 将带方太守护送倭国使团到达洛阳一事向女王通报，可见边郡护送来使入京为当时制度。如有投附者亦由边境负责引导，黄初三年（222）蜀大将黄权及领南郡太守史郃等三百一十八人"诣荆州刺史奉上所假印绶、棨戟、幢麾、牙门、鼓车"。当时魏文帝在许昌，曹魏荆州刺史夏侯尚将黄权等人引"诣行在所，帝置酒设乐，引见于承光殿"③。这是曹魏由边州接转蜀汉降附。孙吴黄武五年（226），"有大秦贾人字秦论来到交趾，交趾太守吴邈遣送诣（孙）权，权问方土谣俗，（秦）论具以事对"④。也是由边郡派人送达京城。陈霸先篡位策文所云："逖矣水寓之乡，悠哉火山之国……争朝边候。"⑤ 虽属夸张之词，但把外国来使称为"朝边候"，以边境有关部门作为国家之象征，通过来使之"朝边候"而发展对外关系则是魏晋南北朝时期的普遍现象。

另一方面，己方使节出境，亦由边郡负责接转。《流沙坠简》补遗19

---

① 《三国志》卷二四《魏志·崔林传》，第679页。
② 《三国志》卷三〇《魏志·倭人传》，第857页。原作二年，应为三年。据卢弼《三国志集解》，第701页，中华书局影印本1982年版。
③ 《三国志》卷二《魏志·文帝纪》注引《魏书》，第80页。
④ 《梁书》卷五四《诸夷传·中天竺国》，第798页。
⑤ 《陈书》卷一《高祖纪上》，第15页。

载有尼雅遗址出土的一件西晋简文:

> □□　　右一人属典客寄□纤钱佛屠中自赍敦煌太守往
> 还过①

这是一位西晋大鸿胪的属官典客出使西域时,自带敦煌太守所签发的往还"过所"。表明己方使节出入,亦须在边郡办理有关手续,由其负责接转。

缘边州郡既负有接转使节的职责,因而它们对于来往使节就承担着保护的责任。元嘉七年(430),诃罗陀国(今印尼苏门答腊、爪哇岛一带)遣使刘宋,其王在致宋文帝的国书中特别提出:"愿敕广州时遣舶还,不令所在有所陵夺。"②可见当时广州负有保护外国使节安全的职责。本国使者出境,边境州郡也同样负有护送的责任。东魏天平(534—537)年间,崔㥄为徐州刺史,适值魏收出使萧梁,路经徐州,崔㥄与魏收原来有嫌隙,但是他仍然为魏收"备刺史卤簿而送之"③,这不完全是崔㥄之大度,也是其职责所在。

由于缘边州郡在事实上是使节来往的中转站,接待任务繁忙,因此必须于州郡政府配备得力的官员以当外事之任。北朝在使节出入必经之州选拔长史时,常以是否有利于外事接待为条件之一。东魏天平中,"诏以济州控带川陆,接对梁使,尤须得人"④。于是高澄推荐李稚廉为济州仪同长史。兖州亦然,"天平已后,萧衍使人还往,经历兖城,前后州将以(毕)义儁兄弟善营鲑膳,器物鲜华,常兼长史,接宴宾客"⑤。毕义儁与其弟兄毕义远、毕义显等均因善于烹饪而担任此职,以接宴梁使。南朝亦然,齐武帝永明(483—493)中,"魏使至,有诏妙选朝士有词辩者,接使于界首,以(范)岫兼淮阴长史迎焉"。范岫则由于"博涉多

---

① 罗振玉、王国维编著:《流沙坠简》补遗19,中华书局1993年版,第263页。
② 《宋书》卷九七《夷蛮传》,第2381页。
③ 《北齐书》卷二三《崔㥄传》,第334页。
④ 《北齐书》卷四三《李稚廉传》,第571页。
⑤ 《魏书》卷六一《毕众敬传》,第1364页。

通""多识前代旧事",以"文才"① 被选为淮阴长史以迎接魏使。

由于边郡为使节出入必经之地,外交观瞻所系,故不仅其接待来使工作关乎双方关系,即其境界之政绩如何亦影响甚大。房谟于东魏时出为徐州刺史,由于其勤政爱民,百姓苏息,"时梁、魏和好,使人入其界者,咸称叹之"②。徐州为北朝政权接待南朝使节之前沿,其治绩予对方来使留下了深刻印象,这对于提高己方的国威无疑是有积极意义的。

(二) 接受来使

边境州郡不仅负责转接、护送来往的使节,而且可以自己接受外交使节,具有较大的直接对外的权力。曹魏时期,倭国"王遣使诣京都、带方郡、诸韩国"。这里将带方郡与京都、诸韩国并举,可见倭国有单独派往带方郡之使者,而与派遣至京都之使者有别。倭女王卑弥呼与狗奴国男王卑弥弓呼素不和,正始八年(247)卑弥呼派遣载斯、乌越等人为使,"诣郡(带方郡)说相攻击状"③。这是倭国遣使至带方郡投诉,带方郡接受倭国来使。东晋时,林邑王文"贪日南地肥沃,常欲略有之",穆帝时朱藩为交州刺史,林邑王文"遣使告(朱)藩,愿以日南北境横山为界,藩不许"④。这是交州刺史接受林邑使者,并拒绝了其无理之领土要求。边境州郡接到来使后,如有疑难的外交问题,须上报朝廷求得指示以处置。北周保定初年,于玉壁置勋州,任命韦孝宽为勋州刺史。"齐人遣使至玉壁,求通互市。"当时北周与北齐长期对立,关系紧张,韦孝宽未敢做主,于是上报朝廷,朝廷派司门下大夫尹公正至玉壁,"共孝宽详议。孝宽乃于郊盛设供帐,令公正接对使人"⑤。周、齐双方在边州进行谈判。由于边境州郡有接受来使的外交职能,所以双方有时便通过边州传递外交信息,东魏天平四年(537),南朝"萧衍因益州刺史傅和请通好"⑥,东魏益州刺史将这一信息上报后,于是是年秋七月遂有东魏遣使萧梁之举。

---

① 《梁书》卷二六《范岫传》,第391—392页。
② 《北史》卷五五《房谟传》,第1992页。
③ 《三国志》卷三〇《魏志·倭人传》,第856、857页。
④ 《梁书》卷五四《诸夷传》,第784—785页。
⑤ 《周书》卷三一《韦孝宽传》,第538页。
⑥ 《魏书》卷一二《孝静帝纪》,第301页。

（三）对外遣使

魏晋南北朝时期边境州郡具有较大的外交职权，它可以直接派遣使者出境，办理外交事宜。曹魏时期赴倭国的使者都是由带方郡的"郡使"担当的。其时"使译所通三十国"，倭女王所属之伊都国乃"郡使"入境之门户，为"郡使往来常所驻"，由此可见，带方郡使经常衔命赴倭。倭女王在伊都国"特置一大率，检察诸国"。此"大率"之职位，"于国中有如刺史"。"及郡使倭国，皆临津搜露，传送文书赐遗之物诣女王，不得差错。"当时"郡使"频繁往来于魏、倭之间，代表魏国担负着外交使命。为了报答景初三年（239）倭使来朝，次年带方"太守弓遵遣建忠校尉梯儁等奉诏书、印绶诣倭国"。以及正始八年（247）"太守王颀到官……遣塞曹掾史①张政等因赍诏书"② 等出使倭国，均属这类"郡使"。孙吴时著名的朱应、康泰出使南海诸国的壮举，即由边州刺史所派遣完成的。交州刺史吕岱"既定交州，复进讨九真，斩获以万数。又遣从事南宣国化，暨徼外扶南、林邑、堂明诸王，各遣使奉贡。（孙）权嘉其功，进拜镇南将军"③。《资治通鉴》卷七十系此事于魏文帝黄初七年（226），即孙吴黄武五年；亦谓为吕岱所遣。论者多笼统谓朱应、康泰为孙权所遣，实未细究其时边境州郡有对外遣使权力之故。朱应、康泰回国后，将"其所经及传闻"，"有百数十国，因立记传"④。所谓"因立记传"，即指他们回国后分别撰写了《扶南异物志》（朱应撰）、《吴时外国传》（康泰撰）等书。吕岱这次所遣使团活动范围广大，打开了中国与南海诸国的外交。

中央朝廷有关外交方面的某些旨意，也常经由边境政府负责向对方转致。嘉禾四年（235）孙权遣使拜高句丽王宫为单于，并赐衣物珍宝，而高句丽王事先已"受魏幽州刺史讽旨，令以吴使自效"⑤。曹魏幽州刺史在孙吴使团到达高句丽之前，已经遣使向高句丽警告其不得接待孙吴

---

① 卢弼《三国志集解》引陈景云曰："'塞'疑作'奏'。"
② 《三国志》卷三〇《魏志·倭人传》，第854—858页。卢弼《三国志集解》引陈景云曰："'塞'疑作'奏'"，第701页。
③ 《三国志》卷六〇《吴志·吕岱传》，第1385页。
④ 《梁书》卷五四《诸夷传·扶南》，第783页。
⑤ 《三国志》卷四七《吴志·吴主传》注引《吴书》，第1140页。

使节，如有孙吴使节前来必须采取断然措施。孙吴使团面临生命财产危急之际，经过一番斗智斗勇之周折，才迫使高句丽王接受孙权的封赐，并回赠孙吴数百匹马，从而圆满完成此次使命。

东晋十六国时期分裂割据，边州的外交活动更趋活跃。东晋义熙十一年（415），益州刺史朱龄石遣使于北凉沮渠蒙逊，"蒙逊遣舍人黄迅报聘益州"①。这是东晋益州与北凉互通使命。稍后东晋青州刺史申永，"遣使浮海"聘于北燕冯跋，"跋乃使其中书郎李抶报之"②。这是东晋青州与北燕互通使命。由此可见东晋的边州与北方政权经常聘使往还。十六国政权也是如此，后秦弘始五年（403），其凉州刺史王尚派遣主簿宗敞聘于南凉秃发傉檀③。这是十六国政权之间边州遣使的情况。前秦建元十四年（378），其凉州刺史梁熙"遣使西域，称扬（苻）坚之威德，并以缯采赐诸国王，于是朝献者十有余国"④。这是十六国边州遣使西域的情况。

南北朝时期的情况亦复如是。宋孝武帝孝建元年（454）仇池国主杨文德被杀，次年刘宋以其族人杨元和为征虏将军，杨头为辅国将军后，雍州刺史王玄谟的上表中有云："被敕令臣遣使与杨元和、杨头相闻，并致信饷。即遣中军行参军吕智宗赍书并信等，亦自遣使随智宗。"⑤这个记载表明，边州刺史对外所遣使节有两种，一为受朝廷之命、代表朝廷出使者，王玄谟所遣吕智宗即属此类；一为代表本州、跟随朝廷使节一起出使之使者。此次王玄谟所派出之使团即由这两部分人员组成。边州亦可单独遣使。齐武帝时"益州刺史刘悛遣使江景玄使丁零，宣国威德。道经鄯善、于阗"。其时"丁零僭称天子，劳接（江）景玄使，反命"。这是益州刺史遣使打通了与丁零的外交。与此同时芮芮（即柔然）亦"常由河南道而抵益州"⑥。从益州绕经"河南道"、西域，可以避开北朝敌对政权的阻碍，而与北方草原民族国家建立外交关系。故益州是当时

---

① 《晋书》卷一二九《沮渠蒙逊载记》，第3196页。
② 《晋书》卷一二五《冯跋载记》，第3133页。
③ 《晋书》卷一二六《秃发傉檀载记》，第3148页。
④ 《晋书》卷一一三《苻坚载记上》，第2900页。
⑤ 《宋书》卷九八《氐胡传》，第2410页。
⑥ 《南齐书》卷五九《芮芮虏传》，第1025页。

南朝政权与北方草原民族国家发展外交关系的西部门户。天保七年（556），即梁敬帝太平元年，梁湘州刺史王琳曾向北齐"献驯象"①，此亦边州刺史为发展外交关系而对外遣使。北魏河间王元琛于孝明帝时出为秦州刺史，其在秦州时，曾"遣使向西域求名马，远至波斯国，得千里马"②。这虽属元琛利用职权追求珍异之奢侈行径，但刺史遣使外国则为当时制度所有。北魏末年汝阳王元暹为秦州刺史时，曾"遣其典签齐人淳于覃使于（柔然主）阿那瓌"③。北魏李神儁为前将军、荆州刺史时，曾派遣其长流参军阴道方"诣萧衍雍州刺史萧纲论边事。（阴）道方风神沉正，为（萧）纲所称"④。在南北对峙期间，双方边州之间的正式与非正式通使是比较经常的，因而双方官员都相互了解、熟悉，萧衍称帝后在回忆其任雍州刺史，与北魏荆州刺史薛真度的交往时说："我于时犹在襄阳，且州壤连接，极相知练。"⑤ 就是边境州郡之间使命往、联系密切的反映。

（四）互通文书

缘边州郡的外交职能还表现在它可以与境外互通外交文书。其具体方式或双方边州郡之间互通文书，或己方州郡通文书于彼方政府，或彼方政府通文书于己方州郡。

三国时期，曹魏正始八年（247）倭女王卑弥呼遣使至带方郡，诉说与狗奴国男王相攻击状之后，带方郡派遣张政出使倭国时，曾以檄文告喻倭王。此檄文即为带方郡所发出者。这是曹魏边郡向倭国政府发出外交文书。孙吴黄武元年（222）大败刘备于彝陵之后，孙权以陆逊为辅国将军，领荆州牧。不久魏军向南调动，"刘备闻魏军大出，书与（陆）逊云：'贼今已在江陵，吾将复东，将军谓其能然不？'逊答曰：'但恐军新破，创痍未复，始求通亲，且当自补，未暇穷兵耳。若不惟算，欲复以倾覆之余，远送以来者，无所逃命。'"⑥ 这是孙吴边州与蜀汉政府互通外

---

① 《北齐书》卷四《文宣帝纪》，第62页。
② 《洛阳伽蓝记》卷四《城西·法云寺》，第207页。
③ 《北史》卷九八《蠕蠕传》，第3266页。
④ 《魏书》卷五二《阴仲达传附阴道方传》，第1164页。
⑤ 《魏书》卷六一《薛安都传附薛怀儁传》，第1359页。
⑥ 《三国志》卷五八《吴志·陆逊传》注引《吴录》，第1348页。

交文书。刘禅即位后，诸葛亮秉政，吴蜀关系恢复友好，双方信使不绝，孙权赋予陆逊更大的外交权力，"时事所宜，（孙）权辄令（陆）逊语（诸葛）亮，并刻权印，以置逊所。权每与（刘）禅、亮书，常过示逊，轻重可否，有所不安，便令改定，以印封行之"①。这样陆逊一方面负责转交并修订孙权致蜀汉的外交文书，另一方面又可以更方便地直接向蜀汉互通外交文书。曹操去世后，刘备派遣军谋掾韩冉"赍书吊，并贡锦布。冉称疾，住上庸。上庸致其书，适会受终，有诏报答以引致之，备得报书，遂称制"②。这里曹魏的上庸郡起了双方外交文书中转的作用。

　　十六国时期亦然。北魏道武帝时，奚牧为并州刺史，州境与姚兴的后秦接界，姚兴"颇寇边，（奚）牧乃与（姚）兴书，称顿首，钧礼抗之，责兴侵边不直之意"③。这是北魏刺史致外交文书于后秦政府。

　　南北朝时期双方边州互通文书的现象更为普遍，这种文书通常称为"移书"。刘宋元嘉二十三年（446），北魏的安南平南府向刘宋的兖州刺史发出一份"移书"，就刘宋设置侨州郡，"不依城土，多滥北境名号"一事，向刘宋提出抗议，并发出北魏太武帝将"游猎具区，观化南国"④的警告。当时的兖州刺史徐琼接到北魏的"移书"以后，立即为"移文"给予答复，就北魏所提两个问题逐一加以批驳。这种外交文书当时叫作"移书"，即相互对等机构之间的文书。除了双方边州以对等地位互通文书之外，两个政权之间通过边州转致的文书，也叫作"移书"。西魏大统年间，赵刚向魏文帝建议与萧梁交涉，把投奔萧梁的贺拔胜、独孤信遣返回国。于是西魏"乃以（赵）刚兼给事黄门侍郎，使梁魏兴，赍移书与其梁州刺史杜怀宝等论邻好，并致请（贺拔）胜等移书"。赵刚携带西魏之两件"移书"，一件致萧梁梁州刺史，一件致萧梁朝廷请求遣返贺拔胜等人。他到达梁州后，梁州刺史杜怀宝"即与刚盟歃，受移赴建康，仍遣行人随刚报命"。赵刚所呈交的移书，是西魏政府致萧梁政府的文书，梁州刺史起了转递文书的作用。梁州刺史不仅负责接待西魏来使，

---

① 《三国志》卷五八《吴志·陆逊传》，第1348页。
② 《三国志》卷三二《蜀志·先主传》注引《典略》，第889页。
③ 《魏书》卷二八《奚牧传》，第683页。
④ 《宋书》卷九五《索虏传》，第2338页。

把文书转送至首都建康，而且还与西魏使者举行盟誓，并派遣使者至西魏报命。后来赵刚"复使魏兴，重申前命。寻而梁人礼送贺拔胜、独孤信等"①。双方这一遣返事件，就是通过边州之间的文书和使节往还而得以圆满解决的。南北朝时期各政权之间的许多外交问题都是通过边境"移书"而解决的。北周冢宰宇文护的母亲被扣押于北齐，后宇文护得知其母尚在，"乃因边境移书，请还其母，并通邻好"。北周的移书通过边境转到北齐后，大臣段韶反对，认为北周"既为母请和，不遣一介之使申其情理，乃据移书，即送其母，恐示之弱"②。但是北齐方面从利害关系大局考虑，最终还是把宇文护的母亲送回了北周。

这种"移书"的下达程序，可从下述事件中窥其一斑。北魏永平元年（梁天监七年，508），悬瓠军主白早生杀豫州刺史司马悦送予萧梁，又将北魏派往豫州慰劳叛城的中书舍人董绍囚送南朝。后北魏攻克悬瓠，俘虏梁将齐苟儿等。于是次年北魏向萧梁提出以齐苟儿等交换董绍及司马悦首级。其移文过程：北魏宣武帝"诏曰：'……尚书可量贼将齐苟儿等四人之中分遣二人，敕扬州为移，以易（司马）悦首及（董）绍，迎接还本。'"③ 此事先由中央决策集团以"诏书"下达尚书，再由尚书将"敕旨"下达扬州刺史，扬州刺史根据敕旨为"移文"送达南朝对等之边州。这大体可以反映当时双方"移书"的程序。由此可见，边境政府间的文书往还，实际上是当时双方最高决策集团间外交往还的一种方式和手段。

（五）转赐假授

曹魏时期继承汉代的制度，对于外国的赐赠封授，中央政府常交付边郡代为转赐假授。景初三年（239），倭女王卑弥呼遣使至曹魏朝贡，魏明帝在报倭女王诏书中说："今以汝为亲魏倭王，假金印紫绶，装封付带方太守假授汝。"倭国通使曹魏均由带方郡入境，故交该郡负责假授。于是次年（正始元年，240）带方太守弓遵派遣建忠校尉梯儁等人"奉诏

---

① 《周书》卷三三《赵刚传》，第573页。文中"赴建康"，《北史》卷六九《赵刚传》作"送建康"，是。见《周书》卷三三《赵刚传》校勘记（八），第584页。
② 《北齐书》卷一六《段韶传》，第211页。
③ 《魏书》卷三七《司马悦传》，第859页。

书、印绶诣倭国，拜假倭王"，同时携带赐赠倭王的金、帛、锦罽、刀、镜、采物等珍宝。卑弥呼接受封拜和赐赠之后，即"因使上表答谢恩诏"。正始四年（243）倭王再次遣使来朝，正始六年（245）魏帝齐王芳"诏赐倭难升米黄幢，付郡假授"。难升米为倭国大夫，景初三年曾奉命出使曹魏，受封为率善中郎将。正始八年（247）带方太守王颀派遣塞曹掾史张政等人出使倭国，"因赍诏书、黄幢，拜假难升米，为檄告喻之"①。

从上述外交往还中，可以看到曹魏时期的赏赐、封拜有两种形式。①直接授予对方来使。景初三年倭女王第一次来使时，使者难升米、牛利曾被分别授予率善中郎将、率善校尉的头衔，但他们都是在洛阳即已"引见劳赐"，授受完毕。同时作为对于此次倭国来使的答谢回报，魏国所赐大量珍宝财物，"皆装封付难升米、牛利还到录受"。也由来使一并带回。②特委边郡转赐假授。此即由边郡派出特使专程前往彼国首都当面转赐假授。此次对于倭女王的封授，特责成带方郡负责转赐假授，而不是由难升米捎带回去，这是表示对于对方君主的尊重。正始六年赐难升米黄幢亦不由倭国来使带回，而特由带方郡假授。这显然也是对于对方在外交上尊重的表示。这里边郡使者是代表魏国皇帝而执行授封赐赠的。汉代对于高句丽、夫余等的赐赠，则不是由边郡派出使者送达，而是就其来朝贡时给之，或由它们自己定期到相关边郡领受。由此可见，两者的外交待遇和规格是有差别的，这种差别是由各该国的国际地位、友好程度所决定的。

（六）接受贡献

一般而言，贡献之物都是由来使送达首都的，但也有送达边境，而由边境州郡负责接受转致者。这也是沿边州郡的一项外交职能。曹魏景元三年（262），"辽东郡言：肃慎国遣使重译入贡，献其国弓三十张，长三尺五寸，楛矢长一尺八寸，石弩三百枚，皮骨铁杂铠二十领，貂皮四百枚"②。肃慎国的这些贡献之物是送到辽东郡之后，由边郡报告朝廷的。曹魏太和五年（231），"鲜卑附义王轲比能率其种人及丁零大人儿禅诣幽

---

① 《三国志》卷三〇《魏志·倭人传》，第857—858页。
② 《三国志》卷四《魏志·陈留王纪》，第149页。

州贡名马"①。这是通过边州奉送贡献。朝鲜半岛的弁辰国出产铁,"韩、濊、倭皆从取之。诸市买皆用铁,如中国用钱",曹魏时"又以供给二郡"②。二郡指乐浪、带方,所谓"供给",实际上就是向此二郡"贡献"。沿边州郡所接受的"贡献",还有物资以外者,青龙四年(236),"高句丽王宫斩送孙权使胡卫等首,诣幽州"③。这是高句丽以所斩孙吴使者首级送达曹魏之边州,以表示其忠于与曹魏的关系,而不与孙吴交往。可见所谓贡献,不仅指物产财富方面,也包括政治方面的内容。

(七)通互市

互市均在边境地区进行,因此沿边州郡就有一项管理互市的职责,这个工作既是对外贸易,也是外交的一种方式。凉州和敦煌郡是与西域互市的要地,粟特国的商人"多诣凉土贩货"④。曹魏时这里的互市就已相当活跃,魏文帝曾对侍中苏则说:"前破酒泉、张掖,西域通使,敦煌献径寸大珠,可复求市益得不?"⑤曹魏开通河西走廊之后,打开了与西域的贸易,敦煌成为对西域互市的门户。敦煌所献大珠就是通过这种互市而得到的。从魏文帝的话我们可以看到当时统治者对于这种互市的渴求。此后这里的互市有了长足的发展,魏明帝时徐邈为凉州刺史,"乃度支州界军用之余,以市金帛犬马,通供中国之费"⑥。可见这种互市是由边境政府长官负责的。徐邈在这方面的工作取得了很大成绩,史称"西域人入贡,财货流通,皆(徐)邈之功也"⑦。与此同时敦煌太守仓慈也积极开展与西域的互市,尤其在整顿互市秩序方面有很出色的表现。"常日西域杂胡欲来贡献,而诸豪族多逆断绝;既与贸迁,欺诈侮易,多不得分明。胡常怨望,(仓)慈皆劳之。欲诣洛(阳)者,为封过所,欲从郡还者,官为平取,辄以府见物与共交市,使吏民护送道路。"当时西域商胡至敦煌交易,常遭当地豪强的欺诈,因此仓慈一方面大力打击不法

---

① 《三国志》卷三《魏志·明帝纪》,第98页。
② 《三国志》卷三〇《魏志·东夷传》,第853页。
③ 《三国志》卷三《魏志·明帝纪》,第107页。
④ 《魏书》卷一〇二《西域传·粟特国传》,第2270页。
⑤ 《三国志》卷一六《魏志·苏则传》,第492页。
⑥ 《三国志》卷二七《魏志·徐邈传》,第740页。
⑦ 《晋书》卷二六《食货志》,第785页。

豪强，一方面慰问安抚商胡，并采取措施加以保护。如果商胡愿意在敦煌就地交易者，则由官府拿出现成物资，以公平的价格与其交易；如果希望到洛阳去贸易，则由官府发给通行的凭证——"过所"，让他们顺利前往目的地。同时还派人护送这些商胡，以保障他们的人身安全和财产安全。由此可知边境政府所负互市之责，一方面是管理在当地的互市，另一方面则是接待转送至内地贸易的商胡。仓慈的互市措施得到了中外人民的衷心感戴，"由是民夷翕然称其德惠。数年卒官，吏民悲感如丧亲戚，图画其形，思其遗像。及西域诸胡闻慈死，悉共会聚于戊己校尉及长吏治下发哀，或有以刀画面，以明血诚，又为立祠，遥共祠之"①。由此可见搞好边境互市不仅可以收到经济上的利益，而且有外交上的作用，对于发展对外关系和促进中外人民友谊都是很有意义的。

南方的交州、广州则是进行海外贸易的枢纽。广州"包带山海，珍异所出，一箧之宝，可资数世"②。交州"徼外诸国尝赍宝物自海路来贸货"③。当时"商舶远届，委输南州，故交、广富实，牣积王府"④。整个魏晋南北朝时期这里都是繁荣的海外贸易中心。殷巨《奇布赋》谓，西晋太康年间，滕脩为广州牧时，"大秦国奉献琛，来经于州，众宝既丽，火布尤奇"⑤。文中所谓"奉献"，实际上就是来进行贸易。"火布"即"火浣布"，为石棉所织而耐火烧，当时视为奇珍。这是大秦商人经过广州而来内地贸易，这里是外商来华贸易的门户。当地的外贸商业非常繁荣，广州所属南海郡更是对外贸易的中心，"郡常有高凉生口及海舶每岁数至，外国贾人以通货易"。州郡政府直接参与贸易，"旧时州郡以半价就市，又买而即卖，其利数倍，历政以为常"⑥。通过转手倒卖获取暴利。

由于交、广地区外贸利润丰厚，因而刺史、太守多乘机侵夺聚敛，东晋时广州"前后刺史皆多黩货"，以致成为"岭南之弊"⑦，朝廷屡欲

---

① 《三国志》卷一六《魏志·仓慈传》，第512—513页。
② 《晋书》卷九〇《良吏传·吴隐之传》，第2341页。
③ 《晋书》卷九七《四夷传》，第2546页。
④ 《南齐书》卷五八《蛮东南夷传》，第1018页。
⑤ 《艺文类聚》卷八五《布帛部》引殷巨《奇布赋》，第1463页。
⑥ 《梁书》卷三三《王僧孺传》，第470页。
⑦ 《晋书》卷九〇《良吏传·吴隐之传》，第234页。

革除而不能。交州亦然,"交州刺史、日南太守多贪利侵侮,十折二三"①。州郡的贪利侵侮一方面打击了对外贸易的发展。梁朝时,"广州边海,旧饶,外国舶至,多为刺史所侵,每年舶至不过三数"。后来萧励为刺史,"纤毫不取,岁十余至"②。另一方面则导致外交问题,影响对外关系。东晋时日南太守夏侯览"贪纵,侵刻胡商,又科调船材,云欲有所讨,由是诸国恚愤。林邑王文攻陷日南"③。可见外贸与外交是密切相关的。

东北边州郡则是与北方草原游牧部落国家和东北诸族诸国进行互市的门户。魏文帝黄初三年(222),鲜卑轲比能"帅部落大人小子代郡乌丸修武卢等三千余骑,驱牛马七万余口交市"④。这是曹魏北边州郡与鲜卑进行互市。十六国时期北燕立国于辽东一带,当时库莫奚首领虞出库真"率三千余落请交市,献马千匹。许之,处于营丘"⑤。这是以营丘郡作为与库莫奚互市之地。北魏时库莫奚又"每求入塞,与民交易"。为此宣武帝发布诏书说:库莫奚"今虽款附,犹在塞表,每请入塞与民交易。若抑而不许,乖其归向之心;听而不虞,或有万一之警。不容依先任其交易,事宜限节,交市之日,州遣上佐监之"⑥。这里规定互市要有所限制,不能随便放任不管,州政府要派出高级僚佐主持、监督其事。在库莫奚东部的契丹国,北魏时诸部落"各以其名马文皮入献"于献文帝,"遂求为常。皆得交市于和龙、密云之间,贡献不绝"。孝文帝时契丹"告饥,高祖矜之,听其入关市籴"⑦。这些记载中的"贡献",实际上大多即互市贸易。

魏晋南北朝时期政权林立,因而有各个政权边界之间的互市。十六国时期,前秦苻健时,"于丰阳县立荆州,以引南金奇货、弓竿漆蜡,通关市,来远商,于是国用充足,而异贿盈积矣"⑧。这是前秦为了与东晋

---

① 《晋书》卷九七《四夷传》,第 2546 页。
② 《南史》卷五一《梁宗室传上·萧励传》,第 1262 页。
③ 《资治通鉴》卷九七晋穆帝永和三年条,第 3075 页。
④ 《三国志》卷三〇《魏志·乌丸鲜卑东夷传》,第 838—839 页。
⑤ 《晋书》卷一二五《冯跋载记》,第 3130 页。
⑥ 《魏书》卷一〇〇《库莫奚国传》,第 2223 页。
⑦ 《魏书》卷一〇〇《契丹国传》,第 2223—2224 页。
⑧ 《晋书》卷一一二《苻健载记》,第 2870 页。

进行互市，而特设置一荆州以主其事，终于收到了明显的效果。北魏采取相同的政策，"自魏德既广，西域、东夷贡其珍物，充于王府。又于南垂立市，以致南货，羽毛齿革之属无远不至"①。也同样收到了良好的效果。西部的益州是南方政权与北方政权互市的重要边州，南朝时的河南国，"其使或岁再至，或再岁一至。其地与益州邻，常通商贾"②。

但是，由于各政权间对立多于交往，因而边境互市忌讳颇多，常受限制。北魏孝文帝时郦范为青州刺史，镇将元伊利密告郦范"与外贼交通"，但由于孝文帝明察，没有听信元伊利的诬陷，他在给郦范的诏书中说："镇将伊利妄生奸挠，表卿造船市玉与外贼交通，规陷卿罪，觊觎州任。"③ 揭露了元伊利的阴谋，继续支持郦范的工作。这件事情虽然被孝文帝识破而使州刺史未遭惩处，但也表明边境州郡开展互市忌讳之多。因此，当时因互市问题而遭受惩处是常有的事，北齐时崔季舒为齐州刺史，"坐遣人渡淮互市，亦有赃贿，为御史所劾"④。北齐时郎基为郑州长史，带颍川郡守，因颍川郡"西界与周接境"，虽然东西分隔，但双方人民仍然"私相贸易"。然而"禁格严重，犯者非一"。郎基任职后，"批检格条"，发现"多是权时，不为久长。州郡因循，失于请谳，致网密久施，得罪者众"。于是他"条件申台省，仍以情量事科处，自非极刑，一皆决放"。他的报告得到了台省的批准，"并允（郎）基所陈"⑤。从这件事可以看到当时边界人民之间的互市受到严格的限制，不过，州郡长官可以根据具体情况修订法律条文以解决边贸中的问题，当然这种法律条文要得到中央政府的批准。

（八）缔结盟约

边州还有与对方缔结盟约的外交权力。东晋时林邑国常犯边，昇平末，广州刺史滕含率众伐之，林邑王佛"惧，请降，（滕）含与盟而还"⑥。这是边州刺史与外国国王之缔盟。西魏时为了从萧梁要回投南的

---

① 《魏书》卷一一〇《食货志》，第 2858 页。
② 《南史》卷七九《夷貊传下·河南王传》，第 1978 页。
③ 《魏书》卷四二《郦范传》，第 951 页。
④ 《北齐书》卷三九《崔季舒传》，第 512 页。
⑤ 《北史》卷五五《郎基传》，第 2013—2014 页。
⑥ 《晋书》卷九七《四夷传》，第 2546 页。

人员，派遣赵刚出使萧梁之梁州，梁州刺史杜怀宝"即与（赵）刚盟歃"①。这是萧梁的刺史与西魏使者之缔盟。北齐天保四年（553），梁将东方白额潜至齐境内之宿预，"招诱边民，杀害长吏"，以致"淮、泗扰动"。冀州刺史段韶奉命讨伐。后来段韶"遣辩士喻白额祸福，白额于是开门请盟"。段韶"与行台辛术等议，且为受盟"。决定接受东方白额结盟的请求。北齐时行台已取代都督成为州之上的军政机构，故段韶与其商议此事。"盟讫，度白额终不为用，因执而斩之，并其诸弟等并传首京师。江淮帖然，民皆安辑。显祖（齐文宣帝）嘉其功。"②这是北齐的刺史与梁将之缔盟。

（九）获取外交情报

由于边境地处军事与外交斗争的前沿，故边境州郡还有一项获取外交情报的职责。尤其在对立政权之间，这种情报工作更为活跃。当时这些对立政权边境之间的间谍战相当激烈，双方常通过间谍和其他各种方式获取对方的情报。北周保定（561—565）年间韦孝宽为勋州刺史，勋州与北齐交界，韦孝宽"所遣间谍入齐者，皆为尽力。亦有齐人得孝宽金货，遥通书疏。故齐动静，朝廷皆先知"③。这位勋州刺史的情报人员有两类，一类是由其派遣打入对方境内的间谍，一类是从对方收买的情报人员。依靠这些谍报人员，韦孝宽得以及时掌握对方动静，上报朝廷。边州所获情报很广泛，包括军事、政治、经济等各个方面，其中也有外交方面的情报。北魏宣武帝时，梁州刺史获得了吐谷浑致宕昌的文书，上报朝廷。吐谷浑在文书中对宕昌"称书为表，名报为旨"，摆出宗主国对藩属的架势，而当时宕昌和吐谷浑都与北魏有关系，在北魏看来他们都是自己的附庸，于是宣武帝下诏书给吐谷浑，"诏责之曰：'梁州表送卿报宕昌书，梁弥邕与卿并为边附，语其国则邻藩，论其位则同列，而称书为表，名报为旨，有司以国有常刑，殷勤请讨。朕虑险远多虞，轻相构惑，故先宣此意，善自三思。'"就此事向吐谷浑主伏连筹提出了警告。伏连筹接到北魏的警告后，连忙"上表自申，

---

① 《周书》卷三三《赵刚传》，第573页。
② 《北齐书》卷一六《段韶传》，第210页。
③ 《周书》卷三一《韦孝宽传》，第538—539页。

辞诚恳至。终世宗世至于正光，氂牛蜀马及西南之珍无岁不至"①。在这场三角斗争中北魏取得了胜利，而这一胜利与梁州刺史所提供的外交情报有着直接的关系。

由于边境地方长官熟悉对方情况，掌握对方情报，故朝廷进行外交决策时常向其咨询，令其提供情报，以为决断之参考。后秦姚兴时，北魏明元帝"遣使聘于兴，且请婚"。适值平阳太守姚成都回到首都长安，于是姚兴征询他对这个问题的意见，说："卿久处东藩，与魏邻接，应悉彼事形。今来求婚，吾已许之，终能分灾共患，远相接援以不？"平阳郡治在今山西临汾，为后秦与北魏接壤之东界，故姚兴认为他应了解对方的内情。姚成都根据自己掌握的情况作出分析判断，答道："魏自柴壁克捷已来，戎甲未曾损失，士马桓桓，师旅充盛。今修和亲，兼婚姻之好，岂但分灾共患而已，实亦永安之福也。"姚成都的支持，促使姚兴坚定了与北魏和亲的决心，于是"大悦，遣其吏部郎严康报聘，并致方物"②。边郡长官提供的情报对姚兴这一外交决策发生了作用。

由上所述可见魏晋南北朝时期缘边州郡的外交职能相当繁多而全面，其对外权力亦甚大，因而当时邻国之间对于对方选派之边境长官倍加关注。源彪字文宗，于北齐皇建二年（561）出为泾州刺史，"以恩信待物，甚得边境之和，为邻人所钦服，前政被抄掠者，多得放还"。此泾州乃北齐在淮南与南朝接壤之边州。他的睦邻政策受到南边陈朝的欢迎。后来秦州刺史卒，"朝廷以州在边陲，以文宗往莅泾州，颇著声绩，除秦州刺史"。源文宗在秦州，"为治如在泾州时。李孝贞聘陈，陈主谓孝贞曰：'齐朝还遣源泾州来瓜步，直可谓和通矣。'"③ 此秦州亦为北齐在淮南之边州，与陈首都建康隔江相望④。北齐任命源文宗为秦州刺史，再次受到陈朝的欢迎，认为是北齐执行与陈通和政策的体现。由此可见边境政府

---

① 《魏书》卷一〇一《吐谷浑传》，第2239—2240页。
② 《晋书》卷一一八《姚兴载记下》，第2999页。
③ 《北齐书》卷四三《源彪传》，第577页。据《北史》卷五三《潘乐传》云：北齐潘乐为南道大都督讨侯景时，"至梁泾州。泾州旧在石梁，侯景改为淮州。（潘）乐获其地，仍立泾州"（第1922页）。可知北齐时仍在石梁设泾州。据《中国历史地图集》第四册图59—60，石梁在今安徽天长境。
④ 据《隋书》卷三一《地理志下》江都郡六合县条谓："旧曰尉氏，置秦郡。后齐置秦州。"（第873页）则此秦州为北齐于六合县置，在今江苏六合。

长官执行外交方针政策如何,于双方关系影响极大,故为双方政权所格外留意。

二 北朝行台

行台是魏晋南北朝时期出现的一种特殊的地方机构,这是中央行政机构派驻地方的代表。当时把中央政务机构称为"台"(尚书台),因此这种派出机构便被称为"行台"(行尚书台)。魏晋时期出现的行台,到了北魏后期发生了两个重要变化:一方面由中央官向地方官变化,另一方面由临时机构向常置机构变化。行台逐渐成为地方最高军政领导机构,东魏、北齐随着都督制的式微,行台在事实上取而代之。东魏、北齐时辛术为东南道行台尚书,文宣帝明令其"所统十余州地诸有犯法者,刺史先启听报,以下先断后表闻"。行台被赋予兼总民事的权力,史称"齐代行台兼总人事,自(辛)术始也"①。在北朝后期,行台作为地方军政的最高领导机构,也负有外交方面的职责,主要表现在以下三个方面。

第一,接待来使。西魏时长孙俭为东南道行台仆射,兼荆州刺史。当时梁岳阳王萧詧遣使西魏。使者到达荆州时,长孙俭"于厅事列军仪,具戎服,与使人以宾主礼相见"。史书对其接见使者的情形有生动的描述:"俭容貌魁伟,音声如钟,大为鲜卑语,遣人传译以问客。客惶恐不敢仰视。"在公厅接见之后,"日晚,俭乃着裙襦纱帽,引客宴于别斋。因序梁国丧乱,朝廷招携之意,发言可观。使人大悦。出曰:'吾所不能测也。'"②梁使是由荆州入境去长安的,而长孙俭却俨如君主接见来使似的以"宾主礼"相见,大摆外交排场。由此可见行台权力之显赫。

第二,通文书。北齐武成帝时卢潜为扬州道行台尚书,当时王琳为扬州刺史,同驻寿阳。扬州与陈接境,他们二人在对陈的方针政策方面有分歧,"王琳锐意图南,(卢)潜以为时事未可"。正好这时"陈遣移书至寿阳",提出愿与北齐和好。于是卢潜"为奏闻,仍上启且愿息兵"。武成帝接到卢潜转来的陈朝"移书"和他的关于与陈停战和好的上书后,"依所请",批准了他的建议。由此王琳与卢潜"有隙",两人"更相表

---

① 《北齐书》卷三八《辛术传》,第 501—502 页。
② 《周书》卷二六《长孙俭传》,第 428 页。

列",相互上书朝廷陈述己见,争执不下。最后武成帝下令"追琳入京,除潜扬州刺史,领行台尚书"①。这里可以看到行台凌驾于刺史之上,外交文书由行台而不是由刺史处置,在对外方针上中央也较重视行台的意见,在这场行台与刺史的外交政策较量中,行台取得了胜利。由此卢潜以行台而兼任扬州刺史,一身而二任焉。从这一事件可以看到,对方的外交文书通过行台尚书转致,通过这一渠道和方式以进行双方外交上的联系和沟通。

第三,通互市。北齐孝昭帝时苏琼为徐州行台左丞,行徐州事。这里是防备南方陈朝之前线,"旧制:以淮禁不听商贩辄度",实行"淮禁"而不许南北互市。苏琼到任后,根据这里的实际情况和南北人民的利益,打破了这个旧制,"淮南岁俭,启听淮北取籴。后淮北人饥,复请通籴淮南,遂得商贾往还,彼此兼济,水陆之利,通于河北"②。开展了南北互市,取得了良好的效果。这是行台负责主持边境互市之事实。

第三节　地方军事与边防机构的外交职能

一　都督

都督是魏晋南北朝时期地方的领兵统帅,西晋都督制度最为典型,其等级和职权:"晋世则都督诸军为上,监诸军次之,督诸军为下。使持节为上,持节次之,假节为下。使持节得杀二千石以下;持节杀无官位人,若军事得与使持节司;假节唯军事得杀犯军令者。"③ 都督区最初主要设置于边境地区,其边防意义相当突出。都督所统区域包括数州,这是一种军事区划而非行政区划,但是都督往往兼领刺史,甚或郡守,同时行使地方行政权力,因此当时都督在事实上成为凌驾于州之上的高级行政长官,形成"府以统州,州以监郡,郡以莅县"④ 的四级行政体系。都督虽然属于军事系统,但它实际上已是军政合一的地方行政机构。魏

---

① 《北齐书》卷四二《卢潜传》,第555页。
② 《北齐书》卷四六《循吏传·苏琼传》,第645页。
③ 《宋书》卷三九《百官志上》,第1225页。
④ 《晋书》卷七五《范汪传》附《范宁传》,第1987页。

晋南北朝时期都督同州郡一样也具有外交方面的职权，而且这种职权还相当突出。

（一）使命交通

都督的外交权力很大，他既可以遣使出境，又可以接受来使，与对方使命交通。吴主孙皓时，陆抗为都督信陵、西陵、夷道、乐乡、公安诸军事，屯驻于乐乡，与西晋的都督荆州诸军事羊祜在长江中游地区对峙。他们各自所负之主要责任当然是在军事上防备对方，但同时双方也开展外交活动，当时"（羊）祜与（陆）抗相对，使命交通"①。频繁的使命交通密切了他们之间的关系，"（陆）抗与羊祜推侨、札之好。抗尝遗祜酒，祜饮之不疑。抗有疾，祜馈之药，抗亦推心服之。于时以为华元、子反复见于今"②。所谓"侨、札之好"，是指春秋时吴国的季札出使郑国，季札以缟带赠送郑大夫公孙侨（即子产），公孙侨以纻衣回赠，双方如旧相识③。后人因以"侨札之好"比喻友谊深厚。华元、子反事亦为春秋时事，楚围宋，双方粮尽，楚王使司马子反去刺探宋之虚实，宋大夫华元出见，双方互道了粮尽的底细④。在他们双方的努力之下，"于是吴、晋之间，余粮栖亩而不犯，牛马逸而入境，可宣告而取也"。陆抗与羊祜的这种密切交往引起了吴国皇帝的不满，"孙皓闻二境交和，以诘于（陆）抗，抗曰：'夫一邑一乡，不可以无信义之人，而况大国乎？臣不如是，正足以彰其德耳，于（羊）祜无伤也。'"⑤ 可见陆抗是在违背皇帝旨意的情况下执行睦邻政策的，表明都督拥有相当大的外交权力。

东晋时由于门阀士族势力发展，皇权衰弱，导致地方分权势力的抬头，于是都督的权力更加膨胀。咸和五年（330）"荆州牧陶侃遣长史王敷聘于（石）勒，致江南之珍宝奇兽"⑥。当时陶侃为都督荆、雍、益、梁、交、广、宁七州军事，荆州刺史。同年，苏峻部将冯铁杀陶侃之子

---

① 《晋书》卷三四《羊祜传》，第1017页。
② 《三国志》卷五八《吴志·陆抗传》注引《晋阳秋》，第1357页。
③ 事见（晋）杜预注，（唐）孔颖达疏《春秋左传正义》卷三九·襄公二十九年，《十三经注疏》，中华书局1980年版，第2008页。
④ 事见（汉）何休注，（唐）徐彦疏《春秋公羊传注疏》卷一六·宣公十五年，《十三经注疏》，中华书局1980年版，第2286页。
⑤ 《三国志》卷五八《吴志·陆逊传》附《陆抗传》注引《汉晋春秋》，第1357页。
⑥ 《晋书》卷一〇五《石勒载记下》，第2747页。

投奔石勒，石勒收留了冯铁并任他为戍将。陶侃遣使把冯铁的底细告知石勒，石勒便召回冯铁并将其杀掉①。这是东晋都督与后赵通使。庾翼为都督江、荆、司、雍、梁、益六州诸军事，荆州刺史时，曾"遣使东至辽东，西到凉州，要给二方，欲同大举。慕容皝、张骏并报使请期"②。这是东晋都督与前燕、前凉通使，以联合对付后赵。对于庾翼的来使，前燕、前凉均曾遣使回报。荆州都督区是东晋的上游重镇，号称国之"西藩"，均为权臣所居，故其权力甚大。它可以直接对外，商谈联盟与和战大计。东晋都督外交权力之大，还可以从杨佺期的自白中窥其一斑。隆安三年（399）后秦将进攻洛阳，东晋都督梁、雍、秦三州诸军事，雍州刺史杨佺期遣使向北魏的常山王拓跋遵求救，道武帝以散骑侍郎张济为拓跋遵的从事中郎以报之。张济到了襄阳后，杨佺期与他进行谈判，向他询问了北魏的军事、政治、外交以及迁都与否等问题。在谈及援救洛阳之事时，杨佺期表示自己兵弱粮寡，而"洛城救援，仰恃于魏，若获保全，当必厚报。如其为羌（指后秦）所乘，宁使魏取"。并向魏使表白道："晋之法制，有异于魏。今都督襄阳，委以外事，有欲征讨，辄便兴发，然后表闻，令朝廷知之而已。如其事势不举，亦不承台命。"③ 公然向魏使表明都督被"委以外事"，只须事后给朝廷打个招呼，自己有权先斩后奏，自作主张，不必听命于中央朝廷。从杨佺期的自白中可以看到东晋都督在外交上专权自恣已到何等地步。

　　南朝君主鉴于东晋的历史经验教训，大力强化皇权的同时，采取措施削弱都督的权力。因此南朝都督的权力不如东晋那么膨胀，但是它作为凌驾于州之上的军政机构的地位和基本权力与魏晋时期亦相差无几。齐明帝建武二年（495），北魏孝文帝率军进攻寿春，当时萧遥昌为督豫州郢州之西阳、司州之汝南二郡军事，豫州刺史，屯驻于寿春。孝文帝"遣使呼城内人"，萧遥昌便派遣其参军崔庆远、朱选之二人出城至孝文帝行在所。双方进行了长时间的会谈，内容涉及北魏何以南犯，萧齐皇位废立，内部矛盾，两国关系等广泛的问题。孝文帝"设酒及羊炙杂果"

---

① 事见《晋书》卷六六《陶侃传》，第1776页。
② 《晋书》卷七三《庾翼传》，第1932页。
③ 《魏书》卷三三《张济传》，第788页。

款待萧遥昌的使者。第二天孝文帝"引军向城东，遣道登道人进城内施众僧绢五百匹"，并赐给崔庆远、朱选之"各绔褶络带"①。这是一次别开生面的、生动活泼的前线外交。

北魏前期偶尔实行都督制，孝文帝时开始普遍推行。北朝政权亦假都督以较大的外交权力。西魏大统六年（540）宇文测为大都督、行汾州事。其"地接东魏"，原先双方经常相互钞寇。宇文测到任后，采取睦邻政策，"自是东魏人大惭，乃不为寇。汾、晋之间，各安其业。两界之民，遂通庆吊，不复为仇雠矣。时论称之，方于羊叔子"。将其与西晋羊祜、孙吴陆抗于边境睦邻之事相比。但是"或有告（宇文）测与外境交通，怀贰心者"。宇文泰闻之"怒曰：'测为我安边，吾知其无贰志，何为间我骨肉，生此贝锦！'乃命斩之。仍许测以便宜从事"②，表明都督有在外交方面"便宜从事"之权力。

由于都督有较大的外交权力，因而在其治所亦仿照首都设置"客馆"及相关官员以负外交接待之责。东晋庾翼为都督江、荆、司、雍、梁、益六州诸军事、荆州刺史时，"绥来荒远，务尽招纳之宜，立客馆，置典宾参军"③。不仅设置客馆，而且设置典宾参军以管理使节和宾客的接待。如果不是都督外交频繁，是不可能特设这种官职以司其事的。

（二）**互通文书**

都督的另一重要外交职能是直接对外发出或收受文书，这方面的权力也明显大于州郡长官。孙吴时陆逊为上大将军、右都护，"并掌荆州及豫章三郡事，董督军国"。这实际上就是都督。当时曹魏的江夏太守逯式"颇作边害"，陆逊得知他与曹魏旧将文聘之子文休不和，即"假作答（逯）式书云：'得报恳恻，知……欲来归附，辄以密呈来书表闻……'以书置界上，式兵得书以见示，式惶惧"④。陆逊给逯式文书虽然是一种计谋，但说明当时他们之间是可以通文书的，不过这种文书并非通过外交途径正式送出，而是以非正常的方式送出的。

---

① 《南齐书》卷四五《宗室传·萧遥昌传》，第792—794页。
② 《周书》卷二七《宇文测传》，第454页。
③ 《晋书》卷七三《庾翼传》，第1935页。
④ 《三国志》卷五八《吴志·陆逊传》，第1352页。

都督的外交文书大多是通过外交途径交换的正式文书。东晋安帝隆安三年（399），后秦进攻襄阳。当时郗恢为都督梁、秦、雍、司、荆、扬、并等州诸军事，雍州刺史，驻扎于襄阳。郗恢"驰使乞师"于北魏常山王拓跋遵，使者携带郗恢致拓跋遵的文书。拓跋遵将此事报告道武帝，道武帝命崔逞、张衮二人以拓跋遵的名义起草文书，以答郗恢①。可见都督可以通过正式的外交途径往来文书。

刘宋元嘉十九年（442），平定仇池，氐王杨难当投奔北魏。于是北魏镇东将军、武昌王直勤库莫提移书益、梁二州，"而移书越诣徐州"②。刘宋方面当时臧质为都督徐兖二州诸军事、徐兖二州刺史。北魏的移书就刘宋平仇池事提出抗议，扬言要为杨难当复仇，发十路大军进攻刘宋。徐兖都督臧质接到移书后，即答移北魏，对平定仇池一事作了辩护，指责北魏伐宋为无理。这实际上是两国之间通过边境都督而进行交涉。元嘉二十五年（448），北魏宁南将军、豫州刺史北井侯若库辰树兰移书刘宋豫州刺史，时刘宋南平王刘铄为都督南豫、豫、司、雍、秦、并六州诸军事，豫州刺史。当时双方边境人民越界、侵扰之事频繁，北魏的移书就此事向刘宋提出照会，指出："比者以来，边民扰动，互有反逆，无复为害，自取诛夷。死亡之余，雉菟逃窜，南入宋界，聚合逆党，频为寇掠，杀害良民，略取资财，大为民患。"指责刘宋方面道："料其奸源，而彼国牧守，纵不禁御，是以遂至滋蔓，寇扰疆场。"提出："当今上国和通，南北好合，唯边境民庶，要约不明……自今以后，魏、宋二境，宜使人迹不过。自非聘使行人，无得南北。"接获北魏移文后，刘宋都督刘铄随即答移，指责北魏道："但彼和好以来，矢言每缺，侵轶之弊，屡违义举……或有狐奔鼠窜，逃首北境，而辄便包纳，待之若旧，资其粮仗，纵为寇贼……来示所云，彼并行之，虽丰辞盈观，即事违实，兴嫌长乱，实彼之由，反以为言，将违躬厚之义。"认为"宜先谨封守，斥遣诸亡，惊蹄逸镞，不妄入境，则边城之下，外户不闭"③。可见双方可就

---

① 《魏书》卷三二《崔逞传》，第758页。
② 《宋书》卷九五《索虏传》，第2334页。《校勘记》[三二]"宜勒"当是"直勤"之讹，第2363页。
③ 《宋书》卷九五《索虏传》，第2342—2343页。

双边问题通过都督交换照会，进行交涉。

齐明帝建武四年（497），北魏孝文帝亲率大军进攻沔北。当时萧齐方面，曹虎为监雍州郢州之竟陵、司州之随郡军事，雍州刺史，驻扎于襄阳。因他与南阳太守房伯玉不和，便没有及时前往救援，而移顿樊城不进。于是孝文帝写给曹虎一件文书，说："皇帝谢伪雍州刺史"云云，讥讽他"婴闭穷城，忧顿长沔，机勇两缺"，扬言"入彼春月，迟迟扬旆，善脩尔略，以俟义临"。曹虎也"使人答书"，指责北魏对齐的战争，并为自己的做法进行辩驳，声称"若遂迷复，知进忘退，当金钲戒路，云旗北扫，长驱燕代"[1]。这是都督与对方皇帝互通文书。都督还可以向对方边境发布文告，梁武帝普通（520—527）年间，萧景为都督郢司霍三州诸军事，郢州刺史，其辖境之"齐安、竟陵郡接魏界，多盗贼"。于是萧景"移书告示"，魏方看到告示之后，"即焚坞戍保境，不复侵略"[2]。

北魏在南边的都督区主要是防备南朝，因而也兼管对南朝的外交。太和十七年（493）北魏扬言进攻萧齐，时值齐武帝卒，北魏关中危急，便乘机"称闻丧退师"。为此，北魏的都督徐青齐三州诸军事、徐州刺史、带淮阳太守鹿树生，"移齐兖州府长史府"，当时的兖州刺史是刘灵哲。鹿树生在移书中说："奉被行所尚书符腾诏。"即他根据随从孝文帝出征的尚书台所转来的诏旨，奉命向齐兖州发出移文。诏旨称："以《春秋》之义，闻丧寝伐。爰敕有司，辍銮止轫，休马华阳，戢戈嵩北"[3]云云。可见皇帝发给对方的外交文书，有时是通过边境都督转致对方的。

(三) 交涉谈判

都督的另一外交职权是可以代表己方与对方进行交涉、谈判，这在边境地区常有其事。刘备与孙权在争夺荆州时，关羽与鲁肃就曾代表双方在边境进行过激烈的谈判。刘备占据益州之后，孙权提出交还长沙、零陵、桂阳三郡，刘备不答应。当时关羽负责"董督荆州事"[4]，实际上

---

[1]《南齐书》卷三〇《曹虎传》，第562—563页。
[2]《梁书》卷二四《萧景传》，第370页。
[3]《南齐书》卷五七《魏虏传》，第993页。
[4]《三国志》卷三六《蜀志·关羽传》，第940页。

就是都督。鲁肃则接替周瑜领兵，负责西部军事以防备关羽。"（关）羽与（鲁）肃邻界，数生狐疑，疆场纷错。"刘备"遣羽争三郡。肃住益阳，与羽相拒"。在这种军事对峙下，双方就归还三郡问题举行了谈判。"肃邀羽相见，各驻兵马百步上，但诸将军单刀俱会。"在会议上，鲁肃"责数羽曰：'国家区区本以土地借卿家者，卿家军败远来，无以为资故也。今已得益州，既无奉还之意，但求三郡，又不从命。'语未究竟，坐有一人曰：'夫土地者，惟德所在耳，何常之有！'肃厉声呵之，辞色甚切。羽操刀起谓曰：'此自国家事，是人何知！'目使之去"。可见谈判桌上的斗争还是相当激烈的。最后刘备不得不与孙权方面缔结和约，"割湘水为界，于是罢军"①。

南北朝时期宋、魏在彭城前线的一场外交对话则又别具一格。元嘉二十七年（450）北魏太武帝率部南攻，进至彭城。当时刘宋方面镇守彭城的有都督徐兖青冀幽五州豫州之梁郡诸军事，安北将军，徐、兖二州刺史刘骏和前来支援的太尉、江夏王刘义恭。太武帝登上城南亚父冢，于戏马台立毡屋，居高俯视彭城。太武帝派遣此前在萧城所俘宋军之队主蒯应至彭城小市门，"宣世祖（即太武帝）诏，劳问义恭等，并遣自陈萧城之败"。第二天太武帝便派遣以尚书李孝伯为首的使团再至小市门，刘骏也派出以其沛郡太守张畅为首的使团在城上与魏使遥相对话。双方在长时间的对话中，极尽折冲口舌之能事。双方互道姓名官位之后，李孝伯说："主上有诏：'太尉、安北可暂出门，欲与相见。'"提出太武帝要与刘义恭、刘骏相见。对此，张畅从两个方面加以回敬，一方面指出其称"诏"悖理："有诏之言，政可施于彼国，何得称之于此。"另一方面则对魏方的要求巧妙地加以拒绝："二王敬白魏帝，知欲垂见，常愿面接，但受命本朝，忝居藩任，人臣无境外之交，故无容私觌"。他们之间自始至终进行着类似的辩难，李孝伯还提出诸如：宋方何以"杜门绝桥？"讥讽彭城因"白贼"之乱而断绝与建康联系，提出"有诏：'太尉、安北，久绝南信，殊当忧悒。若欲遣信者，当为护送，脱须骑者，亦当以马送之'"，借北魏在汝阳所俘虏之宋将程天祚，提出"闻其弟在此，如何不遣暂出？"又提出北魏永昌王进攻淮南，宋

---

① 《三国志》卷五四《吴志·鲁肃传》，第1272页。

方寿春守将闭门不敢出战,魏军入境七百里,而宋方竟不能抵挡,魏军当南下饮马江湖,等等。对于上述问难张畅也一一加以机智的辩驳反诘。李孝伯"风容闲雅,应答如流,畅及左右甚相嗟叹"①。张畅亦"随宜应答,甚为敏捷,音韵详雅,魏人美之"②。这是刘宋都督的使者与北魏皇帝的使者在前线军事对抗同时的一场外交较量,虽然双方没有正式的议题和达成什么协定,但对于当时的军事斗争和国家声誉都是有意义的,胡三省评述此事道:"兵交,使在其间。史言行人善于辞令,亦足以增国威。"③

(四)接转来使

都督也负接转来使之责。北齐河清三年(564),斛律羡为都督幽、安、平、南、北营、东燕六州诸军事,幽州刺史。突厥十万余众进攻州境,斛律羡率军抵御。"突厥望见军威甚整,遂不敢战,即遣使求款。虑其有诈,且喻之曰:'尔辈此行,本非朝贡,见机始变,未是宿心。若有实诚,宜速归巢穴,别遣使来。'于是退走。"第二年五月,"突厥木汗遣使朝献,(斛律)羡始以闻"。斛律羡认为突厥上次遣使并非真意,遂加拒绝,这次来使乃出于真诚,遂将此事上报朝廷。从此突厥"朝贡岁时不绝,(斛律)羡有力焉"④。可见突厥与北齐通使是通过斛律羡才得以实现的,都督在接转来使方面的权力和作用是相当大的。

(五)相互馈赠

馈赠礼品是重要的外交方式之一,它在外交工作中起着催化剂和润滑剂的作用。这种馈赠因公因私均有,而以前者为常。都督作为地方最高军政长官,负有较重大的外交职责,在外交往还中,与对方相互馈赠礼品乃常有之事。前述宋、魏之间在彭城前线的外交接触中,就曾相互馈赠。双方一边进行紧张激烈的言辞交锋,一边又相互频繁馈赠礼物。太武帝在遣送蒯应至小市门时,即"致意求甘蔗及酒",于是刘骏"遣送酒二器,甘蔗百挺"。同时又向对方"求骆驼"⑤。第二天李孝伯与张

---

① 《魏书》卷五三《李孝伯传》,第1168—1172页。
② 《宋书》卷四六《张畅传》,第1399页。
③ 《资治通鉴》卷一二五,宋元嘉二十七年(450)条,胡三省注,第3957页。
④ 《北齐书》卷一七《斛律羡传》,第227页。
⑤ 《宋书》卷四六《张畅传》,第1397页。

畅在城头对话时，李孝伯即以刘骏所请求的骆驼转致宋方，并赠送"貂裘杂物"。他对张畅说："诏以貂裘赐太尉，骆驼、骡、马赐安北，葡萄酒及诸食味当相与同进。"指明何物送给何人。于是刘义恭回赠其"皮袴褶一具"，刘骏回赠其"酒二器、甘蔗百挺"①。这时"魏主又求酒及甘桔"，刘骏"又致螺杯杂物，南土所珍"。此后不久太武帝又让李孝伯传话，向刘骏"借博具"②。刘骏即派人送去。收到博具后，太武帝又回赠刘义恭、刘骏"毡各一领，盐各九种，并胡豉"③。并通过李孝伯详细介绍这些盐的食用、医疗价值。其同时"又求黄甘"。于是又回赠其蜡烛十挺、锦一匹，并通过张畅回绝其求黄甘的要求，说："知夏须黄甘，若给彼写，即不能足；若供魏主，未当乏绝，故不复致。"④ 太武帝又要求甘蔗、安石榴，张畅又回绝道："石榴出自邺下，亦当非彼所乏。"⑤ 北魏方面又要求借乐器，刘义恭回绝道："受任戎行，不赍乐具。"⑥ 这里恰似展示了当时南北物产、文化大交流的图景，这种相互馈赠固然是外交工作之所需，但北魏方面的诛求无厌，已近于勒索了，故尔宋方加以拒绝。北魏方面采取这种态度，一方面是以战胜者的姿态对待宋方，另一方面与其军中物资匮乏也有关系，史称"魏人之南寇也，不赍粮用，唯以抄掠为资。及过淮，民多窜匿，抄掠无所得，人马饥乏"⑦。

对于对方馈赠之物，一般来说应该转致朝廷或有关部门，并非都督私受。东晋都督徐兖青三州诸军事的谢玄，于太元九年（384）为前锋都督出屯彭城，经略中原。当时前秦苻丕为慕容垂所逼，于是"自邺遣参军焦远进谢玄青铜镜、黄金碗、宛转绳床、玉如意，请救，（谢）玄使送于京师"⑧。苻丕因向谢玄求救而遣使馈赠珍宝器物，这是因公馈赠，故

---

① 《魏书》卷五三《李孝伯传》，第1169页。
② 《宋书》卷四六《张畅传》，第1398页。
③ 《魏书》卷五三《李孝伯传》，第1170页。
④ 《宋书》卷四六《张畅传》，第1398页。
⑤ 《南史》卷三二《张畅传》，第831页。
⑥ 《资治通鉴》卷一二五，宋元嘉二十七年（450）条，第3955页。
⑦ 同上书，第3959页。
⑧ （唐）许嵩撰：《建康实录》卷九《晋中下·烈宗孝武皇帝》，中华书局1986年版，第274页。

谢玄将其转致于朝廷。但是在外交过程中也有因私馈赠的。西魏大统（535—551）年间，贺兰祥为都督三荆南襄南雍平信江随二郢淅十二州诸军事、荆州刺史，"州境南接襄阳，西通岷蜀，物产所出，多诸珍异。时既与梁通好，行李往来，公私赠遗，一无所受。梁雍州刺史、岳阳王萧察，钦其节俭，乃以竹屏风、絺绤之属及以经史赠之。（贺兰）祥难违其意，取而付诸所司。太祖后闻之，并以赠祥"①。这位都督在办外交中，不论因公因私的馈赠均不私自接受。这次萧察乃因私馈赠，贺兰祥也将其交有关部门收受。后经朝廷赏赐才为贺兰祥所接受。但并非所有都督都能这样做的，不少是乘机中饱私囊的，西魏时的瓜州，"州通西域，蕃夷往来，前后刺史，多受赂遗"。魏恭帝三年（556）韦瑱为瓜州诸军事、瓜州刺史时，却能"蕃夷赠遗，一无所受"②。

二 北周总管

北周明帝武成元年（559），"改都督诸州军事为总管"③。而"总管为都督之任矣。"④ 总管的职权、地位与都督是相同的。因而北周时期总管与都督一样，行使着相同的外交职权。北周保定四年（564），杨忠为总管泾豳灵云盐显六州诸军事，泾州刺史。北周为了向东伐齐，令杨忠出沃野镇以应接突厥共同伐齐。当时军粮缺乏，杨忠设计招诱稽胡首领来到军帐就座，然后"令突厥使者驰至而告曰：'可汗更入并州，留兵马十余万在长城下，故遣问公，若有稽胡不服，欲来共公讨之。'坐者皆惧，忠慰喻而遣之"⑤。他这一计果然有效，稽胡害怕遭到周与突厥联兵讨伐，于是纷纷献出粮草，解决了杨忠部队军粮的问题。这里我们看到杨忠接待突厥使者及其至杨忠军帐报告使命的情况，这虽然是杨忠设计所为，但杨忠可以与突厥使命往还则是无疑的事实。杨忠所统泾州总管府，即为防备突厥而设，因而他同时负有对突厥的外交之责。

---

① 《周书》卷二〇《贺兰祥传》，第337页。
② 《周书》卷三九《韦瑱传》，第694页。
③ 《周书》卷四《明帝纪》，第56页。
④ 《通典》卷三二《职官典十四·都督》，第185页。
⑤ 《周书》卷一九《杨忠传》，第319页。

三　十六国北朝军镇

十六国北朝时期于边境地区有军镇之设置，至北魏时期达于鼎盛。军镇地位大体与州相当，以镇将统领，负责镇区的军事和行政，因而它也负有一定的外交职责，其表现主要在以下三个方面。

第一，通文书。军镇负有收授外交文书的职权。明元帝时于栗磾为河内镇将，刘裕伐后秦时借道河内经过，于栗磾"虑其北扰，遂筑垒于河上，亲自守焉。禁防严密，斥候不通"。刘裕不敢西进，于是"遗（于）栗磾书，远引孙权求讨关羽之事，假道西上，题书曰'黑矟公麾下'"。这是因为于栗磾喜好持黑矟以为自己部队的标志，故刘裕这样称呼他。他接到刘裕的文书后，"以状表闻"①，报告了明元帝。这是镇将接受对方文书并上报朝廷。镇将也可以向外发出文书，献文帝时杨钟葵为枹罕镇将，吐谷浑主拾寅派军守洮阳，此地原属枹罕所统，于是杨钟葵"贻拾寅书以责之"②。这是镇将向对方发文书以提出抗议。

第二，提供情报。由于军镇处于边境地区，因而可以搜集对方之情报。这些情报对于朝廷处理有关外交事务有重要参考价值。孝明帝时柔然内乱，其主阿那瓌投奔北魏。后北魏送阿瓌瓌返国，其时阿那瓌之从父兄婆罗门已被推为可汗。于是怀朔镇将杨钧上表报告了柔然国内政局变化，说："传闻彼人已立主，是阿那瓌同堂兄弟。夷人兽心，已相君长，恐未肯以杀兄之人，郊迎其弟。轻往虚反，徒损国威，自非广加兵众，无以送其入北。"杨钧作为镇将而能比较深入地了解柔然内情，将其及时上报朝廷，并提出处置意见。于是北魏派遣牒云具仁出使柔然，劝说婆罗门迎接阿那瓌回国复位。婆罗门果然"殊自傲慢，无逊避之心"③。牒云具仁回到怀朔镇，汇报了出使情况，阿那瓌忧惧不敢回国，上表请还洛阳。可见边镇在外交方面能够发挥一定作用。

第三，通互市。军镇也负责边境的互市。崔宽为陕城镇将，镇区之弘农"出漆蜡竹木之饶，路与南通，贩贸往来。家产丰富，而百姓乐之。

---

① 《魏书》卷三一《于栗磾传》，第736页。
② 《魏书》卷一〇一《吐谷浑传》，第2238页。
③ 《魏书》卷一〇三《蠕蠕传》，第2300—2301页。

诸镇之中，号为能政"①。弘农与南方政权互市搞得好，归功于镇将之"能政"，可见镇区的互市是由镇将负责的。孝明帝时阉官刘腾专权用事，"剥削六镇，交通互市"②。可见北边六镇均有互市的职能。

四　边关

魏晋南北朝沿袭汉制，亦于边境设置关塞。关塞为出入境必经之地，故也负有一定的外交职责。孙权称帝后，诸葛亮派遣陈震出使孙吴致贺并结盟好。陈震"入吴界，移关候曰：'（陈）震以不才，得充下使，奉聘叙好，践界踊跃，入则如归。……望必启告，使行人睦焉。即日张旍诰告众，各自约誓。顺流漂疾，国典异制，惧或有违，幸必斟诲，示其所宜。'"③ 这是陈震进入吴国边界之后，向吴国"关候"递交的外交照会，请求知会东吴有关部门，俾其顺利进入吴都。汉代亦于边关设"关候"以主其事，三国时期当系继承此制。汉制：边郡都尉所统候望系统有"候""塞"，"候"即"关"，其长为"候"（或称"候官""关候"），"塞"之长为"塞尉"。王国维氏谓："都尉之下大抵有候官"④，陈梦家氏谓，候官之下为塞尉，他们同辖若干"候长"以司斥候⑤。由此可见"候"（"候官"）是边郡都尉之下关塞之主要官员。扬雄《解嘲》曰："今大汉……东南一尉，西北一候。"⑥ 注引孟康曰："敦煌玉门关候也。"阳嘉四年（135）"乃令敦煌太守发诸国兵，及玉门关候、伊吾司马"⑦ 云云。此玉门关候，即敦煌玉门都尉所属之玉门候官。蜀使陈震移文之吴国"关候"，与上述汉代玉门关候属同一性质之边境官员。从陈震的照会中可以看到，使者通过边关以"启告"对方，希望对方周知各有关部门，以保证来使的安全和顺利、体面地完成使命。

三国时期各国边境之间均置关候。吴将吕蒙乘蜀将关羽攻樊的时机，

---

① 《魏书》卷二四《崔宽传》，第625页。
② 《魏书》卷九四《阉官传·刘腾传》，第2028页。
③ 《三国志》卷三九《蜀志·陈震传》，第985页。
④ 罗振玉、王国维编著：《流沙坠简》屯戍丛残考释二烽燧类，第128页。
⑤ 《汉简缀述·汉简所见居延边塞与防御组织》，中华书局1980年版，第46—52页。
⑥ 《汉书》卷八七下《扬雄传下》，第3568页。
⑦ 《后汉书》卷八八《西域传》，第2930页。

设计偷袭其后方南郡，令士兵白衣摇橹，扮作商贾，"昼夜兼行，至（关）羽所置江边屯候，尽收缚之，是故羽不闻知"①。这是蜀在江边设置关候。曹魏青龙年间（233—237），孙权与诸葛亮连和，合谋共同进攻曹魏。这时恰巧曹魏"边候得（孙）权书"②，即孙权致诸葛亮的文书。于是曹魏方面将计就计，将文书内容改为孙权谋欲投降曹魏，再将信转给诸葛亮，以挑拨吴、蜀关系。可见曹魏边界也有关候。

东晋十六国、北朝各国之间也常通过边关以沟通外交信息。冉魏建立后，冉闵"遣使临江告晋曰：'胡逆乱中原，今已诛之。若能共讨者，可遣军来也。'朝廷不答。"③ 当时东晋与北方政权以江为界，故此亦是通过边界沟通外交信息。东晋废帝太和元年（366），"张天锡遣使至秦境上，告绝于秦"④。这是前凉通过边关与前秦沟通外交信息。如果双方断绝外交关系，则关闭边境。东晋安西将军庾翼在与其兄庾冰的书信中就曾抱怨，"石季龙频年再闭关，不通信使"⑤。可见原来双方可以通过边关以通信使，边关是相互之间重要的外交通道。北魏时裴修出为张掖子都大将，"张掖境接胡夷，前后数致寇掠，（裴）修明设烽候，以方略御之。在边六年，关塞清静"⑥。这种"烽候"统辖于镇守边境之将领，为关塞之斥候，它既是候望敌情的哨所，亦是双方进行外交联系的孔道。

第四节　边境镇抚机构的外交职能

魏晋南北朝时期承袭汉代的制度，于边境地区设置一系列镇抚机构，有"护羌、夷、蛮等校尉"，"护匈奴、羌、戎、蛮、夷、越中郎将"⑦等，以负责少数民族事务。但是这个时期的郎将、校尉与汉代相比已有

---

① 《三国志》卷五四《吴志·吕蒙传》，第1278页。
② 《三国志》卷一四《魏志·刘放传》，第457页。
③ 《晋书》卷一〇七《石季龙载记下附冉闵载记》，第2793页。
④ 《资治通鉴》卷一〇一，晋海西公太和元年（366）条，第3203页。
⑤ 《晋书》卷一三《天文志下》，第373页。
⑥ 《魏书》卷四五《裴骏传附子裴修传》，第1021页。
⑦ 《晋书》卷二四《职官志》，第747页。

不小的变化。其主要变化如下。①这个时期的镇抚机构，多为地方州郡长官或都督所兼领。如护乌桓校尉多由幽州刺史或都督兼，护羌校尉多由凉州刺史或都督兼，而平越中郎将则由广州刺史兼，等等。因而上文叙述沿边州郡的外交职能时，实际上有的也就包括它们的职能在内。②这个时期镇抚机构的官职已逐渐向虚衔化发展，变为一种封赠，成为荣誉虚衔，而且在各对峙政权之间互为封赠。东晋时期对于前凉政权均封以凉州刺史、护羌校尉的职衔。刘宋封北凉沮渠蒙逊、沮渠茂虔、沮渠无讳为"领护匈奴中郎将、西夷校尉"，沮渠安周为"领西域戊己校尉"等。十六国政权也以这类官职为赠，北凉段业以李玄盛为"领西胡校尉""领护西夷校尉"。后赵石祗以姚襄为"护乌丸校尉"。后秦姚兴以南凉秃发傉檀为"领护匈奴中郎将"等。有的还以此官职自封，姚弋仲"自称护西羌校尉"。吕光先是"自领凉州刺史、护羌校尉"，后又自称"领护匈奴中郎将"等。③这些机构的职能、地位与作用也发生了变化。汉代统一皇朝时期，其边境镇抚系统处于统一皇朝疆域的周边，一般来说或多或少均负有一定的外交职能。魏晋南北朝是一个分裂割据时期，以及上述两项原因所致，因而有相当一部分镇抚机构失去外交的职能，变为纯粹的管理少数民族的机构。如南蛮校尉或宁蛮校尉，设于襄阳，就基本上没有什么外交事务。那些比较重要的负有外交职责的镇抚机构，其作用也主要是在魏晋时期可见，南北朝时期便日益削弱了。现择其要者略述于后。

一 护乌丸校尉与护鲜卑校尉

魏晋时期沿袭汉制，于北边设置护乌桓校尉。它常兼护鲜卑，魏"文帝践阼，田豫为乌丸校尉，持节并护鲜卑，屯昌平"①。魏文帝黄初元年（220）又另设护鲜卑校尉，"文帝初，北狄强盛，侵扰边塞，乃使（田）豫持节护乌丸校尉，牵招、解儁并护鲜卑"②。史又称："文帝践阼，拜（牵）招使持节护鲜卑校尉，屯昌平。"③ 可知当时两校尉并置。

---

① 《三国志》卷三〇《魏志·乌丸鲜卑东夷传》，第836页。
② 同上书，第727页。
③ 《三国志》卷二六《魏志·牵招传》，第731页。

它们的外交职责主要有以下两方面。

（一）接受贡献

汉末魏初，檀石槐军事政权瓦解，鲜卑形成三个比较强大的势力，即西部的步度根集团，中部的轲比能集团，东部的素利、弥加、厥机等。他们对曹魏政权叛服无常。早在建安（196—220）中曹操平定河北，步度根、轲比能等便"因乌丸校尉阎柔上贡献"。魏明帝时幽州刺史王雄兼领乌丸校尉，"抚以恩信。比能数款塞，诣州奉贡献"①。这是通过护乌桓校尉而向曹魏朝廷奉贡献，或者由其直接接受鲜卑的贡献。

（二）通互市

鲜卑的马匹是处于四面征战的曹魏政权所迫切需要的，这相当一部分须依赖与鲜卑的互市而获得，因此护乌丸校尉与护鲜卑校尉的一项重要使命就是管理互市以满足这方面的需求。早在建安年间，鲜卑即通过乌丸校尉阎柔与曹魏"通市"。魏初这种互市曾遭到鲜卑大人的破坏，赖护乌丸校尉的努力而得以恢复。当时"自高柳以东，濊貊以西，鲜卑数十部，比能、弥加、素利割地统御，各有分界；乃共要誓，皆不得以马与中国市"②。他们企图联合起来断绝与曹魏的互市，特别是马匹的贸易。这对曹魏来说是非常不利的。护乌丸校尉田豫"以戎狄为一，非中国之利，乃先搆离之，使自为雠敌，互相攻伐"。经过田豫的分化瓦解工作，"素利违盟，出马千匹与官，为比能所攻，求救于（田）豫"③。黄初三年（222），轲比能也"驱牛马七万余口交市"④。可见护乌丸校尉在维持与鲜卑互市方面起着重要的作用。

二 护东夷校尉

曹魏初置东夷校尉，居襄平。明帝景初二年（238）灭公孙渊后，改称护东夷校尉，仍居襄平。掌鲜卑慕容部、段部、宇文部和高句丽等事务。西晋沿置。其外交职责主要有以下两方面。

---

① 《三国志》卷三〇《魏志·乌丸鲜卑东夷传》，第838、839页。
② 同上书，第727页。
③ 《三国志》卷二六《魏志·田豫传》，第727页。
④ 《三国志》卷三〇《魏志·乌丸鲜卑东夷传》，第839页。

（一）安辑卫护

晋武帝太康六年（285），夫余国被慕容廆所袭破。当时的护东夷校尉鲜于婴没有及时救助，有司奏其"失于机略"，于是被罢免，改派何龛代替他。可见东夷校尉负有保护的职责。太康七年（286），夫余的后王依罗遣使到东夷校尉府向何龛提出请求援助，帮助其率领残部"还复旧国"①。何龛上报朝廷后，派兵护送，使其得以复国。

（二）接待朝献

朝鲜半岛三韩之一的马韩，于晋武帝太熙元年（290），"诣东夷校尉何龛上献"②。这是通过东夷校尉向西晋贡献。在肃慎西北，马行二百日路程以远，有裨离等十国，"其风俗土壤并未详"。西晋太熙初年，其中的牟奴国、模卢国、于离末利国、蒲都国、绳余国、沙楼国，"各遣正副使诣东夷校尉何龛归化"③。所谓"内附""归化"，实际上就是派遣使者前来进行友好交往。

三　西域长史

魏晋时期继承汉制，置西域长史以掌管对西域之事务。东汉建初元年（76）罢西域都护之后，于建初八年（83）以班超为将兵长史，代行都护职责，掌管西域事务，是为西域长史设置之始。此时称为"将兵长史"，因当时"大将军置长史、司马。其不置将军而长史特将者为将兵长史"④。含有撤销都护之后以长史代理之意，后遂以"西域长史"名官。此后迭有废置，安帝延光二年（123）以班勇为西域长史，遂为常制。

曹魏时继承东汉而设置西域长史。仓慈为敦煌太守，卒于官，"西域诸胡闻慈死，悉共会聚于戊己校尉及长吏治下发丧"⑤。王国维认为这里的"长吏"为"长史"之讹，实指"西域长史"。他说："长吏二字，语颇含混。后汉以来，西域除西域长史、戊己校尉外，别无他长吏，魏当

---

① 《晋书》卷九七《四夷传·夫余国传》，第2532页。
② 《晋书》卷九七《四夷传·马韩传》，第2533页。
③ 《晋书》卷九七《四夷传·裨离等十国传》，第2536—2537页。
④ 《资治通鉴》卷四六，汉章帝建初八年（83）胡注。
⑤ 《三国志》卷一六《魏志·仓慈传》，第513页。

仍之，则长吏二字必长史之讹也。"① 塔里木盆地出土的文书表明在西晋、十六国时期西域长史继续活跃于西域地区。罗布泊出土的文书中，有一晋初木简记曰："西域长史承移今 初除月廿三日当上道从上邽至天水。"② 这是西域长史赴任时写给西域长史府的一封移文，告知上道日期。十六国时期前凉西域长史的文书数量就更多了，其中以西域长史李柏的文书最为著名（详下文）。可见魏晋时期一直设置西域长史负责对西域之事务。

西域长史所负之外交职责，在"李柏文书"中有着具体的反映。所谓"李柏文书"，是指1909年3、4月大谷探险队成员桔瑞超等人于罗布泊遗址发现的文书，这是前凉西域长史李柏的公文遗物。文书发现地点，据三国维考证在西域长史治所海头③。李柏为前凉西域长史，史籍有记载："西域长史李柏请击叛将赵贞，为贞所败。议者以柏造谋致败，请诛之。骏曰：'吾每以汉世宗之杀王恢，不如秦穆之赦孟明。'竟以减死论，群心咸悦。"④ 可知李柏为前凉张骏时的西域长史。李柏文书有两件基本完整，一件曰：

　　五月七日西域长史关内侯
　　柏顿首々々隔久不知问常
　　怀思想不知亲相念
　　便见忘也诏家见遣
　　来慰劳诸国此月二日来到
　　海头未知王问邑々天热
　　想王国大小平安王使
　　招亘俱共发从北虏中与
　　严参事往不知到未今
　　遣使符太往通消息

---

① 《观堂集林》卷一七《史林九·流沙坠简序》，第7页。
② 林梅村：《楼兰尼雅出土文书》442，文物出版社1985年版，第67页。
③ 《观堂集林》卷一七《史林九·流沙坠简序》，第6页。
④ 《晋书》卷八六《张轨传》附《张骏传》，第2235页。

书不尽意李柏顿
首々々

另一件曰：

五月七日（海头）西域长史〔关内〕
侯（李）柏顿首顿首别来□□
恒不去心今奉台使来西月
二日到（此）海头未知王消息想国中
平安王使回复罗从北房
中与严参事往想是到也
今遣（相）使符太往相闻通
知消息书不悉意李柏顿首顿
首①

这两件文书及其他相关文书反映了西域长史的外交职能有四个方面。

（一）对外通文书

这两件文书是李柏以西域长史的身份向西域国王发出的信件，其内容一是将前凉政权遣使慰劳该国之事告知该国王。第一件之"诏家见遣来慰劳诸国"与第二件之"今奉台使来"，应是一回事情，即前凉政府所派遣慰问西域诸国的使者已经到达西域长史府海头。二是告知该国所遣来使已经返命，有前凉所委派之严参事陪送，取道北房之中返国。三是告知西域长史所遣使者符太将前往该国"通消息""相闻问"。

（二）接转使节

一方面前凉对西域遣使由西域长史负责接转。第一件中的"诏家"所遣前往"慰劳诸国"的使者，第二件中的前往西域诸国的"台使"，都是先集中于西域长史府，经西域长史负责联系之后才出发前往各国。另一方面西域诸国之来使由西域长史负责接转。第一件中的"王使招亘"

---

① 转录自余太山《关于"李柏文书"》，《西域研究》1995 年第 1 期。

等人，在完成使命之后，经由西域长史府海头返国，并由西域长史发文告知本国国王。第二件中的"王使回复罗"返国的情形亦然。

（三）对外遣使

这两件文书中所提到的使者符太，应是西域长史所派遣之使者，其任务是携带西域长史的文书转致该国国王，同时向该国国王"通消息""相闻问"，起着"信使"的作用。这说明西域长史有对外遣使的权力。

（四）上报蕃情

此外还有一些文书也反映了西域长史与外事有关的某些职责，有一残件记曰：

> □□
> 尚书
> 臣柏言焉耆王龙□
> 月十五日共发□①

这是西域长史李柏给前凉政权尚书台的文书，文书报告有关焉耆王龙的情况。由此可见西域长史需将有关外交方面的问题或情况向朝廷上报。

由于西域长史负有外交职责，故其须接受中央负责外交之大鸿胪指示，完成有关任务。另一件尼雅河出土之西晋初年木简，记曰：

> 西域长史营写鸿胪书到如书罗捕言会十一月廿日如诏书律令②

这是西域长史府将中央大鸿胪的公文转抄下发至西域各国，要求捕捉罪犯。大鸿胪为管理民族与外交事务的机构，由它下发的公文，当与其职责所司有关。而西域长史要负责将中央政府的有关文书转发，并督

---

① 《楼兰尼雅出土文书》628，第81页。
② 《楼兰尼雅出土文书》679，第86页。

促实施。

除上述机构之外，还有如驻西域的戊己校尉，驻广州的平越中郎将等，均负有一定的外交职责，不再一一赘述。

下 编

唐代外交制度

第 七 章

唐代外交决策制度

隋唐时期是我国古代皇权社会的鼎盛时期。它结束了近四百年的分裂割据局面，继秦汉之后再建了强大的统一帝国，尤其到了唐代，古代的政治、经济、文化空前繁荣，综合国力空前强大，在当时的世界上处于发展的最前列，与其时的法兰克王国、拜占庭帝国和阿拉伯帝国等世界强国相比较，不论政治、经济、文化和综合国力，均无出其右者，是世界上最繁荣昌盛、富庶强大、文明先进的国家。以此为依托，唐代推行积极的对外开放政策，把我国古代外交推进到了一个崭新的阶段，使以中国为中心的东亚外交圈更进一步向四外辐射、拓展。唐代外交不仅是中国古代外交发展的鼎盛阶段，而且在当时的世界上也处于领先地位。以唐朝为中心的东亚外交圈，其所交往国家和地区之繁多，其辐射范围之广阔辽远，其经济文化交流之频繁和影响之深刻，其向心力之强大持久，足与当时以法兰克、拜占庭和阿拉伯帝国为中心的西方外交圈匹敌，东西辉映。唐代外交的空前大发展，要求并推动了这一时期外交制度的发展。

与此同时，我国古代国家机器从两汉以来经历近八百年的实践而日益完善和加强，其突出表现是以三省六部制为核心的中央职官制度的确立，形成了"中书出令，门下封驳，尚书受而行之"的一套制度。在此基础上确立和完善了一整套系统的中枢决策体制。相应地外交决策制度也进入一个新的阶段和水平，更加规范化和制度化，其突出表现是：在总结前代经验的基础上，形成了完备、周密、行之有效的决策机制，这就是以御前决策为核心，宰相决策为基础，百官决策为辅助，多层次、多渠道密切配合、相辅相成的外交决策体制。① 这一外交决策体制的确立和正常运转，保证了外交方针政策的相对正确性，减少了错失，反过来又为这一时期外交的空前活跃与发展，为统一的多民族国家的发展，为开创对外交往的新局面，发挥了巨大作用。

公元581年杨坚代周建隋，确立了以三省六部制为核心的职官制度，在总结前代经验的基础上使古代国家机器日趋完善。日后建立的唐朝，最初官制"皆依隋旧"②，以后又在隋制的基础上更进一步发展完善。外交决策方面同样如此，唐代外交决策的一些主要方式大都可以在隋代找到它的原型。隋朝虽然在政治制度上集前代之大成，确立了以三省六部制为核心的职官制度，但是由于隋朝国祚短促，在外交方面建树相对而言尚不算太多，外交制度方面还没有来得及作出过多的改进并使之发挥更大的效用，就在各种内外矛盾的交织下灭亡了。外交决策制度的真正完善和周备亦还有待于唐朝来完成。隋代处于中国古代外交决策制度从南北朝到唐代的承前启后阶段。公元618年隋亡，李渊建唐。唐朝的建立标志着我国古代社会进入鼎盛时期，我国统一的多民族国家的发展进入一个崭新的阶段。与此同时外交决策制度也迈进了新的更高的阶段和水平。唐代国祚绵长，从618年建国至907年灭亡，历时289年，其外交决策制度在这漫长的时期中也发生着变化，如御前决策之从朝参决策而仗下决策而延英决策，宰相决策之由政事堂而中书门下的递嬗就是其突出表现。

第一节 御前决策

同历朝皇权统治时期一样，外交这种国家大政在唐朝也是集权于最高统治者皇帝手中。贞观二十年（646）唐太宗下诏曰："祭祀、表疏、藩客、兵马……皆以闻，余委皇太子。"③ "藩客"，或作"胡客"，胡三

---

① 本章关于唐代外交决策的三个层次，于谢元鲁《唐代中央政权决策研究》第二章"决策层次与方式的变迁"多所参考，台湾文津出版社1992年版，第53—127页。
② 《旧唐书》卷四二《职官志》，第1783页。
③ 《新唐书》卷二《太宗纪》，第45页。

省曰:"胡客,四夷朝贡之客。"① 这显然是指外交事务。而"表疏""兵马"亦包含不少外交事务。当然,御前决策并非皇帝单独对外交问题进行决策,而是以不同方式召见臣下进行商议,或根据臣下的奏议而作出决断。御前决策在唐代先后有如下几种主要方式。

一 朝参决策

朝参决策是唐前期御前决策最经常行用的一种方式。这一方式与隋朝的朝会决策存在着继承关系。对于外交这种国家大政,隋朝同以往各朝一样,主要由皇帝直接进行决策。由于其时皇权有了更大的加强,因此御前决策是其外交决策的最高层次和最主要的方式。皇帝与群臣经常在朝会中商讨外交大计。隋朝初建时,与江南的陈朝还保持比较友好的关系,双方"遣使赴吊,修敌国之礼,书称姓名顿首"。但后来陈后主"益骄,书末云:'想彼统内如宜,此宇宙清泰'。隋文帝不说,以示朝臣。清河公杨素以为主辱,再拜请罪,及襄邑公贺若弼并奋求致讨"②。隋文帝将陈国来书给朝臣观看,显然是在朝会场合。北周曾以千金公主和亲突厥,隋代周后改称为大义公主。大义公主因其宗国覆亡,怀恨于隋,又与西面突厥泥利可汗勾结。开皇十三年(593)突利可汗遣使向隋求婚,隋提出要求杀掉大义公主才许通婚。于是突厥杀了大义公主,"更表请婚,朝议将许之"③。这种"朝议"亦当是在朝会中所进行的决策。隋初林邑曾遣使来献方物,"其后朝贡遂绝。时天下无事,群臣言林邑多奇宝者"。于是遣大将军刘方"经略林邑",林邑"于是朝贡不绝"④。这是皇帝根据群臣所献计策做出的决策。

到了唐代朝会已经制度化,"凡京司文武职事九品已上,每朔、望朝参;五品已上及供奉官、员外郎、监察御史、太常博士,每日朝参"⑤。在朝参时可以就外交问题进行商议决策。但是这两种朝参中,朔望朝参主要是礼仪性的,每日朝参则以议政为主。这种每日举行的朝参又称

---

① 《资治通鉴》卷一九八,唐太宗贞观二十年(646)胡注,第6241页。
② 《南史》卷一〇《陈后主纪》,第306页。
③ 《资治通鉴》卷一七八,隋文帝开皇十三年(593)条,第5543页。
④ 《隋书》卷八二《林邑传》,第1832—1833页。
⑤ 《唐六典》卷四《尚书礼部》,第114页。

"常参"，欧阳修曰："唐故事，天子日御殿见群臣，曰常参。"①

在常参会议上，皇帝可以就外交方面的重大问题提出征询群臣的意见，进行讨论决策。武德五年（622）东突厥进犯太原，同时又遣使和亲，"帝问计群臣"②，群臣"多言战则怨深，不如先和"③。事实上在此次会议上有两种不同的意见："辛酉，帝谓群臣曰：'突厥入寇而复请和，和之与战，其策安在？'"太常卿郑元璹认为："若击之则怨深，难以和缉。"中书令封德彝不同意这种意见，说："若不战而和，夷狄必谓中国畏惧，未若击之克捷而后和亲，此则威恩兼举。"④ 唐高祖采纳了封德彝"克捷而后和亲"的计策，一方面部署兵力进行反击，另一方面派遣郑元璹出使东突厥，达成和解。

为了进一步对付屡为边患的东突厥，唐高祖又遣使与西突厥连和。武德八年（625）西突厥统叶护可汗遣使来请婚，于是："帝与群臣谋：'西突厥去我远，缓急不可杖，可与昏乎？'封德彝曰：'计今之便，莫若远交而近攻，请听昏以怖北狄，待我既定，而后图之。'帝乃许昏。"⑤ 唐高祖接受了臣下的计策，于是派遣其侄高平王李道立出使西突厥，约结和亲，以牵制东突厥。

群臣关于外交方针政策的建议，也可以在朝参时提出，请求皇帝决断。贞观四年（630）林邑来献火珠，"有司以其表辞不顺，请讨之。上曰：'好战者亡，隋炀帝、颉利可汗，皆耳目所亲见也。小国胜之不武，况未可必乎！语言之间，何足介意！'"⑥ 这是"有司"因林邑之外交文书失礼，而在朝参时建议讨伐之，被皇帝所否定。

中宗景龙二年（708）四月，"和蕃使左骁卫大将军杨矩奏言：'吐蕃先遣使来此迎公主，兼学汉语。今欲放还吐蕃，于事不便。伏望报之云其使已死。'帝曰：'凡事须示人以信，宜应实词报之，使无猜贰。'遂放

---

① 《资治通鉴》卷二四一，唐宪宗元和十五年（820）胡注引，第7783页。
② 《新唐书》卷一〇〇《封伦传》，第3930页。
③ 《旧唐书》卷六三《封伦传》，第2397页。
④ 《册府元龟》卷九九〇《外臣部·备御三》，第11634页。
⑤ 《新唐书》卷二一五下《突厥传下》，第6057页。此事《资治通鉴》卷一九一"唐高祖武德八年"条（第5995页）及《新唐书》卷一〇〇《裴矩传》（第3934页）均谓裴矩所对。
⑥ 《资治通鉴》卷一九三，唐太宗贞观四年（630）条，第6078—6079页。

其使还"①。这是臣下在朝参时提议扣留吐蕃使节，而被皇帝所否定。

在朝参时，皇帝就臣下报告的外交事项做出决断时，往往也是其发表关于外交方针政策的时机。贞观五年（631）"康国求内附。上曰：'前代帝王，好招来绝域，以求服远之名，无益于用而糜弊百姓。今康国内附，傥有急难，于义不得不救。师行万里，岂不疲劳！劳百姓以取虚名，朕不为也。'遂不受"②。这是唐太宗利用朝参之机，通过处理康国请求内附问题，阐述外交上不可因图虚名而增加国内人民负担的方针政策。

贞观元年（627）鸿胪卿郑元璹出使突厥还朝后，向唐太宗报告其所了解到的情况，说："戎狄兴衰，专以羊马为候。今突厥民饥畜瘦，此将亡之兆也，不过三年。"于是"群臣多劝上乘间击突厥"。唐太宗不同意群臣的这种意见，说："新与人盟而背之，不信；利人之灾，不仁；乘人之危以取胜，不武。纵使其种落尽叛，六畜无余，朕终不击，必待有罪，然后讨之。"③ 不同意乘危伐国，主张只有对方"有罪"之时方可致讨。

贞观十六年（642）唐太宗已答应以公主嫁薛延陀真珠可汗，次年又下诏拒绝与其和亲。"是时群臣多言：'国家既许其婚，受其聘币，不可失信戎狄，更生边患。'上曰：'卿曹皆知古而不知今。昔汉初匈奴强，中国弱，故饰子女，捐金絮以饵之，得事之宜。今中国强，戎狄弱……薛延陀所以匍匐稽颡，惟我所欲，不敢骄慢者，以新为君长，杂姓非其种族，欲假中国之势以威服之耳……今以女妻之，彼自恃大国之婿，杂姓谁敢不服！……今吾绝其婚，杀其礼，杂姓知我弃之，不日将瓜剖之矣，卿曹第志之！'"④ 唐太宗认为，和亲要根据时代条件和双方国力对比的变化而区别对待；他分析了薛延陀的内外矛盾，认为与之和亲则助长其势，绝其和亲则适足以促使其内部矛盾之爆发。

由此可见，举凡外交方面的各种问题和方针、政策均可以在朝参会上提出进行讨论，君臣之间直接交流，乃至进行争论。这对于优化决策方案是有意义的。当然在朝参会议上，皇帝是主导的方面，他可以接纳

---

① 《册府元龟》卷九七九，《外臣部·和亲二》，第11498页。
② 《资治通鉴》卷一九三，唐太宗贞观五年（631）条，第6091页。
③ 《资治通鉴》卷一九二，唐太宗贞观元年（627）条，第6046页。
④ 《资治通鉴》卷一九七，唐太宗贞观十七年（643）条，第6201页。

臣下的意见，但更多的是以他的意志为转移，并最后由他做出决断。朝参决策在唐代前期是外交决策的重要方式，发挥了巨大的作用。

由于朝参时礼仪隆重，人数较多，有些问题不便在这种场合进行深入的讨论。唐太宗曾谓侍臣曰："朕每日坐朝，欲出一言，即思此言于百姓有利益否，所以不能多言。"以一代英主如唐太宗，卓有政治经验与谋略，尚且在这种大的朝会中"不能多言"，其余君主可想而知。苏冕曰："及高宗朝会，端拱无言，有司唯奏辞见二事。"① 这不完全是高宗个人性格特征原因，与这种会议形式的局限性也有一定关系。到了唐后期，朝参在外交决策中仍有一定作用，但已改为要求朝参官员将有关外交方面的问题和意见写成书面文字上呈皇帝，以备决策参考。贞元三年（787）诏曰："安边之策，必有良算，宜令常参官各陈边事，随所见封进以闻。"② 虽然唐代一直实行朝参制度，但是辍朝、废朝之事亦时有发生，并日益向着礼仪性质转化，故其在决策中的作用和地位也随之日益削弱。

二　仗下决策

外交问题往往涉及国家机密，有时不便于在朝参会议上讨论；有些外交问题也不是一时可以决断，需要深入地反复地加以讨论，这就不适宜于在人数众多的朝参会议上进行。于是一种比朝参会议范围小、机密程度高、便于深入讨论的决策方式便应运而生，这就是"仗下"决策。唐制：举行朝参时例需排列仪仗，朝参结束便需撤退仪仗，故朝参结束便称为"仗下"。

唐代的"仗下"决策方式，也可以溯源于隋制。隋朝御前决策的一种方式是皇帝就有关外交问题召见少数大臣进行决策。公元6世纪50年代突厥汗国崛起于北方，对中原皇朝构成严重的威胁，北齐、北周争相屈己奉之。隋朝建立后，开皇元年（581）突厥南侵，隋文帝大惧，"屯兵数万人以为之备"。长孙晟曾出使突厥，洞悉其内部分裂矛盾之状，认为"难于力征，易可离间"，于是上书建议："今宜远交而近攻，离强而合弱"，令其"首尾猜疑，腹心离阻，十数年后，承衅讨之，必可一举而

---

① 《唐会要》卷五六《起居郎起居舍人》，第1128、1127页。
② 《旧唐书》卷一二《德宗纪上》，第356页。

空其国矣"。隋文帝"省表大悦，因召与语"。亲自向他了解突厥情况，商讨对策。长孙晟"口陈形势，手画山川，写其虚实，皆如指掌。上深嗟异，皆纳用焉"。隋文帝接受了长孙晟的建议，采取了一系列分化瓦解的外交措施，"反间既行，果相猜贰"①，再加以军事配合，从而导致突厥汗国分裂为东西两部，国势大削，东、西突厥先后向隋称臣。长孙晟的建议为隋皇朝制定了对付突厥的重要外交方针，日后的实践证明这一方针是十分有效的。

炀帝时，西域诸国多至张掖互市，炀帝派裴矩前往负责掌管此事。裴矩利用这个机会向胡商广泛了解各国风俗和山川险要，撰成《西域图记》三卷，入朝奏之。炀帝"大悦，赐物五百段。每日引（裴）矩至御坐，亲问西方之事。矩盛言胡中多诸宝物，吐谷浑易可并吞。帝由是甘心，将通西域"②。由于裴矩熟悉西方诸国国情，他的介绍和分析对于隋炀帝制定"通西域"的方针起了重要作用。外交方针政策的制定有其特殊性，熟悉外情的使节、官员在这方面具有特别重要的作用。

隋朝已经产生了"入阁"决策这样一种御前决策方式，这是皇帝在朝会后入阁与宰臣进行外交决策，这与后来唐代的仗下、延英决策十分相似，当为其雏形。隋代除了以三省长官为宰相外，还有另外一种宰相，所谓"以他官参掌机事及专掌朝政者，并为辅弼"③。皇帝常在朝会之后，即召他们入阁议政决策。炀帝时虞世基"专典机密，与纳言苏威、左翊卫大将军宇文述、黄门侍郎裴矩、御史大夫裴蕴等参掌朝政。于时天下多事，四方表奏日有百数。帝方凝重，事不庭决，入阁之后，始召世基口授节度"④。所谓"庭决"，即在朝会中进行决策；炀帝主要是在散朝入阁之后进行决策。

有关外交方面的问题，也同样经常在"入阁"之后与宰相议决。隋朝既已确立了集体宰相制，由若干宰相"参掌朝政"，那么就应当有宰相会议这种决策形式。"隋制，以三省之长中书令、侍中、尚书令共议国

---

① 《隋书》卷五一《长孙晟传》，第1330—1331页。
② 《隋书》卷六七《裴矩传》，第1580页。
③ 《册府元龟》卷三〇八《宰辅部·总序》，第3627页。
④ 《隋书》卷六七《虞世基传》，第1572页。

政。"① 可见隋朝已实行宰相集体议政决策的制度。但是我们没有发现隋代就外交问题单独召开的宰相会议。炀帝在外交决策中更多的是运用"入阁"或在其他场合与宰相中的少数人商议决策，其中尤与裴矩谋议最为频繁，"四夷经略，咸以委之"②。事实正是如此，炀帝时的外交大事，多是与裴矩商定的。大业三年（607）炀帝出巡塞北，幸突厥启民可汗帐，"时高丽遣使先通于突厥，启民不敢隐，引之见帝"。裴矩就此向炀帝献计，认为高丽通突厥已被发现，一定担心我们进攻，因而可以趁机"胁令入朝，当可致也"。炀帝问如何致之？裴矩答道："请面诏其使，放还本国，遣语其王，令速朝觐。不然者，当率突厥，即日诛之。"③ 炀帝采纳了裴矩的建议。

大业五年（609）炀帝西狩，曾遣使召西突厥处罗可汗，令与会于大斗拔谷，但是，"其国人不从，处罗谢使者，辞以他故"。炀帝大怒，但亦无可如何。大业七年（611）恰逢其酋长射匮遣使来求婚，裴矩因奏曰："处罗不朝，恃强大耳。臣请以计弱之，分裂其国，即易制也。射匮者……世为可汗，君临西面。今闻其失职，附隶于处罗，故遣使来，以结援耳。愿厚礼其使，拜为大可汗，则突厥势分，两从我矣。"炀帝曰："公言是也"④，采纳了裴矩的计策。

大业十一年（615）炀帝北巡，被突厥包围于雁门，"诏令（裴）矩与虞世基每宿朝堂，以待顾问"⑤。前线尚且如此，则平时可想而知。无怪乎炀帝曾"顾谓宇文述、牛弘曰：'裴矩大识朕意，凡所陈奏，皆朕之成算。未发之顷，矩辄以闻。自非奉国用心，孰能若是！'"⑥ 但是炀帝的这种做法，由于未能集思广益，也造成了外交上的不少失误，正如魏征等人所批评的，"然承风望旨，与时消息，使高昌入朝，伊吾献地，聚粮且末，师出玉门。关右骚然，颇亦（裴）矩之由也"⑦。

---

① 《新唐书》卷四六《百官志一》，第1182页。
② 《隋书》卷六七《裴矩传》，第1580页。
③ 同上书，第1581页。
④ 《隋书》卷八四《北狄传·西突厥传》，第1878页。
⑤ 《隋书》卷六七《裴矩传》，第1582页。
⑥ 同上书，第1581页。
⑦ 《隋书》卷六七《裴矩传》史臣曰，第1584页。

唐代从太宗开始，便经常在"仗下"之后召集少数大臣商讨大政，苏冕曰："贞观中，每日仗退后，太宗与宰臣参议政事。"① 可见"仗下决策"的主要特点就是皇帝与宰臣等少数官员在朝会之后议政。

贞观元年（627）"突厥颉利可汗新与中国和盟，政教紊乱，言事者多陈攻取之策。太宗召萧瑀及（长孙）无忌问曰：'北蕃君臣昏乱，杀戮无辜。国家不违旧好，便失攻昧之机；今欲取乱侮亡，复爽同盟之义。二途不决，孰为胜耶？'"这里所谓"言事者多陈攻取之策"，当是指在朝参会议上的情况。由于在朝参会议上群臣纷纷建议进攻突厥，唐太宗一时拿不定主意，便在朝会仗下之后召见萧瑀和长孙无忌细商决策。他们二人当时都是宰相。萧瑀认为"兼弱攻昧，击之为善"。主张用武。长孙无忌不同意，说："今国家务在戢兵，待其寇边，方可讨击。彼既已弱，必不能来。若深入虏庭，臣未见其可。且按甲存信，臣以为宜。"主张坐观其变。唐太宗接受了长孙无忌之议。突厥果然"寻政衰而灭"②。

其时东突厥分裂，颉利、突利两可汗对立。贞观二年（628）颉利可汗发兵攻突利可汗，突利遣使向唐求救。为此，"上谋于大臣曰：'朕与突利为兄弟，有急不可不救。然颉利亦与之有盟，奈何？'"兵部尚书杜如晦对曰："戎狄无信，终当负约，今不因其乱而取之，后悔无及。夫取乱侮亡，古之道也。"③ 唐太宗采纳了杜如晦的主张。贞观二年正月，杜如晦以兵部尚书检校侍中，侍中为门下省首长，是为宰相。这里所谓"谋于大臣"，即谋于宰相等。根据这个决策，于是"诏秦武通以并州兵马随便应接"④。

不过，参加仗下会议的人员似不仅是宰相，根据需要皇帝也召见其他有关官员参与。贞观十六年（642）薛延陀遣使求婚，"帝与大臣计曰：'延陀屈强，朕策顾有二：选士十万击之，使无遗种，百年计也；绝昏羁縻，使无边忧，三十年计也。然则孰利？'"唐太宗以这两个方案征求大臣意见，房玄龄认为："今大乱余氓，痍破未完，战虽胜，犹危道也。不

---

① 《唐会要》卷五六《起居郎起居舍人》引，第1127页。
② 《旧唐书》卷六五《长孙无忌传》，第2447页。
③ 《资治通鉴》卷一九二，唐太宗贞观二年（628）条，第6049页。
④ 《旧唐书》卷一九四上《突厥传上》，第5158页。

如和亲。"① 他根据唐初社会经济尚未完全苏息的现实情况，建议采取和亲政策。唐太宗接受了他的建议，于是以新兴公主下嫁薛延陀。这是皇帝向少数大臣问计。此事《资治通鉴》记作"上谓侍臣曰"②，表明不是在朝参会议上向群臣问计，而是与少数近臣商议。

同年，高丽西部大人盖苏文杀国王建武，立藏为王，自专国政。唐臣劝太宗乘机讨伐，但他犹豫未决。于是唐太宗征求大臣意见，他说："盖苏文杀君攘国，朕取之易耳，不愿劳人，若何？"司空房玄龄对曰："陛下士勇而力有余，戢不用，所谓'止戈为武'者。"司徒长孙无忌也说："高丽无一介告难，宜赐书安慰之，隐其患，抚其存，彼当听命。"③他们都主张和平解决这个问题，唐太宗采纳了他们的意见。这也是皇帝向少数大臣问计。当时房玄龄为司空，长孙无忌为司徒，是三公而非宰相，但他们也被召与唐太宗议政。

这种会议也当为仗下会议，这可以太宗立晋王事为证。贞观十七年（643），太子承乾得罪被废，太宗欲立晋王，但碍于长幼非次，迟疑不决。有一次唐太宗"御两仪殿，群官尽出，独留（长孙）无忌及司空房玄龄、兵部尚书李勣，谓曰：'我三子一弟，所为如此，我心无憀。'因自投于床，抽佩刀欲自刺。无忌等惊惧，争前扶抱，取佩刀以授晋王"。可知参加会议的除太宗外，只有长孙无忌等三位大臣和晋王李治。长孙无忌等人问太宗有何旨意，太宗报之曰："我欲立晋王。"于是长孙无忌曰："谨奉诏。有异议者，臣请斩之。"但唐太宗仍未放心，便问长孙无忌等人："公等既符我意，未知物论何如？"担心群臣是否赞同，长孙无忌说："晋王仁孝，天下属心久矣。伏乞召问百僚，必无异辞。若不蹈舞同音，臣负陛下万死。"认为百官不会有异议，"于是建立遂定"④。此次定立太子的会议就是仗下会议。唐太宗是在两仪殿常参之后、群臣退去后，留下两位三公和宰相李勣等进行废立决策的，这就是仗下会议。两仪殿是西内正殿。"两仪殿，常日听朝而视事焉。"⑤ 这里是举行常参的

---

① 《新唐书》卷二一七下《回鹘传下》，第6136—6137页。
② 《资治通鉴》卷一九六，唐太宗贞观十六年（642）条，第6179页。
③ 《新唐书》卷二二〇《东夷传·高丽传》，第6188页。
④ 《旧唐书》卷六五《长孙无忌传》，第2452—2453页。
⑤ 《唐六典》卷七《尚书工部》，第217页。

场所。

此次会议后，唐太宗按照长孙无忌的建议召开了百官大会。"上乃御太极殿，召文武六品以上，谓曰：'（李）承乾悖逆，（李）泰亦凶险，皆不可立。朕欲选诸子为嗣，谁可者？卿辈明言之。'众皆口呼曰：'晋王仁孝，当为嗣。'上悦。"① 太极殿在两仪殿之前，"朔望御太极殿视朝"②。这里是朔、望朝参的场所。而两仪殿是日常朝参的场所。可知唐太宗是在隆重的朔、望朝参时向百官宣告废立大事的。

从唐太宗立晋王为太子之决策过程，我们可以清楚地看到：机密大事一般不在两仪殿举行的常朝中讨论，而是待"群官尽出"之后，留下少数高级官员进行商议，此即"仗下"会议。至于唐太宗把仗下会议所决定立晋王事在太极殿举行的朔、望朝参会上提出讨论，不过是试探百官的态度，并有宣告这一决策之意义。由此可见，前文所述唐太宗与少数三公商议对薛延陀、高丽的计策，也当是仗下会议。

高宗以后仗下决策运用更加频繁。"高宗临朝不决事，有司所奏，唯辞见而已。"③ 永徽二年（651）十二月下诏："五品以上上封事，不能进，听仗下面奏。"④ 可见高宗在朝会时基本上不议政，主要在仗下之后议政决策。

从此之后仗下决策成为常制，参加的官员也更为广泛。吐蕃屡为边患，高宗忧之，仪凤三年（678）"乃博咨近臣，求所以御之之术"。高宗问道："朕未始擐甲履军，往者灭高丽、百济，比岁用师，中国骚然，朕至今悔之。今吐蕃内侵，盍为我谋？"中书舍人刘祎之等人认为，"须家给人足可击也"。其他人"或言贼险黠不可与和，或言营田严守便"。只有中书侍郎薛元超主张发兵驱逐，认为"纵敌生患，不如料兵击之"。于是高宗顾谓黄门侍郎来恒曰："自李勣亡，遂无善将。"来恒即言："向洮河兵足以制敌，但诸将不用命，故无功。"但"帝殊不悟，因罢议"⑤。

---

① 《资治通鉴》卷一九七，唐太宗贞观十七年（643）条，第7196页。
② 《唐六典》卷七《尚书工部》，第217页。
③ 《新唐书》卷四七《百官志二》，第1208页。
④ 《唐会要》卷二五《百官奏事》，第556页。
⑤ 《新唐书》卷二一六上《吐蕃传上》，第6077页。

关于这次会议，《旧唐书·吐蕃传》谓"召侍臣问绥御之策"①，《资治通鉴》谓"悉召侍臣谋之"②，可见这是一次仗下会议。但参加会议的官员较多，见于记载的除宰相来恒、薛元超之外，还有给事中刘景先、皇甫文亮、杨思徵，中书舍人郭正一、刘祎之等③。

在仗下决策时，奏事者可就外交问题进行争论。武则天神功元年（697）阎知微与田归道同使突厥，册封默啜为可汗。田归道被突厥扣留，后被放还。田归道回来后，"遂面陈默啜不利之状，请加防御"④。关于这次会议，《资治通鉴》记曰，他"与阎知微争论于太后前，归道以为默啜必负约，不可恃和亲，宜为之备。知微以为和亲必可保"⑤。他们二人向武则天报告出使情况，并在其面前进行争论，表明这不是在人数众多的朝会上，而应是人数较少的仗下会上。

不过，从武则天以后"奏事官多俟仗下，于御座前屏左右密奏"⑥，出现了在仗下后"密奏"的情况，导致有的官员借密奏而营私售奸。后虽有所纠正，但据景龙二年（708）二月七日敕，规定"若有秘密"⑦仍可密奏。外交大计，事关秘密者当然仍可以密奏。玄宗时"吐蕃既自恃兵强，每通表疏，求敌国之礼，言词悖慢，上甚怒之"⑧，玄宗意欲讨之。开元十三年（725）玄宗泰山封禅毕，中书令张说"密奏许其通和，以息边境，玄宗不从"⑨。玄宗拒绝了张说的通和主张，而表示要与王君㚟商议之后再作决定。当时张说与源乾曜同为宰相，一般情况下应同时入见，但这次因事机重大，且明知拂逆玄宗本意，因此张说单独密奏，另一宰相源乾曜等候在外。张说从宫中出来，对源乾曜说："㚟勇而无谋，常思侥幸，两国和好，何以为功？若入陈谋，则吾计不遂矣。"不久王君㚟入

---

① 《旧唐书》卷一九六上《吐蕃传上》，第5224页。
② 《资治通鉴》卷二〇二，唐高宗仪凤三年（678）条，第6386页。
③ 《旧唐书》卷八七《刘祎之传》，第2847页。
④ 《旧唐书》卷一八五上《良吏传上·田归道传》，第4795页。
⑤ 《资治通鉴》卷二〇六，唐则天后神功元年（697）条，第6516页。
⑥ 《资治通鉴》卷二一一，唐玄宗开元五年（717）条，第6728页。
⑦ 《唐会要》卷二五《百官奏事》，第556页。
⑧ 《旧唐书》卷一九六上《吐蕃传上》，第5229页。
⑨ 《旧唐书》卷九七《张说传》，第3055页。

朝奏事,"遂请率兵深入以讨之"①。王君㚟果然利用独奏的机会鼓动玄宗兴兵伐吐蕃。由此可见,玄宗时仗下后密奏这种方式仍然盛行,而它对于外交决策带来一定的负面影响。张说之所以力主和边,是因为深感与吐蕃战争数十年,"胜负略相当,甘、凉、河、鄯之人奉调发困甚。"但当时玄宗"方宠(王)君㚟,不听"②。

宰相以外的其他官员,如对外交方面有何意见,也可以在仗下后向皇帝陈奏。玄宗时,在唐朝的大力打击下,吐蕃在军事上频频失败。开元十七年(729)"吐蕃频遣使请和。忠王友皇甫惟明因奏事面陈通和之便。"但是玄宗不同意,说:"吐蕃赞普往年尝与朕书,悖慢无礼,朕意欲讨之,何得和也!"皇甫惟明针对玄宗的想法,作了深入细致的分析,他说:"开元之初,赞普幼稚,岂能如此。必是在边军将务邀一时之功,伪作此书,激怒陛下。两国既斗,兴师动众,因利乘便,公行隐盗,伪作功状,以希勋爵,所损钜万,何益国家。今河西、陇右,百姓疲竭,事皆由此。若陛下遣使往视金城公主,因与赞普面约通和,令其稽颡称臣,永息边境,此永代安人之道也。"③ 玄宗终于同意了皇甫惟明的意见,决定派他和内侍张元方"充使往问吐蕃"。《资治通鉴》记此事曰:"皇甫惟明因奏事从容言和亲之利。"④ 当面向皇帝陈奏而且可以从容敷奏,这在朝参会上难以做到,而在仗下后则有可能。由于皇甫惟明得以从容面陈,晓之以理,动之以情,使唐玄宗消除误会,改变成见,遣使和蕃,终于恢复了唐、蕃友好关系,双方使命往还,维持了数年边境和平。

在唐代前期,仗下决策与朝参决策相辅相成,在外交决策中发挥了重要作用,成为这一时期御前决策的基本的、主要的方式。但是由于种种原因而辍朝的情况时有发生,朝会常常中断而不能按时举行,仗下会议也因而同样不能按时举行,影响了对于外交问题的及时处理。因此一种比仗下会议更为灵便的决策方式——延英决策会议便应运而生,并逐渐取而代之。

---

① 《旧唐书》卷一九六上《吐蕃传上》,第5229页。
② 《新唐书》卷二一六上《吐蕃传上》,第6083页。
③ 《旧唐书》卷一九六上《吐蕃传上》,第5230页。
④ 《资治通鉴》卷二一三,唐玄宗开元十八年(730)条,第6790页。

三 延英决策

由于外交问题的需要，宰臣临时请求皇帝接见的情况早就有所发生。高宗仪凤三年（678）"新罗叛，帝将出兵讨之。时（张）文瓘病卧家，自力请见，曰：'吐蕃盗边，兵屯境未解，新罗复叛，议者欲出师，二虏俱事，臣恐人不堪弊，请息兵修德，以怀异俗。'诏可"①。张文瓘时为宰相，高宗应其请求而临时接见。这种根据需要君臣约定临时会商的做法，到了肃宗时固定于大明宫西部便殿——延英殿，从而形成了延英会议这种新的决策形式。后唐卢文纪追述其事道："窃惟本朝故事……每正衙奏事，则泛咨访于群臣，及便殿询谋，则独对扬于四辅。自上元元年后，于长安东置延英殿，宰臣如有奏议，圣旨或有特宣，皆于前一日上闻。及对御之时，只奉冕旒，旁无侍卫，献可替否，得曲尽于讨论，舍短从长，故无虞于漏泄，君臣之际，情理坦然。"② 这段文字告诉我们，延英召对始于肃宗上元元年（760）；皇帝或宰臣认为有必要时都可以预约开延英；延英会议只限于皇帝和议事宰臣，旁无侍卫；其优点是君臣之间可以充分讨论，且无泄密之虞。这一方式一经确立，就以其优越性而在唐代中后期外交决策中被充分运用，成为御前决策的主要方式。

关于延英会议的产生，《唐语林》有较具体的记载：德宗贞元时"韩太保皋为御史中丞京兆尹，常有所陈，必于紫宸殿对百僚而请，未尝诣便殿。上谓之曰：'我与卿言于此不尽，可来延英，访及大政，多所匡益。'或谓皋曰：'自乾元已来，群臣启事，皆诣延英得尽。公何独于外庭，对众官以陈之，无乃失于缜密乎？'公曰：'御史，天下之平也，摧刚植柔，惟在于公，何故不当人知之？奈何求请便殿，避人窃语，以私国家之法？且肃宗以苗晋卿年老艰步，故设延英。后来得对者多私自希宠，干求相位，奈何以此为望哉？'"③

关于延英召对的起始时间，这里说是乾元以来，乾元（758—760）为肃宗年号。这与卢文纪所说始于上元元年并不矛盾，乾元三年闰四月

---

① 《新唐书》卷一一三《张文瓘传》，第4187页。
② 《全唐文》卷八五五《请对便殿疏》，第8975页。
③ （宋）王谠：《唐语林》卷三《方正》，上海古籍出版社1978年版，第72—73页。

始改元，即为上元元年。因而大体可以认为是在乾元三年，即上元元年（760）始设。其直接原因是为了照顾宰相苗晋卿年老，行动不便。之所以把皇帝与宰相议政场所固定于延英殿，是因为与宣政殿、紫宸殿等正殿相比，作为偏殿的延英殿距离宰相府中书省较近，召对方便。早在玄宗开元初已在延英殿议政①，不过那时只是偶尔为之，肃宗时始成定制，正式成为御前决策的主要方式。到了德宗时更明令规定："自今勿正衙奏事，如陈奏者，宜诣延英门请对。"② 肃宗以后的唐代诸帝都居住在大明宫，不再轻易迁居③，因而从肃宗以后延英召对一直延续下来，成为唐代中后期御前决策的基本方式。

延英会议的参加者主要是宰相，而且他们一般须集体面见皇帝。文宗开成五年（840）回鹘被黠戛斯破亡，一支残部流窜至天德塞下一带，成为唐朝北边之患。次年（即会昌元年，841）宰相李德裕为解决回鹘问题，向武宗"请遣使慰抚回鹘，且运粮三万斛以赐之，上以为疑"。由于武宗对李德裕的请求犹豫未决，于是武宗"开延英，召宰相议之"。在进入延英殿之前，另一宰相陈夷行"于候对之所，屡言资盗粮不可。德裕曰：'今征兵未集，天德孤危。傥不以此粮啖饥虏，且使安静，万一天德陷没，咎将谁归！'夷行至上前，遂不敢言"。由于陈夷行在延英会上没有提出反对意见，因而李德裕的主张得以被皇帝批准，"上乃许以谷二万斛赈之"④。这就是宰相们集体参加延英殿议政。除了宰相以外，根据需要其他官员也可以参加延英议政。

这里我们须注意，由于德宗以后御前外交决策基本上是在延英会议上进行，所以尽管有的史书没有说明是延英会议，而实际上却是延英会议。

会昌三年（843）"上欲令赵蕃就黠戛斯求安西、北庭，李德裕等上

---

① 见《旧唐书》卷一〇五《宇文融传》，第3219页；《旧唐书》卷一八五下《良吏传·杨瑒传》，第4820页。

② （宋）宋敏求编《唐大诏令集》卷一〇一《罢百官正衙奏事敕》，商务印书馆1959年版，第514页。

③ 参见杨鸿年《隋唐宫廷建筑考》，陕西人民出版社1992年版，第8页。

④ 《资治通鉴》卷二四六，唐武宗会昌元年（841）条，第7954—7955页。宰相在谒见皇帝之前先在"候对之所"等候，胡三省注："唐自德宗以后，群臣乞对延英，率于延英门请对。"

言：'安西去京师七千余里，北庭五千余里，借使得之，当复置都护，以唐兵万人戍之。不知此兵于何处追发，馈运从何道得通，此乃用实费以易虚名，非计也。'上乃止"①。关于这次决策，两《唐书·李德裕传》的记载与《资治通鉴》基本一致，都没有说李德裕的上言是在延英会议上提出的。但是李德裕自己却明确记述是在延英会议上提出的，李德裕《献替记》谓：会昌"三年，二月十一日，延英，德裕奏：'九日奉宣，令臣等向赵蕃说，于黠戛斯处邀求安西、北庭。深恐不可"②云云。在"深恐不可"以下就是前引《资治通鉴》所记李德裕分析不可求取安西、北庭的那段话。由此可知，这次关于安西、北庭问题的决策是在延英会议上做出的。与此相似，前文所述会昌元年（841）关于赐回鹘二万斛粮食的延英会议，两《唐书·李德裕传》、《回鹘传》都没有记载是延英会议，只是记作"德裕曰"云云。这样我们可以知道，在唐后期文献中"帝召宰相议"一类记载，大多可能是延英会议，如《册府元龟》所载德宗贞元三年（787）闰五月"丁未，帝召宰相议与吐蕃会盟之所。"③《新唐书·周墀传》所载宣宗大中三年（849）"会吐蕃微弱，以三州七关自归。帝召宰相议河湟事"④。这类御前决策会议都可能就是延英会议。

有时史书记载皇帝与宰相在"便殿"会议，实际上也是延英会议。因为延英殿是大明宫中轴线西部偏殿，对于在中轴线上的宣政殿、紫宸殿等正殿而言，它就是便殿。前引《唐语林·方正》所载德宗对韩皋所言及卢文纪《请对便殿疏》也都以延英为便殿。由此可见便殿召对一般即指延英召对。

德宗贞元三年（787）"及浑瑊与吐蕃会盟之日，上御便殿谓宰相曰：'和戎息师，国之大计，今日将士与卿同欢。'马燧前贺曰：'今之一盟，百年内更无蕃寇。'（柳）浑曰：'……今日盟约，臣窃忧之。'李晟继言曰：'……今日之事，诚如浑言。'上变色曰：'柳浑书生，未达边事；大臣智略，果亦有斯言乎！'皆顿首俯伏，遽令归中书"⑤。这次在便殿的会

---

① 《资治通鉴》卷二四七，唐武宗会昌三年（843）条，第7974页。
② 《资治通鉴》卷二四七，唐武宗会昌三年（843）条《考异》引，第7974页。
③ 《册府元龟》卷九八一《外臣部·盟誓》，第11530页。
④ 《新唐书》卷一八二《周墀传》，第5371页。
⑤ 《旧唐书》卷一二五《柳浑传》，第3555页。

议实际上就是延英会议,德宗生气解散了会议,让宰相们回中书省去。中书省在延英门外①,是唐代永淳以后的宰相政事堂。

由于延英召对参加人数少、不受时间限制、减少了繁文缛礼,因此君臣之间有时可以就一些重大、疑难的外交问题进行比较充分的、反复的、深入的商讨,从而制定出比较切实可行的、正确的方针政策。贞元三年(787)宰相李泌经过十五次以上的召对,终于说服了德宗同意联合回鹘等共图吐蕃一事就是一个典型事例。

贞元三年五月平凉会盟破裂后,唐、蕃关系更加紧张,新上台的宰相李泌计划联合回鹘、大食、云南共图吐蕃,令其四面防守。但是德宗为雍王时,于宝应元年(762)曾被回鹘所屈辱,因此对回鹘一直耿耿于怀。李泌知道如果贸然向德宗提出联合回鹘,他一定会反对的。于是李泌利用延英召对这种便利形式,慢慢地开导德宗。有一次他在与德宗讨论利用戍卒屯田、募人入粟补边地官以解决边境军粮缺乏的问题时,乘机对德宗说:"'臣能不用中国之兵使吐蕃自困。'上曰:'计将安出?'对曰:'臣未敢言之,俟麦禾有效,然后可议也。'上固问,不对。泌意欲结回纥、大食、云南与共图吐蕃,令吐蕃所备者多;知上素恨回纥,恐闻之不悦,并屯田之议不行,故不肯言。"②

此后不久,回鹘遣使屡求和亲,德宗不答应,恰巧这时边将报告马匹紧缺,李泌又乘机提出这个问题,"言于上曰:'陛下诚能用臣策,数年之后,马贱于今十倍矣。'上曰:'何故?'对曰:'愿陛下推至公之心,屈己徇人,为社稷大计,臣乃敢言。'上曰:'卿何自疑若是!'"在这种情况下,李泌才把自己的计划和盘托出:"臣愿陛下北和回纥,南通云南,西结大食、天竺,如此则吐蕃自困,马亦易致矣。"德宗听后果然坚拒,"上曰:'三国当如卿言,至于回纥则不可!'泌曰:'臣固知陛下如此,所以不敢早言。为今之计,当以回纥为先,三国差缓耳。'上曰:'唯回纥卿勿言……朕于卿言皆听之矣,至于回纥,宜待子孙,于朕之时,则固不可!'……对曰:'臣为社稷而言,若苟合取容,何以见肃宗、代宗于天上!'"经过君臣间这一番论难,德宗的态度有了一些松动,最

---

① 参见平冈武夫《唐代的长安与洛阳地图》图版17、18,上海古籍出版社1991年版。
② 《资治通鉴》卷二三二,唐德宗贞元三年(787)条,第7495页。

后说:"容朕徐思之。"①

后来君臣间又就此问题继续反复讨论,"自是(李)泌凡十五余对,未尝不论回纥事,上终不许"。但经过多次讨论,德宗最终还是接受了李泌的主张,同意在回纥答应"称臣、为陛下子"等五项条件的前提下与其和亲。实行结果:"回纥可汗遣使上表称儿及臣,凡泌所与约五事,一皆听命。"德宗大喜,问李泌道:"回纥何畏服卿如此!"李泌对曰:"此乃陛下威灵,臣何力焉!"德宗又问道:"回纥则既和矣,所以招云南、大食、天竺奈何?"李泌答道:"回纥和,则吐蕃已不敢轻犯塞矣。次招云南,则是断吐蕃之右臂也。云南……苦于吐蕃赋役重,未尝一日不思复为唐臣也。大食在西域为最强,自葱岭尽西海,地几半天下,与天竺皆慕中国,代与吐蕃为仇,臣故知其可招也。"② 从此唐与回纥恢复了友好关系,次年云南王异牟寻果遣使欲内附,并于贞元十年(794)正式归唐,这对于遏止吐蕃的侵扰起了积极的作用。

这一决策过程,非常详尽地、生动地反映了一个成功的外交决策产生的情形,充分表明延英召对这种决策方式的优越性,它可以使君臣之间从容地就重大外交问题进行反复商讨,使宰相有机会说服皇帝接受正确的意见,有利于制定出比较妥善的外交政策。象李泌这样经过反复开导皇帝,最终达成君臣共识,从而制定重要外交政策,如果没有延英会议这种方式恐怕也是难于做到的。他之被史家誉为"时时谠议,能寤移人主"③,与德宗大力推行延英决策当不无一定关系。

但是唐代中后期,随着翰林学士地位的上升,成为决策中枢的重要成员,从而削弱了宰相的权力。皇帝在进行外交决策时也经常与学士商议,德宗时陆贽"在翰林,为上所亲信,居艰难中,虽有宰相,大小之事,上必与贽谋之,故当时谓之内相"④。宪宗时"上每有军国大事,必与诸学士谋之"⑤。天复二年(902)朱全忠、李克用之乱时,"(四月)辛丑,回鹘遣使入贡,请发兵赴难;上命翰林学士承旨韩偓答书许之。

---

① 《资治通鉴》卷二三三,唐德宗贞元三年(787)条,第7501—7502页。
② 同上书,第7502、7505页。
③ 《新唐书》卷一三九《李泌传》,第4638页。
④ 《资治通鉴》卷二三〇,唐德宗兴元元年(784)条,第7418页。
⑤ 《资治通鉴》卷二三八,唐宪宗元和五年(810)条,第7676页。

乙巳，偓上言：'戎狄兽心，不可倚信。彼见国家人物华靡，而城邑荒残，甲兵凋敝，必有轻中国之心，启其贪婪。且自会昌以来，回鹘为中国所破，恐其乘危复怨。所赐可汗书，宜谕以小小寇窃，不须赴难，虚愧其意，实沮其谋。'从之"①。由此可见翰林学士在外交决策中握有不小权力。

翰林学士虽然侵夺了宰相的决策权力，但是以宰相为主参与的延英决策也还存在，呈现政出多门的混乱情形。

四 谏诤奏议

在谈到唐代的御前决策时，还必须说说当时的谏议制度及其在御前决策中的作用。汉魏以来已有谏议制度，但是它到唐代才臻于完备和成熟，在决策体系中发挥了一定的作用。唐代的谏诤体制由谏官之谏和百官之谏构成。

（一）谏官之谏

到了唐代，不仅谏官名号增多，而且成为正式的职事官。唐代重视谏官的作用，规定："谏官所献封事，不限早晚，任进状来，所由门司，不得辄有停滞，如需侧门论事，亦任随状面奏，即便令引对……其常参官六品已上，亦宜准此。"② 臣下的谏议一般直接上呈皇帝，另有《令台省详议封事诏》规定，或"于尚书省详议可否，具闻奏"③，最后由皇帝裁决。谏议制度是御前决策的重要补充。唐太宗对于谏诤在外交决策中的作用尤其有突出的认识，贞观中罽宾国遣使来献名马，"太宗诏大臣曰：'朕始即位，或言天子欲耀兵，振服四夷，惟魏徵劝我修文德，安中夏；中夏安，远人伏矣。今天下大安，四夷君长皆来献，此（魏）徵力也。'"④ 他把外交上的成绩归功于魏徵的劝谏。他既为纳谏促其外交成功

---

① 《资治通鉴》卷二六三，唐昭宗天复二年（902）条，第8573—8574页。《新唐书》卷二一七下《回鹘传下》所记与此有异："昭宗幸凤翔，灵州节度使韩逊表回鹘请率兵赴难，翰林学士韩偓曰：'虏为国仇旧矣。自会昌时伺边，羽翼未成，不得逞。今乘我危以冀幸，不可开也。'遂格不报。"（第6134页）
② 《唐大诏令集》卷一〇五《令百官言事诏》，第536页。
③ 《唐大诏令集》卷一〇五《令台省详议封事诏》，第536页。
④ 《新唐书》卷二二一上《西域传上》，第6241页。

而欣喜，也为拒谏而致外交失策而悔恨，其东征高丽后，"及凯还之日，顾谓左右曰：'使朕有魏徵在，必无此行矣。'"①

唐代中书、门下官员都有谏诤的职责，但是为了更好地发挥谏诤的作用，又特设置专以谏诤为职能的谏官，主要有隶属于中书、门下的左右散骑常侍、谏议大夫、给事中、补阙、拾遗等。

谏官们可以参加御前会议，并对于决策提出谏议，其方式有两种。

一为上疏。中宗景龙元年（707）"又命内外官各进破突厥之策。右补阙卢俌上疏曰：'臣闻以蛮夷攻蛮夷，中国之长算"，建议"请购辩勇之士，班（超）、傅（介子）之俦，旁结诸蕃，与图攻取，此又掎角之势也……'上览而善之"②。面对突厥默啜政权的侵扰，中宗准备组织反击，于是下诏征求破突厥之策。右补阙卢俌的上书，除了主张加强武备之外，还就外交上的配合提出了建议。

二为庭争。大历九年（774）四月甲申，郭子仪"如行营，引辞于延英殿，语及边事，涕泗交集。由是中书舍人常衮率常侍、给、舍、谏议、遗、补一十八人诣阁门请论事。有诏三人一引，各尽己怀。帝皆毕词听纳"。参加这次进谏的十八人多是谏官。在他们进谏后的第二天乙酉就发布了针对吐蕃"大阅甲兵，以增捍御，且弘不战之道，用举备边之常……永全二国之好，傥更侵冒，必示威刑"③的敕书。

德宗时为了平定朱泚之乱，约请吐蕃出兵相助，事成以后以安西、北庭之地与之。兴元元年（784）朱泚平，吐蕃"来请如约。帝业许，欲遂与之"。这时谏官左散骑常侍李泌进谏曰："安西、北庭，控制西域五十七国及十姓突厥，皆悍兵处，以分吐蕃势，使不得并兵东侵。今与其地，则关中危矣。且吐蕃向持两端不战，又掠我武功，乃贼也，奈何与之？"④德宗采纳了他的意见，下令停止执行。

不过，对于谏官在唐代外交决策中的作用亦不能估计过高。褚遂良为谏议大夫时，于贞观十七年（643）前后曾多次对外交决策提出谏议，

---

① 《旧唐书》卷一九九下《北狄传》传论，第5364页。
② 《旧唐书》卷一九四上《突厥传上》，第5170、5171页。
③ 《册府元龟》卷九九二《外臣部·备御五》，第11656—11657页。
④ 《新唐书》卷一三九《李泌传》，第4635页。

均未被唐太宗接纳。薛延陀遣使请婚，太宗已答应以女妻之，并且收了他们的聘财，但不久又反悔。褚遂良上疏反对，太宗不纳。又，"时太宗欲亲征高丽，顾谓侍臣曰：'高丽莫离支贼杀其王，虐用其人。夫出师吊伐，当乘机便，今因其弑虐，诛之甚易。'"褚遂良又加以谏阻，"太宗深然之"。接着兵部尚书李勣提出异议，太宗"由是从勣之言，经画渡辽之师"。在这种情况下，"遂良以太宗锐意三韩，惧其遗悔，翌日上疏谏"，但是"太宗不纳"①。谏议大夫是唐代最重要的谏官，而褚遂良又是号称"上书言事，亹亹有经世远略"②的名臣，其谏议之遭遇尚且如此，其余可想而知。前述卢俌向中宗之建议，虽然中宗称善，"然无施行者"③。这在外交决策中并非个别现象。

（二）百官之谏

唐代的谏议制度规定，不仅谏官可以进谏，"文武百官，及诸色人等"④均可上书言事，而且"五品已上官，仍许其廷争"⑤。他们也主要运用上书与廷争两种方式。

唐朝建立伊始，大臣就外交决策进行庭谏就时而有之。突厥处罗可汗于隋大业中入朝，赐号为曷萨那可汗，后归唐住在长安。始毕可汗与其有隙，武德二年（619）"始毕遣使请杀之，高祖不许。群臣谏曰：'今若不与，则是存一人而失一国也，后必为患。'太宗曰：'人穷来归我，杀之不义。'骤谏于高祖，由是迟回者久之。不得已，乃引曷萨那于内殿，与之纵酒，既而送至中书省，纵北突厥使杀之"⑥。这是因谏议意见分歧而采取的折中办法。

武德八年（625）"时高丽遣使贡方物，高祖谓群臣曰：'名实之间，理须相副。高丽称臣于隋，终拒炀帝，此亦何臣之有？朕敬于万物，不欲骄贵，但据土宇，务共安人，何必令其称臣以自尊大？可即为诏，述朕此怀也。'（温）彦博进曰：'辽东之地，周为箕子之国，汉家之玄菟郡

---

① 《旧唐书》卷八〇《褚遂良传》，第2733—2735页。
② 《旧唐书》卷八〇《褚遂良传》传论，第2744页。
③ 《新唐书》卷二〇〇《儒学传·卢俌传》，第5705页。
④ 《唐大诏令集》卷一〇五《令台省详议封事诏》，第536页。
⑤ 《唐大诏令集》卷一〇五《听百寮进状及廷争敕》，第536页。
⑥ 《旧唐书》卷一九四下《突厥传下》，第5180页。

耳。魏、晋已前，近在提封之内，不可许以不臣。若与高丽抗礼，则四夷何以瞻仰？且中国之于夷狄，犹太阳之比列星，理无降尊，俯同夷貊。'高祖乃止"①。高祖虽已做出决定，但因臣下进谏而撤销原先的决定。

唐太宗以善于纳谏而著称，当时的许多名臣不仅对于内政多所进谏，对于外交亦时有匡正。贞观四年（630）高昌王麴文泰将入朝，西域诸国纷纷要求借机跟随遣使贡献，于是太宗令麴文泰的使者前往迎接他们，宰相魏徵谏曰："中国始平，疮痍未复，若微有劳役，则不自安。往年文泰入朝，所经州县，犹不能供，况加以此辈。若任其商贾来往，边人则获其利；若为宾客，中国即受其弊矣……今若许十国入贡，其使不下千人，欲使缘边诸州何以取济？"② 唐太宗接受了魏徵的意见。当时麴文泰的使者厌怛纥干已经出发，唐太宗急忙派人前往追赶而止之。

贞观十八年（644）"高丽莫离支遣使贡白金，（褚）遂良言于太宗曰：'莫离支虐弑其主，九夷所不容，陛下以之兴兵……若受不臣之筐篚，纳弑逆之朝贡，不以为愆，何以致伐？臣谓莫离支所献，自不得受。'"③ 唐太宗接受了褚遂良的意见，决定不受其贡献，并将其使者交有关部门处置。

臣下不仅对于外交大政方针进谏，而且对于比较具体的外交事务亦多所进谏。贞观五年（631）十月"丁巳，林邑献五色鹦鹉，丁卯，新罗献美女二人，魏徵以为不宜受。上喜曰：'林邑鹦鹉犹能自言苦寒，思归其国，况二女远别亲戚乎！'并鹦鹉，各付使者而归之"④。对于魏徵的进谏，太宗以欣然的态度接纳，实属难能可贵。

天宝十一载（752）"倭国遣使入朝，自陈国人愿得萧夫子为师者，中书舍人张渐等谏不可而止"。萧夫子即文学家、学者萧颖士，其"名播天下"⑤，故倭国遣使请其东渡为师。这也是臣下对具体的外交事务提出

---

① 《旧唐书》卷六一《温彦博传》，第2360页。两《唐书》《东夷传》均谓乃侍中裴矩、中书侍郎温彦博二人同时进此谏。
② 《旧唐书》卷七一《魏徵传》，第2548页。
③ 《旧唐书》卷八〇《褚遂良传》，第2735—2736页。
④ 《资治通鉴》卷一九三，唐太宗贞观五年（631）条，第6089—6090页。
⑤ 《新唐书》卷二〇二《文艺传·萧颖士传》，第5768页。

谏议。

进谏的另一重要方式是以书面向皇帝陈述对于外交问题的意见,用这种方式可以比较从容、详尽地申述自己的建议或主张,皇帝也可有一个思考、斟酌以定取舍的过程,比起廷谏来又有其长处,因此而被广泛运用。我们可以看到唐代官员关于外交方针政策方面留下了许多奏议,其中不乏真知灼见。这些奏议不少被皇帝采纳,有的虽然没有被采纳,但对于推动和提高当时的外交决策水平仍然是有益的。

唐代的宰相作为决策集团的核心成员,虽然经常有机会与皇帝直接面商外交大计,但是由于这样那样的原因或理由,他们也经常通过上书进谏的方式就外交问题向皇帝陈述己见。贞观十五年(641)唐太宗遣使至西域册立西突厥叶护可汗,"未还,又遣使多赍金银帛历诸国市马"。魏徵为此谏曰:"今以立可汗为名,可汗未定,即诣诸国市马,彼必以为意在市马,不为专意立可汗。可汗得立,则不甚怀恩。诸蕃闻之,以为中国薄义重利,未必得马而失义矣。"① 唐太宗采纳了他的意见,立即下令停止市马西域。

武则天万岁通天元年(696)"时有大石国使请献狮子,(姚)璹上疏曰:'狮子猛兽,唯止食肉,远从碎叶,以至神都,肉既难得,极为劳费……'疏奏,遽停来使"②。大石国,或"大食"③。姚璹时为宰相,也是通过上书而进谏。

贞观二十二年(648)宰相房玄龄病重,"因谓诸子曰:'……当今天下清谧,咸得其宜,唯东讨高丽不止,方为国患。主上含怒意决,臣下莫敢犯颜;吾知而不言,则衔恨入地。'"这位病休宰相对东征高丽的决定忧心忡忡,于是"抗表谏曰:'……向使高丽违失臣节,陛下诛之可也;侵扰百姓,而陛下灭之可也;久长能为中国患,而陛下除之可也。有一于此,虽日杀万夫,不足为愧。今无此三条,坐烦中国,内为旧王雪耻(指贞观十六年高丽东部大人泉盖苏文杀其王建武而立藏为王之事),外为新罗报仇,岂非所存者小,所损者大?……'"他也是通过上

---

① 《旧唐书》卷七一《魏徵传》,第2559页。
② 《旧唐书》卷八九《姚璹传》,第2903页。
③ 《资治通鉴》卷二〇五,唐则天后万岁通天元年(696)条,第6505页。

书而进谏。"太宗见表，谓玄龄子妇高阳公主曰：'此人危惙如此，尚能忧我国家。'"① 唐太宗女高阳公主为房玄龄子房遗爱妻，故太宗对其论及此。

边将或使节由于对蕃情有更具体、深入的了解，他们的进谏对于皇帝进行决策往往有更直接的助益。贞观十七年（643）唐太宗已答应以公主嫁于薛延陀，使臣已经出发了几天。这时契苾何力"抗表固言不可"，也是通过上书对此决策提出谏议。唐太宗览表后对契苾何力说："吾闻天子无戏言，既已许之，安可废？"契苾何力进一步口头申述并提出了具体的建议，说："然。臣本请延缓其事，不谓总停……宜告延陀亲来迎妇，纵不敢至京邑，即当使诣灵州。畏汉必不敢来，论亲未可有成日。既忧闷，臣又携离，不盈一年，自相猜忌……坐而制之，必然之理。"太宗终于采纳了他的意见。用这个计策后，"延陀恐有诈，竟不至灵州，自后常悒悒不得志，一年而死，两子果争权，各立为主"②。契苾何力出身于铁勒别部酋长，归唐之后任唐将，曾多年在西北征战。贞观十六年（642）契苾何力被其族人挟持至薛延陀，薛延陀逼其投降，何力不从，唐太宗遣使承诺以新兴公主下嫁薛延陀为条件，赎回了契苾何力。契苾何力之族与薛延陀本同属铁勒诸部之一，加以他刚从薛延陀返回，洞悉薛延陀的内情，因而他所献计策切中要害。实行此计后，果然导致其"诸部怨叛，延陀由是衰弱"③。

万岁通天元年（696）吐蕃请和亲，于是派郭元振出使吐蕃"往察其宜。吐蕃将论钦陵请罢安西四镇戍兵，并求分十姓突厥之地"④。吐蕃遣使随郭元振入朝进一步提出这些要求。"四镇"即龟兹、于阗、疏勒、碎叶；"十姓"，即"十姓突厥，五咄陆，五弩失毕也"⑤。此即所谓西突厥"其人杂有都陆及弩失毕、歌逻禄、处月、处密、伊吾等诸种"⑥。正当"朝廷疑未决"之时，郭元振"上疏曰：'今吐蕃请和，默啜受命，是将

---

① 《旧唐书》卷六六《房玄龄传》，第2464、2466页。
② 《旧唐书》卷一〇九《契苾何力传》，第3292页。
③ 《唐会要》卷九四《沙陀突厥》，第2010页。
④ 《资治通鉴》卷二〇五，唐则天后万岁通天元年（696）条，第6508页。
⑤ 《资治通鉴》卷二〇五，唐则天后万岁通天元年（696）条胡注，第6508页。
⑥ 《旧唐书》卷一九四下《突厥传下》，第5179页。

大利于中国也。若图之不审，则害必随之。今钦陵欲分裂十姓，去四镇兵，此诚动静之机，不可轻举措也"。今若直塞其善意，恐边患之起，必甚于前，若以镇不可拔，兵不可抽，则宜为计以缓之……今宜报钦陵云："国家非吝四镇，本置此以扼蕃国之要，分蕃国之力，使不得并兵东侵。今委之于蕃，力强易为东扰。必实无东侵意，则还汉吐浑诸部及青海故地，即俟斤部落亦还吐蕃。"如此，则足塞钦陵之口，而事未全绝也。如钦陵有小乖，则曲在彼矣。'① 郭元振分析了唐与吐蕃、突厥的关系，提出了既保全国家根本利益，又不致引发与吐蕃矛盾的缓兵之计。武则天采纳了他的建议。

不久郭元振又上书武则天，进一步贡献计策说："臣揣吐蕃百姓倦徭戍久矣，咸愿早和。其大将论钦陵欲分四镇境，统兵专制，故不欲归款。若国家每岁发和亲使，而钦陵常不从命，则彼蕃之人怨钦陵日深，望国恩日甚，设欲广举丑徒，固亦难矣。斯亦离间之渐。必可使其上下俱怀猜阻。"分析了其内部矛盾，建议采取促进其矛盾发展的外交策略。武则天深表赞同。照此实行之后，"自是数年间，吐蕃君臣果相猜贰，因诛大将论钦陵"②。

由于郭元振曾出使吐蕃，洞察其内部情况。他的两份上书，透彻地分析了吐蕃的内外矛盾，民心所向及统治集团之间的利害冲突；以及四镇、十姓之地与吐谷浑、青海之地得失之间的利害关系。据此而向朝廷提出了十分高明的对策。不仅挫败了吐蕃觊觎四镇、十姓之地的图谋，而且加速了其内部矛盾斗争，削弱了其侵略势头。

从以上的叙述可以看到，谏诤奏议在唐代的外交决策在起了重要的作用，它有助于减少决策中的失误，防止独断专行和偏听偏信，从而制订出比较符合实际和反映统治阶级最大利益的方针政策。它对于皇帝在决策中不仅发挥了制约作用，而且有着重要的参考价值。从有唐一代的实际情况来看，百官的奏议谏诤对于外交决策的作用，要大于专职谏官的作用。这除了谏议制度本身的局限性之外，还与外交决策有其特殊性，需要对于蕃情及错综复杂的双边、多边关系有深刻的了解和认识，具有

---

① 《旧唐书》卷九七《郭元振传》，第 3043 页。
② 同上书，第 3044 页。

处理外交问题的实际能力和一定的专业知识，这不能不说是一个原因。百官较专职谏官庞大，从而具有更广泛的专业人才和实践经验，故其在外交决策中发挥更大的作用，也是很自然的。

第二节 宰相决策

隋朝宰相决策还基本上附属于御前决策，尚未完全从御前决策中分离出来。到了唐代宰相决策已经正式成为外交决策的第二个层次。唐代实行多相制，故宰相需集体会议以商讨国家大政，宰相每日"午前议政于朝堂"①，即召开宰相会议。唐代的宰相会议有一个变化过程，"旧制，宰相常于门下省议事，谓之政事堂。永淳二年（682）七月，中书令裴炎以中书执政事笔，遂移政事堂于中书省。开元十一年（723），中书令张说改政事堂为中书门下，其政事印，改为中书门下之印也"②。由此可知，宰相会议经历了两个发展阶段，开元十一年以前为政事堂会议，其后为中书门下会议。政事堂会议的地点，从唐初至永淳二年（682）在门下省，永淳二年至开元十一年（723）在中书省，开元十一年以后政事堂改称中书门下。政事堂会议地点的改变，大体反映了唐前期门下重于中书向中书重于门下的权力嬗变。唐代早期特别是高祖、太宗时期，鲜见由宰相会议进行外交决策，而以皇帝亲自决策为主。高宗、武后以后宰相会议决策始逐渐增多。开元以前宰相数较多，政事堂议事制度严格执行。李林甫入相后宰相一般为二人，宰相会议名存实亡。宰相人数的变化，"开元以来，常以二人为限，或多则三人。天宝十五载之后……其秉钧衡亦一、二人而已"③。宪宗以后才又恢复比较正常。

宰相会议的议题一般由皇帝下达。开元十九年（731）吐蕃使者称金城公主求《毛诗》《礼记》《左传》《文选》等文籍四种，秘书正字于休烈上表投招谏甄表示反对，认为"吐蕃国之寇仇，今资之以书，使知用

---

① 《通典》卷二三《职官典五·吏部尚书》，第 135 页。
② 《旧唐书》卷四三《职官志二》，第 1842 页。
③ 《文献通考》卷四九《职官考三·宰相》，第 451 页。

兵权略，愈生变诈，非中国之利也"①。于休烈"疏入，诏中书门下议"。皇帝接到臣下上书后，认为有必要，遂将其下达宰相会议议决。在中书门下会议上，侍中裴光庭曰："吐蕃不识礼经，孤背国恩，今求哀启颡，许其降附，渐以《诗》《书》，陶一声教，斯可致也。休烈但见情伪变诈于是乎生，不知忠信节义亦于是乎在。"② 中书门下会议否定了于休烈的意见，玄宗同意宰相的意见。于是将《诗》《书》等文化典籍赐予吐蕃。

乾符五年（878）南诏派遣赵宗政来请和亲，并请为弟而不称臣。唐朝统治集团对如何处理这一问题，意见分歧很大，以礼部侍郎崔澹为代表坚决反对与南诏和亲。广明元年（880）赵宗政返回南诏后，西川节度使崔安潜上表支持崔澹的意见，"且曰：'南诏小蛮，本云南一郡之地；今遣使与和，彼谓中国为怯，复求尚主，何以拒之！'"于是"上命宰相议之"。当时宰相卢携、豆卢琢，经讨论之后上言："不若且遣使臣报复，纵未得其称臣奉贡，且不使之怀怨益深，坚决犯边，则可矣。"宰相会议的决策得到僖宗批准后，"乃作诏赐陈敬瑄，许其和亲，不称臣"③。广明元年六月，陈敬瑄已代替崔安潜为西川节度使，故其时宰相会议之决议便下达陈敬瑄负责执行。

从上述宰相会议，我们可以看到其决策程序是：皇帝接到臣下的奏疏，或群臣对于某一外交问题有不同意见之争论，认为有必要时便下达宰相会议进行讨论；宰相们集体讨论以后，提出对于问题处理的意见或方案，以奏状的形式上报皇帝；皇帝批准以后，便成为与诏令有同等法律效力的决定。

宰相也可以主动就自己掌握的外交问题，召开会议进行讨论，提出处理意见，然后上报皇帝批准。开元二年（714）"宰相建言：'吐蕃本以河为境，以公主故，乃桥河筑城，置独山、九曲二军，距积石二百里。今既负约，请毁桥，复守河如约。'"宰相的建议得到皇帝的批准，于是派遣左骁卫郎将尉迟瓌出使吐蕃，"慰安公主"④。这是宰相们以政事堂会

---

① 《资治通鉴》卷二一三，唐玄宗开元十九年（731）条，第6794页。
② 《新唐书》卷一〇四《于志宁传》附《于休烈传》，第4007页。
③ 《资治通鉴》卷二五三，唐僖宗广明元年（880）条，第8227—8228页。
④ 《新唐书》卷二一六上《吐蕃传上》，第6082页。

议商定的处置方案上奏皇帝，并得到了皇帝的批准。当时的宰相是姚崇、卢怀慎等人，这就是他们给玄宗的奏状的要点。宰相们提出这个问题的原因是，睿宗景云元年（710）时，吐蕃以给金城公主为汤沐邑的名义，要去了河西九曲之地，"其地肥饶，吐蕃就之畜牧，因以入寇"①。开元二年（714）吐蕃进攻渭源，双方大战，故姚崇等人提出上述建议。

开元十三年（725）玄宗将封禅于泰山，为此宰相张说召开决策会议，以防备可能出现的边患。"中书令张说以大驾东巡，京师空虚，恐夷狄乘间窃发，议欲加兵守边，以备不虞。"② 这是宰相主动召开的议边会议。会上"兵部郎中裴光庭曰：'封禅者告成之事，忽此征发，岂非名实相乖？'（张）说曰：'突厥比虽请和，兽心难测……知我举国东巡，万一窥边，何以御之？'"③ 裴光庭对曰："今兹遣一使征其大臣赴会，必欣然应命。突厥受诏，则诸蕃君长必相率而来。虽偃旗息鼓，高枕有余矣。"张说非常赞同裴光庭这个意见，曰："善。吾所不及矣。"于是根据这一讨论结果，"奏而行之"④。经皇帝批准，邀请突厥等诸蕃君长参加封禅活动，以控制他们不敢轻举妄动。

宰相有时也可以根据边将的报告而开会讨论，待会商拟定处理意见后上奏皇帝批准。开元五年（717）处置西突厥突骑施勾引大食、吐蕃犯唐事件就是如此。"初，帝欲遣阿史那献为北蕃主，而苏禄拒而不纳。乃命王惠恩赐慰喻。"阿史那献为归附唐朝的西突厥兴昔亡可汗三世，苏禄为突骑施汗国之可汗，由于苏禄拒绝接受阿史那献，因此派遣王惠出使慰喻。王惠尚未出发，恰好安西副大都护汤嘉会的奏报到达。于是宰相宋璟、苏颋根据汤嘉会提供的新情况，进行商议后上奏曰："嘉会表称：突骑施车鼻施勾引大食、吐蕃拟取四镇，见围钵换及大石城。嘉会已发三姓葛逻禄兵与史献同掩袭。臣等伏以突骑施等迹已叛换，葛逻禄等志欲讨除，自是夷狄相攻，元非朝廷所遣。若大伤小灭，皆利在国家。成败之状，即当闻奏。王惠充使，本为绥怀，事意既殊，未可令去。望待

---

① 《资治通鉴》卷二一一，唐玄宗开元二年（714）条，第6704页。
② 《旧唐书》卷八四《裴行俭传附裴光庭传》，第2806页。
③ 《旧唐书》卷一九四上《突厥传上》，第5175页。
④ 《旧唐书》卷八四《裴行俭传附裴光庭传》，第2806页。

以西表，续更商量。"① 车鼻施即为苏禄所属部落。他们勾引大食、吐蕃谋取安西四镇，于是汤嘉惠率领三姓葛逻禄、阿史那献进行反击。宰相们会商决定采取坐观成败的方针，上奏皇帝后得到了批准。结果苏禄得胜，其势日盛。唐朝立即加强与苏禄政权的关系，在日后抗击大食东扩中起了积极作用。

宰相会议的决策方案经皇帝批准以后，就交由中书省起草诏敕，开元以后渐改由翰林学士负责起草。回鹘于开成五年（840）破亡后，其中一支东迁至天德（今内蒙古乌拉特前旗）、振武（今内蒙古和林格尔）一带，拥立乌介可汗，而其将嗢没斯则投附于唐。唐朝屡遣使让乌介可汗退回漠南，但他不听，唐朝以为他希望得到马价以后才退走，于是会昌二年（842）李德裕召开宰相会议，会后向武宗上奏状："右，臣等商量，赐可汗甚全国体。望付翰林赐可汗书：'得嗢没斯表称，在本分马价绢并合落下，请充进奉。以可汗本国破残，久在边陲，此已量与嗢没斯以下本分马价绢，便赐可汗。'兼望赐嗢没斯诏，奖其忠义：'缘卿率众归国，若又落下马价绢，恐可汗与卿结怨转深，事体之间，亦应非便。以卿等所请奏进奉马价绢，回赐可汗。所冀部落早退，令卿等各保安谧。'望约此意处分，实为允惬。"② 宰相会议讨论了将马价绢赐予乌介可汗的问题，同时已经把两份诏敕的基本内容拟定，经皇帝批准后，翰林学士即可据以草诏。

有时皇帝也要求宰相亲自起草诏敕。李德裕为相时，"自回鹘至塞上及黠戛斯入贡，每有诏敕，上多命德裕草之。德裕请委翰林学士，上曰：'学士不能尽人意，须卿自为之。'"③

宰相会议的参加者，一般仅限于宰相，但是如果需要，皇帝有时也指定有关官员参加会议。长安三年（703）"西突厥乌质勒与诸蕃不和，举兵相持，安西道绝，表奏相继。（武）则天令（唐）休璟与宰相商度事势，俄顷间草奏，便遣施行。后十余日，安西诸州表请兵马应接，程期

---

① 《册府元龟》卷九九二《外臣部·备御五》，第 11651 页。
② 《全唐文》卷七〇五，李德裕：《论嗢没斯所请落下马价绢赐与可汗状》，第 7233 页。
③ 《资治通鉴》卷二四七，唐武宗会昌三年（843）条，第 7976 页。

一如休璟所画"①。当时西突厥可汗斛瑟罗"用刑残酷，诸部不服"。乌质勒乃隶属于西突厥的突骑施部酋长，"能抚其众，诸部归之，斛瑟罗不能制……乌质勒悉并其地"②。武则天何以指定唐休璟参加此次宰相会议呢？他曾为安西副都护，时为凉州都督，长期在西北地区活动，身为边疆大吏，"尤谙练边事，自碣石西逾四镇，绵亘万里，山川要害，皆能记之"。唐休璟在宰相会议上的出色表现受到武则天的赏识，说："恨用卿晚。"因此提拔他为宰相，并对众宰相说："休璟谙练边事，卿等十不当一也。"③

宰相也可以根据需要而召请有关官员参加宰相会议。前述开元十三年宰相张说召开宰相会议，商议在玄宗东封泰山时，防备夷狄乘机犯边，就特别召请裴光庭参加。当时裴光庭不是宰相，而是兵部郎中。因为这次会议涉及边疆军事问题，所以指定他参加。

宰相会议中有时会因意见分歧而发生激烈的争论，这本是正常现象，但是如果这种争论达到有失体统的地步，则会受到皇帝的谴责或惩处。僖宗乾符五年（878）南诏遣使来请和亲，唐廷群臣对此意见不一。于是召开宰相会议讨论这个问题。"五月，丙申朔，郑畋、卢携议蛮事，携欲与之和亲，畋固争以为不可。携怒，拂衣起，袂冒砚堕地，破之。上闻之，曰：'大臣相诟，何以仪刑四海！'丁酉，畋、携皆罢为太子宾客、分司。"④这两位宰相因讨论是否与南诏和亲问题而相互争吵，达到恶言相加，毁坏办公用品的地步，有失宰相表率天下的体统，因而受到皇帝谴责，均被撤掉了宰相职位。

宰相们的地位原则上是平等的，在宰相会议上集体协商，联名署状。但是其中以"秉笔"⑤者为首席宰相。这种制度不免导致个别宰相专权，违背了集体负责的原则。李德裕为宰相时"自开成五年冬回纥至天德，至会昌四年八月平泽潞，首尾五年，其筹度机宜，选用将帅，军中书诏，

---

① 《旧唐书》卷九三《唐休璟传》，第2979页。
② 《资治通鉴》卷二〇七，唐则天后长安三年（703）条，第6563页。
③ 《旧唐书》卷九三《唐休璟传》，第2979页。
④ 《资治通鉴》卷二五三，唐僖宗乾符五年（878）条，第8204页。
⑤ 《唐会要》卷五三《杂录》，第1082页。

奏请云合，起草指纵，皆独决于德裕，诸相无预焉"①。像李德裕这样专权的宰相，在唐代并非个别现象。

也有少数专权用事的宰相，利用手中的决策权力，徇私舞弊，而作出错误的决策。中宗时宰相宗楚客、纪处讷等当朝任势，结为朋党，狼狈为奸。竟然在外交决策中因接纳贿赂而做出错误的决策。景龙二年（708）"西突厥娑葛与阿史那忠节不和，屡相侵扰，西陲不安。安西都护郭元振奏请徙忠节于内地。（宗）楚客与（宗）晋卿、（纪）处讷等各纳忠节重赂，奏请发兵以讨娑葛，不纳元振所奏。娑葛知而大怒，举兵入寇，甚为边患"②。西突厥突骑施政权首领乌质勒死后，其子娑葛继位，自称可汗，正式建立突骑施汗国。乌质勒时的旧将阿史那忠节不服，双方矛盾日益激化，相互攻击。唐碎叶镇守使周以悌协助阿史那忠节打败娑葛，娑葛求援东突厥，复大败阿史那忠节。安西都护郭元振见阿史那忠节势衰，而突骑施正在崛起，于是上表请将阿史那忠节召入朝廷宿卫，主张支持突骑施。其战略目的是联合突骑施以对付吐蕃。阿史那忠节受到周以悌的唆使，派人以重金贿赂宗楚客、纪处讷等，请求派兵帮助他反击娑葛。宗、纪等人果然作出派兵援助阿史那忠节以进攻娑葛的决策。结果唐军大败，娑葛"遂陷安西，四镇路绝"③，使唐在西域遭受严重的挫折。事实证明郭元振的主张是正确的，宗楚客、纪处讷等人的决策是错误的。

第三节　百官大会决策

隋朝继承汉、魏以来的传统，在遇到外交上的某些疑难问题时，便把这些问题下达百官大会讨论，以便广泛听取不同意见。开皇七年（587）突厥可汗摄图死，隋遣使册拜其弟处罗侯为莫河可汗。莫河可汗以隋朝所赐旗鼓西击阿波可汗，大败阿波并生擒之。莫河可汗上书隋文

---

① 《旧唐书》卷一七四《李德裕传》，第 4527 页。
② 《旧唐书》卷九二《萧至忠传附宗楚客传》，第 2972 页。
③ 《新唐书》卷一二二《郭元振传》，第 4365 页。

帝，请求定夺如何处置阿波，于是"上下其议"①，把此问题下达百官讨论。"乃召文武议焉。乐安公元谐曰：'请就彼枭首，以惩其恶。'武阳公李充曰：'请生将入朝，显戮以示百姓。'上谓（长孙）晟曰：'于卿何如？'晟对曰：'若突厥背诞，须齐之以刑。今其昆弟自相夷灭，阿波之恶，非负国家，因其困穷，取而为戮，恐非招远之道，不如两存之。'上曰：'善。'"② 左仆射高熲亦参加了此次会议，他的意见与长孙晟相同，说："骨肉相残，教之蠹也。存养以示宽大。"③ 从见于记载的与会成员看，有宰相（如尚书左仆射高熲）、边将（如李充）、使节（如长孙晟曾屡使突厥，是突厥问题专家）、功臣宿将（如元谐）等，是一次文武百官均参加的大会。隋文帝出席并主持了这次会议，可见百官大会有时是由皇帝直接主持的。

但是这种百官会议由于皇帝刚愎自用、独断专行，往往起不到集思广益的预期效果，这种情况在炀帝时尤显突出。大业十年（614）"二月，辛未，诏百僚议伐高丽"。但是"数日，无敢言者"④。在这种情况下炀帝专断决策，发动第三次对高丽的战争，加速了隋朝的衰亡。

唐代继续隋制实行公卿百官集议决策，是为唐代外交决策的第三种重要方式。这种方式是汉魏以来公卿百官集议制度的发展，唐武宗会昌五年（845）敕曰："汉、魏已来，朝廷大政，必下公卿详议，博求理道，以尽群情。"⑤ 其中外交问题尤重公卿百官集议，以广泛征询意见，商讨对策，李德裕谓："自两汉每四夷有事，必令公卿集议。盖以国之大事，最在戎机。"⑥ 唐代继承并发展了这一制度，皇帝经常下诏让百官集议，以集思广益，决策大政。肃宗乾元三年（760）诏曰："两汉旧规，典章沿革，必朝廷会议，共体至公，盖明君不独专法，当从众议，庶遵行古之道，俾广无私之论。宜令文武九品以上，并于尚书省议讫，委中书门

---

① 《隋书》卷八四《北狄传·突厥传》，第1871页。
② 《隋书》卷五一《长孙晟传》，第1332页。
③ 《隋书》卷八四《北狄传·突厥传》，第1871页。
④ 《资治通鉴》卷一八二，隋炀帝大业十年（614）条，第5689页。
⑤ 《旧唐书》卷一八上《武宗纪》，第604页。
⑥ 《全唐文》卷七〇五，李德裕：《驱逐回鹘事宜状》，第7235页。

下详择奏闻。"①

在外交决策中，遇有重大的、疑难的问题，皇帝或宰相感到难以决断时，也常下达百官大会进行讨论。"开成末，回纥为黠戛斯所攻，战败，部族离散，乌介可汗奉太和公主南来。会昌二年二月，牙于塞上，遣使求助兵粮，收复本国，权借天德军以安公主。时天德军使田牟，请以沙陀、退浑诸部落兵击之。上意未决，下百僚商议。"② 回纥被黠戛斯打破后，其将嗢没斯等率众于开成五年（840）抵天德军塞下，请求内附。次年，即会昌元年（841）二月，回纥余众又拥立乌希特勒为可汗，是为乌介可汗，亦南依塞下③。在这种情况下，天德军使田牟上表请发兵驱逐回纥。武宗对此拿不定主意，于是下令召开百官大会讨论此事。

是否需要召开百官大会，均由皇帝决定，大会议题也由皇帝下达。僖宗乾符五年（878）"南诏遣其酋望赵宗政来请和亲，无表，但令督爽牒中书，请为弟而不称臣。诏百僚议之"④。"酋望"为南诏"清平官"之一，位"在大将之下，久赞之上"⑤。"爽"即"省"，"督爽，总三省也"⑥。南诏的使者没有带来上皇帝的表，只有"督爽"致中书省的公文，而且要求与皇帝以兄弟而不是以君臣相称，这被认为是傲慢无礼之举。因而僖宗下令百官讨论是否与其和亲。

宰相也可以请求召开百官大会。会昌二年（842）关于要不要驱逐回鹘的问题，在唐朝决策集团中意见颇为不一，于是宰相李德裕向德宗提出请求召开百官大会。李德裕在上奏报告中说："况闻向外议论不一，互有异同，若不一度遍询群情，终为闲词所扰。望令公卿集议，两日内闻奏，所冀博尽群议，厌服众心，未审可否？"⑦ 这是因为百官对于如何处置回鹘问题意见纷纭，所以宰相提出要求召开百官大会，以广泛听取意见，统一认识。

---

① 《唐大诏令集》卷一一二《令百官议罢新钱诏》，第583页。
② 《旧唐书》卷一七四《李德裕传》，第4521—4522页。
③ 据《资治通鉴》卷二四六，唐武宗会昌元年（841）《考异》，此事不在会昌二年而在会昌元年，第7949页。
④ 《资治通鉴》卷二五三，唐僖宗乾符五年（878）条，第8204页。
⑤ 《资治通鉴》卷二五三，唐僖宗乾符五年（878）条胡注，第8204页。
⑥ 《新唐书》卷二二二上《南蛮传上》，第6268。
⑦ 《全唐文》卷七〇五，李德裕《驱逐回鹘事宜状》，第7235页。

僖宗广明元年（880）六月，西川节度使陈敬瑄奏请遣使与南诏和亲。《通鉴·考异》引《实录》："丁酉，中书奏请令百官集议。甲辰，百官议定。壬子，中书奏遣使。"① 虽然胡三省认为《实录》所记月日有误，但它所反映的百官会议召开情况当是其时实际情况。这里的"中书"，实即"中书门下"。这个记载表明，由宰相根据需要提请皇帝批准召开百官大会，百官大会的议案由宰相负责整理上报，得到皇帝批准后即负责贯彻执行。百官大会一般有三种类型。

其一，由尚书省负责召集的百官大会。文宗太和五年（831）"吐蕃遣使论董勃义入朝修好，俄而西川节度李德裕奏，吐蕃维州守将悉怛谋以城降。德裕又上利害云：'若以生羌三千，出戎不意，烧十三桥，捣戎之腹心，可以得志矣。'上惑其事，下尚书省议，众状请如德裕之策"②。《资治通鉴》记此事曰："事下尚书省，集百官议。"③ 会后宰相牛僧孺"奏曰：'此议非也……'上曰：'然。'遂诏西川不纳维州降将"④。可见宰相牛僧孺并没有参加这次会议，但是会议结果要上报宰相，并由其作出评判之后，上报皇帝作出决断。

其二，由中书、门下召集的百官大会。开元十八年（730）"苏禄使至京师，玄宗御丹凤楼设宴。突厥先遣使入朝，是日亦来预宴，与苏禄使争长。突厥使曰：'突骑施国小，本是突厥之臣，不宜居上。'苏禄使曰：'今日此宴，乃为我设，不合居下。'于是中书门下及百僚议，遂于东西幕下两处分坐，突厥使在东，突骑施使在西"⑤。苏禄为突骑施可汗，苏禄使即突骑施汗国所遣使者。突骑施因抗击大食有功，玄宗为其设宴庆功，故其使者称此宴为其所设。突骑施与突厥的使者争位次，相持不下，于是由中书门下召集百官商议，议定一个令双方都能接受的方案，从而解决了这场外交礼仪纷争。

其三，台省联席大会。武宗拟派右散骑常侍李拭使黠戛斯，册封其君长为宗英雄武诚明可汗，尚未出发而武宗崩。宣宗继位之后，拟按照

---

① 《资治通鉴》卷二五三，唐僖宗广明元年（880）条《考异》引，第8228页。
② 《旧唐书》卷一七二《牛僧孺传》，第4471页。
③ 《资治通鉴》卷二四四，唐文宗太和五年（831）条，第7878页。
④ 《旧唐书》卷一七二《牛僧孺传》，第4471页。
⑤ 《旧唐书》卷一九四下《突厥传下》第5191—5192页。

武宗原先之意册其可汗，但臣下意见不一，"或谓黠戛斯小种，不足与唐抗"。于是"诏宰相与台省四品以上官议"。会上一致认为："回鹘盛时有册号，今幸衰亡，又加黠戛斯，后且生患。"皇帝采纳了会议意见，"乃止"①。会昌六年（846）九月宣宗关于召开这次会议的敕旨，曰："去岁先帝册立黠戛斯为可汗，虽有成命，旋属朝廷变故，未果遵行。今欲遣使，且展封告之仪，续行先帝之意，又虑深僻小国，不足与之抗衡，回鹘向残，不合遽有建置。事新体大，须归至当，必询于众，方免有疑。宜令中书、门下五品以上，御史台、尚书省四品以上，集议闻奏。"② 从宣宗关于召开这次百官大会的敕文可知，所谓"台省"即中书、门下、尚书三省及御史台等。与会官员为五品以上。召开这种百官大会是因兹事体大，须征求百官意见，集思广益。这种类型的会议规格比前两者要高、要隆重，所讨论的问题也要比前者重大。

由此可见，参加百官会议的官员，须根据会议所要讨论的内容而随时确定，一般是四品、五品以上官员，最大规模的是文、武九品以上官员均参加的全体大会。

百官大会的主持者，或者是宰相，或者是指定的专人。贞元三年（787）吐蕃遣使请求会盟和亲，宰相张延赏等主和，太尉李晟等主战。德宗听从了张延赏的意见，决定与吐蕃会盟，派遣浑瑊为会盟使。《资治通鉴》德宗贞元三年条载，闰月，会盟使浑瑊奏报已与吐蕃议定于辛未日举行会盟，于是宰相张延赏召集百官，将浑瑊所上之表"称诏示之，曰：'李太尉谓吐蕃和好必不成，此浑侍中表也，盟日定矣。'"③ 张延赏向百官大会通报了会盟使浑瑊上奏的内容，以证明其主和主张的正确。这是由宰相主持的百官大会。

会昌二年（842）"诏以回纥犯边，渐侵内地，或攻或守，于理何安？令少师牛僧孺、陈夷行与公卿集议可否以闻。僧孺曰：'今百僚议状，以固守关防，伺其可击则用兵。'"④ 此次百官大会，即上文所述应宰相李德

---

① 《新唐书》卷二一七下《回鹘传下》，第6150页。
② 《唐会要》卷一〇〇《结骨国》，第2121页。
③ 《资治通鉴》卷二三二，唐德宗贞元三年（787）条，第7486页。
④ 《旧唐书》卷一八上《武宗纪》，第591页。

裕之请求，经武宗批准而下诏召开的。主持这次会议的并非宰相，牛僧孺时为少师，乃东宫辅导官；陈夷行已于这年六月罢相，而此次大会是在八月召开的。这是由皇帝指定专人主持召开的百官大会。

百官大会的讨论结果要写成"议状"上报宰相或皇帝，最后由皇帝决断是否采纳。牛僧孺主持这次百官大会后，他在上报中称"今百僚议状"云云，此即其所作"议状"中的陈述。讨论结果，百官"皆曰：'回鹘盛时有册号，今幸衰亡，又加黠戛斯，后且生患。'乃止"①。是为百官大会"议状"之要点。宣宗采纳了这次百官大会的意见，决定停止册封黠戛斯的计划。

对于百官大会的"议状"的处置，一般说来皇帝还要征求宰相的意见，也可能因宰相的反对而作罢。会昌元年（841）讨论天德军使田牟奏请击回纥问题的百官大会，"议者多云如（田）牟之奏"②。而据《通鉴》记载，"上以问宰相"③，宰相李德裕反对，武宗也就作罢。太和六年（832）关于吐蕃维州守将悉怛谋以城来降问题的百官大会，会议结果"众状请如（李）德裕策"，但是当朝宰相牛僧孺反对，说："此议非也。"文宗采纳了牛僧孺的意见而否决了百官大会的意见，"遂诏西川不纳维州降将"。不过这一次事情牵涉到牛、李内部矛盾，他们把这种矛盾带到了外交决策中来，"僧孺素与德裕仇怨，虽议边公体，而怙德裕者以僧孺害其功，谤论沸然，帝亦以为不直"④。

以上我们分别考察了唐代外交决策的三种基本方式——御前决策、宰相决策和百官大会决策。那么这三种方式之间是什么关系呢？我们可以会昌元年（841）、二年期间处理回鹘问题的决策过程作为事例来看一看。文宗开成五年（840），回纥被黠戛斯打破，四出逃散，其中一支在可汗兄弟嗢没斯率领下抵达天德军塞下，要求粮食和内附。对此应采取什么对策，唐朝决策集团颇费踌躇。

武宗会昌元年八月，"天德军使田牟、监军韦仲平欲击回鹘以求功，

---

① 《新唐书》卷二一七下《回鹘传下》，第6150页。
② 《旧唐书》卷一七四《李德裕传》，第4522页。
③ 《资治通鉴》卷二四六，唐武宗会昌元年（841）条，第7952页。
④ 《旧唐书》卷一七二《牛僧孺传》，第4471页。

奏称：'回鹘叛将嗢没斯等侵逼塞下，吐谷浑、沙陀、党项皆世与为仇，请自出兵驱逐。'上命朝臣议之，议者皆以为嗢没斯叛可汗而来，不可受，宜如牟等所请，击之便"①。这是皇帝接奏报以后下令召开百官会议讨论如何处理这一问题。百官大会主张击之。但是皇帝感到百官会议的意见尚未尽善，胡注引《伐叛纪》云于是"上令宰臣商量"②，又下令召开宰相会议。宰相李德裕不同意动武，提议遣使抚慰回鹘，并赐粮三万斛以救其饥荒。对此皇帝还有疑虑，便召开延英会议。经延英会议商讨，最后皇帝批准"以谷二万斛赈之"③。

关于这个问题，逐级召开了百官会议、宰相会议、御前会议，百官会议先听取广大官员的初步意见，宰相会议既要对百官会议做出评判，又要拿出比较全面、具体的意见与皇帝商决，所以宰相会议这个环节比前者显然重要得多，起了皇帝与百官之间的调节、纽带作用，而最后拍板定案则是在御前会议上。

回纥残部另一支拥立乌希特勒为可汗，是为乌介可汗。这支回纥来往于天德、振武之间，唐廷下诏令其退回漠南，他们不仅不退，反而于会昌二年（842）八月初越过杷头峰，突入大同川，推进至云州城下。对此，唐廷进行了一系列紧张的决策活动。

首先，八月九日接到奏报后，武宗立即召开延英会议，决定于太原、振武、天德屯兵，等待明春反击④。

其次，对这一决策，群臣有不同意见，谓："闻向外议论不一，互有异同。"为此，李德裕等召开宰相会议，经过"累日商量"，认为延英会议所定方针"量为得计"。于是李德裕给武宗上奏状，要求"望令公卿集议，两日内闻奏。所冀博尽群议，厌服众心"⑤。

再次，经武宗批准召开了百官大会。武宗"降敕旨"，要求大会"须切应事机，不得更为虚论"。按照规定，大会的"议状"上报宰相，以便

---

① 《资治通鉴》卷二四六，唐武宗会昌元年（841）条，第7952页。
② 《资治通鉴》卷二四六，唐武宗会昌元年（841）条胡注引，第7954页。
③ 《资治通鉴》卷二四六，唐武宗会昌元年（841）条，第7955页。
④ 参见《资治通鉴》卷二四六，唐武宗会昌二年（842）条，第7963页；《全唐文》卷七〇五，李德裕《请发陈许徐汝襄阳等兵状》，第7234页。
⑤ 《全唐文》卷七〇五，李德裕《驱逐回鹘事宜状》，第7235页。

对"其中有未尽处须更令分析闻奏"。

复次,百官大会后,召开宰相会议对百官大会的"议状"进行了研究,提出处理意见上报皇帝:"今详议状,并未切事机。臣等商量,望令牛僧孺与(陈)夷行同议,仔细分析,两日内闻奏。"①

最后,第二次百官大会后,又召开宰相会议研究了大会的"议状",提出处理意见,于八月二十七日上报皇帝:"臣等伏详公卿所议,犹未切要。"然后一一指出"议状"中存在的问题。最后提出:"非令集议,只缘问驱逐守备,二计何先。今既云守备,过冬方图进取,斯为上策,便可施行。即与昨来加刘沔招抚使,且令告谕,理亦相近,恐不暇更有访问,未审可否?"②

从八月九日接到边境的奏报,到八月二十七日这一问题的最后敲定,十八天中先后召开了御前会议一次,宰相会议三次,百官大会二次。三种决策方式交叉运用,相互配合。御前会议确定了调动军队,准备明春反击的方针。第一次百官大会是因群臣对御前决策所定方针有不同意见,为了统一认识而召开。第二次百官大会是因前次会议未能切中事机(实即未能就御前决策方针统一认识)而召开。第二次百官大会虽仍有未切事机之处,但因其已同意等待明春进取,与御前会议所定方针一致,因而为宰相会议所接受,并报皇帝批准,御前会议所定方针得以最终敲定。御前会议无疑是最高的决策层次。而这里宰相起着最为关键的作用:召开百官大会的建议是他们提出的;主持百官大会的人选是他们推荐的;百官大会的"议状"由他们分析研究,并提出处理意见。不过,汉代的公卿百官集议一般是由宰相主持的,到了唐代百官大会已不完全由宰相直接主持,而可能另外指派专人主持,一般为德高望重之老臣。这种宰相回避制度,对于群臣充分发表意见是有意义的。

这样我们可以看到唐代的外交决策体制是一种以御前决策为核心,宰相决策为基础,百官决策为参考,相辅相成,密切配合,运转灵活高

---

① 《全唐文》卷七〇五,李德裕:《公卿集议须便施行其中有未尽处须更令分析闻奏谨具一一如后状》,第7235—7236页。
② 《全唐文》卷七〇五,李德裕:《牛僧孺等奉敕公卿集议须便施行其中有未尽处须更令分析谨连如前》,第7236—7237页。

效的三级决策体制。前两者为常务决策会议，后者为临时决策会议。这种决策体制保证了唐皇朝能够最大限度地调动整个统治集团成员的积极性，集中统治集团的群体智慧，群策群力，集思广益，制定出最符合当时统治阶级利益的外交决策。但是由于中央集权政治制度本身固有矛盾所决定，使这种决策体制不可避免地在君主专横昏庸、权臣弄权等因素的作祟下受到种种干扰，使其不能完全正常地发挥应有的效能。

第 八 章

唐代外交专职机构

我国古代的外交管理机构，到隋唐时期已经渐趋成熟和完善，其机构之完备、分工之明确和细致、相互配合之协调，以及其运转之灵活与高效，都是空前的，在秦汉、魏晋南北朝的基础上跃上了一个新的台阶。产生这种变化的原因，主要有以下几个方面。①隋唐时期是我国中古时代统一皇朝在更高层次上的再建。秦汉时期缔造了我国中古时代第一阶段的统一皇朝，经过魏晋南北朝时期将近四百年的分裂割据、斗争融冶、重新组合，到了隋唐时期重建统一，进入了中国古代第二阶段的统一皇朝。在这个阶段，统一规模之恢宏、国势之强盛、业绩之辉煌都是空前的。由这个更高层次的统一皇朝而决定，这一时期的政治、经济、文化都得到了空前的发展和进步，臻于一个新的阶段。与此相应的是这一时期的外交及外交管理机构也迈入了一个崭新的阶段。②隋唐时期是我国中古时代外交发展最辉煌的时期。这个时期对外交往之频繁、外交范围之广阔、外交方式之活泼多样、外交成果之丰硕，都是空前的。欧阳修、宋祁在《新唐书·北狄传赞》中评论道："唐之德大矣！际天所覆，悉臣而属之，薄海内外，无不州县，遂尊天子曰'天可汗'。三王以来，未有以过之。至荒区君长，一为不宾，随辄夷缚，故蛮琛夷宝，踵相逮于廷。"① 其外交范围之广，"东至高丽，南至真腊，西至波斯、吐蕃、坚昆，北至突厥、契丹、靺鞨，谓之'八蕃'，其外谓之'绝域'"②。由于实行对外开放政策，形成了"万国朝宗"的外交局面，王维《和贾舍人

---

① 《新唐书》卷二一九《北狄传赞》，第 6183 页。
② 《新唐书》卷二二一下《西域传赞》，第 6264 页。

早朝大明宫之作》中"九天阊阖开宫殿，万国衣冠拜冕旒"的诗句，就是对唐代外交盛况的生动描绘。这种外交成就要求外交管理机构与其相适应，同时又促进了外交管理机构的进一步完善。③隋唐时期是我国中古时代政治制度臻于相对成熟与完善的阶段。秦汉时期的三公九卿制度，经过魏晋南北朝几百年的演变，到了隋唐时期已经形成三省六部九卿制度。三省之中，以"中书主出令，门下主封驳，尚书主奉行"。密切配合，相互制约。而作为总理政务的尚书省与主管具体事务的卿监百司之间的分工和合作也比较明确、协调了，所谓"九寺三监、东宫三寺、十二卫、及京兆、河南府，是王者之有司，各勤所守，以奉职事。尚书准旧章、立程度以颁之"①。尚书省主管政令，发挥指挥督责作用，卿监诸司则根据政令负责各项有关具体事务。所谓"总群官而听曰省，分务而专治曰寺"②，说的就是尚书与卿监的这种相互关系。这表明这个时期政府各部门之间的分工比较明确了，相互关系已经比较协调。这种政治体制是经过长期实践、探索、调整而形成的，它比较适应当时社会发展的需要，发挥了较好的效能。这些都直接地影响了隋唐时期的外交管理机构的进一步完善。

隋唐时期中央外交管理机构主要有如下一些特点。①隋唐时期的专职外交管理机构，仍然是九卿系统的鸿胪寺和尚书系统的主客司这两个部门。不过由于这个时期三省六部制的确立和完善，尚书与卿监关系的相对顺畅，这两个部门之间的关系也相应进一步协调，即主客司主管外交政务，鸿胪寺主管外交事务，职责分明，分工明确，密切配合，相互协作，完成有关各项外交职事。由于长期纠缠不清的尚书与卿监关系逐步协调，像魏晋南北朝时期那样的外交职事相互交错重叠，相互侵权的情况已经大为减少，表现了外交管理由约而繁、由疏而密的发展。②专职外交管理机构与关涉机构之间的配合也有了进一步的发展。唐代外交管理工作中的关涉机构大为增加，但各自在外交工作中的职责、地位以及它们与专职机构的关系都有比较明确的规定，多而不乱，基本上能够与专职机构密切配合，有条不紊地运转，协同完成外交行政任务。③但

---

① 《唐会要》卷七八《诸使中·诸使杂录上》苏氏曰，第1701页。
② 《新唐书》卷一八四《杨收传》，第5394页。

是，唐中后期发生了巨大变化。上述两方面的情况主要是指唐前期的情况，到了唐朝中后期，由于使职差遣制度的发展及其定型化，使三省制下的职事官制度遭到破坏，又由于宦官势力在政治舞台上的崛起，他们不仅控制朝政，也侵夺各种行政事务。史称"自天宝末，权置使务已后，庶事因循，尚书诸司，渐致有名无实"①。这些对于外交管理机构也产生了严重的影响，官、职分离，外交工作往往不是由外交机构，而是由差遣或使职来执行以及宦官控制外交的情况也同样存在。

第一节　鸿胪寺及其外交职能

鸿胪为九寺之一，在隋唐时期仍然主要负责外交（包括少数民族）事务。

一　鸿胪寺的设置及其变迁

隋朝建立后，继承北齐制度，设置鸿胪寺。开皇三年（583）废鸿胪寺入太常，十二年（592）复置。寺中以卿一人为长官，正第三品；少卿一人为次官，正四品上；丞二人，正七品下；以及主簿、录事等办事人员。此外尚有赞者十二人②。鸿胪寺下统辖典客、司仪、崇玄三署。隋炀帝时典客署改称典蕃署。三署各置令为长官，丞为副。典客署又有掌客十人，司仪署有掌仪二十人。隋炀帝时加置少卿二人，降为从四品③。

唐初依隋制设置鸿胪寺。龙朔二年（662）改称同文寺，咸亨元年（670）复称鸿胪寺。武后光宅元年（684）改称为司宾寺，神龙元年（705）复称鸿胪寺④。鸿胪寺以卿一人为长官，从三品；少卿二人为副，从四品上。"鸿胪卿之职，掌宾客及凶仪之事，领典客、司仪二署，以率

---

①《旧五代史》卷一四九《职官志》，第1999页。
②《唐六典》卷八《左散骑常侍等》，第249页。
③《隋书》卷二八《百官志下》，第777、798页；《唐六典》卷一八《鸿胪寺》，第505页。
④《通典》卷二六《职官八·鸿胪卿》，第153页。《唐会要》卷六六《鸿胪寺》谓："龙朔二年，改为司宾寺，卿为正卿。咸亨元年复为鸿胪寺。光宅元年，改为司宾寺。神龙元年复为鸿胪寺。"（第1361页）

其官属，而供其职务；少卿为之贰。"① 所谓"宾客"之事，主要就是外交（及少数民族）接待事务。"凶仪"也包含有关外交事务。在鸿胪卿和少卿之下还有丞二人，从第六品上，"掌判寺事"，有似今世之办公厅主任；主簿一人，从第七品上，"掌印，勾检稽失"；还有录事二人，从第九品上，"掌受事发辰"。管理受事日期和完成任务的程限。此外尚有流外吏职人员，有"府五人，史十一人，亭长四人，掌固六人"② 等。

鸿胪寺的属官有典客、司仪二署。典客署负责蕃客的接待、迎送等事务，司仪署负责丧葬礼仪及有关事务。唐初改典蕃署为典客署，置令一人为长官，从第七品下；丞二人为副，从第八品下。还有掌客十五人，正九品上。此外尚有流外吏职人员：典客十三人，府四人，史八人，宾仆十八人，掌固二人。司仪署也置令一人，正八品下；丞一人，正九品下。流外吏职人员有司仪六人，府二人，史四人，掌设十八人，斋郎三十三人，掌固四人，幕士六十人③。

鸿胪寺的属官除上述二署外，还有礼宾院。胡三省谓"鸿胪掌四夷之客，有礼宾院"④。又谓"唐有礼宾院，凡胡客入朝，设宴于此……宋白曰：属鸿胪寺"⑤。礼宾院初设时似还不属鸿胪寺，天宝"十三载二月二十七日，礼宾院自今后，宜令鸿胪勾当检校。应缘供拟，一物已上，并令鸿胪勾当"⑥。可见是从天宝十三载（754）才归鸿胪寺统辖。元和九年（814）时，将礼宾院设置于长兴里之北⑦。礼宾院亦负责蕃客接待及迎送等事务，但其活动多见于唐后期，成为唐后期重要的外事接待部门，取鸿胪寺许多职责而代之。

鸿胪寺还有左、右威远营。贾耽于大历七年（772）至十四年（779）为鸿胪卿，"时左右威远营隶鸿胪，耽仍领其使"⑧。阳济于大历十四年

---

① 《唐六典》卷一八《鸿胪寺》，第505页。
② 《旧唐书》卷四四《职官志三》，第1885页。
③ 同上。
④ 《资治通鉴》卷二三二，贞元三年（787）胡三省注，第7493页。
⑤ 《资治通鉴》卷二四〇，元和十四年（819）胡三省注，第7758页。
⑥ 《唐会要》卷六六《鸿胪寺》，第1361页。
⑦ 《旧唐书》卷一五《宪宗纪下》，第450页。又见《唐会要》卷六六《鸿胪寺》，第1361页，《册府元龟》卷一四《帝王部·都邑二》，第160页。
⑧ 《旧唐书》卷一三八《贾耽传》，第3783页。

（779）亦曾被"拜鸿胪卿兼威远营使"①。可见威远营由鸿胪管辖，其使多由鸿胪长官兼领。威远营当为服务于外事工作的武装警察部队。贾耽《神道碑》叙其"征拜鸿胪卿兼左右威远营使"职务时，缀以"通夷狄之情，序宾客之位，其有素矣"②之语，表明"左右威远营"与外事有关。德宗建中元年（780）七月"以鸿胪寺左右威远营隶金吾"③。元和二年（807）四月敕："左右威远营，置来已久，著在国章。近置英武军及加军额，宜从并省，以正旧名。其英武军额宜停，将士及当军一切已上，并合入左右威远营，依前置使二人勾当。"④ 从其划归金吾卫统辖，以及后来将"英武军"合并于"左右威远营"来看，其性质当为负责巡察警卫的首都卫戍部队组成部分——外事警察。⑤ 尽管由于唐后期鸿胪职权式微，"左右威远营"之统属关系由鸿胪而改为金吾，但其服务于外事工作的基本功能当不会有变化。

此外，鸿胪寺属官在唐初尚有崇玄署，负责寺、观的管理。每寺、观各设监一人，隶鸿胪寺。开元二十五年（737）将道观改隶宗正寺，佛寺改隶尚书祠部。

二 鸿胪寺的外交职能

鸿胪寺的职掌到了隋唐时期已经变为相对单一的外事管理部门。汉代的鸿胪职掌尚繁，除了外交、民族事务之外，还有封国王侯事务和郡国计吏事务等。到了魏晋南北朝时期由于政治体制和中央与地方关系的变化，鸿胪不再负责郡国计吏事务，而且由于封建王侯制度的逐渐蜕变，这方面的职任有所削弱，最后其职划归宗正寺管辖。这样一来鸿胪寺就成为专职于外事的部门了。正如《历代职官表》所说："自东晋迄于唐，诸侯王皆仅存空名，无分藩之制，故封授削夺之政令，俱改归宗正，不

---

① 《唐故鸿胪少卿贬明州司马北平阳府君（济）墓志铭并序》，周绍良等编：《唐代墓志汇编》贞元070，第1887页，上海古籍出版社1992年版。按：阳济卒于德宗贞元元年（785），墓铭撰于贞元十二年（796）。铭云阳济于"皇上登极，追念旧勋，拜鸿胪卿兼威远营使"。故知此"皇上"必为德宗。德宗于大历十四年（779）五月登极，故阳济之被任是职当在此年。
② 《左仆射贾耽神道碑》，《全唐文》卷四七八，第4887页。
③ 《唐会要》卷六六《鸿胪寺》，第1361页。
④ 《唐会要》卷七二《京城诸军》，第1532页。
⑤ 祝总斌教授审阅拙稿时谓："称'威远'，可能是指对蕃客。"

属鸿胪，所存者惟蕃国朝觐之礼，犹大行人之一职。"① 唐代的鸿胪寺除了管理高级官员的丧葬和二王之后（唐封隋杨后裔为酅公，北周宇文氏之后为介公）之外，主要就是负责外交事务了。鸿胪寺的外交职掌相当广泛繁杂，现根据官志所记其职责，结合散见于各种文献记载的实际事例，综合叙述于后。

（一）迎来送往

唐人习惯把外国、外族称为"蕃"，因而把来朝的君主、酋渠、外交使节乃至外商、外侨等都称为"蕃客"。唐代的"蕃国"原有三百余国，到开元年间为七十余国，"凡四蕃之国经朝贡已后自相诛绝及有罪见灭者，盖三百余国。今所在者，有七十余蕃"。注文中详细记载了这七十余蕃的名称，他们"各有土境，分为四蕃焉"②。这七十余蕃，东至日本、新罗等，西达大食、波斯、拂菻、五天竺、狮子国等，北抵坚昆、室韦等，南际尸利佛誓、真腊等。这七十余蕃在今天看来实际上包含两个部分，一类是当时和今天都是外国者，如日本、拂菻、天竺、狮子国、尸利佛誓等，一类是当时与唐政权对立而今天为国内少数民族者，如突厥、吐蕃、靺鞨等。还必须指出，这七十余蕃并不完全，尚有许多如骠国、占城、高丽、百济、渤海、南诏、回纥等均未载入。

鸿胪寺的一项重要任务就是负责迎送蕃客。鸿胪寺所属典客署的职责之一，凡蕃客之"送迎皆预焉"③。典客署还有属官掌客，其职"掌送迎蕃客"④。举凡蕃客从入境至出境的全部事务几乎都与鸿胪寺有关。兹分述其迎送蕃客方面的职掌。

1. 入境验证

唐朝制度规定在边境地区设置铜鱼符，作为蕃客入境之凭证。"故事：西蕃诸国通唐使处，悉置铜鱼。雄雌相合，各十二只，皆铭其国名，第一至十二，雄者留在内，雌者付本国。如国使正月来者，赍第一鱼，余月准此，闰月赍本月而已，校其雌雄合，乃依常礼待之。差谬，则推

---

① 《历代职官表》卷一七《理藩院》"唐"按语，第465页。
② 《唐六典》卷四"尚书礼部·主客郎中"条，第129—130页。
③ 《旧唐书》卷四四《职官志三》，第1885页。
④ 《新唐书》卷四八《百官志三》，第1258页。

按闻奏。"① 又记载云："初，高祖入长安，罢隋竹使符，班银菟符，其后改为铜鱼符……蕃国亦给之，雄雌各十二，铭以国名，雄者进内，雌者付其国。朝贡使各赍其月鱼而至，不合者劾奏。"② 可知铜鱼符是由"竹使符"和"银菟符"演变而来的。唐代行用鱼符之制，作为官员身份地位之凭证。高级官员给以"随身鱼符"，"所以明贵贱，应征召"。又有"铜鱼符，所以起军旅，易守长"③。可见唐朝是把内部的鱼符制度，行用于外交方面。按照这个规定，来使必须经过查验鱼符，符合无误才能承认其外交使节的身份，才能得到相应的外交礼仪的接待，否则就要受到调查审问，并将审查结果上报有关部门。这种外交鱼符的管理工作是由鸿胪寺具体负责的，开元十六年（728）十一月初五日，"鸿胪卿举旧章奏曰：'近缘突骑施背叛，蕃国铜鱼，多有散失，望令所司复给。'"④ 从这个材料我们可以看到，蕃国铜鱼的管理是由鸿胪寺负责的，这个制度在唐前期是曾经严格执行的，但是到了开元中叶此制已经有所颓坏。

唐朝对于来使进行入境验证是相当严格的。德宗贞元二十年（804），日本桓武天皇派遣藤原葛野麻吕为遣唐大使，其所率使团到达唐福州长溪县时，"州使责以文书"，于是葛野麻吕呈文福州观察使，其中有云："又竹符铜契，本备奸诈，世淳人质，文契何用？是故我国淳朴已降，常事好邻，所献信物，不用印书，所遣使人，无有奸伪，相袭其风，于今无尽。加以使乎之人，必择心腹，任以腹心，何更用契？载籍所传，东方有国，其人悫直，礼义之乡，君子之国，盖为此欤。然今州使责以文书，疑彼腹心，检括船上，计数公私……"⑤ 外国使团到达边境州县时，要对来使责以"符信"。不过从这个材料来看，当时福州方面查验的主要是日本方面的印信文书，不是指其有无铜鱼符。大概这种鱼符之制，主要行用于唐前期及"西蕃"诸国，唐后期或对"东夷"诸国已有变化。但是对于外国来使在边境地区须查验证件则是一致的。

---

① 《唐会要》卷一〇〇《杂录》，第2133页。
② 《新唐书》卷二四《车服志》，第525页。
③ 《唐六典》卷八《门下省·符宝郎》，第253页。
④ 《唐会要》卷一〇〇《杂录》，第2133—2134页。
⑤ 《藤原葛野麻吕启状》，《遍照发挥性灵集》卷五所收，录自竹内理三编《平安遗文》第八卷，株式会社东京堂1964年版，第3211页。

2. 核准进京员额

外国使团经过验证获准入境后，并非全体成员均可进入首都，还须核准员额，规定进京人数。鸿胪寺的职责之一是管理来使进京人数的核准，规定"海外诸蕃朝贺进贡使有下从，留其半于境；繇海路朝者，广州择首领一人、左右二人入朝"①。这项制度在唐代执行颇严。大历十三年（778），日本光仁天皇派遣的使团到达扬州海陵县，"得观察使兼长史陈少游处分：属（安）禄山乱，常馆凋敝，入京使人，仰限六十人"。这是扬州观察使陈少游向中央请示后获准的进京人数。但是日本使团却以"八十五人发州入京"。他们一行"行百余里，忽据中书门下牒，撙节人数，限以二十人。臣等请更加廿三人"。最后是以四十三人获准进入长安②。可见双方在进京人数上是有反复而激烈的交涉的。贞元二十年（804）葛野麻吕所率遣唐使团到达福州后，"新除观察使兼刺史阎济美处分，且奏，且放廿三人入京"③。被核准进京的人数不一定都按照《新唐书·百官志三》所规定的比例，有时所放人数是相当少的，如文宗开成三年（838），藤原常嗣所率遣唐使团有四舶共六百五十一人，除第三舶一百四十人没有到达外，尚有五百余人。④但是他们到达扬州后，得到批准进京的不过三十五人，其"入京官人：大使一人，长岑判官、菅原判官、高岳录事、大神录事、大宅通事，别请益生伴须贺雄、真言请益圆行等，并杂职已下卅五人"⑤。

从上引几则日本遣唐使进京人数核准事例中，未能直接看到鸿胪寺在其中的作用。不过我们从蕃客献药物、滋味等的报批程序中可以参证其事。《唐六典》载其过程是："若诸蕃献药物、滋味之属，入境州县与蕃使苞匦封印，付客及使，具其名数牒寺。寺司勘讫，牒少府监及市，

---

① 《新唐书》卷四八《百官志三》，第1257页。

② ［日］黑板胜美校订：《国史大系》，《续日本纪》卷三五《天宗高绍天皇》宝龟九年十月条，大八洲出版株式会社1935年版，第443页。

③ ［日］黑板胜美校订：《国史大系》，《日本后纪》卷一二《皇统弥照天皇》延历廿四年六月条，吉川弘文馆1971年版，第42页。

④ 参见［日］木宫彦泰《日中文化交流史》第二篇第二章，商务印书馆1980年版，第76页。

⑤ ［日］释圆仁著，［日］小野胜年校注，白化文等修订校注：《入唐求法巡礼行记》卷一，花山文艺出版社1992年版，第50—51页。

各一官领识物人定价，量事奏送；仍牒中书，具客所将献物。应须引见、宴劳，别听进止。"① 由州县上报鸿胪寺，鸿胪寺审核之后上报中书，听候裁决。此即"所献之物，先上其数于鸿胪"② 的具体过程。可见鸿胪寺是在地方政府与中央中枢部门之间起着联系作用，具体的处置事务是由鸿胪寺管理的。核准来使进京员额的程序当亦大体如此，上述大历十三年日本遣唐使上路不久"忽据中书门下牒"重新确定进京人数，就是中央政府接获地方政府和鸿胪寺的报告之后做出的决定。至于蕃客到京之后鸿胪寺根据核准员额进行接待更是不言而喻的。

有些重要的宾客，也可能派遣鸿胪官员前往迎接，大业三年（607）六月突厥启民可汗来朝，隋炀帝就曾"遣鸿胪卿史祥迎接之"③。

3. 礼送返国

蕃客在京完成使命之后，由鸿胪寺负责礼送其返国的各项事宜。"凡客还，鸿胪籍衣赍赐物多少以报主客，给过所。"④ 由鸿胪寺先提出赐给衣粮和其他物品的数量，造册呈报尚书主客司。同时向有关部门办理好蕃客离京的通行证——过所，交给蕃客。赐物的数量多少都有规定，武周圣历三年（700）三月六日敕："东至高丽国，南至真腊国，西至波斯、吐蕃及坚昆都督府，北至契丹、突厥、靺鞨，并为入蕃⑤，以外为绝域，其使应给料各依式。"⑥ 给予多少的原则，是"视地远近而给费"⑦。其具体标准即为证圣元年（694）九月五日敕的规定："蕃国使入朝，其粮料各分等第给：南天竺、北天竺、波斯、大食等国使宜给六个月粮，尸利佛誓、真腊、诃陵等国使给五个月粮，林邑国使给三个月粮。"以后又陆续有补充规定，开元四年（716）正月九日敕曰："靺鞨、新罗、吐蕃先

---

① 《唐六典》卷一八《鸿胪寺·典客署》条注，第506页。
② 《新唐书》卷四八《百官志三》，第1257页。
③ 《册府元龟》卷九九九《外臣部·入觐》，第11718页；卷六二一《卿监部·司宾》，第7475页。
④ 《新唐书》卷四八《百官志三》，第1257—1258页。
⑤ 《新唐书》卷二二一下《西域传下》作"八蕃"，是。
⑥ 《唐会要》卷一〇〇《杂录》，第2136页。"入蕃"，《新唐书》卷二二一下《西域传下赞》作"八蕃"，第6264页。
⑦ 《新唐书》二二一下《西域传下赞》，第6264—6265页。

无里数，每遣使给赐，宜准七千里以上给付也。"① 从中可见当时按照路程远近制定给赐标准的情况。因此这种粮料又叫"程粮"，由海路返国者，给予"入海程粮"，由陆路返国者，给予"度碛程粮"②。办理好还赐物品的手续之后，又由典客署具体导引蕃客领取赐物，"若还蕃，其赐各有差，给于朝堂，典客佐其受领，教其拜谢之节焉"③。

蕃客离京返国时，重要的宾客也可能由鸿胪官员陪送至边境。天宝十二载（753），日本孝谦天皇所遣藤原清河率领的使团返国时，唐玄宗特赐御制诗《送日本使》，云："日下非殊俗，天中嘉会朝。朝尔怀义远，矜尔畏途遥。涨海宽秋月，归帆驶夕飙。因惊彼君子，王化远昭昭。"同时"特差鸿胪大卿蒋挑捥送至扬州看取"④。鸿胪卿蒋挑捥中国史籍缺载，赖日本史籍而得知。

（二）辨其等位

蕃客进京后，则需要辨别其等位、嫡庶。这项工作非常重要，是对蕃客接待礼仪规格、待遇高低、授官大小、册封等级的依据和前提。而这项辨别等位的工作是鸿胪寺的又一重要职掌。鸿胪寺职掌："凡四方夷狄君长朝见者，辨其等位，以宾待之……及夷狄君长之子袭官爵者，皆辨其嫡庶，详其可否。"⑤ 这个记载表明，辨等位主要是针对四方夷狄君长，辨嫡庶主要是针对夷狄君长之子。前者是为了确定"以宾待之"的规格，后者是为了确定其是否可以继承官爵。辨等位的根据主要是其"蕃望高下"⑥，即其国势之强弱大小、国际地位之高低、与唐朝利害关系亲密程度等。实际上辨别等位不仅是对夷狄君长而言，一切外来使节均须如此，因为只有确定等位以后，才能确定"以宾待之"的规格等级。

这种"以宾待之"体现在以下各个方面。首先是决定其朝见时的座

---

① 《唐会要》卷一〇〇《杂录》，第2136页。
② 《新唐书》卷四六《百官志一》，第1196页。
③ 《唐六典》卷一八"鸿胪寺·典客署"条，第507页。
④ 《延历僧录》：《胜宝感神圣武皇帝菩萨传》，自［日］筒井英俊编校《东大寺要录》卷一《本愿章》第一，国书刊行会1971年版，第22页。按：玄宗《送日本使》诗与《全唐诗逸》卷上所录有两句有异，"朝尔怀义远"作"念余怀义远"；"因声彼君子"作"因惊彼君子"（《全唐诗》第10173页）。
⑤ 《旧唐书》卷四四《职官志三》，第1885页。
⑥ 《新唐书》卷四八《百官志三》，第1257页。

次班位,"朝见辨其等位,第三等居武官三品之下,第四等居五品之下,第五等居六品之下,有官者居本班"①。其次决定其所享受的供应待遇,其具体待遇是:"三品已上准第三等,四品、五品准第四等,六品已下准第五等。其无官位者,大酋渠首领准第四等,小酋渠首领准第五等。"这是以唐朝的官品等级为依据进行的排序,即第三等蕃客可享受三品以上官员的待遇,第四等蕃客可享受四、五品官员的待遇,第五等蕃客可享受六品以下官员的待遇。其供应之差别:"诸蕃使主、副五品已上给帐、毡、席,六品已下给幕及食料。"② 甚至蕃客在唐身亡后的丧事也是依不同等级而有所区别。

由此可见,辨别蕃客等位是一项非常重要的事情,在唐人的眼中,这是鸿胪寺的最重要职责之一,孙逖《鸿胪少卿壁记》说,鸿胪的职掌是"致其饔饩,辨其等威"③。把"辨其等威"看作鸿胪寺的两大职掌之一。做好这项工作的目的,常衮《授蒋涣鸿胪卿制》谓,是为了"待遇诸国,宜约故事,使有准以明等威也"④。鸿胪寺的属官在接待蕃客时都是根据其等位行事的,"凡朝贡、宴飨、送迎","凡酋渠首领朝见者,则馆而以礼供之"。诸如此类的接待和礼仪,"皆辨其等位而供其职事"⑤。为了做好"辨其等位"的工作,鸿胪寺对于四方来朝的蕃客都要登记造册,"凡四夷君长,以蕃望高下为簿"⑥。积累相关档案资料,作为今后接待来使时辨等之参考。

(三) 拟授官位

鸿胪寺辨别蕃客的等位之后,便须据此而拟定授予其不同的官位。唐朝对于来朝的蕃客,往往根据其蕃望和等级的高下,而授予不同的官位。鸿胪寺负责拟定授予何种官位。

吐火罗(在葱岭西,乌浒河南一带)叶护那都泥利之弟仆罗,于神龙元年(705)入朝,留宿卫。他曾上书申诉鸿胪寺授官不当,称:"仆

---

① 《新唐书》卷四八《百官志三》,第1257页。
② 《唐六典》卷一八《鸿胪寺·典客署》,第506—507页。
③ 《全唐文》卷三一二,第3169页。
④ 《全唐文》卷四一二,第4220页。
⑤ 《唐六典》卷一八《鸿胪寺·典客署》,第506页。
⑥ 《新唐书》卷四八《百官志三》,第1257页。

罗至此,为不解汉法,鸿胪寺不委蕃望大小,有不比类流例,高下相悬,即奏拟授官。"这说明授予蕃客官位之事,是由鸿胪寺提出初步方案,然后经上奏批准;授官的原则是根据蕃望大小,即蕃客的等位。他在上书中列举了授官不当的具体情况:"窃见石国、龟兹,并余小国王子首领等,入朝元无功效,并缘蕃望授三品将军。况仆罗身特勤,本蕃位望与亲王一种,比类大小与诸国王子悬殊,却授仆罗四品中郎。但在蕃王子弟娑罗门瞿昙金刚,龟兹王子白孝顺等,皆数改转,位至诸卫将军。唯仆罗最是大蕃,神龙元年蒙恩敕授左领军卫翊府中郎将。至今经一十四年,久被沦屈,不蒙准例授职,不胜苦屈之甚。"[①] 据《唐六典》记载,唐制以正三品之怀化大将军、从三品之归德将军授予蕃官,"凡怀化、归德将军量配于诸卫上下"[②]。仆罗认为石国、龟兹和其余小国王子蕃望不如自己,却被授予三品将军,并改转位至诸卫将军,即指他们已被授予怀化、归德将军,并已量配于诸卫上下。又据《唐六典·诸卫》"左右领军卫"条,其属有"翊府中郎将各一人,正四品下"[③]。仆罗认为自己一直是"四品中郎",即正四品下之左领军卫翊府中郎将,很不公平。他的诉状上呈后,唐玄宗作了批示:"敕鸿胪卿准例定品秩,勿令称屈。"[④] 可见根据条例确定蕃客官品是鸿胪寺的职司所在。姑不论当时鸿胪寺对于仆罗的官位除授是否不当,从中可见授予蕃客官位是一个很敏感的外交问题,它事关对于蕃客及其所代表的国家的外交待遇。因而辨别蕃望等位以恰当授予官位是一项政策性很强的事情。

唐朝对蕃客封官是相当普遍的,这对于当时开展对外关系起了重大的作用。不过有时封授蕃官也有过滥之处,据称:"则天朝,诸蕃客上封事,多获官赏,有为右台御史者。则天尝问张元一曰:'近日在外有何可笑事?'元一对曰:'……左台胡御史,右台御史胡。'胡御史,元礼也。

[①] 《全唐文》卷九九九,仆罗《诉授官不当上书》,第10355页。此处"恃勒"为"特勤"之误。"特勤"为突厥语的音译,指可汗子弟(见吕宗力主编《中国官制大辞典》,北京出版社1994年版,第688页)。

[②] 《唐六典》卷五《尚书兵部》"兵部尚书",第152—153页。

[③] 《唐六典》卷二四《诸卫》"左右领军卫",第624页。

[④] 《册府元龟》卷九九九《外臣部·请求》,第11722页。

御史胡，蕃人为御史者。"① 这是讥讽授予蕃人官职过滥。

(四) 执行封授

对于诸蕃的册封，也是根据其蕃望与等位授予。而册封的具体执行者也是鸿胪寺。鸿胪寺在这方面的职掌主要有两个方面。

一方面是负责在京城册封的宣授。德宗贞元十六年（800）派遣韦丹持节册命金俊邕为新罗王，行至郓州，得知金俊邕病卒，其子金重兴立，于是沼韦丹中路返回。后来到了宪宗元和三年（808），新罗遣使金力奇来朝。金力奇上言："贞元十六年，奉诏册臣故主金俊邕为新罗王，母申氏为太妃，妻叔氏为王妃。册使韦丹至中路，知俊邕薨，其册却回在中书省。今臣还国，伏请授臣以归。"根据新罗方面的请求，宪宗下敕曰："金俊邕等册，宜令鸿胪寺于中书省受领，至寺宣授与金力奇，令赍归国。仍赐其叔彦昇门戟，令本国准例给。"② 从这个材料可以看到鸿胪寺负责到中书省领受册命，然后回到鸿胪寺向受封者宣授。

另一方面是亲往受封国授予。鸿胪寺的职掌规定："若诸蕃大酋渠有封建礼命，则受册而往其国。"③ 鸿胪寺官员出使受封国授予册命的事例甚多，略举几例：贞观六年（632）派遣鸿胪少卿刘善因出使西突厥，"就蕃立"阿史那弥射为奚利邲咄陆可汗④。贞元五年（789），唐朝得知回鹘天亲可汗卒，遣鸿胪卿郭锋持节册拜其子为忠贞可汗。不久可汗死，又遣鸿胪少卿庾铤册其幼子阿啜为奉诚可汗⑤。大中元年（847），"册黠戛斯王子为英武诚明可汗，命鸿胪卿李业入蕃册拜"⑥。诸如此类，不胜枚举。总之，从唐初到唐后期都有鸿胪寺官员出使册命的记载。在以其他官员出使册命时，有时也假以鸿胪寺官衔，开元二十五年（737）新罗王金兴光卒，其子金承庆继位，"遣赞善大夫邢璹摄鸿胪少卿，往吊祭册立之"⑦。

---

① （唐）刘肃：《大唐新语》卷一三《谐谑》，中华书局1984年版，第189页。
② 《唐会要》卷九五《新罗》，第2029—2030页。
③ 《唐六典》卷一八《鸿胪寺》，第505页。
④ 《旧唐书》卷一九四下《突厥传下》，第5188页。
⑤ 《新唐书》卷二一七上《回鹘传上》，第6124—6125页。
⑥ 《旧唐书》卷一八下《宣宗纪》，第618页。
⑦ 《旧唐书》卷九《玄宗纪下》，第207页。

（五）接转文书奏事

蕃客到达京城后，一应外交文书的呈递，面见皇帝奏事等，都由鸿胪寺负责接受和安排。隋炀帝大业三年（607），倭国王多利思比孤遣使朝贡，"其国书曰：'日出处天子致书日没处天子无恙'云云。帝览之不悦，谓鸿胪卿曰：'蛮夷书有无礼者，勿复以闻。'"① 隋炀帝因对倭国国书的口气不满，故命令鸿胪寺今后凡执礼不恭的外交文书均不得上呈。从这个材料可以知道，外交使节所携来的国书，首先直接递交给鸿胪寺，然后由鸿胪寺再转呈皇帝。

到了唐朝，鸿胪寺在这方面的职责更有了细致的规定，"蕃客奏事，具至日月及奏之宜，方别为状，月一奏，为簿，以副藏鸿胪"②。方，四方之意。中国古代习惯把周邻国家和民族按四方划分，即所谓东夷、西戎、北狄、南蛮。故尔接待四邻国家、民族的机构称为四夷馆或四方馆。这里规定蕃客奏事，由鸿胪寺按东西南北四方之国分别整理成上报公文——状。状中写明蕃客到达的日期及其所要奏告的主要内容。这种公文每月呈报一次，并且装订成册，正本上报，副本留在鸿胪寺存档。显然，蕃客的文书和奏事都要经过鸿胪寺，由其负责接转和管理，文书副本则入档存留。文宗开成四年（839），新罗神武王卒，文圣王继位，第二年四月，"鸿胪寺奏：'新罗国告哀。'"③ 可见新罗的告哀文书是先送达鸿胪寺，再由其上奏皇帝。

唐朝后期，蕃客奏事由鸿胪寺所属的礼宾院具体负责。文宗开成三年（838），藤原常嗣率领的日本使团中有七位僧人随行，他们希望到台州国清寺寻师。这些僧人上岸后，在扬州等待唐朝政府的批准。藤原常嗣一行"到京之日，即奏请益僧往台州之事；雇九个船，且令修之事。礼宾使云：未对见之前，诸事不得奏闻。再三催劝上奏，但许雇船修理，不许遣台州"④。这里可见外交使节奏事要通过礼宾院的官员礼宾使来办理，他们的请求由礼宾使负责转达，他们对见皇帝的日程由礼宾使负责

---

① 《隋书》卷八一《东夷·倭国传》，第 1827 页。
② 《新唐书》卷四八《百官志三》，第 1258 页。
③ 《唐会要》卷九五《新罗》，第 2031 页。
④ 《入唐求法巡礼行记》卷一，第 120 页。

安排。

（六）朝见礼宾

鸿胪寺的职掌总的来说都可以说是礼宾工作，所谓"鸿胪，宾客礼仪之所在"①。其中尤以蕃客朝见时的礼仪最为重要，这是鸿胪寺的重要职掌之一。鸿胪寺的职掌规定："凡四方夷狄君长朝见者，辨其等位，以宾待之。"② 根据蕃客的等级而安排其在朝见中的班位。其等级分班之具体情况已见上文之叙述，这里不再重复。根据所定蕃客等位，朝见时由鸿胪寺官员负责引导入班，"蕃国主来朝"时，"蕃主入，鸿胪迎引诣朝堂，依北面立，所司奏闻"③。蕃客参加其他朝会活动时，也是由鸿胪寺负责导引，如"仲冬之月，请武于都外"，这项礼仪活动照例也邀请蕃客参加。其时"诸州使人及蕃客先集于北门外……皇帝入次，谒者引诸州使人，鸿胪引蕃客，东方、南方立于大次东北，西方、北方立于西北"④。谒者所引导的是地方政府的代表，鸿胪所引导的是外宾，可见其有明确的分工。天宝十二载（日本孝谦天皇天平胜宝五年，753），以藤原清河为大使、大伴古麻吕为副使的日本使团，出席蓬莱宫含元殿举行的元正朝贺，最先所安排的外交使团班位是："以我（指日方）次西畔第二吐蕃下，以新罗使次东畔第一大食国上。"日本使团对此安排不满，遣唐副使古麻吕争论曰："自古至今，新罗之朝贡大日本国久矣，而今列东畔上，我反在其下，义不合得。"朝会礼宾"即引新罗使次西畔第二吐蕃下，以日本使次东畔第一，大食国上"⑤。鸿胪寺所属典客署的职务是："凡朝贡、宴飨、送迎皆预焉。辨其等位，供其职事。"⑥ 朝贡礼仪中的核心问题——等次安排乃其职责所在。不过，到了这个时候，中官已逐渐介入外交事务，日本使团回国报告这次与新罗使朝位高下之争时特意提到"时将军吴怀实见知"⑦。这位"将军吴怀实"即玄宗时期的中官，天宝

---

① 《隋书》卷二二《五行志上》，第628页。
② 《唐六典》卷一八《鸿胪寺》，第505页。
③ 《新唐书》卷一六《礼乐志六》，第382页。
④ 同上书，第387页。
⑤ 《续日本纪》卷一九《宝字称德孝谦皇帝》天平胜宝六年正月，第219—220页。
⑥ 《旧唐书》卷四四《职官志三》，第1885页。
⑦ 《续日本纪》卷一九《宝字称德孝谦皇帝》天平胜宝六年正月，第219页。按：《国史大系》校订"吴怀实"云："实，恐当作宝"，非。

四载千福寺多宝塔落成，玄宗"敕内侍吴怀实赐金铜香炉高一丈五尺"①，他以内侍而被授"中官将军"②，掌宫廷禁卫大权。朝会时负责仪仗警卫等，故蕃客朝位之争时得以介入。

（七）接受贡献

接受蕃客的贡献物品，也是鸿胪寺的职掌。这方面的工作有以下几个步骤。

第一步是接受呈报。蕃客"所献之物，先上其数于鸿胪"③。其具体程序："若诸蕃献药物、滋味之属，入境州县与蕃使苞甄封印，付客及使，具其名数牒寺。"④蕃客入境之后，地方政府与蕃使将所献物品包装封印之后，写清其品种和数量，上报鸿胪寺。可见蕃客的贡献汇总于鸿胪寺。

第二步是验收。鸿胪寺接到报告之后，会同有关部门进行查验，"献马，则殿中、太仆寺苣阅，良者入殿中，驽病入太仆。献药者，鸿胪寺验覆，少府监定价之高下。鹰、鹘、狗、豹无估，则鸿胪定所报轻重"⑤。马匹则会同殿中省、太仆寺官员验收，殿中省掌管天子服御之事，其中包括舆辇牛马，太仆寺掌管厩牧辇舆之政，故蕃客献马由其验收。药物和其他物品则由鸿胪寺负责验收。

第三步是定价。诸所献物，经"寺司勘讫，牒少府监及市，各一官领识物人定价"⑥。鸿胪寺于验收完毕之后，发文给少府监和市易部门，由他们委派"识物人"——懂行之人进行定价。这里没有具体说明"市"是哪个部门，可能是指太府寺属官或由其从所辖诸"市"中物色"识物人"，太府寺"总京都四市"，其属官两京诸市署的职责之一就是"掌财货交易、度量器物，辨其真伪轻重"⑦。京都的"市"由其主管，那么其属下必有能胜任这一职责的"识物人"。另外一些无法定价的物品，则由

---

① 《全唐文》卷三七九《西京千福寺多宝塔感应碑》，第3845页。
② 《旧唐书》卷二〇〇上《高尚传》，第5374页。
③ 《新唐书》卷四八《百官志三》，第1357页。
④ 《唐六典》卷一八《鸿胪寺·典客署》，第506页。
⑤ 《新唐书》卷四八《百官志三》，第1258页。
⑥ 《唐六典》卷一八《鸿胪寺·典客署》，第506页。
⑦ 《新唐书》卷四八《百官志三》，第1263—1264页。

鸿胪寺酌情定价，以为报答："诸蕃夷进献，若诸色无估计物，鸿胪寺量之酬答也。"① 何谓"无估计物"？具体而言，诸如"鹰、鹞、狗、豹无估"② 者即是。

第四步是上报转交。在进行定价的同时，"仍牒中书，具客所将献物"。把蕃客贡献物品开列清单上报中书省。在完成验收和定价之后，鸿胪寺还要"量事奏送"③。根据验收的情况上报并负责转交。贞观十八年（644）九月乙未，"鸿胪奏'高丽莫离支贡白金'"④。这就是鸿胪寺在接到高丽贡物之后的上奏。得到上级批准之后，由鸿胪寺引导蕃客呈送贡物，"凡献物，皆客执以见，驼马则陈于朝堂，不足进者州县留之"⑤。通过上述程序，蕃客之贡献方告基本完成，其中自始至终皆由鸿胪寺具体联络和操作。

由于鸿胪寺职司蕃客贡献，所以政府官员如收到蕃客馈赠，也会通过鸿胪寺而上交。开元二十三年（735）二月，吐蕃赞普遣其臣悉诺勃藏来贺正，贡献方物，同时以银器赠送给宰臣。侍中裴耀卿、中书令张九龄、礼部尚书平章事李林甫等奏曰："臣等忝职枢近，不合辄受吐蕃饷方物，并望敕鸿胪进内。"⑥ 鸿胪寺官员也可能收到蕃客的馈赠。蒋涣于"永泰初历鸿胪卿，日本使尝遗金帛，不纳，唯取笺一番，为书以贻其副云"⑦。唐代官员一般不得接受蕃客私赠物品。

我国古代外交关系中的"贡"与"赐"是相互关联而不可分割的，鸿胪寺在主管接受贡献的同时，亦负赏赐之责。对来使的赏赐和对蕃国的其他赏赐，均由鸿胪寺具体执行。文宗太和元年（827）"命中使以绢二十万匹付鸿胪寺宣赐回鹘充马价"⑧。不过，这种"赏赐"实际上是一种外贸物资的偿付，可知举凡涉外物资、钱粮之付与交割，一般由鸿胪

---

① （唐）白居易撰，（宋）孔傅续撰：《白孔六帖》卷七九《蛮夷贡赋》引唐《主客式》，文渊阁《四库全书》本，台湾商务印书馆1986年版，第892册，第315页。
② 《新唐书》卷四八《百官志三》，第1258页。
③ 《唐六典》卷一八《鸿胪寺·典客署》，第506页。
④ 《资治通鉴》卷一九七，唐贞观十八年（644）条，第6212页。
⑤ 《新唐书》卷四八《百官志三》，第1258页。
⑥ 《册府元龟》卷九七一《外臣部·朝贡》，第11409—11410页。
⑦ 《新唐书》卷一〇六《高智周传附蒋涣传》，第4042页。
⑧ 《旧唐书》卷一九五《回纥传》，第5213页。

具体执行。

（八）设宴款待

蕃客来京后都要受到宴飨款待，这方面的事务也由鸿胪寺具体负责。宴飨数量和标准，有明确的规定，由鸿胪寺负责掌握。鸿胪寺所属典客署官员，其宴飨"皆预焉"①。此即前引孙逖《鸿胪少卿壁记》所称鸿胪寺又一重要职掌"致其饔饩"②的内容之一。

张鷟《龙筋凤髓判》卷二《沙苑监》条，记一判例云："鸿胪寺状称：默啜使人朝，宴设蕃客，沙苑监李秀供羊瘦小，边使咸怨，御史弹付法。"默啜为突厥可汗，其使来朝，鸿胪寺设宴款待，而负责牛羊供应的沙苑监负责人李秀所供羊瘦小，招致来使的不满，受到御史的检举。可见鸿胪寺为宴飨蕃客的管理部门。其判辞云："圣朝仁以接物，德以和人，矜其属国之情，待以蕃臣之礼。李秀职编沙苑，位绾牧司，辄隐肥羊，翻将瘦羜。一羊供国，罕见滋蕃，三百维群，如何检察，羸肌薄毳，供且饩而难充，瘦骨穿皮，济晨炊而无用……遂使贤王结恨，耻大国之风轻，骄子相嫌，鄙中州之礼薄。宪司弹劾，允合公条，大理纠绳，固难私纵。"③这里强调了宴飨蕃客的重要意义，馐馔菲薄，可能影响外交关系，事关国体，故须追究其责任。

为了宴飨蕃客，鸿胪寺专门设立有宴会的场所——锡宴堂。唐末诗人温庭筠有诗题为：《鸿胪寺有开元中锡宴堂，楼台池沼雅为胜绝，荒凉遗址，仅有存者，偶成四十韵》。从中可见锡宴堂有亭台楼阁等建筑物，以及池沼园林等景物，环境非常幽雅。诗中有云："盘斗九子粽，瓯擎五云浆……锡宴得幽致，车从真炜煌。"④可以想见当年宾客云集、肴馔丰盈、车马骈阗的宴会盛况。

唐代后期鸿胪寺宴飨蕃客的部门已主要由礼宾院负责。韩愈《论佛骨表》谓，对于蕃客"来朝京师，陛下容而接之，不过宣政一见，礼宾

---

① 《新唐书》卷四八《百官志三》，第1258页。
② 《全唐文》卷三一二，第3169页。
③ （唐）张鷟撰，田涛、郭成伟校注：《龙筋凤髓判校注》卷二《沙苑监》，中国政法大学出版社1996年版，第83页。
④ 《全唐诗》卷五八三，中华书局1960年版，第6758页。

一设"①。即于宣政殿召见，礼宾院设宴款待。《资治通鉴》胡注曰："唐有礼宾院，凡胡客入朝，设宴于此。"② 可见礼宾院为专门宴飨蕃客的部门和场所。大历二年（767）三月己卯，"宴吐蕃使于礼宾院"③。

那么，礼宾院与锡宴堂是什么关系呢？礼宾院是在天宝十三载（754）划归鸿胪寺管辖的，而锡宴堂早在开元中已经存在。我们看到礼宾院的活动均在天宝之后的唐代后期，这样似可推断天宝十三载之前宴飨蕃客主要由鸿胪寺之锡宴堂负责，其后则由礼宾院负责，而且锡宴堂可能已不复存在了。温庭筠锡宴堂诗，在盛赞开元时期锡宴堂的盛况之后，笔锋一转以大篇幅咏叹安史之乱对此的破坏及其后之荒凉："纵火三月赤，战尘千里黄。殽函与府寺，从此俱荒凉。兹地乃蔓草，故基摧坏墙。枯池接断岸，唧唧啼寒螀。败荷塌作泥，死竹森如枪。游人问老吏，相对聊感伤。"④ 自遭安史之乱破坏之后，锡宴堂已鞠为茂草，任凭游人凭吊了。

（九）馆待蕃客

鸿胪寺的又一重要职掌是负责客馆的管理，以接待蕃客。北朝时在鸿胪寺设典客监或典客署，以管理客馆事宜。隋唐时期继承这一制度并有很大发展。这个时期也以典客署负责客馆的管理，唐制规定典客署的职责之一是："凡酋渠首领朝见者，则馆而以礼供之。"⑤ 典客署还特置掌客十五人，"颛莅馆舍"⑥，专职负责客馆事务。

此制当是继承隋朝制度，隋朝鸿胪寺所统典客署也掌管客馆。开皇末年突厥处罗可汗之弟婆实与妻向氏入朝，"遇达头乱，遂留京师，每舍之鸿胪寺"⑦。这里所谓鸿胪寺，实际上是指其所辖典客署管理的蕃客馆。仁寿（601—604）年间杨素用事，杨素"于鸿胪少卿陈延不平，经蕃客馆，庭中有马屎，又庶仆毡上樗蒲。旋以白帝，帝大怒曰：'主客令不洒

---

① 《全唐文》卷五四八《论佛骨表》，第5553页。
② 《资治通鉴》卷二四〇，唐元和十四年（819）胡注，第7758页。
③ 《册府元龟》卷九七六《外臣部·褒异三》，第11461页。
④ 《全唐诗》卷五八三，第6758页。
⑤ 《唐六典》卷一八《鸿胪寺·典客署》，第506页。
⑥ 《新唐书》卷四八《百官志三》，第1258页。
⑦ 《隋书》卷八四《北狄·西突厥传》，第1876页。

扫庭内，掌固以私戏污败官毡，罪状何以加此．'皆于西市棒杀，而榜棰陈延，殆至于毙"①。杨素发现蕃客馆的卫生有些问题，工作人员在毡子上做游戏（樗蒲，类似现在的掷骰子），便向隋文帝告状，于是惩办了自鸿胪少卿、主客令以至掌固等一干官员和吏役。这里的主客令即典客令，"隋志：鸿胪寺统典客令，即主客也"。典客令即典客署的长官，掌固为典客署的流外吏员。可见蕃客馆是由典客署负责管理的。而鸿胪少卿为典客署的主管上级，因此也受到惩处。

唐代由于外交的进一步扩大，蕃客数量空前增加，"是时四夷大小君长争遣使入献见，道路不绝，每元正朝贺，常数百千人"②。因而鸿胪寺的接待任务非常繁重。唐朝中期以后，仅回纥使者就常有数百千人之多。一方面是前来交市的人员激增。由于帮助唐朝平定安史之乱，"回纥恃功，自乾元之后，屡遣使以马和市缯帛，仍岁来市，以马一匹易绢四十匹，动至数万马。其使候遣、继留于鸿胪者非一"③。其"使者相蹑，留舍鸿胪"④。另一方面是前来和亲的人员数量很大。德宗贞元四年（788），以咸安公主嫁回纥可汗。可汗派遣其宰相为首的一千余人的使团，以及回纥公主所率大酋之妻五十人，一同前来迎娶公主和交付聘礼，"有诏其下七百，皆听入朝，舍鸿胪"⑤。穆宗长庆元年（821）以太和公主嫁回鹘，是年五月"回鹘宰相、都督、公主、摩尼等五百七十三人入朝迎公主，于鸿胪寺安置"⑥。从中亦可见鸿胪寺所管理的客馆数量是相当大的。由于回纥恃功，加以留住人员多，代宗大历年间屡屡发生入住鸿胪寺的回纥人员闹事事件。大历七年（772）正月，"回纥使出鸿胪寺劫掠坊市，吏不能禁止，复三百骑犯金光、朱雀等门。是日皇城诸门皆闭，慰谕之方止"⑦。同年七月又有"回纥出鸿胪寺，入坊市强暴，逐长安令邵说于含光门之街，夺说所乘马将去。说脱身避走，有司不能禁"⑧。大历十年

---

① 《隋书》卷二五《刑法志》，第715—716页。
② 《资治通鉴》卷一九八，唐太宗贞观二十二年条，第6253页。
③ 《旧唐书》卷一九五《回纥传》，第5207页。
④ 《新唐书》卷二一七上《回鹘传上》，第6120页。
⑤ 同上书，第6124页。
⑥ 《旧唐书》卷一九五《回纥传》，第5211页。
⑦ 《旧唐书》卷一一《代宗纪》，第299页。
⑧ 《旧唐书》卷一九五《回纥传》，第5207页。

(775）九月，"回纥白昼刺人于东市，市人执之，拘于万年县。其首领赤心闻之，自鸿胪寺驰入县狱，劫囚而出，砍伤狱吏"。回纥人员自恃有功于唐，视唐为肥肉，任意宰食，其甚者作奸犯科，无视主国之法律。尽管唐朝仍然是当时东亚大国，但是安史之乱后国力整体性的下降，使回纥得以在外交上凌轹之，让大国也品尝到了"弱国无外交"的苦涩。

鸿胪寺也是收容、拘禁蕃客的地方。会昌二年（842）武宗拟"遣回鹘石戒直还其国，赐可汗书"①。宰相李德裕不同意，认为"石戒直久在京城，事无巨细，靡不谙悉。昨缘收入鸿胪，惧朝廷处置，内求奉使，意在脱身"②。当时回鹘犯边，双方关系紧张，石戒直有通回鹘嫌疑，为保守机密，故将其拘留于鸿胪寺。等待遣返的蕃客也由鸿胪寺管束，敬宗宝历二年（826）二月，"凤翔节度使进到落蕃回鹘四人，敕旨令付鸿胪寺，待有还蕃使即放归国"③。这是将边境所上落蕃回鹘人，暂时安置于鸿胪寺，待日后交使节带回本国。俘虏赦免后亦归鸿胪寺收容，贞观二十二年（648）阿史那社尔擒龟兹王布失毕等人，解至京师，太宗"诏赦罪，改馆鸿胪寺"④。即由鸿胪寺所辖有关部门负责安排照料。

不过在唐后期又可见到礼宾院也是蕃客留宿之所。圆仁《入唐求法巡礼行记》卷一载，开成三年（838）日本藤原清河所率使团，于"十二月三日平善到上都，安置东京礼宾院者"⑤。这时已由礼宾院负责馆待。大中五年（851），吐蕃论恐热入朝，"上遣左丞李景让就礼宾院问所欲"⑥，可见吐蕃使者亦下榻于礼宾院。这些都是蕃客入住礼宾院的事实。从前述礼宾院于唐后期主管宴飨蕃客的事实推之，这个时期的客馆管理也可能已归礼宾院负责了。

（十）廪食供应

蕃客住唐期间，由唐朝政府免费给予粮料——廪食。廪食供应由鸿胪寺具体负责管理。此即孙逖《鸿胪少卿壁记》所称鸿胪寺重要职掌

---

① 《资治通鉴》卷二四六，唐武宗会昌二年（842）条，第7965页。
② 《全唐文》卷七〇五《论回鹘石戒直状》，第7234页。
③ 《册府元龟》卷九八〇《外臣部·通好》，第11516页。
④ 《新唐书》卷二二一上《西域传上》，第6232页。
⑤ 《入唐求法巡礼行记》卷一，第103页。
⑥ 《资治通鉴》卷二四九，唐宣宗大中五年（851）条，第8047页。

"致其饔饩"的又一方面内容。唐朝前期由鸿胪寺所辖典客署具体管理此事，其职掌规定："酋渠首领朝见者，给廪食。"① 亦即所谓"馆而以礼供之"② 的重要内容之一。前文已经谈及，这种供应是按照蕃客的等级而给予的。典客丞的二人中，有一人分管蕃客膳食，"丞一人判厨事，季终则会之"③。到了唐朝中后期，这方面的事务也由鸿胪寺所辖礼宾院负责了。裴延龄对唐德宗说："按礼，天下赋三之。"其中三分之一"以事宾客"，用作"鸿胪礼宾，劳予四夷"④。就是说由鸿胪寺之礼宾院负责"劳予四夷"。除了供应粮食之外，生活所需的其他物品也在供应之列，"诸蕃使主、副五品已上给帐、毡、席，六品已下给幕及食料"。这是给予住宿卧具等物。"所乘私畜抽换客舍放牧，仍量给刍粟。"⑤ 这是负责放养其牲畜。蕃客的菜肴供应也归鸿胪寺负责，"蕃官至，鸿胪寺不供鱼，客怒，辞云'獭未祭。'朝议失随时之义"⑥。这是鸿胪寺必须满足蕃客肴馔需求之证。

除了外交使节之外，其他住唐蕃客也由鸿胪寺供应廪食，如留学生、质子等即属此例。敬宗宝历元年（825）五月，新罗王金彦昇遣使入朝，奏曰："先在太学生崔利贞、金叔贞、朴季业四人请放还蕃。其新赴朝贡金允夫、金立之、朴亮之等一十二人，请留在宿卫，仍请配国子监习业，鸿胪寺给资粮。"⑦ 这个要求得到了唐敬宗的批准。文宗开成元年（837）六月敕："新罗宿卫生、王子金义宗等，所请留住学生员，仰准旧例留二人，衣粮准例支给。"⑧ 此类事例甚多，不烦列举。对留学生除供应粮食外，还供应衣被等物。

由于需要鸿胪寺供应的蕃客数量众多，因而这成了当时政府的一项沉重的财政负担。德宗贞元三年（787）检括出仅西域胡客就有四千余

---

① 《新唐书》卷四八《百官志三》，第1258页。
② 《唐六典》卷一八《鸿胪寺·典客署》，第506页。
③ 同上书，第507页。
④ 《新唐书》卷一六七《裴延龄传》，第5107页。
⑤ 《唐六典》卷一八《鸿胪寺·典客署》，第506—507页。
⑥ 《全唐文》卷六五二，元稹：《对蕃客求鱼判》，第6631页。
⑦ 《册府元龟》卷九九九《外臣部·请求》，第11724页；又见《三国史记》卷一○《新罗本纪》宪德王十七年条，第120页。
⑧ 《唐会要》卷三六《附学读书》，第779页。

人。天宝以来入朝的西域胡客，因代宗初年，河、陇地区被吐蕃占据，断绝了归路，于是他们都留居于唐，长达四十年之久。他们在唐期间的生活费用"皆仰禀鸿胪礼宾，月四万缗，凡四十年，名田养子孙如编民"①。这笔开支相当巨大，为了供应他们的需要，当时"礼宾委府、县供之，于度支受直。度支不时付直，长安市肆不胜其弊"②。胡注："府县，谓京兆府及其所属赤县、畿县也。"以致政府财政部门无法按时满足其需要，严重扰乱了长安的市场供应。当时王锷被任命为鸿胪少卿，他目睹这个问题的严重，于是"悉籍名王以下无虑四千人，畜马二千，奏皆停给"③。被查出胡客四千人。这些胡客群起到宰相府申诉，宰相李泌对他们说道："此皆从来宰相之过，岂有外国朝贡使者留京师数十年不听归乎！今当假道于回纥，或自海道各遣归国。有不愿归，当于鸿胪自陈，授以职位，给俸禄为唐臣。"不愿回国者可以到鸿胪寺提出申请。结果"胡客无一人愿归者，（李）泌皆分隶神策两军，王子、使者为散兵马使或押牙，余皆为卒，禁旅益壮。鸿胪所给胡客才十余人，岁省度支钱五十万缗；市人皆喜"④。从当时政府的财政收入情况可以看到，这方面的沉重负担给唐王朝的压力之大，德宗贞元九年（793）初税茶，全国每年茶税总收入才四十万缗⑤，鸿胪寺供西域胡客每年竟达五十万缗，而且一直供应了四十年。而这只是西域胡客，加上其他方面的蕃客，则其数量就更为庞大了。

（十一）医药丧葬

蕃客在唐期间的医药、丧葬也由唐朝政府负责，这项事务也是归鸿胪寺管理。典客署的职掌规定：蕃客"如疾病死丧，量事给之"⑥。"量事给之"的具体内容是："若疾病，所司遣医人给以汤药。"这是疾病方面的管理。如果蕃客死亡，则负责料理其丧事，这方面的管理内容是："若身亡，使主、副及第三等已上官奏闻。其丧事所须，所司量给；欲还

---

① 《新唐书》卷一七〇《王锷传》，第5169页。
② 《资治通鉴》卷二三二，唐德宗贞元三年（787）条，第7493页。
③ 《新唐书》卷一七〇《王锷传》，第5169页。
④ 《资治通鉴》卷二三二，唐德宗贞元三年（787）条第7493页。
⑤ 《旧唐书》卷四九《食货志下》，第2128页。
⑥ 《旧唐书》卷四四《职官志三》，第1885页。

蕃者，则给舆递至境。"① 使团的正副长官及三等以上蕃客死亡，要上报有关部门，同时派灵车送至边境交付对方。开元十六年（728）四月癸未，"渤海王子留宿卫大都利行卒……赐绢三百匹、粟三百石，命有司吊祭，官造灵舆归蕃"②。第四等以下蕃客的礼遇则在其次，"首领第四等已下不奏闻，但差车、牛送至墓所"③。不仅不须上报，而且遗体也不解送本国，就地埋葬。天宝八载（749）对此又作了补充规定，是年三月二十七日敕曰："九姓、坚昆诸蕃客等，因使入朝身死者，自今后，使给一百贯充葬，副使及妻，数内减三十贯。其墓地，州县与买，官给价直。其坟墓所由营造。"④ 根据这项规定，此后外交使节如有死亡，均就地埋葬，不再解送回国。

（十二）蕃客活动安排与监督

蕃客在唐期间的活动和其他行动均由鸿胪寺负责安排和监督。

第一，参观活动安排。外国使节在唐朝的参观活动由鸿胪寺负责联系与安排，开元五年（717）十月乙酉，"鸿胪寺奏：日本国使请谒孔子庙堂，礼拜寺观。从之"⑤。这是来使提出参观要求之后，由鸿胪寺上报有关部门，得到批准。可见蕃客在唐的行动是受鸿胪寺监督管理的，他们有所要求是通过鸿胪寺反映和答复的。

第二，购物管理。蕃使需要到市场购物，亦由鸿胪寺负责管理。《龙筋凤髓判·主客》条有云："鸿胪寺中，土蕃使人，素知物情，慕此处绫锦及弓箭等物，请市，未知可否？"判辞曰："只如土蕃使者，实曰酋豪，蒙逊沮渠之苗，秃发乌孤之族。占风入谒，越驼岭而输诚，就日来朝，隔驴山而纳款。观鹤绫之绚烂，彩映冰霜，睹凤锦之纷葩，光含日月。弯弧六合，犀角麋筋，劲箭三同，星流电激。听其市取，实可威于远夷，任以私收，不足损于中国。宜顺其性，勿阻蕃情。"⑥ 这个记载反映的情况是，住宿于鸿胪寺的吐蕃使者想要购买绫锦、弓箭等物品，向鸿胪寺

---

① 《唐六典》卷一八《鸿胪寺》，第506—507页。
② 《册府元龟》卷九七五《外臣部·褒异二》，第11451页。
③ 《唐六典》卷一八《鸿胪寺》注，第507页。
④ 《唐会要》卷六六《鸿胪寺》，第1361页。
⑤ 《册府元龟》卷九七四《外臣部·褒异一》，第11445页。
⑥ 《龙筋凤髓判》卷二《主客》条，第60页。

官员提出请求，鸿胪寺即向有关部门请示，最后得到批准，同意他们购买这些物品。

第三，服饰管理。蕃客在京期间的衣饰也由鸿胪寺负责监督管理，大历十四年（779）七月庚辰，"诏鸿胪寺，蕃客入京，各服本国之服"①。《唐会要》亦载此诏称："回纥诸蕃住京师者，各服其国之服，不得与汉相参。"② 可见使节在唐期间包括服饰在内的行为均由鸿胪寺负责监管。

（十三）质子、留学生管理

除了蕃国首领和使节由鸿胪寺负责管理之外，其他外来人员也都归其管理，其中以质子和留学生为最重要。唐代来华的质子和留学生不仅数量甚多，而且他们在外交方面具有重要作用。这些人员均由鸿胪寺负责具体管理，开成五年（840）四月，鸿胪寺奏：新罗国"告哀。质子及年满合归国学生等共一百五人，并放还"③。《新唐书》记此事曰："鸿胪寺籍质子及学生岁满者一百五人，皆还之。"④ 从这件事情可以看到，质子与留学生均在鸿胪寺造册登记，鸿胪寺有他们的簿籍；质子与留学生的去留由鸿胪寺管理，由其上报有关部门批准即可返国。前文我们谈到鸿胪寺负责质子的官位授予，留学生粮料衣被的供应等，亦是其管理质子、留学生事务的内容之一。

日本遣唐使除携来大批留学生之外，还有大量的留学僧和学问僧等，他们也归鸿胪寺管理。天宝二年（743）鉴真于扬州准备偷渡日本时，因被人告发，其随行人员被淮南道当局拘捕，其中有荣睿、普照、玄朗、玄法等四位日本留学僧。对这四人的处置经过情形是这样的："其日本僧四人，扬州上奏；奏至京鸿胪寺，检案问本配寺，寺众报曰：'其僧随驾去，更不见来。'鸿胪依寺报而奏，便敕下扬州曰：'僧荣睿等，既是蕃僧，入朝学问，每年赐绢廿五匹，四季给时服；兼予随驾，非是伪滥。今欲还国，随意放遣，宜委扬州，依例送遣。'"⑤ 从中可见对于在地方犯

---

① 《旧唐书》卷一二《德宗纪上》，第322页。
② 《唐会要》卷一〇〇《杂录》，第2136页。
③ 《旧唐书》卷一九九上《东夷·新罗传》，第5339页。
④ 《新唐书》卷二百二〇《东夷·新罗传》，第6206页。
⑤ ［日］真人元开：《唐大和上东征传》，中华书局1979年版，第45—46页。

事之蕃僧，由当地政府上奏皇帝，皇帝责成鸿胪寺查处；鸿胪寺翻检存档文书，查到了这四位日本学问僧在长安期间所配之寺院，责成寺院调查，寺院将情况报告鸿胪寺；鸿胪寺将所了解到的情况上奏皇帝，于是做出了相应的"敕旨"下达扬州执行。

（十四）翻译

翻译是鸿胪寺一贯的职掌，所谓"总象胥之事"[1]，因此寺中设置有翻译人员。"凡诸司置直，皆有定制"，其中"鸿胪寺译语并计二十人"[2]。这二十名译语就是鸿胪寺的专业翻译人员，他们的品级地位并不高，其升迁限制："鸿胪译语，不过典客署令。"[3] 不超过从七品下的典客署令职位。但是实际上他们在外交工作中具有不可或缺的重要作用。一是进行口译，并常兼导引宾客。开元年间箇失密遣使者物理多来朝，"因丐王册，鸿胪译以闻"[4]。这是通过鸿胪译语人员翻译来使之语言。德宗以咸安公主嫁回鹘，贞元四年（788）回鹘公主等来迎亲，"回鹘公主入银台门，长公主三人候诸内，译史传导，拜必答，揖与进。帝御秘殿，长公主先入侍，回鹘公主入拜谒已，内司宾导至长公主所，又译史传问，乃与俱入"[5]。在这种隆重的礼仪场合，"译史"不仅担当翻译人员，而且兼司导引宾客的作用。二是进行外交文书的笔译。武宗会昌三年（843）九月在答复黠戛斯的报书中，逐一回答、批驳了黠戛斯来文中所提出的问题，其中一则谓："又云'尔地致书，彼此不会。'且书不可以尽言，言不可以尽意，况蕃、汉文字，传译不同，祇在共推赤心，永保盟好，岂必缘饰词语。"[6] 指出在外交文书的传译过程中，难免有言不尽意之处。这表明双方之外交文书需经过"传译"，而这应是鸿胪官员之职责。由于鸿胪"译语"官员的工作对象是蕃客，故其经常"出入客馆"[7]。除了专业的译语人员之外，有的鸿胪寺高级官员也具有译语能力，曾任鸿胪卿

---

[1]《全唐文》卷二五一，苏颋：《授张暐鸿胪少卿制》，第2541页。
[2]《唐六典》卷二《尚书吏部》，第35页。
[3]《新唐书》卷四五《选举志下》，第1174页。
[4]《新唐书》卷二二一下《西域传下》，第6256页。
[5]《新唐书》卷二一七上《回鹘传上》，第6124页。
[6]《册府元龟》卷九八〇《外臣部·通好》，第11517页。
[7]《唐会要》卷六六《鸿胪寺》，第1361页。

的崔汉衡就能"夷言"①。

(十五) 了解蕃情

由于鸿胪寺总管外交事务，是唐与外界交往接触的第一线和总门户，所谓"殊方异类，辐辏鸿胪"②，它有了解和掌握外界情况的便利条件。因而鸿胪寺就负有了解蕃情的职责。隋文帝开皇二十年（600），倭国遣使来朝，"上令所司访其风俗"③。这里的"所司"，首当包括鸿胪寺。由于鸿胪寺有许多译语官员，也为这一工作提供很大方便，武宗会昌年间黠戛斯遣使来唐时，就曾"使译官考山川国风"④。

唐制规定鸿胪寺要将所掌握的蕃情上报有关部门，"其外夷每有番官到京，委鸿胪讯其人本国山川、风土，为图以奏焉；副上于省"⑤。这是要求鸿胪向到京蕃客了解蕃情并将其上奏，并将副本报尚书省职方郎中。唐代规定"诸司应送史馆事例"，其中规定鸿胪寺应将"蕃国朝贡"之事"勘报史馆，修入国史"。其具体要求是："每使至，鸿胪勘问土地、风俗、衣服、贡献、道里远近，并其主名字报。"⑥ 这是要求鸿胪将蕃情上奏并报史馆。

鸿胪寺不仅要将蕃情上报，它也要把所掌握的蕃情积累起来，以备修史或咨询之用。武宗会昌中，黠戛斯遣使来朝，宰相李德裕上言："贞观时，远国皆来，中书侍郎颜师古请如周史臣集四夷朝事为《王会篇》。今黠戛斯大通中国，宜为《王会图》以示后世。"于是"有诏以鸿胪所得绩著之"⑦。可见从唐初起就命鸿胪寺搜集四方远国来使的资料，鸿胪寺绘有诸国使者的图像，并收藏于寺中，会昌年间黠戛斯大通中国，故政府拟修《王会图》时得以调阅参考。天宝年间，唐玄宗曾向鸿胪卿王忠嗣询问"诸蕃诸国远近"⑧，可见这是鸿胪长官必须具备的知识。贾耽曾撰《海内华夷图》及《古今郡国县道四夷述》，"从边州入四夷，通译于

---

① 《新唐书》卷一四三《崔汉衡传》，第4690页。
② 《唐会要》卷七《封禅》，第94页。
③ 《隋书》卷八一《东夷·倭国传》，第1826页。
④ 《新唐书》卷二一七下《回鹘传下》，第6150页。
⑤ 《唐六典》卷五《尚书兵部·职方郎中》，第162页。
⑥ 《唐会要》卷六三《史馆上》，第1285—1286页。
⑦ 《新唐书》卷二一七下《回鹘传下》，第6150页。
⑧ 《唐会要》卷一〇〇《杂录》，第2135页。

鸿胪者，莫不毕纪"①。可见贾耽有关四夷的地理著作中有取材于鸿胪寺者。而贾耽本人就曾担任过鸿胪卿，这对于撰述此书无疑也是一有利条件。《新唐书》撰者在《西域传》中历述西域诸国情况后，云："贞观后，远小国君遣使者来朝献，有司未尝参考本末者，今附之左方。"② 由此可见大多数西域国家的情况和有关资料均为唐政府"有司"所搜罗汇总并加以保管，鸿胪寺无疑是这些"有司"中的重要部门。只有少数国家"未尝参考本末"，据《西域传》所附，其远者有东欧之拂菻（东罗马帝国）、东北非之磨邻（埃塞俄比亚境内的阿克苏姆）③ 等国，小者有火辞弥（阿姆河下游）、俱烂那（科克恰河上游）等国。其中关于磨邻国之资料，乃采自杜环《经行记》④ 所记载。

（十六）衔命出使

鸿胪寺官员还经常衔命出使，承担各项外交使命。这种出使可以分为两类情况，一类是直接以鸿胪寺官员的实际身份出使，即以本官或带宪衔出使；一类是以它官摄鸿胪官员出使。

我们先看第一类以本官出使的情况。大业四年（608）日本派遣大礼小野妹子来朝，隋朝即派鸿胪寺掌客裴世清报之。此事《隋书》记作"上遣文林郎裴清使于倭国"⑤。裴清即裴世清，唐人避"世"讳而省。但其官衔曰"文林郎"，而据《日本书纪》推古天皇十五年条记载，隋炀帝致倭皇国书称："故遣鸿胪寺掌客裴世清等，稍宣往意，并送物如别。"天皇的回书亦谓："使人鸿胪寺掌客裴世清等至。"⑥ 可知当时裴世清是以鸿胪寺掌客官衔出使日本的。何以《隋书》记作文林郎呢？这大概与大业三年（607）官制改革有关，隋初鸿胪寺典客署属官有掌客，大业三年改典客署为典蕃署后不置。而这年于秘书省置文林郎二十人。那么可能裴世清原是鸿胪寺掌客，后改文林郎，《日本书记》所记为其出使时官

---

① 《新唐书》卷四三下《地理志七下》，第1146页。
② 《新唐书》卷二二一下《西域传下》，第6259页。
③ 关于磨邻的所在，说法颇歧异，今据沈福伟《中国与非洲》第六章说，中华书局1990年版，第224—230页。
④ 《通典》卷一九三《边防九·大秦国》注引，第1041页。
⑤ 《隋书》卷八一《东夷·倭国传》，第1827页。
⑥ ［日］黑板胜美校订：《国史大系》，《日本书纪》（后编）卷二二《丰御食炊屋姬天皇》推古天皇十六年，吉川弘文馆1971年版，第150—151页。

衔，《隋书》所记为其所改官衔。

唐初，武德五年（622）至贞观元年（627）期间，郑元璹曾多次以鸿胪卿出使突厥进行"招慰"，与"可汗结和"①。贞观四年（630）唐俭以鸿胪卿出使突厥，"持节慰抚"②。贞观六年（632）刘善因以鸿胪少卿出使突厥册封弥射为可汗③。贞观八年（634）赵德楷以鸿胪丞出使吐谷浑被扣留④。开元十九年（731）崔琳以鸿胪卿"入吐蕃报聘"⑤。建中三年（782）崔汉衡以鸿胪卿"充入蕃计会使"，出使吐蕃⑥。贞元七年（791）"以鸿胪卿张茂宣充入回鹘使"⑦。元和十年（815）因吐蕃遣使"入谢"，以鸿胪少卿李铦出使吐蕃"报之"⑧。会昌元年（841），"以鸿胪卿张贾为巡边使，使察回鹘情伪"⑨。大中元年（847）以鸿胪卿李业克出使黠嘎斯，册其"酋领为英武诚明可汗、国曰坚昆"⑩。诸如此类，不烦一一。

使职加宪衔在唐后期是一种颇为普遍的现象，鸿胪官员出使时亦常带宪官。乾元二年（759）回纥毗伽阙可汗卒，"以左金吾卫将军李通为试鸿胪卿，摄御史中丞，充吊祭回纥使"⑪。建中四年（783）二月，"以鸿胪卿崔汉衡兼御史大夫，持节答蕃使，送（吐蕃使者）区颊赞等归蕃"⑫。贞元三年（787）"（崔）瀚复以鸿胪卿，兼中丞，又充入蕃使"，答复吐蕃有关谈判要求，约定会盟日期⑬。元和五年（810），以李铦"为鸿胪少卿摄御史中丞，持节充入吐蕃使"⑭。贞元六年（790）六月，"以

---

① 《旧唐书》卷六二《郑元璹传》，第 2380 页。
② 《新唐书》卷二一五上《突厥传上》，第 6035 页。
③ 《旧唐书》卷一九四下《突厥传下》，第 5188 页。
④ 《新唐书》二二一上《西域传上·吐谷浑》，第 6225 页。
⑤ 《旧唐书》卷八《玄宗纪上》，第 196 页。
⑥ 《旧唐书》一九六下《吐蕃传下》，第 5246 页。
⑦ 《册府元龟》卷九八〇《外臣部·通好》第 11515 页。
⑧ 《新唐书》卷二一六下《吐蕃传下》，第 6100 页。
⑨ 《资治通鉴》卷二四六，唐武宗会昌元年（841）条，第 7953 页。
⑩ 《册府元龟》卷九六五《外臣部·册封三》，第 11355 页。
⑪ 《旧唐书》卷一九五《回纥传》，第 5201 页。
⑫ 《册府元龟》卷九八〇《外臣部·通好》，第 11514 页。
⑬ 《唐会要》卷九七《吐蕃》，第 2056 页。
⑭ 《册府元龟》卷九八〇《外臣部·通好》，第 11515 页。

鸿胪卿郭锋兼御史大夫，充册回纥忠贞可汗使"。但是这年的四月忠贞可汗已被杀，国人另立其子为可汗。不久即遣使来唐告哀，且请册新君，于是贞元七年（791）"以鸿胪少卿庾铤兼御史大夫，册回纥可汗及吊祭使"①。永贞元年（805）回纥怀信可汗卒，"以鸿胪少卿兼御史中丞孙杲充吊祭册立使"②。

再看第二类以它官摄鸿胪官员出使的情况。圣历元年（698）突厥以女请亲，武则天令武延秀纳为妃，于是遣"右武卫郎将杨鸾庄摄司宾卿，大赍金帛送赴虏庭"③。武则天光宅元年（684）改鸿胪寺为司宾寺，司宾卿即鸿胪卿。景龙元年（707）"假鸿胪卿臧思言使于突厥，死之"④。景云二年（711）"突厥默啜请尚公主，许之，（和）逢尧以御史中丞摄鸿胪卿充使报命"⑤。开元七年（719）勃海王大祚荣卒，"遣左监门率吴思谦摄鸿胪卿，充使吊祭"⑥。开元十三年（725）玄宗东封泰山，为防备突厥乘机侵略，谋遣使征其大臣扈从，"乃遣中书直省袁振摄鸿胪卿，往突厥以告其意"⑦。开元十六年（728）以大理正乔梦松摄鸿胪少卿出使册于阗王、疏勒王⑧。开元二十五年（737）新罗圣德王卒，"遣左赞善大夫邢璹摄鸿胪少卿，往新罗吊祭，并册立其子承庆"⑨。乾元元年（758）以宁国公主嫁回纥可汗，以"右司郎中（李）巽改尚书兵部郎中兼御史中丞、鸿胪少卿，充宁国公主礼会使"⑩。

从上述材料可见奉命出使的鸿胪寺官员多为鸿胪寺的高级长官卿、少卿，偶尔有以丞出使的。他们出使均负有外交重任，涉及外交的各个方面，故有册封使、吊祭使、和亲使、招慰使、报聘使、礼会使、计会

---

① 《旧唐书》卷一九五《回纥传》，第5209—5210页。
② 《册府元龟》卷九六五《外臣部·册封》，第11353页。
③ 《册府元龟》卷九九八《外臣部·奸诈》，第11711页。
④ 《新唐书》卷四《中宗纪》，第109页。《册府元龟》卷九九七《外臣部·悖慢》记为神龙二年（706）。
⑤ 《旧唐书》一八五下《良吏传下·和逢尧传》，第4817页。
⑥ 《资治通鉴》卷二一二，唐玄宗开元七年（719）《考异》引《实录》，第6735页。
⑦ 《通典》卷一九八《边防十四》，第1075页。
⑧ 《册府元龟》卷九六四《外臣部·册封二》，第11344页。
⑨ 《旧唐书》卷一九九上《东夷·新罗传》，第5337页。《三国史记》卷九《新罗本纪》系邢璹出使于新罗孝成王二年（唐开元二十六年），第101页。
⑩ 《册府元龟》卷九七九《外臣部·和亲》，第11505页。

使、巡边使等。以鸿胪寺官员出使，一方面是因为外交是其本职工作，另一方面也因为鸿胪官员一般具有较强的外交才能，唐玄宗在任命崔琳出使吐蕃的《命崔琳使吐蕃诏》中说："吐蕃向化，遣使入朝，既怀旧恩，请继前好。今缘公主在彼，又复蕃客欲还。使于四方，必资德望，鸿胪卿崔琳，久历朝序，备晓政途，好谋而成，临事能断。俾衔国命，以赴蕃庭。宜令持节引入吐蕃使，所司准式发遣。"① 这是因其外交方面之历练与才干而被任命出使。

三　鸿胪寺的外交场所职能

鸿胪寺既然全面负责外交事务的管理，因此其本身也成为重要的外交场所，许多外交活动都是在鸿胪寺进行的，从而使其具有多方面的外交职能。

（一）宣示场所

鸿胪寺是唐朝政府向蕃客宣示外交事项，或谈判、慰问、会见等场所。元和十五年（821），穆宗许以永安公主嫁回纥保义可汗。第二年（即长庆元年，822）三月，保义可汗卒，崇德可汗继立，于五月"遣使请迎所许嫁公主"。但是唐朝方面已决定改以太和公主嫁之，于是"诏缘改定太和公主出降回纥事宜，令中书舍人王起赴鸿胪寺宣示回纥等使"。这里唐朝与回纥在以哪位公主出嫁的问题上发生了争议，"朝廷以封第五妹为太和公主以降，今回纥虽狄人，固请永安而终不许，故命中书舍人王起充鸿胪寺以宣谕焉"②。这是唐朝派遣官员至鸿胪寺向回纥使者通告并说明以太和公主出嫁回纥的问题。

文宗太和元年（827），"命中使以绢二十万匹付鸿胪寺宣赐回鹘充马价"③。这是唐朝派遣宦官将二十万匹绢拨付鸿胪寺，向回纥使者宣告以充马价。

玄宗开元五年（717）十月，"日本国遣使朝贡，命通事舍人就鸿胪

---

① 《全唐文》卷三〇，第337页。
② 《唐会要》卷六《杂录》载，第89页。
③ 《旧唐书》卷一九五《回纥传》，第5213页。

宣慰"①。这是唐朝派遣官员至鸿胪寺向来使进行礼节性慰问。武宗会昌年间，黠戛斯遣使来朝，"行三岁至京师，武宗大悦……诏宰相即鸿胪寺见使者"②。这是宰相亲至鸿胪寺会见来使，以示重视。

大中五年（851），吐蕃论恐热来朝，"上遣左丞李景让就礼宾院问所欲"③。这是唐朝派遣官员至鸿胪寺所属之礼宾院询问来使的要求与愿望。

（二）吊唁场所

吊唁蕃邦国丧是一项重要的外交礼仪活动，在唐朝每遇此事多令文武百官前往吊唁，而鸿胪寺就是这种吊唁场所。德宗贞元五年（789）十二月，回纥泪咄禄长寿天亲毗伽可汗卒，唐朝令"文武三品已上就鸿胪吊其来使"④。贞元六年（790）回纥忠贞可汗卒，"使至，废朝三日，仍令三品已上官就鸿胪寺吊使者"⑤。贞元十一年（795）以回纥奉诚可汗卒，"仍令文武三品已上官就鸿胪吊其使者"⑥。宪宗元和三年（808）三月，以回纥滕里野人令俱录毗伽可汗卒，"仍令文武三品已上就鸿胪寺吊其使者"⑦。穆宗长庆元年（821）二月，以回纥毗伽保义可汗卒，"仍令诸司三品已上官就鸿胪寺吊其使者"⑧。文宗太和七年（833）四月以九姓回纥可汗卒，"仍令诸司文武三品、尚书省四品以上官，就鸿胪寺吊其使者"⑨。武宗会昌二年（842）吐蕃赞普卒，至十二月遣论赞热等来告丧，"仍令文武常参官四品已上就鸿胪寺吊其使者"⑩。

这里所称往鸿胪寺吊其使者，除了指鸿胪寺府署外，也可能包括鸿胪寺所辖蕃客下榻的馆舍。史书每称"使者相蹑，留舍鸿胪""皆听入朝，舍鸿胪"⑪"其使候遣，继留于鸿胪寺者非一"⑫，等等。这都说明所

---

① 《册府元龟》卷九七一《外臣部·朝贡四》，第11405页。
② 《新唐书》卷二一七下《回鹘传下》，第6150页。
③ 《资治通鉴》卷二四九，唐宣宗大中五年（851）条，第8047页。
④ 《旧唐书》卷一九五《回纥传》，第5208页。
⑤ 同上书，第5209页。
⑥ 《册府元龟》卷九七六《外臣部·褒异三》，第11462页。
⑦ 同上书，第11463页。
⑧ 《旧唐书》卷一九五《回纥传》，第5211页。
⑨ 同上书，第5213页。
⑩ 《唐会要》卷九七《吐蕃》，第2061页。
⑪ 《新唐书》卷二一七上《回鹘传上》，第6120、6124页。
⑫ 《旧唐书》卷一九五《回纥传》，第5207页。

谓"舍于鸿胪"实际上就是舍于鸿胪寺的客馆。那么所谓"于鸿胪寺吊其使者",也可能有的是前往来使下榻的馆舍进行吊唁。唐初就曾径称"即馆吊其使",武德二年(619)突厥始毕可汗卒,高祖"诏群臣即馆吊其使"①。武德三年(620)突厥处罗可汗卒,"诏百官就馆吊其使"②。

(三) 盟誓场所

鸿胪寺有时也用为双方盟誓场所。肃宗至德元年(756),吐蕃使者来朝请和,唐朝提出到光宅寺为盟,吐蕃使者则曰:"蕃法:盟誓取三牲血歃之,无向佛寺之事,请明日须于鸿胪寺歃血,以申蕃戎之礼。"唐朝"从之"③。这是应吐蕃的要求而在鸿胪寺盟誓。文中"须于鸿胪寺歃血"一语,《册府元龟》作"复于鸿胪寺歃血"④。《南部新书》壬卷则记为使者语后,"明日,复于鸿胪寺歃血"⑤。后两书意义大体相同。

(四) 教授留学生场所

留学生一般安排在国子监学习,但是有时也派人直接到鸿胪寺进行教授。日本国于"开元初,又遣使来朝,因请儒士授经。诏四门助教赵玄默就鸿胪寺教之,乃遗玄默阔幅布以为束修之礼,题云'白龟元年调布'。人亦疑其伪……其偏使朝臣仲满,慕中国之风,因留不去,改姓名为朝衡"⑥。这是应日本国使之请求,唐朝令国子监之四门助教赵玄默到鸿胪寺教授日本学生学习经书。中国史籍记载此事涉及日本方面之事有些舛误。此事《新唐书》记作"开元初,粟田复朝,请从诸儒受经,诏四门助教赵玄默即鸿胪寺为师"⑦云云。仲满即阿倍仲麻吕,他当时不是什么"偏使",而是作为留学生随使团来唐。据《古今和歌集目录》所附《安倍仲麻吕略传》:他"性聪敏,好读书。灵龟二年,以选为入唐留学问生,时年十有六"⑧。灵龟为日本元正天皇年号,灵龟二年即唐开元四

---

① 《新唐书》卷二一五上《回鹘传上》,第6028页。
② 《旧唐书》卷一九四上《突厥传上》,第5154页。
③ 《旧唐书》卷一九六上《吐蕃传上》,第5237页。
④ 《册府元龟》卷九八一《外臣部·盟誓》,第11528页。
⑤ (宋)钱易撰,黄寿成点校:《南部新书》壬卷,中华书局2002年版,第149页。
⑥ 《旧唐书》卷一九九上《东夷·日本国传》,第5341页。
⑦ 《新唐书》卷二二〇《东夷传》,第6209页。
⑧ [日]藤原仲实撰:《古今和歌集目录》,收于塙保己一编撰《群书类丛》卷二85(第16辑和歌部),平文社,1993年版(1934年初版),第116页。

年（716）。率领阿倍仲麻吕的此次日本遣唐使不是粟田，而是多治比县守。据《续日本纪》，粟田所率使团是于文武天皇大宝二年（唐武后长安二年，702）朝唐①，其后未再赴唐。多治比县守是于元正天皇灵龟二年（唐开元四年，716）被任命为遣唐押使，养老元年（唐开元五年，717）赴唐②。则两《唐书》所载赵玄默于鸿胪寺教授日本留学生事，乃开元五年多治比县守朝唐时事。而所谓"白龟"者亦当为"灵龟"之误。要之，当时唐朝派人于鸿胪寺教授日本留学生一事则无疑问。

综上所述，可见鸿胪寺的外交职掌，在隋唐时期具有明显的两个特点。第一，实行全方位的外交管理。鸿胪寺对于外交工作的管理，从使节、宾客入境直至出境的全过程，从外交活动的礼宾接待，到后勤服务的生活管理，从蕃国档案资料到外交文书，上至君主、使节，下至质子留学生、僧侣等，举凡外事方面的全部事务，可以说是全面负责，全面管理，无所不包，无微不至。这是鸿胪寺作为外交专职管理机构发展到唐代已臻于成熟的表现，也是唐代外交空前发展的必然要求和结果。第二，外交管理的更为专业化。鸿胪寺发展到唐代已经成为地道的专职外交管理机构，汉代时其所担负的如封国王侯事务、地方郡国事务，以及魏晋南北朝时期所增加的宗教事务等，到了唐代或已取消，或已转给其他部门，或已大为减轻，从而使其负责外交事务的职能凸显出来，实现专业化的外交管理。《王崇俊墓志铭》谓："授公鸿胪卿，则四门来宾，远方咸贡。"③强调了鸿胪官员的外交性质。虽然这时它还有某些与外交无关的事务，如官员丧葬与二王之后的事务等，但比起其所负外交事务来说已经微不足道，它可以说已是完全意义上的外交部门了。

---

① 《续日本纪》卷二《天之真宗丰祖父天皇》，文武天皇大宝元年（武周大足元年，701）五月己卯"入唐使粟田朝臣真人授节刀"（第11页），次年（大宝二年，武周长安二年，702）六月乙丑"遣唐使等去年从筑紫而入海，风浪险暴，不得渡海，至是乃发"。（第15页）。

② 《续日本纪》卷七《天之真宗丰祖父天皇》，元正天皇灵龟二年（唐开元四年，716）八月癸亥"以从四位下多治比真人县守为遣唐押使"（第66页），养老元年（唐开元五年，717）三月己酉"遣唐使从四位下多治比真人县守赐节刀"（第68页）。《续日本纪》卷八养老二年（唐开元六年，718）十月庚辰"大宰府言：遣唐使从四位下多治比真人县守来归"，十二月壬申"多治比真人县守等自唐国至"（第75页）。

③ 周绍良等编：《唐代墓志汇编》（下）贞元050，上海古籍出版社1992年版，第1872页。

以上我们叙述了鸿胪寺的机构设置、外交职掌及其外交场所职能，可以大体认识到鸿胪寺乃隋唐时期重要的专职外交管理机构，其所管理的外交事务非常繁杂，举凡外交方面的事务无所不理。鸿胪寺作为政府的专门外交机构，具有如下三个突出的专业机构特点。

首先，其官员人选要求严格，须具备外交素质和才能。隋炀帝时，"方勤远略，蛮夷朝贡，前后相属。帝尝从容谓宇文述、虞世基等曰：'四夷率服，观礼华夏，鸿胪之职，须归令望。宁有多才艺、美容仪，可以接对宾客者为之乎？'"① 这里对鸿胪官员的才能、仪表风度都提出了很高的特殊的要求。这在隋唐时期是有代表性的。

其次，对于鸿胪寺官员在办理外交公务中的纪律要求也是很严格的。外交纪律中尤以保密要求为最，开元年间鸿胪官员因办理与渤海的交涉中泄密而被查处一事就是明证。开元十四年（726）黑水靺鞨朝唐引起渤海王武艺的不满，于是兴兵伐黑水，武艺之弟门艺曾为质子于唐，深知此事必将导致与唐朝的对立，故极力反对。但武艺不听，强迫门艺率兵攻打黑水。于是门艺弃众投奔唐朝，唐朝授其为左骁卫将军。武艺得知后遣使唐朝历数门艺的罪状，并请求唐朝杀掉门艺。唐玄宗派人秘密地将门艺护送至安西藏匿，而"报武艺云：'门艺远来归投，义不可杀。今流向岭南，已遣去讫。'……别遣使报之。俄有泄其事者，武艺又上书云：'大国示人以信，岂有欺诳之理！今闻门艺不向岭南，伏请依前杀却。'由是鸿胪少卿李道邃、源复以不能督察官属，致有漏泄，左迁（李）道邃为曹州刺史，（源）复为泽州刺史"②。这个记载表明作为鸿胪寺的长官，要对下属官员泄漏外交机密负责，承担责任。正如胡三省所云："鸿胪掌四夷之客，故以漏泄为罪。"③ 但《新唐书》记此事曰："别诏鸿胪少卿李道邃、源复谕旨。武艺知之……帝怒（李）道邃、（源）复漏言国事，皆左除。"④ 据此则此次出使是由李道邃和源复二人前往，是由他们而非下属官员泄露机密。但有一点是肯定的，即不论鸿胪寺长官

---

① 《隋书》卷四一《苏夔传》，第1191页。
② 《旧唐书》卷一九九下《渤海靺鞨传》，第5361页。
③ 《资治通鉴》卷二一三，唐玄宗开元十四年（726）胡注，第6775页。
④ 《新唐书》卷二一九《渤海传》，第6180页。

还是下属官员泄漏外交机密都要受到惩处。可见鸿胪寺的外事纪律是严格的。

最后，由于鸿胪寺官员担负繁重的外交事务，而鸿胪寺又是外交重地，保密要求高，因而对于鸿胪寺机关的管理也是很严格的。鸿胪寺有严格的门卫和官员出入的管理制度，开元十九年（731）十二月十三日敕云："鸿胪当司官吏以下，各施门籍出入。其译语、掌客出入客馆者，于长官下状牒馆门，然后与监门相兼出入。"① 这个规定表明，鸿胪寺一般官员和职事人员出入鸿胪寺需要凭"门籍"，即证明身份的出入证；而出入鸿胪寺所辖机构如客馆，则需要凭鸿胪寺长官所下的"状牒"，即写明该官员状貌的公文，有类今天的介绍信，可见其门禁之森严。鸿胪寺机关及所属各部门均有门卫以司出入人员的检查，"回纥以肃宗宝应三年闰正月己酉夜，十有五人犯金光门，突入鸿胪寺，门司不能禁"②。这个材料表明鸿胪寺设有"门司"以司守卫，而且是昼夜值班的。从前引材料则知客馆亦设有"监门"以司其职。

第二节　尚书主客司及其外交职能

主客司是隋唐时期负责外交政令的专职机构，与负责外交事务的鸿胪共同构成中央外交主管部门。

一　尚书省、礼部与主客司

三省制经过两汉魏晋南北朝的发展、演变，到了隋及唐前期已经成熟。虽然这个时期三省长官都是宰相，但是又实行三省分权，他们之间是有分工的。尚书省是全国政务机关，"事无不总"③，故曰"天下纲维，

---

① 《唐会要》卷六六《鸿胪寺》，第1361页。
② 《册府元龟》卷九九七《外臣部·悖慢》，第11703页。按：宝应仅有元年、二年，无三年。据陈垣《廿二史朔闰表》宝应二年正月闰，则此事当为宝应二年（763）。《资治通鉴》亦系此事于代宗广德元年，即宝应二年［卷二二二，唐代宗广德元年（763）闰月条］，第7140—7141页。
③ 《隋书》卷二八《百官志下》，第774页。

百司所禀"①。隋朝置尚书令一人为尚书省长官，左右仆射各一人为副长官。唐代尚书令基本上缺而不置，以左右仆射实际行使尚书令职权。尚书省设置都省，作为尚书省的办公厅。尚书省下辖六部，隋代为吏部、礼部、兵部、都官、度支、工部；唐代为吏部、户部、礼部、兵部、刑部、工部。每部辖四司，即所谓六部二十四司。其中礼部负责分管外交工作。礼部尚书一人为正，侍郎一人为副，"掌天下礼仪、祭享、贡举之政令"②。这里面就包含外交（含民族）工作的内容。礼部所统四司为礼部、祠部、主客、膳部。其中的主客司就是负责外交政令的专职部门。

主客司，隋炀帝时改为司蕃，唐初复称主客，高宗龙朔二年（662）改称司蕃，咸亨二年（671）复称主客。主客司的长官，隋文帝时以主客侍郎二员为长官，大业三年（607）改为主客郎，大业五年（609）改为司蕃郎。唐初称为主客郎中，员一人，龙朔、咸亨间改为司蕃大夫，后复称主客郎中。主客司的副长官，隋开皇六年（586）置主客员外郎一员，大业三年（607）改称司蕃承务郎。唐初复称主客员外郎，龙朔、咸亨间改称司蕃员外郎，后复称主客员外郎。主客郎中从五品上，主客员外郎从六品上。主客司官员还有主事二人，从九品上。此外还有办事人员，令史四人，书令史九人，掌固四人③。

综上所述可见隋唐时期的外交政务，是由尚书省的礼部分管，而具体职能部门则是礼部所辖的主客司。

二 主客司的外交管理职能

主客司的职务为"掌二王后及诸蕃朝聘之事"④。所谓"二王后"即周、隋二朝皇室之后，这有类统战工作，与外交无涉。所谓"诸蕃朝聘之事"则主要为外交工作，也包括一些少数民族工作。主客司的主要的、大量的工作就是外交。刘禹锡《授主客郎中制》对此有一概括的叙述，他说主客郎中的职责是："统彼行人之家，绥其外臣之务。朝聘则定位，

---

① 《旧唐书》卷七〇《戴胄传》，第 2533 页。
② 《旧唐书》卷四三《百官志二》，第 1828 页。
③ 参《旧唐书》卷四三《职官志二》、《唐六典》卷四《尚书礼部·主客郎中》。
④ 《旧唐书》卷四三《职官志二》，第 1832 页。

宴会则辨仪。穆我四门，深于九译。用委藁街之政，克资粉署之贤。"①从他所列举的内容来看，几乎都是外交方面的职能。

到了隋唐时期，尚书省与卿监的关系已经协调，尚书诸司为政务机关，对于卿监实行政令指挥。诸卿监成为事务机关，在尚书诸司的指导之下执行各种具体事务。主客司与鸿胪寺的关系即是如此。主客司主管外交的政令，指导鸿胪寺的工作，由鸿胪寺去具体办理外交事务。因此主客司与鸿胪寺的外交职掌范围是一致的，只是政令指挥与执行政令的区别，所以官志在叙述主客司的职责时往往加以省略，《旧唐书·职官志》《唐六典·主客郎中》均谓："其朝贡之仪、宴饯之数、高下之等、往来之命，皆载于鸿胪之职焉。"② 不过其中《新唐书》卷四十六《百官志一》对于主客司的外交职掌有一比较具体的叙述，现我们以此为基础，再结合鸿胪寺的职掌，和其他载籍所见，对于主客司的职掌作一简要的叙述。

（一）蕃客入朝审批及待遇之管理

蕃客入朝的接待工作由主客司在政策上加以指导，据《新唐书》卷四十六《百官志一》所载，这方面的内容主要有三个。一是"殊俗入朝者，始至之州给牒，覆其人数，谓之边牒"③。这是规定来使入境时的审核批准事宜，由主客司负责这方面的政策指导。二是"蕃州都督、刺史朝集日，视品给以衣冠、绔褶"④。所谓蕃州都督、刺史即指羁縻州的都督、刺史。唐代于周边设置羁縻府州，"唐兴，初未暇于四夷，自太宗平突厥，西北诸蕃及蛮夷稍稍内属，即其部落列置州县。其大者为都督府，以其首领为都督、刺史，皆得世袭。虽贡赋版籍，多不上户部，然声教所暨，皆边州都督、都护所领……大凡府州八百五十六，号为羁縻云"⑤。它们"皆傍塞外，或寓名于夷落"⑥。由此可见这些羁縻府州是在政治上

---

① 《全唐文》卷五九九，刘禹锡：《授主客郎中制》，第6061页。《白孔六帖》："诸曹郎曰粉署，亦曰仙署。"
② 《旧唐书》卷四三《职官志二》，第1832页；《唐六典》卷四《尚书礼部·主客郎中》，第130页。
③ 《新唐书》卷四六《百官志一》，第1196页。
④ 同上。
⑤ 《新唐书》卷四三下《地理志七下》，第1119—1120页。
⑥ 同上书，第1146页。

"内属"唐朝的部落或政权，唐朝就其地域和名号而设置，给其首领以都督、刺史的名义，世代相袭。不入唐朝编户，不纳贡赋税。这些羁縻府州，有一些是唐朝边疆少数民族，但更多的是相对独立的政权。他们到唐朝行朝集之礼，由主客司负责其品级及相应的衣冠、服饰审批给赐之政令。三是负责来宾、来使赴京途中交通待遇的审批，规定"乘传者日四驿，乘驿者六驿"①。

（二）蕃客食料供应之管理

前文我们已谈及，蕃客来唐后，由唐朝政府供应廪食、衣被、医药和牲口草料等物资，具体由鸿胪寺负责供应。而主客司的职责，则是："供客食料，以四时输鸿胪，季终句会之。"② 这表明供应蕃客的食料，其数量多少由主客司根据蕃客之等级而拟定，然后下达鸿胪寺，由鸿胪寺根据所规定的数量标准供给蕃客食用。事后，鸿胪寺将供应的情况再上报主客司，由主客司在每季度进行总结。

（三）蕃客朝见宴飨之管理

蕃客来唐之后，其朝见、宴飨等方面的规格和待遇，是根据蕃客的等第而有所不同的。这在鸿胪寺一节中已经谈及。而这方面的政策管理则由主客司负责，"客初至及辞设会，第一等视三品，第二等视四品，第三等视五品，蕃望非高者，视散官而减半，参日设食"③。这里将蕃客分为四等，即第一、二、三等及等外，其区分依据主要是所谓"蕃望"，即该国的国际地位、国势强弱、与唐朝的关系等。其待遇标准是第一等蕃客按照唐朝职事官第三品的待遇，以下类推，三等之外者，则"视散官而减半"。隋唐时期有了职事官与散官的正式区分，"居曹有职务者为执事官，无职务者为散官"④。简单来说职事官是有组织系统、有具体任务、有官位品级的职官，散官是没有组织系统、没有具体任务的加官⑤。这方面政策的掌握和管理是由主客司负责的。

---

① 《新唐书》卷四六《百官志一》，第1196页。
② 同上。
③ 同上。
④ 《隋书》卷二八《百官志下》，第781页。
⑤ 参陈仲安、王素《汉唐职官制度研究》第一章第五节，中华书局1993年版，第96页。

（四）蕃客返国程粮之管理

蕃客完成使命之后返国时，照例由唐朝提供回程的粮料等物资，这方面的具体政策亦由主客司管理。其具体规定是："路由大海者，给祈羊豕皆一。西南蕃使还者，给入海程粮；西北诸蕃，则给度碛程粮。"① 关于返国程粮的问题我们在鸿胪寺一节中已经谈过，现以入海程粮为例再加以说明。实际上入海程粮不仅给予西南蕃使，凡由海路来者均依例给予，日本圣武天皇天平五年（唐开元二十一年，733），平郡广成以判官身份随多治比广成所率遣唐使朝唐，返国时平郡广成所乘之船被风漂至昆仑国，后被搭救回唐，其"既归唐国，逢本朝学生阿部仲满，便奏得入朝，请取渤海路归朝。天子许之，给船粮发遣"②。这里给予平郡广成的即为入海程粮。文宗开成四年（839），日本求法僧圆仁随遣唐使船返国途中，船漂至乳山，四月二十六日"粟录事下舶到押衙处相看，兼作帖请食粮：'先在东海县，但过海之粮。此舶过海，逆风却归，流着此间。事须不可在此吃过海粮，仍请生料'云云"。他们虽然在东海县时已得到过海程粮，但那种粮食只能留待过海时吃，现因风暴耽误了行程，故需另外补充粮食。得到有关部门批准之后，五月一日遂"遣买过海粮于村勾当王训之家"③。由此可见入海程粮数量有限，必须留作海行途中食用，中途遇险耽误了行程，还须另外购粮弥补，不能随意动用入海程粮。入海程粮只有外交人员才能享有，一般蕃客并不配给，圆仁后来没有随遣唐使团回国，而是留在唐朝求法巡礼，会昌五年（845）他从长安启程回国，"京牒不说程粮，在路自持粮食"④。他的身份是求法僧，而不是外交使节，故京牒没有写明供应程粮，需要沿途购买。从这个材料来看，程粮是在发遣的公文上批注，在途中由当地官府供给，在起航港口亦由所在官府供给。度碛程粮的给付程序大体亦当如此。

何以路由大海者，特供"祈羊豕"呢？这是因为当时航海技术还比较落后，航渡大海要冒很大的风险，以日本遣唐使为例，据统计"船破

---

① 《新唐书》卷四六《百官志一》，第1196页。
② 《续日本纪》卷一三《天玺国押开丰樱彦天皇》圣武天皇天平十一年，第156页。
③ 《入唐求法巡礼行记校注》卷二，第156—157页。
④ 《入唐求法巡礼行记校注》卷四，第475页。

或遭难者往程七次，计矢船六只；回程亦有六次，计失船四只；因风中止者，往程一次。总计十四次。而往程无事者十二次，回程无事者十次，总计二十二次，可见遇险出事者近半"①。在无力抗拒大自然的情况下只得求助于神灵，因而航行中的祈祷活动是很频繁的。日本遣唐使舶配有专职的祈祷占卜人员，称为"卜部"。藤原常嗣使团返国时，四月十五日"申时，令卜部占风"。十七日航船迷失方向，又"令卜部占之"。除了专职的神职人员之外，遇到风险时，船上的其他人员也都要参加祈祷，四月十五日"舶上官人，为息逆风，同共发愿，祈乞顺风……入夜祭五谷供，诵《般若》、《灌顶》等经，祈神归佛，乞顺风"②。那么唐朝所提供的"祈羊豕"，就是用以在渡海时进行祈祷活动的供品。

除了返国程粮之外，蕃客返国所带物品和通行"过所"均须经主客司核发，"凡客还，鸿胪籍衣赍赐物多少以报主客，给过所"③。鸿胪寺将蕃客所带物品的品种数量上报主客司审核之后，方能发给"过所"。

（五）蕃客宿卫管理

在唐代，与唐皇朝友好的国家或地区，常派王室成员或贵族子弟入朝宿卫，有的君长还亲自宿卫，以维系双方关系。史称贞观之世，"天下大治，蛮夷君长袭衣冠，带刀宿卫"④。这种宿卫制度是当时重要的外交方式之一，而且这种宿卫人员的数量还是相当多的。这项工作也由主客司负责管理，"蕃客请宿卫者，奏状貌年齿"⑤。即由主客司把请求宿卫人员的情况上报有关部门，然后根据蕃客的具体情况授予官职和享受相应的待遇。

（六）蕃客市易管理

蕃客在唐的市易活动也由主客司负责管理，"突厥使置市坊，有贸易，录奏，为质其轻重，太府丞一人莅之"⑥。这表明来使如有贸易活动，须在主客司备案，由其上报有关部门；贸易中的具体监管，则责成太府

---

① 池步洲：《日本遣唐使简史》，上海社会科学院出版社1983年版，第47页。
② 《入唐求法巡礼行记》卷一，第148、150页。
③ 《新唐书》卷四八《百官志三》，第1257—1258页。
④ 《新唐书》卷九七《魏征传》，第23870页。
⑤ 同上书，第1196页。
⑥ 《新唐书》卷四六《百官志一》，第1196页。

寺负责。太府寺为唐朝掌管财赋的机构，其负责"贸易，总京都四市"，"赋物任土所出，定精粗之差"①。可知京师的贸易及商品之鉴定均为其职掌。

（七）蕃国官爵授受与承袭的管理

唐朝对于建立了外交关系的蕃国，根据其与唐朝的友好程度及国家地位不同而授予相应的官爵。这也是当时维系唐与各国关系的重要外交方式之一。这方面的政策也由主客司负责掌握。"诸蕃首领丧，则主客、鸿胪月奏。"② 蕃国首领死亡，由鸿胪寺上报主客司，主客司再上报礼部。这除了需要及时组织吊祭事宜外，更重要的是牵涉到其官爵的继承问题。这都是敏感的外交问题，有很强的政策性。主客司就是掌握这方面政策的，其具体政策是："蕃王首领死，子孙袭初授官，兄弟子降一品，兄弟子代摄者，嫡年十五还以政。"③ 蕃王直系子孙，可继承其初授之官，由兄弟之子继承则相应降低一品，由兄弟之子代摄，则待蕃王嫡子年满十五还以政。据《唐六典》所记鸿胪寺的职掌中规定："夷狄君长之子袭官爵者，皆辨其嫡庶，详其可否，以上尚书。"④ 鸿胪寺提供的蕃客资料和袭授报告，上报尚书省，亦必然经由主客司具体办理，正如《唐会要》载永泰二年（766）制中所云："诸司诸使及天下州府，有事准令式各申省者，先申省司取裁。"⑤

（八）出使管理

唐朝派遣至外国的使节，其有关事宜也由主客司管理。尚书主客司的职责之一是："使绝域者还，上闻见及风俗之宜、供馈赠贶之数。"⑥即使节返国之后，须到主客司述职，其内容有两个方面，一是"上闻见及风俗之宜"，即报告出使所获外交情报及有关国家的国情概况；二是上报"供馈赠贶之数"，即己方的开支和接受对方的回报物品数量等情况。

---

① 《新唐书》卷四八《百官志三》，第1263页。
② 《新唐书》卷四六《百官志一》，第1194页。
③ 同上书，第1196页。
④ 《唐六典》卷一八《鸿胪寺》，第505页。
⑤ 《唐会要》卷五七《尚书省》，第1155—1156页。
⑥ 《新唐书》卷四六《百官志一》，第1196页。

由此可见，出使绝域者所肩负的使命是相当繁重的，同时旅途也是十分艰辛而充满危险的。唐代有新罗僧人慧超前往天竺巡礼，返程时他曾"从吐火罗国东行七日，至胡蜜王住城"，吐火罗在葱岭西，乌浒河南一带①，胡蜜国在今阿富汗东北境之瓦汉（Wakhan）②。期间适"逢汉使入蕃"，有感而发，作五言诗曰："君恨西蕃远，余嗟东路长。道荒宏雪岭，险涧贼途倡。鸟飞惊峭嶷，人去偏樑口。平生不扪泪，今日洒千行。"③ 这些汉使是唐朝派往"西蕃"的使臣，他们还要走很远的路程才能到达出使国，诗中极言翻越葱岭之险阻艰辛，坚毅之硬汉亦不免对之洒泪。恶劣的自然条件之外，还有人祸。胡蜜国北山里，有"九箇识匿国"，识匿，今帕米尔之锡克南（Shighnan）④，"彼王常遣三二百人于大播蜜川，劫彼兴胡及于使命。纵劫得绢，积在库中，听从坏烂，亦不解作衣着也"⑤。大播蜜川为阿姆河之支流⑥。其抢劫对象为胡商及外交使节，所得物资多为中国所产丝绸。丝绸不仅为商人之资财，亦为外交使节所携带之物资。出使绝域之艰难险阻可窥其一斑。

（九）其他

以上八个方面是主客司所掌管外交政令的大致范围，除此之外主客司官员也参与一些具体的外交事务。蕃客朝见时的外交礼仪活动中，主客司官员也要出席负责安排引导。白居易为主客郎中时，有诗云："仍闻蕃客见，明日欲追朝。"⑦ 就是参与这方面活动的反映。有时也奉命出使，贾至《授裴荐摄主客员外郎制》云："中原未宁，邻国是协，俾领摄于郎署，为专对之使人。可摄主客员外郎。"⑧ 言以主客员外郎出使邻国，以睦邦交。

由于主客司为专职的外交机构，所以其官员人选注重具有外交才能

---

① 冯承钧：《西域地名》，中华书局1980年版，第97页。
② 《西域地名》，第103页。
③ （唐）慧超著，张毅笺释：《往五天竺国传笺释》，中华书局1994年版，第140页。
④ 冯承钧：《西域地名》，第84页。
⑤ 《往五天竺国传笺释》，第145页。
⑥ 冯承钧：《西域地名》，第2页。
⑦ 《全唐诗》卷四四二，《连雨》，第4936页。
⑧ 《全唐文》卷三六六，第5725页。

和外交实践经验者。孙逖《授章仇兼琼主客员外郎制》,称其"顷逾沙碛,能正纠绳,兴国利于悬车,振朝威于绝漠。甄其绩用,宜迁礼阁之荣"[1]。因其出使绝域,功效卓著,故授予主客员外郎之职。

---

[1] 《全唐文》卷三〇八,第3132页。

第九章

唐代中央外交关涉机构

隋唐时期的外交管理机构，除了上述九卿系统的鸿胪寺与尚书系统的主客司这两个专职机构以外，在中央机构中尚有许多部门和单位，它们各自从不同的方面和角度行使外交管理职责，因而可视为外交管理的关涉机构。这些关涉机构与专职机构互相配合，协同运作，完成繁重复杂的外交行政事务。现将隋唐时期的外交管理关涉机构分别叙述于后。

第一节　中书省的外交职能

隋唐时期的中书省与门下省乃决策出令的中枢机构，即《唐会要》卷五十四《省号上》"中书省"条所谓"机要之司"。而中书主出命，其中心工作是起草诏书，此外它还担负不少行政事务，其中就包括外交方面的工作。

中书省在隋朝曾改称内史省、内书省；唐代武德初改为内史省，不久改称中书省。高宗龙朔、咸亨间改称西台，武后光宅、神龙间改称凤阁，玄宗开元初改称紫微省，开元五年复为中书省。中书省的官员有中书令二人，为中书省长官；侍郎二人，为副长官。由于中书令为宰相，多在政事堂议政、办公，故中书侍郎实际上为中书省的负责人；下面有中书舍人六人，散骑常侍二人，补阙、拾遗、起居舍人各二人，通事舍人十六人，主书、主事各四人。此外中书省还领集贤殿书院、史馆、四方馆等。现将其与外交工作关涉者分述于后。

一　中书省本部

中书省本部是指以中书侍郎和中书舍人为核心的中书省办公厅，而通事舍人虽为中书省属官，但因其主要在四方馆任职，故另节叙述；中书省所属之史馆亦然。中书省本部的外交职能主要体现在如下几个方面。

（一）外交文书与政令

中书省的主要任务是起草诏令，中书所掌"凡王言之制有七：一曰册书，二曰制书，三曰慰劳制书，四曰发日敕，五曰敕旨，六曰论事敕书，七曰敕牒"①。起草诏令固然是中书参与中枢决策的重要体现，但也是其参与行政管理的重要方面。有关外交方面的诏令和文书自然也归中书省负责，因而它也同样担负外交管理的重要职责。

唐朝所发出的外交文书亦由中书省负责起草。贞元十一年（795）"又降敕书赐异牟寻及子阁劝，清平官郑回、尹仇宽等各一书，书左列中书三官宣奉行，复旧制也"②。这是唐朝给南诏的文书，这种文书被称为"敕书"，即上述七种诏书之一，是代表皇帝发出的。这些文书是由中书省负责起草的，这里还讲到了这种文书的格式，即"书左列中书三官宣奉行"。这里所谓"中书三官"是指中书令、中书侍郎、中书舍人；所谓"宣奉行"是指当时中书起草的制书中通行的格式，在文书之左署上中书令臣某宣、中书侍郎臣某奉、中书舍人臣某行。这种制书格式在安史之乱以后废阙，至是恢复，故曰"复旧制"。

乾符二年（875），因南诏给唐朝的文书"辞语怨望，中书不答"。宰相卢携奏道："如此，则蛮益骄，谓唐无以答……然自中书发牒，则嫌于体敌，请赐高骈及岭南西道节度使辛谠，使录诏白：牒与之。"③ 当时唐朝考虑到以中书名义作答，"嫌于体敌"，不愿以对等方式答书，于是采取了一种变通的方式，即先由中书起草答复南诏的诏书，发至西川节度使高骈和岭南西道节度使辛谠那里，然后由他们根据诏书的精神写成文书再转致南诏。类似的情况还发生于乾符五年（878），这年"南诏使者

---

① 《唐六典》卷九《中书省》"中书令"，第273—274页。
② 《旧唐书》卷一九七《南蛮传》，第5284页。
③ 《资治通鉴》卷二五二，唐僖宗乾符二年（875）条，第8177页。

赵宗正还其国。中书不答督爽牒，但作西川节度使崔安潜书意，使安潜答之"①。"督爽"为南诏官名，"爽，犹言省也。督爽，总三省也"②。这更是由中书直接起草代替节度使发给南诏的文书。由此可见不论以何种方式发出的外交文书，均由中书负责起草。

圣历三年（700）四月三日敕有云："应赐外国物者，宜令中书具录赐物色目，附入敕函内。"③ 这条材料表明中书不仅起草正式诏令，而且赏赐外国物品的清单也由其书写，作为附件装入"敕函"之内。

由于中书省负责外交文书的起草，因而对方的文书也相应发至中书。乾符五年（878），"南诏遣其酋望赵宗正来请和亲，无表，但令督爽牒中书，请为弟而不称臣"④。"酋望"，胡注云："南诏官有酋望，在大将之下，久赞之上，亦清平官也。"这里所称"表"为上皇帝书，"牒"为致中书省书，南诏只有致中书的文书，而没有上皇帝的表，因而当时朝臣认为"南诏骄僭无礼"。乾宁四年（897），"南诏骠信舜化有上皇帝书函及督爽牒中书木夹，年号中兴"⑤。这里有上皇帝的书及致中书的书，后者是用木夹封装的。

有关外交方面的政事也由中书起草文书而下达。开成三年（838）藤原常嗣所率日本遣唐使，随带请益僧多人，他们希望到台州国清寺求师学问。使团在扬州等待期间向当地政府提出了这个请求，当时李德裕为扬州大都督府长史、淮南节度副大使、知节度使事。是年九月二十九日，藤原常嗣对随行请益僧们说："请益法师早向台州之状，得相公牒，称：'大使入京之后，闻奏，得敕牒后，方令向台州者。'仍更添己缄书，送相公先了。昨日得相公报，称：'此事别奏上前了，许明后日令得报帖。若蒙敕诏，早令发赴者。'"⑥ 这是藤原常嗣向日本请益僧们转达了唐朝地方政府官员对此事的答复。首先，藤原常嗣告知他得到了"相公"的回牒，这个相公就是李德裕。李德裕在牒中说，关于请益僧去台州之事，

---

① 《资治通鉴》卷二五三，唐僖宗乾符五年（878）条，第8209页。
② 《新唐书》卷二二二上《南蛮传上》，第6268页。
③ 《唐会要》卷五四《省号上》"中书省"，第1087页。
④ 《资治通鉴》卷二五三，唐僖宗乾符五年（878）条，第8204页。
⑤ 《资治通鉴》卷二六一，唐昭宗乾宁四年（897）条，第8511页。
⑥ 《入唐求法巡礼行记》卷一，第49页。

须大使入京奏请得到"敕牒"允准之后，才能去台州。其次，昨天大使又得到李德裕的通报，告知他又将此事上报朝廷了，如果得到"敕诏"，当尽快让僧人们前往台州。可见这件事情要得到朝廷的批准才能进行。这里提到的"敕牒""敕诏"都是中书负责起草的诏令，所谓"敕牒"即前述王言七种之一，这种诏书乃"随事承旨，不易旧典则用之"①。即根据皇帝的意旨，在已有规章政策范围内所发布的政令。唐代宗大历十三年（778）小野石根所率日本遣唐使从扬州赴京，原先批准六十五人入京，但行"至高武县，有中书门下敕牒，为路次乏车马，减却人数，定廿人"②。可见外国来使入境后的行止、进京人数的批准，均须依据敕牒。这里明言"敕牒"为中书门下即宰相所下达。或谓敕牒"很可能是尚书省根据制书精神而制成的政令，所以叶梦得有'敕牒乃尚书省牒'（《石林燕语》卷三）的说法"③。实际上这应是中书门下制成之后由尚书省转发的公文，故《唐六典》记中书令所掌王言之制有七，谓其"七曰敕牒"④。

（二）册封宣授

册封宣授是中书省的重要职责之一，其中就包括对于蕃国首领的册封。中书令之职曰："册命亲贤，临轩则使读册；若命之于朝，则宣而授之。"中书侍郎之职："凡临轩册命大臣，令为之使，则持册书以授之。"⑤对于蕃国首领的册封亦如此。天宝年间册封回纥骨力裴罗可汗的过程和仪式，"有诏拜为骨咄禄毗伽阙怀仁可汗，前殿列仗，中书令内案授册使者，使者出门升辂，降乘马，幡节导以行。凡册可汗，率用此礼"⑥。可见册封蕃国首领先经皇帝下令，然后由中书省负责授予，这里所谓"中书令内案授册使者"，即《唐六典》所说的："若自内册，则以册书授使者。"⑦ 这一册封之礼，已为常制。贞元十六年（800）唐使韦丹前往册命

---

① 《唐六典》卷九《中书省》"中书令"条注，第274页。
② 《续日本纪》卷三五《天宗高绍天皇》"宝龟九年十一月"条，第445页。
③ 张国刚：《唐代官制》，三秦出版社1987年版，第23页。
④ 《唐六典》卷九《中书省》"中书令"，第274页。
⑤ 《旧唐书》卷四三《职官志二》，第1849页。
⑥ 《新唐书》卷二一七上《回鹘传上》，第6114页。
⑦ 《唐六典》卷九《中书省》"中书侍郎"条注，第275页。

新罗王金俊邕，途中得知金俊邕死，韦丹即回，"其册却回在中书省"。元和三年（808）新罗又遣使金力奇来求此册，宪宗同意并降旨："金俊邕等册，宜令鸿胪寺于中书省受领，至寺宣授与金力奇，令奉归国。"①可见册封蕃国首领的册书保管于中书省，并由他们负责授予。

（三）承旨劳问宣谕

中书舍人的职掌规定，凡有"大宾客，皆使劳问之"②。这里即包括对于重要外交使节的劳问。日本文武天皇大宝二年（唐武后长安二年，702），粟田真人所率遣唐使舶漂至楚州盐城，"遣唐使粟田朝臣真人等发从楚州，到长乐驿，五品舍人宣敕劳问"③。言粟田真人所率使团到达长安时，由五品舍人至长乐驿郊迎。这里的"五品舍人"即中书舍人，据《唐六典》，"中书舍人六人，正五品上"④。长乐驿在唐都长安东北郊，为迎劳来使之处。这是中书舍人奉命到郊外去迎接慰劳外国使节。

中书舍人也担负向来使宣谕朝廷旨意的使命。唐朝原来许以永安公主嫁回纥，后回纥来迎娶时，改以太和公主嫁之，于是"命中书舍人王起就鸿胪寺宣谕焉"⑤。

（四）接受国书与贡献

四夷使者来朝，所携之国书由中书侍郎代表皇帝接受；所献之礼品，亦由中书侍郎代表皇帝接受。中书侍郎之职曰："凡四夷来朝，临轩则受其表疏，升于西阶而奏之；若献贽币则受之，以授于所司。"⑥《新唐书》记载了这一礼宾程序："若蕃国遣使奉表币，其劳及戒见皆如蕃国主。庭实陈于客前，中书侍郎受表置于案，至西阶以表升。有司各率其属受其

---

① 《旧唐书》卷一九九上《东夷传》，第5338页。
② 《旧唐书》卷四三《职官志二》，第1850页。
③ 《续日本纪》卷三五《天宗高绍天皇》宝龟十年四月条，第448页。粟田真人来朝的时间，《新唐书》卷二二〇《东夷传》记作长安元年；《通典》卷一八五《边防一》作二年；《旧唐书》卷一九九上《东夷传》作三年。据《续日本纪》，粟田于文武天皇大宝二年（即长安二年）六月渡海来唐，庆云元年（即长安四年）七月回到日本。所以记为长安元年误，记为二年、三年则应视使团在唐活动之具体情况而有别。
④ 《唐六典》卷九《中书省》"中书舍人"条，第275页。
⑤ 《唐会要》卷九八《回纥》，第2073页。
⑥ 《唐六典》卷九《中书省》"中书侍郎"条，第275页。两《唐书》官志所载略同。

币焉。"① 这里的"表疏",即各国来使所上之国书,由中书侍郎接受之后,将国书放置案中,再捧案自西阶升殿而向皇帝上奏。陈致雍《奏蕃国使朝见仪状》记此礼仪有云:"今月十三日,占城国献驯象使朝对,列方物为庭实,所司引进。按皇唐六典及开元礼礼阁新仪:合中书侍郎诣殿西取表升奏,置于香案。"② 所谓"庭实",就是各国所献礼品,将其陈列于殿庭之中。该国所献物品即放置于该国使者面前,由中书侍郎接受之后,再根据不同物品而交由各有关部门领受。如献马匹,由殿中省、太仆寺领受即是。《通典》对此有详细的记述,其《受蕃国使表及币》记其仪曰:"中书侍郎一人、令史二人持案,先伺于西阶东面北上。舍人引使者及庭实入……中书侍郎帅持案者进诣使者前,东面,侍郎受书置于案,回诣西阶,侍郎取书升奏,持案者退。初,侍郎奏书,有司各帅其属,受币马于庭。"③

在进行上述正式贡献典礼之前,鸿胪寺应把蕃客贡献之物上报中书。鸿胪寺为首先接待蕃客的机构,蕃客贡献之物也先交付鸿胪寺,由鸿胪寺会同有关部门清点检验物品之后,"仍牒中书,具客所将献物。应须引见、宴劳,别听进止"④。中书接到鸿胪寺报告之后,经中枢决策批准之后才能举行朝见贡献典礼,最后由中书侍郎代表皇帝接受这些贡献。

接受蕃国之国书和贡献是一项重要的外交礼宾活动,对于维系双方关系起着十分重要的作用。开元十四年(726)契丹"遣可突于入朝,贡方物,中书侍郎李元纮不礼焉,可突于怏怏而去"⑤。由于中书侍郎在接待中的"不礼",导致后来可突于在契丹发动政变,杀去亲唐的契丹主邵固,率部投降突厥。由此可见,这一接待礼仪在外交上具有重要意义。

(五) 译语

由于中书省担负重要的外交职责,尤其是外交文书的接收、上奏及起草,因此在省中专设译语人员,有"蕃书译语十人"⑥以掌其事。永徽

---

① 《新唐书》卷一六《礼乐志六》,第383页。
② 《全唐文》卷八七三,第9134页。
③ 《通典》卷一三一《礼九十一·开元礼纂类二十六·宾礼》,第885—886页。
④ 《唐六典》卷一八《鸿胪寺》"典客署"条注,第506页。
⑤ 《旧唐书》卷一九九下《北狄传》,第5352页。
⑥ 《新唐书》卷四七《百官志二》,第1212页。

元年（650）由于"中书令褚遂良贱市中书译语人地"①，被监察御史韦思谦所奏劾。《唐会要》记此事曰："中书令褚遂良抑买中书译语人史诃担宅。"② 此"中书译语人"即上述"蕃书译语"，为中书省的官员。胡三省曰："中书掌受四方朝贡及通表疏，故有译语人。"③ 一方面是接受四方朝贡时需要译语，另一方面在接受四方表疏，即各国国书时需要翻译，因此这种译语人员，既要从事口译也要从事笔译。

译语人为中书省常设官员。"凡诸司置直，皆有定制。"其中规定中书省的"有品直"中有"翻书译语十人"④。此即所谓"直官"，据宋人沈括《梦溪笔谈·故事二》称："唐制官序未至，而以他官权摄者为直官。"⑤ 因而中书省的译语人又称"直中书译语"，"贞观中，太宗遣折冲都尉、直中书译语揖怛然纥使西域"⑥。这是以中书译语人充任使节。

唐代常以胡人担任译语人员。上述中书译语人史诃担、揖怛然纥等，从其名字观之均可能是胡人。李德裕《论译语人状》生动地反映了唐朝以胡人担任译语人的情况，他说："右缘石佛庆等皆是回鹘种类，必与本国有情。纥扢斯专使到京后，恐语有不便于回鹘者，不为翻译。兼潜将言语辄报在京回鹘。望赐刘沔、（李）忠顺诏，各择解译蕃语人不是与回鹘亲族者，令乘递赴京，冀得互相参验，免有欺蔽。"⑦ 这里所称黠戛斯专使到京一事，乃指会昌三年（843）二月"黠戛斯使注吾合素入朝，献名马二匹"⑧ 之事。当时黠戛斯愿与唐联合攻打回鹘，而在唐充任译语的石佛庆等人是回鹘人，故宰相李德裕担心他们可能不将"不便于回鹘"的内容翻译出来，而且可能向在京的回鹘泄露会谈秘密。因此李德裕上书武宗请求诏令当时警备回鹘的河东节度使刘沔、振武节度使李忠顺挑选与回鹘无亲族关系而又能胜任翻译任务的人才，以备唐与黠戛斯使者会谈之用。这个材料反映了当时常以蕃人担任译语的真实情况，而由于

---

① 《旧唐书》卷八八《韦思谦传》，第2861页。
② 《唐会要》卷六一《御史台中》，第1257页。
③ 《资治通鉴》卷一九九，唐高宗永徽元年（650）条，第6273页。
④ 《唐六典》卷二《尚书吏部》，第35页。
⑤ （宋）沈括撰，金良年点校：《梦溪笔谈》，中华书局2015年版，第14页。
⑥ 《册府元龟》卷一〇〇〇《外臣部·仇怨》，第11736页。
⑦ 《全唐文》卷七〇一，李德裕《论译语人状》，第7198页。
⑧ 《旧唐书》卷一八上《武宗纪》，第595页。

这方面人才不足，故需要临时从相关边境地区选拔译语人员。

（六）外交活动场所

中书省还是重要的外交活动场所。唐代"以三省为宰相之司存，以三省长官为宰相之职任"①。三省之一的中书省长官在唐代一般兼任宰相之职，宰相的办公厅政事堂先在门下省，后在中书省，最后改为"中书门下"，仍在中书省。中书省既是宰相办公厅，又是中书省本身的办公厅，因而成为唐代重要政务场所。又由于中书省负有相当的外交职责，因而一些外事活动在这里进行就是很自然的了。

1. 外交谈判与会见场所

中书省是重要的外交谈判之所。贞元三年（787）"上令宰臣召吐蕃使论泣赞等于中书议会盟之所"②。这是在中书省谈判会盟地点。元和五年（810）六月，"命宰相杜佑等与吐蕃使议事中书令厅，且言归我秦、原、安乐州地"③。这是谈判领土等问题。元和七年（812）三月"命宰臣于中书与吐蕃使议事"。元和十五年（820）八月，"命宰臣召吐蕃使于中书议事"。十月又"命宰臣留吐蕃使于中书议事"④。

中书省除了作为外交谈判场所之外，有时也是友好会见的场所。元和五年（810）六月"宰相与吐蕃使语中书令厅，蕃使拜阶下，宰相阶还半礼"⑤。元和八年（813）十二月初二日，"宴归国回鹘摩尼八人，令至中书见宰臣"⑥。这是在皇帝宴请之后，又令其至中书省进行友好会见。

除了作为谈判和友好会见场所外，偶尔也用为外交方面的其他特殊场所。西突厥曷娑那可汗早年入朝而留住于隋，唐朝建立后被封为归义王，继续受到礼遇。但是他与北突厥可汗有仇，于是北突厥遣使请杀之，唐高祖和李世民都不同意，为此朝廷内部进行了争论。后来"不得已，乃引曷萨那于内殿，与之纵酒，既而送至中书省，纵北突厥使杀之"⑦。

---

① 《文献通考》卷四九《职官考三·宰相》，第451页。
② 《旧唐书》卷一九六下《吐蕃传下》，第5251页。
③ 同上书，第5261页。
④ 《册府元龟》卷九八〇《外臣部·通好》，第11515页。
⑤ 同上。
⑥ 《旧唐书》卷一九五《回纥传》，第5210页。
⑦ 《旧唐书》卷一九四下《突厥传下》，第5180页。

何以送曷萨那至中书省而他不疑，又何以纵北突厥使至中书省杀之，这都是因为中书省为会见外交使节的场所。这种事件在唐朝虽然是个别的，但其所反映的中书省的外交场所职能则是从唐朝建国以来一贯的。

2. 外交宴会场所

中书省还是重要的外交宴会场所。开元五年（717）十月，日本国遣使来朝，唐玄宗特降旨在中书省设宴招待，敕曰："日本国远在海外，遣使来朝，既涉沧波，兼献邦物，其使真人莫问等，宜以今月十六日于中书宴集。"① 可见在中书省设宴招待是对来使的隆重礼遇。这类事例甚多，元和十三年（819）九月，"命宰臣宴吐蕃使人于中书省"②。宝应元年（762）"吐蕃遣使来朝，请和。敕宰相郭子仪、萧华、裴遵庆等于中书宴设"。大历元年（766）十月，"命宰臣宴吐蕃使论位藏于中书"③。长庆二年（822）九月，"宴吐蕃使论悉喏等十五人于中书省"④。

二 四方馆与通事舍人

通事舍人与四方馆是中书省下属又一重要的负有外交职责的官员和管理部门。

隋唐时期的通事舍人，其前身大体相当于两汉魏晋南北朝时期的谒者。隋初罢谒者台，置通事舍人十六员，隶属于内史省（即中书省）。开皇三年（583）又增为二十四员。隋炀帝时又恢复谒者台，改通事舍人为通事谒者，员额二十人。唐武德初，废谒者台，改通事谒者为通事舍人，员额十六人，隶四方馆，而文属中书省。

四方馆为隋炀帝所创置，"炀帝置四方馆于建国门外，以待四方使者，后罢之，有事则置，名隶鸿胪寺，量事繁简，临时损益"⑤。建国门为隋东都洛阳南面正门，"河南郡，旧置洛州，大业元年移都……南面二

---

① 《册府元龟》卷九七四《外臣部·褒异一》，第11445页。
② 《册府元龟》卷九七六《外臣部·褒异三》，第11464页。
③ 《册府元龟》卷九八〇《外臣部·通好》，第11512页。吐蕃使论位藏，《旧唐书》卷一九六下《吐蕃传下》作"论泣藏"。
④ 《册府元龟》卷九七六《外臣部·褒异三》，第11465页。吐蕃使论悉喏，两《唐书》《吐蕃传》均作"论悉诺息"。
⑤ 《隋书》卷二八《百官志下》，第798页。

门，东曰长夏，正南曰建国"①。四方馆与汉代的蛮夷邸和北魏的四夷馆一脉相承，"汉有藁街蛮夷邸，后魏置诸国使邸，其后又作四馆以处四方来降者……至隋炀帝置四方馆于建国门外"②。值得指出的是，北魏的四夷馆也建设于洛阳南门之外，与隋所建的地方是一致的，看来隋炀帝建立四方馆是参照了北魏四夷馆经验的。四方馆在隋朝时是隶属于鸿胪寺的，当时这个机构还不大固定，根据任务的繁简而随时罢置。唐朝建立后，废除谒者台，"复以其地为四方馆"③，即在隋谒者台的原址设置四方馆，而以通事舍人"隶四方馆，属中书省"④。可见到了唐朝，通事舍人隶属于四方馆，而四方馆隶属于中书省。唐文宗太和二年（828）六月，"四方馆请赐印，其文以'中书省四方馆'为名"⑤。四方馆的官印即标明其隶属于中书省。唐代的四方馆的地点，在西京是宫城正南门承天门街之西，在东都则在宫城正南门应天门外第一横街之南⑥。承天门为宫城正南门，"受万国之朝贡、四夷之宾客，则御承天门以听政"⑦。这里是唐朝政治、外交活动中心，四方馆设置于此门附近，意味深长，一方面有利于向四方蕃国展示其政治与国力之兴隆，另一方面有利于向国内民众展示其万国来朝的盛德。

（一）四方馆机构及其外交职能

虽然四方馆在隋朝是隶属于鸿胪寺的机构，但是它在唐朝已隶属于中书省，因而我们把它放在中书省系统一并论述，而对隋代的四方馆加以补叙。四方馆是依据传统的四夷观念而得名的，按照四夷的方位而设置四方使者，"东方曰东夷使者，南方曰南蛮使者，西方曰西戎使者，北方曰北狄使者，各一人，掌其方国及互市事"。每方使者皆置署，为东夷使者署、南蛮使者署、西戎使者署、北狄使者署，合称四方使者署。按方位负责对有关国家之外交、外贸，或类今日外交部门之亚洲司、美洲

---

① 《隋书》卷三〇《地理志中》，第834页。
② 《资治通鉴》卷二〇六，唐则天后神功元年（697）条胡注，第6521—6522页。
③ 《通典》卷二一《职官典三·中书令·通事舍人》，第126页。
④ 《旧唐书》卷四三《职官志二》，第1851页。
⑤ 《旧唐书》卷一七上《文宗纪上》，第529页。
⑥ （清）徐松：《唐两京城坊考》卷一、五，第14、139页，中华书局1985年8月。
⑦ 《唐六典》卷七《尚书工部》，第217页。

司等设置。每使者署设置一套官员，有典护录事、叙职、叙仪、监府、监置、互市监、监副、参军各一人。典护录事"主纲纪"；叙职"掌其贵贱立功合叙者"，即"四夷"官爵的授予；叙仪"掌大小次序"，即"四夷"朝见封赐的等级；监府"掌其贡献财货"，即掌管"四夷"纳贡之事；监置"掌安置其驼马船车，并纠察非违"。即来宾之后勤保障；互市监及副，"掌互市"；参军掌"出入交易"①。

从上述四方馆的机构及其官员设置，我们可以看到其主要职责就是外交工作，即接待四方的来使，所谓"以待四方使者"。每一使者署掌管一方的国家或民族，"掌其方国及互市事"。这些外交事务主要有四个方面。其一，掌管各方国的官爵封授事宜。其二，掌管各方国的朝贡事宜，班位次序。其三，掌管各方国来使的后勤保障，生活管理。其四，掌管与各方国的互市事宜。

到了唐代，四方馆已改隶中书省，并以通事舍人主持馆务。"皇朝废谒者台，改谒者为通事舍人，隶四方馆，属中书省。"② 胡三省云："唐以四方馆隶中书省，通事舍人主之。"③ 通事舍人如何主四方馆事呢？《晏公类要》有云："旧仪，于通事舍人中，以宿长一人总知馆事，谓之馆主……唐自中世以后，始以他官判四方馆事。"④ 这样我们得以知道通事舍人主持四方馆的一些具体情况，唐代四方馆设有馆主一人，负馆中全责，以通事舍人中的"宿长"担任。由于四方馆由通事舍人管理，因此四方馆官员在《南部新书》丙部又被称为"四方馆舍人"⑤。同时我们还可以知道，上述情况是唐前期的情况，到了唐后期有了变化，即以他官判四方馆事，咸通十一年（870）时太仆卿支详为"知四方馆事"⑥，即以太仆卿判四方馆事。唐代的四方馆仍以外交为主要职事，陈致雍《奏蕃国使朝见仪状》说："伏以九州之外，蕃国来朝，正朔之统不加，宾客之仪有异。周礼有大行人小

---

① 《隋书》卷二八《百官志下》，第798页。
② 《唐六典》卷九《中书省》"通事舍人"，第278页。
③ 《资治通鉴》卷二〇六，唐则天后神功元年（697）条，第6522页。
④ 《资治通鉴》卷二五二，唐懿宗咸通十一年（870）条胡注引，第8155页。
⑤ 《南部新书》丙部，第34页。
⑥ 《资治通鉴》卷二五二，唐懿宗咸通十一年（870）条，第8154页。

行人之职，而总其属，即今鸿胪、四方馆之任也。"① 这里把四方馆与鸿胪寺并举，表明它与鸿胪寺是对等的和性质相同的机构，它们都是周代大小行人的后继者；同时明确指出其职责为管理"蕃国来朝"事宜。

由于四方馆为涉外机构，因而它是一机要之地。宰相姚崇被玄宗所倚重，他因患病而所住之大宁坊离宫城又较远，玄宗为了方便与姚崇联系，便令其迁住于四方馆。但是"（姚）崇以四方馆有簿书，非病者所宜处，固辞"②。姚崇坚辞迁居四方馆，因这里有"簿书"，这些"簿书"当包括不少外交方面的文件和档案资料，是为机密重地。

唐代四方馆的职务也并不完全是外交方面，它还兼有一些其他方面，如在科举考试中的某些职责，据《南部新书》，唐制："每岁十一月，天下贡举人于含元殿前，见四方馆舍人当直者，宣曰"③ 云云。又"新进士放榜后，翌日排光范门，过候宰相，虽云排建福门，集于西方馆"④。四方及百官的表状亦由其受理，如诸道差使贺正，"其表直送四方馆"⑤。建中元年（780）正月五日敕文："常参官及节度观察、防御、军使、城使、都知兵马使、诸州刺史、少尹、赤令、畿令，并七品已上清望官，及大理司直评事，授讫三日内，于四方馆上表。"⑥

唐代四方馆亦为馆待蕃客之重要部门。白居易有《驯犀》诗，题解云："贞元丙子岁，南海进驯犀，诏纳苑中。至十三年冬大寒，驯犀死矣。"诗中写道："海蛮闻有明天子，驱犀乘传来万里。一朝得谒大明宫，欢呼拜舞自论功：五年驯养始堪献，六译语言方得通。上嘉人兽俱来远，蛮馆四方犀入苑。"⑦ 这里的"蛮馆四方"明指进驯犀的南海使者被安置

---

① 《全唐文》卷八七三，第 9134 页。
② 《资治通鉴》卷二一一，唐记玄宗开元四年（716）条，第 7723 页。
③ 《南部新书》丙部，第 34 页。
④ 同上书，第 33 页。
⑤ 《唐会要》卷二四《受朝贺》，第 534 页。
⑥ 《唐会要》卷二六《举人自代》，第 571 页。
⑦ 《全唐诗》卷四二六，第 4696 页。白氏所记时间有误。贞元丙子岁为贞元十二年（796），是年未见南海之国有献驯犀事。此当指环王国献驯犀事。据《旧唐书》卷一三《德宗纪下》，贞元九年（793）十月"环王国献犀牛"（第 377 页）。贞元十二年"十二月己未，大雪平地二尺，竹柏多死。环王国所献犀牛，甚珍爱之，是冬亦死"。（第 385 页）此犀牛在唐养育三年而冻死，这与诗中"一入上林三四年"的叙述是一致的。环王国为南海诸国之一，即原来的林邑国，唐至德后改称环王。其国有向唐献驯犀的传统，据《旧唐书》卷一九七《南蛮西南蛮传》早在贞观初即"遣使献驯犀"（第 5270 页）。

于四方馆。

由于四方馆为涉外机构，又住宿四方蕃客，因此这里也就成为外交警示之场所。神功元年（697）契丹首领万荣起兵反唐，后被其奴斩首以降，唐朝将其"枭之四方馆门"①。这与汉代"悬首藁街"的做法一脉相承。

又由于四方馆须馆待蕃客，故其馆宇甚为宏丽。上文谈到玄宗让姚崇住到四方馆去，姚崇推辞还有一个原因，"（姚）崇以馆局华大，不敢居"②。其院内居然有富余的房舍安置宰相居住，可见其馆宇之庞大。而且其建筑相当华丽。这不禁令人联想起北魏洛南之四夷馆，也是占地甚广，屋宇华美，此殆有过之无不及。

（二）通事舍人的外交职掌

由于四方馆为涉外机构，作为四方馆官员的通事舍人自然就肩负外交职责。其外交职掌主要有如下几个方面。

1. 朝见引纳，殿庭通奏

通事舍人职掌："掌朝见引纳及辞谢者于殿庭通奏。凡近臣入侍，文武就列，则引以进退，而告其拜起出入之节。"③ 这个职掌不是仅指对于蕃客，而是指对于百官而言，但是其中也包括对于蕃客朝见礼节的引导。乾元元年（758）五月，"回纥使多乙亥阿波八十人，黑衣大食酋长闹文等六人并朝见，至阁门争长，通事舍人乃分为左右，从东西门并入"④。在参加朝见时回纥与黑衣大食争入门之次序，经通事舍人调配，分东西两门并入，从而解决了这一外交礼仪之争。这就是通事舍人"朝见引纳"职责的具体表现。

《通典·开元礼纂类》对通事舍人这一职掌有详细的记载。其《蕃主奉见》礼记述朝见仪曰："蕃主服其国服出，通事舍人引立于阁外西厢，东面……通事舍人引蕃主入门，舒和之乐作。"入门之后，其间的一切进退礼仪均由通事舍人引导。朝见礼毕，"蕃主出，舍人引蕃国诸官以次

---

① 《资治通鉴》卷二〇六，唐则天后神功元年（697）条，第6521页。
② 《新唐书》卷一二四《姚崇传》，第4385页。
③ 《唐六典》卷九《中书省》"通事舍人"，第278—279页。
④ 《册府元龟》卷九七一《外臣部·朝贡四》，第11414页。

出"①。从蕃客始至至礼仪结束的全部进退礼节的引导都由通事舍人负责。此外蕃客辞见、奉表币、参加宴会等礼仪活动时，都由通事舍人负责引纳通奏。

蕃客参加各种祀典时，也由通事舍人负责导引。祭祀行奠玉帛礼时，"銮驾将至……通事舍人分引从享群官、九庙子孙、诸方客使，皆就门外位"②。行进熟礼时，"皇帝入次，谒者、赞引各引祀官，通事舍人分引从祀群官、诸方客使以次出"③。这些"诸方客使"中就包括各国外交使节在内。

2. 蛮夷纳贡，受而进之

通事舍人的另一职掌为："凡四方通表，华夷纳贡，皆受而进之。"④《晏公类要》在记述四方馆职责时也说："凡四方贡纳及章表皆受而进之。"⑤ 四方馆的职责即通事舍人的职责，两者是一致的。不过，我们在前文已谈及蕃国的国书和贡献是由中书侍郎接受的，那么通事舍人也负责接受章表和贡献，他们之间有何区别呢？从官位来说，中书侍郎为正四品上，通事舍人为从六品上，高低是有别的。中书侍郎职责规定是"凡四夷来朝，临轩则受其表疏"云云，可见中书侍郎是在正式的朝见典礼中代表皇帝接受蕃国表疏贡献的，通事舍人之接受蕃国表疏则是在正式朝见典礼之外的。天宝六载（747）十二月二十七日敕云："中书、门下奏，承前，诸道差使贺正，十二月早到，或有先见，或有不见。其所贺正表，但送省司，又不通进，因循日久，于礼全乖。望自今以后，应贺正使，并取元日，随京官例，序立便见，通事舍人奏知。其表直送四方馆，元日伏下候一时同进。"⑥ 这里讲的是关于贺正表的上奏问题，因诸道贺正使或有先见，或有不见，贺表不能全部上达。于是要求将贺正表一律直接送交四方馆，然后由四方馆一起上呈。这项工作就是所谓"凡四方通奏……皆受而进之"的具体内容之一。这虽然讲的是贺正表之

---

① 《通典》卷一三一《礼九十一·开元礼纂类二十六·宾礼》，第685页。
② 《新唐书》卷一一《礼乐志一》，第318页。
③ 《新唐书》卷一二《礼乐志二》，第323页。
④ 《唐六典》卷九《中书省》"通事舍人"，第279页。
⑤ 《资治通鉴》卷二五二，唐懿宗咸通十一年（870）条胡注引，第8155页。
⑥ 《唐会要》卷二四《受朝贺》，第533—534页。

事，但是蕃国贡纳章表之事亦当如是。此外，在接受蕃国表币的正式场合时，通事舍人亦须出席，在那里负责蕃客之进退导引。①

3. 承旨宣劳

通事舍人职掌为"承旨宣劳"，即执行传达皇帝旨意进行慰劳的各种外交使命。故而其人选"皆以善辞令者为之"②。开元五年（717）十月，"日本国遣使朝贡，命通事舍人就鸿胪寺宣慰"③。这是代表皇帝到鸿胪寺宣慰外国使节。除了在朝中承旨宣劳外，也还要出使宣劳。开元二十一年（733）八月，"日本国朝贺使真人广成与傔从五百九十，舟行遇风，飘至苏州，刺史钱惟正以闻。诏通事舍人韦景先往苏州宣慰焉"④。这是代表皇帝前往外地慰问返程遇阻的外交使节。开元二十三年（735），"吐蕃使悉诺勃藏还蕃，命通事舍人杨绍贤往赤岭以宣慰焉"⑤。当时唐、蕃"以赤岭为界，表以大碑，刻约其上"⑥。故送至边境以表示尊重。贞观十五年（641），西突厥请废啜陆可汗，更立新可汗，于是"帝遣通事舍人温无隐持玺诏与国大臣择突厥可汗子孙贤者授之"⑦，此则为出使册封。

三　客省

隋唐时期设有客省这一官署。早在隋初已有此官署，隋开皇三年（563）文帝迎萧妃"置大兴宫客省"⑧。唐代继续设置客省，有内外客省，文宗大和五年（831）四月"铸内外客省使印"⑨，表明同时有两客省。先天二年（713）七月"擒贾膺福、李猷于内客省以出"⑩。此内客

---

① 详见《通典》卷一三一《礼九十一·开元礼纂类二十六·宾礼》，第685—686页。
② 《通典》卷二一《职官典三·中书省·通事舍人》，第126页。
③ 《册府元龟》卷九七一《外臣部·朝贡四》，第11405页。
④ 同上书，第11409页。
⑤ 《册府元龟》卷九八〇《外臣部·通好》，第11512页。《新唐书》卷二一六上《吐蕃传上》记吐蕃使为"悉诺勃海"（第6085页）。
⑥ 《新唐书》卷二一六上《吐蕃传上》，第6085页。
⑦ 《新唐书》卷二一五下《突厥传下》，第6060页。
⑧ 《通志》卷八五《宗室·元德太子诸传》，第1110页。
⑨ （宋）王应麟：《玉海》卷一七二"隋四方馆"条，江苏古籍出版社、上海书店1987年版，第3163页
⑩ 《旧唐书》卷八《玄宗纪上》，第169页。

省在西内太极门之右①，但在东内右银台门又有一客省，"永泰已后……仍于右银台门，置客省"②。何以在东内、西内各有一客省呢？这两处内客省大概是前后相承关系，即唐前期置于西内，唐后期置于东内。这与唐代皇帝在宫城居处的变化有关。唐前期诸帝大多居于西内，唐后期诸帝自肃、代以后则大多居于东内。具体地说中宗、睿宗均居处于西内，故睿宗先天二年时于西内客省擒贾膺福等；自代宗于永泰年间于东内设客省后，文献所记与客省有关之活动则均在东内之客省③。客省之机构称为"客省院"，东都上阳宫玉京门之西有"客省院"④。唐后期设客省使，以内官充任，从薛廷珪《授刘处宏通议大夫内侍省监充客省副使制》，可知客省长官有客省使与客省副使⑤。

客省属何部门？《资治通鉴》记唐玄宗开元元年（713）"擒（贾）膺福、（李）猷于内客省以出"。胡注曰："四方馆隶中书省，故内客省在焉……膺福、猷皆中书省官也。"⑥ 徐松《唐两京城坊考》于"右延明门外为中书省"下注云："省内有内客省。"⑦ 都认为客省属于中书省。

客省的职掌在官志中不见，不过从代宗时复置客省的意图中可以窥知其大概，"代宗之世，事多留滞，四夷使者及四方奏计，或连岁不遣，乃于右银台门置客省以处之"⑧。又谓代宗时"朝多留事，经岁不能遣，置客省以居，上封事不足采者、蕃夷贡献未报及失职未叙者，食度支数千百人"⑨。又谓代宗时"自永泰已来，或四方奏计未遣者，或上书言事忤旨者，及蕃客未报者，常数百人，于客省给食"⑩。由此可知客省的主要功能是收留两部分人员，一部分是国内人员，包括四方贡计未奏者、

---

① 《资治通鉴》卷二一〇，唐玄宗开元元年（713）条胡注，第6683页。
② 《唐会要》卷六六《鸿胪寺》，第1361页。
③ 参见杨鸿年《隋唐宫廷建筑考·内客省》，陕西人民出版社1992年版，第417页。
④ 《唐六典》卷七《工部尚书》，第221页。
⑤ （宋）李昉等编：《文苑英华》卷四一八《中书制诰三十九·内官》，中华书局1966年版，第2114页。
⑥ 《资治通鉴》卷二一〇，唐玄宗开元元年（713）条，第6683页。
⑦ 《唐两京城坊考》卷一《西京·宫城》，第3页。
⑧ 《资治通鉴》卷二二五，唐代宗大历十四年（779条），第7264页。
⑨ 《新唐书》卷五一《食货志一》，第1349页。
⑩ 《旧唐书》卷一二《德宗纪上》，第322页。

上书言事忤旨或不足采者、官员失职未叙者。一部分是蕃国人员，即来朝见、贡献而尚未报答者、未封授者。他们在客省等待期间，由度支供给廪食。从外交工作而言，客省的作用与鸿胪寺客馆相类，但是鸿胪寺所居蕃客是一般的外交人员，客省所居蕃客是因故尚未能及时报答的一部分特殊的外交人员。由此可见客省也担负一定的外交职责，故薛廷珪《授刘处宏通议大夫内侍省监充客省副使制》云："内省华资，司宾重任……况遐方即序，重译来庭，尤思周敏之才，用副绥怀之旨。"① 指出了客省所具有的外交功能和性质。

由于客省所收留人员甚多，"于客省给食，横费已甚"②，使国家财政负担过重，于是德宗即位后遣散了居留客省的大量人员，通过这一措施"岁省谷万九千二百斛"③。但客省终唐之世一直未废，昭宗天祐元年（904）四月敕，除保留包括客省在内的九使之外，"余并停废"④。可见唐末仍然保留客省而不废。

四　史馆

我国史官之设置甚早，然而以外事任务加以史官之身并作出明确规定，则自唐朝始。

史职之隶属，从东汉至隋的数百年间，除曹魏太和年间隶于中书之外，一般均隶属于秘书省。隋朝以著作曹掌国史，隶于秘书省。唐武德初，以史官属秘书省著作局。贞观三年（629）始置史馆，移于禁中，隶门下省，以他官兼任史官，而以宰相监修国史。开元年间宰相李林甫以为"史官记事隶门下省，疏远"⑤，其建议"以中书地切枢密，记事者官宜附近"。于是史官尹愔奏移史馆于中书省北⑥，此后史馆隶于中书省。

史馆的主要任务就是"掌修国史"，而国史的内容非常广泛，"凡天

---

① 《文苑英华》卷四一八《中书制诰三十九·内官》，第2114页。
② 《旧唐书》卷一二《德宗纪上》，第322页。
③ 《资治通鉴》卷二二五，唐代宗大历十四年（779）条，第7264页。
④ 《唐会要》卷七九《诸使下》。
⑤ 《新唐书》卷四七《百官志二》，第1214页。
⑥ 《旧唐书》卷四三《职官志二》，第1852页。

地日月之祥，山川封域之分，昭穆继代之序，礼乐师旅之事，诛赏废兴之政"①，均为其记述之内容。而作为国家大事的外交自然也是其必须加以记载的重要内容。

唐朝规定政府各部门凡有关外事方面的内容，均须向史馆上报，提供其修史之原始资料。"诸司应送史馆事例"条之规定中，有一方面重要内容就是"蕃国朝贡，蕃夷入寇及来降"，这方面的内容即大量涉及外交事务。要求"已上事，并依本条，所由有即勘报史馆，修入国史"。即要求有关部门应及时将这方面的内容报送史馆，以作为其修史之资料。关于"蕃国朝贡"方面的内容，规定："每使至，鸿胪勘问土地、风俗、衣服、贡献、道里远近，并其主名字报。"这方面的内容主要由鸿胪寺负责向来使调查了解，举凡来朝之国的人情风土、政治概况等国情内容均须搜集整理，并报送史馆。关于"蕃夷入寇及来降"方面的内容，规定："奏状，中书录状报；露布，兵部录报；军还日，军将具录陷破城堡、杀伤吏人、掠掳畜产，并报。"② 由于中书负责军事方面的奏状，故由其抄录一份报送史馆。露布是一种不封缄的捷报、檄文。每出征既捷，由兵部负责"露布以闻"③。故由其将露布抄录一份报送史馆。而具体的战绩则由出征将帅于战事结束之后报送史馆。由此可见，当时政府各部门凡有关外交方面的事项都要向史馆报告，提供原始材料。

出使外国的使节，也要搜集所在国的情况，并提交史馆以备修史之用。有时甚至为了修史而特派使者出国搜集资料，以供史馆修史。高宗时修撰《西域图志》就是一个典型事例，"高宗遣使分往康国、吐火罗，访其风俗物产，画图以闻，诏史官撰次"④。这是特意遣使搜集有关外国地理人情以供史馆修史之用。

除了这种例行的报送制度之外，如果还有其他认为值得载入国史的外交事件，百官也可以提出并上奏皇帝，经批准之后将有关资料报送史馆。大历六年（771）十一月，"文单国王婆弥来朝，献驯象一十一"⑤。

---

① 《旧唐书》卷四三《职官志二》，第 1853 页。
② 《唐会要》卷六三《史馆上》，第 1285—1286 页。
③ 《唐六典》卷五《尚书兵部》，第 159 页。
④ 《新唐书》卷五八《艺文志二》，第 1506 页。
⑤ 《旧唐书》卷一一《代宗纪》，第 298 页。

文单国在今老挝万象。当时宰相们认为此事应当宣付史馆，以载入史册，于是他们向皇帝呈奏了表文，曰："臣等谬尘枢近，获睹鸿休，伏请宣付史官，光昭简册。"① 宰臣们认为此事于宣扬唐朝国威有重大意义，于是上书请求将此事"宣付史馆"。代宗批准了这一请求，"手诏答曰……所请付史官者依"②。

此外，据"诸司应送史馆事例"条载："如史官访知事由，堪入史者，虽不与前件色同，亦任直牒索。承牒之处，即依状勘，并限一月内报。"③ 即如果史官得知某事而认为其值得载入史册，亦可直接向有关部门发出通知，要求将其报送史馆。该单位必须按照史官的要求，写出详细报告，限一个月内报送史馆。由此可见，不仅各有关部门要随时将外交大事报知史馆，而且史官对于外交大事也要密切关注，随时要求有关部门上报。

第二节 门下省的外交职能

门下省与中书、尚书并称三省，在隋唐时期它已摆脱原先侍奉皇帝生活起居的事务，专司封驳，成为最高政令审议机构。门下省在唐代高宗、武后、玄宗时曾改名为东台、鸾台、黄门省。门下省在唐初也曾作为宰相政事堂所在地，后来政事堂移至中书省，门下省的地位也逐渐下降，其重要性居中书省之下。

唐代门下省的官员，据《唐六典》记载为三十八人，即侍中二人，黄门侍郎二人，给事中四人，录事、主事各四人，左散骑常侍二人，左补阙二人，左拾遗二人，起居郎二人，典仪二人，城门郎四人，符宝郎四人。

门下省作为总理万机的宰相机构之一，除了其审议与封驳的中心职务以外，也同样担负一定的外交职责。现将门下省官员与外交工作有关者分述于下。

---

① 《全唐文》卷四一六，常衮：《中书门下贺文丹国献白象表》，第4258页。
② 《册府元龟》卷九九九《外臣部·入觐》，第11719页。
③ 《唐会要》卷六三《史馆上》，第1286页。

一　侍　中

侍中是门下省的长官。隋代曾先后称为纳言、侍内。唐高祖、高宗、武后、玄宗时曾先后称为纳言、东台左相、鸾台纳言、黄门监、纳言等。唐代侍中二人，正三品。其与外交有关之职责主要有三个方面。

（一）赞相礼仪

侍中所掌众务之一是"赞相礼仪，以和万邦"。而"赞相礼仪"的范围很广，如"大朝会、大祭祀"时，则由侍中"版奏中严外办，以为出入之节；舆驾还宫，则请解严，所以告礼成也"[①]。这些即其赞相礼仪职责内容之一。由侍中主持赞相的这种大朝会、大祭祀礼仪，蕃客均被邀请参加，因而也是一项重要的外交礼仪活动。此外还有专为蕃客举行的各种朝见、宴飨，也是由侍中负责如此赞相礼仪的。《通典·开元礼纂类》所载《蕃主奉见》礼，仪式开始时即由"侍中版奏'请中严'，诸侍卫之官各服其器服"。然后"侍中版奏'外办'，皇帝服通天冠、绛纱袍，乘舆以出"。朝见礼毕，蕃主与蕃国诸官离开后，"侍中前跪奏称：'侍中臣某言：礼毕。'俛伏兴，还侍位，皇帝兴"[②]。所谓"版奏"，就是写有"中严""外办"的简牍，由侍中举以示令。所谓"中严外办"，就是在皇帝将出时指示参加典礼的有关人员做好一切准备。故胡三省曰："凡天子将出，侍中奏中严外办。"[③] 这就是侍中在这种蕃客朝见礼仪中，"版奏中严外办，以为出入之节"，以及"请解严""告礼成"的具体司仪过程。此外，蕃主奉辞、皇帝受蕃国使表及币、皇帝宴蕃国主等礼仪中，也是由侍中这样"赞相礼仪"的。由此可见，凡是隆重的外事典礼均由侍中负责赞相礼仪。

（二）承制劳问

在蕃客朝见中，侍中除了上述"版奏中严外办"之外，还有另一职责，凡"四夷之君长朝见，则承诏而劳问之"[④]。《通典·开元礼纂类》

[①] 《唐六典》卷八《门下省》"侍中"，第241—242页。
[②] 《通典》卷一三一《礼九十一·开元礼纂类二十六·宾礼》，《蕃主奉见》礼，第685页。
[③] 《资治通鉴》卷二七五，后唐明宗天成元年（926）条胡注，第8974页。
[④] 《唐六典》卷八《门下省》"侍中"，第243页。

所载《蕃主奉见》礼中,规定了侍中"承制劳问"的具体职司:在皇帝于御座坐定、蕃主入门后,"侍中承制降诣蕃主西北,东面,称'有制'。蕃主再拜稽首。宣制讫,蕃主又再拜稽首。侍中面奏,又承制降劳,敕命升坐,蕃主再拜稽首"。蕃主就座后,"侍中承制劳问,蕃主俛伏避席将下拜,侍中承制曰:'无下拜'。蕃主复位,拜对如常。侍中回奏,又承制劳还馆"①。由此可见所谓"承制劳问",即是在这种朝见仪式中,侍中一直充当皇帝与蕃主之间的传礼人。同样,在蕃主奉辞、皇帝宴蕃国主等典礼中,侍中也是担当这种"承制劳问"的角色。这种"承制劳问"也是上述"赞相礼仪"的一个具体方面。

(三)遣使给符

侍中的另一职责是:"若发驿遣使,则给其传符,以通天下之信。"②具体而言即"发驿遣使,则给鱼符"③。但是,"发驿遣使"的范围很广,既指国内的各种差使,也包括向国外派遣的外交使节,这些都由侍中负责授予传符。唐代符节制度规定,凡遣使发兵皆用之,作为权力和通行的凭证;百官亦有随身鱼符,作为官吏身份的凭证。从外交工作来说,一方面派遣使节到外国,需要发给符传旌节,作为通行与权力的证明;另一方面对于外国的来使也要给予传符,作为入境许可和通行的证明,前文引《唐会要》所述"西蕃诸国通唐使处,悉置铜鱼"的制度,就是这种符节制度在外交上的应用。外交方面所使用的符节,就是由侍中授予的。不过发放符节的审核工作,还有黄门侍郎和给事中协办。给事中的职责之一是:"凡发驿遣使,则审其事宜,与黄门侍郎给之。其缓者给传;即不应给,罢之。"④可见是由黄门侍郎与给事中共同审核符节的发放,核准以后由侍中正式授予。

由于侍中负有这方面的职责,所以外国使节来朝时,有关入境赴京的符信方面的要求便直接向侍中提出。新罗于唐末派崔致远来朝,其上大师侍中状云:"今某儒门末学,海外凡材,奉表章来朝乐土……伏乞大

---

① 《通典》卷一三一《礼九十一·开元礼纂类二十六·宾礼》,《蕃主奉见》,第685页。
② 《唐六典》卷八《门下省》"侍中",第243页。
③ 《新唐书》卷四七《百官志二》,第1205页。
④ 《唐六典》卷八《门下省》"给事中",第244页。

师侍中俯降台恩，特赐水陆券牒，令所在供给舟船熟食，及长行驴马草料，并差军将监送至驾前。"① 这里所谓"水陆券牒"，与发给来使的"符传"一类凭证性质是一致的，持此可以作为赴京的通行证明，并可得到相应的照料。崔致远的这一要求是向侍中提出的，可见这是侍中职掌范围之内的事情。

二　典仪与赞者

门下省的属官有典仪二人，从九品下，为最低一级官员，其职责是："掌殿上赞唱之节及设殿庭版位之次。凡国有大礼，侍中行事，及进中严外办之版，皆赞相焉。"可见典仪是协助侍中赞相礼仪的专职司仪官员。典仪"领赞者，以知赞唱之节"。所领赞者有十二人，"掌赞唱，为行事之节"②。在国家的"大礼"中，就包括接见与宴请蕃客的外交典礼。《开元礼纂类·蕃主奉见》礼中，设有典仪和赞者的位次，举行典礼时，典仪帅赞者就位。蕃主入门、乐止后，"典仪曰'再拜'，赞者承传，蕃主再拜稽首"③。在《皇帝宴蕃国主》礼中，"典仪唱'就坐阶下'，赞者承传，蕃主以下皆就坐"。进酒时，"典仪唱'酒至，兴。'阶下赞者承传，蕃主以下皆俛伏兴立坐后"④。然后"行酒殿上""受觯殿上""进食""食案设讫"等程序中，都由典仪"唱"，赞者"承传"，蕃主及蕃国官员均随他们的赞唱而行礼如仪。这就是所谓行"赞唱之节"的具体内容。不过他们是在侍中主持赞相礼仪中，协助侍中司仪。此外在蕃主奉辞等典礼中，他们也都是扮演这一角色的。

典仪、赞者与中书省之通事舍人均在礼仪场合负责司仪，他们之间有何区别呢？《历代职官表》作了比较概括的叙述：唐通事舍人"与典仪所司，大略相似，而互属两省，史志并不详其分职之由。以《开元礼》考之，如蕃国来朝仪，则典仪位于宫县之东北，赞者二人，在南差退；舍人引蕃主入门，典仪赞拜礼毕，舍人与蕃主俱退"⑤。可知典仪、赞者

---

① 《三国史记》卷四六《崔致远列传》，第465—466页。
② 《唐六典》卷八《门下省》"典仪"，第249页。
③ 《通典》卷一三一《礼九十一·开元礼纂类二十六·宾礼》，第685页。
④ 同上书，第686页。
⑤ 《历代职官表》卷三三《鸿胪寺》"唐"按语，第885页。

主要在殿庭赞唱，通事舍人主要负责引导进退。

三　符宝郎

隋初于门下省设符玺局，置符玺监二人，大业三年（607）废局改置符玺郎。唐初曾称符玺郎或符宝郎，从开元初之后称符宝郎。符宝郎四人，从六品上。其下设有主宝六人，主符三十人，主节十八人。由他们分别掌管"宝""符""节"。宝即玺印，符即鱼符、传符等凭证，节即旌节。

符宝郎的职掌："掌天子之八宝及国之符节，辨其所用，有事则请于内，既事则奉而藏之。"① 前文我们曾言及发放符信是由侍中负责，而由黄门侍郎和给事中协助办理。他们决定符节的授予后，则由符宝郎"辨其所用"，即根据不同的用途和情况而颁用。如"宝"即有八种："神宝""受命宝""皇帝行宝""皇帝之宝""皇帝信宝""天子行宝""天子之宝""天子信宝"，各有不同用途。符节有：铜鱼符、传符、随身鱼符、木契、旌节等②。每种又根据不同用途和授予对象而有不同形制。符宝郎的职责就是根据不同用途和不同对象而"辨其所用"。这些玺印、符节平时存放于宫中，"其符节并纳于宫中"，有事须用时由符宝郎"请于内"，用毕再"奉而藏之"③。

符宝郎之职责与外交有关者，主要为：

第一，用玺方面。隋制，"'天子行玺'，封命蕃国之君，则用之。'天子之玺'，赐蕃国之君书，则用之。'天子信玺'，征蕃国兵，则用之"④。唐制亦以皇帝八宝之中的"天子三宝"用于外交方面，与隋制大同而小异，"天子行宝"，为"答四夷书则用之"；"天子之宝"，为"慰抚蛮夷则用之"；"天子信宝"，为"发蕃国兵则用之"⑤。其中的"天子

---

① 《唐六典》卷八《门下省》"符宝郎"，第251页。
② 同上书，第252页。
③ 《通典》卷二一《职官典三》"符宝郎"，第124页。
④ 《隋书》卷一二《礼仪志七》，第255页。
⑤ 《唐六典》卷八《门下省》"符宝郎"，第252页。

之宝"，《公式令》与《六典》稍异，谓"天子之宝，慰劳蕃国书则用之"①。

第二，用符节方面。为派遣外交使节时所用符节之颁发，以及来朝使节所用鱼符之颁发等。"凡国有大事则出纳符节，辨其左右之异，藏其左而班其右，以合中外之契焉。"② 上述外交事务即包括这里所称的"大事"之中。"凡命将、遣使，皆请旌、节。旌以颛赏，节以颛杀。"③ 外交使节均须授予旌节，以为权力的凭证与象征。

第三，外交礼仪方面。符宝郎之职，"凡大朝会，则捧宝以进于御座；车驾行幸，则奉宝以从于黄钺之内"④。在举行大朝会和皇帝行幸时，均由他们捧宝参与其事。蕃客朝见、贡献表币以及宴请蕃客等礼仪时，符宝郎也都要参加，"奉宝置于御座，侍卫如常仪"⑤。亦须捧宝侍候。这虽然是一种仪仗作用，但也含有向蕃国表示外交权力掌握于皇帝手中的意味。

以上是门下省及其与外交有关官员的大体情况。由于门下省与中书省一样也是宰相机构，同时又负有一定的外交职责，因而门下省也具有一定的外交场所职能。它也可作为宴请蕃客的场所，长庆元年（821）四月，"命宰臣等于侍中厅宴吐蕃使"⑥。不过在侍中厅宴请蕃客，远不如中书省频繁，这应是门下省的外交权力逊于中书省的一个反映。亦用于作为外交的某些特殊场所，唐初突厥颉利、突利可汗进犯唐，武德九年（626）七月颉利"遣其腹心执失思力入朝为觇"，企图窃取情报，并向唐发出战争威胁，唐太宗斥责突厥背弃和约并警告执失思力"当先戮尔"，"思力惧而请命，太宗不许，系之于门下省"⑦。将进行间谍活动的使节囚禁于门下省。

---

① ［日］仁井田陞，栗劲等译：《唐令拾遗·公式令》第二一，长春出版社1989年版，第505页。
② 《唐六典》卷八《门下省》"符宝郎"，第253页。
③ 《新唐书》卷四七《百官志二》，第1209页。
④ 《唐六典》卷八《门下省》"符宝郎"，第252—253页。
⑤ 《通典》卷一三一《礼九十一·开元礼纂类二十六·宾礼》，第685页。
⑥ 《册府元龟》卷九七六《外臣部·褒异三》，第11465页。
⑦ 《旧唐书》卷一九四上《突厥传上》，第5157页。

第三节 尚书省的外交职能

尚书省作为总理全国政务的机构，除了前文已经叙述过的其所辖礼部主客司为专职外交部门之外，尚有许多部门与外交行政事务有关者。现将这些部门及其有关外交方面的职能分述于后。

一 尚书都省

尚书都省即尚书省的总办公厅，又称都司、都台、都堂。在尚书都省办公的官员有尚书令、左右仆射、左右丞、左右司郎中、员外郎、都事、主事等。"凡都省掌举诸司之纲纪与其百僚之程式，以正邦理，以宣邦教。"① 其中最为大量的日常工作就是钩稽文书，一方面是天下文书均先申尚书省裁处，"天下大事不决者，皆上尚书省"②。唐后期为了恢复前期制度，于大历十四年（779）六月敕曰："天下诸使及州府，须有改革、处置事，一切先申尚书省，委仆射以下商量闻奏，不得辄自奏请。"另一方面是一切公文均自尚书省转发，"省内诸司文案，准式，并合都省发付，诸司判讫，都省勾检稽失"③。本省的公文均由其勾检并发出。同时"凡制、敕施行，京师诸司有符、移、关、牒下诸州者，必由于都省以遣之"④。中书门下的制敕和中央各部门的公文也都由尚书都省转发。

唐代的公文分为若干不同的等级和种类，自上行下的有六种，分别称为：制、敕、册、令、教、符。"天子曰制，曰敕，曰册。皇太子曰令。亲王、公主曰教。尚书省下于州、州下于县、县下于乡，皆曰符。"自下而上的也有六种，分别称为：表、状、笺、启、牒、辞。"表上于天子，其近臣亦为状。笺、启于皇太子，然于其上亦为之，非公文所施。九品已上公文皆曰牒。庶人言曰辞。"平行机关之间的公文有三种，分别为：关、刺、移。"关谓关通其事，刺谓刺举之，移谓移其式于他司。"⑤

---

① 《唐六典》卷一《尚书都省》，第10页。
② 《新唐书》卷四六《百官志一》，第1185页。
③ 《唐会要》卷五七《尚书省诸司上》"尚书省"，第1156—1157页。
④ 《唐六典》卷一《尚书都省》，第11页。
⑤ 同上书，第10—11页。

一切与外交有关的文书也是上报尚书省并由其转发的。"若在京差使者令使人于都省受道次符、牒，然后发遣。若诸方使人欲还，亦令所由司先报尚书省，所有符、牒，并令受送。"① 这里当然也包括外交使节的发遣与往返符、牒的发放。外国使节来唐之后，其行动均须由中央有关部门的公文指挥与管束。开成三年（838）日本藤原常嗣所率使团于七月二十五日到达扬州后，即在扬州等候中央的指示。淮南节度使李德裕向中央上报此事之后，九月十三日日本使团"闻相公（即李德裕）奏状之报符，来于扬府"。意即李德裕通过尚书省的上奏已获得批准，尚书省所下发的"报符"已送达扬州府。在得到中央批准日本遣唐使赴京及其人数的命令后，九月二十九日"相公为入京使于水馆设饯"，以示送行，日本使团始从扬州出发赴京。这是外国使团必须得到尚书省下发的"符"之后才能行动的证明。但随团来唐拟赴台州的请益僧等人未获批准，于是李德裕告诉他们："大使入京之后，闻奏，得敕牒后，方令向台州者。"意即请益僧的行止，仍然须等待日本大使入京上奏，得到尚书省的"报符"之后，才能前往台州。到了第二年的正月三日，仍然滞留于扬州的日本僧人们"又闻敕符到州，其符状称，准朝贡使奏，为日本国使帖于楚州雇船，便以三月令渡海者"②。意即日本使团在长安完成使命之后，"敕符"又下达扬州，允许日本使团从楚州雇船返国。可知使团返国事宜亦须依尚书符行事。小野石根所率日本遣唐使于宝龟八年（唐大历十二年，777）到达扬州后，经节度使陈少游上奏，批准放六十五人进京，当他们行"至高武县，有中书门下敕牒，为路次乏车马，减却人数，定廿人"③。于中途又接到"敕牒"，由六十五人减为二十人。这种由宰相所下"敕牒"也是经由尚书都省转发的。

二　尚书各部

（一）吏部司封司

司封司为吏部诸司之一，长官为司封郎中一人，从五品上，副长官

---

① 《唐六典》卷一《尚书都省》，第11页。
② 《入唐求法巡礼行记》卷一，第44、49、92页。
③ 《续日本纪》卷三五《天宗高绍天皇》宝龟九年十月条，第445页。

为司封员外郎一人，从六品上。司封司的职掌顾名思义是掌管封爵之事，具体即所谓："掌封命、朝会、赐予之级。"① 对于蕃国的封爵之事及相关之等级拟定和分配也是由其负责的，例如其职掌中有"诸蕃三品以上母、妻授封以制"，就是对于其掌管蕃国命妇授封的有关职责规定。

(二) 户部

1. 户部司

户部司为户部之头司，其"掌天下土地、人民、钱谷之政，贡赋之差"②。以郎中二人（从五品上）、员外郎二人（从六品上）主其事。户部司职掌与外交有关者有二，其职责之一是掌管天下土特产品的进贡，"凡天下十道，任土所出而为贡赋之差"。这一职责亦有与外交相关涉者，在天下十道中，其中关内道"远夷则控北蕃、突厥之朝贡焉"。河南道"远夷则控海东新罗、日本之贡献焉"。河北道"远夷则控契丹、奚、靺鞨、室韦之贡献焉"。陇右道"远夷则控西域胡、戎之贡献焉"。岭南道"远夷则控百越及林邑、扶南之贡献焉"③。此为开元二十五年（737）所定之制。这表明户部司在管理全国各地的物产贡献的同时，也兼管四方蕃国及民族的贡献。户部司的职责之二是掌管户口与赋税的征收，这方面的职责也有与外事有关涉之处，"凡诸国蕃胡内附者，亦定为九等，四等已上为上户，七等已上为次户，八等已下为下户；上户丁税银钱十文，次户五文，下户免之。附贯经二年已上者，上户丁输羊二口，次户一口，下户三户共一口"④。这是对于内附蕃胡的户口及其赋税征收的管理，以较内地优惠之赋税政策安置内附蕃胡。

2. 金部司

金部司是户部四司之一，其"掌判天下库藏钱帛出纳之事，颁其节制，而司其簿领"⑤。以郎中一人（从五品上）、员外郎一人（从六品上）主之。其职掌与外交有关的地方有三个方面。

其一，互市管理。蕃客在长安、洛阳两京的互市由金部司负责管理。

---

① 《新唐书》卷四六《百官志一》，第1188页。
② 同上书，第1192页。
③ 《唐六典》卷三《尚书户部》"郎中"，第64、65、66、67、69、72页。
④ 同上书，第77页。
⑤ 《旧唐书》卷四三《职官志二》，第1827页。

金部司负责"两京市、互市、和市、宫市交易之事"①。其中的"互市"就是对外国和少数民族的贸易。金部司在这方面的职责是："凡有互市，皆为之节制。"即互市政策的管理。其具体政策有二：一为"诸官私互市唯得用帛练、蕃綵，自外并不得交易。其官市者，两分帛练，一分蕃綵。"规定了与蕃国互市的交易媒介物及其比例。二为"若蕃人须籴粮食者，监司斟酌须数，与州司相知，听百姓将物就互市所交易"②。这是有关蕃人购买粮食的规定。

其二，赏赐蕃客锦綵。唐代对于来朝的蕃客照例都要给予赏赐，金部司即负责赏赐蕃客锦綵。唐制规定"凡赐物十段，则约率而给之"。即赐物十段以上，按一定比例给予不同品种。其中"若赐蕃客锦綵，率十段则锦一张、绫二匹、缦三匹、绵四屯"。即赏赐蕃客锦綵时按照上述比例给予。其中绵以"屯"计，"绵则六两为屯"，"绵四屯"③ 即为二十四两。这种赏赐物品的"出纳之节"就是由金部司主管的。

其三，给使者衣服。唐朝外交使节的服装由金部司负责发放，"凡遣使覆囚，则给以时服一具，随四时而与之。若诸使经二季不还，则给以时服一副，每岁再给而止"。这里也包括外交使节衣服的给予，"其出使外蕃及傔人并随身杂使、杂色人有职掌者，量经一府已上，亦准此"。傔人即随从人员，唐制外交使者均配备傔人为副官。给予衣服的多少是根据出使时间和远近而定，"凡时服称一具者，全给之；一副者，减给之"。一具者，即给予春、夏、秋、冬四季的衣服，一副者则减半给予，"春、夏遣者给春衣，秋、冬去者给冬衣"④。

（三）礼部

礼部为尚书省六部之一，以礼部尚书一人（正三品）、侍郎一人（正四品下）主其事。礼部是唐代外交政令主管机关之一，是尚书省中与外交工作关系最为密切的一个部门，其"掌天下礼仪、祠祭、燕享、贡举之政令"。这些职掌几乎都与外交工作有不同程度的关系。其所统辖的有

---

① 《新唐书》卷四六《百官志一》，第1193页。
② 《唐六典》卷三《尚书户部》"金部郎中"，第82页。
③ 同上。
④ 同上。

四个司，即礼部司、祠部司、膳部司、主客司。其中的主客司为专职外交管理机构，前面已作专章论述。其余三个司也与外交有不同程度的关系。这四司的工作都由礼部尚书与侍郎"总其职务而奉行其制命。凡中外百司之事，由于所属，皆质正焉"①。因而凡有关外交之政令与礼仪均汇总于礼部，由其负责管理。

礼部官员还要参与各种外交礼仪活动。每年一度的元正、冬至朝贺就是一项涉外礼仪大典，这种典礼都有蕃国首领及外交使节参加。礼部在这种典礼中负责蕃客贡献的引导进奏，"初入，户部以诸州贡物陈于太极门东东、西厢，礼部以诸蕃贡物可执者，蕃客执入就位，其余陈于朝堂前"。然后"户部尚书进诣阶间跪奏，称：'户部尚书臣某言：诸州贡物请付所司。'侍中前承制，退，称：'制曰可。'礼部尚书以次进诣阶间，跪奏，称：'礼部尚书臣某言：诸蕃贡物请付所司。'侍中前承制，退，称：'制曰可。'太府帅其属受诸州及诸蕃贡物出归仁、纳义门，执物者随之"②。这里户部与礼部分别引导进奏内外贡献者，他们的分工是很明确的，户部主内，礼部主外，户部负责引导进奏诸州贡物，礼部则负责引导进奏蕃国贡物。蕃国贡献为元正朝贺必备之仪，而"冬至受朝，则不奏祥瑞、贡物"③。

礼部与外交有关的另一重要职责是主持"宾贡"科，延揽外国人材。唐朝科举取士初由吏部考功司负责，开元二十四年（736）"敕以为权轻"④，改由礼部负责。此后掌"贡举之政令"⑤ 即为礼部一项重要职责。宾贡科是专门为外国人设置的一项贡举科目，它与一般科目不同，"每自别试，附名榜尾"⑥。另外出题单独考试，放榜时附于榜末。这是为了照顾外国人的汉文化水平而特设的科目。新罗人崔致远《桂苑笔耕集·序

---

① 《唐六典》卷四《尚书礼部》，第108—109页。
② 《新唐书》卷一九《礼乐志九》，第426—427页。
③ 《通典》卷一二三《礼八十三·开元礼纂类十八·嘉礼二》"皇帝正至受群臣朝贺"条注，第644页。
④ 《唐六典》卷二《尚书吏部》，第44页。
⑤ 《唐六典》卷四《尚书礼部》，第108页。
⑥ ［韩］朝鲜古书刊行会编：《东史纲目》第五上，景仁文化社版1987年版，第499页。

录》谓其留学于唐，"观光六年，金名榜尾"①。以外国人考取进士而录于榜末，此即"宾贡"。金可记，"新罗人也，宾贡进士……举动言谈，迥有中华之风，俄擢第"②。大食人李彦昇以"宾贡"及第，"大中初年，大梁连帅范阳公得大食国人李彦昇，荐于阙下，天子诏春司考其才，二年以进士第，名显然，常所宾贡者不得拟……是形夷而心华也"③。被认为虽为夷人之外貌，而具有华人之内心。除了留学生外，也有侨居中国的外国人参加"宾贡"考试，"宾贡李珣，字德润，本蜀中土生波斯也。少小苦心，屡称宾贡，所吟诗句，往往动人"④。李珣作为侨居于蜀中的波斯人，仍然参加"宾贡"考试。宾贡及第者，以新罗为最，《东史纲目》据《崔致远集》补曰："长庆初，金云卿始登宾贡科……自云卿后至唐末登科者五十人，五代梁唐之际，亦至三十二人。其表表知名者有崔利贞……等，皆达于成材。"⑤ 据称，金云卿"题名杜师礼榜。其还也，唐人周翰赠诗曰：'礼乐夷风变，衣冠汉制新。'"此后不少新罗人"连登唐第"，于是"新罗文物之盛，至是益备焉"⑥。唐文化通过宾贡科举而深刻影响于朝鲜半岛。

1. 礼部司

礼部司为礼部的本司，以礼部郎中一人（从五品上）、员外郎一人（从六品上）主之。其"掌礼乐、学校、衣冠、符印、表疏、图书、册命、祥瑞、铺设，及百官、宫人丧葬赠赙之数，为尚书、侍郎之贰"⑦，协助礼部尚书和礼部侍郎的工作。礼部司掌管的"五礼"与外交有着密切的关系。我国自古为礼仪之邦，其礼仪主要有五种，以祭祀之事为"吉礼"，宾客之事为"宾礼"，军旅之事为"军礼"，冠婚之事为"嘉礼"，丧葬之事为"凶礼"。到了唐代礼仪更为完备，唐代的"五礼"共

---

① ［新罗］崔致远著，党银平校注：《桂苑笔耕集》之崔致远《序》，中华书局2007年版，第13页。
② （宋）李昉等编：《太平广记》卷五三《金可记》，中华书局1961年版，第329页。
③ 《全唐文》卷七六七，陈黯《华心》，第7986页。
④ （五代·后蜀）何光远：《鉴诫录》卷四《斥乱常》，傅璇琮、徐海荣、徐吉军主编：《五代史书汇编》丙编，杭州出版社2004年版，第5895页。
⑤ 《东史纲目》第五上，第499页。
⑥ 同上书，第487页。
⑦ 《新唐书》卷四六《百官志一》，第1194页。

有一百五十二种仪式，其中吉礼之仪五十五种；宾礼之仪六种；军礼之仪二十三种；嘉礼之仪五十种；凶礼之仪十八种。五礼之中的"宾礼"基本上是关于外交方面的礼仪，其六种仪式分别为：《蕃国王来朝》之仪、《戒蕃王见》之仪、《蕃王奉见》之仪、《受蕃使表及币》之仪、《燕蕃国王》之仪、《燕蕃国使》之仪。①"宾礼"之外的其余四礼，也都或多或少与外交礼仪有关，举凡礼仪大典、祭祀封禅、公主和亲、丧葬吊祭等，都有蕃国首领、使节参加，都与外交有关，其中也还有一些专门的涉外礼仪，如《通典》卷一三〇《礼九十·开元礼纂类二十五·嘉礼九》所载嘉礼中的《皇帝遣使诣蕃宣劳》之仪，《通典》卷一三五《礼九十五·开元礼纂类·凶礼二》所载凶礼中的《为蕃国主举哀》之仪等。礼部司的职责是对于五礼"举其仪制，而辨其名数"②。礼部司的另一职掌是管理"丧葬赠赙之数"，蕃国首领丧葬之事也归其负责，"诸蕃首领丧，则主客、鸿胪月奏"③。主客、鸿胪这两个外交专职部门在处理蕃国丧事之后，要将情况报告礼部司。

2. 祠部司

祠部司为礼部四司之一，以祠部郎中一人（从五品上）、员外郎一人（从六品上）主之。祠部司是负责祠祀祭享的机构，宗教事务亦归其管辖，其中从域外传入的宗教事务，也与外交工作有关。

唐代是我国古代宗教繁荣的一个时期，除了土生土长的道教以外，大多数宗教是从域外传入的。在唐以前传入而在唐代进一步盛行的有佛教、祆教等，唐代传入的有景教、摩尼教、回教等。因而在唐代外僧云集，而唐政府对于外僧视为贵宾，给予外交使节般的高规格接待。叙利亚人阿罗本于贞观九年（635）来唐传布景教，"贞观九祀，至于长安，帝使宰臣房公玄龄，总仗西郊，宾迎入内。翻经书殿，问道禁闱"④。由宰相主持宾迎，礼遇隆重。对于重要的僧侣，皇帝还要亲自"容而接

---

① 《唐六典》卷四《尚书礼部》，第111页；《通典》卷一三一《礼九十一·开元礼纂类二十六·宾礼》，第685—687页。
② 《旧唐书》卷四三《职官志二》，第1829页。
③ 《新唐书》卷四六《百官志一》，第1194页。
④ （清）王昶辑：《金石萃编》（第三册）卷一〇二《唐》六二，《大秦景教流行中国碑》，中国书店1985年版，第1页。

之"，召见于宣政殿、赐宴于礼宾院①，其规格更有过之。

佛教在唐初是由专门负责外交事务的鸿胪寺管理的，"天下僧尼，国朝已来，并隶鸿胪寺"。确定这种隶属关系的理由是因为佛教"本西方兴教，使同客礼"，故而"割属鸿胪"。可见当时是把管理佛教等宗教当作涉外事务看待的。到武后延载元年（692）才下令"天下僧尼隶祠部"②。但是祠部主要管理宗教政令，具体事务仍由鸿胪寺负责，鸿胪寺职掌："凡天下寺观三纲及京都大德，皆取其道德高妙为众所推者补充，上尚书祠部。"③ 鸿胪寺在这方面的事务要上报祠部，受其领导。僧尼的簿籍须三年一造，"其籍一本送祠部，一本送鸿胪，一本留于州、县"④。可见延载元年祠部主管宗教之后，鸿胪寺还继续管理宗教事务。会昌五年（845）僧尼事务曾一度归礼部主客司负责，作这种改变的理由，当时中书门下奏称："臣等据《大唐六典》，祠部掌天下宗庙大祭，与僧事殊不相及，当务根本，不合归尚书省，属鸿胪寺亦未允当。又据《六典》，主客掌朝贡之国七十余蕃，五天竺国并在数内。释氏出自天竺国，今陛下以其非中国之教，已有厘革。僧尼名籍便令系主客，不隶祠部及鸿胪寺。"⑤ 认为佛教出自外国，应将其划归掌管外交的主客司管理。宰相们的建议得到武宗的批准同意，武宗下制曰："隶僧尼属主客，显明外国之教。"⑥ 可见改隶主客就是从宗教所具有的外交性质考虑的。不过第二年又改属两街功德使，但是仍令"所度僧尼，令祠部给牒"⑦。总之，在唐代从武后延载之后，宗教事务基本上是归祠部管理的，而这一职掌与对外关系是十分密切的。

唐代在与各种宗教从西方传入或盛行于内地的同时，外国僧人亦纷纷入唐求法巡礼，对这些外国僧侣的管理工作都是归祠部的。宪宗元和（806—820）年间，在长安章敬寺求法的新罗僧人法清请求出都巡礼名

---

① 《全唐文》卷五四八，韩愈：《论佛骨表》，第5553页。
② 《唐会要》卷四九《僧尼所隶》，第1006页。
③ 《唐六典》卷一八《鸿胪寺》，第505页。
④ 《唐六典》卷四《尚书礼部》"祠部郎中"条注，第126页。
⑤ 《唐会要》卷四九《僧尼所隶》，第1007页。
⑥ 《旧唐书》卷一八上《武宗纪》，第606页。
⑦ 《唐会要》卷四九《僧尼所隶》，第1007页。

山、修"头陀"（佛教苦行之一）之行，于是祠部给其出具"公验"一件。这件"公验"的全文著录于日僧圆仁的《入唐求法巡礼行记》卷二中，末尾署名者有：令史潘伦、主事赵参、员外郎周仲孙，时为元和二年（807）二月①。唐代祠部有主事二人，从九品上，为祠部最低一级官员；令史五人，为流外办事人员，司内文书案牍均由他们负责。可知这件"公验"是由令史潘伦和主事赵参开具，而由祠部员外郎周仲孙签署的。周仲孙在唐代尚书省郎官石柱中有题名，曾任祠部员外郎和主客郎中，但劳格、赵钺《唐尚书省郎官石柱题名考》于周仲孙名下注云"无考"②，似未检圆仁此书。从这件"过所"可知周仲孙在元和二年期间曾任祠部员外郎。

祠部除了管理佛教这种大规模流行于中国的宗教之外，对于一些不许国内人民信奉的少数宗教则另有特殊的管理。祆教又称拜火教，流行于古代波斯、中亚等地，南北朝时期传入中国。唐代禁止一般百姓信奉，但是允许其在中国存在，在长安、洛阳都建有祆祠，为侨居中国的外国人所信奉。并设置萨宝、祆正等官员管理③。祠部对于祆教的管理职责之一是："两京及碛西诸州火祆，岁再祀，而禁民祈祭。"④ 一方面允许其在国内存在和进行正当的宗教活动，另一方面则查禁国内人民信奉。

3. 膳部司

膳部司为礼部四司之一，由膳部郎中一人（从五品上）、员外郎一人（从六品上）主之，其职"掌邦之祭器、牲豆、酒膳，辨其品数，及藏冰、食料之事"⑤。即一方面是负责祭祀所用的各种祭器和祭品，另方面是负责供应百官的食料。唐代对于亲王以下、九品以上官员均有"常食料"供应，包括各种主食、副食和柴炭等，按照品级的不同，每天供应的品种、数量都有所差别。这项职掌与外交工作亦有关系，即负责来唐

---

① 《入唐求法巡礼行记》卷二，第184—185页。
② （清）劳格、赵钺：《唐尚书省郎官石柱题名考》卷二五，中华书局1992年版，第940页。又，岑仲勉《郎官石柱题名新考订》（外三种）亦未补周仲孙事，上海古籍出版社1984年版。
③ 参见《通典》卷四〇《职官典二十二》，第229—230页；《旧唐书》卷四二《职官志一》，第1803页。
④ 《新唐书》卷四六《百官志一》，第1195页。
⑤ 《旧唐书》卷四三《职官志二》，第1831—1832页。

蕃客的食料管理。按照规定："蕃客在馆设食料五等。蕃客设食料，蕃客设会料，各有等差焉。"① 这就是说，蕃客居住于客馆时，即在唐执行外交使命期间，其日常食料和宴会所需物品，均由唐政府按蕃客的不同等级分为五等以供给之。膳部司负责主管其事，即掌管蕃客食料供应方面的政令。

（四）兵部

兵部为尚书六部之一，为全国军事政令的指导机关，"掌天下武官选授及地图与甲仗之政令"②。以兵部尚书一人（正三品）、侍郎二人（正四品下）主之。其下属有四个司，即兵部司、职方司、驾部司、库部司。兵部及其所辖诸司的职掌也在不同程度上与外交工作有关。兵部职掌中直接与外交有关的是负责迎宾仪仗，"诸蕃首领至，则备威仪郊导"③。每当蕃国首领来唐时，由兵部负责组织仪仗队伍欢迎来宾。这项职掌即属于兵部职责 "备戎仗之物数，以戒军令，而振国容焉"④ 的内容之一。这方面的具体工作由库部司负责，其职务即 "掌戎器、卤簿仪仗"⑤。这些武器和仪仗日常由卫尉寺负责保管，其 "大事承制敕，小事则听于尚书省"⑥。调用这些武器和仪仗，大事由中枢下达制敕，小事由尚书省下达，这里的尚书省，即指兵部及其所辖之库部司。可见库部司是掌管武器和仪仗出纳政令的。

1. 兵部司

兵部司是兵部的头司，由兵部郎中一人（从五品上）、员外郎二人（从六品上）主之。兵部郎中的职掌之一，"掌考武官之勋禄品命，以二十有九阶承而叙焉"⑦。这一职掌即与外交工作有关。隋唐时期实行散官制度，所谓 "散官" 是对 "职事官" 而言，"居曹有职务者为职事官，无职务者为散官"⑧。职事官是指有实际职务的官员，散官是指有官名而

---

① 《唐六典》卷四《尚书礼部》"膳部郎中"条，第129页。
② 《旧唐书》卷四三《职官志二》，第1832页。
③ 《新唐书》卷四六《百官志一》，第1196页。
④ 《唐六典》卷五《尚书兵部》，第151页。
⑤ 《新唐书》卷四六《百官志一》，第1198页。
⑥ 《新唐书》卷四八《百官志三》，第1249页。
⑦ 《唐六典》卷五《尚书兵部》"郎中"，第152页。
⑧ 《隋书》卷二八《百官志下》，第781页。

无实际职务的官员，他们"不理职务，加官而已"①，用以表示品级。散官有文武之分，唐代武散阶有四十五，其中凡加"怀化""归德"称号的大将军、将军、中郎将、郎将、司阶、中候、司戈、执戟长上等，皆"以授蕃官"②，即授予外国或少数民族首领。兵部郎中就是负责以上述不同等级的武散官授予蕃客之政令。

2. 职方司

职方司是兵部四司之一，以职方郎中一人（从五品上）、员外郎一人（从六品上）主之。职方是一古老的官名，《周礼·夏官》有"职方氏"，"掌天下之图，以掌天下之地，辨其邦国、都鄙、四夷、八蛮、七闽、九貉、五戎、六狄之人民，与其财用九谷、六畜之数要，周知其利害……制其职，各以其所能；制其贡，各以其所有"③。是掌管天下地图及职贡的官员。西魏、北周依据《周礼》而设职方中大夫。隋于尚书省置职方侍郎一人。崔君肃曾于隋"任职方侍郎"④，他于大业四年（608）在司朝谒者任上奉命出使突厥处罗⑤，唐初任鸿胪卿⑥。

唐代于兵部设职方司，其"掌天下之地图及城隍、镇守、烽候之数，辨其邦国、都鄙之远迩，及四夷之归化者"。可见他的职掌也与外交工作有关。其所掌"四夷之归化者"，主要是从其掌管地理资料的角度来进行的，即"其外夷每有番官到京，委鸿胪讯其人本国山川、风土，为图以奏焉；副上于省"⑦。这就是说每有外国使节来唐，职方司则要求鸿胪寺将该国的山川、风土情况上报。"副上于省"一句，《新唐书》记作"副上于职方"⑧，就是将报告的副本上报于职方司。与此同时"殊俗入朝者，图其容状、衣服以闻"⑨。还要求鸿胪寺将来朝者的容貌和穿戴画图上报

---

① 《旧唐书》卷四二《职官志一》，第1805页。
② 《唐六典》卷五《尚书兵部》"郎中"条注，第152页。
③ 《周礼注疏》卷三三《夏官司马·职方氏》，第861、864页。
④ 周绍良等编：《唐代墓志汇编》开元087，《大唐故朝议郎行岐王府西阁□□□府君之志铭并序》，上海古籍出版社1992年版，第1214页。
⑤ 《隋书》卷八四《北狄传·西突厥传》，第1877页。
⑥ 《旧唐书》卷九〇《崔元综传》，第2923页。
⑦ 《唐六典》卷五《尚书兵部》"职方郎中"，第162页。"官"，广池本作"客"，是。
⑧ 《新唐书》卷四六《百官志一》，第1198页。
⑨ 同上。

职方司。可见上报职方司的域外资料，既有文字方面的，也有图形方面的。总之职方司是一个掌握和保存蕃国地理和人情风俗资料的机构。

职方司不仅从中央有关政府部门获得蕃国之资讯，而且亲自接见蕃客，了解蕃情。日僧圆仁于开成五年（840）抵达长安后，挂褡于左街崇仁坊的资圣寺，于会昌五年（845）离开长安返国。其在长安期间，职方郎中杨鲁士"曾相奉，在寺之时殷勤相问，亦曾数度到寺检校，曾施绢褐衫褌等"①。可见职方郎中有"检校"外国僧侣的职责，而其到寺中与圆仁等人"殷勤相问"，除了礼节上的问候之外，亦应包含向其了解蕃情这一主要职分。

职方郎中还利用出使外国的机会搜集有关国家的国情资料。贞观十五年（641）职方郎中陈大德出使高丽，"初入其境，欲知山川风俗，所至城邑，以绫绮遗其守者，曰：'吾雅好山水，此有胜处，吾欲观之。'守者喜，导之游历，无所不至"②。他借游览之名，搜集出使国之山川风俗资料。于是"悉得其纤曲"③。陈大德通过这种办法获取别国情况，是与他的职责所司有关系的。

（五）刑部司门司

司门司是刑部所辖四司之一，由司门郎中一人（从五品上）、员外郎一人（从六品上）主之，其职"掌天下诸门及关出入往来之籍赋，而审其政"。即掌管出入关门之政令。这方面的工作与外交也有密切的关系，因为蕃客来朝入关以及在唐境内来往时均需有通行证明，这项工作就是由司门司负责的。唐代天下设有二十六关，这些关的作用是"所以限中外，隔华夷，设险作固，闲邪正暴者也"。除了防范国内的奸邪之外，还有重要的对外作用。唐代人民出入关津须凭"过所"，蕃客亦然。过所由司门司主管，其发放的规定是："凡度关者，先经本部本司请过所，在京，则省给之；在外，州给之。虽非所部，有来文者，所在给之。"④ 日本三井寺还保存有日本留唐学问僧圆珍从唐带回的司门司所发的"过所"

---

① 《入唐求法巡礼行记》卷四，第466页。
② 《资治通鉴》卷一九六，唐贞观十五年（641）条，第6169页。
③ 《新唐书》卷二二〇《东夷·高丽传》，第6187页。
④ 《唐六典》卷六《尚书刑部》"司门郎中"，第195—196页。

原件，现寄存于奈良国立博物馆。日本文德天皇仁寿三年（唐宣宗大中七年，853），圆珍入唐巡礼求法，曾在长安福寿寺挂单。大中九年（855）十一月，圆珍等人打算离开长安，巡礼名山祖塔，然后返国。于是唐政府为其开具"过所"一件，开出部门为"尚书省司门"，时为大中九年十一月十五日。这是司门司管理蕃客"出入往来之籍"的珍贵史料。①

司门司除了管理蕃客往来之"过所"外，还有一项职责："蕃客往来，阅其装重，入一关者，余关不讥。"② 即负责蕃客出入时有关行李检查方面的政令。

（六）工部虞部司

虞部司为工部四司之一，由虞部郎中一人（从五品上）、员外郎一人（从六品上）主之。虞部司职"掌天下虞衡、山泽之事，而辨其时禁"③。即掌管狩猎、捕鱼、樵采、种植等方面的政令。其职掌与外交工作也有关系，其负责"百官、蕃客时蔬薪炭供顿、畋猎之事"④。前文我们已谈及膳部司负责百官及蕃客的食料供应，他们是从审核供应者的等级以及供应物的品种、数量等方面进行管理，而虞部司则是从组织、张罗这些物品供应方面进行管理，两者既有分工而又相互配合。

这些物品的缴纳有一定的时间规定，"其柴炭、木橦进内及供百官、蕃客，并于农隙纳之"。具体来说，"供百官、蕃客，起十一月，毕正月"⑤。即十一月、十二月、正月三个月内缴纳。

第四节　九寺、五监、诸省

唐代的九寺是从汉代的九卿发展而来的，但是唐代的九寺已完全成为事务机构，它接受作为政务机构的尚书省及其所属诸司的领导，在尚

---

① 参见［日］砺波护《入唐僧带来的公验和过所》，龚卫国译，武汉大学《魏晋南北朝隋唐史资料》第十三辑，武汉大学出版社1994年版，第136—149页。
② 《新唐书》卷四六《百官志一》，第1201页。
③ 《唐六典》卷七《尚书工部》"虞部郎中"，第224页。
④ 《新唐书》卷四六《百官志一》，第1202页。
⑤ 《唐六典》卷七《尚书工部》"虞部郎中"，第1215页。

书诸司政令指导之下完成各项具体事务。九寺之一的鸿胪寺是专职的外交事务机构，前文已有专章论述。除鸿胪寺之外，其余各寺也从不同的方面和角度配合中央各部门完成一定的有关外交事务，下面列举几个主要有关的寺。

一 九寺

（一）太常寺

太常寺设太常卿一人（正三品）、少卿二人（正四品上）主之，"掌邦国礼乐、郊庙、社稷之事"。主要属官有太常博士、太祝、协律郎、奉礼郎等。下辖诸署为郊社署、诸陵署、太乐署、鼓吹署、太医署、太卜署等。其职掌与外交有一定关系，"凡国有大礼，则赞相礼仪；有司摄事，为之亚献；率太乐之官属，设乐县以供其事。燕会亦如之"①。这些重大典礼多有蕃客出席。此外，据《通典·开元礼纂类·宾礼》，在接待蕃客的各种"宾礼"如朝见、贡献、宴飨时，太常属官也都要参与其事，协律郎以及太乐令、鼓吹令率员演奏。

太常寺是在尚书礼部的政令指导下从事有关外交方面的礼乐事务的。

（二）光禄寺

光禄寺设光禄卿一人（从三品）、少卿二人（从四品上）主之，"掌邦国酒醴膳羞之事"。其所辖有四署：太官署、珍馐署、良酝署、掌醢署。光禄寺的职掌与外交工作也有关系，主要是从其负责祭祀宴飨的膳食供设而协助外交事务，"朝会、燕飨，则节其等差，量其丰约以供焉"②。宴请蕃客之事也由其负责。各署的分工是：太官署"掌供膳之事"③，即宴会饮食的制作、烹饪和布设、供应。在宴请蕃国首领或使节时，太官还要"行酒殿上"④。珍馐署负责水陆珍馐和蔬果的供设。良酝署负责各种酒类的供设。掌醢署负责各种肉酱和调味品的供设。

---

① 《唐六典》卷一四《太常寺》，第394—395页。
② 《唐六典》卷一五《光禄寺》，第443页。
③ 《唐六典》卷一五《光禄寺·太官署》，第444页。
④ 《通典》卷一三一《礼九十一·开元礼纂类二十六·宾礼》"皇帝宴蕃国使"，第687页。

光禄寺除了负责宴会饮食之外，也负责供应"廊下食"。唐制：官员朝参之后，照例赐食于朝堂廊庑之下，称为"廊下食"。景云二年（711）三月十七日敕："蕃客辞见，并令光禄准旧例，于朝堂廊下赐食。"① 可知从睿宗景云二年之后，蕃客辞见也由光禄寺供应与会官员"廊下食"。

光禄寺也是在礼部的政令指导下从事有关外交方面的宴饮供设的，礼部的膳部司就是主管宴饮和蕃客设食料、设会料供应之政令的。

（三）卫尉寺

卫尉寺设卫尉卿一人（从三品）、少卿二人（从四品上）主之，"掌邦国器械文物之事"②。下设武库、武器、守宫三署。其职掌也与外交工作有关，外交场合所用之武器、仪仗，分别由武库署与武器署管理；守宫署则负责向蕃客供应帐幕等物，规定"供蕃客帷帟，则题岁月。席寿三年，毡寿五年，褥寿七年；不及期而坏，有罚"③。各种物品注明发放日期，并规定有一定的使用年限。

卫尉寺是在尚书兵部的政令指导下从事有关外交事务的，武器仪仗的供应就是受兵部库部司的政令约束的。

（四）宗正寺

宗正寺设宗正卿一人（从三品）、少卿二人（从四品上）主之。其职掌为皇家宗族及外戚事务，但是所领崇玄署亦掌宗教事务，这与外交工作也有一定关系。其所管理主要是道教，但也兼管佛教，外国留唐学问僧的户籍即由其负责，规定"新罗、日本僧入朝学问，九年不还者编诸籍"④。僧尼之籍须呈报礼部祠部司。

（五）太仆寺

太仆寺设太仆卿一人（从三品）、少卿二人（从四品上）以主之，"掌厩牧、辇舆之政"⑤。下辖乘黄、典厩、典牧、车府四署及诸监牧。其所统之典牧署及诸监牧，掌司畜牧事务，故须负责祭祀、宴会所需牛羊的供应，这项职责亦与外交工作有关。太仆寺所属有沙苑监，"掌牧养陇

---

① 《唐会要》卷六五《光禄寺》，第1345页。
② 《旧唐书》卷四四《职官志三》，第1879页。
③ 《新唐书》卷四八《百官志三》，第1250页。
④ 同上书，第1252页。
⑤ 《新唐书》卷四八《百官志三》，第1253页。

右诸牧牛、羊,以供其宴会、祭祀及尚食用,每岁与典牧分月以供之"①。所以宴请蕃客也由沙苑监供给牛羊等物。《龙筋凤髓判》载有一则判例《鸿胪寺状称:默啜使人朝,宴设蕃客,沙苑监李秀供羊瘦小,边使咸怨,御史弹付法》,这是因鸿胪寺宴请突厥使者时,沙苑监所供之羊瘦小,招致使者埋怨,因而被宪司所纠弹。从这一判例可见沙苑监的职掌与外交工作有着直接的关系。由于沙苑监所供羊不堪食用,"遂使贤王结恨,耻大国之风轻,骄子相嫌,鄙中州之礼薄"②。其职责履行之好坏,对于外交工作有直接的影响。

(六) 司农寺

司农寺设司农卿一人(从三品)、少卿二人(从四品上)以主之,下属有上林、太仓、钩盾、导官四署,以及诸监之官属。其职"掌仓储委积之事"③。其中有一项职责是:"凡朝会、祭祀、供御所须,及百官常料,则率署、监所贮之物以供其事。"④各种朝会、祭祀所需物料均由其负责供应。这方面职责与外交工作有关,即具体负责供应宴请蕃客及蕃客食料之事。其所辖之上林署"掌苑囿、园池之事","凡植果树蔬菜,以供朝会、祭祀,其尚食进御及诸司常料亦有差"⑤。其所辖之京、都苑总监,"掌宫苑内馆池之事","凡禽鱼果木皆总而司之"⑥。唐代禁苑面积非常广大,"在大内宫城之北,北临渭水,东拒浐川,西尽故都城,(其周一百二十里),禽兽、蔬果,莫不毓焉"。而这些禁苑就是由上述机构负责管理的,"若祠禴烝尝四时之荐,蛮夷戎狄九宾之享,则蒐狩以为储供焉"⑦。这些禽兽、蔬果要随时准备宴请蕃客之需。

司农寺所辖之钩盾署,"掌供邦国薪刍之事"。因此它也负责蕃客所需柴薪之供应,一方面要供应宴请蕃客时所需,"凡祭祀、朝会,宾客享宴,随其差降而供给焉"。另方面要供应蕃客日常所需,"蕃客在馆,第

---

① 《唐六典》卷一七《太仆寺》"沙苑监"条,第488页。
② 《龙筋凤髓判》卷二,第83页。
③ 《新唐书》卷四八《百官志三》,第1259页。
④ 《唐六典》卷一九《司农寺》,第524页。
⑤ 同上书,第526页。
⑥ 同上书,第530页。
⑦ 《唐六典》卷七《尚书工部》"禁苑"条,第219页。

一等人日三斤，已下各有差"①。住在宾馆的蕃客可以按等级得到木炭的供应，最高一级每人每日三斤。

司农寺所负外交供应工作，也同样受尚书省诸司的制约，宴请蕃客所需物品的供应按照礼部诸司的政令执行，供应蕃客木炭则遵照工部虞部司的政令办理。

（七）太府寺

太府寺设太府卿一人（从三品）、少卿二人（从四品上）以主其事，"掌财货、廪藏、贸易"②。所统有京都四市、左右藏、常平等七署。其职掌也与外交有一定的关系，因其掌管"四方之贡赋"，故"凡元正、冬至所贡方物应陈于殿庭者，受而进之"③。在这种典礼中诸蕃均须贡献，即由太府寺负责接受。在太极殿举行元正、冬至朝贺时，诸州与诸蕃贡物之后，"太府率其属受诸州及诸蕃贡物出归仁、纳义门，执物者随之"④。所献之珍宝藏于太府寺。其右藏署之职是："凡四方所献金玉、珠贝、玩好之物皆藏之。"⑤ 其主要职责是负责蕃客所贡献之珍宝的收藏。

二 五监

唐代的五监是指国子监、少府监、军器监、将作监、都水监等机构，他们与九寺一样都是事务机关，因而通常把九寺与五监合称卿监百司。五监中的某些机构职掌也与外交工作有不同程度的关系。

（一）国子监

国子监是中央教育机构，其"掌儒学训导之政"⑥，以祭酒一人（从三品）、司业二人（从四品下）为长贰，领官学六：国子学、太学、四门馆、律学、书学、算学，皆有博士、助教。天宝中又增置广文馆⑦。除国子监诸学之外，中央的教育部门尚有门下省的弘文馆、东宫的崇文馆、

---

① 《唐六典》卷一九《司农寺》，第527页。
② 《新唐书》卷四八《百官志三》，第1263页。
③ 《唐六典》卷二〇《太府寺》，第542页。
④ 《通典》卷一二三《礼八十三·开元礼纂类十八·嘉礼二》"皇帝正至受群臣朝贺"，第644页。
⑤ 《唐六典》卷二〇《太府寺》，第546页。
⑥ 《新唐书》卷四八《百官志三》，第1265页。
⑦ 《唐语林》卷五《补遗》，第168页。

宗正寺的崇玄馆等，太常寺所辖太医署、太卜署、司天台也教授有关医药、卜筮、天文历法等专科知识，太医署"皆有博士以教之，其考试、登用如国子监之法"①。

以国子监为代表的中央教育机构也与外交工作有密切关系，这主要是接收外国留学生。从唐初贞观之始随着教育的兴盛，外国留学生即纷至沓来，"贞观五年（631）以后，太宗数幸国学、太学，遂增筑学舍一千二百间。国学、太学、四门亦增生员，其书、算等各置博士。凡三千二百六十员。其屯营飞骑，亦给博士，授以经业。已而高丽、百济、新罗、高昌、吐蕃诸国酋长，亦遣子弟请入国学。于是国学之内，八千余人，国学之盛，近古未有"②。或谓"新罗、日本诸国，皆遣子入朝受业"③。除上述高丽、百济、新罗、高昌、吐蕃、日本等国留学生外，尚有渤海、南诏等，前者如大和七年（833）正月，渤海靺鞨"遣同中书右平章事高宝英来谢册命，仍遣学生三人，随宝英请赴上都学问。先遣学生三人，事业稍成，请归本国，许之"④。开成二年（837）三月，"渤海国随贺正王子大俊明并入朝学生，共一十六人"⑤。后者如牛丛《责南诏蛮书》云："诏王之子，六诏最小夷也。天子录其勤，合六诏为一，俾附庸成都，名之以国。许子弟入太学，使习华风。今乃自绝王命。"⑥ 可见南诏也有子弟入太学学习。

唐朝留学生的数量相当多，其中当以新罗留学生最多。开成二年（837）"新罗差入朝宿卫王子，并准旧例，割留习业学生并及先住学生等，共二百十六人，请时服粮料，又请旧住学习业者，并放还本国"⑦。一方面有新来的学生二百十六人，另方面还有批准还国的旧学生，可见新罗国所派遣留学生数量之多。

留学生除进入国子监学习经、史、法律、书法、算术等以外，也有

---

① 《唐六典》卷一四《太常寺》"太医署"条，第409页。
② 《唐会要》卷三五《学校》，第739页。
③ 《唐语林》卷五《补遗》，第167—168页。
④ 《旧唐书》卷一九九下《北狄传》，第5363页。
⑤ 《唐会要》卷三六《附学读书》，第779页。
⑥ 《全唐文》卷八二七，第8714页。
⑦ 《唐会要》卷三六《附学读书》，第779页。

进入其他学馆学习专科学问的。日本右京人菅原梶成，于仁明天皇承和五年（唐文宗开成三年，838）随聘唐使来唐，"朝廷以梶成明达医经，令其请问疑义"。是为医经请益生。于承和六年（唐文宗开成四年，839）回到日本，"朝廷嘉其诚节，（承和）十年为针博士，次为侍医"。于文德天皇仁寿三年（唐宣宗大中七年，853）卒于官①。日本仁明天皇承和八年（唐武宗会昌元年，841）正月甲午，"遣唐阴阳师兼阴阳请益正八位上春苑宿祢玉成，在唐间得《难义》一卷，令阴阳寮诸生传学"②。春苑宿祢玉成为遣唐阴阳请益生，其所得唐籍后在日本被传授。

　　国子监也是使节和蕃客在唐期间观摩礼教、向外宣扬唐文化的场所。玄宗开元二年（714）十二月二十二日发布的《令蕃客国子监观礼教敕》，谓："夫国学者，立教之本，故观文字可以知道，可以成化……自戎夷纳款，日夕归朝，慕我华风，敦先儒礼。由是执于干羽，常不讨而来宾。"这里把安排蕃客到国子监观礼的外交目的说得非常明白，即通过观摩以儒学为代表的中华文化而起到万国朝宗、慕义来宾的作用。因而明确规定："自今已后，蕃客入朝，并引向国子监，令观礼教。"③ 其文化外交的目的非常明确。

　　（二）少府监

　　少府监"掌百工技巧之政"④，为手工业事务机构，以少府监一人（从三品）、少监二人（从四品下）主之，总中尚、左尚、右尚、织染、掌冶等五署，以及诸冶、铸钱、互市等监。少府监的某些部门的职掌亦与外事有关。

　　中尚署，"掌供郊祀圭璧及天子器玩、后妃服饰雕文错采之制。凡金木齿革羽毛，任土以时而贡"⑤。它是管理制造皇室所需器玩服饰的机构，同时也负责制作赐蕃客所需之器玩服饰等物。肃宗乾元二年（759）"诏

---

　　① ［日］黑板胜美校订：《国史大系》，《日本文德天皇实录》卷五《文德天皇》仁寿三年六月辛酉条，吉川弘文馆1934年版，第53页。
　　② ［日］黑板胜美校订：《国史大系》，《续日本后纪》卷一〇《仁明天皇》承和八年正月甲午条，吉川弘文馆1971年版，第116页。
　　③ 《唐大诏令集》卷一二八《蕃夷·绥抚》，第689页。
　　④ 《新唐书》卷四八《百官志三》，第1268页。
　　⑤ 同上书，第1269页。

减常膳服御,武德中尚作坊非赐蕃客、戎祀所须者皆罢之"①。时值安史之乱,实行财经紧缩政策、罢除其他制作的情况下,赐予蕃客的制作却继续进行,可见中尚署所管作坊中有负责生产赐蕃客之物者,这方面的生产受到唐朝统治者的特殊保护。此外中尚署还负责百官及蕃客鱼袋的制作和供应,其中"蕃客赐宝钿带鱼袋,则授鸿胪寺丞、主簿"②。唐代实行"随身鱼符"之制,百官皆随身佩鱼符,"以明贵贱,应征召"③。盛鱼符的口袋称鱼袋。蕃客也同样赐予鱼袋,均由中尚署负责制作供应,交由管理蕃客的鸿胪寺官员发放。

互市监,其"掌蕃国交易之事"④,是专门管理互市的机构,设置于沿边州府。互市监的行政关系隶属少府,但实际上归当地政府的领导,所以我们将在后文再加论述。

三 诸省

诸省系指秘书、殿中、内侍三省,它们不同于中书、门下、尚书三省,是与九寺五监相当的宫廷事务和图书机构。诸省中有些部门的职掌亦与外事有关。

内府局,内侍省所统六局之一。内侍省"掌在内侍奉,出入宫掖,宣传制令"⑤。在宫中供职,其官员均为宦官。内府局以令二人(正八品下)、丞二人(正九品下)主之,"掌中宫藏宝货给纳名数"。即掌管宫中珍宝的收藏和出纳。其职掌与外事亦有一定关系,"凡朝会五品已上赐绢及杂采、金银器于殿庭者,并供之。诸将有功,并蕃酋辞还,赐亦如之"⑥。朝会时赏赐珍宝及丝绸等物品时,由内府局负责供应,同时负责对蕃客的赏赐。这种赏赐是在殿庭中进行的,"蕃酋辞还,皆赐于庭"⑦。

---

① 《新唐书》卷六《肃宗纪》,第 162 页。
② 《新唐书》卷四八《百官志三》,第 1270 页。
③ 《唐六典》卷八《门下省》"符宝郎",第 253 页。
④ 《新唐书》卷四八《百官志三》,第 1272 页。
⑤ 《唐六典》卷一二《内侍省》"内侍",第 356 页。
⑥ 《唐六典》卷一二《内侍省》"内府局",第 361 页。
⑦ 《新唐书》卷四七《百官志二》,第 1224 页。

第五节　唐后期外交管理体制的变化

　　以上我们叙述了隋唐时期中央政府中的外交专职机构以及与外交管理工作有关机构及其涉外事务的大体情况。从中我们可以清楚地看到，在唐代中央政府对于外交工作已经形成一套有组织、有系统，既有分工而又严密配合的完整体系，中书门下制令决策、尚书六部施行政令、卿监百司承担具体事务的运作机制在外交工作中表现得尤为鲜明突出。鸿胪寺是专门的外交事务机构，对于外宾的接待、管理承担着大量的、繁杂的具体任务。他是在中央政府中最直接与外宾打交道，与外宾接触最多的机构，可以说是处于外交工作的第一线。但是在他的后面还有一系列的机构和部门协同其工作，从政令方面来说有专职外交管理机构主客司直接对其进行对口领导之外，还有中书省、门下省的有关部门，以及尚书省六部诸司从不同角度进行外交政令之指挥。从外交事务方面来说，也还有其余的卿监百司从各自不同的角度密切配合。正是在这些幕前幕后的密切配合之下才使唐代的外交得以有效地开展，取得空前的辉煌的成就。但是盛极而衰，物之理也。同样，三省六部九寺体制的成熟鼎盛正孕育着其衰败的因素，从唐中叶起就逐渐遭到破坏。上述外交管理制度基本上是唐前期（即安史之乱以前）的情况，到了唐后期随着三省制的破坏，它也就同时发生了剧烈的变化。这种变化的具体原因有以下两个方面。

　　第一，使职差遣制度的盛行。隋及唐前期是三省制的成熟和鼎盛时期，但是从唐中期以后，三省制逐渐破坏，使职差遣制日益盛行，并取代了三省制下的职事官制度。使职差遣制的最大特点是职与官的分离，职无品秩却治事，官有品秩仅寄禄秩，以致形成本司之官不治本司之事，要差遣他官来判决；本司之官要治本司之事，须有特别诏令予以交代。因而职事官不治本职之事，使职差遣成为实际治事之官。使职和差遣又有区别，尚未固定成型的职称为差遣，已经固定成型的职称为使职。[①] 这

[①] 参见陈仲安、王素《汉唐职官制度研究》第一章第六节，中华书局1993年版，第100页。

些使职，由于直接奉行君相之命，尚书省六部不能对其实行节制指导，形成中书门下直接统领诸使的行政体制。这样的结果是不仅尚书省权力旁落，六部诸司被架空，而且一些卿监百司几成闲曹。① 这种变化导致唐代外交管理体制也发生了相应的变化，原来的一些外交管理机构变为闲简部门，许多外交实际事务被各种使职差遣所取代。

第二，宦官的专权。唐后期政治上的一个突出现象是宦官专权。玄宗时期突破了唐初内侍省不置三品官的定制，安史之乱以后宦官势力更急剧膨胀，形成了宦官专权的局面。宦官不仅通过占据观军容使、左右神策中尉等职而掌握了军事和禁卫之权，而且还设置内诸司使以操纵朝政，形成所谓"内务百司，皆归宦者"② 的局面。必须指出的是，唐代宦官专权与使职差遣是相辅相成的，某种意义上可以说是一而二、二而一的，宦官是通过使职差遣而实现专权的，使职差遣更强化了宦官的专权。唐代后期的使职多为宦官所担任。唐代宦官所控制的内诸司使被称为北衙，与南衙的宰相和三省六部九寺相对应，而南衙受制于北衙。这种政治体制的出现，使得南衙的三省六部九寺的职权旁落，纷纷被北衙的宦官使职所侵夺。因而唐代后期的外交管理体制也发生了相应的变化，与原来属于三省六部九寺系统的外交管理机构闲简的同时，是外交管理职权大多被宦官及使职差遣所取代。

唐后期外交管理体制的变化，主要表现为以下两个方面。

一　原有外交管理机构的闲简

唐代后期使职差遣的制度化，以及宦官专权的普遍化，导致三省六部九寺体制的破坏，于是原有的外交管理机构逐渐变为闲简部门。在这种变化中，作为尚书省的一个部门的主客司首当其冲，《南部新书》丁部谓唐朝后期"省中司门、都官、屯田、虞部、主客，皆闲简无事"③。以致社会上出现了讽刺这些部门闲简无事的戏剧和谚语。主客司即是这五个最为闲简的部门之一。《太平广记》引《两京新记·尚书郎》亦有

---

① 参见张国刚《唐代官制》第五章，三秦出版社1987年版，第90页。
② 《旧唐书》卷一八四《宦官传》，第4777页。
③ 《南部新书》丁部，第45页。

类似的记述，谓主客等原为"员外郎之最望者"，如今"皆在后行，闲简无事"①。主客员外郎白行简的工作情况就充分反映了这种状况，长庆三年（823）十二月，"度支奏：'主客员外郎、判度支案白行简，前以当司判案郎官、刑部郎中韦词，近差使京西句当和籴，遂请白行简判案。今韦词却回，其白行简合归本司。伏以判案郎官比有六人，近或止四员，伏请更置郎官一员判案，留白行简充。'敕旨依奏"②。原来刑部郎中韦词被差遣到户部的度支司判案，他因被差使到京西勾当和籴，于是主客员外郎白行简被差遣到度支司，接替韦词的工作。韦词出差回来后，白行简理应回主客司，但度支司提出本司郎官缺编，请求增置郎官一员，留下白行简继充此职。度支司的请求得到了批准，白行简便继续留在度支司。这个事例说明：刑部司和主客司比较闲简，其长官可以长期借调出来，而度支司的任务比较繁重，须从别司借调人员；韦词、白行简在度支司为借调人员，但却有权判度支案，韦词的刑部郎中，白行简的主客员外郎都只是寄托品秩的官称，而他们的差遣职务"判度支案"才是其真正的职务。由此可知到唐后期主客司已经成为一个闲简无事的机构了。

与此同时九寺中专掌外交事务的鸿胪寺的职权也被侵夺。如客省使、礼宾使对鸿胪寺职权的侵夺就是其突出现象。

主客司的闲简和鸿胪寺职权的被侵夺，并非表明唐代后期外交任务不繁重、外交工作不重要，事实上当时的外交工作依然相当繁重，而且在某种意义上还更为复杂繁重，外交机器依然在运转。不过许多外交工作已经使职差遣化并被宦官所把持了。

二 使职差遣和宦官在外交领域的活跃

唐后期的外交领域被各种使职差遣和宦官所把持，形成宦官和使职差遣异常活跃的状况。唐后期的政治体制已形成宦官控制的北衙诸司使与宰相为首的南衙行政系统互相对应、侵夺其职权并凌驾于其上的局面。宋人追述唐制曰："唐设内诸司使，悉拟尚书省，如……礼

---

① 《太平广记》卷二五〇引《两京新记·尚书郎》，第1937页。
② 《唐会要》卷五九《度支员外郎》，第1198页。

宾，主客也"①，可见这种变化也涉及外交管理系统，内诸司使之一的礼宾使对应于南衙系统的尚书主客司，即为其突出表现。宦官所控制的内诸司使有"二十四内司"②，这里就包括有掌管外交工作的各种使职。肃、代朝专权的宦官鱼朝恩，于代宗"永泰中，诏判国子监，兼鸿胪、礼宾、内飞龙、闲厩使"③。其所兼任的鸿胪使、礼宾使都是负责外交工作的。可见至少从代宗朝开始，外交工作的实权已被宦官所控制。代宗时恢复的客省，又分割了鸿胪寺的外交职权，而客省的长官客省使也是宦官所控制的使职，刘处宏即以内侍省监而被任命为客省副使，而内侍省官员均为宦官④。中书通事舍人的外交职掌也被"阁门使"所侵夺，懿宗咸通四年（863）八月"敕以阁门使吴德应等为馆驿使"。胡注云："唐中世置阁门使，以宦者为之，掌供奉朝会，赞引亲王、宰相、百官、蕃客朝见、辞；唐初，中书通事舍人之职也。"⑤阁门使亦为内诸司使之一，原属通事舍人掌管的有关蕃客朝见、辞谢等职事，已为其所取代。

因此在唐后期的外交场合中，我们可以随时随地看到宦官与使职活跃的情景。藤原常嗣所率日本遣唐使，于开成四年（839）二月到达长安时，被安置于礼宾院。日本大使"到京之日，即奏请益僧往台州之事；雇九个船，且令修之事。礼宾使云：'未对见之前，诸事不得奏闻。'再三催劝上奏，但许雇船修理，不许遣台州"⑥。从这个材料可见当时接待日本使团并负责其活动安排者为礼宾使，他在皇帝与来使之间直接进行联系。礼宾院原来属于鸿胪寺，但是代宗永泰二年（766）鱼朝恩兼任礼宾使后，礼宾院已被内诸司使所控制。唐后期的使职基本上是宦官所担任，礼宾使即是宦官。宪宗元和（806—820）年间，宦官李辅光拜内侍

---

① 《宋史》卷一六八《职官志八》，第4003页。
② 《全唐文》卷七五五，杜牧：《唐故东川节度检校右仆射兼御史大夫赠司徒周公墓志铭》，第7828页。
③ 《新唐书》卷二〇七《宦者上·鱼朝恩传》，第5864页。
④ 《全唐文》卷八三八，薛廷珪：《授刘处宏通议大夫内侍省监充客省副使制》，第8821—8822页。
⑤ 《资治通鉴》卷二五〇，唐懿宗咸通四年（863）条，第8106页。
⑥ 《入唐求法巡礼行记》卷一，第120页。

省内侍知省事,"寻因入觐,恳请留侍,乃充鸿胪礼宾使"①。

与此同时我们可以看到各种"中使""内使""监使"等在外交场合活跃的情景。现以德宗、顺宗之际对日本遣唐使的一次接待为例以见其概况:以葛野麻吕为大使、石川道益为副使的日本遣唐使,于德宗贞元二十年(804)"十二月廿一日,到上都长乐驿宿;廿三日,内使赵忠,将飞龙家细马廿三匹迎夹,兼持酒脯宣慰;驾即入京城,于外宅安置供给。特有监使高品刘昴,勾当使院"。第二天"廿四日,国信、别贡等物,附监使刘昴进于天子。刘昴归来,宣敕云:'卿等远慕朝贡,所奉进物,极是精好,朕殊喜欢。时寒,卿等好在。'廿五日,于宣化殿礼见……别有中使于使院设宴,酣饮终日,中使不绝,频有优厚"。日本使团于第二年正月参加元正朝会后,恰逢德宗病逝,顺宗继位。"二月十日,监使高品宋惟澄,领答信物来,兼赐使人告身;宣敕云:'卿等衔本国王命,远来朝贡,遭国家丧事,须缓缓将息归乡,缘卿等频奏早归,因兹赐缠头物,兼设宴。宜知之,却回本乡,传此国丧。拟欲相见,缘此重丧,不得宜之。好去好去者,事毕首途,勒令内使王国文监送,至明州发遣。"② 这段材料比较完整地记载了外国使团入京、在京活动和离京的全过程,翔实地反映了当时宦官和差遣活跃于外交接待全程中的情形。

首先,由"中使"负责迎接来使。唐制,外国使节进入首都长安之前,一般均在近郊的长乐驿住宿等待,由唐政府派员迎接。这里记载是由"内使"赵忠前去迎接。《资治通鉴》胡注曰:"内使,即中使。"③ 中使即宦官所担任的使职差遣。可知宦官赵忠当时是受德宗的差遣前去迎接日本使团的。赵忠到长乐驿迎接日本使团时还率领"飞龙家"细马二十三匹,这也是宦官所任"飞龙使"所掌管之马匹。唐代原来由殿中省尚乘局掌内外闲厩之马,武后万岁通天元年(696)"以中官为内飞龙使。圣历中,置闲厩使"④。这时尚乘局的职权被闲厩使所夺。到了唐后期飞

---

① 周绍良等编:《唐代墓志汇编》元和083,《李辅光墓志》,上海古籍出版社1992年版,第2007页。
② 《日本后纪》卷一二《皇统弥照天皇》延历廿四年条,第42页。
③ 《资治通鉴》卷二五三,唐僖宗广明元年胡注,第8228页。
④ 《新唐书》卷四七《百官志二》,第1217页。

龙使又夺闲厩使之权，成为内厩之马的总管。所以赵忠所率飞龙家细马即是这种马匹。而飞龙使即内诸司使之一。

此外见于记载以"中使"迎接来使的还有，大历十二年（777）小野石根所率日本遣唐使，于次年"正月十三日到长安，即遣内使赵宝英将马迎接，安置外宅"①。也是派遣"内使"郊迎外国来使。可见以"中使"郊迎外国使节早已成为唐代惯例。

其次，由"中使"负责在京期间的接待。外国使团被接到长安后，即派出"监使"负责使团的各种接待事宜。这种"监使"也由宦官担任，大历十三年（778）小野石根所率日本遣唐使于正月十三日到达长安后，由"监使"扬光耀负责日本使团的接待工作②。那么贞元二十年接待葛野麻吕使团的"监使"刘昴亦是宦官而无疑。"监使"的职责主要有三：其一，勾当使院。即全面负责使团在使院的管理。除上述刘昴在接待葛野麻吕使团时以"监使"负责"勾当使院"之外，大历十三年小野石根使团在长安时，也"特有监使勾当使院"③。其二，宣敕。"监使"在外国使团与皇帝之间起着上传下达的作用，因而皇帝的敕旨是通过"监使"向来使转达宣布的。小野石根使团在长安期间，"监使扬光耀宣口敕"云云④。葛野麻吕使团在长安期间，先是"监使"刘昴宣敕，表示对于日本贡物的喜欢，后是"监使"宋惟澄宣敕，宣布允准使团返国，以及有关赏赐、向日本天皇转达唐帝旨意、具体发遣的事项等⑤。宋惟澄其人，两《唐书》均有记载。同时可知接待一个使团期间，可以有不止一名"监使"担任接待。"监使"也即"内使"，上元二年（761）高元度所率日本迎入唐使团返国前，"又有内使宣敕"⑥云云。其三，接转国信贡物。当时外交使节都须携有"国信"，即作为凭证的符节文书。张籍《送金少卿副使归新罗》诗云："通海便应将国信，到家犹自着朝衣。"⑦ 这是新

---

① 《续日本纪》卷三五《天宗高绍天皇》光仁天皇宝龟九年条，第445页。
② 同上书，第444页。
③ 同上书，第443页。
④ 同上书，第444页。
⑤ 《日本后纪》卷一二《皇统弥照天皇》延历廿四年条，第42页。
⑥ 《续日本纪》卷二三《废帝》淳仁天皇天平宝字五年条，第280页。
⑦ 《全唐诗》卷三八五，第4344页。

罗来使携带"国信"来朝。小野石根使团到达长安后的第三天即"进国信及别贡等物。天子非分喜观,班示群臣"①。这是来使直接将国信及贡物献上皇帝。有时则是通过"监使"转交皇帝,葛野麻吕使团的"国信、别贡等物",就是"附监使刘昂进于天子"的,然后"刘昂归来,宣敕云:'卿等远慕朝贡,所进奉物,极是精好,朕殊喜欢。时寒,卿等好在。'"②由此可见,这次日本国的国信和贡物是由监使上交皇帝,皇帝查收后再由监使转达皇帝的谢意。唐廷颁赐来使的答信物等,也由中使向来使下达。葛野麻吕使团返国前,由"监使"宋惟澄"领答信物来,兼赐使人告身"③。"答信物"即唐帝对于日本方面的国信贡物的相应的回报文书及礼品;"告身"即授官之符,唐制授官"皆给以符,谓之'告身'"④。甚至还派遣中使将"答信物"护送至日本,小野石根使团返国前,"监使扬光耀宣口敕:'今遣中使赵宝英等,将答信物,往日本国,其驾船者仰扬州造。卿等知之。'"特派中使赵宝英护送答信物至日本呈交。日方提出:"本国行路遥远,风漂无准。今中使云往,冒涉波涛,万一颠踬,恐乘王命。"唐代宗"敕答:朕有少许答信物,今差宝英等押送,道义所在,不以为劳。"不幸赵宝英等所乘第一船遭风浪沉没,遣唐副使小野石根等38人以及"唐使赵宝英等廿五人,同时没入"⑤。

除了有"监使"专门负责接待工作之外,尚有各种"中使"参与接待事务,包括宴饮、赏赐等,葛野麻吕使团到达长安后,"中使不绝,频有优厚"⑥,小野石根使团到达长安后也是"频有优厚,中使不绝"⑦,呈现一幅热闹景象。葛野麻吕使团于贞元二十年十一月十五日到达长安,于廿五日觐见皇帝之后,"即于内里设宴……别有中使于使院设宴,酣饮终日"⑧。可知除了宫廷御宴之外,还有中使于使院设宴。这两种规格的宴会,当为分别招待使团高级官员和一般随员。

---

① 《续日本纪》卷三五《天宗高绍天皇》光仁天皇宝龟九年条,第443页。
② 《日本后纪》卷一二《皇统弥照天皇》延历廿四年条,第42页。
③ 同上。
④ 《新唐书》卷四五《选举志下》,第1172页。
⑤ 《续日本纪》卷三五《天宗高绍天皇》光仁天皇宝龟九年条,第444—445页。
⑥ 《日本后纪》卷一二《皇统弥照天皇》延历廿四年条,第42页。
⑦ 《续日本纪》卷三五《天宗高绍天皇》光仁天皇宝龟九年条,第443页。
⑧ 《日本后纪》卷一二《皇统弥照天皇》延历廿四年条,第42页。

最后，由"中使"监送使团离京返国。外国使团在长安完成外交任务之后，或由"中使"护送至边境发遣，上述葛野麻吕使团返国时，即派"内使"王国文监送，至明州发遣。上元二年（761）高元度使团返国时，"即令中谒者谢时和押领元度等向苏州"①。中谒者即内谒者，为内侍省官员，也是宦官担任。大历十三年（778）小野石根使团返国时，"四月廿二日，辞见首路。敕令内使扬光耀监送，至扬州发遣"。与此同时"又差内使掖庭令赵宝英、判官四人，赍国土宝货，随使来朝，以结邻好"②。这次护送日本使团返国的中使由两部分人组成，一部分是以扬光耀为首的送使人员，他们的使命是护送"至扬州发遣"，另一部分是以"内使"赵宝英为首的送使人员，他们的使命是押送"国土宝货"，直到日本国。使团负责人都是"内使"，"内使"即"中使"。

上述日本古籍中所反映的唐后期"中使"在接待外国使节中的作用，是符合唐后期政治制度和外交制度的实际情况的，唐制规定："凡外夷使将至，遣中使郊驿迎劳，既至，恩礼甚厚，将归，亦送之，以怀远人。"③上述日本古史所记遣唐使所受到的接待，与此完全吻合。这一套接待制度已成为唐后期接待外交接待的"故事"④，可以说上引日本古籍所记载的接待过程，就是对这一"故事"的生动诠释和具体化。

---

① 《续日本纪》卷二三《废帝》淳仁天皇天平宝字五年条，第280页。
② 《续日本纪》卷三五《天宗高绍天皇》光仁天皇宝龟九年条，第445页。
③ 《唐会要》卷九九《牂牁蛮》，第2091页。
④ 《新唐书》卷二二二下《南蛮传下》，第6319页。

第 十 章

唐代地方外交关涉机构

　　唐朝是一个幅员空前辽阔的大帝国,其所辖四境,"举唐之盛时,开元、天宝之际,东至安东,西至安西,南至日南,北至单于府,盖南北如汉之盛,东不及而西过之"①。这样广阔而复杂的统治区域,决定了其地方管理机构的复杂多样,大略而言主要有四个系统,即:作为地方行政系统的道、州、县;作为军事与边防系统的道与军、镇、戍、关等;作为边境镇抚系统的都护等;以及其他有关的使职和中央派出机构。这种分类只是相对而言。它们在唐朝前、后期有所变化,同时这四个方面有时也是交错难分的。道在唐前期原是监察区和军区,到了后期才成为地方一级行政机构,而这时的道实际上已是军政合一的单位了。都督和都护主要在唐前期发挥正常作用,到了唐后期已名存实亡,其职权被道的长官节度使所取代。都督在唐前期不仅负责军事,实际上也兼理行政;各种使职在唐中后期起着日益重要的作用。唐代地方外交管理工作就是由这四个系统分别负责、协同进行的。地方管理机构的这些特点和变化,决定了唐代地方外交管理工作在不同时期其职权有所变化和转移,各个系统之间既有分工和密切配合,也互有某些交错。由于隋代国祚短暂,其地方机构实际上是处于从北朝向唐代的过渡阶段,故不拟细述,而以唐朝为代表一并叙之。

---

① 《新唐书》卷三七《地理志一》,第960页。

第一节　地方行政机构——道、州、县的外交职能

　　隋朝统一之后对于南北朝后期混乱的地方行政机构进行了重大改革，撤销郡一级建制，由州、郡、县三级体制改行州、县二级体制。后来隋炀帝改州为郡，也只是名称的变化，实际仍是二级体制。唐朝建立后又改郡为州，实行州、县二级地方行政体制。唐前期基本上是实行这样的二级地方行政体制。安史之乱以后，唐代前期作为监察区和军区的道，演变为州之上的地方一级行政区，于是形成了道、州、县三级行政体制。唐代后期实行的就是这种道、州、县三级行政体制。道、州、县三级地方行政机构在唐代的地方外交管理工作中负有重要的职责，发挥了重要的作用。唐代前期州是地方最高一级行政单位，其地位和作用十分重要，到了后期，它退为次一级单位，地位有所下降。其在外交管理方面的职权也在前后期发生了相应的变化。唐代的州不仅根据其所辖户口多寡而分为上、中、下三等，而且根据其不同的地理位置和作用分为辅、雄、望、边等类型。据开元十八年（730）诏敕，当时确定全国有五十九个"边州"[1]。"边州"并非一成不变，随着唐朝辖境的变化而相应发生变化。这些"边州"处于唐朝四境，是重要的对外交往孔道，负有重要的外交职责，在外交上具有重要作用。曾令"番戎大骇"[2]的骁将野诗良辅，被任命为陇州刺史之后，"吐蕃尝谓汉使曰：'唐国既与吐蕃和好，何妄语也！'问曰：'何谓？'曰：'若不妄语，何因遣野诗良辅作陇州刺史？'其畏惮如此"[3]。这里强调的是边州刺史的震慑作用，但是从外交的角度来说，对方是希望有一位能很好地处理外交关系的而非骁勇的刺史，否则便被认为对双方和好不够诚意，可见边州在外交上的重要性，因而对方是非常注意边州刺史人选的。当时所划分的"边州"均为陆路交通出入所经之州，并没有把沿海的州作为"边州"。事实上随着与海外各国

---

[1]　《唐会要》卷二四《诸侯入朝》，第537页。《唐六典》卷三《尚书户部》"郎中"条所记"边州"为五十个，见第73页。
[2]　《旧唐书》卷一四四《张敬则传》，第3928页。
[3]　《旧唐书》卷一五二《史敬奉传》，第4079页。

外交关系的发展，沿海各州也是唐朝对外关系的重要孔道，也起着与陆上"边州"同样重要的外交作用。因此沿海之州也可以看作是一种"边州"。除了"边州"承担较多的外交职责之外，内地州县也在不同程度上承担一定的外交职责。

唐朝后期"道"已成为地方最高一级行政机构，凌驾于州县之上。州则降为二级机构，成为道之下的"支州""支郡"。这种"道"又被称为方镇或藩镇。"道"的长官为节度使、观察使。当时是按照道来划分唐与"四夷"的交往关系的，开元时各道的分工是：关内道，"远夷则控北蕃、突厥之朝贡焉"。河南道，"远夷则控海东新罗、日本之朝贡焉"。河北道，"远夷则控契丹、奚、靺鞨、室韦之贡献焉"。陇右道，"远夷则控西域胡、戎之贡献焉"。江南道，"远夷则控五溪之蛮"。剑南道，"远夷则控西洱河群蛮之贡献焉"。岭南道，"远夷则控百越及林邑、扶南之贡献焉"①。这些"远夷"包括外国和周边一些少数民族。由于这里所记是开元二十五年（737）的情况，所以有一些缺漏，如剑南道之对于吐蕃、南诏，江南道之对于日本等，都未记载。上述诸道之分工，实际上也反映了唐代对"四夷"的交通状况，贞元宰相贾耽所记边州"入四夷之路与关戍走集最要者七：一曰营州入安东道，二曰登州海行入高丽、渤海道，三曰夏州塞外通大同、云中道，四曰中受降城入回鹘道，五曰安西入西域道，六曰安南通天竺道，七曰广州通海夷道"②。这七条交通要道，基本上为上述诸道与"四夷"联系之主要干线。由此可见唐代的缘边道、州在对外关系中具有十分重要的地位和作用。现将道州县所负外交职责分述于下。

一　迎送外交使节

缘边道州县是外交使节出入境所必经之地，既是与外国使节首先发生关系，又是最后遣送外国使节离境返国的地方。本国外交使节也从这里出入。迎送外交使节是缘边道州县最主要和最繁重的外交职责。这方面的职责由以下几个方面组成。

---

① 《唐六典》卷三《尚书户部》"郎中、员外郎"条，第64—72页。
② 《新唐书》卷四三下《地理志七下》，第1146页。

（一）入境检核

来使到达边境道州县时，当地政府要负责对其询问检核。唐武后长安二年（日本文武天皇大宝二年，702），粟田真人所率日本遣唐使由日本来唐，"初至唐时，有人来问曰：'何处使人？'答曰：'日本国使。'我使反问曰：'此是何州界？'答曰：'是大周楚州盐城县界也。'更问：'先是大唐，今称大周，国号缘何改称？'答曰：'永淳二年，天皇太帝崩，皇太后登位，称号圣神皇帝，国号大周。'问答略了，唐人谓我使曰：'亟闻海东有大倭国，谓之君子国；人民丰乐，礼义敦行。今看使人，仪容大净，岂不信乎。'语毕而去"①。这是当日本使团到达时，盐城县派员前往查询，同时致意欢迎。除了一般的查询之外，还要检核其入境证件。唐贞元二十年（日本桓武天皇延历二十三年，804）八月十日藤原葛野麻吕所率日本遣唐使"到福州长溪县赤岸镇已南海口"②，受到当地政府的检核，于是葛野麻吕移书福州观察使，"然今州使责以文书，疑彼腹心，检括船上，计数公私……率然禁制，手足无厝。又建中（唐德宗年号，780—783）以往，使船直着扬苏，无飘荡之苦，州县诸司，慰劳殷勤，左右任使，不检船物；今则事与昔异……"③ 可见当外国使节到达时，州县要派员前往查验证件，如果没有足以证明身份的证件，还可能上船检查，登记公私物品。据这条材料称，在建中以前对来使并不检核证件，但是前文我们已经谈到，唐前期对于入境蕃客是要查验铜鱼符的。藤原葛野麻吕使团到达福州长溪县后，"时杜宁县令胡延沂等相迎，语云：'常州刺史柳冕缘病去任，新除刺史未来。国家太平者，其向州之路，山谷险隘，担行不稳。'因回船向州。"④ 大概因为日本使团没有足够的证明，故长溪县拒绝其登岸从陆路赴州，所谓"向州之路，山谷险隘，担行不稳"云云，可能是一种外交辞令。于是日本使团便仍由海路赴州。不过一般来说来使不是从县级单位赴京，而是由其上级政府所在地赴京，

---

① 《续日本纪》卷三《天之真宗丰祖父天皇》"庆云元年七月"条，第21页。
② 《日本后纪》卷一二《皇统弥照天皇》"延历廿四年"条，第42页。
③ 《藤原葛野麻吕启状》，《遍照发挥性灵集》卷五所收，录自竹内理三编《平安遗文》第八卷，株式会社东京堂1964年版，第3211页。
④ 《日本后纪》卷一二《皇统弥照天皇》"延历廿四年"条，第42页。汪向荣、夏应元《中日关系史资料汇编》注云："常，恐为'当'字之误"，第115页，中华书局1984年9月版。

因此县在接到来使后,都是尽快转送上级的道州政府,从那里再转赴京城。唐显庆四年(日本齐明帝五年,659),由坂合部石布所率日本遣唐使,海中遭风,使团人员失散,副使津守吉祥等人的船于九月十六日夜半之时"行到越州会稽县须岸山,东北风,风太急。廿二日行到余姚县,所乘大船及诸调度之物留着彼处。润十月一日,行到越州之底。十月十五日乘驿入京"①。他们漂至余姚县后,被县府转送到越州,再由越州转赴京城。

(二) 礼待来使

来使入境后,便由当地政府负责有关接待事宜。开成三年(838),藤原常嗣所率日本遣唐使团于扬州海陵县入境,在到达县城之前,"虽经数日,未有州县慰劳,人人各觅便宿,辛苦不少"②。由于尚未与县政府当局取得联系,故无政府官员慰劳,食宿不便。七月二十三日"暂行,到县南江,县令等迎来匹池寺南江桥前。大使、判官、录事等下船就陆,到寺里宿住,县司等奉钱"。次日又被安排住宿于宜陵馆,"此是侍供往还官客之人处"③。进入县城附近时,则受到了热情接待,县政府官员前来郊迎,然后安排住宿和其他生活事宜。最后由县派人转送至扬州,再由淮南节度使安排赴京事宜。日本光仁天皇宝龟八年(唐大历十二年,777),小野石根所率日本遣唐使于七月三日到达海陵县,八月廿九日被转送至扬州,"即依式例,安置供给"。于十月十五日"发州入京"④。

为了接待外国使节,边境政府特设接待官员以负责具体接待事务。藤原常嗣使团到达扬州后,扬州节度使府派"勾当日本国使"⑤ 王友真专门负责接待日本使团。这种"勾当日本国使"就是节度使府下的接待官员,是专为接待日本使团而设置的职务。如果在接待工作中有所失误,则地方政府要负慰抚之责,南海之室利佛逝国,在"咸亨至开元间,数

---

① [日] 黑板胜美校订《国史大系》:《日本书记》卷二六《齐明天皇》五年引《伊吉连博德书》,吉川弘文馆1971年版,第270页。
② 《入唐求法巡礼行记》卷一,第11页。
③ 同上书,第20—21页。
④ 《续日本纪》卷三五《天宗高绍天皇》宝龟九年十月条,第443页。
⑤ 《入唐求法巡礼行记》卷一,第31—32页。

遣使者朝，表为边吏侵掠，有诏广州慰抚"①。这是责成广州刺史去做来使的善后工作。

这种接待工作具有浓厚的外交意味，有时其本身就是一种尖锐的外交上的较量。"丰州北扼回纥，回纥使来中国，丰乃其通道。前为刺史者多懦弱，虏使至则敌礼抗坐。"由于回纥曾两次出兵帮助唐朝平定安史之乱，常居功自傲。丰州是回纥来使必经之处，其使盛气凌人，与丰州刺史"敌礼抗坐"。贞元六年（790），回纥遣使来告忠贞可汗丧，路经丰州，当时的丰州刺史是李景略。"时回纥遣梅录将军随中官薛盈珍入朝，景略欲以气制之。郊迎，传言欲先见中使，梅录初未喻。景略既见盈珍，乃使谓梅录曰：'知可汗初没，欲申吊礼。'乃登高垅位以待之。梅录俯偻前哭，景略因抚之曰：'可汗弃代，助尔号慕。'虏之骄容威气，索然尽矣，遂以父行呼景略。自此回纥使至景略，皆拜之于庭，由是有威名。"李景略借行吊礼之机，抑制了回纥使者的"骄容威气"，此后回纥来使有所收敛。后来李景略任太原尹，回纥又派这位梅录将军入朝，节度使李说设宴款待，"梅录争上下坐，（李）说不能遏，景略叱之。梅录，前过丰州者也，识景略语音，疾趋前拜曰：'非丰州李端公耶？不拜麾下久矣，何其瘠也。'又拜，遂命之居次坐。将吏宾客顾景略悉加严惮"②。由此可见接待官员之威仪及外交手腕在外交斗争中是有相当重要作用的。元和年间，王锷为河东节度使，"会回鹘并摩尼师入朝，锷欲示威武倾骇之，乃悉军迎，廷列五十里，旗帜光鲜，戈铠犀密。回鹘恐，不敢仰视，锷偃然受其礼。帝闻嘉之"③。这位边境长官则利用接待仪式中的军威以挫其骄气。在接待过程中，必然牵涉到双方的礼仪问题，而这与国家的尊严有关，因而接待工作中的这种礼仪之争往往是很尖锐的。

更有甚者有的来使不仅骄横无礼，诛求无厌，甚至乘机抄暴。肃、代间辛云京为河东节度使兼太原尹，"回纥恃旧勋，每入朝，所在暴钞，至太原，京云以戎狄待之，虏畏不敢惕息"④。这位节度使如何"以戎狄

---

① 《新唐书》卷二二二下《南蛮传下·室利佛逝》，第6305页。
② 《旧唐书》卷一五二《李景略传》，第4073—4074页。
③ 《新唐书》卷一七〇《王锷传》，第5170页。
④ 《新唐书》卷一四七《辛云京传》，第4754页。

待之",未详其的,但必定是采取与大国尊严相当的态度对待为非作歹之行径,故能令对方"畏不敢惕息"。太和年间李载义为河东节度使,"回鹘每遣使入朝,所至强暴。边城长史多务苟安,不敢制之以法,但严兵防守,虏益骄悍,或突入市肆,暴横无所惮"。边境官员之懦弱畏缩,更纵容了对方的横暴。李载义改变了前任长官的做法,其时"有回鹘将军李畅者,晓习中国事,知不能以法制御,益骄恣。鞭捶驿吏,贪求无已。载义因召李畅与语曰:'可汗使将军朝贡,以固舅甥之好,不当使将军暴践中华。今朝廷饔饩至厚,所以礼蕃客也。苟有不至,吏当坐死。若将军之部伍不戢,凌侮上国,剽掠庐舍,载义必杀为盗者,将军勿以法令可轻而不戒厉之!'遂罢防守之兵,而使两卒司其门。虏知其不为下,无敢犯令"[①]。他一方面晓之以理,另一方面则明令依法从事,态度坚定果决,从而抑制了对方的非法行径。显然,在接待来使时能否在外交上维护国格尊严、制胜对方,与地方长官的外交才能和手腕有密切的关系。

反之,如果边境地方官员在接待来使时,不能以礼相待,甚至凌辱对方,也将影响双方友好关系的发展。开元十年(722),尸利佛誓国王渤顺"遣使献表,论边吏凌侮,言甚切至"[②]。这是因边吏凌侮来使,导致对方向唐朝提出抗议。

(三) 核准进京员额

来使到达之后,道、州政府须及时上报朝廷,接受朝廷的批准和指示。首先须得到批准是否同意接受来使进京。藤原常嗣所率日本使团于开成三年(838)七月廿五日到达扬州,"大使为通国政,差押官等遣府",日本大使派人前往节度使府通报,向当地政府呈交请求入京的文牒。"八月一日,大使到州衙见扬府都督李相公"。几天后使团团长又亲至节度使府晋见地方长官,这个李相公即当时的淮南节度使李德裕。九月十三日,日本使团人员"闻:相公奏状之报符,来于扬府,未得子细"。意即听说朝廷对于李德裕的上奏的批准文书已经下达到了扬州。于是九月廿九日"相公为入京使于水馆设饯",李德裕是在得到朝廷批准日本使团进京的指示之后,方才为其设宴饯行的。十月五日"大使等乘船

[①] 《旧唐书》卷一八〇《李载义传》,第4675页。
[②] 《册府元龟》卷九九七《外臣部·怨怼》,第11705页。

发赴京都"①。日本使团在扬州等候了两个多月才得以启程赴京，这是由于当时边境政府与朝廷的交通和通信条件所限，故颇费时日。

一般来说对于来朝的使节，唐朝政府都是热诚欢迎的，都会得到批准的。但是有时也有被拒绝的情况。开元二年（714）吐蕃遣其大臣宗俄因子至洮水请和，"然恃盛强，求与天子敌国，语悖慢。使者至临洮，诏不纳"②。这是因双方在接待礼仪上有分歧而拒绝其使。贞元三年（787）八月"吐蕃尚结赞遣五骑送崔汉衡归，且上表求和；至潘原，李观语之以'有诏不纳吐蕃使者'，受其表而却其人"③。李观当时为泾原节度使，这是他接到朝廷指示而告知对方不纳其使。当时所以拒绝吐蕃使者，是因为这年五月在平凉会盟时，吐蕃背信弃义劫盟，俘虏了唐朝的会盟代表崔汉衡等人。这是在双方关系破裂情况下出现的事情。

其次就是确定进京员额。唐朝对于来使并非全部允许进京，而是要加以限制，根据情况审批一定的进京人数。这是地方政府在接待来使时的一项重要工作。章仇兼琼为益州长史时，吐蕃请求入朝，他上奏朝廷请示云："吐蕃白狗国及索磨等诸州笼官三百余人出奉州，望准女国等例，简择许令入奏，余并就奉州宴赏放还。"④ 他根据以往惯例，建议在这三百余人中"简择"部分人员进京，其余人员于入境之奉州宴请、赏赐已后放还。葛野麻吕使团于贞元二十年（日本桓武天皇延历廿三年，804）八月十日抵福州长溪县，十月三日转到福州，"新除观察使兼刺史阎济美处分，且奏，且放廿三人入京"⑤。经福州观察使请示朝廷批准，允许使团二十三人进京。小野石根使团于大历十二年（日本光武天皇宝龟八年，777）七月三日抵达扬州海陵县，八月廿九日转抵扬州，"得观察使兼长史陈少游处分。属（安）禄山乱，常馆凋敝。入京使人，仰限六十人"。经扬州观察使请示朝廷，批准六十人进京。有时使团在赴京途中还可能被改变人数，小野石根使团于"十月十六日，发赴上都。至高

---

① 《入唐求法巡礼行记》卷一，第22、25、44、49、52页。
② 《新唐书》卷二一六上《吐蕃传上》，第6082页。
③ 《资治通鉴》卷二三三，唐德宗贞元三年（787）条，第7496页。
④ 《全唐文》卷四〇五，章仇兼琼《请令吐蕃入奏奏》，第4148页。
⑤ 《日本后纪》卷一二《皇统弥照天皇》"延历廿四年六月"，第42页。

武县，有中书门下敕牒，为路次乏车马，减却人数，定廿人"①。这是在途中接到朝廷新的指示，将入京人数由六十人减为二十人。日本遣唐使团的总人数，一般初期为二百四五十人，中期五百人左右，末期达到六百多人。②可见被核准进京的人员比例并不大。

所以要限制进京人员，一方面是因为不少使团规模过于庞大，上述日本遣唐使团人员虽已相当庞大，但犹有过之者，贞元四年（788）回纥派遣使团来迎和亲公主，"凡遣人千余，纳聘马三千匹"。于是"上令朔州及太原分留回纥七百余人"③。裁减三分之二以后，尚有三百余人入京。另一方面是因为国家财政负担太重。使团人员到京之后，不仅有宴飨、赏赐等隆重优渥的待遇，而且他们的一应衣食住行、生老病死等费用均由唐政府照料、负担，是一笔巨大的财政开支。裴延龄传谓其于贞元（785—805）年间为户部侍郎、判度支时，曾对德宗言："准礼经，天下赋税当为三分"，其中"鸿胪礼宾、诸国蕃客，至于回纥马价，用一分钱物"④。亦即以三分之一的国库收入用于外交方面的开支。裴延龄的说法虽然不是一种精确的数据，但多少反映了当时外交开支费用之巨。代宗时仅"四夷使者及四方奏计"未遣者，滞留于客省者"常有数百人，并部曲、畜产动以千计，度支廪给，其费甚广"。为了节省财政负担，加以清理，"岁省谷万九千二百斛"⑤。只此可见接待来使对唐政府财政负担沉重之一斑。

留在边境的其余人员，则或在当地等待，或由地方政府招待以后即遣送回国。被称为"两蕃"的奚和契丹，在唐后期与唐朝关系密切，"其每岁朝贺，常各遣数百人。至幽州，则选其酋长三五十人赴阙，引见于麟德殿，赐以金帛遣还，余皆驻而馆之，率以为常"⑥。除去三五十人进京之外，其余二百余人留在幽州，由幽州负责馆待。

---

① 《续日本纪》卷三五《天宗高绍天皇》宝龟九年十月条，第443、445页。
② 参见池步洲《日本遣唐使简史》，上海社会科学院出版社1983年版，第40页。
③ 《唐会要》卷六《杂录》，第88页。
④ 《旧唐书》卷一三五《裴延龄传》，第3721页。
⑤ 《资治通鉴》卷二二五，唐代宗大历十四年（779）条，第7264页。
⑥ 《唐会要》卷九六《奚》，第2037页。

（四）护送进京

来使被批准进京之后，还要由地方政府派员护送进京，这也是唐代的惯例。显庆四年（659），坂合部石布所率日本遣唐使团，因遇恶风，漂至南海尔加委岛，石布等人被岛人所杀，"便东汉长直阿利麻、坂合部连稻积等五人，盗乘岛人之船，逃到括州；州县官人送到洛阳之京"①。这是由括州地方当局派员护送日本使团进京。藤原常嗣使团在扬州获准进京后，是由扬州派"勾当日本国使"王友真护送入京的。开成三年（838）十二月十八日，"勾当王友真来云：'大使等以今月三日到京都了。近日相随大使入京，勾当书帖，奉达州衙。'"② 意即藤原常嗣等人已于十二月三日到达京城，王友真从京城回到扬州后，将从京城带回的公文上交扬州节度使衙门后，于十二月十八日前往看望留在扬州的日本使团人员，向他们转达了大使到达京城的消息。可知当时由扬州到京城的单程约需半个月。贞元时韦皋为剑南西川节度使，当时南诏尚依附于吐蕃，不久南诏首领异牟寻决策摆脱吐蕃而投唐，于是"遣使者三人异道同趣成都……且赠（韦）皋黄金、丹砂。皋护送使者京师"③。这也是由地方长官派员护送南诏使节入京。

特殊情况下也可能由地方长官亲自护送。麟德二年（665），高宗将于泰山举行封禅大典，"于是带方州刺史刘仁轨领新罗、百济、耽罗、倭人四国使，浮海西还，以赴太山之下"④。显庆五年（660）平定百济后，于其地置带方州，以刘仁轨检校带方州刺史⑤，于龙朔三年（663）正除带方州刺史⑥。带方州为交通此四国之枢纽，故四国集中于此，由刘仁轨统一带队前来有其便利之处。

来使在唐境来往，须持官府所发给的凭证，这种凭证叫作"边牒"，为蕃客在唐境通行之证明，有类今日之"签证"。来使入境后赴京时，由

---

① 《日本书纪》卷二六《天丰财重日足姬天皇》齐明天皇五年注引《伊吉连博德书》，第370页。
② 《入唐求法巡礼行记》卷一，第87页。
③ 《新唐书》卷二二二上《南蛮传上》，第6272—6273页。
④ 《唐会要》卷九五《新罗》，第2027页。
⑤ 《资治通鉴》卷二〇〇，唐高宗龙朔元年（661）条，第6323页。
⑥ 《资治通鉴》卷二〇一，唐高宗龙朔三年（663）条，第6338页。

当地政府开具凭证，"殊俗入朝者，始至之州给牒，覆其人数，谓之边牒"①。这种"边牒"就是由地方政府开具的入朝使节的通行证明。

（五）礼送返国

来使在京完成使命之后，由朝廷指定其从何处离境返国，而由当地政府具体负责其返国的有关事宜。天宝十二载（753），藤原清河率领的日本遣唐使返国时，唐玄宗特"发别牒淮南，敕处致使魏方进，如法供给送遣"②。"处致使"应作"处置使"，开元二十二年（734）二月"初置十道采访处置使"③，天宝十二载时魏方进为淮南采访处置使，故玄宗命令他"如法供给送遣"日本使团，可知供给使团所需并礼送其出境，已有一套规定，是为边境地方长官应尽职责。魏方进为淮南采访处置使，中国史籍缺载，赖日本史籍得以补充。魏方进两《唐书》无传，为玄宗亲近大臣，三年后死于马嵬驿兵变，天宝十四载（755）安禄山反，次年玄宗拟幸蜀，"以京兆尹魏方进为御史大夫兼置顿使"④，逃离长安时唯"宰相韦见素、杨国忠、御史大夫魏方进等从，朝臣多不至"⑤。"次马嵬，左龙武大将军陈玄礼杀杨国忠及御史大夫魏方进、太常卿杨暄。"⑥

贞元二十年（日本桓武天皇延历廿三年，804）十月从福州入境的藤原葛野麻吕使团，在长安完成使命之后，于第二年（即永贞元年，805）二月十日得到敕旨，指定其"至明州发遣"。于是朝廷派遣"监使"王国文护送他们于"三月廿九日，到越州永宁驿。越州，即观察府也；监使王国文于驿馆唤臣等（指日本使节），附敕书函，便还上都"。朝庭"监使"护送至越州，将唐朝致日方的外交文书等交付藤原葛野麻吕之后，即返回京城，而由"越州更差使监送，至管内明州发遣……五月十八日，于州下鄞县，两船解缆"⑦。这条材料把送使的过程叙述得很清楚：由朝

---

① 《新唐书》卷四六《百官志一》，第1196页。
② 《延历僧录》，《胜宝感神圣武皇帝菩萨传》，自［日］筒井英俊编校《东大寺要录》卷一《本愿章》第一，第22页，国书刊行会，1971年。
③ 《旧唐书》卷八《玄宗纪》，第200页。
④ 《资治通鉴》卷二一八，肃宗至德元载（756）条，第6970页。
⑤ 《旧唐书》卷九七《张说传》，第3059页。
⑥ 《新唐书》卷五《玄宗本纪》，第152页。
⑦ 《日本后纪》卷一二《皇统弥照天皇》延历廿四年六月条，第42—43页。鄞县，黑板胜美注"当作鄮县"，是。

廷派"监使"护送至发遣地的最高地方当局——越州观察使府,然后由越州府再派员送至其所管辖的下属州——明州,再由明州送至下属之鄞县境内之港口登船返国。可见为了礼送来使返国,道、州、县三级地方政府均需承担相应的护送职责。

地方政府在礼送来使返国中所承担的具体职责,可从下述材料中观其大概。日本于淳仁天皇天平宝字四年(唐肃宗上元元年,760)派遣高元度入唐,第二年肃宗令其由苏州返国,"即令中谒者谢时和押领(高)元度等向苏州,与刺史李岵平章,造船一只长八丈;并差押水手官越州浦阳府折冲、赏紫金鱼袋沈惟岳等九人,水手越州浦阳府别将、赐绿陆张什等卅人,送元度等归朝"①。由此可见礼送高元度返国事宜,是由中使谢时和与越州刺史共同商议处置的,地方政府不仅负责建造船只,而且负责组建送使之使团,使团由三十九人组成,使团之大使、副使及水手等成员均从其辖下之官员、兵卒中选派。沈惟岳等人送高元度到达日本后,副使纪乔容等三十八人向日方大宰府状告沈惟岳的"赃污"之行,状云:"大使沈惟岳,赃污已露,不足率下,副使纪乔容、司兵晏子钦堪充押领,伏垂进止。"大宰府商量后认为"所申有实"。但是答复道:"大使、副使并是敕使谢时和与苏州刺史相量所定,不可改张。其还乡之禄,亦依旧给。"② 可见对方对于中使与地方当局所派使团是尊重的,并不轻易介入干涉。开成四年(839)藤原常嗣使团被指定从淮南节度使所管之楚州离境,于是"敕符到州(指扬州),其符状称,准朝贡使奏,为日本国使帖于楚州雇船,便以三月令渡海者"。然后又"为令修理所买船,令都匠、番将、船工、锻工等卅六人向楚州去"。扬州还特派"勾当日本国使"王友真到楚州负责送使事宜,并有"送客军将"乘船送行③。亦由扬州当局负责修造船只,并派遣官员护送。从上述两事我们可以看到,地方政府负责处理外国使团返国的一应事宜,一方面为他们的返国从物质上进行准备和帮助,其中包括建造或修理船只;另一方面则组建送使使团,物色派遣官员、吏役护送他们返国。

---

① 《续日本纪》卷二三《废帝》天平宝字五年八月条,第280页。
② 《续日本纪》卷二四《废帝》天平宝字六年五月条,第287页。
③ 《入唐求法巡礼行记》卷一,第92、106、132页。

在指定来使从某一港口离境的同时，朝廷还要指示沿海港口负责检查和照料途经该处的外国使团。开成四年（839），藤原常嗣所率日本遣唐使从楚州离境前，"又有敕，转牒海州、登州路次州县支给"。这是淮南节度使根据朝廷下达的敕旨向海州、登州转发有关照料日本使团的公文。使团从楚州离港后，途经海州，在东海县东海山靠岸时，附近有一个村庄叫宿城村，那个村的村长就已经知道有"日本国朝贡使船，泊山东候风"，而且已有"州牒"下到村里，还有海州"押衙使下有三四人在此探候"。途经登州牟平县唐阳陶村，在靠岸停泊时，使船上官员"便作帖报州县"①。在乳山县境停泊时，又有"州押衙来于舶上，问舶上之人数"。第二天"州押衙来于船上，请舶上人数。官人具录其数，帖报州家"。第三天"押衙使来请朝贡使报县之帖"②。可见沿海各州县对于返国的朝贡使船密切注视，盘查严格，派员上船清点人数，并要求来使写出报告，上报州县当局。

有时由于某些原因，来使可能暂时留驻或被扣留于边境地区。而当地政府须得到中央新的指示才能予以放行。唐玄宗《放诸蕃质子各还本国敕》云："契丹及奚延通质子，并即停追。前令还蕃首领等，幽州且住交替者，即放去。"③ 幽州是契丹和奚的使节、质子的一个接转站，旧的一批质子离唐时，在幽州等待新一批质子的到来后，才能出境。唐玄宗认为对于质子们应实行来去自由政策，故指示将暂驻于幽州的质子们立即放行。元和十三年（818）吐蕃使者论矩立藏来朝，尚未出境，吐蕃即出兵进犯河曲地区，第二年正月宪宗才批准放行，降敕曰："其蕃使论矩立藏等并后般来使，并宜放归本国。仍委凤翔节度使以此意晓谕。"④ 看来唐政府是将论立矩藏扣留于凤翔道，故降敕指示其对论立矩藏等吐蕃使者进行解释，并准予放行。这是因双方关系恶化而将对方来使扣留于边境。

来使或其他外国人员如果不从唐朝中央政府指定的地方出境，当地

---

① 《入唐求法巡礼行记》卷一，第129、138、150页。
② 《入唐求法巡礼行记》卷二，159、160页。
③ 《唐大诏令集》卷一二八，第689页。
④ 《旧唐书》卷一九六下《吐蕃传下》，第5262页。

政府是不予放行的。日僧圆仁于会昌五年（845）返国，到达楚州山阳县时，请求从这里过海返国，理由是他当年随同来唐的藤原常嗣使团也是从这里返国的。但是"县司不肯，乃云：'当州未是极海之处，既是准敕递过，不敢停留。事须递到登州地极之处，方可上船归国者。'"县司认为：根据朝廷所发公文，山阳县只是圆仁等人"递过"的地方，故不能在此地停留及过海返国，必须到达登州"极海"之处方可登船返国。圆仁等人百计要求均未获准，最后"县家出牒，差人递向登州去"[①]。仍被山阳县护送至登州返国。

唐代沿海州县对于擅自离船、不按朝廷安排返国的使团人员，其查禁亦很严密。《入唐求法巡礼行记》对此有详尽生动的记述。开成三年（838），随藤原常嗣所率日本遣唐使而来的日僧圆仁等人，原拟留唐巡礼求法，因在扬州待命期间一直未得到朝廷批准，只得于第二年三月随藤原常嗣使团于楚州乘船返国。但是圆仁等人留唐之心甚切，于是设计乘使舶在海州东海县东海山靠岸停泊之机，离船登岸，企图留下。他们上岸之后被人带至宿城村，谎称是从密州来的新罗僧，村长王良立即识破，说："和尚至此处，自称新罗人，见其言语，非新罗语，亦非大唐语。见道日本国朝贡使船，泊山东候风，恐和尚是官客，从本国船上逃来。是村不敢交官客住，请示以实，示报，莫作妄语。只今此村有州牒，兼有押衙使下有三四人在此探候。更恐见和尚，禁捉入州。"可见当日本使团返国之船从楚州出发之时，沿海州政府已有公文下达沿岸各地，甚至已下达到了村一级基层政权。同时州政府也已派员下来巡查。村长王良刚说罢，圆仁等人正"思虑之会，海州四县都游奕将下子巡军中张亮、张茂等三人，带弓箭来，问从何处来？"圆仁等人只得据实回答。来人便要求圆仁等人写出报告，"具录留却之由与押衙"，同时来人也写了一份报告，一同"遣报押衙都游奕所"。此三人即由海州押衙所辖都游奕派出的巡察人员。押衙为州府属官，游奕负责巡营、防遏事。第二天，东海县也派遣都使前来检查，要求圆仁等人写出报告。第三天他们被带去见押衙，"具陈事由"。此"押衙官位姓名：海州押衙兼左二将军军将四县都

[①] 《入唐求法巡礼行记》卷四，第480页。

游奕使、勾当蕃客、朝议郎、试左金吾卫张实"①。唐中后期于边要之地置游奕使,《资治通鉴》胡注曰:"游奕使,领游兵以巡弈者也。"又引杜佑曰:"游弈,于军中选骁勇谙山川、泉井者充,日夕逻候于亭障之外,捉生问事。"② 可见游弈是边境巡察军人。师弘礼于宣宗时"迁鄜、坊、丹、延四州都游弈使。且此州羌汉错居,山川复阔,苟失控御,即为寇攘。公为是都也,部落畏威,将卒知惧,秋毫无犯,边界获安"③。亦证明巡察边界是游弈使的重要职责。而据圆仁的记载,可知唐代不仅于北方边境置游弈使,东南沿海亦置,是为巡逻海防之需。据圆仁的记述我们还知道,唐代州一级政权中还有"勾当蕃客"一职的设置,这显然是专司外事的职务。所以日本朝贡使船在其境内停泊时由其派员探察,发现非法入境之外国人时,调查报告亦上交予他。第四天圆仁等人又被从县送达州,去见刺史,"至刺史前,着椅子令坐,问抛却之由,令押衙申"④。又是由这位"勾当蕃客"的押衙负责向州刺史报告事实情况。最后圆仁等人还是被送往回国的日本国朝贡使船。从圆仁等人的这段遭遇中,我们可以看到唐代地方政权对于外国来使的出入境管理是非常周密而严格的,由道而州而县而村,逐级下达,层层布置,密切配合,令行禁止,井然有序。天宝二年(743)日本留学僧荣睿、普照等与鉴真第三次东渡时于舟山海面触礁,上岸后即"有逻海官来问消息,申牒明州;明州太守处分,安置鄮县山阿育王寺"⑤。也是很快就被发现,并上达郡太守处。这里的"逻海官"有类上述海州押衙都游弈派出的巡察人员。

使团离境后,如遇特殊情况返回,边境地方政府也要及时上报朝廷,以妥善处置。元和十一年(816)十一月,新罗国"入朝王子金士信等遇恶风,漂至楚州盐城县界,淮南节度使李鄘以闻"⑥。可见是由州县上报于道,再由道长官上报朝廷。日本多治比广成所率遣唐使在唐完成使命

---

① 《入唐求法巡礼行记》卷一,第138、141页。
② 《资治通鉴》卷二〇九,唐中宗景龙二年(708)"朔方军前锋游弈使"条下,胡注,第6621页。
③ 周绍良、赵超《唐代墓志汇编》广明001,上海古籍出版社1992年版,第2499页。
④ 《入唐求法巡礼行记》卷一,第143页。
⑤ [日]真人元开著,汪向荣校注:《唐大和上东征传》,第52页,中华书局2000年4月版。
⑥ 《唐会要》卷九五《新罗》,第2030页。

后，于开元二十二年（734）从苏州返国，在海中遭遇风暴，其中两只船漂回唐，一只船漂至林邑，后来均被妥善送回本国，唐玄宗为此以《敕日本国王书》着日本使者带回本国，详述了其具体经过："丹墀真人广成等入朝东归，初出江口，云雾斗暗，所向迷方，俄遭恶风，诸船漂荡。其后一船在越州界，其真人广成寻已发归，计当至国。一船漂入南海，即朝臣名代，艰虞备至，性命仅存。名代未发之间，又得广州表奏，朝臣广成等漂至林邑国。既在异国，言语不通，并被劫掠，或杀或卖，言念灾患，所不忍闻。然则林邑诸国，比常朝贡，朕已敕安南都护，令宣敕告示，见在者令其送来，待至之日，当存抚发遣……今朝臣名代还，一一口具。"①诏文中之丹墀真人广成即遣唐大使多治比广成，朝臣名代即副使中臣名代，朝臣广成即判官平郡广成。漂回唐的两船，一在越州，一在南海，均被重新遣送返国。漂至林邑之船，被广州方面获知其下落，上报了朝廷，由朝廷通过外交途径寻找。诏文称林邑国"比常朝贡"，亦即与唐有外交关系，故可通过外交途径寻找，具体是由安南都护负责查询。这条船是遣唐判官平郡广成等人所乘之船，所漂之国为昆仑国，后由唐朝钦州之熟昆仑将他们偷运回唐，唐方"给船粮发遣"，再"取渤海路归朝"②。从这里可见唐朝对于外国来使的遣送是采取负责到底的态度，遇险漂回的使者亦同样以礼遣送，绝不怠慢。

（六）程粮供应

唐朝制度规定外交使节在京完成使命返国时，依例供给返国"程粮"。由海路来朝者给予"入海程粮"，由陆路来朝者给予"度碛程粮"③。外交使节之外的一般蕃客则不一定有程粮供给，会昌五年（845）日僧圆仁从长安返国时，"京牒不说程粮，在路自持粮食"④。当时唐武宗正推行灭佛政策，圆仁等人有类逃离长安，所以谈不上给予程粮。由此可知程粮是在牒文中注明的，圆仁的牒文中没有注明给予程粮，因而必须自己在沿途购买。这些程粮的供应由所经州县负责。开成四年（839）

---

① 《全唐文》卷二八七，第2910—2911页。
② 《续日本纪》卷一三《天玺国押开丰樱彦天皇》圣武天皇天平十一年十一月条，第156页。
③ 《新唐书》卷四六《百官志一》，第1196页。
④ 《入唐求法巡礼行记》卷四，475页。

三月，藤原常嗣使团从楚州起航返国时，"又有敕，转牒海州、登州路次州县支给"①。这里所谓"支给"，就是指给予过海程粮。四月廿六日使船到达登州境内之乳山西浦停泊时，"粟录事下舶到押衙处相看，兼作帖请食粮：'先在东海县，但过海之粮。此舶过海，逆风却归，流着此间。事须不可在此吃过海粮，仍请生料'云云。押衙取状云：'更报州家取处分。'"②从这个材料可知，使团曾在海州东海县领到了过海程粮，原拟从那里过海返国，因风而漂至登州，耽搁了旅程，故在这里请求补充粮食。又可知过海程粮限于横渡大海时食用，不得随意消耗。使团官员先向来迎的押衙申报，这位押衙即登州府属官，由他转呈州政府处理。得到批准之后，五月一日，日本使团派人"买过海粮于村勾当王训之家"。五月三日使船驶至乳山泊口停泊，五月十六日"舶上官人差射手二人、水手二人，与州押衙共遣请粮"。六月七日，使船到达登州文登县清宁乡赤山村附近海岸停泊，七月十五日，使船起锚离岸，随船返国的请益僧圆仁等人被抛却留于当地之赤山院，十六日，"便见州使四人先来在院，运日本国朝贡使粮七十石米着，今于当村。缘朝贡使已发，不得领过，便报县家去"③。虽然日本使团最后在登州时没有领到过海程粮，但州县供应过海程粮的情形，从中已反映得很清楚了。

此外，地方政府也负责向来使颁"禄"。开成四年（839），日本藤原常嗣使团在京完成使命后，将于楚州返国，当时未随同使团代表进京的日方人员尚在扬州待命。在作返国准备期间，二月六日"州官准敕给禄。案观察使帖称：'准闰正月二日敕，给使下赴上都贰佰柒拾绢，每人五匹，计壹千三百伍拾匹。准贞元廿一年（805）二月六日敕，每人各给绢五匹者。'旧例无有禄给僧之例，今度禄时与僧等，但不入京留置。一判官已下水手已上，每人各赐五匹，更无多少"④。这是经朝廷批准赐给来使的"禄"绢，在使团离境之前由地方政府根据诏旨颁给。

---

① 《入唐求法巡礼行记》卷一，第129页。
② 《入唐求法巡礼行记》卷二，第156页。
③ 同上书，第157、160、171页。
④ 《入唐求法巡礼行记》卷一，第112页。

（七）护送出使

唐朝政府遣使出境时，有关地方政府负有护送之责。开成四年（839）日僧圆仁随藤原常嗣使团返国途中于登州牟平县停泊期间，四月二十四日"又闻大唐天子为新罗王子赐王位，差使拟遣新罗，排比其船，兼赐禄了"。这是登州为出使新罗的使团准备船只和进行赐禄。圆仁等人于文登县停泊期间，六月二十八日"大唐天子差入新罗慰问新即位王之使，青州兵马使吴子陈、崔副使、王判官等卅余人，登来寺里相看"①。这是唐朝出使新罗的使团人员到寺中参观，看望日本使团人员。上一年新罗闵哀王死，神武王立，旋薨，文圣王立。唐朝当为此而遣使②。出使新罗之唐使一般均由登州乘船出国，故登州地方政府要负责为出国使团提供服务保障。多年后，当圆仁在唐完成巡礼求法，也拟从登州返国时，得到了平卢军节度同十将兼登州诸军事押衙张咏之大力帮助，为其修造船只，于大中元年（847）二月完工。这年"闰三月十日，闻入新罗告哀，兼予祭、册立等副使、试太子通事舍人、赐绯鱼袋金简中，判官王朴等，到当州牟平县南界乳山浦，上船过海。有人谗佞张同十将：'遣国章，拟发送远国人，贪造舟，不来迎接天使'云云。副使等受其谗言，深怪。牒举国制不许差船送客过海等，张大使不敢专拒，仍从文登界过海归国之事不成矣"③。这是唐朝遣使至新罗告武宗去世之哀，并吊祭新罗神武王，册立文圣王。因此有人举报张咏为外国人造船，而不"迎接天使"，违反了"国章"。张咏只得放弃由此地发送圆仁之计划，圆仁从文登县渡海返国之事告吹。可见如有本国使团出国时，地方政府应优先照料，否则便有怠慢"天使"之罪名。

和亲公主出境时，所经地方政府更须加意护送。长庆元年（821）七月"太和公主发赴回纥国"④，十月"丰州奏：回纥五百骑至界首以迎公主"。十一月甲寅"振武节度使张惟清奏：准诏发兵三千人赴蔚州，数内已发一千人讫，余二千人待太和公主出界即发遣。又奏：得天德军转牒

---

① 《入唐求法巡礼行记》卷二，第154、169页。
② 《三国史记》卷一〇《新罗本纪》，第123页。
③ 《入唐求法巡礼行记》卷四，第505页。
④ 《旧唐书》卷一九五《回纥传》，第5211页。

云，回鹘七百六十人将驰马及车，相次至黄庐泉迎公主"。同时"丰州刺史李佑奏：迎公主回鹘三千骑于柳泉下营"①。由此可见，一方面振武节度使受命发兵三千赴蔚州迎护公主，另一方面沿途地方政府又要密切注视对方迎接公主的动态，及时将情况上报朝廷。这样警惕并严兵护送是十分必要的，贞元四年（788）咸安公主出嫁回纥时，由于"振武节度使唐朝臣不严斥候"②，招致迎送公主之使团遭到袭击。当时"节度使唐朝臣方郊劳天子使者"，突遭奚、室韦的袭击，"惊而走军，室韦执诏使，大杀掠而去"③。俘虏唐朝所遣宣慰中使二人。"时回纥之众迎公主者在振武，（唐）朝臣遣七百骑与回纥数百骑追之，回纥使者为奚、室韦所杀。"④ 这次由于地方政府"不严斥候"，造成唐朝使者被执和回纥使者被杀的严重后果。因此地方政府上述警戒措施是事出有因、完全必要的。

二 行使对外权力，执行对外交涉

（一）互通使命

沿边地方政府不仅负责入朝使节的接转，而且本身也有权直接与境外通使。对于渤海国，"幽州节度府与相聘问"⑤。不独幽州为然，唐代边境地方政府都有权像幽州这样对外聘问往还、使命交通。

一方面边境政府可以直接接受来使。龙朔元年（661）百济发生政变，其首领道琛、福信遣使至带方州刺史刘仁轨处，告刘仁轨曰："闻大唐与新罗约誓，百济无问老少，一切杀之，然后以国付新罗。与其受死，岂若战亡，所以聚结自固守耳！"⑥ 这是百济政变首领遣使至带方州抗议唐与新罗之约誓。天宝十载（751）剑南节度使鲜于仲通发兵攻南诏，以惩罚其去年之反叛。云南王阁罗凤"遣使谢罪"，表示将归还去年之掳掠，声言如不退兵，则转投吐蕃。但鲜于仲通"不许，囚其使"⑦。这是

---

① 《册府元龟》卷九七九《外臣部·和亲二》，第11507页。
② 《资治通鉴》卷二三三，唐德宗贞元四年（788）条，第7514页。
③ 《新唐书》卷二一九《北狄传·室韦》，第6177页。
④ 《资治通鉴》卷二三三，唐德宗贞元四年（788）条，7514—7515页。
⑤ 《新唐书》卷二一九《北狄传·渤海》，第6183页。
⑥ 《旧唐书》卷一九九上《东夷传·百济》，第5332页。
⑦ 《旧唐书》卷一九七《南蛮、西南蛮传·南诏蛮传》，第5281页。

南诏遣使至剑南道谈判停战问题。高骈为西川节度使，用兵南进，"南诏惧，遣使者诣（高）骈结好，而骈出兵寇边，骈斩其使"①。这是南诏遣使求和。贞元十五年（799），时韦皋为剑南西川节度使，异牟寻"请以大臣子弟质于（韦）皋，皋辞，固请，乃尽舍成都，咸遣就学"②。这是南诏遣使送质。与此同时"南诏异牟寻与韦皋约共击吐蕃，皋以兵粮未集，请俟他年"③。这是南诏遣使来约军事行动。咸通（860—873）末年，牛丛为剑南西川节度使，"时蛮犯边，抵大渡，进略黎、雅，叩邛崃关，谩书求入朝，且曰假道。丛囚其使四十人，释二人还之，蛮惧，即引去"④。这是交战期间接待对方来使。咸通七年（866），南诏酋龙派遣清平官董成出使成都，被节度使李福所囚，后新任节度使刘潼将其释放，于是"南诏遣使者杨酋庆来谢释董成之囚，定边节度使李师望欲激怒南诏以求功，遂杀酋庆"⑤。这是南诏来使致谢。这些都是地方政府直接受理来使的情况。除刘仁轨事为唐前期外，其余都是唐后期之事，从这里可见唐代后期方镇的对外权力相当大，他可以决定对于来使的生杀予夺，这是方镇势力膨胀在外交上的一个反映。

不过地方政府直接处理的一般来说是相对较低层次的对外问题，遇有比较重大的外交问题时，还是需要上报朝廷的。贞元三年（787），吐蕃相尚结赞"使大将论颊热卑辞厚意告马燧，请两国同盟和好，上疑其不诚，不允"⑥。这是吐蕃遣使至河东节度使马燧处，请求与唐订盟，唐德宗不允吐蕃之请，说明河东节度使马燧是将吐蕃使者的请求上报了朝廷的。乾符四年（877）"岭南西道节度使辛谠奏：南诏遣陀西段瑳宝等来请和"。可见岭南西道接到南诏来使后，即上奏朝廷，于是"诏许之"⑦。光化元年（898），南诏"遣使款黎州修好，昭宗不答"⑧。说明黎州曾将南诏的请求上报了朝廷。这些都是关于双方修和结盟的重大外交

---

① 《新唐书》卷二二二中《南蛮传中·南诏传下》，第6290页。
② 《新唐书》卷二二二上《南蛮传上·南诏传上》，第6276页。
③ 《资治通鉴》卷二三五，唐德宗贞元十五（799）年，第7583页。
④ 《新唐书》卷一七四《牛僧孺传附牛丛传》，第5234页。
⑤ 《资治通鉴》卷二五一，唐懿宗咸通十年（869）条，第8150页。
⑥ 《旧唐书》卷一二《德宗纪上》，第356页。
⑦ 《资治通鉴》卷二五三，唐僖宗乾符四年（877）条，第8190页。
⑧ 《新唐书》卷二二二中《南蛮传中·南诏传下》，第6293页。

问题，故须及时上报中央，最后由朝廷批准。不仅如此，如有重大外交问题，边境政府还要将来使转送中央。南诏异牟寻谋划脱离对吐蕃的依附而归向唐朝，贞元九年（793）"乃决策遣使者三人异道同趣成都……且赠（韦）皋黄金、丹砂。皋护送使者京师，使者奏异牟寻请归天子，为唐藩辅"①。这是事关唐与南诏重建和好关系的大事，故西川节度使韦皋将其使者转送首都。上述贞元三年（787）吐蕃遣使河东请与唐盟之事，未得德宗同意，于是马燧"自将论颊热入朝，盛言蕃相请盟，可以保信，上乃从之"②。这是事关唐蕃结盟之事，故马燧亲自带领来使进京。可见遇有重大外交问题时，地方政府须将来使转致京师，由朝廷决断。

由于边境政府常常接待来使，因而双方为接见礼仪常有争执。咸通六年（865）"南诏遣清平官董成等诣成都，节度使李福盛仪卫以见之。故事，南诏使见节度使，拜服于庭，（董）成等曰：'骠信已应天顺人，我见节度使当抗礼。'传言往返，自旦至日中不决；将士皆愤怒，福乃命捽而殴之，因械系于狱"③。从这个记载可知，当时地方节度使会见来使已有固定的礼仪，来使须"拜服于庭"，如今南诏来使要求与节度使"抗礼"，故遭李福拒绝。双方在接待礼仪上的争执，有时还是相当尖锐激烈的。咸通十一年（870）南诏北攻西川，节度使卢耽"遣节度副使柳槃往见之，杜元忠授槃书一通，曰：'此通和之后，骠信与军府相见之仪也。'其仪以王者自处，语极骄慢。又遣人负綵幕至城南，云欲张陈蜀王厅以居骠信"④。南诏乘军事上胜利之机，单方面修改双方相见礼仪，要求以"王者之礼"与西川节度使相见，并要求布置蜀王厅为南诏骠信来访时的馆舍。蜀王厅在成都，胡注："隋蜀王（杨）秀镇蜀，起厅事，极为宏壮。"有的节度使外交手腕比较高明，则可达致以柔克刚之效。李晟为凤翔陇右节度使，"乃倾家财以赏降者，以怀来之。降虏浪息曩，晟奏封王。每蕃使至，晟必置息曩于坐，衣以锦袍、金带以宠异之。蕃人皆相指目，荣羡息曩"⑤。这是以优礼对待吐蕃降将，显示于吐蕃来使面前，

---

① 《新唐书》卷二二二上《南蛮传上·南诏传上》，第6272—6273页。
② 《旧唐书》卷一二《德宗纪上》，第356页。
③ 《资治通鉴》卷二五〇，唐懿宗咸通七年（866）条，第8113—8114页。
④ 《资治通鉴》卷二五二，唐懿宗咸通十一年（870）条，第8155页。
⑤ 《旧唐书》卷一三三《李晟传》，第3672页。

以起到感化、宣传的作用。甚至耀武以震慑之,德宗时严绶为河东节度使,"尝大阅,旗帜周七十里,回鹘梅录将军在会,闻金鼓震伏"①。回鹘使者来唐时常傲慢无礼,严绶安排其出席军事检阅,实际上是以军威震慑之。

另一方面边境政府也可直接向对方遣使。龙朔元年(661),百济政变首领道琛、福信遣使至带方州刺史刘仁轨处,告以抗唐决心,于是刘仁轨"作书,具陈祸福,遣使谕之。道琛等恃众骄倨,置仁轨之使于外馆,传语谓曰:'使人官职小,我是一国大将,不合自参。'不答书遣之"②。这是唐前期州刺史对外遣使之事实。贞元元年(785)韦皋为剑南西川节度使,"皋以云南蛮众数十万与吐蕃和好,蕃人入寇,必以蛮为前锋"。于是贞元四年(788)"皋遣判官崔佐时入南诏蛮,说令向化,以离吐蕃之助。佐时至蛮国羊咀咩城,其王异牟寻忻然接遇,请绝吐蕃,遣使朝贡"③。这是唐后期节度使对外遣使之事实。

地方政府对外遣使需经朝廷批准。乾符三年(876),南诏遣使段瑳宝至邕州请求通和,岭南西道节度使辛谠将此事上奏后,"诏令答使许之",同意岭南西道遣使报答。于是乾符五年七月,辛谠"遣从事徐云虔通和,凡水陆四十七程,至善阐府,遇骠信游猎,尚去云南一十六程,叙好而还"④。这是经朝廷批准后由地方政府遣使通和。实际上此次诏准之后,辛谠曾三度遣使南诏,乾符四年(877)闰二月,辛谠上奏南诏来请和,并建议"请许其和"。于是"诏许之。(辛)谠遣大将杜弘等赍书币,送(段)瑳宝还南诏"。这是第一次遣使南诏。乾符五年(878)五月杜弘等人返回后,当即又派遣摄巡官贾宏等出使南诏。乾符六年(879)正月"贾宏等未至南诏,相继卒于道中,从者死亦太半"。这是第二次遣使南诏。于是辛谠"召摄巡官徐云虔,执其手曰:'谠已奏朝廷发使入南诏,而使者相继物故,奈何?吾子既仕则思徇国,能作此行乎?'"徐云虔慨然允诺,于是"厚具资装而遣之"⑤。这是第三次遣使南诏。由

---

① 《新唐书》卷一二九《严挺之传附严绶传》,第4485页。
② 《旧唐书》卷一九九上《东夷·百济国》,第5332页。
③ 《旧唐书》卷一四〇《韦皋传》,第3822—3823页。
④ 《唐会要》卷九九《南诏蛮》,第2095—2096页。
⑤ 《资治通鉴》卷二五三,唐僖宗乾符四、五、六年(877—879)条,第8190、8211页。

此可见岭南西道节度使的一系列通使行动，都是在得到朝廷批准之后采取的。

地方政府与中央政府之对外通使亦有层次高低之别。咸通年间唐与南诏关系紧张，咸通九年（868）定边节度使杀南诏使者，于是第二年南诏向唐发动进攻，"酋龙进攻成都，次眉州，坦绰杜元忠日夜教酋龙取全蜀。于是西川节度使卢耽遣其副王偃、中人张思广约和，蛮强之使南面拜，然卒不见酋龙而还。蛮次新津，耽复遣副谭奉祀好言申约，蛮留之。耽畏援军未集，即飞请天子降大使通好，以纾其深入。懿宗驰遣太仆卿支详为和蛮使"①。西川节度使两次遣使均未达到目的，于是不得不请朝廷派大使出面以收拾局面，"蛮以（卢）耽待之恭，亦为之盘桓，而成都守备由是粗完"②。可见两者的层次是不同的，遇到棘手的外交问题时，还是中央遣使胜于地方遣使。

（二）互通文书

互通文书是边境外交的又一方式。双方在通使之时，一般即同时互通文书。咸通十一年（870）南诏犯边，西川节度使卢耽"遣同节度副使王偃等赍书见其用事之臣杜元忠，与之约和"③。这是使者携地方长官文书前往约和。乾符元年（874），南诏"坦绰遣使者王保城等四十人赍骠信书遗节度使牛丛，欲假道入朝，请憩蜀王故殿"④。当时牛丛为西川节度使。这是对方来使同时致节度使以文书。乾符六年（879）岭南西道节度使辛谠派遣其摄巡官徐云虔出使南诏，返回时，南诏"以木夹二授（徐）云虔，其一上中书门下，其一牒岭南西道"⑤。第一件交付来使转呈朝廷，第二件为对方答边境政府的报书。对于对方的来书，一般都要为书作答，如不答书，即可能有损双方关系。龙朔元年（661）带方州刺史遣使致书百济政变首领道琛等，对方"不答书遣之"⑥。这是对方表示断绝关系的处置方式。太和四年（830），南诏首领嵯颠上表控诉西川节

---

① 《新唐书》卷二二二中《南蛮传中·南诏下》载，
② 《资治通鉴》卷二五二，唐懿宗咸通十一年（870）条，第8155页。
③ 同上书，第8154页。
④ 《新唐书》卷二二二中《南蛮传中·南诏下》，第6289页。
⑤ 《资治通鉴》卷二五三，唐僖宗乾符六年（879）条，第8212页。
⑥ 《旧唐书》卷一九九上《东夷传·百济》，第5332页。

度使杜元颖无状，应对破坏双方关系负责，其罪责之一是"移文报彼，都不见信"①。这是边境政府没有回报对方来文而影响了双方关系。

边境政府对外的文书，有的是以边境政府撰写并以长官名义发出。上文所述乾符元年（874）南诏致书西川节度使牛丛后，牛丛即以自己的名义作了回复，文书的开头云："十二月二十四日，剑南西川节度观察安抚使守兵部尚书成都尹牛丛，致书于云南诏国坦绰麾下。专人遽到，示翰忽临。"接着便对南诏犯境、提出假道和在蜀王殿安置等事加以驳斥，最后说："所差王保城四十人送书，并已囚系，候于军前，用以衅鼓。今发遣鄹咙段首迁二人持报书，望详览不具。某白。"②这是双方处于交战状态下，以节度使名义发出的报书。

有的文书虽以地方政府长官名义发出，但实际上是由中央代为撰写的。会昌二年（842），回鹘乌介可汗逼塞而久不退，为此唐武宗"命李德裕代刘沔答回鹘相颉干迦斯书"③，抗议回鹘深入边境。当时李德裕为宰相，刘沔为河东节度使。以刘沔的名义发出的这件文书是由中央代为起草的。此即李德裕《代刘沔与回鹘宰相颉于伽思书》。像这样由中央代替边境地区撰写对外文书的事，在唐代是非常普遍的。仅李德裕所撰，除此文外尚有《代忠顺报回鹘宰相书意》《代刘沔与回鹘宰相书意》等④。著名诗人白居易也曾撰写过不少这样的文书，因他曾在中央任翰林学士，主客郎中、知制诰，中书舍人等，这些职务都与撰写中央文件有关，"凡朝廷文字之职，无不首居其选"⑤。如《代王佖答吐蕃北道节度使论赞勃藏书》《代忠亮答吐蕃东道节度使论结都离等书》等就是这种文书。《代王佖答吐蕃北道节度使论赞勃藏书》，其开头云："大唐朔方灵盐丰等州节度使、检校户部尚书、宁塞郡王王佖致书大蕃河西北道节度使论公麾下，远辱来书，兼蒙厚贶，慰悚之至，难述所怀。国家与彼蕃代为舅甥，日洽恩信，虽云两国，实若一家，遂令疆域之臣，得以书信相问。"中间就双方关系中的一些问题，如"审守封陲，不许辄令侵轶"、吐蕃"诱

---

① 《全唐文》卷九九九《请诛杜元颖表》，第10347页。
② 《全唐文》卷八二七牛丛《报坦绰书》，第8713页。
③ 《资治通鉴》卷二四六，唐武宗会昌二年（842）条，第7965页。
④ 见《全唐文》卷七〇七，第7251—7252页。
⑤ 《旧唐书》卷一六六《白居易传》，第4353页。

致"党项、助讨回鹘等问题申述了观点，最后说："所蒙寄赠，并已检到。伙为边须守常规，马及胡瓶，依命已受；其回纥生口，缘比无此例，未奉进止，不敢便留。今却分付来人，至彼望垂检领。有少答信，具如别数，幸恕寡薄也。初秋尚热，惟所履珍和。谨因译语官马屈林恭回不具。伙白。"① 王伙于元和四年（809）至元和八年（813）中为朔方灵盐节度使②，这是以其名义致书吐蕃河西北道节度使，答其来书及馈赠，就双方边界争端及外交争执等问题进行批驳并申明已方立场，表示维护友好关系的文书。从中可知当时双方边境经常通过互致文书进行交涉，调节关系。在文书交往中有专人致送，还有译语官联络其间。为此双方还互赠礼品，互致问候。

敦煌文书 P.2555 号卷内有《为肃州刺史刘臣璧答南蕃书》，这是唐肃宗末年，由窦昊代肃州刺史刘臣璧所撰对于吐蕃将领尚赞摩来书的复文。文书开头曰："和使论悉蔺琮至，远垂翰墨，兼惠银盘。"可知当时吐蕃将尚赞摩曾遣使至肃州，使者携有尚赞摩致刘臣璧之书信，以及银盘等礼品，刘臣璧因而复书报答。文书历述了唐中宗以来大约六十年间的唐蕃往来、和战关系，针对吐蕃咄咄逼人的攻势，提出"愿奉安两疆之长计，论不侵之远谋"，"罢甲兵于两疆"。最后刘臣璧特遣专使持书报答，"谨勒将军潘旰白还答"③。这也是由别人代替边境地方长官所撰对外文书。可见在唐代以边境地方长官名义与境外互通文书，是其时运用频繁而又非常重要的外交方式之一。

通过边境地方政府与对方通文书，是唐政府有意识、有目的的一种外交方式和手段。南诏"督爽"经常直接与唐"中书"通文书，因"辞语怨望，中书不答"。胡注："督爽，总三省也。"类似唐的宰相。宰相卢携认为长期拖延亦非良方，于是奏曰："自中书发牒，则嫌于体敌，请赐高骈及岭南西道节度使辛谠诏，使录诏白，牒与之。"认为由唐朝宰相府直接回文，等于承认南诏的"督爽"与唐的"中书"是对等机构，抬高

---

① 《全唐文》卷六七四，第6879页。

② 《二十五史补编》第六册，吴廷燮：《唐方镇年表》卷一"朔方"条，第7309页，中华书局1955年版。

③ 参见邓小南《为肃州刺史刘臣璧答南蕃书（伯二五五五）校释》，北京大学中国中古史研究中心编《敦煌吐鲁蕃文献研究论集》第二辑，中华书局1982年版，第596—598页。

了其地位，因而建议下诏给西川节度使和岭南西道节度使，由他们出面将诏旨发往南诏。胡注："录诏白，今谓之'录白'是也。"① 僖宗乾符五年（878），"南诏使者赵宗政还其国，中书不答督爽牒，但作西川节度使崔安潜书意，使安潜答之"。这是因为这年四月赵宗政来请和时，没有给皇帝的"表"，只有其"督爽"给中书的"牒"，而且"请为弟而不称臣"，唐朝百僚认为其"骄僭无礼"②，故不以中书的名义，而以西川节度使的名义给予答书。

根据双方关系及面临问题的不同情况，有的文书甚至不以地方政府长官名义，更以其下级名义发出。贞元三年（787）韦皋为西川节度使时，正值南诏异牟寻酝酿脱离吐蕃而投向唐朝，双方都在试探对方态度，于是"上命皋先作边将书以谕之，微观其趣"③。这里以边将的名义向对方致书，而不以节度使直接出面，是因为双方曾经较长时间隔绝、对立，对于彼此的态度还需要进一步试探；而且南诏较长时间与吐蕃联盟，三方关系错综复杂，亦需谨慎行事。

有时为了某一外交目的，还需要地方政府与中央相配合而同时向对方发出文书。南诏异牟寻虽然早有背蕃向唐之心，但直到贞元九年（793）六月才采取行动，遣使三路至成都，并由此转赴长安。他之所以行动迟疑，其中一个重要原因是吐蕃对其控制极严。为了趁热打铁促成南诏弃蕃归唐，于是当年十月"韦皋遣其节度巡官崔佐时赍诏书诣云南，并自为帛书答之"④。韦皋的使者携有德宗的诏书及韦皋的帛书，两种文书同时发出，目的在于加强外交攻势，迅速促成南诏之内向。前述会昌二年（842）河东节度使刘沔致书回鹘相，此前已以唐武宗的名义向回鹘乌介可汗发出了文书。两个文书也是互相配合的，共同为使回鹘撤离边境而发。从这里可见皇帝是向回鹘可汗致书，而节度使则向其相致书，体现了按不同的等级进行对等交往的原则。

边境地方政府之对外通文书，在发展双边关系方面发挥了巨大作用。

---

① 《资治通鉴》卷二五二，唐僖宗乾符二年（875）条，第8177页。
② 《资治通鉴》卷二五三，唐僖宗乾符五年（878）条，第8209、8204页。
③ 《资治通鉴》卷二三二，唐德宗贞元三年（787）条，第7480页。
④ 《资治通鉴》卷二三四，唐德宗贞元九年（793）条，第7549页。

韦皋为西川节度使时，南诏尚背唐而臣属吐蕃，韦皋运用通文书的方式，做了大量争取工作，终于促使南诏弃蕃归唐。贞元三年（787）韦皋以边将名义致书异牟寻后，于同年闰五月"复与东蛮和义王苴那时书，使诇伺导达云南"。当时东蛮附属于南诏，故通过致书于其，再由其侦探人员向南诏转致己意。在通过这两次文书之后，韦皋才亲自出面，直接致书异牟寻。六月，"韦皋以云南颇知书，壬辰，自以书招谕之，令趣遣使入见"①。在韦皋的催促下，贞元四年（788）四月，"云南王异牟寻欲内附，未敢自遣使，先遣其东蛮鬼主骠旁、苴梦冲、苴乌星入见"。异牟寻终于采取了第一个试探行动。同年十月"吐蕃发兵十万将寇西川，亦发云南兵；云南内虽附唐，外未敢叛吐蕃，亦发兵数万屯于泸北。韦皋知云南计方犹豫，乃为书遗云南王，叙其叛吐蕃归化之诚，贮以银瓶，使东蛮转致吐蕃"。这一离间之计果然见效，加深了吐蕃与南诏的矛盾，使南诏"归唐之志益坚"②。贞元五年（789）二月，韦皋又致书异牟寻，称回鹘打算助唐灭吐蕃，劝其先于回鹘采取主动。十二月，"云南虽贰于吐蕃，亦未敢显与之绝。壬辰，韦皋复以书招谕之"③。然而"韦皋比年致书云南王异牟寻，终未获报"。贞元七年（791）六月，韦皋又"遣（段）忠义还云南，并致书敦谕之"④。段忠义是异牟寻祖阁罗凤派往唐朝而留唐的使臣。贞元八年（792）十一月，"韦皋复遗云南王书，欲与共袭吐蕃，驱之云岭之外"⑤。直到贞元九年异牟寻才下定决心归唐，四月"云南王异牟寻遣使者三辈，一出戎州，一出黔州，一出安南，各赍生金、丹砂诣韦皋……三分皋所与书为信，皆达成都。异牟寻上表请弃吐蕃归唐，并遗皋帛书……皋遣其使者诣长安，并上表贺"⑥。从贞元三年（787）韦皋以边将名义向异牟寻致书试探起，经过多次致书劝说、引导，直到贞元九年（793）历时六年才促成其弃蕃归唐的转化，在这漫长而耐心细致的工作中，通文书这一方式终于发挥了效应，起到了积极的

---

① 《资治通鉴》卷二三二，唐德宗贞元三年（787）条，第7485、7489页。
② 《资治通鉴》卷二三三，唐德宗贞元四年（788）条，第7513、7515—7516页。
③ 《资治通鉴》卷二三三，唐德宗贞元五—六年（789—790）条，第7517、7520页。
④ 《资治通鉴》卷二三三，唐德宗贞元七年（791）条，第7524页。
⑤ 《资治通鉴》卷二三四，唐德宗贞元八年（792）条，第7537页。
⑥ 《资治通鉴》卷二三四，唐德宗贞元九年（793）条，第7547页。

作用，史称"南蛮自巂州陷没，臣属吐蕃，绝朝贡者二十余年，至是复通"①。

文书也是双方用以进行外交斗争的一种方式。贞观初张俭为朔州刺史，"时颉利可汗自恃强盛，每有所求，辄遣书称敕，缘边诸州，递相承禀。及俭至，遂拒不受，太宗闻而嘉之"②。这是突厥在文书称谓上做文章以凌辱唐朝，张俭拒绝接受这种文书，起到了制胜对方的效果，故得到唐太宗的称赞。乾符三年（876）南诏遣使至西川，遣返其于咸通六年（865）陷交趾时所虏安南经略判官杜骧之妻李瑶，同时"递木夹以遗（高）骈，称'督爽牒西川节度使'，辞极骄慢"。于是西川节度使高骈"复牒南诏，数其负累圣恩德、暴犯边境、残贼欺诈之罪，安南、大渡覆败之状，折辱之"③。木夹是当时传递文书常用之物，胡注："递牒，以木夹之，故云木夹。"这是双方以文书进行斗争。南诏派至成都学习的人数甚多，来使之随从人员亦甚多，以致造成财政上的不堪重负，于是西川节度使杜悰"奏请节减其数，诏从之。南诏丰祐怒，其贺冬使者留表付巂州而还。又索习学子弟，移牒不逊，自是入贡不时，颇扰边境"④。这是对方为表示不满而在文书上采取的动作，贺冬表应由使者送至节度府或至京呈交，而留在边州即回；召还留学人员时的牒文又言词不逊，以此折辱唐方。

（三）盟誓纳质

边境地方政府还受命与境外进行盟誓。

建中三年（782）唐与吐蕃相约于明年在清水进行盟誓，划定边界。事前唐遣使至吐蕃约定盟会日期，并告之将派遣陇右节度使张镒与之会盟。建中四年（783）正月"诏张镒与尚结赞盟于清水"。唐方以陇右节度使张镒为首，其幕府齐映、齐抗及朝廷所遣会盟官崔汉衡等共"七人皆朝服"，作为盟会代表团成员与会；吐蕃方面以次相尚结赞为首，及其

---

① 《旧唐书》卷一四〇《韦皋传》，第3823页。
② 《旧唐书》卷八三《张俭传》，第2775页。
③ 《资治通鉴》卷二五二，唐僖宗乾符三年（876）条，第8183页。高骈的复牒，见《全唐文》卷八〇二所载其《回云南牒》。
④ 《资治通鉴》卷二四九，唐宣宗大中十三年（859）条，第8078页。

将相等亦一共七人为代表团成员。双方共十四人"升坛为盟"①。这是以边境地方长官为盟会代表团团长。

贞元三年（787）唐又拟与吐蕃会盟，吐蕃方面提出请求由灵州节度使杜希全、泾州节度使李观共同主持盟会，唐遣使拒绝云："杜希全职在灵州，不可出境。李观今已改官，以侍中浑瑊充盟会使。"②唐朝虽然拒绝了吐蕃的请求，但说明边境盟会以边镇节度使主持乃当时正常现象。据《大唐故朔方节度掌书记殿中侍御史昌黎韩君夫人京兆韦氏墓志铭》，曾任朔方节度掌书记的韩弇，时为殿中侍御史，在此次盟会中遇害，志文称："贞元三年，吐蕃乞盟，诏朔方节度使即塞上与之盟，宾客皆从。其五月，吐蕃不肯盟，殿中君于是遇害。"③两《唐书》之《吐蕃传》均记载韩弇以盟会副使崔汉衡判官身份与会而被害④，与墓铭所载符合。

贞元九年（793）剑南西川节度使韦皋派遣其节度巡官崔佐时出使南诏，以完成促使南诏弃蕃归唐的使命。崔佐时至其所都羊苴咩城，异牟寻悉斩吐蕃使者、去吐蕃所立之号、献吐蕃所给金印、恢复南诏旧名，表示坚决弃蕃归唐。次年正月"异牟寻使其子阁劝及清平官等与（崔）佐时盟于点苍山神祠。盟书一藏于神室，一沉于西洱河，一置祖庙，一以进天子"⑤。其盟文云："贞元十年岁次甲戌正月乙亥五日己卯，云南诏异牟寻及清平官大军将与剑南西川节度使巡官崔佐时，谨诣点苍山北，上请天、地、水三官，五岳、四渎及管内山谷诸神灵，同请降临，永为证据。"盟文接着叙述了异牟寻祖、父以来赤心向汉，后与汉阻绝及韦皋任西川节度使以来双方谋求重归于好的历史过程，决心"请全部落归附汉朝"，并"兴兵动众，讨伐吐蕃"。双方约誓："如会盟之后，发起二心，及与吐蕃私相勾合，或辄窥侵汉界白田地，即愿天地神祇共降灾罚……如蒙汉与通和之后，有起异心，规图牟寻所管疆土，侵害百姓，

---

① 《旧唐书》卷一九六下《吐蕃传下》，第 5247 页。
② 同上书，第 5251 页。
③ 周绍良、赵超：《唐代墓志汇编》贞元 121，《大唐故朔方节度掌书记殿中侍御史昌黎韩君夫人京兆韦氏墓志铭》，上海古籍出版社 1992 年版，第 1925 页。
④ 见《旧唐书》卷一九六下《吐蕃传下》，第 5252 页；《新唐书》卷二一六下《吐蕃传下》，第 6096 页。
⑤ 《旧唐书》卷一九七《南蛮传》，第 5283 页。

致使部落不安，及有患难不赐救恤，亦请准此誓文。"① 此次盟誓标志着南诏正式脱离吐蕃，投归唐朝，巩固了唐与南诏的友好关系，在唐与南诏关系史上具有重大意义。而这一重要盟誓是由边境节度巡官代表唐朝进行的。

纳质是中国古代维系外交关系的重要方式，这主要是由中央政府来接纳，但有时边境地方政府也可以接受对方派遣的质子。南诏在与唐恢复友好关系之后，于贞元十五年（799）向西川节度使韦皋派遣质子。这年南诏"请以大臣子弟质于（韦）皋，皋辞，固请，乃尽舍成都，咸遣就学"②。韦皋将这些质子留在成都上学。

（四）人员遣送

边境地区是双方人员遣返必由之地，故边境地方政府需具体负责处理其事。如有被对方俘虏或劫持人员，边境地方政府亦可遣使进行交涉，争取遣返。太和三年（829），南诏进攻西川，俘虏大批人员而去。太和五年（831）西川节度使李德裕"遣人入南诏，求其所俘工匠，得僧道工巧四千余人，复归成都"③。是年五月戊午，李德裕即向朝廷报告："南蛮放还先掳掠百姓、工巧、僧道约四千人还本道。"④ 表明李德裕此次外交行动获得成功，向朝廷报告对方将全部俘虏遣返于唐。如获得对方人员，也需要及时上报朝廷并等候指示如何处置。宝历二年（826）十月，"灵武节度使奏：收得吐蕃石金山等四人。诏委本道节度使差人送付本界游奕，吐蕃取领闻奏，仍优赏发遣"⑤。灵武道将收得吐蕃人员一事上报朝廷后，朝廷指示交由本道游弈所负责遣返，待吐蕃领取后再报知朝廷。唐代于边境地方政府下设游奕使，开成四年日僧圆仁随日本使船返国时，在海州有"都游奕所"所辖官兵负责检查上岸之外国人，时有张实其人任海州押衙兼四县都游奕使⑥，即属此类官兵。边境地方政府所获得的"落蕃"人员则送京处置。长庆二年（822）八月，"凤翔送落蕃人宇文

---

① 《全唐文》卷九九九，异牟寻《与中国誓文》，第10346页。
② 《新唐书》卷二二二上《南蛮传上·南诏传上》，第6276页。
③ 《旧唐书》卷一七四《李德裕传》，第4519页。
④ 《旧唐书》卷一七下《文宗纪下》，第542页。
⑤ 《册府元龟》卷九八〇《外臣部·通好》，第11516页。
⑥ 《入唐求法巡礼行记》卷一，第138、141页。

律等一百八十人。诏付京兆府详勘寻，令亲族识认，任其归还"。这是边境地方政府送来京师的落蕃唐人。宝历二年（826）二月，"凤翔节度使进到落蕃回鹘四人。敕旨令付鸿胪寺，待有还蕃使，即放归国"①。这是边境地方政府送来京师的落蕃外国人。两者的处置是有区别的，前者为唐人，故交付京兆府负责遣散；后者为外国人，故须交付主管外交之鸿胪寺收管，待有使节赴蕃时一并遣返。

（五）执行边界协议，交割领土

边境之间常有领土争执，边境地方政府负有保卫领土之职责，当双方达成边界领土划分协议之后，则责成边境地方政府负责执行，以确保协议之实施。开元二十一年（733）"金城公主请立碑于赤岭，以分唐与吐蕃之境。许之"②。这是应金城公主之请，双方进行划界。界碑"既树，吐蕃使遣其臣随汉使分往剑南及河西、碛西，历告边州使曰：两国和好，无相侵掠。汉使随蕃使入蕃告亦如之"③。划界之后，由唐、蕃使节共同向双方边境地方宣告，令各自遵守边界协议。

在双方和好之时，亦有领土交割还受之事，这也常由边境地方政府具体负责处置。贞元十三年（797）二月，"剑南西川节度使韦皋奏：南诏前年于巂州筑得城一所，今请据旧境归还，已受领讫"。这是南诏将前年所侵之地交还唐朝，西川节度使接受完毕之后将此事上报朝廷。元和八年（813）十一月，"黔中奏：昆明夷请归其先侵牂牁之地"④。这是黔中道将昆明夷请求归还领土一事上报朝廷。

（六）告哀

边境地方政府亦负有向邻国告哀之责。贞元十一年（816）三月皇太后（即顺宗皇后王氏）崩，在"分命朝臣告哀于天下"的同时，"西川节度使李夷简遣使告哀于南诏"。前者指由朝臣告哀于唐朝境内之各地方；后者表明告哀于"四夷"则由边境地方政府负责。这是唐朝长期以来实行的一个制度，"后丧，边镇告四夷，旧例也"⑤。不仅皇太后丧有此

---

① 《册府元龟》卷九八〇《外臣部·通好》，第11516页。
② 《资治通鉴》卷二一三，唐玄宗开元二十一年（733）条，第6800页。
③ 《册府元龟》卷九七九《外臣部·和亲二》，第11503页。
④ 《册府元龟》卷九八〇《外臣部·通好》，第11514、11515页。
⑤ 《旧唐书》卷一五《宪宗纪下》，第456页。

礼，皇后之丧亦如此，"凡天子之丧，嗣天子以卿大夫告于四夷；太后、皇后之丧，则方镇告之，故事也"①。可见皇后或皇太后之丧，均由边境地方政府负责向"四夷"告哀，不过皇帝之丧则由"卿大夫"，即由朝廷派遣高级官员出使四夷以"告哀"。

三 接转对方外交事项

（一）接转文书

边境地方政府除了直接与境外互通文书之外，还要负责接转外来文书。贞元九年（793），剑南西川节度使韦皋派崔佐时至南诏，与异牟寻结盟于点苍山。异牟寻在誓文中有云："其誓文一本，请剑南节度随表进献。"② 意即在誓文之外尚有表文请剑南节度使转呈唐德宗。可见边境节度府有转交外交文书的职责。元和七年（812）二月，"吐蕃东道节度论诰都、宰相尚绮心儿以书遗凤翔节度使李惟兰，惟兰奏献之"③。这是吐蕃方面的文书通过凤翔节度使转交。元和十四年（819），"凤翔进吐蕃表函一封"④。这也是通过凤翔节度使转呈文书。太和三年（829）十二月，"西川监军判官张士谦奏：南蛮宣尉回……并进首领王嵯颠状一封，云被杜元颖欺扰蕃界"。这是西川节度遣使南诏回来时，带有其王蒙嵯颠状告西川节度使杜元颖之文书。同年，新任西川节度使郭钊"又奏蒙嵯颠差使送书信，共四角，以闻"。这些都是边境地方政府在接到对方所进文书后，转交朝廷的事实。开成二年（837）十一月，"天德奏吐蕃东北道元帅论夷加羌使信物乃木夹到本道。以其书信上闻"⑤。这也是天德军收到吐蕃文书之后上报朝廷。

唐制每年元正、冬至都要举行盛大的朝贺典礼，接受四方的朝贺，与唐友好的国家和地区都要遣使来朝或进贺表。境外所进这种贺表也由边境地方政府转交。太和八年（834）"春正月庚申，凤翔节度使李听进

---

① 《唐会要》卷三《杂录》，第35页。
② 《全唐文》卷九九九，异牟寻《与中国誓文》，第10346页。
③ 《册府元龟》卷九八〇《外臣部·通好》，第11515页。
④ 《唐会要》卷九七《吐蕃》，第2059页。
⑤ 《册府元龟》卷九八〇《外臣部·通好》，第11516、11517页。

吐蕃赞普贺正表函"①。这是由节度府转交贺正表。前述大中十三年（859）南诏"贺冬使者留表付嶲州而还"②，则是转交冬至朝贺之表。

应转交朝廷的文书，边境政府不得随意启封，必须原封上交朝廷。日僧圆仁在唐留滞多年，后其在登州文登县候船返国时，恰逢日僧性海附唐商李邻德舶来唐，转交本国送给圆仁的书信和礼品。会昌六年（846）十月二日，"海上人从扬州来到，始得相见，仍得日本太政官牒，及延历寺、太宰府小野少贰书，养内记书及敕施黄金等。然太政官牒、延历寺牒，及野少贰书，缘本函封，扬州节度使、平章事李绅不敢自开，全封进上长安。今上具览讫，敕付淮南节度使，却令分付本主。因此，海上人得将来。其敕文见在"③。日本的信使性海在扬州上岸后，其所携带之文书经扬州节度府检查，发现为函封之物，因而节度使李绅不敢拆看，便原封不动上交朝廷。经宣宗阅视后，知其为转交圆仁之书信，于是将文书退回扬州，降敕地方当局转交圆仁。性海在扬州得到朝廷敕旨后，便赴登州将书信等面交在那里候船的圆仁。从这件事可知，不属呈交地方当局的文书，地方当局都要上交朝廷，不得随意拆阅。

（二）接转贡献

接转贡献是边境地方政府的又一外交职责。唐制规定："若诸蕃献药物、滋味之属，入境州县与蕃使苞匦封印，付客及使，具其名数牒寺。"④外蕃贡献的这些物品，经所由入境的地方政府检查之后，会同蕃使一起加以包装并加盖封印，开列贡献物品的名称数量上报鸿胪寺，然后交由蕃使送达朝廷。在唐代，四外诸国通过边境政府进行贡献是很频繁的。显庆三年（658）八月"千私弗国王法陀拔底、舍利君国王失利提婆、摩腊王施婆罗地多并遣使朝贡。三国并南天竺属也，国皆绝远，未尝与中国通，至是泛海累月方达交州，并献其方物"⑤。此三国《新唐书·南蛮传下》记千私弗为千支弗，舍利君为舍跋若，摩腊为磨腊⑥。千私弗亦即

---

① 《册府元龟》卷九八〇《外臣部·通好》，第11517页。
② 《资治通鉴》卷二四九，唐宣宗大中十三年（859）条，第8078页。
③ 《入唐求法巡礼行记》卷四，第502—503页。
④ 《唐六典》卷一八《鸿胪寺》，第506页。
⑤ 《册府元龟》卷九七〇《外臣部·朝贡三》，第11402页。
⑥ 《新唐书》卷二二二下《南蛮传下》，第6304页。

《西域记》所记之建志补罗，今印度东南岸康契普腊姆。舍跋若在今科弗里河与佩内尔河间地区。磨腊或谓即秣罗矩吒之简，在今泰米尔纳德邦科弗里河及韦盖河一带。① 据《新唐书·南蛮传下》记载，显庆中，瞻博"与婆岸、千支弗、舍跋若、磨腊四国并遣使者入朝"②，当指此事。他们到达交州之后，即由交州接转赴京贡献。

边境地方政府在接到贡献之后，要及时上报朝廷。太和三年（829）十二月，西川监军判官张士谦"奏南蛮宣尉回，得蛮人事物：金盏、银水瓶等"③。上报之后，要等待朝廷的指示后再进行处置。开成四年（839）七月，"新罗王金祐徵遗淄青节度使奴婢，帝矜以远人，诏令却归本国"④。可见淄青节度使在收到新罗的馈赠之后，上报了朝廷，而按朝廷指示将所赠奴婢遣送回国。贞元四年（788）回鹘来唐迎接和亲公主时，"纳聘马三千匹，帝令朔州及太原分留七百匹"⑤。这是将贡献之物在地方分留一部分。元和十三年（818）四月，"剑南西川节度使奏，南诏请贡献助军牛羊、奴婢等，上发诏褒之，不令进献"⑥，这是指示地方政府劝阻其贡献。

贡献之物除了珍异特产等物资之外，也包括文化方面的产品。德宗贞元年间南诏、骠国（今缅甸）通过西川节度使韦皋进献乐舞即是一个典型事例。"贞元中，南诏异牟寻遣使剑南西川节度使韦皋，言欲献夷中歌曲，且令骠国进乐。皋乃作《南诏奉圣乐》"⑦。当时骠国依附于南诏，"南诏以兵强地接，常羁制之"。故异牟寻表示不仅自己献乐，而且让骠国也进献乐舞。当时骠国国王雍羌"闻南诏归唐，有内附心"⑧，也谋求

---

① 参见陈佳荣等《古代南海地名汇释》，中华书局1986年版，第154、522、657页。
② 《新唐书》卷二二二下《南蛮传下》，第6304页。
③ 《册府元龟》卷九八〇《外臣部·通好》，第11516页。
④ 《册府元龟》卷九八〇《外臣部·通好》，第11517页。按：《三国史记》卷一〇《新罗本纪》系此事于新罗神武王元年（公元839年，唐开成四年）。是年闰正月十九日闵哀王死，神武王金祐徵继位，"秋七月，遣使如唐……是月二十三日薨"。（第122—123页）故此事应以开成四年为是。
⑤ 《册府元龟》卷九七九《外臣部·和亲二》，第11596页。
⑥ 《唐会要》卷九九《南诏蛮》，第2094页。
⑦ 《新唐书》卷二二《礼乐志十二》，第480页。
⑧ 《新唐书》卷二二二下《南蛮传下》，第6308页。

与唐建立友好关系。贞元十七年（801）"骠国王雍羌遣其弟悉利移、城主舒难陀献其国乐，至成都，韦皋复谱次其声，又图其舞容、乐器以献"。南诏和骠国的音乐舞蹈都是通过西川节度使韦皋进献朝廷的，而且韦皋将南诏、骠国的音乐舞蹈进行了翻译和加工，并画出其舞蹈、乐器的形象，再向朝廷进献，使其能被唐人所理解和欣赏。因西川与南诏、骠国等交往比较频繁，较易物色熟悉其文化及语言的人员进行翻译和加工。经韦皋翻译加工之后上奏朝廷，于是"德宗阅于麟德殿，以授太常工人，自是殿庭宴则立奏，宫中则坐奏"。南诏乐成为唐宫廷音乐的组成部分。骠国乐虽"不隶于有司"①，但对于双方的文化交流来说无疑是有积极意义的，而韦皋对于中外文化交流也是做出了贡献的。

地方政府一方面负责接转对方前来贡献，另一方面也负责向对方转赐回报。吐鲁番阿斯塔那230号墓出土的《唐仪凤三年中书门下支配诸州庸调及折造杂练色数处分事条启》文书，记载曰："拟报诸蕃等物，并依色数送□。其交州都督府报蕃物，于当府'折'□□用，所有破除、见在，每年申度□□'部'。"② 从这个文书可以知道，中央政府于全国的赋税收入中特列"报蕃物"这一专项开支归各地方政府，由地方政府负责在回报外蕃时支用，但须在事后将支用情况上报中央有关部门。

（三）转致求请

对方常通过边境地方政府向唐提出某种需要或请求，则边境地方政府须负责将其转达上报。会昌二年（842）幽州节度使张仲武奏称："契丹新立王屈戍等云：'契丹旧用回鹘印，今恳请当道闻奏，乞国家赐印。'伏望圣慈允许。"武宗敕旨答曰："宜依，仍以'奉国契丹之印'为文。"③ 契丹原来依附于回纥，是年归唐，故通过幽州节度使向朝廷请求赐给新印，从而得到了允准。长庆四年（824）"九月甲子，灵武节度使李进诚奏：吐蕃遣使求五台山图。山在代州，多浮图之迹，西戎尚此教，故来求之"④。这是吐蕃通过灵武节度使提出请求五台山图，由灵武节度

---

① 《新唐书》卷二二《礼乐志十二》，第480页。
② 国家文物局古文献研究室、新疆维吾尔自治区博物馆、武汉大学历史系编：《吐鲁番出土文书》第八册，文物出版社1987年版，第137页。
③ 《唐会要》卷九六《契丹》，第2035页。
④ 《册府元龟》卷九九九《外臣部·请求》，第11724页。

使向朝廷转达此一请求。南诏异牟寻归唐后,"剑南西川节度使韦皋奏:'南诏前遣清平官尹仇宽献所授吐蕃印五,二用黄金,今赐印请以黄金,从蛮夷所重。'从之"。于是贞元十年(794)七月"诏赐南蛮异牟寻铸印一,用黄金,银为窠,其文曰'贞元册南诏印'"①。这虽不是南诏方面直接向西川节度使提出此请求,但因西川节度使熟谙南诏的风俗和心态,故代为提出此一请求,这对巩固双方关系是有积极意义的。

四 边境贸易管理

(一) 互市管理

互市是中国古代外交的渠道和方式之一,互市点多设于边境地区,而由当地政府负责管理之。边境进行互市须由地方政府报请朝廷批准,元和十年(815)十一月,"吐蕃使款陇州塞,请互市,许之"。这是地方当局报告,经朝廷批准允许在陇州塞进行互市。陇州属凤翔道,吐蕃的这一要求经凤翔道上奏之后,得到了宪宗的批准。开成元年(836)六月,"淄青节度使奏:新罗、渤海将到熟铜,请不禁断"②。这是地方政府报请是否允许进行熟铜的互市贸易。

正当的边贸受到地方政府的保护,非法贸易则亦由其负责查禁。长庆元年(821)三月,平卢军节度使薛平上奏道:"应有海贼詃掠新罗良口,将到当管登、莱州界及缘海诸道,卖为奴婢者。伏以新罗国虽是外夷,常禀正朔,朝贡不绝,与内地无殊。其百姓良口,常被海贼掠卖,于理实难。先有制敕禁断,缘当管久陷贼中,承前不守法度。自收复已来,道路无阻,递相贩鬻,其弊尤深。伏乞特降明敕,起今已后,缘海诸道,应有上件贼詃卖新罗国良人等,一切禁断,请所在观察使严加捉搦,如有违犯,便准法断。"这是海盗掳掠新罗人口,到平卢所辖之登州、莱州及沿海诸道贩卖,此属非法交易,故薛平上奏朝廷明令禁止。这个禁止买卖奴婢的请求,得到了穆宗的批准,并指示沿海诸道要严格执法和查办。清查出来的非法买卖的奴婢,也由地方政府负责遣返。长庆三年(823),"新罗国使金柱弼进状:'先蒙恩敕,禁卖良口,使任从

---

① 《唐会要》卷九九《南诏蛮》,第2093页。
② 《册府元龟》卷九九九《外臣部·互市》,第11727页。

所适。有老弱者栖栖无家，多寄傍海村乡，愿归无路。伏乞牒诸道傍海州县，每有船次，便赐任归，不令州县制约。'"这是在长庆元年下令禁止买卖新罗人口后，新罗方面发现有不少新罗人仍然流落于沿海乡村，因而其国大使向唐朝提出照会，希望唐政府提供方便，令这些落难新罗人员得以搭乘便船返国。唐朝接受了新罗的这一要求，为此穆宗再次降敕旨曰："禁卖新罗，寻有正敕，所言如有漂寄，固合任归，宜委所在州县，切加勘会，责审是本国百姓情愿归者，方得放回。"① 其具体遣返事宜，交由当地政府负责执行。

在双方进行互市时，地方政府须负责接待和维持秩序，以保证交易的顺利进行。太和四年（830），柳公绰为河东节度观察等使，"是岁，北虏遣梅禄将军李畅以马万匹来市，托云入贡。所经州府，守帅假之礼分，严其兵备，留馆则戒卒于外，惧其袭夺。太原故事，出兵迎之。畅及界上，公绰使牙将祖孝恭单马劳问，待以修好之意。畅感义出涕，徐驱道中，不妄驰猎。及至，辟牙门，令译引谒，宴以常礼。及市马而还，不敢侵犯"②。当时回纥来唐互市或入贡，常有侵扰之事发生，故地方当局在接待时如临大敌，严阵以待。柳公绰改变方式，以宾礼相待，使回纥感动，反而不敢侵犯，使互市得以顺利进行。柳公绰以高明的外交手法，不仅保证了互市的开展，对加强双方关系亦有裨益。在边境互市中有时关系紧张，也与某些地方官吏收受对方贿赂有一定关系。长庆二年（822），崔从为鄜坊道节度使，"党项互市羊马，类先遗帅守，（崔）从独不取，而厚慰待之，羌不敢盗境"③。可见党项在互市中"盗境"，是与边境管理人员接受对方的羊马有关，崔从不受，反而以礼待之，故其不敢盗境而还。边境政府处理互市问题不当，甚至可以酿成边患，党项"至开成末，种落愈繁，富贾人赍缯宝鬻羊马，藩镇乘其利，强市之，或不得值，部人怨，相率为乱，至灵、盐道不通"④。地方政府的强买强卖，导致对方的反抗，严重破坏了双方的正常交往。

---

① 《唐会要》卷八六《奴婢》，第1861—1862页。
② 《旧唐书》卷一六五《柳公绰传》，第4304页。
③ 《新唐书》卷一一四《崔融传附崔从传》，第4197页。
④ 《新唐书》卷二二一上《西域传上·党项》，第6217页。

（二）蕃舶管理

在唐代陆上的对外贸易通过互市进行，而海外贸易则通过蕃舶交易进行。唐代实行对外开放政策，促进了海外贸易的发展，随着唐在西域军事的失利，陆上贸易道路有所阻滞，因而唐中期以后海上贸易更获得空前的发展。东南沿海的广州、交州、泉州、扬州是唐代海外贸易的重要港口，其中尤以广州最为重要和繁荣，是当时对外贸易的中心。"广州地际南海，每岁有昆仑乘舶以珍物与中国交市。"[①] 天宝年间日本留学僧和鉴真大师等人在广州见到的情景是："江中有婆罗门、波斯、昆仑等舶，不知其数；并载香药、珍宝，积载如山。其舶深六、七丈。师子国、大石国、骨唐国、白蛮、赤蛮等往来居住，种类极多。"[②] 一派海外贸易繁荣的国际性大都会的景象。因而东南沿海的地方政府便负有蕃舶管理之职责，其中以岭南道最为突出和重要。

唐代的蕃舶管理大权操于东南沿海地方政府之手。文宗《太和八年疾愈德音》对东南沿海蕃舶管理有一段指示，其中说道："南海蕃舶，本以慕化而来，固在接以恩仁，使其感悦。如闻比年长吏，多务征求，怨嗟之声，达于殊俗……其岭南、福建及扬州蕃客，宜委节度观察使常加存问，除舶脚、收市、进奉外，任其来往通流，自为交易，不得重加率税。"[③] 这个诏令表明蕃舶管理的大权在地方上是集中于地方长官手中的。

蕃舶抵达后，地方政府要及时向朝廷上报。李肇《唐国史补》卷下写道："南海舶，外国船也。每岁至安南、广州。师子国舶最大，梯而上下数丈，皆积宝货。至则本道奏报，郡邑为之喧阗。"[④] 可见海舶抵港后，地方政府要及时向朝廷报告。这种上报制度还可从关于罗越国的记载中得到印证："罗越者，北距海五千里，西南哥谷罗，商贾往来所凑集，俗与堕罗钵底同。岁乘舶至广州，州必以闻。"[⑤] 罗越国在今马来半岛南部。史言其舶到达后，广州政府必须向朝廷报告。可见道、州政府向朝廷上报蕃舶到达之事，已是唐代的惯例。

---

① 《旧唐书》卷八九《王方庆传》，第 2897 页。
② 《唐大和上东征传》，第 74 页。
③ 《全唐文》卷七五，《太和八年疾愈德音》，第 785 页。
④ （唐）李肇《唐国史补》卷下，上海古籍出版社 1979 年版，第 63 页。
⑤ 《新唐书》卷二二二下《南蛮传下》，第 6306 页。

地方政府对于蕃舶商人要负责供给食料。《龙筋凤髓判》载一判云："波斯昆仑等舶到，给食料，已前隐没不付，有名无料，虚破官物，请停。"① 可见蕃舶到达后，要由地方政府向其提供食料，这种食料是从"官物"中开支的。唐政府一般对于外交使节是提供食料的，而这里对于蕃舶商人也同样提供食料，可见当时不仅把蕃舶贸易视为经济行为，而且视为一种外交行为。

地方政府对蕃舶进行管理的具体程序是，当蕃舶抵达后，首先由地方政府长官进行"检阅""讥视"。大历四年（769）李勉为岭南节度观察使，当时"前后西域舶泛海至者岁才四五，（李）勉性廉洁，舶来都不检阅，故末年至者四十余"②。可见对于蕃舶照例都要进行"检阅"。何以在李勉之前蕃舶稀少呢？这是因为前任节度使"讥视苛谨"③的缘故。讥即稽查，"讥视"亦即"检阅"。本来这种"检阅"是行使国家主权的正常方式，但是实际上大多数节度使则借"检阅"之名，行敲诈勒索之实，只有少数能按正当规章进行检阅。开成元年（836）卢钧为岭南节度使，"海道商舶始至，异时帅府争先往，贱售其珍，（卢）钧一不取，时称洁廉"④。大中三年（849），韦正贯为岭南节度使，"南海舶贾始至，大帅必取象犀明珠，上珍而售以下值，（韦）正贯既至，无所取，吏咨其清"⑤。像卢钧、韦正贯这样清廉的毕竟少数，多数情况是"凡为南海者，靡不捆载而还"⑥。其结果是外商"至者见欺，来者殆绝"。韦正贯到任后"悉变故态，一无取求，问其所安，交易其物，海客大至"⑦。这些资料除了说明节度使负有"检阅""讥视"蕃舶的职责外，也表明节度使如按正常规章制度"检阅"蕃舶，则为蕃商所欢迎，因而蕃舶来者激增，反之则大为减少。这说明节度使执行外贸政策之好坏直接影响蕃舶之来去的多寡。

---

① 《龙筋凤髓判》卷二，第62页。
② 《旧唐书》卷一三一《李勉传》，第3635页。
③ 《新唐书》卷一三一《宗室宰相传·李勉》，第4507页。
④ 《新唐书》卷一八二《卢钧传》，第5367页。
⑤ 《新唐书》卷一五八《韦皋传附韦正贯传》，第4937页。
⑥ 《旧唐书》卷一七七《卢钧传》，第4591页。
⑦ 《全唐文》卷七六四，萧邺：《岭南节度使韦公（正贯）神道碑》，第7945页。

在"检阅"之时,地方政府还要举行"阅货宴"。蕃舶"始至有阅货之燕,犀珠磊落,贿及仆隶"①。一方面地方政府尽地主之谊,对蕃商表示欢迎,另一方面则展示蕃商所输入之珍异商品。而在这种宴会过程中,不仅地方长官接受蕃商之馈赠,其下之吏员仆役亦得分润。这种做法已超出举行"阅货宴"的正常范畴,故为廉洁官员所反对,孔戣为岭南节度使时,就对"阅货宴"中接受蕃商贿赂之风进行整肃,加以"禁绝,无所求索"②。

前文所引《太和八年疾愈德音》所称"舶脚、收市、进奉"则是节度使管理蕃舶的核心内容。

所谓"舶脚",即征收关税。这种关税又称"下碇税","蕃舶之至,泊步有下碇之税"③。此即上述《太和八年疾愈德音》所称之"率税"。向蕃舶征收关税是国家主权的体现,故刘长卿《送徐大夫赴广州》诗云:"当令输贡赋,不使外夷骄。"④ 这种税率是多少并不清楚,不过节度使大概能够上下其手,随意加收,唐文宗对此提出警告,说:"如闻比年长吏,多务征求,嗟怨之声,达于殊俗。况朕方宝勤俭,岂爱遐琛。深虑远人未安,率税犹重,思有矜恤以示绥怀……不得重加率税。"⑤ 这表明地方长官任意增加率税的现象是普遍的,"南海有蛮舶之利,珍货辐辏,旧帅作法兴利以致富"⑥。表明地方长官可以任意增加税收,以中饱私囊。更有甚者则截留舶税,尽为己有,贞元中王锷为岭南节度使,"诸蕃舶至,尽有其税,于是财蓄不赀,日十余艘载皆犀象珠琲,与商贾杂出于境"。他以此贪污所得,贿赂当权者,"数年,京师权家无不富(王)锷之财"⑦。

所谓"收市",即政府优先垄断珍贵商品的交易。高宗于显庆六年(661)二月十六日发布《定夷舶市物例敕》,曰:"南中有诸国舶,宜令

---

① 《全唐文》卷五六三,韩愈:《正议大夫尚书左丞孔公(戣)墓志铭》,第5703页。
② 《新唐书》卷一六三《孔巢父传附孔戣传》,第5009页。
③ 《全唐文》卷五六三,韩愈:《正议大夫尚书左丞孔公(戣)墓志铭》,第5703页。
④ 《全唐诗》卷一四九,第1529页。
⑤ 《全唐文》卷七五,《太和八年疾愈德音》,第785页。
⑥ 《旧唐书》卷一七七《卢钧传》,第4591页。
⑦ 《新唐书》卷一七〇《王锷传》,第5169页。

所司，每年四月以前，预支应须市物。委本道长史，舶到十日内，依数交付价值。市了，任百姓交易。其官市物，送少府监简择进内。"① 这个敕令表明：一是朝廷有"市物"的预算，每年四月以前将其交付"本道长史"；二是"收市"由地方长官主持，船到十天之内举行，在此期间只许官方收购；三是官方购买的舶货，必须及时偿付价值；四是待官方收市完毕之后，才向百姓开放交易。收市所得商品称为"官市物"，上交中央少府监以供皇室之需。德宗贞元八年（792）岭南节度使李复向朝廷上报要求于安南置市舶中使，说："近日舶船多往安南市易……臣今欲差判官就安南收市。"② 由于当时广州蕃舶减少，安南蕃舶增多，影响岭南节度使完成收市任务，于是考虑派遣官员前往安南收市。李复的建议未被朝廷批准，表明收市仍在广州进行。

到了唐后期，收市的份额大概为蕃货的三分之一，约成书于宣宗大中五年（851）、根据曾旅居中国的阿拉伯商人的亲身见闻记录而写成的阿拉伯人游记记载："海员从海上来到他们的国土，中国人便把商品存入货栈，保管六个月，直到最后一船海商到达时为止。他们提取十分之三的货物，把其余的十分之七交还商人。这是政府所需的物品，用最高的价格现钱购买，这一点是没有差错的。每一曼那（mana）的樟脑卖五十个'法库'（fakkouj），一法库合一千个铜钱。这种樟脑，如果不是政府去购买，而是自由买卖，便只有这个价格的一半。"③ 从这个记载可见，官府在等待当年的蕃货全部到齐后，将其中的百分之三十作为收购对象，从而确保这百分之三十均为精品之后才能结束保管期。这百分之三十的收购价格高于市价，据该书记载可高达一倍；其余百分之七十交还货主，再任其在民间交易。这个记载所反映的与上述唐高宗所颁《定夷舶市物例敕》中规定的"舶到十日内，依数交付价值。市了，任百姓交易"的基本精神是一致的。有的学者根据《中国印度见闻录》这条记载认为当时对蕃舶征收关税百分之三十，但从这个记载看，这百分之三十并非指

---

① 《唐会要》卷六六《少府监》，第1366页。
② 《全唐文》卷四七三，陆贽：《论岭南请于安南置市舶中使状》，第4828页。
③ 穆根来等译：《中国印度见闻录》卷一第34条，中华书局1983年版，第15页。本书卷一旧译作《苏烈曼游记》（参见张星烺《中西交通史料汇编》第二册第三编第五章，中华书局1977年版）。

第十章　唐代地方外交关涉机构　/　471

关税而是指官方收购之份额，更重要的是对蕃舶征收百分之三十的关税，并不符合唐代蕃舶管理的事实。有的学者之所以误解《中国印度见闻录》的这条记载，在于将阿拉伯人马尔瓦兹的相关记载用来理解唐制，马尔瓦兹为中国北宋后期时人，本人并未来华，他的记载中有关来华贸易的资料得自阿拉伯商人对于北宋时代蕃舶管理方面的传闻[①]。即使他的记载可信，也不能用之来解释唐制，因为蕃舶制度从唐至宋有着很大的发展变化。又，关于官府保管舶货六个月的规定，法译者索瓦杰认为是为了"在同一季风期最后一条船来到之前不得出售，以便对进口的各类商品确定一个公平合理的牌价"[②]。笔者认为，这个解释并不完全符合原意，至少这不是当时的主要目的，因为既然是为了提取十分之三的精品作为皇家收购品，则等待最后一船到达之后才能确保将所有精品均被选择了，也就是说只有当全部精品都已被皇家挑选之后才能结束保管期；即使存在定价的问题，也只是官方收购部分商品的定价问题，而不是官方收购之后再给民间交易的定价，因为这部分商品是"任百姓交易""任其来往通流，自为交易"的，从唐前期的高宗朝到唐后期的德宗朝都是贯彻始终的。

所谓"进奉"，即向朝廷供应蕃货。地方官员在征收关税和进行收市之后，要将所得商品向朝廷进奉。徐申为岭南节度使时，"蕃国岁来互市，奇珠玳瑁异香文犀，皆浮海舶以来，常贡是供，不敢有加，舶人安焉，商贾以饶"[③]。如果按照"常贡"之需而收购，蕃商是能够获得厚利的，因而也是受到他们欢迎的，反之在"常贡"之外强取则不然。权德舆《徐公（申）墓志铭并序》记此事曰："溟涨之外，巨商万舰，通犀南金，充牣狎至。天子之恩泽赐予，声明物采皆待焉。上应急宣，以驰疾传，下无强贾，用绝奸利，和辑招徕，外区怀之。"[④] 强调了徐申既能及时供应朝廷需求，又在管理蕃舶中消除"强贾"，以"绝奸利"，此即所谓"于常贡外，未尝膺索，商贾饶盈"[⑤]。但事实上是唐代岭南地方长

[①] 《中国印度见闻录》"中译者前言"，第3页。
[②] 《中国印度见闻录》卷一第34条，法译者索瓦杰注，第70页。
[③] 《全唐文》卷六三九，李翱：《徐公（申）行状》，第6459页。
[④] 《全唐文》卷五〇二，权德舆：《徐公（申）墓志铭并序》，第5109页。
[⑤] 《新唐书》卷一四三《徐申传》第4695页。

官大多利用"进奉"贪赃，大发横财。天宝初年卢奂为南海太守时，"前守刘巨鳞、陆杲皆以赃败，故以（卢）奂代之。污吏敛手……远俗为安。时谓自开元后四十年，治广有清节者，宋璟、李朝隐、奂三人而已"①。可见广州地方长官清廉者少，贪赃者多。不仅地方长官利用市舶贪赃，其下之各级官吏亦然。开成年间卢钧为岭南节度使，有沈师黄者被"请为从事，同去南海，宾席三年，事皆决请。尝戏曰：'沈书记不面货舶之风，无漱贪泉之水。'府罢，唯葛衣藤屦，轻装而归"②。可知岭南长官吏员都有贪赃的机会，沈从事本可利用"货舶"贪赃，只是由于其操守清廉才得以轻装而归。

更有甚者则截留进奉，中饱私囊。王锷为岭南节度使时，"以两税钱上供时进及供奉外，余皆自入。西南大海中诸国舶至，则尽没其利，由是锷家财富于公藏。日发十余艇，重以犀象珠贝，称商货而出诸境。周以岁时，循环不绝，凡八年"③。王锷不仅勒索蕃商，而且扣留应向朝廷进奉之舶来品，而将这些舶来品转运境外交易牟利、贿赂权贵。路嗣恭于大历八年（773）兼岭南节度观察使，平定岭南将哥舒晃之乱后，"及平广州，商舶之徒，多因（哥舒）晃事诛之，嗣恭前后没其家财宝数百万贯，尽入私室，不以贡献，代宗心甚衔之，故嗣恭虽有平方面功，止转检校兵部尚书，无所酬劳。及德宗即位，杨炎受其货，始叙前功，除兵部尚书、东都留守"④。可见即使没收商舶的财宝也应上交朝廷，路嗣恭却占为己有，公然与皇帝争利，招致皇帝的不满，从而影响了他的仕途，后来用蕃货贿赂杨炎才得以"叙功"。

尽管地方政府官员从中贪赃，东南沿海的蕃舶之利仍然是朝廷的重要收入，乾符六年（879）黄巢占安南府后，向唐廷求官，宰相"（郑）畋欲因授岭南节度使"⑤，左仆射于琮曰："南海有市舶之利，岁贡珠玑。

---

① 《新唐书》卷一二六《卢怀慎传附卢奂传》，第4418页。
② 周绍良等编：《唐代墓志汇编》大中084，《唐故监察御史河南府登封县令吴兴沈公（师黄）墓志》，上海古籍出版社1992年版，第2313页。
③ 《旧唐书》卷一五一《王锷传》，第4060页。
④ 《旧唐书》卷一二二《路嗣恭传》，第3500页。
⑤ 《新唐书》卷一八五《郑畋传》，第5402页。

如令妖贼所有，国藏渐当废竭。"① 由此可见，到了唐末，南海市舶之贡对于朝廷的财政收入仍然十分重要。

节度使对蕃舶的管理，还表现在他可以就蕃舶管理制定具体的政策、法令。卢奂为南海太守时，"污吏敛手，中人之市舶者，亦不敢干其法，远俗为安"②。朝廷派来管理蕃舶的宦官，也不干涉其对蕃舶行法，表明岭南地方长官有权制定某些管理蕃舶之法令。岭南节度使孔戣就曾修改蕃商之遗产继承法令，"旧制，海商死者，官籍其货，满三月无妻子诣府，则没入"。元和年间孔戣为岭南节度使，"以海道岁一往复，苟有验者不为限，悉推与"③。孔戣认为海道往返常以年计，以三个月为限的规定不合理，于是将原来规定蕃商死亡后三个月内无亲属认领，即将其财产充公，改为不受时间限制，只要有确实之亲属前来认领即将其遗产全部退还。与此同时有的贪官则利用这一权力"做法"以牟利。"南海有蛮舶之利，珍货辐辏。旧帅作法兴利以致富，凡为南海者，靡不捆载而还"④。这是利用掌管蕃舶之权力，制订或施行一些便于敲诈勒索蕃商的政策、法令，以牟取私利。

由于广州具有国际商埠的性质，故岭南节度使所负管理蕃舶之职责就不仅是对外贸易工作，同时也是复杂的外交工作，因而岭南节度使之选拔就显得特别重要，"其海外杂国，若耽浮罗、流求、毛人、夷亶之州，林邑、扶南、真腊、干陀利之属，东南际天地以万数，或时候风潮，朝贡蛮胡贾人，舶交海中。若岭南帅得其人，则一边尽治，不相寇盗贼杀，无风鱼之灾，水旱疠毒之患，外国之货日至，珠香象犀玳瑁奇物，溢于中国，不可胜用。故选帅常重于他镇，非有文武威风知大体可畏信者，则不幸往往有事"⑤。蕃舶事宜管理不善，则不仅导致海舶数量减少，外贸萎缩，甚而可能酿成外交冲突事件。光宅元年（684），广州都督路元睿就被闹事之蕃商所杀。"（路）元睿闇懦，僚属恣横。有商舶至，僚

---

① 《旧唐书》卷一七八《郑畋传》，第4633页。
② 《新唐书》卷一二六《卢怀慎传附卢奂传》，第4418页。
③ 《新唐书》卷一六三《孔巢父传附孔戣传》，第5009页。
④ 《旧唐书》卷一七七《卢钧传》，第4591页。
⑤ 《全唐文》卷五五六，韩愈：《送郑尚书序》，第5626页。干陀利，《全唐文》此处误作"于陀利"。

属侵渔不已，商胡诉于元睿；元睿索枷，欲系治之。群胡怒，有昆仑袖剑直登听事，杀（路）元睿及左右十余人而去，无敢近者，登舟入海，追之不及。"① 这个事件表明对于蕃舶之管理，如有不慎则不仅在经济上遭受损失，而且可能在外交上也遭到重大损失。更有甚者，乾元元年（758）"大食、波斯围广州城，刺史韦利见逾城走，二国兵掠仓库，焚庐舍，浮海而去"②。这次事件亦当为蕃商所为，当时到广州贸易之蕃商以波斯、大食人为多；从其劫掠仓库来看，当是对于广州地方政府强取蕃货、处置蕃舶事务之不满所致。此即韩愈"不幸往往有事"之谓。

五 外交行政与事务管理

（一）馆驿管理

来使或外商入境之后，沿途之食宿交通则有馆驿为之解决。唐朝在中央有驾部郎中掌管"天下之传、驿"③，唐后期又有馆驿使专司其事。在地方，则由各地方政府具体负责这方面的管理，以及时招待来使或外商。柳宗元《馆驿使壁记》谓："凡万国之会，四夷之来，天下之道途，必出于邦畿之内……华人夷人往复而授馆者，旁午而至。传吏奉符而阅其数，县吏执牒而书其物。告至告去之役，不绝于道；寓望迎劳之礼，无旷于日。"④ 这里的"传吏"是驿站的工作人员，"县吏"即地方政府的有关人员，由地方政府派员查验来往华人及蕃客之行李。会昌元年（841）陈夷行上疏曰："奉中书门下牒状，准今年正月二十八日宣，应馆驿近日因循，多致败阙，邮递马畜每事阙供，蕃客往来，皆有论奏。"当时馆驿之凋敝甚至已招致蕃客的申诉，于是宰相们提出对策："臣今商量，请准敕先牒诸州府，勘鞍马什物作人工价粮课，并每年缘馆驿占留钱数，诸色破用，及使料粟麦，递马草料，待诸州府报到，续具闻奏。"⑤ 责成地方政府全面负责馆驿修缮，上报修理经费预算、物资消耗等。可见地方政府要全面负责馆驿的管理。《唐六典》在记述"京畿及天下诸县

---

① 《资治通鉴》卷二〇三，唐则天后光宅元年（684）条，第6420页。
② 《资治通鉴》卷二二〇，唐肃宗乾元元年（758）条，第7062页。
③ 《唐六典》卷五《尚书兵部》"驾部郎中"，第162页。
④ 《全唐文》卷五八〇，柳宗元：《馆驿使壁记》，第5858页。
⑤ 《全唐文》卷七四五，陈夷行：《条覆馆驿事宜疏》，第7717页。

令之职"时，特别指出"若……传驿……虽有专当官，皆县令兼综焉"①。说明虽有专官负责此事，但地方政府首长仍须全面负责馆驿之事。从馆驿的两项主要开支是"使料"和"马料"来看，反映了馆驿的两个主要职能，即供给使者饮食和交通工具。当然所谓"使者"不仅有外交使节，也包括各种因公出差官员和其他人员。

唐代的馆驿遍布全国各地，构成了一个完整的交通网络，"三十里置一驿"，而"其非通途大路则曰馆"②。地方政府均设置馆驿，唐后期史宪忠为陇州刺史时，"增亭障，徙客馆于外，戎谍无所伺"③。可见地方政府设有客馆以接待"戎"人。因客馆为招待使节或胡商之所，他们之中往往杂有间谍，迁出城外可减少他们刺探情报的机会，并可加强监视与管理。在交通要道地区则设馆尤多。

唐代道、州、县各级地方政府均有馆驿之设置。开成三年（838）七月，日本藤原常嗣所率遣唐使团，在赴扬州途经海陵县时，住宿于宜陵馆，"此是侍供往还官客之人处"。这是县的客馆。第二年二月，使团在入京完成使命后，被指定从楚州乘船返国。留驻扬州之使团其他人员，也前往楚州会集，廿四日"申后，到楚州城。判官、录事等下船入驿馆拜见大使，请益、留学生等暮际入馆，相见大使、判官等……话语之后，入开元寺，住于厨库西亭"④。可知藤原常嗣等使团人员住宿于楚州之驿馆。这是州的驿馆。值得注意的是，这里大使等外交官员住在驿馆，而请益僧等人则住在寺中。藤原葛野麻吕所率日本遣唐使团在完成使命后，被指定从明州乘船返国，他们于永贞元年（805）"三月廿九日，到越州永宁驿。越州，即观察府也；监使王国文于驿馆唤臣等，附敕书函，便还上都"⑤。这是道的驿馆。日本使团住于驿馆，朝廷所派监使护送至此，将"敕书函"于驿馆交付使团后即告别返京。可见县、州、道各级政府均有馆驿以接待使节。

---

① 《唐六典》卷三〇，第753页。
② 《通典》卷三三《职官典十五·州郡下》"乡官"，第192页。
③ 《新唐书》卷一四八《史孝章传》附《史宪忠传》第4791页。
④ 《入唐求法巡礼行记》卷一，第21、120—121页。
⑤ 《日本后纪》卷一二《皇统弥照天皇》"延历廿四年六月"，第42页。

（二）蕃客过所公验管理

隋唐时期，在其统治区内通行之一切人员，如因公务者均需要有相应的公文或证件，非公务者则需要有"过所"或"公验"。对于外交使节，则以"铜鱼符"为凭，所谓"行鱼契给驿"①，或由所在边州发给"边牒"②，这在前文已经论及。他们是作为唐朝皇帝的宾客而受到高规格的礼遇的。而对于外交官员之外的其余外蕃人员，如商人、僧侣、旅行者等各色人员，则需要有过所或公验。所谓过所或公验，就是一种通行证件，即今日俗称之谓路条。各级地方政府均须负责过所、公验的管理，其中包括外蕃人员过所、公验的管理。阿拉伯人的游记记载了唐后期阿拉伯商人在中国的亲身经历，说："如果到中国去旅行，要有两个证明：一个是城市王爷的，另一个是太监的。城市王爷的证明是在道路上使用的，上面写明旅行者以及陪同人员的姓名、年龄，和他所属的宗族。"③这里所说的"城市王爷"，即地方政府如道州长官等，这个"城市王爷的证明"即是"过所"。另一个由太监开的证明则为胡商到内地的贸易许可证明，两个证明的性质是不同的，详见下文。

外蕃人员在地方上申请过所，由当地政府负责。唐制规定："凡度关者，先经本部本司请过所，在京，则省给之；在外，州给之。"④即如果从京城外出，由尚书省刑部司门司批给，这在前文关于司门司条内已述及。在地方上则由地方政府批给。圆仁的《入唐求法巡礼行记》（以下简称《行记》）卷二细致而生动地记述了外国人在唐代地方政府申请过所和地方政府批给过所的情形。

开成四年（839），日僧圆仁等人在登州文登县被返日使船抛却，滞留于文登县青宁乡赤山村之赤山院（佛寺），在那里他们决心待过冬以后明年到五台山等地巡礼求法。于是圆仁等人开始了申请前往五台山等地的过所的行动。开成四年九月廿六日，圆仁等人向赤山院提出申请，"请寺帖报州县给与随缘头陀公验"⑤。文登县进行审查并上报登州。经过多

---

① 《新唐书》卷二《太宗纪》，第45页。
② 《新唐书》卷四六《百官志一》，第1196页。
③ 穆根来等译《中国印度见闻录》卷一第43条，中华书局1983年版，第18页。
④ 《唐六典》卷六《尚书刑部》"司门郎中"条，第196页。
⑤ 《入唐求法巡礼行记》卷二，第185页。

方努力,开成五年(840)二月廿四日,终于"得县公牒"。牒文如下:

> 登州都督府　　　　　　　　　　文登县牒
> 日本国客僧圆仁等肆人
> 僧圆仁,弟子僧惟正、惟晓,行者丁雄万并随身衣钵等
> 牒:检案内得前件僧状,去开成四年六月,因随本国朝贡船到文登县青宁乡赤山新罗院寄住,今蒙放任东西。今欲往诸处巡礼,恐所在州县、关津、口铺、路次不练行由,伏乞赐公验为凭,请处分者。依检前客僧未有准状给公验,请处分者。准前状给公验为凭者。谨牒
> 开成五年二月廿三日　　　　　　典王佐牒
> 　　　　　　　　　　　　　　主簿判尉胡君直①

这是文登县向登州申报的牒文。牒文的第二部分内容是开具圆仁及其随行人员和申请公验的事由。接着提出"依检前客僧未有准状给公验者,请处分者",意即经县司审查,圆仁等人并无准给公验的批文,因而须由州政府决定是否给予公验。牒尾的押署表明牒文是由文登县典王佐所写,判官为主簿判尉胡君直。

圆仁等人持文登县牒文前往登州,于三月十一日得到州牒。牒首云:"登州都督府牒上押两蕃使。"②永泰元年(765)"淄青、平卢节度使增领押新罗、渤海两蕃使"③。故这里的"押两蕃使"即登州之上级青州节度使,本牒是登州向青州节度使上报的文件。接着牒文开具了圆仁等人的申请和文登县的报告。最后牒称:"州司先具事由、申使讫。谨具如前,不审给公验否者。刺史判'州司无凭便给公验,付妥录申尚书取裁。仍遣僧人自赍状见尚书取处分者'"④云云。意即州政府不能决定是否给以公验,着圆仁等人持州牒至道,请节度使处分决定。牒文中的"尚书"

---

① 《入唐求法巡礼行记》卷二,第216—217页。
② 同上书,第234页。
③ 《新唐书》卷六五《方镇表》,第1805页。
④ 《入唐求法巡礼行记》卷二,第235页。

即指青州节度使。唐制：节度使例兼尚书、仆射等为检校官，其时青州节度使亦兼此职称，故称其为尚书。据圆仁记述，当时的"青州节度使姓韦，时人唤韦尚书"①。开成四年（839）七月"以河南尹韦长为平卢军节度使"②，韦长在开成四年、五年为平卢节度使③，正值圆仁抵青州之时，那么这位韦尚书即韦长。

圆仁等人于开成五年（840）三月廿一日到达淄青平卢节度使治所青州，廿二日"到尚书押两蕃使衙门前，拟通入州牒，缘迟来，尚书入球场，不得参见……晚衙时入州，到使衙门，令刘都使通登州牒"。将登州牒上交之后，廿五日又"为请公验更修状进尚书"。圆仁又递交了一份申请公验的状文。廿七日，圆仁"遣惟正入本典院探公验事，本案报云：'已有处分，给与公验。一头给公验，一头闻奏。待后日朝衙尚书押名押印了，使送到。'"得知青州节度使已同意给予公验，但一边开具公验，一边上报朝廷；节度使后天"朝衙"办公时即可署名盖章。三十日那天圆仁得知"节度使录求法僧等来由，闻奏天子讫"④。即青州节度使已将圆仁之事上奏了。四月一日终于得到了淄青节度使批给的公验，这样圆仁才得以踏上前往五台山和长安的旅程。

从圆仁申请公验的经历，可以看到给予蕃客公验的审批过程相当繁复，由县而州而道，逐级上报，层层审批，这样才得到公验。而发给蕃客过所、公验的决定权，在地方上唐代后期是属于道一级的。特别值得注意的是，节度使在审批圆仁的公验同时还要将此事上报皇帝，这在批给一般唐人公验时是不会如此郑重的。由此可见当时对于蕃客公验的审批，在地方政府部门是非常谨慎和严格的。这样我们可以看到，唐代的外交权力，在地方上是集中于地方最高行政长官之手，唐前期为州刺史，唐后期为节度使，正如在中央集中于皇帝手中是一样的。

圆仁在《行记》中没有把淄青节度使发给的公验内容记录下来，不过唐朝地方政府发给日本留学僧的公验实物还有若干件在今天仍留存于

---

① 《入唐求法巡礼行记》卷二，第193页。
② 《旧唐书》卷一七下《文宗纪下》，第578页。
③ 吴廷燮：《唐方镇年表》卷三"平卢"条，《二十五史补编》第六册，第7346页。
④ 《入唐求法巡礼行记》卷二，第242、244、246、248页。

日本，这样使我们对于地方政府管理蕃客公验的制度有可能再进一步加以探究。这些留传至今的公验实物是：①在圆仁于开成五年（840）获得淄青节度使公验之前三十六年，即贞元二十年（804）日僧最澄的两件公验。最澄于贞元二十年随藤原葛野麻吕所率日本遣唐使到达明州，欲往台州天台山国清寺巡礼，明州于是年九月十二日批给的牒一件。第二年最澄拟从台州返回明州乘船回国，得到台州三月一日批给的公验一件。这两件实物被作为日本的国宝陈列于比睿山国宝馆。②在圆仁得到淄青节度使公验后的十三年，即大中七年（854）日僧圆珍的福州都督府公验一件。圆珍于大中七年附唐人商舶到达福州，拟往天台山、五台山和长安巡礼求法，是年九月十四日福州都督府批给其公验。该实物现藏于东京国立博物馆。③圆珍的温州、台州诸县公验和台州牒。圆珍离开福州后到达浙东观察使辖下的温州，先后获得温州横阳县、安固县、永嘉县的公验。进入台州境内，先后获得黄岩县、临海县的公验和台州牒。上述实物现藏于东京国立博物馆。④圆珍的越州都督府过所。大中九年（855）圆珍欲从其停留的越州开元寺前往两京及五台山等地，得到了越州都督府三月十九日批给的过所一件。该件实物藏于日本三井寺，现寄存奈良国立博物馆。①

从上述公验实物中可以看到，唐代地方政府发给外僧的公验有两种形式，一种是由地方政府有关官员起草发放的，上面写明申请人员情况、申请事由、欲往何处，以及此地已"准给"，其余地方"幸依勘过"之类的话头。我们还可以看到，在这类公验上签署批给的地方政府主管官员并不完全一致，唐制规定府州由户曹、司户参军负责过所之事。贞元二十年九月十二日明州批给最澄的公验就是由司户参军孙某主判的。而大中七年十二月三日台州批给圆珍的牒，是由司功参军唐员签署的；大中九年三月十九日越州都督府批给圆珍的过所，是由功曹参军某签署的。"道佛"②之事为功曹、司功参军所掌管诸事之一，这是因申请人是佛教徒并进行求法活动，故由他们来管理。就像中央政府的刑部司门司是掌

---

① 参见［日］砺波护《入唐僧带来的公验和过所》，译文见武汉大学历史系魏晋南北朝隋唐史研究室编《魏晋南北朝隋唐史资料》第十三辑，第136—149页。

② 《唐六典》卷三〇"上州中州下州官吏"条，第749页。

管过所的，但是蕃僧的过所也可能由祠部批给，元和二年（807）二月新罗僧法清的公验就是由祠部批给的。在长安章敬寺的新罗僧法清，因要求到外地巡礼名山佛寺，于是得到了这份公验。是由当时的祠部员外郎周仲孙签署的①。"道佛之事"② 是祠部所掌管的诸事之一。

另一种形式是由外僧提出申请，而由地方政府长官在其申请书上批上"任为公验"之类简短的话头，并由地方长官署名即可。如最澄的贞元二十一年（805）的台州公验，是在最澄的申请牒文后由台州刺史陆淳亲笔批示"任为公验"，并签上日期和署名的③。此外如圆珍的福州都督府公验，是在圆珍的申牒后面批上："任为公验 十四日 福府录事参军平仲。"④ 这是由福州都督府的录事参军代为签署的。圆珍的温州横阳县公验，在圆珍的申牒后批曰："任为凭据 廿六日 横阳县丞权知县事邢。"这是由县丞以代理县令的身份签署的。温州安固县公验，是在圆珍的申牒后批曰："任为凭据 廿九日 安固县主簿知县事口度。"是由主簿以代理县令的身份签署的。温州永嘉县公验，是在圆珍的申牒后批曰："任为公验 六日 永嘉县令行伶。"是由县令亲自签署的。台州黄岩县公验，是在圆珍的申牒后批曰："任执此为凭 廿三日 口。"签署者不清楚。台州临海县公验，是在圆珍的申牒后批曰："任执此为凭 六日 令口。"⑤ 这也是县令亲自签署的。这样我们就可以清楚地看到，这类形式的公验都是由州县首长或代理首长在申请人的牒文后直接签署的，所批之语虽则大多是"任为公验"一句，但各地各人亦略有小异。这样我们就可以明白何以在《入唐求法巡礼行记》中，圆仁把文登县公验、登州都督府公验都原文记录下来，而最后得到的而且是最重要的淄青节度使的公验却只字未录的原因。这就是因为淄青节度使只是在圆仁的申牒后面批上"任为公验"一句即可，故这份公验并无新的内容，所以没有重复抄录的必要。圆仁记事风格非常认真细致，如有新鲜内容他是不

---

① 《入唐求法巡礼行记》卷二，第184—185页。
② 《唐六典》卷四《尚书礼部》，
③ ［日］砺波护：《入唐僧带来的公验和过所》，《魏晋南北朝隋唐史资料》第十三辑，第137页。
④ 同上书，第139页。
⑤ 同上书，第142—143页。

会不加以记录的。三月二十七日圆仁派人去打探公验批覆之事时，得到的答复是："待后日朝衙尚书押名押印了，使送到。"① 这就证明淄青节度使所给这份公验只是由节度使在上面"押名"之后，同时加盖公章即可。上述日僧带回日本的公验也都是加盖了当地政府公章的。从淄青节度使发给圆仁的公验只须节度使"押名押印"的记述，更印证了当时给予蕃客的公验的上述后一种形式的存在。

（三）翻译

由于边境地方政府负有多方面的外交职责，翻译就成为非常必要的一环，不论使节的来去还是文书的往还，均离不开翻译人员，于是边境地方政府亦设置有翻译官员以司其事。开元七年（719）三月敕："胡书进表，并令西蕃所由州府繙讫封进。"② 如果有西域诸国的外交文书，则由蕃客所经州府负责翻译成汉文之后封装进上，可见这些地区的州府可能有或可能觅到翻译人才。太和四年（830）柳公绰为河东节度使时，回纥遣梅禄将军李畅来互市，"及至，辟牙门，令译引谒，宴以常礼"③。可见河东道设置有译官，负责翻译和礼宾事宜。咸通七年（866）南诏酋龙派遣清平官董成等十九人出使成都，西川节度使李福与其争执拜见之礼，"导译五返，日旰士倦，议不决"④。西川节度与南诏使者的谈判，是由"导译"居中进行的。可见西川节度府也置有译员。

由于边境地方政府的外交和翻译任务繁忙，因此唐朝曾命令边境地方政府设置专门机构以培养翻译人员。开成元年（836）五月"敕应边州今置译语学官，掌令教习，以达异意"⑤。这是命令边境地方政府设置"译语学官"，培养翻译人才，以满足外交活动之需要。边境地方政府设立外语学校，培养翻译人才，这在我国古代历史中尚属首见，这表明唐代边境政府外事活动之频繁，也是唐代外交空前发展的一个表现。

---

① 《入唐求法巡礼行记》卷二，第246页。
② 《唐会要》卷二六《笺表例》，第589页。
③ 《旧唐书》卷一六五《柳公绰传》，第4304页。
④ 《新唐书》卷二二二中《南蛮传中·南诏传下》，第6284页。
⑤ 《册府元龟》卷九九六《外臣部·鞮译》，第11691页。

六　掌握、上报蕃情

边境地方政府既负有种种外交方面的职责，故必须及时而详尽地了解和掌握蕃情。李德裕为剑南西川节度使时，"乃建筹边楼，按南道山川险要与蛮相入者图之左，西道与吐蕃接者图之右。其部落众寡，馈饟远迩，曲折咸具。乃召习边事者与之指画商订，凡虏之情伪尽知之"①。李德裕通过"习边事者"及其他途径获得吐蕃方面的情况，画成地图，详尽地掌握了对方的各种情况。这是边境地方长官必须通蕃情的典型事例。除了通过正常渠道了解蕃情外，也通过其他情报手段获取蕃情。剑南西川节度使管内"黎、雅间有浅蛮曰刘王、郝王、杨王，各有部落，西川岁赐缯帛三千匹，使觇南诏，亦受南诏赂诇成都虚实。每节度使到官，三王帅酋长诣府"②。关于浅蛮，胡注曰："黎、雅西南大山长谷，皆蛮居之，所在深远，而三王部落居近汉界故曰浅蛮。"这是西川节度使与南诏互相利用边境少数民族刺探对方的情报。

在边境地区如果发生有关外交方面的事件，或对方有何重要动态，地方政府均须及时向朝廷上报。元和十一年（816），"西川奏，吐蕃赞普卒"③。这是边境地方政府向朝廷报告对方首领去世消息。大中三年（849）春，吐蕃"宰相尚恐热杀东道节度使，以秦、原、安乐等三州并石门、木硖等七关款塞，泾原节度使康季荣以闻，命太仆卿陆耽往劳焉"④。这是边境政府上报对方内争并降附之事后，中央及时采取了相应的外交行动。贞元十二年（796），西川节度使韦皋"奏收降蛮七千户，得吐蕃所赐金字告身五十五片"⑤。这些边境少数民族原来依附于吐蕃，如今在其首领率领下降附唐朝，其首领将吐蕃所给"告身"（即授官之符）一并上交西川节度使。韦皋向朝廷报告了此次接受降附的情况。乾元元年（758）九月"广州奏：大食国、波斯国兵众攻城"⑥。这是报告

---

① 《新唐书》卷一八〇《李德裕传》，第5331页。
② 《资治通鉴》卷二六一，唐昭宗乾宁四年（897）条，第8512页。
③ 《唐会要》卷九七《吐蕃》，第2058页。
④ 《旧唐书》卷一九六下《吐蕃传下》，第5266页。
⑤ 《旧唐书》卷一三《德宗纪下》，第383页。
⑥ 《旧唐书》卷一〇《肃宗纪》，第253页。

受到外国侵扰。贞元十年（794）三月，"西川节度使韦皋奏：南诏异牟寻击破吐蕃，收铁桥已来城垒一十六，擒其王五人，降其众十万余口"。开成三年（838）八月，"安南奏：得骧州状申，水真腊国差王子领兵马攻伐环王国，今差兵士赴欢州防遏"。这些是上报境外之争战情报。元和四年（809）九月，"丰州奏：吐蕃万骑至大石谷，掠夺回鹘之还国者"。太和五年（831）九月，"丰州刺史李公政奏：党项于黑山劫掠归国回鹘，差兵马使仆固全等七人，为贼射杀"①。这些是报告来使返国途中被劫掠之事。长庆元年（821）十二月，"丰州刺史李祐奏：先入回鹘使裴通，高品袁有直，并回鹘六十四人到鸊鹈泉"②。这是报告使节往还之动态。

综上所述，我们可以看到，唐代边境地方政府外交管理方面有两个重要特点。一是具有全方位的外交管理职能。地方政权机构的外交职能是非常广泛而全面的，几乎是全方位的、无所不包的，可以说涉外事务不论巨细均在其职权范围内。他们除了全面负责日常涉外事务之外，其本身还有很大的、广泛的对外交往权力。他们是中央政府在地方对外联系与交涉的总代表。与中央外交权力集中于皇帝之手一样，地方外交权力则集中于地方最高行政长官之手，这在唐前期为州刺史，唐后期为节度使。外交管理的地方集权与中央集权是统一的，他们既具有相对独立的对外权力，又须听命于中央，一方面贯彻执行中央的外交政策和指示，另一方面又向中央提供制订外交政策的依据和建议，上报外交使命之贯彻执行情况。地方集权与中央集权二者基本统一的同时，又包含着矛盾和斗争，在地方权力膨胀、中央权力羸弱的情况下，地方政权往往利用手中掌握的外交权力为工具，强化其与中央的离心力。二是具有周密完备的管理网络。唐代地方政府对于外交及涉外事务的管理，从最高地方行政机构的道，而州、县、乡直至最基层的村，逐级构成一个严密的、完整的金字塔式的管理网络。来自天廷的敕旨可迅速地逐级下达到基层，基层碰到的涉外问题也可迅速地逐级上达天听。只要需要，任何涉外事务均可通过这个网络上行下达，层层负责，上下协力，步调一致，密切配合，真可谓牵一发而动全身。中国古代外交管理权力之高度集中，至

---

① 以上见《册府元龟》卷九九五《外臣部·交侵》，第11687、11688页。
② 《册府元龟》卷九八〇《外臣部·通好》载，

此已达于极致。

地方政权机构是唐代外交管理不可或缺的组成部分。唐太宗曾说："前代帝王，称共治者，惟良二千石耳。虽文武百僚，各有所司，然治人之本，莫如刺史最重也。"① 内政固如此，外交亦然。

第二节　地方军事与边防机构的外交职能

除了上述地方行政系统之外，在唐代还有一套地方军事与边防系统，即作为边疆军区的道及其下之军、镇、城、戍等，它们虽以军事为主要职责，但由于地处边境，故也担负重要的外交职责。

一　总管、都督与节度使

前文已谈及，"道"在唐代后期已是凌驾于州县之上的地方最高一级行政机构，但是在唐代前期的"道"与此不同，它有作为监察区的，有作为军事区的。作为军事区的道，设置于沿边及要害之地，为防守边疆的军事机构，此即所谓："其缘边镇守及襟带之地，置总管府，以统军戎。"② 在道之下的边防军有军、守捉、城、镇等。道的长官，先为大总管、总管，后为大都督、都督。"大唐诸州复有总管，亦加号使持节。武德元年（618）诸州总管亦加号使持节，五年（622）以洺、荆、并、幽、交五州为大总管府，七年（624）改大总管府为大都督府，总管府为都督府。"但是在改总管为都督之后，"复有行军大总管者，盖有征伐则置于所征之道，以督军事"。即除了作为固定的边疆军区的都督之外，还有临时出征领兵的大总管。这种临时性质的方面军的"道"与作为常设军区的"道"并不是一回事，但为了方便在这里也一并叙及。唐代的都督之制，除了大都督与都督的区分外，于都督中又分为上、中、下三等。各都督府"前后制置改易不恒，难可备叙"③。

都督的职责，是"掌督诸州兵马、甲械、城隍、镇戍、粮廪，总判

---

①　《唐会要》卷六八《刺史上》，第1416页。
②　《旧唐书》卷三八《地理志一》，第1384页。
③　《通典》卷三二《职官典十四·州郡上》"都督"，第185—186页。

府事"①。但是从高宗以后，道的长官开始向节度使转变。"永徽已后，除都督带使持节，即是节度使；不带节者，不是节度使。景云二年（711）四月，贺拔延嗣除凉州都督，充河西节度使，此始有节度之号，遂至于今不改焉。"② 都督加使持节称号就成为节度使，但是直到睿宗时才以节度使为正式的官称。节度使是使职，因此一般仍以都督、都护等为本官。"节度使掌总军旅，颛诛杀。"③ 除掌军事之外，还兼采访使、观察使、营田使、支度使等，逐步向行政权力扩展。因其权力很大，俨如一方诸侯，故曰方镇。但是终唐之世并未明令废除都督，不过是名存实亡而已。

从景云二年（711）设置河西节度使以来，至开元、天宝间，"于边境置节度、经略使，式遏四夷"④。先后所置十节度使及其所"式遏"之"四夷"为：

> 安西道节度使，"抚宁西域，统龟兹、焉耆、于阗、疏勒四国"。
> 北庭道节度使，"防制突骑施、坚昆、斩啜"。
> 河西道节度使，"隔断羌胡"。
> 朔方道节度使，"捍御北狄"。
> 河东道节度使，"掎角朔方，以御北狄"。
> 范阳道节度使，"临制奚、契丹"。
> 平卢道节度使，"镇抚室韦、靺鞨"。
> 陇右道节度使，"以备羌戎"。
> 剑南道节度使，"西抗吐蕃，南抚蛮獠"。
> 岭南道经略使，"绥静夷獠"⑤。

此十节度使备边之分工是：安西、北庭、河西"以备西边"；朔方、河东、范阳"以备北边"；平卢"以备东边"；陇右、剑南"以备西边"；

---

① 《新唐书》卷四九下《百官志四下》，第1415页。
② 《唐会要》卷七八《节度使》，第1686页。
③ 《新唐书》卷四九下《百官志四下》，第1309页。
④ 《旧唐书》卷三八《地理志一》，第1385页。
⑤ 《旧唐书》卷三八《地理志一》，第1385—1389页。又见《资治通鉴》卷二一五唐玄宗天宝元年正月，第6847—6850页。

岭南五府经略"以备南边"①。

作为边疆军区的统帅,在唐前期大体经历了上述从总管而都督而节度使的变化。他们虽以军事为主要职掌,但因地处边境,与周边民族政权和国家关系密切,故而在不同程度上都要担负一定的外交职责。不过其外交职掌与地方行政机构相较有一定特色,即多与军事问题紧密相关,带有更浓厚的军事外交色彩。

(一) 统辖羁縻府州

前已述及,唐代于四边之外设置大量的羁縻府州。羁縻政策是汉唐时期中原皇朝对于边境地区少数民族及外国实行的一项传统政策,"天子之于夷狄也,其义羁縻勿绝而已"②。《索隐》按:"羁,马络头也。縻,牛缰也。言制四夷如牛马之受羁縻也。"唐代于"内属"之"四夷"地区设置羁縻府州,大者为都督府,小者为州,"以其首领为都督、刺史,皆得世袭"③。先后所设羁縻都督府、州号称八百五十六之多。这些羁縻府、州大约有两类,一类设置于唐朝境外的各国、各族原住地,另一类设置于边外各族迁入内地后的侨居地。后者为唐领土内之人民。前者则有不同情况,应具体分析看待,有一些羁縻府州自始至终只是一个虚名,实为唐境之外的邻国、邻族。还有一些设在边外各族原地的羁縻府州,"或臣或叛",在其臣服时有些可视为唐土,既叛之后则属境外;或一段时间服属于唐,后为邻国所吞并,也应承认领土主权之转移④。这些羁縻府、州,"皆边州都督、都护所领,著于令式"⑤。可见边境都督与都护都负有统辖之责。其中边州都督统辖羁縻府州的情况如下:

> 夏州都督府:隶突厥州四、府一。回纥府四、州五。吐谷浑州一。
> 灵州都督府:隶回纥州六。党项州二十八、府十二。
> 庆州都督府:隶党项府三、州二十三。

---

① 《唐语林》卷八《补遗》,第267页。
② 《史记》卷一一七《司马相如传》,第3049页。
③ 《新唐书》卷四三下《地理志七下》,第1119页。
④ 参见谭其骧《唐代羁縻州述论》,《纪念顾颉刚学术论文集》,巴蜀书社1990年版。
⑤ 《新唐书》卷四三下《地理志七下》,第1119页。

延州都督府：隶吐谷浑州一。

营州都督府：隶突厥州二。奚州九、府一。契丹州十七、府一。靺鞨州三、府三。

幽州都督府：至神龙初，营州都督府所隶者均改隶幽州都督府。此外还隶降胡州一。

凉州都督府：隶突厥州一、府一。回纥州三、府一。吐谷浑州一。

秦州、临州、姚州、松州等都督府：隶党项州七十三、府一、县一。

松州、茂州、嶲州、雅州、黎州都督府：隶诸羌州百六十八。

戎州、姚州、泸州都督府：隶诸蛮州九十二。

黔州都督府：隶诸蛮州五十一。

桂州、邕州、峰州都督府：隶诸蛮州五十一。[①]

边州都督对羁縻府州的统辖作用，一方面是从军事上加以控制。显庆五年（660）平定百济之后，"以其地置熊津、马韩、东明、金涟、德安等五都督，各统州县，立其酋长为都督、刺史、县令"。此即设置羁縻府州之事。与此同时，"命左卫郎将王文度为都统，总兵以镇之"[②]。所谓"都统"即是"都督"，是以史又称"以左卫中郎将王文度为熊津都督，安抚其余众"[③]。

另一方面则是从外交上加以控制。边州都督在羁縻府州与朝廷之间起着"中介"作用，朝廷的有关外交政策通过其推行，对羁縻府州的外交活动亦通过其开展。羁縻府州的朝贡活动就是经由边州都督而进行的，先天二年（713）十月敕曰："诸蕃使、都府管羁縻州，其数极广，每州遣使朝集，颇成劳扰。应须朝贺，委当蕃都督与上佐及管内刺史，自相通融，明为次第。每年一蕃令一人入朝，给左右不得过二人。仍各分颁

[①] 《新唐书》卷四三下《地理志七下》，第1121—1146页。
[②] 《唐会要》卷九五《百济》，第2026页。
[③] 《旧唐书》卷八四《刘仁轨传》，第2790页。

诸州贡物，于都府点检，一时录奏。"① 这道关于羁縻府州朝贡政策的命令规定，由边州都督与其管内刺史共同安排羁縻府州每年朝贡的先后次序，检核所限定之朝贡人数；清点他们的贡物，并登记造册上报朝廷。其他礼仪方面的事项也由边州都督代为料理，如羁縻府州首领的丧葬之事即如此，开元六年（718）契丹松漠都督李失活卒，"帝深加悯悼，亲为举哀，使使吊祭"的同时，并令"营州都督宋庆礼简校丧葬"②，具体料理有关丧葬事宜。此外，双方的交涉事务也由边州都督负责，如人员的赎取即是如此。贞观二十一年（647）诏曰："隋末丧乱，边疆多被抄掠。今铁勒并归朝化，如闻中国之人，先陷在蕃内者，流涕南望，企踵思归，朕闻之恻然，深用恻隐。宜遣使往燕然等州，知见在没落人数，与都督相计，将物往赎，远给程粮，送还桑梓。其室韦、乌罗护、靺鞨等三部，被延陀抄失家口者，亦令为其赎取。"③ 燕然州为贞观二十一年分回纥诸部所置羁縻州之一，唐政府为了将被抄掠至这些地区的人员召回，须以一定的物资赎取方能实现。可见这类所谓羁縻州府并非唐朝的地方州县，而是相对独立的政治实体。这项工作要"与都督相计"，此即负责统辖该羁縻州的唐边疆都督，燕然州隶于灵州都督府，故此事当由灵州都督具体办理。

（二）使命交通

边境军事长官有权直接对外遣使。武德元年（618）唐高祖派遣右武侯骠骑将军高静出使突厥，"致币于始毕可汗，路经丰州，会可汗死，敕于所到处纳库。突厥闻而大怒，欲南渡"。当时张长逊为丰州总管，得知此变，"长逊乃遣高静出塞，申国家赙赠之礼，突厥乃引还"④。丰州总管根据事态变化不仅决定重新派遣高静出使，而且将出使的任务由原先的向突厥"致币"改为向突厥致"赙赠"之礼，从而使突厥改变入侵的图谋。从这个事例可见边境总管具有对外遣使的权力。

高宗时，狄仁杰曾为并州都督府法曹参军，时"有同府法曹郑崇质，

---

① 《唐会要》卷二四《诸侯入朝》，第536页。
② 《册府元龟》卷九七四《外臣部·褒异一》，第11446页。
③ 《全唐文》卷八，《赎取陷没蕃内人口诏》，第99—100页。
④ 《旧唐书》卷五七《张长逊传》，第2301页。

母老且病，当充使绝域。仁杰谓曰：'太夫人有危疾，而公远使，岂可贻亲万里之忧！'乃诣长史蔺仁基，请代崇质而行"①。法曹参军为都督府属官，这件事表明都督府有派遣属官出使"绝域"之权力。

麟德元年（664），检校熊津都督刘仁轨曾派遣郭务悰出使日本。日本天智天皇三年五月，"百济镇将刘仁愿遣朝散大夫郭务悰等进表函与献物"。同年十二月乙酉，"郭务悰等罢归"②。天智天皇三年即麟德元年。这里记作由刘仁愿派遣郭务悰出使有误，应是刘仁轨所遣。显庆五年（660）苏定方平百济后，留郎将刘仁愿镇守百济府城，刘仁轨为检校带方州刺史。龙朔二年（662）七月"熊津都督刘仁愿、带方州刺史刘仁轨大破百济于熊津之东"③。可知这年刘仁愿为熊津都督。龙朔三年（663）"诏刘仁轨将兵镇百济，召孙仁师、刘仁愿还"④。而高宗麟德元年（664）十月庚辰，有"检校熊津都督刘仁轨上言"⑤的记载。由此可知，龙朔三年刘仁愿已经离开百济回唐，而刘仁轨留镇百济，并为检校熊津都督。所以麟德元年派遣郭务悰出使日本的，应是刘仁轨。此次遣使的具体情形是："大使、朝散大夫上柱国郭务悰等卅人，百济佐平祢军等百余人，到对马岛，遣大山中采女通信侶。僧智辨等来，唤客于别馆，于是智辨问曰：'有表书并献物以不？'使人答曰：'有将军牒书一函并献物。'"智辨奏闻，十二月日方报函曰："使人朝散大夫郭务悰等至，披览来牒，寻省意趣，既非天子使，又无天子书，唯是总管使，乃为执事牒，牒是私意，唯须口奏。人非公使，不令入京。"可见这是唐朝边境镇将直接对外通使。日方因此次来使不是唐朝皇帝所遣，而是边境镇将所遣，使者"不令入京"，文书"亦不上朝廷"⑥，所以降格接待，以体现外交上的对等原则。

此外，天智天皇六年（唐高宗乾封二年，667）十一月"乙丑，百济

---

① 《旧唐书》卷八九《狄仁杰传》，第2885页。
② 《日本书纪》卷二七《天命开别天皇》，第288页。
③ 《资治通鉴》卷二〇〇，唐高宗龙朔二年（662）条，第6329页。
④ 《资治通鉴》卷二〇一，唐高宗龙朔三年（663）条，第6338页。
⑤ 《资治通鉴》卷二〇一，唐高宗麟德元年（664）条，第6340页。
⑥ [日] 田中健夫编：《善邻国宝记　新订续善邻国宝记》，集英社，1995年，第40、42页。

镇将刘仁愿遣熊津都督府熊山县令、上柱国司马法聪等，送大山下境部连石积等于筑紫都督府。己巳，司马法聪等罢归，以小山下伊吉连博德、大乙下笠臣诸石为送使"①。刘仁愿于乾封元年（666）为毕列道行军总管，配合辽东道行军大总管李勣征高丽②，总章元年（668）"坐征高丽逗留，流姚州"③。

边境军事长官对外遣使后，须向朝廷报告。开元时，安西节度副使王斛斯派张舒耀出使大食，联系双方连兵攻打突骑施事，回来后王斛斯将出使所获情报上奏朝廷，朝廷据此指示曰："卿使张舒耀计会兵马回，此虽远蕃，亦是强国，观其意理，似存信义。若四月出兵是实，卿彼已合知之，还须量意，与其相应，使知此者计会，不是空言……若舒耀等虚有报章，未得要领，岂徒不实，当有所惩。绝域行人，不容易也。"④这是朝廷对于安西节度遣使与大食连兵之事所作的批示，如果大食确实有意出兵，则应作好准备与其配合；如果使者所言不实，则应受到惩处。这种对外遣使也常由朝廷直接指挥，开元时为攻击突骑施，朝廷命令河西节度使牛仙客"仍使人星夜倍道，与大食计会"⑤。这是由朝廷指示河西节度使遣使与大食连兵。这种对外遣使活动，对于双方的关系是有影响和意义的，天宝年间"剑南节度使章仇兼琼遣使至云南，与归义言语不相得，归义常衔之"⑥。南诏首领皮逻阁于开元间赐名归义，封云南王。由于使节与云南王言语冲突，令其怀恨在心，后来南诏之背唐倒向吐蕃，与此不无关系。

边境军事长官也常接待对方来访。南诏王就经常访问剑南道，"旧事，南诏常与其妻子谒见都督"⑦。对方发生内部政争或军事冲突时，也可能向有关边疆军事长官求援，开元二十六年（738）突骑施酋长莫贺达干与吐火仙可汗相攻，于是"莫贺达干遣使告碛西节度使盖嘉运，上命

---

① 《日本书纪》卷二七《天命开别天皇》天智天皇六年，第291—292页。
② 《新唐书》卷二二〇《东夷传·高丽传》，第6196页。
③ 《资治通鉴》卷二〇一，唐高宗总章元年（668）条，第6355页。
④ 《全唐文》卷二八五，张九龄：《敕安西节度王斛斯书》，第2896页。
⑤ 《全唐文》卷二八四，张九龄：《敕河西节度牛仙客书》，第2885页。
⑥ 《旧唐书》卷一九七《南蛮西南蛮传》，第5280页。
⑦ 《旧唐书》卷一九七《南蛮西南蛮传》，第5280页。

嘉运招集突骑施、拔汗那以西诸国"①。边疆军事长官以保卫疆土为主要职责，因而双方军事冲突过程中，亦常有使命往还。天宝年间鲜于仲通为剑南节度使时，与南诏发生军事冲突，天宝十一载（752），南诏首领阁罗凤"遣使谢罪，仍与云南录事参军姜如芝俱来，请还其所虏掠，且言：'吐蕃大兵压境，若不许，当归命吐蕃，云南之地，非唐所有也。'仲通不许，囚其使，进兵逼太和城，为南诏所败。自是阁罗凤北臣吐蕃"②。这是南诏遣使求和，但剑南节度使拒绝，结果导致南诏背唐而倒向吐蕃。

（三）互通文书

边疆军事长官有权与境外互通文书。新罗文武王十一年（唐高宗咸亨二年，671）七月二十六日，"大唐总管薛仁贵使琳润法师寄书"与文武王，文武王"报书"③云云。当时薛仁贵为鸡林道总管，其与新罗王曾互通文书。日本天智天皇十年（唐高宗咸亨二年）正月辛亥，"百济镇将刘仁愿遣李守真等上表"，秋七月"唐人李守真等……并罢归"④。这是刘仁愿遣使日本，并向天智天皇致书。所谓"上表"，就是互致外交文书。

开元十年（722）小勃律国受到吐蕃进攻，"其王没谨忙诒书北庭节度使张孝嵩曰：'勃律，唐西门。失之，则西方诸国皆堕吐蕃，都护图之。'孝嵩听许，遣疏勒副使张思礼以步骑四千昼夜驰，与谨忙兵夹击吐蕃。"⑤ 这是小勃律国致书北庭节度使，请求出兵援助其抵抗吐蕃进攻。开元中，北庭都护由北庭节度使兼，故勃律国王书称张孝嵩为都护。北庭节度使在接到文书后，决定出兵救援。杜希望为陇右节度使时，开元二十六年（738）"置镇西军，（杜）希望引师部分塞下，吐蕃惧，遗书求和。希望报曰：'受和非臣下所得专。'"⑥ 这是吐蕃致书陇右节度使求和，时唐军拟采攻势，故推辞曰不敢自专。

---

① 《资治通鉴》卷二一四，唐玄宗开元二十六年（738）条，第6834页。
② 《旧唐书》卷一九七《南蛮西南蛮传》，第5281页。
③ 《三国史记》卷七《新罗本纪》，第75—77页。
④ 《日本书纪》卷二七《天命开别天皇》，第298、300页。
⑤ 《新唐书》卷二一六上《吐蕃传上》，第6083页。
⑥ 《新唐书》卷一六六《杜佑传》，第5085页。

一般来说，边镇在接到对方文书后，要上报朝廷处置。玄宗时《敕勃律国王书》云："敕勃律国王没谨忙，得王斛斯表卿所与斛斯书，知卿忠赤输诚，闻有外贼相诱，执志无二；又闻被贼侵寇，颇亦艰虞，能自支持，且得退散，并有杀获，朕用嘉之。"[1] 当时王斛斯为安西节度使，这是他在得到勃律国王的文书后，转奏朝廷，朝廷再据此给予回复。《敕安西节度王斛斯书》云："得卿表，并大食东面将军呼逻散诃密表，具知。"[2] 这是安西节度使接到大食边将的文书后，将其转奏朝廷。

（四）译语

边镇与缘边州郡一样因外交事务频繁，故亦设置翻译官员——译语人，以协助工作。

由于边镇常有外交文书往还，故须设置译员以笔译文书。唐玄宗《敕罽宾国王书》云："敕罽宾国王：得四镇节度使王斛斯所翻卿表，具知好意。"[3] 这表明当罽宾国王的文书递交到四镇节度使王斛斯处时，王斛斯将其翻成汉文后再上呈朝廷。可见在四镇节度使那里设有译员。

在日常大量的涉外事务中也需要翻译人员。吐鲁番阿斯塔那188号墓所出《唐译语人何德力代书突骑施首领多亥达干收领马价抄》就反映了这方面的具体情况。该文书内容如下：

（前缺）
1 □钱贰拾贯肆伯文
2 右酬首领多亥达干马叁疋直。
3 十二月十一日付突骑施首领多亥达
4 干领。
5 译语人　何德力[4]

与这件文书同墓出土有《唐开元三年张公夫人鞠娘墓志》，因而其年

---

[1]　《全唐文》卷二八七，李隆基：《敕勃律国王书》，第2910页。
[2]　《全唐文》卷二八五，第2896页。
[3]　《全唐文》卷二八七，第2910页。
[4]　《吐鲁番出土文书》第八册，文物出版社1987年版，第87页。

代下限当为开元三年（715）。它所反映的是：开元初年突骑施首领多亥达干来到西州互市，所卖三匹马成交之后，西州都督府之译语人何德力代替多亥达干写了这个收据。从这个文书我们可以知道，当时西州都督府设置有"译语人"。

在进行互市贸易时，亦须译语人参与其事。这种译语人在吐鲁番出土文书中不止一见，阿斯塔那29号墓所出《唐垂拱元年康义罗施等请过所案卷》，即有"译翟那你潘"①。该文书记述了康义罗施等商胡"并从西来，欲向东兴易"，即进入内地贸易。为此西州都督府有关官员在为他们办理"过所"时，进行了一系列的调查审核，译语人翟那你潘在其中作为翻译人员参与向他们审查取证，因而在此案卷中花押。由此可见在互市、办理过所等涉外事务中，都需要译语人参与其事。

值得注意的是，吐鲁番出土文书中所见译语人，均为胡人血统，上述译语人何德力，应属"昭武九姓"之何国人血统；翟那你潘亦当为胡人血统。我们在叙述中书省之译语人时，曾经指出唐中央政府之译语人多为胡人血统。由此看来，在唐代从中央到地方机构之译语人，均多为胡人血统人物充任，这是利用他们原有的外语条件，而又通晓汉语而采取的用人措施。

（五）通和抚纳

边疆军事长官在以武力捍卫边境的同时，也常以外交手段与对方通和。武德九年（626）突厥寇边，以李靖为灵州道行军总管。突厥"颉利可汗入泾阳，（李）靖率兵倍道趋豳州，邀贼归路，既而与虏和亲而罢"②。这是在军事行动中结和。开元二十四年（736），崔希逸为河西节度使，"时吐蕃与汉树栅为界，置守捉使。希逸谓吐蕃将乞力徐曰：'两国和好，何须守捉，妨人耕稼，请皆罢之，以成一家，岂不善也？'乞力徐报曰：'常侍忠厚，必是诚言。但恐朝廷未必皆相信任。万一有人交搆，掩吾不备，后悔无益也。'希逸固请之，遂发使与乞力徐杀白狗为盟，各去守备。于是吐蕃畜牧被野"③。这是河西节度使采取主动，经过

---

① 《吐鲁番出土文书》第七册，文物出版社1986年版，第88—89页。
② 《旧唐书》卷六七《李靖传》，第2478页。
③ 《旧唐书》卷一九六上《吐蕃传上》，第5233页。

反复交涉谈判，终于达成边境和平协议，双方结盟撤守备。崔希逸曾为散骑常侍，故乞力徐如此称之。

边境地区军事斗争尖锐复杂，外交斗争亦诡谲无常。开元二十一年（733）张守珪为幽州长史兼营州都督、河北节度副大使，当时"契丹及奚连年边患，契丹衙官可突干骁勇有谋略，颇为夷人所伏。赵含章、薛楚玉等前后为幽州长史，竟不能拒。及守珪到官，频出击之，每战必捷"。在军事胜利的情况下，"契丹首领屈剌与可突干恐惧，遣使诈降。守珪察知其伪，遣管记右卫骑曹王悔诣其部落就谋之"①。这是对方诈和，张守珪将计就计谋之。此次虽未达成和议，但可见作为边境军事长官是有权与对方和议的。天宝九载（750）"安西四镇节度使高仙芝伪与石国约和，引兵袭之，虏其王及部众以归"②。此虽为唐朝边将以通和之名，行武力袭击之实，但表明其有权与邻国通和。高仙芝这一举措，导致石国与西域诸胡的愤怒，大食等国遂联合夹攻唐军，高仙芝大败，石国"自是臣大食"③，不仅导致军事上的失败，也导致外交上的失利。

边疆军事长官也经常运用外交方式和手段悉心进行招徕抚纳。武德年间杨恭仁为凉州总管，由于他"久乘边，习种落情伪，悉心绥慰"。于是"葱岭以东，皆奉贡贽"④。这是通过"绥慰"的和平方式，达到纷纷前来朝贡之目的。贞观四年（630）"突厥既亡，营州都督薛万淑遣契丹酋长贪没折说谕东北诸夷，奚、霫、室韦等十余部皆内附"⑤。这是通过契丹酋长对东北诸族进行招徕。贞观二十一年（647），阿史那社尔为崑丘道行军大总管，"遣左卫郎将权祗甫徇诸酋长，示祸福，降者七十余城，宣谕威信，莫不欢服。刻石纪功而还。因说于阗王入朝，王献马畜三百飨军。西突厥、焉耆、安国皆争犒师"⑥。阿史那社尔通过遣使游说，招致西域诸国诸族纷纷降附入朝。

边境军事机构在招徕抚纳中具有重要作用。以营州为例，"初，营州

---

① 《旧唐书》卷一〇三《张守珪传》，第3194页。
② 《资治通鉴》卷二一六，唐玄宗天宝九载（750）条，第6901页。
③ 《新唐书》卷二二一下《西域传下》，第6246页。
④ 《新唐书》卷一〇〇《杨恭仁传》，第3926页。
⑤ 《资治通鉴》卷一九三，唐太宗贞观四年（630）条，第6082页。
⑥ 《新唐书》卷一一〇《诸夷蕃将传·阿史那社尔传》，第4115页。

都督治柳城以镇抚奚、契丹，则天之世，都督赵文翙失政，奚、契丹攻陷之，是后寄治幽州东渔阳城。或言：'靺鞨、奚、霫大欲降唐，正以唐不建营州，无所依投，为（突厥）默啜所侵扰，故且附之；若唐复建营州，则相帅归化矣。'"① 柳城在今辽宁朝阳，渔阳在今天津蓟县。营州都督治所由柳城撤至渔阳，与奚、契丹等族的距离较远，故影响了他们与唐的联系，而为突厥所乘。如能重新在柳城设治，则他们将纷纷归化。这表明边镇在招徕抚纳中是具有重要作用的。

（六）开展互市

边疆军事机构也设有一套互市官员，开元年间之《唐令》规定大都督府，设"市令一人（掌市内交易，禁察非为，通判市事），丞一人（掌判市事），佐一人、史一人、师三人（掌分行检察）"②。边境军事机构也常利用其地利条件而开展互市活动。开元年间宋庆礼为营州都督，"招集商胡，为立店肆，数年间，营州仓廪颇实，居人渐殷"③。通过互市而繁荣了营州的经济。天宝年间王忠嗣为朔方节度使，"每至互市时，即高估马价以诱之，诸蕃闻之，竞来求市，来辄买之。故蕃马益少，而汉军益壮"④。通过互市购得大量马匹，从而加强了军事力量。吐鲁番出土文书有不少关于边镇通过互市进行马匹交易的记录。阿斯塔那188号墓所出《唐上李大使牒为三姓首领纳马酬价事》文书一件，其内容如下：

（前缺）

1　九日

2　三姓首领胡禄达干马九疋，一疋□州拾□

　□疋各柒□

3　三姓首领都担萨屈马六疋，疋别 备 □

4　右检案内去十一月十 六 □得上 件

---

① 《资治通鉴》卷二一一《唐纪》玄宗开元二年，第6695页。
② ［日］仁井田陞：《唐令拾遗·州县镇戍岳渎关津职员令第六》"大都督府"条，栗劲等译，长春出版社1989年版，第55页。
③ 《旧唐书》卷一八五下《良吏传下·宋庆礼传》，第4814页。
④ 《旧唐书》卷一〇三《王忠嗣传》，第3201页。

496　/　汉唐外交制度史（增订本）

　　5　牒请纳马，依状检到前官□
　　6　□□牒上李大使，请牒□
　　（后缺）①

这个文书反映了当时西州都督府与三姓首领进行马匹互市的情况。从这件文书以及在吐鲁番出土的其他市马文书中可以看到边镇对于互市管理的一些情况。（1）这件文书称"去十一月十六□得上件牒请纳马"云云，表明在进行互市之前须经申请并得到批准，方能进行，并非随意进行。（2）这件文书称"依状检到前官□□□牒上李大使"云云，表明在互市之后须向有关上级报告。（3）从上文所引同墓所出《唐译语人何德力代书突骑施首领多亥达干收领马价抄》，可知互市之时要开具收据，写明马匹数量及价钱。必要时还由官方之译语人代为书写。由此可见，边镇对于互市的管理是相当严格和周密的。

（七）蕃舶管理

东南沿海之都督与内陆地区不同，其掌管对外贸易则主要通过管理蕃舶而进行，因为这些地方的对外贸易主要是通过海舶进行的。前文我们已经谈及，在唐代中后期广州等东南沿海之蕃舶管理是由节度使负责的，而在唐前期则主要是由都督负责。武后光宅元年（684），广州都督路元睿因管理蕃舶时侵刻过甚，引起蕃商不满而被杀，"路元睿冒取其货，舶酋不胜忿，杀之"②。蕃商把愤怒集中于广州都督，可见是由广州都督负责蕃舶之管理。路元睿事件之后，王方庆被任命为广州都督，他"在任数载，秋毫不犯"③。所谓"秋毫不犯"，主要是指其在管理蕃舶贸易中廉洁奉公，不侵犯外商利益。故"议者谓治广未有如（王）方庆者，号第一，下诏赐瑞锦、杂采"④。广州都督对蕃舶之管理，与前文所述岭南节度使之情况基本上是一致的，兹不复赘。

---

① 《吐鲁番出土文书》第八册，文物出版社1987年版，第84页。
② 《新唐书》卷一一六《王綝传》，第4223页。
③ 《旧唐书》卷八九《王方庆传》，第2897页。
④ 《新唐书》卷一一六《王綝传》，第4223—4224页。

（八）馆驿管理

由于边镇与外蕃接境，为使命交通所必经，因而同样需设置馆驿以接待来往使者或蕃商。吐鲁番出土文书表明唐代前期西州都督府设馆甚多，已见的有"北馆""中馆"和"蒲昌馆""柳中馆""交河馆""天山馆"等二十余馆。而"迎送使命"是这些馆的重要功能，据《唐天宝十四载郡坊申十三载九至十二月诸馆支贮马料帐》文书记载：

1　合郡坊马从天十三载九月囗日已后，至其载十二月卅日以前，东西三路迎

2　送使命，食诸馆麦粟总「柒」伯捌拾柒硕玖斗贰胜贰合。①

这件文书表明，西州为东西交通之枢纽，为西达焉耆、东至伊州、北通北庭的三路所会②。而这些馆的主要任务就是"迎送使命"。

西州原为麴氏高昌统治区，吐鲁番出土文书中有许多反映高昌客馆的资料。哈拉和卓 33 号墓出土的《高昌众保等传供粮食帐》，记云："五日将天奴传，面三斛供何国王儿使奚囗……斛供垔吴吐屯使由旦五人道粮。"③ 这是麴氏高昌时期的文书，反映了高昌客馆接待来使时，供应粮食和支给"道粮"的事实。高昌客馆之"道粮"，疑即唐制供应蕃客之"程粮"。阿斯塔那 122 号墓出土的《高昌崇保等传寺院使人供奉客使文书》，记云："崇保传：范寺使人供尼利珂蜜（寒）使。次二日，阴阿保传马寺使人、伍塔使人供卑失蛇婆护使。"④ 这里的"尼利珂寒"即《隋书·北狄传·西突厥传》所记之泥利可汗，"卑失蛇婆护"即泥利可汗弟婆实特勤⑤。这是以佛教寺院附户至客馆为来使执役。一方面高昌的

---

① 《吐鲁番出土文书》第十册，文物出版社 1991 年版，第 233 页。
② 参见孙晓林《关于唐前期西州设馆的考察》，武汉大学历史系《魏晋南北朝隋唐史资料》第十一期，武汉大学出版社 1991 年版，第 251—262 页。
③ 《吐鲁番出土文书》第二册，文物出版社 1981 年版，第 283 页。
④ 《吐鲁番出土文书》第三册，文物出版社 1981 年版，第 328 页。
⑤ 《隋书》卷八四《北狄传·西突厥传》，第 1876 页。参见姜伯勤《高昌麴氏朝与东西突厥—吐鲁番所出客馆文书研究》，载北京大学中国中古史研究中心编《敦煌吐鲁番文献研究论集》第五集，北京大学出版社 1990 年版。

政治制度乃模仿继承内地制度,这套客馆制度无疑是仿照内地制度的。另一方面高昌的客馆制度也自然为日后在此设置的西州有所承袭。

(九) 过所管理

边疆军事机构与地方行政机构一样也有管理过所的职责。一般来说边镇都是军事要地,而且是与外蕃交通孔道,出入境的蕃客甚多,人员复杂,因而在过所的发放、勘验中也就格外严格。唐代的西州是丝绸之路上的枢纽,是商胡客贩及僧侣等各色蕃人必经之处。阿斯塔那29号墓出土的《唐垂拱元年康义罗施等请过所案卷》[①],是反映边镇管理蕃客过所的一份珍贵资料。本案卷共有四段,残存者计58行。它记录了当时有两批西胡商人在西州申请过所的情况。一批胡商四人为:康义罗施、某钵、吐火罗拂延、吐火罗磨色多。康义罗施为康国人,即昭武九姓胡。拂延、磨色多为吐火罗人。钵之名字前残缺,故不知何国人。他们四人"并从西来,欲向东兴易"。即从西部进入唐境,路经西州,打算向东至长安进行贸易。但是他们"为在西无人遮得,更不请公文"。也就是说他们在进入西州之前并没有申请得到公验。因此他们在西州都督府受到盘查,文书即为西州有关官员讯问他们以及他们"请乞责保"的记录。讯问是由西州一位名亨的官员主持的,西州的译语人翟那你潘在讯问过程中担任翻译。一方面他们"被问所请过所,有何公文",即追查他们在进入西州之前是否申请过过所,有何证明文件。另一方面则调查他们有否压良为贱、拐卖人口之嫌。因为他们都携带有奴婢和作人(即雇工)。西州官员某亨通过译人翟那你潘讯问"其人等不是压良、弦诱、寒盗等色以不?""寒盗",寒通词、呵,假借作"搴",取也,略卖人口之谓。[②] 翟那你潘等在讯问后做出了保证:"保知不是压良等色,若后不依今款,求受依法罪,被问依实。"保证不是压良为贱,今后如查有不实,甘受罪罚。

另一批胡商也是四人,他们是:康纥槎、某芎潘、某达、某延。第一人为康国胡,后三人名字前缺,不知何国人。不过文书说他们都是

---

① 《吐鲁番出土文书》第七册,文物出版社1986年版,第88—94页。
② 参见程喜霖《〈唐垂拱元年康尾义罗施等请过所案卷〉考释》,武汉大学历史系魏晋南北朝隋唐史研究室编《魏晋南北朝隋唐史资料》第十一期,第248页。

"兴生胡"，即兴生贸易之商胡，或简称"兴胡"。他们也同样"被问所请过所，有何公文？"他们承认从西边而来没有向"汉官府"请得过所，因而"并请责保"。经过调查审核以后，上述八人中有四人，即康尾义罗施、吐火罗拂延、吐火罗磨色多、康纥槎，以及另外一位何胡数刺（即昭武九姓之何国人），一共五人获得批准。他们请了五个保人作保，这五位保人是：庭、伊百姓康阿了，伊州百姓史保，庭州百姓韩小儿，乌耆人曹不那遮，高昌县史康师。这些保人虽然都是唐朝州县之百姓，但从他们的姓名可知多为胡人，应是已经入籍唐朝的胡人，因而由他们出来为胡商做保人。这些保人也同样负责讯问了上述五位商胡所携"家口入京"，"不是压良……冒名假代等色"。最后保人担保他们"不是压良、假代等色"，并承担如果日后如有不实则"受依法罪"的责任。

从这个案卷我们可以看到，作为边镇的西州都督府，负有在中西交通要道勘验、发放过所的职责。这里是蕃客来往频繁的孔道，客流量大，人员复杂，情况复杂，因而其检查工作是相当繁重的。而他们在盘查过往蕃客尤其是商胡时又是非常细致而严格的。表明唐代的对外开放是与严密的外事管理政策和措施相结合的。

（十）上报蕃情

开元年间，唐玄宗根据四镇节度使的上奏情报，致书吐蕃赞普，提出抗议："近得四镇节度使表云：彼使人与突骑施交通。但苏禄小蕃，负恩逆命。赞普既是亲好，即合同嫉顽凶，何为却与恶人密相往来，又将器物交通赂遗。"① 吐蕃与突骑施可汗苏禄秘密通使，互赠礼物，四镇节度使获得这个情报后，上报了朝廷，朝廷据此向吐蕃提出了抗议。可见边疆军事长官要及时上报外交动态，而这种情报对于唐政府的外交决策是很有价值和意义的。

二 军、镇

唐朝在边防线上设置军队以戍边，"唐初，兵之戍边者，大曰军，小曰守捉，曰城，曰镇，而总之者曰道"②。开、天之际边境八节度使统属

---

① 《全唐文》卷二八六，张九龄：《敕吐蕃赞普书》，第2904页。
② 《新唐书》卷五〇《兵志》，第1380页。

之边防军的驻防单位有：军、镇、守捉、城等。这种"军""镇"始置于武则天时期，均置"使"以主之，每"军"置使一人主之，五千人以上设副使一人，万人以上设营田副使一人；每"镇"置使、副使各一人①。唐代还有一种"镇"，与此不同，为唐初继承前代而设，有上镇、中镇、下镇，每镇设镇将、镇副各一人，"掌镇捍防守"。镇之下还有戍，设戍主、戍副各一人，职掌与镇略同②。这些军事单位在唐后期依然存在，不过如同随着安史之乱以后节度使之从边境推向内地一样，并不限于边境地区，在内地也有设置，其统属关系也有所变化。元和十四年（819）二月诏曰："诸道节度使、团练、都防御、经略等使，所管支郡，除本军州外，别置镇遏、守捉兵马者，并合属刺史等。如刺史带本州团练、防御、镇遏等使，其兵马额便隶此使，如无别使，即属军事。其有边于溪洞、连接蕃蛮之处，特建城镇，不关州郡者，即不在此限。"③ 这就表明在唐后期这类军事单位已改属于所管州郡，不过对于与蕃蛮接界的军事单位则不在此限，如当年八月浙东观察使奏称："今当道望海镇，去明州七十余里，俯临大海，东与新罗、日本诸蕃接界。请据文不属明州。"朝廷批复曰"许之"④。

这些单位的职能当然主要是在军事上负责守护边疆，即所谓"掌捍防守御"⑤。但是因为它们地处边境地区，因而也就自然负有一定的外交职责和管理各种涉外事务。

（一）迎送使命

边军亦有迎送使命的职责。开元六年（718）十一月吐蕃遣使奉表曰："又往者平论地界，白水已来中间并令空闲，昨秋间郭将军率聚兵马于白水筑城。既缘如此，吐蕃遂于界内道亦筑一城，其两国和同，亦须迎送使命，必若不和，其城彼此守捉边境。"⑥ 这是吐蕃对于当时陇右节

---

① 《唐六典》卷五"兵部郎中"条，第158页。
② 《唐六典》卷三〇"镇戍岳渎关津官吏"，第755—756页。
③ 《唐会要》卷七八《诸使中》"诸使杂录上"，第1705页。《旧唐书》卷一五《宪宗纪下》略同，第467页。
④ 《唐会要》卷七八《诸使中》"诸使杂录上"，第1705—1706页。
⑤ 《新唐书》卷四九下《百官志四下》，第1320页。
⑥ 《册府元龟》卷九八一《外臣部·盟誓》，第11527页。

度使郭知运在白水筑城一事提出抗议,不过从中我们可以知道,这种边城除了"守捉边境"之军事职能外,亦有"迎送使命"之外交职能。

迎使之例:开元二十四年(736),窣干(史思明之原名)逃亡入奚,谎称为唐使臣,骗得奚王派遣其良将琐高率三百人随其入唐朝贡。"窣干将至平卢,先使人谓军使裴休子曰:'奚使琐高与精锐俱来,声云入朝,实欲袭军城,宜谨为之备,先事图之。'休子乃具军容出迎,至馆,悉坑杀其从兵,执琐高送幽州。"① 这虽是史思明导演的一场闹剧,但是从中反映了边军在迎送使命中的实际情况,奚王使团在到达幽州之前先由驻守边境之平卢军负责接待;军使裴休子"具军容出迎"并未引起奚人怀疑,说明这是正常的接使礼仪;使团被迎入馆内安置,表明在军中也设有迎接来使的客馆。

送使之例:建中元年(780),回纥"酋长突董、翳蜜施、大小梅录等还国,装橐系道,留振武三月,供拟珍丰,费不赀。军使张光晟阴伺之,皆盛女子以橐,光晟使驿吏刺以长锥,然后知之"②。这是回纥使团返国时路经振武军的情况。在接待时有"驿吏"参与其事,联系上文平卢军有馆以接待使人,可见军中有接待使者的馆驿。这个使团有近千人,带有骆驼和马数千匹,缯锦十万,可见使团规模之大,他们在振武军停留了三个月,由军中负责款待他们的饮食起居,而且供应非常丰盛,据称"日食肉千斤,他物称是",以致财力不堪负担。当然这种情况有其特殊性,董突等人所率使团是一支长期滞留长安、"殖货纵暴"③、杂有九姓胡的人员,因而他们回国时所带辎重甚盛,甚至拐带人口。而当时回纥势强,故唐朝对其多所委曲求全。不过这件事还是表明边军在送使出境方面负有重要职责。

《入唐求法巡礼行记》对于边军迎送来使有许多生动具体的记述。藤原常嗣所率日本使团于开成三年(838)七月二日抵达扬州海陵县淮南镇,随即派出判官、准录事等官员"令向镇家,兼送文牒"。后来大使也带着"土物"到镇去。不仅派员向军镇呈文通报,而且大使还亲自登门

---

① 《资治通鉴》卷二一四,唐玄宗开元二十四年(736)条,第6817页。
② 《新唐书》卷二一七上《回鹘传上》,第6121页。
③ 《资治通鉴》卷二二六,唐德宗建中元年(780)条,第7287—7288页。

拜望。镇军告诉他们："更可还向于掘港庭"，并派出两军人为他们带路。到达延海村后，"九日巳时，海陵镇大使刘勉来慰问使等，赠酒饼，兼设音声……巡检事毕，却归县家"。二十日他们的船队到达如皋镇，"镇大使刘勉驾马来泊舫之处，马子从者七八人许，检校事讫，即去"①。直到二十三日才到达海陵县，受到县令的迎接。从这里可以看到来使所首先接触的是边军，因为他们是负责边境巡逻守卫的，然后由他们引导到地方政府部门。他们一方面负责对来使进行检查，一方面还要进行款待。这位刘勉被称为"镇大使"，唐制"每镇又有使一人、副使一人"②。

蕃国通过边军遣使时，边军要及时上报朝廷，等候处理指示。贞元十三年（797）正月，"吐蕃赞普遣使修好，塞上以闻，上以犬戎负约，不受其使"③。其时"邢君牙筑永信城于陇州以备虏，虏使者农桑昔来请修好，朝廷以其无信，不受"④。可知上文中的"塞"即陇州之永信城。永信城在接到吐蕃使后即上报朝廷，再由朝廷下达指示拒绝其使。双方关系不睦时，通过边将拒绝对方来使，是经常采用的外交手法。开元十八年（730）十月吐蕃派遣其大臣名悉猎"来朝，请固和好之约，且献书"。其上书中提出："承前数度使人入朝，皆被边将不许，所以不敢自奏。"⑤ 文中透露了边将屡拒其使的事实，可见由边将拒绝对方来使的方式是经常被采用的。

（二）接转文书

蕃国有时也通过边军转交文书。开元十八年（730）五月"吐蕃遣使致书于境上求和"⑥。《新唐书》记此事曰："吐蕃令曩骨委书塞下，言：'论莽热、论泣热皆万人将，以赞普命，谢都督刺史：二国有舅甥好，昨弥不弄羌、党项交构二国，故失欢，此不听，唐亦不应听。'都督遣腹心吏与曩骨还议盟事。"⑦ "曩骨"为吐蕃官名，类似唐的"千牛"官，即

---

① 《入唐求法巡礼行记》卷一，第9、11、16—17页。
② 《新唐书》卷四九下《百官志下》，第1320页。
③ 《旧唐书》卷一三《德宗纪下》，第385页。
④ 《新唐书》卷二一六下《吐蕃传下》，第6099页。
⑤ 《册府元龟》卷九七九《外臣部·和亲二》，第11502页。
⑥ 《资治通鉴》卷二一三，唐玄宗开元十八年（730）条，第6789页。
⑦ 《新唐书》卷二一六上《吐蕃传上》，第6084页。

侍卫官。这是吐蕃通过边军转交求和文书，提出双方不和乃因弥不弄羌、党项之挑拨离间，彼此均不应当听信其言，希望恢复和好。文书上交后，由都督派使者与其会谈结盟之事。贞元十三年（797）正月"吐蕃赞普遣使农索昔赍表，请修和好，边将以闻，德宗以其豺狼之心，数负恩背约，不受表状，任其使却归"①。此与上文所述农桑昔款永信城为同一事，这里的"边将"即上引《新唐书》所记之永信城守军长官。此记载强调其来递交文书，边将转达后，唐朝将文书退回对方。

（三）授受贡赐

边军一方面可以代表政府接受蕃国的贡献。天宝六载（747）十二月"九姓、坚昆及室韦献马六十匹，令西受降城使印而纳之"②。唐制，"凡马驹以小官字印印右膊；以年辰印印右髀；以监名依左右厢印印尾侧"。而诸蕃"部落马同种类，其印各别"③。蕃国所进马匹均须盖上不同印记，以为分别。这是令边防城使负责接受上述诸部之献马。

另一方面边军有时也代表朝廷向蕃国颁发赏赐。回纥在协助唐朝平定安史之乱、收复两京中做出贡献，至德二载（757）肃宗以回纥叶护为司空，封忠义王，并下诏大加赏赐，告知曰："每岁送绢二万匹至朔方军，宜差使受领。"④ 这是唐方将赐物送至朔方军，然后由回纥每年派人到那里去领取。

（四）转致请求

对方有所请求时，也常通过边军转达。回纥在开成年间为黠戛斯所破，会昌初其中一支在乌介可汗率领下逼近唐朝北边，对唐构成威胁，朝廷百计驱之不去。在此情况下，"退浑、党项利房掠，因天德军使田牟上言，愿以部落兵击之"⑤。退浑、党项通过天德军转达其欲出兵助唐攻打回纥的意愿。元和十年（815）十一月"吐蕃使款陇州塞，请互市，许之"⑥。这是对方遣使至边塞，提互市的请求，由边塞向上转致以后得到

---

① 《册府元龟》卷九九六《外臣部·责让》，第11696页。
② 《册府元龟》卷九七一《外臣部·朝贡四》，第11412页。
③ 《唐会要》卷七二《诸监马印、诸蕃马印》，第1545—1547页。
④ 《唐大诏令集》卷一二八，《回纥叶护司空封忠义王制》，第691页。
⑤ 《新唐书》卷一八〇《李德裕传》，第5336页。
⑥ 《册府元龟》卷九九九《外臣部·互市》，第11727页。

了批准。

（五）宣达朝旨

朝廷对于蕃国的政策有时也通过边军负责宣达和贯彻。张九龄《敕伊吾军使张楚宾书》曰："近得卿表，知沙陀入界，此为刘涣凶逆，处置狂疏，遂令此蕃，暂有迁转。今刘涣伏法，远近知之。计沙陀部落，当自归本处。卿可具宣朝旨，以慰其心。兼与盖嘉运相知，取其稳便。丰草美水，皆在北庭，计必思归，从其所欲也。卿可量事安慰，仍勿催迫。处置了日，具以状闻。"[1] 这是宰相张九龄代表朝廷给伊吾军使下达的指示。北庭都护刘涣伏法事在开元二十二年（734），其后由盖嘉运任北庭都护。沙陀入界之事是由北庭都护刘涣处置不当造成的，朝廷的政策是采取和平方式令其自动迁出，因而指示伊吾军使张楚宾向沙陀宣达这一政策，根据具体情况进行安抚，以期圆满解决这一问题。

（六）上报蕃情

边军还须及时向上报告蕃情动态。长庆元年（821）以太和公主出嫁回纥，十一月振武节度使张惟清上奏："得天德军转牒云：回鹘七百六十人将驼马及车，相次至黄芦泉迎公主。"[2] 这是在和亲公主前往回纥途中，天德军向振武节度使报告回纥前来迎接的动态，节度使再将其上报朝廷。

（七）勘验过所

边防各级军事单位都有勘验过所的职责，对于蕃客亦然。日僧圆珍等人得到大中七年（853）九月十四日福州都督府判给的前往天台山、五台山等地巡礼的公验后，于九月廿八日途经福建海口镇时，由海口镇"勘过"。这种"勘过"证明是在公验后端书写的，文如下：

福建海口镇勘日本国僧圆珍
等出讫大中七年九月廿八日
史魏□□

---

[1]《全唐文》卷二八四，张九龄：《敕伊吾军使张楚宾书》，第2883页。
[2]《册府元龟》卷九七九《外臣部·和亲二》，第11507页。

镇将朱浦①

　　此即海口镇在检查了圆珍等人的公验后，同意放行而作的批语。这个勘过证明是由海口镇的"史"魏某书写的，唐制军镇有"史"，由其负责文书之事。最后是镇将朱浦署名认可。

　　吐鲁番出土文书中有不少关于边疆各级军事单位勘验过所的资料。阿斯塔那509号墓出土的《唐开元二十年瓜州都督府给西州百姓游击将军石染典过所》，记载了石染典从安西到瓜州"市易事了，今欲却往安西已来，路由铁门关，镇戍守捉不练行由，请改给者"②。这是他向瓜州提出申请"改给"过所，以便返回安西。据日本《养老关市令》："若已得过所，有故卅日不去者，将旧过所申牒改给。"③日本《养老令》乃承袭唐令而来，故此亦可视为唐制。大概石染典在瓜州已超过三十日，因而请求瓜州"改给"过所。牒文中之"镇戍守捉"即为沿途之军事单位。是年的三月十四日，瓜州都督府"改给"了石染典过所，他持这件过所自瓜州前往伊州的途中，过所后依次写有：

　　　　三月十九日，悬泉守捉官高宾勘西过
　　　　三月十九日，常乐守捉官果毅孟进勘西过
　　　　三月廿日，苦水守捉押官年五用勘西过
　　　　三月廿一日，盐池戍守捉押官健儿吕楚□勘过

　　这表明沿途有四个守捉勘验了石染典的过所。同墓所出《唐开元二十一年西州都督府案卷为勘给过所事》，有王奉仙自安西还京，于十一月十日在西州都督府得到过所，向东，"十四日至赤亭镇官勘过"，这里他曾被赤亭镇镇将勘过。但他"无向北庭行文，至酸枣戍捉获"。即他未按过所规定的路线东行，而是折向北庭方向，因而被酸枣戍之戍兵捉获。

---

① [日]砺波护：《入唐僧带来的公验和过所》，龚卫国译，武汉大学《魏晋南北朝隋唐史资料》第十三辑，武汉大学出版社1994年版，第140页。
② 《吐鲁番出土文书》第九册，1990年版，第40—42页。
③ [日]仁井田陞：《唐令拾遗·关市令第二十六》"度关津先请过所"条，栗劲等译，长春出版社1989年版，第642页。

另一件记蒋化明因过所丢失,"至酸枣戍捉获,勘无过所"①。则因勘验无过所而被戍兵捉获。这些虽是关于唐百姓过所的管理情况,但对于蕃客过所管理之严格必定有过之无不及。

(八) 互市场所

由于边军驻地多为对外交通孔道,所以常作为双方互市之场所。开元十五年(727)突厥毗伽可汗派遣其大臣梅录啜入朝。此前吐蕃曾致书毗伽可汗,邀约突厥联兵攻唐。毗伽可汗不仅没有答应其要求,反而将吐蕃的书信献给唐朝。"上嘉其诚,引梅录啜宴于紫宸殿,厚加赏赉,仍许于朔方军西受降城为互市之所,每年赍缣帛数十万匹就边以遗之"②。这是以边城为互市场所,每年仅缣帛即数十万匹,可见贸易量之巨大。这个互市每年都要进行,唐朝从中购得大量马匹,作为国有马场的牧马,"由是国马益壮焉"③,对于加强唐朝国防起了重要作用。除了西受降城这个唐代中期最大的马匹互市场所之外,其他还有开元十九年(731)开放的与吐蕃在赤岭的互市④,元和十年(815)开放的与吐蕃在陇州塞的互市⑤,等等。

三 关

唐代于天下设二十六关,这些关区分为上、中、下三等,"京城四面关有驿道者为上关,余关有驿道及四面关无驿道者为中关,他皆为下关焉"⑥。以关令一人为长官,唐后期则以关使为长官,下置"镇守官健"⑦。有津之处则设津,亦分上、中、下三等,统称为关津。关也与外交有关,承担一定的涉外事务。

(一) 限中外,隔华夷

从设关的目的任务来看:"关所以限中外,隔华夷,设险作固,闲邪

---

① 《吐鲁番出土文书》第九册,第51—69页,1990年4月版。
② 《旧唐书》卷一九四上《突厥传上》,第5177页。
③ 《资治通鉴》卷二一三,唐玄宗开元十五年(727)条,第6779页。
④ 《资治通鉴》卷二一三,唐玄宗开元十九年(731)条,第6796页。
⑤ 《册府元龟》卷九九九《外臣部·互市》,第11727页。
⑥ 《唐六典》卷六《尚书刑部》"司门郎中"条,第195—196页。
⑦ 《旧唐书》卷一八下《宣宗纪》,第624页。

正禁者也。"① 表明唐代明确规定设关的目的不仅是针对国内,即所谓"禁末游,伺奸慝"② 等任务,而且是针对外国和周边民族,把"限中外、隔华夷"作为其重要职能。

关有如国家之门户,根据国家的利益和一定时期的对外政策而决定其开合闭启。在对外通商贸易方面,唐朝规定某些战略物资不得出境贸易,开元二年(714)闰三月敕:"金铁之物,亦不得将度西北诸关。"③ 这是命令西北诸关查禁金铁之物,不许以此战略物资出关。贞元元年(785)八月"吐蕃率羌、浑之众犯塞,分遣中官于潼关、蒲关、武关,禁大马出界"④。这是派遣专使至诸关监督大马这一重要战略物资出境。一般来说,唐政府对于外商来唐贸易是采取开放政策的,敦煌遗书 S·1344 号《唐户部格残卷》垂拱元年(685)八月二十八日敕:"诸蕃商胡,若有驰逐,任于内地兴易,不得入蕃,仍令边州关津镇戍,严加捉搦。"⑤ 规定外商在唐境可以自由贸易,只是不得随意出境,而由关津等边防单位严格执行。双方关系紧张之时,则实行闭关以禁止边贸,大中三年(849)八月凤翔节度使奏收复秦州,宣宗制曰:"三州七关创置戍卒,且要务静。如蕃人求市,切不得通;有来投降者,申取长吏处分。"⑥ 三州为秦、原、安乐三州,原州有石门等七关。三州七关与吐蕃相接,故令其禁止蕃人前来贸易。

在文化交流方面,唐政府一般也是采取开放的政策,但对某些不希望输入的文化有时也会闭上关门,不令入关。对于西方传来的幻术,唐政府就曾闭关不纳:"自汉武帝,幻伎始入中国,其后或有或亡,至国初通西域复有之。高宗恶其惊俗,敕西域关津不令入中国。"⑦ 这是唐高宗明令禁止西域幻术入关。高宗为此发布《禁幻戏诏》曰:"如闻在外有婆

---

① 《旧唐书》卷四三《职官志二》,第 1839 页。
② 《旧唐书》卷四四《职官志三》,第 1924 页。
③ 《唐会要》卷八六《市》,第 1874 页。
④ 《唐会要》卷七二《马》,第 1544 页。
⑤ 敦煌遗书 S·1344 号《唐户部格残卷》,刘俊文:《敦煌吐鲁番唐代法制文书考释》,中华书局 1989 年版,第 278 页。
⑥ 《旧唐书》卷一八下《宣宗纪》,第 624 页。
⑦ 《唐会要》卷三三《散乐》,第 713 页。"关津",《旧唐书》卷二九《音乐志二》作"关令",第 1073 页。

罗门胡等，每于戏处，乃将剑刺肚，以刀割舌，幻惑百姓，极非道理，宜并发遣还蕃，勿令久住。仍约束边州，若更有此色，并不须遣入朝。"①认为这种文化有"幻惑百姓"之负作用，故不宜引进。这表明如果要拒绝某种文化进口，亦须由边境关津负责查禁堵截。

（二）勘验过所

关的日常职责是检查出入行人，"凡行人车马出入往来，必据过所以勘之"②，即负责勘验过所等通行证明。蕃客出入关时同样须要勘验过所。在发给蕃客的过所上面，都要写上"恐所在关津不练行由"，故给予此过所这样一些话头。前文所引大中九年（855）尚书省司门司给与日僧圆珍的过所有"恐所在关津守捉，不练行由"的批语；越州都督府给与圆珍的过所有"恐所在州县镇铺关津堰寺，不练行由"的批语。尽管这些批语有些大同小异的变化，但都会经常提到"关津"，因为它们是蕃客必经之处。圆仁从五台山赴长安的旅程中，就曾经过汾州之阴地关、汾水关、蒲津关等，接受了"关司勘出""关司勘入"③的检查。

蕃客出入关时，不仅同样须勘验过所，而且更为严格，并有一些针对蕃客的具体规定。其中有一项规定是："蕃客往来，阅其装重，入一关者，余关不讥。"④即蕃客入关时须检查其所携带之行李，但入关之后其余关卡则不再复查。唐代在给蕃客发放过所时，即在其上注明所带物品的数量和品种，前文所引贞元二十年（804）明州发给日僧最澄的牒中，就详细开列其所携之经卷、念珠、佛像、文书钞疏及随身衣物等，并写明这些物品的重量"总计贰百余斤"⑤。可见其登记是非常仔细详尽的。蕃客在到达唐境之后，即须及时向当地政府呈报所携带物品及其数量，圆仁等人到达扬州时，八月十日那天"请益、留学两僧随身物等斤量之数定录，达使笴了"⑥。意即他们已把随身物品及其数量写好，送交淮南

---

① 《全唐文》卷一二，第145页。
② 《唐六典》卷三〇《镇戍岳渎关津官吏》，第757页。
③ 《入唐求法巡礼行记》卷三，第329、330、334页。
④ 《新唐书》卷四六《百官志一》，第1201页。
⑤ [日]砺波护：《入唐僧带来的公验和过所》，龚卫国译，武汉大学《魏晋南北朝隋唐史资料》第十三辑，武汉大学出版社1994年版，第136—137页。
⑥ 《入唐求法巡礼行记》卷一，第32页。

节度使衙门了。蕃客持此写明所携物品品种数量的过所,在通过关卡时,关卡官吏要据此清点所携物品与过所上登记的是否相符,这就是所谓"阅其装重"。

第三节　边境镇抚机构——都护的外交职能

自汉代设置西域都护之后,魏晋南北朝基本上不置,直至隋代始于西域设置校尉,炀帝大业(605—617)年间,西域"相率来朝者三十余国,帝因置西域校尉以应接之"①。唐代前期进一步大规模地于周边民族地区设置都护府,负责管理边疆民族与外交事务。《历代职官表》谓:"唐大都护,即汉西域都护之制,至此不复为加官,即以都护专称矣。"②成为正式的职事官。唐代都护府有大都护府与上都护府之分,先后所设有:

安西都护府,贞观十四年(640)侯君集平高昌后设,治所西州(高昌故城),西尽波斯国皆隶之。曾先后一度移治龟兹、碎叶等地。贞元(785—804)以后废。

燕然都护府,贞观二十一年(647)四月置于古单于台。龙朔三年(663)移治漠北回纥部落,改称瀚海都护府,总章二年(666)改为安北都护府。垂拱(685—688)以后内迁,德宗建中(780—783)时废。

瀚海都护府,永徽元年(650)破突厥车鼻可汗后置。龙朔三年(663)改称云中都护府,治于云中古城。麟德元年(664)改为单于都护府。唐末始废。

北庭都护府,长安二年(702)置,治西州北部之庭州。西至突骑施,北至坚昆,东至回鹘。贞元三年(787)陷于吐蕃。

安东都护府,总章元年(668)九月李勣平高丽后,分高丽地而设,治所平壤城。上元三年(676)移治辽东故城。此后相继移治新

---

① 《隋书》卷八三《西域传》,第1841页。《北史》卷九七《西域传》有异,谓:"大业中,相率而来朝者四十余国,帝因置西戎校尉以应接之。"(第3207页)
② 《历代职官表》卷七〇《新疆各官》"唐"按语,第1981页。

城、平州、辽西故郡城。至德（756—757）后废。

安南都护府，调露元年（679）置，治交州。一度改称镇南都护府。存至唐亡。

保宁都护府，天宝八载（749）以剑南之索磨川置。

都护府之职责，"掌抚慰诸蕃，辑宁外寇，觇候奸谲，征讨携离"①。或谓"掌所统诸蕃慰抚、征讨、斥堠，安辑蕃人及诸赏罚、叙录勋功"②。可见其主要职责是镇抚边境民族和国家，因而其外交职能更为突出。

一 统辖羁縻府州

统辖羁縻府州是边疆都护的重要职责。羁縻府州"皆边州都督、都护所领，著于令式"③。都护与都督一样也负有统辖羁縻府州之职责。《历代职官表》谓："唐初西州特置都护府，设大都护以领之，后复改为节度使，亦聊示羁縻，不能制其要领。"④

各都护府所辖之羁縻府州如下：

> 单于都护府：突厥府三，州十二。
> 安北都护府：突厥府六，州八。
> 安东都护府：高丽降户府九，州十四。
> 北庭都护府：突厥府二十五，州一。
> 燕然都护府：回纥府一，州三。
> 安西都护府：四镇都督府四，州三十四；河西内属诸胡府二，州十二；西域府十六，州七十二。
> 安南都护府：诸蛮州四十一。

前已述及，羁縻府州大致有两种类别，一为唐朝所属边疆地区民族，

---

① 《唐六典》卷三〇《大都护上都护府官吏》，第755页。
② 《通典》卷三二《职官典十四·州郡上》"都护"条注，第186页。
③ 《新唐书》卷四三下《地理志七下》，第1119页。
④ 《历代职官表》卷七〇《新疆各官》"历代建置"按语，第1973页。

一为与唐有藩属关系之国家和民族。唐朝边疆都督府对于各羁縻府州的管理情况，在关于都督之章节内已经论述。都护府对于羁縻府州的管理大体也是如此，也是通过军事与外交两手达到控制蕃族蕃国的目的。从外交这一手而言，都护府实际上是唐中央在边境的外交代表，这些地方都是邻族、邻国的集中之地和与唐交往的必经之处，他们与唐朝的外交联系往往都经过都护而进行。都护府在邻族、邻国与唐中央之间起着中介的作用。但是都护府的外交职责并不限于管理羁縻府州，没有设置羁縻府州之外族、外国，在各该都护府管辖之范围一带者，其外交事务也在各该都护府职权范围之内，如安南都护府之于南海诸国，安西都护府之于西域诸国，安东都护府之于东北诸族远国等，即如此。有个别都护府未辖羁縻府州，但也同样负有管辖某一方面邻族、邻国外交之职责，如保宁都护府之"领样舸、吐蕃"①，即属这种情况。

二 以导宾贡

都护的重要职责之一是维护引导边族、邻国向唐朝遣使朝贡。贞观二十一年（647）铁勒、回纥诸部内附，唐政府"于故单于台置燕然都护府统之，以导宾贡"②。这表明设置都护府的重要目的之一是"以导宾贡"。是年正月"以铁勒、回纥等十三部内附"，于其地设置羁縻都督府六、州七。"于是回纥等请于回纥以南、突厥以北，置邮驿，总六十六所，以通北荒，号为'参天可汗道'，俾通贡焉，以貂皮充赋税。"③同年四月，即设置燕然都护府以统之，以统辖这些羁縻府州，以及这条"参天可汗道"。或谓邮驿之数为六十八所，所中"置群马、湩、肉待使客"④。沿途设置驿站六十余所，配备马匹和奶、肉等食物，以供应来往使节。这条"参天可汗道"就是北方诸族、诸国向唐朝朝贡、通使的一条交通大道。而"以导宾贡"即为燕然都护之重要职责。

不仅对燕然都护府来说是如此，所有都护府莫不如此。安西都护府

---

① 《新唐书》卷四二《地理志六》，第1092页。
② 《旧唐书》卷一九五《回纥传》，第5196页。
③ 《唐会要》卷七三《安北都护府》，第1557—1558页。
④ 《新唐书》卷二一七上《回鹘传上》，第6113页。

统辖区域亦有一条"安西诸国朝贡道"①。唐前期"西域诸国，分置羁縻州军府，皆属安西都护统摄。自天宝十四载已前，朝贡不绝"②。安西都护府所统辖之羁縻府州及西域诸国，均通过这条"安西诸国朝贡道"向唐庭朝贡，而由安西都护府负责"导宾贡"。

宣宗大中十二年（858）正月王式为安南都护、经略使，原先这里"饥乱相继"，以致"六年无上供"，从而严重影响了邻国与唐朝通使。王式到任后，平定叛乱，"始修贡赋"，于是"占城、真腊皆复通使"③。可见都护对于维护、引导邻国来使起着重要作用。

都护之导宾贡，是以武力作为后盾的，如果有的国家或地区不向唐朝贡，则都护亦可能以武力征讨之。贞观十八年（644）西突厥大臣屈利啜为其弟娶焉耆王突骑支之女，双方"遂相约为辅车势，不朝贡，安西都护郭孝恪请讨之"④。这是安西都护请求以武力征讨不臣之国。小勃律国王苏失利之在位时，"为吐蕃阴诱，妻以女，故西北二十余国皆臣吐蕃，贡献不入，安西都护三讨之无功"。至天宝六载（747）时，"诏副都护高仙芝伐之……遂平其国"⑤。小勃律与西北二十余国投靠吐蕃，断绝了与唐的朝贡关系，屡经都护征讨始平定之。平定小勃律等国后，"于是拂林、大食诸胡七十二国皆归国家，款塞朝献"⑥。其影响所及达于东罗马帝国、阿拉伯诸国等七十余国，可见都护对于维护和发展唐朝对外关系作用巨大，亦可见都护之"导宾贡"实乃文武并用。

三　抚和招纳

对诸蕃进行抚和，以巩固和加强他们与唐朝的关系，这是都护的重要使命。神龙（705—707）年间郭元振为安西大都护，当时西突厥突骑施部在其首领乌质勒统治下，"部落强盛，款塞愿和"。于是郭元振亲至其牙帐与其会谈，时值大雪天寒，因乌质勒年迈，不胜寒冷，会后即死

---

① 《新唐书》卷二一七上《回鹘传上》，第6114页。
② 《旧唐书》卷四〇《地理志三》，第1650页。
③ 《资治通鉴》卷二四九，唐宣宗大中十二年（858）条，第8072页。
④ 《新唐书》卷二二一上《西域传上·焉耆传》，第6229页。
⑤ 《新唐书》卷二二一下《西域传下》，第6251页。
⑥ 《旧唐书》卷一〇九《李嗣业传》，第3298页。

去。乌质勒之子娑葛以为这是郭元振用计杀害其父，便图谋起兵袭击，副使解琬得知后，劝郭元振趁夜逃走。"元振曰：'吾以诚信待人，何所疑惧，且深在寇庭，遁将安适？'乃安卧帐中。明日，亲入虏帐，哭之甚哀，行吊赠之礼。娑葛乃感其义，复与元振通好，因遣使进马五千匹及方物。"① 从这一事件中我们可以看到，一方面对方希望与唐和好时，是通过都护来进行沟通的，郭元振之亲赴虏庭就是为实现这一目的。另一方面当双方关系遇有纠葛时，则都护须运用外交手腕以消除芥蒂，维护和好关系。在突发事件面前，郭元振以清醒的头脑、老练的外交手腕不仅消除了对方的误会，而且进一步促进了双方的关系。

李素立为瀚海都护时，"有阙泥孰别部，犹为边患，（李）素立遣使招谕降之。夷人感其惠，率马牛以馈素立，素立唯受其酒一杯，余悉还之"②，通过遣使等和平方式对于骚扰边境的部族进行抚和招纳。

但是，如果都护不能很好地运用外交方式以抚和，则可导致蕃人之离心。调露元年（679）王方翼为检校安西都护，原任都护杜怀宝调任庭州刺史。王方翼"筑碎叶城，面三门，纡还多趣以诡出入，五旬毕。西域胡纵观，莫测其方略，悉献珍宝"③。王方翼以所筑碎叶城之曲折奇诡而令胡人震慑，以致纷纷来献方物。后来王方翼调离，杜怀宝重新回来任都护，"遂失蕃戎之和"。史籍记载此事原委不甚周悉，王方翼在任时能得蕃戎之和，杜怀宝在任时则失蕃戎之和，这里恐不完全是因筑碎叶城如何的问题，而应是两位都护在抚和蕃戎方面的差距造成的。

都护不善抚和，不仅可能导致蕃戎离心，严重者还可引致边患。宣宗大中（847—859）末年，"安南都护李琢贪暴，侵刻獠民，群獠引林邑蛮攻安南府。"唐政府不得不"大征兵赴援，天下骚动"④。结果在咸通四年交州失陷。由此可见，都护在抚和蕃戎中具有重要的作用。

四 纳质

蕃族、蕃国向唐纳质，是维系双方外交关系的重要方式之一。纳质

---

① 《旧唐书》卷九七《郭元振传》，第3044—3045页。
② 《旧唐书》卷一八五上《良吏传上·李素立传》，第4786页。
③ 《新唐书》卷一一一《王方翼传》，第4135页。
④ 《旧唐书》卷一九上《懿宗纪》，第654—655页。

当然主要是对唐中央政府，但是也有向都护纳质的情况。大中（847—859）年间王式为安南都护，"归质外蕃，而占城、真腊慕义，悉入献，亦还所掠王民"①。由于王式将外蕃之质子归还，使外蕃感戴，因而主动贡献，并遣返所掠边民。这表明原先在安南都护府有外蕃之质子。开成初马植为安南都护，"羁縻首领皆来纳款，遣子弟诣府，请赋租约束"②。所谓"遣子弟诣府"，即向都护府纳质。

五 转赐俸禄

唐朝对于某些有功之蕃族、蕃国首领，在特定情况下册封之后也可能给予俸禄，而这种俸禄指定由相关都护转赐。突厥首领阿布思数为边患，天宝十二载（753）北庭都护程千里讨之，阿布思西逃至葛逻禄部，葛逻禄叶护顿毗伽将其擒送程千里。玄宗于是发布《葛逻禄叶护开府仪同三司制》以嘉奖其功，下令册封顿毗伽为开府仪同三司、金山王，并指定其"俸禄于北庭给"③。次年五月玄宗又特降玺书褒扬顿毗伽之功，其中有云："卿今载已前俸禄，并令京军给付，后虑其辽远，任于北庭请受。"④ 意即天宝十二至十三载之俸禄由京军给付，此后之俸禄则固定至北庭都护府领取。可知都护有向有功蕃酋转赐俸禄之职责。

六 使命往还

都护与境外亦经常互通使命。新罗僧人慧超于开元中巡礼五天竺后，途经中亚进入唐境，其《往五天竺国传》记曰："胡蜜国北山里，有九个识匿国……近有两窟王，来投于汉国，使命安西，往来不绝。"⑤ 识匿国即今帕米尔高原上的锡克南⑥，据慧超的记述可知识匿国通过与安西大都护通使而"来投于汉国"，从而与安西大都护使命往还不绝。据慧超记载，"从胡蜜国东行十五日，过播蜜川，即至葱岭镇，此即属汉"。再从

---

① 《新唐书》卷一六七《王播传附王式传》，第5120页。
② 《新唐书》卷一八四《马植传》，第5391页。
③ 《唐大诏令集》卷一二八，第690页。
④ 《册府元龟》卷九七五《外臣部·褒异二》，第11459页。
⑤ （唐）慧超著，张毅笺释：《往五天竺国传笺释·识匿国》，中华书局1994年版，第145页。
⑥ 冯承钧：《西域地名》，中华书局1980年增订第2版，第84页。

葱岭"步入一月，至疏勒"。"又从疏勒东行一月，至龟兹国，即是安西大都护府。"① 由此可见从识蜜国至安西大都护治所，约为两个半月行程。

都护也有接转来使的职责。南诏异牟寻意欲摆脱吐蕃控制，恢复与唐的友好关系，于贞元九年（793）遣使三道同时赴唐，一道由赵莫罗眉率领从戎州路入，一道由杨大和坚率领从黔州路入，一道由杨传盛率领从安南路入。其到达成都者，由剑南西川节度使韦皋转送至京，前文已叙述；其到达安南者，则由安南都护转送。杨传盛所率使团于六月十八日到达安南后，当时的安南都护赵昌于二十一日即将这一情报上报朝廷，曰："其杨传盛等，今年四月十九日从蛮王蒙异牟寻所理大和城发，六月十八日到安南府。其和使杨传盛，年老染瘴疟，未得进发，臣见医疗，候获稍损，即差专使，领赴阙庭。其使云，异牟寻自祖父久背国恩，今者愿弃豺狼之思，归圣人之德。此皆陛下雨露之泽及外夷，故蛮徼遐荒，愿为内属。臣忝领蕃镇，目睹升平，踊跃欣欢，倍常万幸。有蛮王与臣书及金镂合子等，谨差十将李茂等随表奉进。谨奏。"② 从赵昌的奏状我们可以比较具体地了解当时都护接转来使的情形：其一，异牟寻使者携有致安南都护赵昌的文书一封，书中"远陈诚恳"，表达了其归唐的决心和诚意。并通过使臣杨传盛更加详尽地向都护口头转致其归唐之目的意图。并献礼品金镂合子一件，以进一步表达其上述诚意："合子有绵，有当归，有朱砂，有金……其使味言，送合子中有绵者，以表柔服，不敢更与生梗；有当归者，永愿为内属；有朱砂者，盖献丹心向阙；有金者，言归义之意如金之坚。"③ 异牟寻使者所携之礼品，两《唐书》及《资治通鉴》只载生金、丹砂两事，从赵昌奏状可知尚有绵与当归。其二，赵昌接获南诏使臣后，三天内即派人护送使团人员进京。送使人员为安南都护府之军官"十将"等。而大使杨传盛患病，暂时留在安南府治疗，但一俟病愈也另"差专使领赴阙庭"。其三，都护府除了将南诏所致文书、礼品悉数转交朝廷之外，还同时向朝廷写了一份详尽的报告，报告

---

① 《往五天竺国传笺释·葱岭镇》，第146页；同书《疏勒国》条，第153页；同书"龟兹国"条，第159页。

② 《全唐文》卷五一四，赵昌：《蒙异牟寻请降奏状》，第5222页。

③ 赵吕甫：《云南志校释》附录，赵昌：《蒙异牟寻请降状》，转引自赵鸿昌《南诏编年史稿》，云南人民出版社1994年版，第139页。

了来使到达日期、人员情况、所携文书、礼品；来使陈述之目的意图；都护府接待来使之情况；都护府转送来使之具体处置，等。

七　对外交涉

唐政府有关外交方面的交涉事宜有时也责成都护出面进行。开元二十二年（734）十月，多治比广成所率日本遣唐使团在完成使命后，从苏州乘船返国，不幸遇风暴，其中判官平郡广成等人所乘之第三舶漂至林邑国。玄宗在《敕日本国王书》中述此事曰："又得广州表奏，朝臣广成等漂至林邑国。既在异国，言语不通，并被劫掠，或杀或卖，言念灾患，所不忍闻。然则林邑诸国，比常朝贡，朕已敕安南都护，令宣敕告示，见在者令其送来。待至之日，当存抚发遣。"① 敕书中的朝臣广成即平郡广成。玄宗在得知平郡广成等人的下落后，即指示安南都护向林邑国进行交涉，向其宣示唐朝的旨意，发现日本使团人员后即遣送回唐，再由唐将他们发遣回国。日常对林邑国之外交都是由安南都护负责的，故玄宗责成其向林邑国交涉此事。

八　辑宁外寇

都护有"辑宁外寇，征讨携离"的职责，因而蕃国遭受危难时须由其出兵救助。开元三年（715）吐蕃与大食共立阿了达为拔汗那王，并出兵进攻长期依附于唐的拔汗那。拔汗那王兵败，向安西都护求救。当时适值监察御史张孝嵩奉使在安西，他对安西都护吕休璟说："不救则无以号令西域。"于是吕休璟"帅旁侧戎落兵万余人，出龟兹西数千里，下数百城……传檄诸国，威振西域，大食、康居、大宛、罽宾等八国皆遣使请降"②。这一军事行动不仅援救了拔汗那，而且使西域诸国宾服，获得了巨大外交功效。

九　互市管理

都护亦负有管理互市之职责。真腊国人到峰州市马，而"御史科安南都护罪"，都护诉云："为相知捉搦陆路不伏。"判词云："眷兹真腊，

---

① 《全唐文》卷二八七，第 2911 页。
② 《资治通鉴》卷二一一，唐玄宗开元三年（715）条，第 6713 页。

早挹淳风……所以来往边州，市马峰部。论其由绪，未乖从有之方，验以逗留，岂爽求无之道。御史职唯激浊，志在扬清，疑彼奸非，欲婴罗网。都护为相知捉搦，先有稟承，滥投一面之科，宁杜三缄之口。向若边烽变扰，论情不可免辜。今既市马往来，据理难书厥罪。御史科结，有谢于弹珠；都护有词，无惭于辨璧。宜依薄诉，用叶通途。"① 真腊国人到峰州买卖马匹，检察官御史怀疑其有奸非，便控告都护失职之罪。因峰州在安南都护防区之内，故认为其有责任。判词认为真腊国人是来进行正当的贸易，又非边境发生战事之时，罪名难以成立，予以推翻。由此可见，都护对于边境互市负有管理职责。

开元十四年（726）杜暹为安西都护，突骑施金河公主"遣牙官赍马千匹诣安西互市，使者宣公主教与暹，暹怒曰：'阿史那氏女，岂合宣教与吾节度耶！'杖其使者，留而不遣，其马经雪寒，死并尽。苏禄大怒，发兵分寇四镇"②。原来在开元五年（717）八月，唐以西突厥十姓可汗阿史那怀道之女"为金河公主，以妻突骑施可汗苏禄"③。这样阿史那怀道之女便以唐公主的身份与突骑施可汗苏禄结婚，从而形成唐与突骑施的和亲关系。金河公主遣使至安西互市时，其使者向安西都护宣"教"，何以引起杜暹的不满呢？唐制："凡上之所以逮下，其制有六，曰：制、敕、册、令、教、符。"其中"亲王、公主曰教"④。金河公主虽是突厥女，但她已取得唐公主的身份，故她可以对安西都护下达"教"。杜暹不买她的账，认为她没有资格以上对下之文书给他，于是扣留了公主的使者和马匹，造成其经济上重大损失，从而导致苏禄举兵攻打安西四镇。从这个事件我们可以看到，安西都护也同样负有管理互市的职责，只是由于都护杜暹处置失当，造成双方矛盾，从而挑起了边衅。

十　通蕃情

都护驻守边陲，便于及时掌握蕃国动态及国情，故其须将蕃情及时

---

① 《全唐文》卷九八一，《对真腊国人市马判》，第10159页。
② 《旧唐书》卷一九四下《突厥传下》，第5191页。
③ 《册府元龟》卷九七九《外臣部·和亲二》，第11500页。《资治通鉴》系此事于开元十年，记为"交河公主"，第6754页。
④ 《唐六典》卷一《尚书都省》，第10页。

上报朝廷，以为朝廷进行外交决策与施政提供参考。景龙（707—710）年间"西突厥娑葛与阿史那忠节不和，屡相侵扰，西陲不安。安西都护郭元振奏请徙忠节于内地"①。这是安西都护根据其所掌握的西突厥动态而向朝廷提出的建议。神龙二年（700）时西突厥突骑施部首领乌质勒死后，其子娑葛即位统众，大将阿史那忠节不服，双方矛盾激化，于是兵戎相向。阿史那忠节兵力弱小不敌娑葛，于是郭元振奏请追阿史那忠节入朝宿卫，并将其部落迁入瓜州、沙州之间，以平息他们双方的内争。郭元振这个建议是符合当时西突厥和西域形势发展变化的实际的，因而有助于稳定局势，有利于唐与西突厥和好关系的发展，进而巩固唐在西域的战略地位。唐朝原先所扶植的西突厥阿史那氏，这时已经式微，突骑施部势力日益强大，新崛起的突骑施汗国已经完全控制西突厥。根据这种变化了的情况，郭元振采取改而支持突骑施的方针，因而提出上述建议。这个建议得到中宗批准。

但是当阿史那忠节入朝行至播仙城时，遇到经略使周以悌，周以悌教唆忠节道："国家厚秩待君，以部落有兵故也。今独行入朝，一羁旅胡人耳，何以自全？"②让他贿赂宰相宗楚客、纪处讷，要求留下不入朝，发安西都护之兵，并借吐蕃之兵以击娑葛。宗楚客、纪处讷接受贿赂后果然答应。郭元振立即上书指陈这一决策之失误，强调如果借吐蕃之兵，无异引狼入室，因吐蕃早就觊觎安西四镇和十姓突厥之土地。如果吐蕃得志，则四镇将陷于危机，阿史那忠节在其掌握之下，西突厥将背唐而倒向吐蕃。宗楚客等一意孤行，派遣御史中丞冯嘉宾持节安抚忠节，以牛师奖为安西副都护，征吐蕃之兵以讨娑葛。娑葛之"进马使"在京得知这个讯息，急速回报。于是娑葛举兵四路进犯，攻陷安西，断四镇之路。宗楚客进而奏请以周以悌取代郭元振。娑葛致书郭元振曰："与汉本来无恶，只仇于阙啜（即阿史那忠节）。而宗尚书取阙啜金，枉拟破奴部落，冯中丞、牛都护相次而来，奴等岂坐受死……乞大使商量处置。"③郭元振将娑葛的文书转奏朝廷，宗楚客大怒，诬陷郭元振有异图。郭元

---

① 《旧唐书》卷九二《宗楚客传》，第2972页。
② 《新唐书》卷一二二《郭元振传》，第4363页。
③ 《旧唐书》卷九七《郭元振传》，第3048页。

振即派其子郭鸿间道入京申诉。从出土的唐代《和守阳墓志》我们得知郭元振当时还派其下属和守阳进京申诉，面陈实情。和守阳时为碛西支度营田判官，志云："时安西大都护郭元振与宰臣宗楚客有间，恐祸成贝锦，身陷诛夷，以君德辉宏达，质直不回，奉义而行，有死无陨，拔邪拯难，非君莫可。使驰表奏，未及到见，楚客阴求结托，约以重利，令诬元振实有反端，如或不从，必加刑劾。君以为危人啖利，贪夫败迹，二心应事，忠义不为，而乃坚明元振，遂得脱祸。"① 和守阳事不见载籍，此墓志可补史文之阙。通过郭元振的努力，终于挫败此一错误外交举措，朝廷恢复郭元振安西大都护之职，将周以悌流放白州，册立娑葛为十四姓可汗，由是"西土遂定"②。据上引墓志，和守阳以此事之功，被任为"册立突骑施可汗使"，可见事后册立突骑施，亦由都护属官具体执行。

安西都护郭元振处理这一事件的过程表明，都护在外交上负有重要的责任，起着重要的作用。他不是一般地将蕃情上报而已，而且主动提出相应的对策，并为之进行不懈的斗争。由于其身处边境，熟悉境外情况和动态，因而可以根据蕃情变化对外交方针政策提出中肯的建议和恰当的措施。事实证明郭元振处理西突厥内部矛盾的方针和措施是正确的，只是由于奸臣从中作梗而横生枝节。不过通过郭元振的努力，最后还是挫败了奸邪，使这一正确的外交方针和措施得以贯彻执行，从而保持了唐与西突厥的友好关系，巩固了唐在西域的地位。

第四节　其他关涉机构的外交职能

除上述三个方面之外，唐代在地方上还有其他一些外交管理部门或涉外部门，即某些使职或中央派出机构，其重要者有押蕃使与押蕃舶使、市舶使、互市监等。

一　押蕃使

押蕃使是唐代设于四周边境地区的外交与民族事务管理部门。李

---

① 周绍良等编：《唐代墓志汇编》天宝071，《唐故中大夫使持节江华郡诸军事江华郡太守上柱国和府君墓志铭并序》，上海古籍出版社1992年版，第1580页。
② 《新唐书》卷二一五下《突厥传下》，第6067页。

肇《唐国史补》卷下在论述唐代的使职时，列举了内外使职四十种，其中"外任则有节度使、观察使……押蕃使"①等。押蕃使是外任使职中比较重要的一种。"押"即掌管之意。押蕃使有时称"押蕃落使"②、"捍蕃使"③，有时简称"押使"④，等。押蕃使只在沿边藩镇设置，内地和东南沿海均不置，而在负责南海诸蕃舶管理的岭南设置性质类似的押蕃舶使。此诚如吴廷燮在《唐方镇年表》中所云：唐节度诸使"接蕃国者则兼押蕃落、押蕃舶等使"⑤。关于押蕃舶使我们将在下一个问题中加以论述。

押蕃使始置于开元四年（716）。是年正月二十九日郯王李嗣直"除安北大都护，充安抚河东、关内、陇右诸蕃部落大使"。陕王李嗣昇"为安西都护，充河西道及四镇诸蕃部落大使"⑥。郯王、陕王均以都护而兼"诸蕃部落大使"。同年契丹李失活、奚李大酺来降，于两蕃地置羁縻州，封李失活为松漠郡王，兼松漠都督，"以将军薛泰督军以镇抚之"⑦，同时"诏将军薛泰为押蕃落使"⑧。薛泰在督军镇抚同时，兼任"押蕃落使"。"诸蕃部落使"与"押蕃落使"性质是一致的。是为押蕃使设置之始。此后则陆续加以增设，其主要者有：

幽州、卢龙节度押奚、契丹两蕃使：开元五年（717），于营州置平卢军使，开元七年（719）升平卢军使为平卢节度使、管内诸蕃使。是为幽州境内置押蕃使之始。开元二十八年（740），"平卢军节度使兼押两蕃、渤海、黑水四府经略处置使"⑨。所谓"两蕃"即指奚与契丹，"通天年中，契丹叛，奚亦臣属突厥，两国常为表里，号为'两蕃'"⑩。天

---

① 李肇：《唐国史补》卷下，第53页。
② 《新唐书》卷六四《方镇表一》，第1775页。《新唐书》卷二一九《北狄传·契丹》，第6170页。《全唐文》卷六六〇，白居易《除王佖检校户部尚书充灵盐节度使制》，第6709页。
③ 《全唐文》卷四〇，唐玄宗《赐契丹衙官静柝军副大使可突于书》，第440页。
④ 《旧唐书》卷一九九下《北狄传·靺鞨传》，第5359页。
⑤ 《二十五史补编》第六册，吴廷燮《唐方镇年表·序录》，第7183页。
⑥ 《唐会要》卷七八《亲王遥领节度使》，第1697页。
⑦ 《旧唐书》卷一九九下《北狄传·契丹传》，第5355页。
⑧ 《新唐书》卷二一九《北狄传·契丹传》，第6170页。
⑨ 《新唐书》卷六六《方镇表三》，第1832—1833、1836页。
⑩ 《唐会要》卷九六《奚》，第2036页。

宝元年（742）幽州节度使更名为范阳节度使，此后"常以范阳节度使为押奚、契丹两蕃使"①。上元二年（761）平卢陷，平卢节度使侯希逸引兵南保青州。次年（宝应元年，762），范阳节度使复为幽州节度使，幽州节度使兼卢龙节度使，此后即以幽州、卢龙节度领押两蕃使。如贞元元年（785）七月以刘怦为幽州卢龙节度副大使，兼押奚、契丹使。九月以刘济为"幽州卢龙节度观察、押奚契丹两蕃使"②。乾宁二年（895）以刘仁恭"充幽州卢龙军节度、押奚契丹等使"③。

淄青、平卢节度押新罗、渤海两蕃使：上元二年（761）平卢节度使侯希逸与史朝义连年争战失败后退保青州，第二年废淄沂节度使，改称淄青平卢节度使，"由是青州节度有平卢之号"④。永泰元年（765）"淄青平卢节度增领押新罗、渤海两蕃使。"⑤ 原属平卢节度使掌管的渤海转归淄青平卢节度使，加上新罗共为两蕃。此后淄青平卢节度使均兼领押新罗、渤海两蕃使。

朔方灵武定远等城节度管内押诸蕃部落使：开元十六年（728）"朔方节度兼检校浑部落使"。这是朔方道置押蕃使之始。开元二十年（732），"朔方节度增领押诸蕃部落使"⑥。此后朔方节度均兼领押诸蕃部落使。

振武麟胜节度押蕃落使：乾元元年（758）"置振武节度押蕃落使"⑦。此后振武节度均兼领押蕃落使。

夏绥银宥节度押蕃落使：贞元三年（787）"置夏州节度观察处置押蕃落使"⑧。此后夏绥节度均兼领押蕃落使。

剑南西川押近界诸蛮及西山八国云南安抚使：贞元十一年（795）"西川节度增领统押近界诸蛮及西山八国云南安抚使"⑨。咸通九年

---

① 《旧唐书》卷一九九下《北狄传·奚传》，第5356页。
② 《旧唐书》卷一二《德宗纪上》，第349、351页。
③ 《旧唐书》卷二〇上《昭宗纪》，第756页。
④ 《资治通鉴》卷二二二，唐肃宗宝应元年（762）条，第7126页。
⑤ 《新唐书》卷六五《方镇表二》，第1805页。
⑥ 《新唐书》卷六四《方镇表一》，第1762、1763页。
⑦ 同上书，第1766页。
⑧ 《新唐书》卷六四《方镇表一》，第1775页。
⑨ 《新唐书》卷六七《方镇表四》，第1877页。

（868）以西川之巂州置定边军，统押近界诸蛮，西川节度使"以有定边军之故，不领统押诸蛮安抚等使"①。即将其原来统押诸蛮转归定边军掌管，但不久又恢复由其掌管，咸通十一年（870）"西川节度复领统押近界诸蛮等使"②，仍为统押近界诸蛮及西山八国云南安抚使。

河东节度押北山诸蕃使："长庆元年（821），河东节度使领押北山诸蕃使。"③但据《唐方镇年表》引《承天题记》，元和十五年（820）裴度题衔为镇州四面行营都招讨、河东节度观察处置押北山诸蕃等使④。则在长庆元年之前河东节度使已领押蕃使。

天雄节度押蕃落使：大中三年（849）升秦州防御守捉使为秦、成两州经略天雄军使，大中六年（852）以"秦成两州经略领押蕃落副使"。咸通五年（864），"升秦成两州经略、天雄军使为天雄军节度、观察、处置、营田、押蕃落等使"⑤。

定边节度押近界诸蛮使：咸通九年（868），设定边军节度使，统押近界诸蛮使⑥。但《新唐书·方镇表四》系此事于咸通八年⑦。

安西四镇押蕃使：前文已述及，早在开元四年（716）即已以安西大都护领四镇诸蕃落大使。后置安西四镇节度使，至德二载（757）改称镇西，大历二年（767）"镇西复为安西，其后增领五十七蕃使"⑧。

归义军节度押蕃使：大中五年（851）张义潮以河、湟之地十一州归唐，置归义军于沙州，以张义潮为节度使。光化三年（900）以张承奉为归义军节度使、押蕃落使⑨。

以上为唐代周边押蕃使设置之大略，可知押蕃使多在边境道一级地方政权机构设置，而且多为节度使所兼领。但其在唐中期始置时则为边境军事单位所兼领。除当时兼领押蕃使的节度使乃边防军事单位外，尚

---

① 《资治通鉴》卷二五一，唐懿宗咸通九年（868）条，第8121—8122页。
② 《新唐书》卷六七《方镇表四》，第1887页。
③ 《新唐书》卷六五《方镇表二》，第1817页。
④ 吴廷燮：《唐方镇年表》卷四"河东"条引《承天题记》，第7360页。
⑤ 《新唐书》卷六七《方镇表四》，第1884—1886页。
⑥ 《资治通鉴》卷二五一，唐懿宗咸通九年（868）条，第8120页。
⑦ 《新唐书》卷六七《方镇表四》，第1887页。
⑧ 同上书，第1863、1870、1874页。
⑨ 《旧唐书》卷二〇上《昭宗纪》，第768页。

有其他边境军事单位兼领押蕃使者。边境都督府兼押蕃使者，如《旧唐书·北狄传·靺鞨传》载，开元十三年（725）于黑水靺鞨置羁縻府州，十六年（728）"其都督赐姓李氏，名献诚，授云麾将军兼黑水经略使，仍以幽州都督为其押使，自此朝贡不绝"①。这是以幽州都督为押蕃使。以边将为押蕃使者，如前述开元四年（716）以薛泰为押契丹等蕃落使时，他是以将军而督军镇抚该地。开元六年（718）契丹可突于反，营州"都督许钦澹令薛泰帅骁勇五百人"②讨之。可见他是受营州都督领导的边将。州一级也有少量设置，代宗朝郭子仪表"将作少监梁进用为押党项部落使，置行庆州。且言：'党项阴结吐蕃为变，可遣使招慰，芟其反谋，因令（梁）进用为庆州刺史，严逻以绝吐蕃往来道。'代宗然之"③。这是以庆州刺史为押蕃使。大中五年（851）张义潮归唐时，"天德军奏沙州刺史张义潮、安景旻及部落使阎英达等差使上表，请以沙州降"④。这里的"部落使"亦当为押蕃使。

押蕃使虽由当道节度使兼领，但其亦另有一套机构设置。元和十五年（820）七月，"平卢军新加押新罗、渤海两蕃使，赐印一面，许置巡官一人"⑤。《唐会要》卷78《诸使中》"节度使"条记此事曰："赐两蕃使印一面。"⑥ 由此可见押蕃使不仅有自己的官印，而且有自己的属官。唐代使府幕职一般有副使、判官、巡官等，押蕃使亦有这些幕职。据《唐蓟州刺史兼御史大夫张府君（建章）墓志铭》，张建章于宣宗朝为幽州节度判官，懿宗"咸通五年四月，奏升押奚、契丹两蕃副使"⑦。又据《故幽州大都督府兵曹参军陈府君墓志铭并序》，宣宗大中十一年（857）幽州大都督府兵曹参军陈立行死，有"幽州押奚、契丹两番副使"李俭为其撰写墓志铭。⑧ 这些是设置押蕃副使之证。据《唐故朝散大夫使持节

---

① 《旧唐书》卷一九九下《北狄传·靺鞨传》，第5359页。
② 《旧唐书》卷一九九下《北狄传·契丹传》，第5352页。
③ 《新唐书》卷二二一上《西域传上·党项传》，第6217页。
④ 《资治通鉴》卷二四九，唐宣宗大中五年（851）条胡注引《宣宗实录》载，第8049页。
⑤ 《旧唐书》卷一六《穆宗纪》，第479—480页。
⑥ 《唐会要》卷七八《诸使中》"节度使"条，第1695页。
⑦ 周绍良等编：《唐代墓志汇编》中和007，上海古籍出版社1992年版，第2511页。
⑧ 《唐代墓志汇编》大中129，第2352页。

龙溪郡诸军事守龙溪郡太守上柱国梁君(令直)墓志铭并序》，天宝年间梁令直被"仆射安公奏充节度支度、陆运、营田、四蕃两府等判官"①。这里的仆射安公即安禄山，因天宝十三载（754）安禄山被拜为尚书左仆射，故称其为仆射安公。安禄山于天宝元年（742）为平卢节度使，天宝三载（744）兼范阳节度使，天宝十载（751）又兼河东节度使，一身而兼三道节度。梁令直被安禄山辟署为"四蕃"使府之判官，开天时期范阳节度使领押奚、契丹两蕃使，平卢节度使镇抚室韦、靺鞨，四蕃殆指此四者。这是押蕃使设置判官之证。押蕃使设置巡官，除上述《穆宗纪》元和十五年（820）于平卢节度押两蕃使置巡官之记载外，尚有《唐会要》载，会昌五年（845）九月中书门下奏"条流诸道判官员额"时，其中规定"淄青除向前职额外，留押新罗、渤海两蕃巡官"②。可知在平卢淄青道押蕃使一直设有巡官，这次调整机构时还特加保留。又据《唐故宣德郎前守孟州司马乐安孙（景裕）府君墓志铭》，宣宗时有孙景裕者，"韦公博方伯青社，思报旧恩，奏充押蕃巡官"③。据《唐方镇年表》，韦博于大中六年（852）至九年（855）期间为平卢节度使④，他当于此时曾辟孙景裕为押蕃巡官。这证明会昌之后平卢淄青道确实继续保留押蕃巡官之编制。此外，押蕃使也有自己的办事机关，开成五年（840）日僧圆仁到青州申请公验时，于三月廿二日"到尚书押两蕃使衙门前，拟通入州牒"⑤。这是青州押蕃使有自己的衙门。这个"押两蕃使衙门"未必就是单纯为押蕃使衙门，也可能是与青州节度使共有之衙门，但可说明当时押蕃使确有自己的办公机关。

于沿边诸道增设押蕃使，一方面是由于边境地区的外交事务日繁，需要设置一专门之外交管理机构，以负责日常外交事务；另一方面也是突出和强调边镇外交事务之职能，是边镇权力扩张的一个反映。实际上押蕃使就是在边镇设置的专职外交机构。押蕃使所负外交职责与前述节度使之外交职责是一致的，因为押蕃使均由节度使兼领，也可以说边境

---

① 《唐代墓志汇编》天宝267，第1718页。
② 《唐会要》卷七九《诸使下》"诸使杂录下"条，第1714—1615页。
③ 《唐代墓志汇编》咸通084，第2444页。
④ 《唐方镇年表》卷三"平卢"条，第7346页。
⑤ 《入唐求法巡礼行记》卷二，第242页。

节度使是以押蕃使的身份执行外交事务的。虽然如此，押蕃使在管理外交事务中的具体情况文献中仍然有所反映。

（一）朝贡管理

管理蕃国朝贡事务是押蕃使的重要职责。"故事，常以范阳节度使为押奚、契丹两蕃使。自至德之后，藩臣多擅封壤，朝廷优容之，彼务自完，不生边事，故二蕃亦少为寇。其每岁朝贡，常各遣数百人至幽州，则选其酋渠三五十人赴阙，引见于麟德殿，锡以金帛遣还，余皆驻而馆之，率为常也。"① 这就是幽州押两蕃使管理蕃国朝贡事务的具体情况。奚、契丹两蕃每年朝贡者先抵达幽州，由那里的押蕃使负责接待他们，从众多的朝贡者中选拔少数代表进京，其余人员留在当地，仍由押蕃使负责招待他们的食宿，等待进京代表完成使命后，再一同出境。押蕃使在选拔少数朝贡者进京时，还要选派官员陪同这些朝贡者进京。元和十五年（820）二月敕："淄青统押海蕃，每年皆有朝事，比差部领，人数校多。今后差官，正试相兼，不得过五人。"② 由于陪同人员过多，因而做出规定，今后不得超过五人。

（二）接转贡献

蕃国之贡献，亦常通过押蕃使接转。"贞元十六年（800）正月，南诏异牟寻作《奉圣乐舞》，因西川押云南八国使韦皋以进，特御麟德殿以阅之。"③ 南诏进献乐舞是通过韦皋进行，这里他是以押蕃使的身份接转蕃国贡献的。韦皋时为西川节度使兼押蕃使，我们在前文已经谈过韦皋以节度使的身份接转这次贡献，可见节度使与押蕃使在管理外交事务方面完全是一回事，不过在设置押蕃使的边镇接转蕃国贡献时，与其说是以节度使的身份，毋宁说是以押蕃使的身份而行使这一职权的。

（三）上报蕃情

押蕃使须密切注视蕃国动态，并将蕃情及时上报朝廷，以便作出相应之外交决策。开元六年（718）契丹李失活死，突厥乘虚向奚发动进

---

① 《旧唐书》卷一九九下《北狄传·奚传》，第5356页。《唐会要》卷九六《奚》所载略同。

② 《唐会要》卷二四《诸侯入朝》，第538页。

③ 《唐会要》卷三三《南蛮诸国乐》，第723页。

攻，于是押蕃使薛泰将这一动态向朝廷作了报告。玄宗根据薛泰的报告而致书契丹可突于，要求他帮助奚抵御突厥。玄宗在《赐契丹衙官静折军副大使可突于书》中说："近得捍蕃使薛泰表云：突厥杀儿到大雠扬言，万众欲抄两蕃，左手有急，右手不助，既在一身，得其自勉力捍，时须觉察，审防奸诈"云云①。杀儿即突厥之毗伽可汗。长庆元年（821）平卢军节度使、押新罗渤海两蕃使薛平上奏："海贼掠卖新罗人口于缘海郡县，请严加禁绝，俾异俗怀恩。"② 海盗掠卖新罗人口，薛平作为主管新罗事务之押蕃使，将此情况上报朝廷，并提出解决处置之意见，以维护两国之友好关系。他的建议得到了穆宗的批准。

（四）过所管理

押蕃使也负责蕃客之过所公验管理。日僧圆仁等人拟前往五台山巡礼求法，于开成五年（840）三月向登州都督府申请公验，登州都督府将此事上报青州押两蕃使，其牒文首称："登州都督府牒上押两蕃使"，请其批准。圆仁持此牒于三月二十一日到达青州，次日"朝衙入州，见录事、司法。次到尚书押两蕃使衙门前，拟通入州牒，缘迟来，尚书入毬场，不得参见……晚衙时入州，到使衙门，合刘都使通登州牒"③。圆仁持登州牒是到押蕃使衙门办理公验的，须换得押两蕃使签署的正式公验，才能合法地前往五台山。因此他到达青州后立即前往押蕃使衙门，办理签证手续。他是在得到押蕃使的公验后，才启程前往五台山的。当时韦长为青州节度使兼押两蕃使，显然他不是以节度使身份，而是以押蕃使身份签发给圆仁过所的。青州押两蕃使是负责新罗、渤海事务的，而圆仁是日本人，其公验也由押蕃使负责，可见其不仅主管新罗、渤海两蕃事务，此外之一切外交事务均由其管理，包括日本事务。

二 市舶使与押蕃舶使

随着唐代经济重心的南移以及海外贸易的发展，东南沿海的广州、交州、扬州等城市发展成为进行海外贸易的都会，蕃舶蚁聚，外商云集，

---

① 《全唐文》卷四〇，第440页。
② 《旧唐书》卷一六《穆宗纪》，第486—487页。
③ 《入唐求法巡礼行记》卷二，第234、242页。

呈现空前的繁荣景象。其中以广州最为重要，是当时海外贸易的中心。由于海上贸易的发展及其成为国家重要财政收入，蕃舶管理更形迫切需要，在这种情况下作为海外贸易管理者的市舶使便应运而生。前文我们已谈及，在广州等地作为地方政府的道、州和地方军事部门的都督府都负有管理蕃舶的重任，但与此同时也产生了专以蕃舶管理为职任的市舶使。

玄宗开元二年（714）"市舶使、右卫威（应为威卫）中郎将周庆立、波斯僧及烈等广造奇器异巧以进"。当时柳泽为殿中侍御史、岭南监选使，对此进行抨击，认为这是周庆立"欲求媚圣意，摇荡上心……宣奢淫于天下"①。玄宗对此称善。这是"市舶使"见于文献最早者，周庆立时为"安南市舶使"②。论者或谓此时已有朝廷派驻广州之市舶机构，不确。这时的市舶使还只是临时差遣，偶尔为之。此事发生之后二年即开元四年（716），"有胡人上言海南多珠翠奇宝，可往营致，因言市舶之利……上令监察御史杨范臣与胡人偕往求之，范臣从容奏曰：'陛下前年焚珠玉、锦绣，示不复用。今所求者何以异于所焚者乎！彼市舶与商贾争利，殆非王者之礼……此特胡人眩惑求媚，无益圣德，窃恐非陛下之意，愿熟思之。'上遽自引咎，慰谕而罢之"③。从这个记载可以看到，当胡人向玄宗说市舶之利、玄宗决定前往营致时，是派监察御史与胡人一同前往的，而不是派"市舶使"去办理的，这说明当时并无常设的市舶使，更无常驻于广州之市舶机构。此其一。这个时期唐朝统治集团对于南海市舶之利的认识还处于不成熟阶段，还受到传统观念的束缚，认为"市舶与商贾争利，殆非王者之礼"，把市舶与奢侈腐败联系在一起。加以玄宗即位日浅，还在提倡廉朴而不尚侈靡。在这种政治环境中也还不可能在广州设立市舶机构。此其二。

唐代市舶使的担当者，大体经历了由朝官而宦官而监军（宦官）的发展变化过程。最初的市舶使由朝官担任，至开元十年（722）始见以宦官任其职。宦官韦某于"开元十年解褐授内府局丞……寻充市舶

---

① 《册府元龟》卷五四六《谏诤部·直谏一三》，第6547—6548页。
② 《旧唐书》卷八《玄宗纪上》，第174页。
③ 《资治通鉴》卷二一一，唐玄宗开元四年（716）条，第6718页。

使，至于广府"①。内府局为内侍省下属六局之一，任其职者均为宦官。这是文献首见以宦官充任市舶使。天宝（742—755）初年卢奂为南海太守，大力整顿蕃舶管理，革除官吏向蕃商敲诈勒索之弊端，"中人之市舶者亦不敢干其法"②。可见其时亦有宦官被派往广州充任市舶使，但是从宦官不敢干预卢奂所采取的措施来看，当时市舶管理之大权仍然在地方政府手中，宦官只是临时被差遣前来采购舶来物品。正因为市舶管理大权操于地方长官之手，作为朝廷特使的宦官市舶使与地方政府就有可能发生矛盾，广德元年（763）十二月"宦官市舶使吕太一逐广南节度使张休，纵下大掠广州"③。张休弃城奔端州，后吕太一被官军平定。

市舶之有机构当在德宗朝。王虔休《进岭南王馆市舶使院图表》云："梯山航海，岁来中国，镇安殊俗，皆禀睿图。伏以承前虽有命使之名，而无责成之实，但拱手监临大略而已，素无簿书，不恒其所。自臣亲承圣旨，革刬前弊，御府珍贡，归臣有司……近得海阳旧馆，前临广江，大槛飞轩，高明式序，崇其栋宇，辨其名物，陆海珍藏，徇公忘私……后述职于此者，但资忠履信，守而勿失，不刊之典，贻厥将来。"④ 王虔休之官历主要在德宗朝，故此表亦可能是德宗时期所上。从这个表可以看到在此之前市舶使一无簿书，二无办公地点，职责并不具体明确，只是"监临大略"而已，可能仍是临时差遣，尚未有正式之机构。王虔休对此进行改革，建设了市舶使院，当亦有了簿书，市舶使之机构大体可见，足为后世法，故上表报告之。

至文宗开成（836—840）年间，以宦官为市舶使的做法发生了变化，由一般宦官临时出使演变为相对长驻岭南之"监军"兼任市舶使。开成元年（836）卢钧为广州刺史、岭南节度使，其"性仁恕，为政廉洁，请监军领市舶使，己一不干预"⑤。此为文献中首见以"监军"兼领市舶使。唐代中后期于诸道方镇置监军使，"开元二十年（732）后并以中官

---

① 《全唐文》卷三七一，于肃：《内给事谏议大夫韦公神道碑》，第3766页。
② 《新唐书》卷一二六《卢怀慎传附卢奂传》，第4418页。
③ 《旧唐书》卷一一《代宗纪》，第274页。
④ 《全唐文》卷五一五，第5235页。
⑤ 《旧唐书》卷一七七《卢钧传》，第4591—4592页。

为之，谓之监军使"①。其职掌"监视刑赏，奏察违谬"②。权势极重，与藩帅分庭抗礼。其后又有李敬实于宣宗"大中四年（850），除广州都监兼市舶使"③。从《李敬实墓志铭》知其曾任内侍省掖庭局令、内给事等宦官职务。据唐代监军制度，监军使之外，还有都监、都都监。李敬实是以广州都监兼任市舶使。由此进一步证明从卢钧开创的以监军领市舶使的做法后来已成惯例。因而这个时期又把市舶使称呼为"监舶使"④。这个称呼意味着监军在岭南监督军事的同时亦监督市舶事宜。

自从监军领市舶使之后，市舶使就由临时演变为相对固定。唐后期监军已经制度化，一般任期为三年，任满之后再"入觐"述职，听候转迁。李敬实在任广州都监兼市舶使时，据其墓志铭称："秩满朝觐，献奉之礼，光绝前后。"这是在三年任满之后回京"朝觐"。在市舶使由监军兼领之后，市舶使的任期与监军的任期可能是一致的，大约也以三年为一任期。市舶使遂由原来的临时出使转变为相对固定的常驻之官。

一方面是朝廷向岭南派遣市舶使以司市舶事宜，另一方面岭南地方长官又掌管市舶管理之大权，那么这两者之间是什么关系呢？

首先，当朝廷派有市舶使时，则两者并存，共同管理。天宝（742—756）初卢奂为南海太守兼五府节度使时，"中人之市舶者亦不敢干其法"⑤，表明其时广州派有由宦官担任之市舶使，他与节度使共同管理市舶。而"中使"之到来，并没有动摇或取代卢奂对市舶的管理权力，卢奂照样对蕃舶实施其"法"，市舶使也并未干预其行"法"。宣宗大中四年（850）李敬实以广州都监兼市舶使，如果任期三年，则他在大中四、五、六年间兼任市舶使。大中四、五年时的岭南节度使是韦正贯，其时也是两者并存的。《李敬实墓志》记其担任市舶使之事迹曰："才及下车，得三军畏威，夷人安泰。不逾旬月，蕃商大至，宝货盈衢，贡献不怠。"而萧邺《岭南节度使韦公神道碑》在叙述韦正贯管理蕃舶事功时也说：

---

① 《通典》卷二九《职官典十一·武官下》"监军"条，第168页。
② 《唐会要》卷七二《京城诸军》，1535页。
③ 《李敬实墓志铭》，见《考古与文物》1985年第6期关双喜《西安东郊出土唐李敬实墓志》，周绍良等编《唐代墓志汇编》（上海古籍出版社2001年版，第1028—1029页）据此收录。
④ 《全唐文》卷七六四，萧邺：《岭南节度使韦（正贯）公神道碑》，第7945页。
⑤ 《新唐书》卷一二六《卢奂传》，第4418页。

"先是海外蕃贾赢象犀贝珠而至者,帅与监舶使必搂其伟异,而以比弊抑偿之,至者见欺,来者殆绝。公悉变故态,一无取求,问其所安,交易其物,海客大至。"① 前者称"蕃商大至",后者称"海客大至",两者虽都有溢美之嫌,但他们都负有市舶管理的职责则是符合事实的,此期间海上贸易的起色,应是他们共同努力的结果。相反地,在韦正贯之前,当蕃舶到来时,"帅与监舶使必搂其伟异",导致"来者殆绝",也是两者共同贪赃之所致。不论正反两方面都表明"帅与监舶使"是共同进行市舶管理的。李敬实的到来,同样没有动摇或取代韦正贯对市舶的管理权力。

其次,当朝廷未派市舶使时,则完全由节度使负责市舶事宜。贞元八年(792)岭南节度经略使李复曾向朝廷上奏说:"近日舶船多往安南市易,进奉事大,实惧阙供。臣今欲差判官就安南收市,望定一中使,与臣使司同勾当,庶免欺隐。"② 他要求朝廷派出市舶使,与他所派遣的判官共同到安南"收市"。可见在这期间在广州是没有中央派来的"市舶使"的,这进一步证明市舶使并非经常有的,只是朝廷根据需要而临时派遣的。在没有朝廷所派市舶使时,是由节度使掌管市舶管理之权的。岭南节度使不仅负责在广州"收市",而且可以根据情况派僚属到安南去"收市"。为了避免"欺隐"之嫌,他才向朝廷请求派"中使"同往。可见节度使是负"市舶"之总责,而且经常性的市舶管理是在节度使手中的。德宗准备同意李复的要求,但宰相陆贽不同意,他说:"广州地当要会,俗号殷繁,交易之徒,素所奔凑,今忽舍近而趋远,弃中而就偏,若非侵刻过深,则必招怀失所。"认为蕃舶从广州转聚安南,责任在岭南节度使"侵刻过深","招怀失所"。陆贽又说:"且岭南安南莫非王土,中使外使悉是王臣,若缘军国所需,皆有令式恒制,人思奉职,孰敢阙供,岂必信岭南而绝安南,重中使以轻外使。"这番话表明朝廷把市舶管理大权交给了地方长官,并非必须派市舶使才能管理此事,不能"重中使轻外使"。这里的"中使"指市舶使,"外使"指地方长官。市舶管理有一套"令式恒制",不论市舶使还是地方长官都应遵照执行,而在没有

---

① 《全唐文》卷七六四,萧邺:《岭南节度使韦公神道碑》,第7945页。
② 《全唐文》卷四七三,陆贽:《论岭南请于安南置市舶中使状》,第4828页。

市舶使期间，则无疑是完全由地方当局负责执行的。

最后，市舶使与地方长官在市舶管理权能方面有一个消长变化过程。地方长官对市舶之管理是全面的、经常性的和一贯的，而市舶使乃自开元初新起之事物。市舶使产生初期，其使命主要是为皇室采购舶来珍异物品，因而其对市舶之管理只是"拱手监临大略而已"。随着朝廷对于市舶收入需求的不断增长，以及市舶使制度之逐步发展完善和行施经验之积累，其权能也在逐渐增强扩展。德宗时期，随着市舶机构的建立，市舶使"奉宣皇化，临而存之，除供进备物之外，并任蕃商列肆而市，交通夷夏，富庶于人"[①]。除了完成贡献珍异这一主要任务之外，已扩及外商与外贸之综合管理。地方长官管理市舶之各项具体职能，市舶使也逐渐基本上具有了，据成书于穆宗朝的《唐国史补》记载："市舶使籍其名物，纳舶脚，禁珍异，蕃商有以欺诈入牢狱者。"[②] 这些都是地方长官管理蕃舶之一贯职责，这时市舶使也同样具有了。但这并不表明市舶使已取代了节度使的市舶管理权，而是"帅与监舶使"两者共同管理，主要的权力还是在地方长官手中。

岭南节度使虽然负责市舶管理，但他并不担任市舶使，而是以押蕃舶使身份进行蕃舶之管理。

当前学术界多认为"押蕃舶使"是"市舶使"的另一种称呼，两者是一回事。窃意押蕃舶使与市舶使是不同性质的两种官职，押蕃舶使是节度使的兼官，是作为全面负责对外管理的一种官职；市舶使是负责外贸管理的特定专职官员。柳宗元《岭南节度飨军堂记》对此有详细的记述，他说："唐制：岭南为五府，府部州以十数，其大小之戎，号令之用，则听于节度使焉；其外大海多蛮夷，由流求、诃陵、西抵大夏、康居，环水而国以百数，则统于押蕃舶使焉。内之幅员万里，以执秩拱稽，时听教命；外之羁属数万里，以译言贽宝，岁帅贡职。合二使之重，以治于广州。"可见节度使主内，押蕃舶使主外，而押蕃舶使的职权比市舶使广泛得多，是全面负责外交与外贸。他接着说："今御史大夫、扶风公廉广州，且专二使，增德以来远人，申威以修戎政。"此人即马总，他于

[①]《全唐文》卷五一五，王虔休：《进岭南王馆市舶使院图表》，第5235页。

[②]（唐）李肇：《唐国史补》卷下，第63页。

元和八年（813）至十一年为岭南节度使。这里明言节度使是一身而二任，节度使同时兼任押蕃舶使。他当然也管理市舶之事，但他是以押蕃舶使身份，而不是以市舶使身份管理市舶事宜的，外贸只是其职权范围之一。飨军堂修竣后，"公与监军使肃上宾，延群僚……胡夷蜑蛮，睢盱就列者千人以上"①。这些"胡夷蜑蛮"当包括境内少数民族、外商与外交使节等，并非仅是外商。如果这位监军使也是兼任市舶使的话，那并不妨碍节度使与他共同管理市舶事宜，因为这只是押蕃舶使的职责之一。

岭南节度使兼任押蕃舶使，而北方和内陆边境地区的方镇长官则兼任押蕃使，他们分别以这两种不同的兼职以负责对外交与外贸进行全面管理。"押蕃使"与"押蕃舶使"的性质和地位是相同的，只是北方和内陆地区所面对的是若干具体之蕃国，故以押某某等蕃使为称；而广州所面对的是"蕃舶"，而且"国以百数"，无法以具体之蕃国相称，故只能称之为"押蕃舶使"，此为其特点所决定。

市舶使作为采购舶货这样一种特定商品的专使，与作为全面负责边境外交、外贸的押蕃舶使或押蕃使是不同性质、不同序列的官职，后者是由边境地方长官兼任以负责外交、外贸管理的使职；前者是朝廷派往外地负责采购特定商品的一种专使。在实际工作中，市舶使与押蕃舶使是密切结合的，唐后期尤甚。市舶使的职责，与前述地方政府与军事长官管理蕃舶之职责基本上是一致的，也是以"舶脚、收市、进奉"为其核心内容。《唐国史补》谓蕃舶到达后，"市舶使籍其名物，纳舶脚，禁珍异"。这段记载即概括了市舶使进行蕃舶稽查、征收关税、收市进奉的具体管理内容。市舶使管理蕃舶的最终目的是保证对朝廷的进奉，因此必须在市舶使进行"收市"之后才能自由贸易，王虔休《进岭南王馆市舶使院图表》曰："今年波斯、古逻本国二船，顺风而至，亦云诸蕃君长，远慕望风，宝舶荐臻，倍于恒数。臣奉宣皇化，临而存之，除供进备物之外，并任蕃商列肆而市，交通夷夏，富庶于人，公私之间，一无所阙，车徒相望，城府洞开，于是人人自为，家给户足，而不知其然。"②

---

① 《全唐文》卷五八〇，柳宗元：《岭南节度飨军堂记》，第5859页。
② 《全唐文》卷五一五，王虔休：《进岭南王馆市舶使院图表》，第5235页。

可见在保证供应朝廷所需之外，蕃商可以列肆而市，任其与百姓交易。收市进奉有一套制度，已见前述，此即所谓"供国之诚，庶有恒制"。陆贽《论岭南请于安南置市舶中使状》亦谓"军国所须，皆有令式恒制"①。尽管如此，蕃舶管理中的贪污敲诈现象还是非常严重的，萧邺《岭南节度使韦公神道碑》谓："海外蕃贾，羸象犀贝珠而至者，帅必与监舶使搂其伟异，而以比弊抑偿之。"② 地方长官与市舶使相互勾结，狼狈为奸，剥削蕃商。

监军领市舶使的制度确立之后，市舶使的管理权力又有所加强。根据旅居中国的阿拉伯商人的亲身闻见、于公元9世纪中叶至10世纪初成书的《中国印度见闻录》记载说："如果到中国去旅行，要有两个证明：一个是城市王爷的，另一个是太监的。城市王爷的证明是在道路上使用的，上面写明旅行者以及陪同人员的姓名、年龄，和他所属的宗族……而太监的证明上则注明旅行者随身携带的白银与货物，在路上，有关哨所要检查这两个证明。"③ 对此，中译者注道："这里所记载的正是唐代通行的'过所'。"④ 所谓"城市王爷"即节度使，他所发的证明，无疑即是"过所"。而所谓"太监"及其所发之证明是什么呢？窃以为这里的"太监"应指"监军"，唐后期的方镇均派有以宦官担任之"监军"，他与节度使分庭抗礼，共同管理当地军政要务。而开成（836—840）以后多以监军领市舶使，所以这里所称的"太监"，实即为市舶使。如果这个推断不谬，则所谓"太监的证明"，乃是监军兼市舶使发给外商到内地的贸易许可证明。从其所登记的内容来看，与节度使所颁发的"过所"是有区别的，"过所"着重登记旅行者的身份，"是在道路上使用的"；而后者登记的是其财产、货物。由此可见"太监"颁发的这个证明不是通常所谓的"过所"，而应是舶商在港口完成舶脚、收市等手续之后，进而与民间进行贸易的许可证明。关于"过所"，唐代史籍已多所记载，而后者则未见于中国史籍，这条记载补充了这方面重要之史实。这个记载表明

---

① 《全唐文》卷四七三，陆贽：《论岭南请于安南置市舶中使状》，第4828页。
② 《全唐文》卷七六四，萧邺：《岭南节度使韦（正贯）公神道碑》，第7945页。
③ 穆根来等汉译：《中国印度见闻录》卷一第43条，中华书局1983年版，第18页。
④ 同上书，第77页。

监军领市舶使后，市舶使对地方长官的市舶管理权有所侵夺和取代。

市舶使与押蕃舶使在共同管理蕃舶贸易之事的同时，也参与对于蕃商、侨民的管理。阿拉伯商人在游记中写道："在商人云集之地广州，中国官长委任一个穆斯林，授权他解决这个地区各穆斯林之间的纠纷；这是照中国君主的特殊旨意办的。每逢节日，总是他带领全体穆斯林作祷告，宣讲教义，并为穆斯林的苏丹祈祷。此人行使职权，做出的一切判决，并未引起伊拉克商人的任何异议。因为他的判决是合乎正义的，是合乎尊严无上的真主的经典的，是符合伊斯兰法度的。"① 在蕃商、侨民中委任一位首领，负责管理他们的内部事务，处理他们的内部纠纷，但他是由中国官员委任的，接受中国官员的指导。此与《唐国史补》所谓"有蕃长为主领"，以及"蕃商有以欺诈人牢狱者"等记载是一致的。唐制，蕃客本国人相犯，以本国法律判决；不同国人相犯，则以唐法判决。上引《中国印度见闻录》所载当为前者。由于市舶使不仅是管理对外贸易的官员，同时也是外交官员，因而市舶使又称为"结好使"②。这一称呼表明市舶使所兼具的外交官员身份的性质。

三　互市监

上文我们在叙述中央外交管理机构时，已经谈及互市监为少府之下属部门，但其在实际上是由边境地方政府领导，并派驻于边境地区，因而可以说它是中央在地方的一个派出机构。

汉代以来，边境互市由地方政府负责管理，没有专门的互市管理机构，"汉、魏已降，缘边郡国皆有互市，与夷狄交易，致其物产也。并郡县主之，而不别置官吏"③。直至隋文帝时才于缘边设立专门的互市机构——交市监④。这是中原皇朝与周边国家、民族的政治、经济关系发展到一个新的高度和新的阶段的标志和产物。开皇九年（589）"突厥部落大人相率遣使贡马万匹，羊二万口，驼、牛各五百头。寻遣使请缘边置

---

① 《中国印度见闻录》卷一第12条，第7页。
② 《全唐文》卷六一一，裴次元：《奏广州结好使事由奉诏书谢恩状》，第6174页。
③ 《唐六典》卷二二《少府军器监》"诸互市监"条注，第580页。
④ 《隋书》卷二八《百官志下》，第790页。

市，与中国贸易，诏许之"①。这时隋灭陈统一了全国，隋皇朝与周边国家、民族的关系有了更大的发展，周边国家、民族也要求进一步发展与中原皇朝的政治、经济关系，在这种历史条件下，对外贸易管理机构便应运而生。

隋交市监官员，"至隋，诸缘边州置交市监，视从第八品；副监，视正第九品"②。至隋炀帝时将交市监改为互市监，并将其隶属于四方馆，隋炀帝时于建国门外设四方馆，有四方使者各一人，"掌其方国及互市事"。每一使者署下设互市监及副监、参军各一人，具体负责互市管理，互市监及副监"掌互市"，参军掌"出入交易"③。东、西、南、北四方各置互市监，分掌四方贸易。

唐初承隋制，依然设置交市监，"皇朝因置之，各隶所管州、府。监加至从六品下；改副监为丞，品第八下"④。提高了正副长官的品级，并把副长官改称为交市监丞。贞观六年（632）改称互市监，垂拱元年（685）改称通市监，后又恢复互市监之名称。其行政关系隶属于少府。

互市监为中原皇朝设于边境地区的对外贸易机构，"掌蕃国交易之事"⑤。这种边境贸易以马牛等大牲畜为主，故史籍在叙述互市监职掌时，直谓其"掌诸蕃交易马驼驴牛之事"⑥。互市监管理外贸的职能和程序是："凡互市所得马、驼、驴、牛等，各别其色，具齿岁、肤第，以言于所隶州、府，州、府为申闻。太仆差官吏相与受领，印记。上马送京师，余量其众寡，并遣使送之，任其在路放牧焉。每马十匹，牛十头，驼、骡、驴六头，羊七十口，各给一牧人。"⑦ 从这个规定可见，互市监在购进牲畜之后，须将所购牲畜之具体情况向其所隶属之州、府报告，然后由州、府向中央报告。显然互市监是归所在州、府领导。而牲畜之验收则由太仆寺负责。

---

① 《隋书》卷八四《北狄传·突厥传》，第1871页。
② 《唐六典》卷二二《少府军器监》"诸互市监"条注，第580页。
③ 《隋书》卷二八《百官志下》，第798页。
④ 《唐六典》卷二二《少府军器监》"诸互市监"条注，第580页。
⑤ 《新唐书》卷四八《百官志三》，第1272页。
⑥ 《旧唐书》卷四四《职官志三》，第1895页。
⑦ 《唐六典》卷二二《少府军器监》"诸互市监"条，第580页。

《唐六典》没有说明互市监是怎样具体管理与蕃国贸易的，唐《关市令》对此有详细规定："诸外蕃与缘边互市，皆令立官司检校，其市四面穿堑及立篱垣，遣人守门。市易之日卯后，各将货物畜产，俱赴市所，官司先与蕃人对定物价，然后交易。"① 这里的"官司"当包括互市监在内。从《令》中可见唐政府对边境贸易的管理是相当严格而周密的，首先要设置特定的互市场所，这个场所是封闭式的，保证其管理之便利和贸易之安全。其次须在事先由互市官员与蕃人商定物价。第三，贸易有一定的日期和时间，在该日之卯时开市。大历（766—779）年间董晋出使回纥时，与回纥谈判边境马匹贸易问题时说："尔之马岁五至，而边有司数皮偿赀。"② 可见每年举办五次互市。这里的"边有司"亦当包括互市监在内，他在贸易中负责清点牲畜数目及向对方偿付货值。

在边境互市中，还有"互市牙郎"为双方服务。安禄山为营州柳城"杂种胡人"，"及长，解六蕃语，为互市牙郎"③。史思明为营州宁夷州"突厥杂种胡人"，亦"解六蕃语，与（安）禄山同为互市郎"④。他们二人均为胡族血统，通晓多种语言，故在互市中承担"互市牙郎"。"牙郎，驵侩也；南北物价，定于其口，而后相与贸易。"⑤ 可见这种互市牙郎是一种交易经纪人，由其确定物价之后，买卖双方再进行交易，同时也是双方贸易中的翻译人员。

---

① （唐）白居易撰，（宋）孔传续撰：《白孔六帖》卷二四《市》引，文渊阁《四库全书》，台湾商务印书馆1986年版，第892册，第368页。
② 《新唐书》卷一五一《董晋传》，第4819页。
③ 《旧唐书》卷二〇〇上《安禄山传》，第5367页。
④ 《旧唐书》卷二〇〇上《史思明传》，第5376页。
⑤ 《资治通鉴》卷二一四，唐玄宗开元二十四年（736）条胡注，第6817页。

后　论

汉唐外交制度的发展衍变及其特点

本书考察了汉唐一千一百余年外交制度的发生、发展与演变进程，现在我们可以大体总结一下它们在这个时期的演变趋势、规律和特点，及其在唐代所达到的新的高度和水平。

一　汉唐外交决策制度的演进及其特点

本书分别考察了汉唐时期外交决策制度的基本内容及其发展演变进程。从中我们可以看到，我国古代的外交决策制度经过两汉、魏晋南北朝八百余年的实践、探索和经验积累，到了唐代已经发展成熟，臻于完善。汉唐时期外交决策制度的演进及其特点主要表现在如下几个方面。

（一）完成了由二级决策体制向三级决策体制的演变进程

汉唐时期我国古代外交决策体制经历了由二级决策体制向三级决策体制演变的过程，其主要标志是宰相决策逐渐成为独立的决策层次并日益占据重要地位。

两汉时期，在外交决策制度上确立了以皇帝决策为核心、公卿集议决策为辅佐的二级决策体制。汉承秦制，确立并实行了一套以皇帝为首、三公九卿（诸卿）为辅的中央集权政治制度。以三公九卿体制为基本模式的中央官僚群体，是汉代中央政权赖以决策和施政的基本依靠力量和队伍。汉代的外交决策就是在这个基本力量和队伍的基础上，依靠这一决策群体而进行的。根据外交问题的大小轻重缓急，以及统治集团权力分配的变化，在具体进行外交决策时，则有公卿百官集议决策、中朝决策、中外朝合议决策和有司决策等不同形式。而作为最高决策者的皇帝，可以参加或不参加这些决策会议，如果皇帝亲临这些会议，则又有了与上述决策方式相应的各种御前决策会议形式。丞相或三公虽有议政决策之大权，但基本上是从属于御前决策和公卿集议决策。公卿集议和御前会议是汉代外交决策的两种最基本方式和层次，其他决策方式都是由这两种基本方式和层次派生的。在这两种基本决策方式之外，又有垂询、纳谏、卜筮和权臣专决等不同的补充形式。两汉外交决策就是由这些不同的决策方式和层次，主从结合、内外相维而构成的一个完整的体系，表现了外交决策方式、层次的多样性特点。

由于两汉统一皇朝的崩解，魏晋南北朝时期进入了分裂割据的时代，各个国家和政权立国的环境、条件、背景不尽相同，加以周边少数民族纷纷入主中原，建国命号，又使这种情况更为复杂，因而不同国家、不同时期的政治制度及其所面临的外交态势亦有不同程度的差异，导致外交决策制度和方式的复杂多变。

我们在前文已经提出这一时期外交决策中的独断专行较两汉时期突出，然而这一特点在各个国家和各个时期又是不尽相同的，大体经历了三国时期的帝王专决到两晋时期的权臣专决，再到南北朝时期皇帝专决的曲折转化过程。三国时期浓厚的军事割据政权特色，加以这时正处于汉代三公九卿制破坏而三省制尚未完全形成的转变阶段，因而帝王专决比两汉显得突出。到了两晋尤其是东晋时期帝王专决走向了它的反面——权臣专决，这是由于士族门阀势力的兴盛，导致皇权的削弱，而新兴的三省制度反为权臣所利用。到了南朝时期，随着士族门阀势力的衰落，皇权复振，对于士族权臣专权的反弹而再次出现皇帝专决的情形。北朝的情况与南朝在表面上有相似之处，但在实质上却有所不同，拓跋鲜卑所建立的北魏政权，其皇权与原先的氏族部落军事首领权力有着直接的传承关系，因而其皇权的强大是建立在不同基础之上的。

这一时期的朝议制度也同样经历了复杂多变的曲折历程。三国时期正处于政治制度的转型时期，朝议制度虽然大体上继承了汉制，但又有所变化。不仅朝议决策比两汉时期相对较少，而且其决策成员及其在决策中的地位、作用也有不同程度的变化。曹魏的朝议决策虽然仍以公卿为主，但尚书的作用呈日益增大并取而代之之势。吴、蜀方面则以类似汉代三公的丞相的权力强大，在朝议中居于主导地位为其特点。到了西晋时，产生了尚书"八座"朝议的形式，即以尚书省之长官令、仆与诸曹尚书组成一个经常性的、相对固定的决策班子，直接对皇帝负责。"八座"决策制度的产生，在皇帝和百官之间逐渐形成了一个相对稳定的常设决策班子，从而开始了由二级决策体制向三级决策体制的转变。这一变化在我国古代国家决策制度史上有重要意义，表明决策制度上升到了一个新的台阶，为日后隋唐时期的宰相决策这一层次开了先河。但是，"八座"并非一个宰相班子，其成员中只有尚书长官为宰相，其余诸曹尚书并非宰相。"八座"决策制度不仅受到皇帝专权的掣肘，而且经常受到中书和门下等部门或官员的侵夺，影响了其决策效能的发挥。史称"自晋以后，八座及郎中，多不奏事"①，就是"八座"决策实际状况的一个反映。到了南北朝时期，尚书省朝议制度又由于中书、门下权力的发展而发生变化，逐渐出现三省博议制度，为日后唐代三省长官集体议政准备了条件。

发展到了唐代，随着三省制度的成熟和集体宰相制度的确立，宰相决策已经成为一个独立的、最重要的决策层次，这就是"政事堂"（中书门下）决策制度的确立。政事堂决策成员均为宰相，因唐代实行集体宰相制，宰相为一个班子，实行集体议政决策制度，而以"政事堂"（中书门下）为其议政决策场所。故当时规定凡天下大事"先于政事堂议定，然后奏闻"②。唐代宰相在决策中的地位和作用较前提高，唐太宗的一段话便是这种情况的反映，他曾批评隋文帝：

不肯信任百司，每事皆自决断……宰相以下，惟即承顺而已。朕意则不然，以天下之广，四海之众，千绪万端，须合变通，皆委百司商量，宰相筹画，于事稳便，方可奏行。岂得以一日万机，独断一人之虑也。③

这里所说隋文帝与宰相的关系，其实不独隋代为然，乃是隋以前历代通病，是皇权政治尚未成熟的一种反映。随着皇权政治到唐代之发育

---

① 《隋书》卷二六《百官志上》，第721页。
② 《文献通考》卷五〇《职官考四·门下省》第455页。
③ （唐）吴兢：《贞观政要》卷一《政体》，上海古籍出版社1978年版，第15页。

成熟，皇帝与宰相的关系已经基本上协调，宰相的政治作用得到较好的发挥，因而在决策中对宰相比较放手，大事先由其商议，提出可行方案再上奏皇帝，做出决断。这成为唐代决策制度的鲜明特色。唐玄宗曾对人说："朕既任（姚）崇为庶政，事之大者，当白奏，朕与共决之。"[①]史称唐宪宗"求理方切，军国大小，一付中书（即中书门下）"[②]。反映的都是这种情况。"政事堂"（中书门下）决策制度的确立，标志着一种稳定的、专职的常务决策机构的确立。宰相决策成为唐代外交决策中最基本的一个重要环节，它与御前决策和百官大会决策共同构成有机的三级决策体系。两汉以来的二级决策体制，经过魏晋南北朝时期的孕育、涵养，至此已完成了向三级决策体制的演变进程。

（二）决策方式、方法之逐步合理化、规范化

汉唐一千余年间决策制度演变的另一个特点是，决策的方式、方法在实践过程中不断加以调整、改革，使其日趋合理化、规范化。其主要表现是一些在决策实践中证明弊端较多的决策方式，如公卿集议决策、朝会决策等逐渐退居次要地位；一些优越性较大的决策方式则日益成为决策的主要方式，宰相决策地位之上升就是如此；对于御前决策这一最高决策方式，也不断地进行了调整、改革，使之日益规范和高效。

我们说两汉是中央集权政治，外交决策权力也集中于皇帝一人之手，但是皇帝不可能包揽全部决策过程，他还须依靠整个统治集团的集体智慧，以期使外交决策更好地反映统治阶级的根本利益，而公卿百官决策会议就是其最主要的方式。两汉时期公卿百官集议决策是最经常、最基本的方式，这种方式的优点是可以听取广大官员意见，有利于集思广益。这种会议参加的人员相当广泛，上至三公九卿，下至博士议郎，以及政府各部门的掾属，此外还常特邀有关人员与会，因此会议的人数是非常多的，多者可达数百人。可以说是调动了整个统治集团的力量，群策群力，从而保证了汉代外交决策的正确性和可行性。会上可以就议题展开不同意见的争论，这种争论有时还是很激烈的，"廷争数日不决"或"议久不决"的情况时有发生。

---

① （唐）李德裕撰，吴企明点校：《次柳氏旧闻》，中华书局2012年版，第48页。
② 《册府元龟》卷三三五《宰辅部·窃位》第3954页。

在一定情况下，决策会议也实行"从众"的原则。章帝元和二年（85）讨论是否归还北匈奴生口问题，由于争论激烈，有违反会议纪律现象发生，被司隶校尉举奏，为此章帝诏报称："久议沈滞，各有所志。盖事以议从，策由众定。"① 虽然这个原则在多数情况下并没有贯彻，但是在某些时候也还是实行了的。安帝时邓太后临朝，其兄邓骘为大将军。永初四年（110）庞参奏记于邓骘，建议放弃西域，"（邓）骘及公卿以国用不足，欲从（庞）参议，众多不同，乃止"②。在邓骘专权用事的情况下，尚且因多数人不同意而作罢。武帝建元六年（前135）讨论是否与匈奴和亲，会上出现两种对立的意见，御史大夫韩安国主张和亲，"群臣议多附（韩）安国，于是上许和亲"③。这是皇帝遵从大多数人的意见。元帝竟宁元年（前33），西域都护甘延寿因诛匈奴郅支单于而封为列侯，"时丞相匡衡亦用（甘）延寿矫制生事，据萧望之前议，以为不当封，而议者咸美其功，上从众而侯之"④。这也是皇帝"从众"而决断。不过这种"从众"的情况在两汉的外交决策中并不多见，而元帝之所以"从众"，是因为他本人一直就希望奖励甘延寿，多数人的意见与他的意见吻合。

但是公卿百官集议决策这种方式的缺点和局限性也是明显的。事实上在两汉的外交决策中，独断专行，打击不同意见是时常发生的。武帝太初元年（前102）一次外交决策会议，"公卿议者皆愿罢（大）宛军，专力攻胡"。可是"天子业出兵诛（大）宛，（大）宛小国而不能下，则大夏之属渐轻汉，而（大）宛善马绝不来，乌孙、轮台易苦汉使，为外国笑"。于是武帝"乃案言伐（大）宛尤不便者邓光等"⑤。天凤六年（19）王莽发兵攻匈奴，在出发前的廷议中，大司马严尤坚持认为"匈奴可且以为后，先忧山东盗贼"。于是王莽大怒，"策免（严）尤"⑥。皇帝在外交决策中拥有至高无上的、独断专行的权力，使得这种集议方式不

---

① 《后汉书》卷四五《袁安传》，第1519页。
② 《后汉书》卷五一《庞参传》，第1688页。
③ 《汉书》卷五二《韩安国传》第2398页。
④ 《汉书》卷七九《冯奉世传》，第3300页。
⑤ 《汉书》卷六一《李广利传》，第2699—2700页。
⑥ 《资治通鉴》卷三八，王莽天凤六年（19）条，第1219页。

可能做到畅所欲言，有效地发挥群体智慧。同时由于这种决策方式与会人员多，情况复杂，也可能相应产生种种问题。东汉熹平元年（172）一次公卿大会，"既议，坐者数百人，各瞻望中官，良久莫肯先言……公卿以下各相顾望"①。这种数百人的大会出现观望、冷场的场面是不可避免的。而另一方面公卿会议"廷争连日，异同纷回"②，"议久不决"③ 的情况也时有发生。因而常有不得不罢会另作决策的情况。惠帝三年（前192）召开公卿集议，讨论如何对待匈奴冒顿单于侮辱吕后一事时，会上"诸将皆阿吕后意"，主张出兵打击。在这种大型会议上出现随声附和、阿谀逢迎的情况不足为奇。这次赖有季布挺身而出坚决反对，以致"殿上皆恐，太后罢朝"④。吕后是在会后冷静下来采纳了季布的意见。哀帝建平四年（前3）讨论匈奴单于来朝问题的公卿大会上，两派意见争论不下，哀帝"乃罢群臣，独与（息夫）躬议"⑤。也是在大会之外做出决策的。

因此，两汉以后公卿集议决策方式遂逐步减少，日益退居次要地位。唐代的百官大会决策基本上是汉代公卿集议的承袭，但其在决策中的地位和作用已大为削弱，不可同日而语，它已只是作为宰相和皇帝决策时的参考，而且召开的次数也大为减少，通常是在遇有疑难大事时召开，以听取群官意见。

御前会议决策方式在汉唐时期也经历了不断调整、改革的进程，总的说来是由大型向小型、由不规范向比较规范的方向转变。两汉时期的御前决策会议虽然也有多种方式，但是一般说来都具有两个特点，一是会议规模大、人数多，即便是西汉中后期的中朝会议，人数虽相对较少，但也不会太少；二是有较大的随意性，尚未定时定制，往往是遇到问题时才召开，或者根据皇帝个人的意愿而召开，缺乏明确的规范。魏晋南北朝时期分裂割据，各个政权立国条件、背景不尽相同，制度参差不齐，更为混乱。到了唐代，御前决策会议向着规范化、小型化发展。在利用

---

① 《后汉书》卷五六《陈球传》，第1832页。
② 《后汉书》卷四〇下《班固传》，第1374页。
③ 《汉书》卷七〇《陈汤传》，第3016页。
④ 《史记》卷一〇〇《季布列传》第2730—2731页。
⑤ 《汉书》卷四五《息夫躬传》，第2184页。

朝参这一传统方式进行御前决策的同时，唐前期主要采用仗下决策，唐后期主要采用延英决策。这两种方式成为唐代御前决策的基本的、主要的方式。利用朝会进行议政决策原是两汉时期重要的御前决策方式，尽管唐代继续行用这一决策方式，但是由于它的礼仪成分浓厚，与会成员太多，以及因种种原因辍朝的情况时有发生，它在唐代御前决策中的作用也就逐渐下降，而代之以仗下决策和延英决策等方式。

唐代仗下决策和延英决策的共同特点有以下两点。

一是小型化，这两种会议参加的人员基本上规定为宰相，即唐皇朝的核心决策成员。只在必要时放宽至其他有关官员，但也是人数不多、分批谒见：大历九年（774）"中书舍人常衮……一十八人诣阁门请论事。有诏三人一引，各尽己怀。帝皆毕词听纳"①。这是以三人为一批晋见。贞元七年（791）"每御延英令诸司官长二人奏本司事。寻又敕常参官每一日二人引对，访以政事，谓之巡对"②。这是以两人为一批晋见。宪宗元和元年（806）规定"每坐日，两人待制，正衙退后，令于延英候对，以为常式"③。这也是以两人为一批。由此可见延英会议人数一般说来为两三人。

御前决策会议小型化的优越性是显然的，君臣之间可以深入细致地、从容地商讨问题；它减少了许多繁文缛礼，提高了工作效率；有利于保守机密。

二是规范化。规范化的一个重要表现就是会议的时间、地点比较固定。唐前期的仗下决策，是在朝参之后，于"每日仗退后"④进行。后来改为单日或双日朝参，也是仗退之后即进行。唐后期的延英决策，最初是根据需要随时召开，后来规定"宰相间日于延英召对"⑤，每隔一天召开一次。史称"唐制：天子以只日视朝，乃命辍朝、放朝皆用双日"⑥。每逢单日召开延英会议，双日休会，成为定制。但又有灵活性，不论皇

---

① 《册府元龟》卷九九二《外臣部·备御五》，第11656页。
② 《旧唐书》卷一三《德宗纪下》，第372页。
③ 《唐会要》卷二六《待制官》，第593页。
④ 《唐会要》卷五六《起居郎起居舍人》引苏氏曰，第1127页。
⑤ 《旧唐书》卷一三六《窦参传》，第3747页。
⑥ 《新唐书》卷八《赞》，第253页。

帝或宰相，只要有需要，都可以随时提出召开。延英会议的地点则固定在大明宫内的便殿——延英殿。这种固定时间、地点的会议的产生，意味着决策的经常化、制度化，标志着御前常务决策会议的形成。这种御前常务决策会议是唐代最高的决策核心会议。这对于提高决策的效率和质量都有积极的意义。

（三）决策中制约机制的逐步加强

汉唐一千余年间决策制度演进的另一个重要特点就是制约机制的日益强化，这对于提高决策之质量，减少失误是有意义的。

两汉时期对于决策的制约已经有了初步的制度。对于诏敕的审查，在西汉时是由决策核心成员的丞相兼理。汉哀帝时丞相王嘉之"封还诏书"[1] 即属此制。东汉时期这一职能转归尚书台，诏敕须经尚书"通议"并审署，方可颁布。章帝元和（84—87）中，朱晖为尚书仆射，尚书张林建议废钱用谷帛，章帝"诏诸尚书通议"。因朱晖反对，此议未得通过。后又有人重提此议，"帝然之，有诏施行"。朱晖上奏坚决反对，章帝"发怒，切责诸尚书。晖等自系狱。三日，诏敕出之，曰：'国家乐闻驳议……诏书过耳，何故自系？'晖因称病笃，不肯复署议"[2]。可见尚书台的"驳议""署议"制度对于决策起了一定的制约作用。经审查被认为不当的诏令，尚书台也有权封还，尚书仆射钟离意之"数封还诏书"[3] 即为其制。此外对于决策的制约则主要通过群臣的谏诤来体现。到了东晋南北朝时期，已由专门之机构——门下省负责对于诏敕进行审查，从而为日后唐代的诏敕审查制度奠定了基础。

魏晋南北朝时期虽然决策制度比较混乱，帝王、权臣专决现象也比较严重，但是从决策制度的发展大势而言，还是有所进步与提高，决策中制约机制的逐步强化即是其突出表现之一。这种制约机制的强化主要体现在对决策的审查、封驳的逐渐制度化。

早在东汉末年，献帝时"初置侍中、给事黄门侍郎，员各一人，出

---

[1] 《汉书》卷八六《王嘉传》，第3498页。
[2] 《后汉书》卷四三《朱晖传》，第1460页。
[3] 《后汉书》卷四一《钟离意传》，第1409页。

入禁中，近侍帷幄，省尚书事"①。这时的尚书在决策中起着重要作用，所谓"省尚书事"，实际上也是对决策进行审查。曹魏时期继续汉末制度，并加置散骑常侍、散骑侍郎，与侍中、黄门侍郎"共平尚书奏事"②。他们对于尚书奏事，或"与尚书共论……然后共奏议"。或径直"入深文论驳"③。其覆审权力已经不小。

西晋时正式设立门下省，以侍中为其长官，黄门侍郎为副长官。到了东晋时，门下省不仅对尚书奏事进行封驳，还发展为对中书所草诏令进行封驳。《文馆词林》残卷所载魏晋南北朝时期135首诏令中，曹魏和两晋时期的44首是以"制诏"为起首的，东晋南北朝时期的79首则以"门下"为起首④。这个事实表明，魏晋时期继承汉制，诏书直接下达而尚无专职之封驳机构及制度，从东晋开始皇帝诏书要经过门下省封驳和颁布，而到南北朝时则成为定制。这是中枢决策中制约机制强化和制度化的表现，是决策制度进一步提高和完备的标志。外交决策中亦复如是。《文馆词林》卷六六四所载十二份《抚边》诏中，除《贞观年中安抚岭南诏》之外，有十一份与外交问题有关，在这十一份诏书中，《汉文帝与匈奴和亲诏》与《魏明帝答东阿王论边事诏》均以"制诏"起首，而从《后魏孝文帝与高句丽王云诏》之后直至《贞观中抚慰处月处密诏》包含北魏、隋及唐初的七份均以"门下"起首⑤。表明南北朝之后外交决策亦同样经门下省封驳、颁行。魏孝文帝这个诏书颁布于太和十六年（492）。上年高句丽王琏死，其孙云继位，魏孝文帝遣使致哀，并封云为都督辽海诸军事、辽东公、高句丽王，"又诏云遣世子入朝"。但是"云上书辞疾，惟遣其从叔升于随使诣阙，严责之"⑥。魏孝文帝如何"严责"，史文缺载，幸赖《文馆词林》保存了这个"严责"高句丽王的诏书。

---

① 《续汉书》志二六《百官志三》刘昭注补《献帝起居注》，见《后汉书》，中华书局1965年版，第3594页。
② 《晋书》卷二四《职官志》，第733页。
③ 《三国志》卷一三《魏志·华歆传》注引华峤《谱叙》，第406页。
④ 据陈仲安、王素《汉唐职官制度研究》第一章第三节统计，第52页。
⑤ （唐）许敬宗编，罗国威整理：《日藏弘仁本文馆词林校证》卷六六四《诏》三四《抚边》，中华书局2001年版，第239—253页。
⑥ 《魏书》卷一〇〇《高句丽传》，第2216页。"升于"，《三国史记》卷一九《高句丽本纪》作"升干"，第193页。

魏晋南北朝时期决策中的制约机制的逐步加强，尤其是东晋南北朝时期门下省封驳制度的确立和成为定制，表明决策制度在这个时期取得了长足的发展和提高，这为唐代"中书主出命，门下主封驳，尚书主奉行"的更为严密的制约机制奠定了基础。

到了唐代，决策的制约机制大为强化，其主要表现是决策过程的整体性更加强化而严密，即决策是由各个方面共同协作完成的，不是个别人个别部门可以完成的。唐代建立了诏敕联合审署发布的严密制度。众所周知，唐代三省制最大的特点是既分权而又相互制衡，即所谓"中书主出命，门下主封驳，尚书主奉行"。门下省固然是对诏敕行使"封驳"权的主要部门，但实际上其他两省对于诏敕也都从各自不同的角度进行审查。

贞观三年（629）唐太宗曾"谓群臣曰：'中书、门下，机要之司，诏敕有不便者，皆应论执。比来唯睹顺从，不闻违异。若但行文书，则谁不可为，何必择才也！'房玄龄等皆顿首谢。故事：凡军国大事，则中书舍人各执所见，杂署其名，谓之五花判事。中书侍郎、中书令省审之，给事中、黄门侍郎驳正之。上始申明旧制，由是鲜有败事"[①]。这里唐太宗强调了中书、门下都应对于诏敕认真"论执"，共同负责，以减少"败事"的出现。

中书省固然负责诏敕的起草，但是也要负一定的驳正之责。中书舍人根据宰相所下"词头"，即诏书内容大要，进行起草时，如认为不妥，则可封还。白居易在为中书舍人时，就曾封还"词头"[②]。舍人还参议章奏，批答敕旨，先由他们各执所见，分别署名，即所谓"五花判事"。然后由中书侍郎、中书令审覆之后，转门下省驳正。

门下省的中心工作就是"封驳"，即对决策进行审查。由于唐代门下省正副长官在不同时期里一般都担任宰相，故门下省之封驳职责主要由给事中负责。唐文宗"太和三年（829）八月敕：'凡制命颁行，事有不可，给事中职合封进。省审既毕，宣布百司。'"[③] 这里明确规定由给事中

[①] 《资治通鉴》卷一九三，唐太宗贞观三年（629）条，第6064页。
[②] 《全唐文》卷六六八，白居易：《论左降独孤朗等状》，第6796—6797页。
[③] 《唐会要》卷五四《省号上·给事中》，第1103页。

负责诏敕的封驳。给事中"凡百司奏抄,侍中既审,则驳正违失。诏敕不便者,涂窜而奏还,谓之'涂归'。季终,奏驳正之目。凡大事,覆奏;小事,署而颁之"①。这里规定诏敕由侍中审查之后,即由给事中负责封驳。给事中在审查诏敕时,如发现问题,不仅可以封还,还可以直接进行修改,即所谓"涂归",或称"批敕"②。可见演至唐代,门下省的"封驳"职能已经制度化、法典化。

尚书省虽为执行机构,但它也在一定程度上行使对诏敕的审议封驳之权。诏敕下达之后,先经尚书左右丞、尚书郎封驳,再由六部尚书、侍郎审覆③。

由此可见,唐代对于诏敕的审查,是调动中枢决策、行政部门集体负责,各个环节层层把关,有主有从,既相互制约,又密切配合,协同运作。

唐代决策中制约机制的强化,不仅体现在三省之间的相互制约,而且实际上体现为皇帝与宰相及三省之间的相互制约上。

唐代对于皇帝在决策中的制约大为加强。御前会议所作出的决策,皇帝也并非可以随意更改。据称文宗即位之初,"时宰臣启事,得请之后,往往中变"。对此宰相曾向皇帝提出异议:太和元年(827)四月丙辰,文宗与宰相在延英会议后,宰相韦处厚从容独进曰:"陛下用臣等为宰相,使参大政,前后论奏,皆蒙听纳,近日虽云不阻,然臣等既退,寻多改移。事若出自圣旨,则是陛下示臣等以不信;若与别人商量,则臣等不合更居此位。"对于文宗随意更改延英会议决定的作法进行规谏,文宗听后"瞿然曰:'卿何事邪?!卿何事邪?!……'慰勉久之而退"。待韦处厚既出延英门,又"遽命中人复召处厚独入,咨访移晷,开陈理体者数百言……帝欣纳焉"④。延英会议的决定,是由皇帝与宰相共同议定的,也即核心常务决策会议的决定。对此宰相固然不能随意更改,即使皇帝"寻多改移"也会遭到宰相的抗议,在这种情况下,皇帝也不得

---

① 《新唐书》卷四七《百官志二》,第1207页。
② 《旧唐书》卷一四八《李藩传》,第3999页。
③ 参见王素《三省制略论》第八章第三节,齐鲁书社1986年版,第261—262页。
④ 《册府元龟》卷一〇一《帝王部·纳谏》,第1212页。

不自认理亏，收回成命。

御前会议的决策，还须先经宰相研究，以决定是否颁布。如决定颁布时，即经由上文所述之程序，由宰相下达中书省起草，再交由门下省审查。审查合格的文件，再上呈皇帝，经皇帝画"可"，还须宰相副署，盖上"中书门下之印"，才成为正式的诏书，始可颁布执行。复原的唐代制书式基本上反映了上述决策程序。一份诏敕分别由中书令（宣）、中书侍郎（奉）、中书舍人（行）签署之后，再分别由侍中、黄门侍郎、给事中等签署，最后则为皇帝画"可"①。皇帝、中书、门下缺一不可。皇帝诏敕如不经过中书门下则不被承认，正如武则天时刘祎之所说："不经凤阁鸾台（中书门下），何名为敕？"②

唐代对于决策的制约，还通过设置专职的谏官来实现。唐以前虽然也有谏官，但还不是正式的职事官。唐代谏官不仅成为正式的职事官，而且层级、人数众多，形成庞大的谏官群体。中枢机构中书、门下两省均设置一批谏官，分别为左右散骑常侍、左右谏议大夫、给事中、左右补阙、左右拾遗等。

唐代赋予谏官较大的权力，对决策行使审查、监督的职能。前文所述给事中对诏敕的封驳，即为谏官之重要职能。谏官还直接参与核心决策会议，发挥直接的监督作用，唐制："中书、门下及三品官入奏事，必使谏官、史官随之，有失则匡正，美恶必记之。"③

此外，谏官还可通过庭争、上封事等方式，对于决策在事前或事后提出意见，发挥作用。这些对于提高决策水平、减少失误都是有积极意义的。

古代国家政治制度的核心问题是调节好皇权与相权关系，关系协调则政通，反之则政梗。皇权之强化不等于专断，皇权并不能无限制地强化，否则将走向反面，甚而危及政权生存。相权不能无限削弱，否则不仅达不到强化皇权的目的，同样也将危及政权的存在。综上所述，我们

---

① 参见［日］仁井田陞《唐令拾遗》《公式令》第二十一，栗劲等译，长春出版社1989年版，第477—480页。
② 《旧唐书》卷八七《刘祎之传》，第2848页。
③ 《资治通鉴》卷二一一，唐玄宗开元五年（717）条，第6728页。

可以看到，我国古代政治制度发展到了唐代，一方面宰相在决策中的权力、地位有所上升，另一方面对皇权的制约则有所强化。唐代是皇权时代君相关系较为有序、协调的时期，唐代政治的昌明与国势之兴隆，这无疑是重要的原因之一。在这种君相关系之下建立的决策体制，大大提高了决策的质量与水平，从而也大大促进了这一时期各项事业，包括外交的发展。

（四）决策功效不断提高

汉唐时期随着决策制度的日益改进与完善，决策的功效也相应不断提高，其主要表现是决策的质量与效率的提高。

唐代三级决策体制的确立以及高层常务核心决策会议的规范化、小型化，有助于决策质量与效率的提高。

唐代高层常务决策会议的突出优越性，是使君相之间可以就有关问题进行深入细致的商讨，从而有助于作出最佳决策。决策是高级思维活动，须将所搜集的各种信息进行分析、综合，从而作出最优化选择。任何一项军国大计的决策，如不能畅所欲言，展开深入细致的讨论，就难于制订出最佳方案。唐代御前决策中行用时间最长的延英会议的一个最大优越性就是所谓"献可替否，得曲尽于讨论。"[①] 在这种会议上，君相之间从容论难、激烈争论的情况是比较普遍的。贞元四年（788）李泌为宰相时，德宗曾"从容与（李）泌论即位以来宰相"，德宗说："朕好与人较量理体：崔祐甫性褊躁，朕难之，则应对失次，朕常知其短而护之。杨炎论事亦有可采，而气色粗傲，难之辄勃然怒，无复君臣之礼，所以每见令人忿发。余人则不敢复言。卢杞小心，朕所言无不从；又无学，不能与朕往复，故朕所怀常不尽也。"李泌对曰："杞言无不从，岂忠臣乎！夫'言而莫予违'，此孔子所谓'一言丧邦'者也！"德宗说："惟卿则异彼三人者。朕言当，卿有喜色；不当，常有忧色。虽时有逆耳之言，如曩来纣及丧邦之类。朕细思之，皆卿先事而言，如此则理安，如彼则危乱，言虽深切而气色和顺，无杨炎之陵傲。朕问难往复，卿辞理不屈，又无好胜之志，直使朕中怀已尽屈服而不能不从，此朕所以私喜

---

① 《全唐文》卷八五五，卢文纪：《请对便殿疏》，第 8975 页。

于得卿也。"①德宗对诸宰相之评论基本上集中于宰相们在御前决策中的表现,这些评论是否允当可以不必论,要之反映当时君相之间的确存在着"较量治体""问难往复",甚而"无复君臣之礼"的实际情况。这种情况的存在不应视为德宗个人原因所决定,而是由唐代确立的常务核心决策会议制度具有的优越性所决定的。尽管在有唐一代,每位皇帝在位时的情况也必然不尽一致,但这基本上是一个比较普遍的现象。

在这种"曲尽讨论"的政治氛围下,宰相之间在御前决策会议上也经常展开激烈的争论,并竭力"献可替否",如果无所献替,则为舆论所不容,甚至被罢免相位。宪宗元和中,李吉甫、李绛、权德舆为宰相,"(李)吉甫、(李)绛议政颇有异同,或于上前论事,形于颜色,其有诣于理者,权德舆亦不能为发明,时人以此讥之,竟以循默而罢"②。这三位宰相中,两位能在决策会议中展开论难,一位则不能很好地参与辩论,无所献替,因而被罢相。德宗时"贾耽在相位凡十三年,不能以天下安危大事争于君前,颇为知识之士所短"③。贾耽虽保住了相位,但因不能在决策会议上展开争论,亦为舆论所鄙。由此可见,唐代的决策会议既为与会者创造了进行辩论的环境和条件,又要求与会者积极参与、大胆论难,否则便为舆论所不容。

御前会议所创造的深入细致讨论问题的条件,有利于提高决策的水平。为了解除吐蕃对唐的严重威胁,德宗贞元三年(787)宰相李泌建议北和回纥、南通南诏、西结大食、天竺,以牵制吐蕃。德宗因在为雍王时曾被回纥所屈辱,故坚决不同意与回纥连和。李泌与德宗先后进行了十五次以上的深入商讨,最后德宗接受了李泌的主张,答应与回纥和亲。唐与回纥的连和,促进了唐与南诏、大食、天竺的关系,从而孤立了吐蕃。这一外交方略实施的结果,"蕃军太半西御大食,故鲜为边患,其力不足也"④。大大缓解了吐蕃对唐的威胁。事实证明这一决策是正确的,但是如果不是君相之间可以深入细致地进行反复的商讨,则这一决策就

---

① 《资治通鉴》卷二三三,唐德宗贞元四年(788)条,第7511—7512页。
② 《册府元龟》卷三三五《宰辅部·窃位》,第3954页。
③ 《册府元龟》卷三三六《宰辅部·依违》,第3972页。
④ 《旧唐书》卷一九八《西戎传》,第5316页。

未必能够产生。

唐代决策制度中制约机能的强化,对于决策质量的提高、减少失误起了积极的作用,史称"由是鲜有败事"①,基本上是符合实际情况的。

唐代所确立的三级决策体系以及高层常务决策会议所具有的特点,使决策的运作灵活而高效。武宗会昌二年(842),为了确定对于回纥犯边的对策,接连召开了一系列的决策会议。仅为了解决群臣对决策的意见分歧的问题,在八月下旬就先后召开了一次延英会议、三次宰相会议和两次百官大会。三种决策方式交叉运用,从而统一了整个统治集团的认识,较好地解决了对回纥方针问题。表明唐代决策方式的运作是相当灵活高效的。

唐代的朝参及仗下决策、延英决策等,虽然一般为每日或隔日一次,但是只要有重要的、紧急的问题均可随时接见或召开会议。这为及时商讨紧急大事、提高决策效率提供了保证。尤以延英决策会议具有小型、灵活的特点,因而发生问题时可以及时召开会议,以作出决策。武宗会昌二年(842)八月初,回纥突入大同川,进犯云州,八月"九日始奏到,故议发兵守备驱逐"②。这天接到边境的奏报之后,宰相李德裕等先召开宰相会议,提出了初步处理方案,然后请求召开延英会议。武宗立即召开了延英会议,做出了发兵守备驱逐的决策。这一过程从第二天宰相李德裕向武宗上呈的奏状《请发陈许徐汝襄阳等兵状》中可以看出,奏状称:"臣等昨日已于延英面奏,请太原、振武、天德各加兵备,向后不更往来救援,伏蒙圣恩许臣等以进状,请更征发陈、许、徐、汝、襄阳等兵"云云。③ 奏状中的"请太原、振武、天德各加兵备,向后不更往来救援"。是宰相在延英会议之前所准备的方案,这一方案在延英会议上由宰相"面奏"之后,得以批准。这表明八月九日召开延英会议之前已经开过了宰相会议。可见八月九日接到边境报告后,迅速召开了宰相会议及延英会议,从而做出了最终决策,可见其决策效率是相当高的。

---

① 《资治通鉴》卷一九三,唐太宗贞观三年(629)条,第6064页。
② 《资治通鉴》卷二四九,唐武宗会昌二年(842)八月条《考异》,第7964—7965页。
③ 《全唐文》卷七〇五,第7234页。

二 外交决策制度的特殊性

汉唐皇朝的行政决策体系由内政决策与外交决策等共同构成。外交决策作为行政决策中一个子系统，它与内政决策等既有基本的共性，又有其一定的特殊性。综观汉唐时期外交决策的特殊性主要表现在以下几个方面。

(一) 决策的信息来源和依据的不同

决策作为一种复杂的思维活动，首先必须依据一定的信息才能进行，在大量信息中经过筛选、分析，从而做出正确的决策。任何行政决策也都首先必须依据相应的信息或情报才有可能进行。外交决策的最大特点是其信息来源和依据与一般内政决策有所不同。外交决策的信息来源主要有两个方面。

一是使节和外交官员所提供的信息或提出的问题和建议。使节又包括两个方面，即对方的来使或来书所提出或引致的问题，以及己方所遣使节复命述职带回的信息、情报等。以汉代的外交决策为例，由对方来使、来书所提出或引致的问题，据我们在第一章所列举的御前决策十三例中，为六例，几近半数；公卿集议决策二十六例中，为八例，几占三分之一。由此可见这个方面是外交决策中重要的信息来源或依据之一。不过一般说来对方来使主要是提出或引致有关外交方面的一些问题，如和亲、盟誓、朝贡、谈判、交涉等，从而引致相关的决策行动。而己方使节所提供的信息、情报则直接对于决策之成败得失发生重要作用。张骞出使西域回来后，向汉武帝报告了"身所至大宛、大月氏、大夏、康居，而传闻其旁大国五、六"[①]的情况，导致汉武帝作出通西南夷及进一步通西域的决策，对于推动汉代外交起了不可估量的作用，就是最突出的事例。

在外交决策过程中，当对于对方的意图或内情尚未十分了解时，也常有意识地派遣使节前往获取信息，以为决策之参考。会昌元年（841）回鹘残部侵逼北边，究竟采取和抚政策还是武力驱逐，决策集团意见分歧，于是"诏以鸿胪卿张贾为巡边使，使察回鹘情伪"。不久又派通事舍

[①]《汉书》卷六一《张骞传》，第2689页。

人苗缜出使回鹘残部之一嗢没斯处，一方面了解原先下嫁回纥的太和公主的下落，另一方面以"卜温没斯逆顺之情"①。这都是有意识遣使以获取信息。

使节所刺探之情报，往往对决策起相当重要的作用。武则天万岁通天元年（696）吐蕃一方面遣使请和亲，一方面又要求罢安西四镇兵、分十姓之地，于是"朝廷使（郭）元振因察其事宜"②。正当朝廷犹豫未决时，郭元振回来，向武则天提交了一份长篇报告，详细分析了吐蕃的内部矛盾和有关情况，以及四镇、十姓之地得失的利害关系，提出既不割地撤戍，又不绝其和好冀望的策略，并以此缓兵之计等待吐蕃内部矛盾的爆发。武则天接受了郭元振的意见，巧妙地处理了这个问题，数年后果然吐蕃内部矛盾爆发。如果不是特派使节前往吐蕃，洞悉其内情，就不可能作出切中事机的决策，妥善地处理好这一微妙的外交问题。

二是边境行政、边防部门提供的信息或提出的问题和建议。汉唐时期，边疆地区行政和军事单位都须经常地、及时地向中央朝廷报告边境地区所发生的各种问题，其中许多都与外交有直接或间接的关系，从而为外交决策提供了必要的、宝贵的信息，成为外交决策的重要依据。早在西汉时边疆地区与中央朝廷之间就通过驿传系统建立了紧密的信息传递渠道，除了经常性的上报之外，如遇有紧急情况还可通过驿传向朝廷发"犇命书"③，快速报告紧急情报。

唐代建立了更为完备、严密的驿传系统，以向中央传递文书，并通过专职的"进奏官"和"奏事官"向朝廷报告边情。这对于唐朝庭及时掌握边境动态，进行外交决策，发挥了重要作用。

武宗会昌初，回鹘破亡后，残部侵逼北边，唐廷进行了一系列紧张的决策活动，试图驱逐其离开边境地区。在此期间，边境地区的进奏官及奏事官亦频繁入京，及时上报回鹘动态，而决策集团则据之以进行决策。会昌二年（842）九月十二日，李德裕上《请发镇州马军状》云："右，太原奏事官孙俦适到，云回鹘移营近南四十里，刘沔料必是缘契丹

---

① 《资治通鉴》卷二四六，唐武宗会昌元年（842）条，第7953、7957页。
② 《旧唐书》卷九七《郭元振传》，第3042—3043页。
③ 《汉书》卷七四《丙吉传》，第3146页。

不同，恐袭其背，所以移营。又幽州进奏官孙方造云，（张）仲武破回鹘之时，收得室韦部落主妻儿。昨室韦部落主欲将羊马金帛赎妻儿，仲武并不要，只令杀回鹘监使，即还妻儿。室韦使已领幽州军将同去杀回鹘监使。缘军将未回，仲武未敢闻奏。据此事势，正堪驱除。臣等问孙俦，与幽州合势向前移营，驱除得否，更要添多少兵马？孙俦答云，若系移营，亦不要添大段兵马，只缘大同军兵少，得易定一千人助大同，即得其镇州马军。臣等商量，不用征发稳便，未审可否？"① 其时太原奏事官与幽州进奏官均回京报告当地的边情，他们向宰相作了很详细的汇报，宰相的询问也非常细致、具体。宰相们根据他们报告的动态，召开了宰相会议，提出了处置方案，上报皇帝，请示可否。唐朝庭正是得力于奏事官和进奏官的报告而及时作出了调动河东、幽州兵马准备明春反击的决策，由河东节度使刘沔、幽州节度使张仲武等协同指挥。

其中又以奏事官来往最为频繁，提供的情报亦最为丰富和及时。李德裕在此期间的一系列奏状便反映了这方面的具体情况。其《请密诏塞上事宜状》中云："据太原奏事官孙俦称，昨来回鹘到横水栅杀戮军人百姓……请密诏刘沔与（张）仲武计会，先经略此贼。"② 这是根据河东节度奏事官之陈奏而作出的决策。《驱逐回鹘事宜状》称："又缘太原步兵钝弱，素为河朔所轻。兼本道奏事官孙寮、孙俦自称，太原兵敌回鹘不得，即须于河朔侧近别征兵。"③ 这是根据河东道奏事官报告的太原兵力状况所作的决定。《回鹘事宜状》谓："昨日奏事官论博言到，传（张）仲武语与臣，近稍得回鹘消息"云云④，这是卢龙节度奏事官之陈奏。《振武节度使李忠顺与臣状一道》曰："今日振武奏事官阎邱宏到，云却收到河东没落官健杨惟清等二人，称回鹘可汗在天德北三百里已下"⑤ 云云，这是振武军奏事官上报边情。《论天德军捉到回鹘生口等状》谓："臣等见今日天德军奏事官王可度云，每有回鹘投降及城来捉得十五人"

---

① 《全唐文》卷七〇五，第 7238—7239 页。
② 《全唐文》卷七〇四，第 7225—7226 页。
③ 《全唐文》卷七〇五，第 7235 页。
④ 《全唐文》卷七〇三，第 7214 页。
⑤ 《全唐文》卷七〇三，第 7215 页。

云云①，这是天德军奏事官上报边情。由此可见节度使和军镇均有奏事官频繁入京，报告边境动态。李德裕在会昌二年八月二十七日的《驱逐回鹘事宜状》中已提及太原奏事官孙俦向其奏事，同年九月十二日的《请发镇州马军状》又云"太原奏事官孙俦适到"，太原奏事官孙俦在八九月份中至少已经两度回京，其往返相当频繁。

由此可见，在制定对待回鹘问题的整个决策过程中，自始至终都紧密依靠边境发来的奏报或奏事官的口头报告，而这种奏报或奏事官的往还又是十分迅速和频繁的，这就保证了决策的信息需求，使决策能够达致最大限度的优化和具针对性。

（二）涉外知识与经验在外交决策中有重要作用

决策的首要问题是要达到某种预定的目标，不同的预定目标决定决策者需要具备相应的知识和经验。外交决策所要达到的目标是解决本国与其他国家的关系问题，以最大限度地实现本国的国家利益。因而进行外交决策时除了一般决策所需具备的条件之外，还需要有一定的关于外部世界的知识和外事经验。从汉唐外交决策制度的研究中，我们可以看到涉外知识和经验在外交决策中具有重要意义，这是外交决策与一般决策不同的特点之一。

汉武帝之所以能够做出一系列重大外交决策，采取一系列重大外交行动，实现"凿空"，首次打开通向世界的大门，这除了他本人的雄才大略，还与他对外部世界的了解和认识有关。他对外部世界的认识，主要是通过外交使节、降附者等方面获得，此外他也注意从载籍中学习，为了经略西域，"汉使穷河源，其山多玉石，采来，天子案古图书，名河所出山曰昆仑云"②。在听取使节汇报的同时还要查阅有关文献资料。

东汉时期西域曾经历"三绝三通"，决策集团对于西域之弃守纷纭不决，这一方面与当时的汉、匈奴、西域力量对比关系变化有关，另一方面则与东汉决策集团成员对西域的认识差异有一定关系。在东汉决策集团内部，放弃西域的论调和主张不时复起，仅安帝永初元年（107）至延光二年（123）的七年间，就曾掀起三次"放弃论"，其中有两次幸赖对

---

① 《全唐文》卷七〇四，第7232页。
② 《汉书》卷六一《张骞传》，第2696页。

西域具有实践经验和认识的人士反对而未获通过，只有一次因无反对者而得以通过。

安帝永初元年，西域发生叛乱，"公卿议者以为'西域阻远，数有背叛，吏士屯田，其费无已'"。于是作出撤销西域都护的决定。这次决策中没有人出来反对，当与其时因熟悉西域问题的西域都护段禧等人"道路隔塞，檄书不通"①，导致信息欠缺不无关系。

东汉撤出西域后，匈奴乘机占领西域，联合西域不断寇边。敦煌太守曹宗患之，于是派长史索班出屯伊吾。安帝永宁元年（120）北匈奴与车师后王共杀索班，曹宗请求出兵击匈奴，以报索班之耻，因复取西域。接曹宗奏报后，"公卿多以为宜闭玉门关，绝西域"。又一次掀起放弃西域的浪潮。在这种情况下，邓太后特召班勇出席公卿决策会议。班勇既反对曹宗的出兵主张，也反对公卿放弃西域的主张，而提出恢复敦煌营兵、设西域副校尉于敦煌、派西域长史出屯楼兰的三项主张。经过与公卿们反复辩论，邓太后批准了班勇的前两项主张，实现了对西域的一定程度的控制。但因未接受班勇出屯楼兰的意见，因而并未完全避免匈奴对河西的威胁。班勇之所以能够明智地排斥上述两方面的错误主张，提出切中事机的主张，很重要的原因是他对西域问题有较深刻的认识，他是经营西域三十一年的名将班超之子，成长于西域，"有父风"②，永初元年又曾任军司马出敦煌迎西域都护，有在西域的实践经验。

安帝延光二年（123）北匈奴与车师连兵，一再入侵河西，东汉无力还击。于是朝廷决策集团"因欲闭玉门、阳关，以绝其患"③。又一次掀起放弃西域浪潮。这时敦煌太守张珰上书反对说："臣在京师，亦以为西域宜弃；今亲践其土地，乃知弃西域则河西不能自存。"④ 张珰以其自身的实践经验表明，对西域重要性的认识与一个人是否亲践其地、是否有感性认识也有密切关系，也会影响决策者对这一问题的价值取向。他在上书中分析了西域和北匈奴的态势，提出对付这一问题的上、中、下三

---

① 《资治通鉴》卷四九，汉安帝永初元年（107）条，第1570页。
② 《资治通鉴》卷五〇，汉安帝永宁元年（120）条，第1603页。
③ 《后汉书》卷八八《西域传》，第2911页。
④ 《资治通鉴》卷五〇，汉安帝延光二年（123）条，第1625—1626页。

策。经过朝议，终于放弃了撤出西域的主张，基本上采纳了张珰的中策，决定以班勇为西域长史，率部进驻柳中。班勇破平车师，使西域自东汉建立以来经历"三绝"之后再一次复通。从这一决策过程可见，张珰由于职务经历而具有了对西域比较深刻的认识，因而对这一问题做出了明智判断，提出了切中事机的对策。

从上述三次关于西域问题决策的不同结果中，我们可以看到是否具有对于外部世界的知识或实践经验，对外交决策具有重要的意义。但是决策集团成员，特别是其核心成员不可能对于外部世界都有深刻的了解，更不必说实践经验了，因而正如在本篇各章节的叙述中我们已经看到的，在汉唐外交决策中，经常吸收具有对外部世界知识或实践经验的人员参加决策会议，就是很重要的措施了。

也正因为如此，一些具有对外部世界知识和实践经验的人员，就有可能在外交决策问题上与决策核心在认识上存在差异，甚至发生矛盾。西汉元帝建昭三年（前36）陈汤、甘延寿出使西域。陈汤"为人沈勇有大虑，多策谋，喜奇功，每过城邑山川，常登望"。是位很注意实地调查研究的有心人。他到西域后对这里的态势有了深刻了解，认识到如果坐待匈奴郅支单于完全控制乌孙、大宛等西域大国，则将对汉在西域的利益构成更为严重的威胁；又了解到郅支城守薄弱，因而与甘延寿谋划直捣郅支城下，袭杀之，以一举扭转西域局势。甘延寿虽然认为这是一条好计，但认为应向朝廷请示之后才能行动。陈汤说："国家与公卿议，大策非凡所见，事必不从。"显然，在他的心目中，朝廷对西域缺乏实际体验与认识，是不可能接受这个计划的。于是陈汤断然行动，顺利斩获郅支首级。这一着不仅直接解决了郅支匈奴对汉的威胁，而且"悬旌万里之外，扬威昆山之西……万夷慑伏，莫不惧震"[1]。大大提高了汉朝的国际威望和影响，并由此而促进了呼韩邪单于的附汉。尽管陈汤这一行动为汉带来极大利益，但因"矫制"而长期受到决策集团的非难。

汉唐时期随着外交的日益发展，以及常务决策制度的发展及其小型化，到了隋唐时期对于决策核心成员的涉外知识与经验较前更为注意，并有了明显的提高。隋朝两帝的外交决策核心成员长孙晟、裴矩都是具

---

[1] 《汉书》卷七〇《陈汤传》，第3010、3017页。

有丰富的外部世界知识和实践经验的人物。长孙晟曾在北周时出使突厥,"因察山川形势,部众强弱,皆尽知之"。在突厥生活多年,洞悉其内情,并与突厥可汗、贵族建立了密切的私交。隋初他向隋文帝介绍突厥情况,"口陈形势,手画山川,写其虚实,皆如指掌。上深嗟叹,皆用纳焉"。当时突厥强大,为隋北边之威胁。他向隋文帝提出了"远交而近攻,离强而合弱"的策略,即通使西方的玷厥、阿波,联络东方的处罗及其控制下的奚、霫等族,以孤立和削弱摄图。文帝采纳了长孙晟的计策,"反间既行,果相猜贰"①。长孙晟身体力行,频繁出使突厥,而且被纳入决策核心,参与决策谋划,协助隋文帝贯彻这一外交方针,经过十余年的努力,终于解除了突厥对隋的威胁。

裴矩也是一位通晓外部世界的人物,其在张掖掌管对西域诸蕃的贸易期间,即注意搜集西域之"国俗山川险易,撰《西域图记》三卷,入朝奏之"。于是隋炀帝"每日引(裴)矩至御坐,亲问西方之事……帝由是甘心,将通西域,四夷经略,咸以委之"②。裴矩成为隋炀帝进行外交决策的核心成员。

唐代确立了宰相决策制度,外交决策亦为其所主管。唐代宰相有不少是比较熟悉外部世界之情况,或有相应之实践经验者。唐代在选拔宰相时,也比较注意以此作为重要条件。武则天长安三年(703)西突厥突骑施酋长乌质勒与诸部不和,举兵相攻。时"安西道绝,表奏相继。则天令(唐)休璟与宰相商度事势,俄顷间草奏,便遣施行。后十余日,安西诸州表请兵马应接,程期一如休璟所画。则天谓休璟曰:'恨用卿晚。'因迁夏官尚书、同凤阁鸾台三品。又谓魏元忠及杨再思、李峤、姚元崇、李迥秀等曰:'休璟谙练边事,卿等十不当一也。'"唐休璟因熟悉边事而被吸收参加宰相会议,由于其表现出色,旋即被武则天任命为宰相,并责备诸宰相在这方面远不如唐休璟。唐休璟曾长期担任边将,历官营府户曹、丰州司马、安西副都护、西州都督、凉州都督等,因而"自碣石西逾四镇,绵亘万里,山川要害,皆能记之"③。是位谙练边事、

---

① 《隋书》卷五一《长孙晟传》,1330、1331页。
② 《隋书》卷六七《裴矩传》,第1578、1580页。
③ 《旧唐书》卷九三《唐休璟传》,第2979页。

熟悉蕃情的官员。

不过，被武则天责备的诸宰相也并非都不熟悉边事。魏元忠在圣历二年（699）曾检校并州长史、天兵军大总管，"以备突厥"；后为陇右诸军大使，"以讨吐蕃；又为灵武道行军大总管御突厥"①。也是一位颇有边事经验的边将。唐代的宰相中像这样有边疆大吏之经历者不在少数。如睿宗朝宰相郭元振，既担任过凉州都督、安西大都护等边职，又担任过外交职务，曾出使吐蕃，并担任主客郎中，在西域、吐蕃问题上堪称专家。名相张说，自谓"久在疆场，具悉边事"②。肃宗朝宰相郭子仪不仅出身边将，熟悉蕃情，而且与回纥上层关系密切，威望甚高。类似情况，不胜枚举。

有的宰相对于外部世界还颇有专门研究。德宗朝宰相贾耽是其中之突出代表。贾耽于德宗贞元九年（793）至顺宗永贞元年（805）为宰相，前后十三年之久。他"好地理学"，在为相期间更利用职务之便，从外交使节中调查访问，搜集资料，深入研究了域外地理："凡四夷之使及使四夷还者，必与之从容，讯其山川土地之终始。是以九州之夷险，百蛮之土俗，区分指画，备究源流。"他积三十年之功，于贞元十七年（801）撰成《海内华夷图》及《古今郡国县道四夷述》四十卷。他自述两书之旨趣曰："绝域之比邻，异蕃之习俗，梯山献琛之路，乘舶来朝之人，咸究竟其源流，访求其居处。阛阓之行贾，戎貊之遗老，莫不听其言而掇其要；闾阎之琐语，风谣之小说，亦收其是而芟其伪……中国以《禹贡》为首，外夷以《班史》发源，郡县纪其增减，蕃落叙其衰盛。"③他除了根据中国古代地理、历史著作之外，特别注意从外交使节、外商、外侨中广泛采访搜求。该书图文并茂，实为中国古代对域外地理研究之大成，而贾耽则堪称域外地理学大家。贾耽的域外地理研究，是唐代外交发展在学术文化上的反映。同时该书对当时外交工作又具有很大实用参考价值，"或指图问其邦人，咸得其真"④。贾耽研究地理学的目的就是为实用

---

① 《新唐书》卷一二二《魏元忠传》，第4344页。
② 《旧唐书》卷九七《张说传》，第3053页。
③ 《旧唐书》卷一三八《贾耽传》，第3784—3786页。
④ 《新唐书》卷一六六《贾耽传》，第5084页。

服务。在此之前，鉴于"自吐蕃陷陇右积年，国家守于内地，旧时镇戍，不可复知"，贾耽"乃画陇右、山南图，兼黄河经界远近，聚其说为书十卷"（包括《关中陇右及山南九州等图》一轴、《别录》六卷、《河西戎之录》四卷），以备"遣将护边"①之用。贾耽的地理学研究对于当时外交决策和行动无疑是有很大参考价值的。

对域外世界的认识不仅体现于决策者个人的知识掌握上，也体现于整体的资料积累和知识水平的提高上。汉唐皇朝在发展对外关系的同时，注意通过使节往还搜集、积累有关域外的资料。使节返国后，皇帝常亲自询问了解域外各方面情况。外国使节到达后，主要由主管外交接待的鸿胪等有关官员负责了解该国情况。到了唐代搜集这方面资料的工作已经发展为有组织地进行，规定由史馆负责搜集、汇综政府各部门所获得的有关域外资料。每当蕃国使节来到后，鸿胪寺要"勘问土地、风俗、衣服、贡献、道里远近，并其主名字"②上报史馆。其他部门如有这方面资料也向史馆上报。史馆也可主动向有关部门索取或了解这方面资料。因而唐代关于域外世界的著述，不仅有宰相或使节等个人所作，也有由史官所作的官修著述。高宗时曾"遣使分往康国、吐火罗，访其风俗物产，画图以闻，诏史官撰次"③，修成《西域国志》六十卷。这些有关域外世界的官私著述，对于提高决策群体的整体知识水平无疑是有很大帮助的。

总之，外交决策之成败得失，一般说来与决策者的外部世界知识和经验成正比关系，所具备之知识、经验丰富，则决策成功率相对较高，反之则相对较低。

（三）根据信息反馈做出追踪决策的情况较为频繁

任何决策的目的都是为了实行，在实行过程中决策者还要不断了解其效果及出现的新情况新问题，以做出必要的调整或修正，这在行政学上称为"追踪决策"。决策实行中的信息反馈及由此而做出的调整或修正，是整个决策中的必要组成部分。一般说来外交决策根据信息反馈所

---

① 《旧唐书》卷一三八《贾耽传》，第3784页。
② 《唐会要》卷六三《史馆上》，第1285页。
③ 《新唐书》卷五八《艺文志二》，第1506页。

作追踪决策较内政决策频繁。这是因为在闭塞的古代社会中，内政决策基本上只考虑国内因素，即国内人民的承受程度，而不顾及国外因素；而外交决策则要复杂得多，除了考虑国内因素，还要考虑国外因素，包括当事国的情况以及可能引致之国际影响等。因而古代统治者对于内政决策作出调整、修正就比较罕见和困难，而在外交决策的执行过程中，由于错综复杂的内外因素而对于决策做出调整、修正的情况就比内政决策要常见和频繁。

首先，根据当事国的信息反馈作出追踪决策。根据外交决策所施行的当事国的信息反馈而做出相应调整、修正的情况是比较常见的。这包括根本性的修正和非根本性的修正两个方面。

根本性的修正，主要表现为对于双方的战争与和平、友邦与敌国关系的调整和转变。

西汉初年，雄踞大漠南北的匈奴对其构成严重的威胁。汉七年（前200）高帝"使人使匈奴。匈奴匿其壮士肥牛马，但见其老弱及羸畜。使者十辈来，皆言匈奴可击"[1]。根据这一并不确切的信息，高帝作出亲征匈奴的决策，结果遭到大败。通过这场战争，高帝确切掌握了匈奴的虚实，事实是"当是时，冒顿单于兵强，控弦四十万骑"[2]。于是高帝在与刘敬商议之后，把对匈奴的方针作了根本性修正，改而采取和亲政策。从此，这成为汉初六七十年间对待匈奴的基本方针。

唐中宗景龙二年（708）西突厥突骑施酋长娑葛与其部将西突厥王族阿史那忠节相攻，娑葛请求唐廷除之，安西大都护郭元振亦请如其奏。阿史那忠节则请求唐发安西兵及联合吐蕃以攻击娑葛。在宰相宗楚客、纪处讷的主谋下，唐廷决策支持阿史那忠节，派冯嘉宾持节安抚阿史那忠节，发甘、凉以西兵，联合吐蕃，以讨娑葛。于是娑葛自立为可汗，发兵抗唐，生擒阿史那忠节，杀唐使冯嘉宾，"乃陷安西，四镇路绝"[3]。在这种情况下，娑葛仍致书郭元振，表明自己本无仇于唐，只因宗楚客等偏听偏信支持阿史那忠节。郭元振将娑葛书信转致朝廷，并相继派遣

---

[1] 《史记》卷九九《刘敬列传》，第2718页。
[2] 《汉书》卷四三《刘敬列传》，第2122页。
[3] 《旧唐书》卷九七《郭元振传》，第3048页。

其子郭鸿、部属和守阳等向朝廷奏明事实真相①。于是朝廷决策"赦娑葛罪，册为十四姓可汗"②。当时西域的情况是，唐朝传统上支持的西突厥阿史那氏汗系后裔已经式微，突骑施汗国正在崛起，南面的吐蕃正觊觎十姓、四镇之地，西边的大食正图东向扩张。唐朝采取支持阿史那氏、联合吐蕃攻击突骑施的决策显然是与变化了的西域形势不相适应。在这一决策实施过程中不断的信息反馈证明其是错误的，于是作了重大修正，改而采取承认并支持突骑施的方针。结果"西土遂定"③。突骑施成为唐在西域的有力屏藩，对于遏制吐蕃、大食的进犯起了积极作用。

非根本性修正，即外交方针政策的局部调整，这方面的情况就更为常见、频繁了。

汉宣帝神爵二年（前60）乌孙昆弥翁归靡上书提出：将以汉外孙元贵靡（即武帝时下嫁乌孙之解忧公主所生长男）继位为昆弥，请求再与汉公主结婚，而与匈奴断绝关系。朝廷决策答应乌孙要求，以相夫为公主下嫁元贵靡，以常惠为特使护送前往。常惠一行尚未出塞，得知乌孙政局变化，翁归靡死，贵族拥立匈奴公主所生泥靡为昆弥，元贵靡不得立。常惠上书提出将相夫公主留在敦煌，自己前往乌孙责其背约，待其重立元贵靡之后，再回敦煌迎接相夫公主前往乌孙。朝廷得报后，召开决策会议，大鸿胪萧望之仍坚持反对与乌孙和亲的前议，认为："乌孙持两端，亡坚约，其效可见。前少主在乌孙四十余年，恩爱不亲密，边境未以宁，此已事之验也。"宣帝采纳了萧望之的建议，召还相夫公主，此后"汉遂不复与结婚"④。这次取消与乌孙的和亲，一方面因乌孙背约，另一方面则总结长期与乌孙关系的历史经验教训，感到和亲对发展双方关系意义不大。汉朝虽然不再以婚姻方式来维系双方关系，但是仍然继续与乌孙保持联系和接触。这只是策略手段的调整，并非双方关系根本性的转变。

唐武宗会昌元年、二年（841—842）期间，回鹘乌介可汗率部众往

---

① 和守阳事不见史籍记载，见于《唐故中大夫使持节江华郡诸军事江华郡太守上柱国和（守阳）府君墓志铭》，周绍良、赵超：《唐代墓志汇编》，第1580—1581页。
② 《旧唐书》卷九七《郭元振传》，第3048页。
③ 《新唐书》卷二一五下《突厥传下》，第6067页。
④ 《汉书》卷七八《萧望之传》，第3279页。

来于唐北部边塞天德、振武之间，唐廷制定了令其退回漠南的基本方针，但其一直不肯退回，继续侵扰边境。为此唐廷根据信息反馈，接二连三调整、修正相关决策。其一，根据使者杨观报称，可能因回鹘那颉啜屯于山北，乌介可汗恐其与奚、契丹连谋袭击，故不敢远离塞下。于是唐廷令卢龙节度使张仲武联合奚、契丹迎击那颉啜部。那颉啜败逃，被乌介可汗擒杀。但是乌介可汗仍不肯退回漠南①。其二，又据数位从回鹘返回的使者报称，乌介可汗迟迟不肯退出，是因等待、邀求"马价"②。所谓"马价"，乃指"回鹘自肃、代以来，以马与中国互市，随其直而偿其价"③。于是朝议决策尽以马价给之，但其仍然不退。其三，付给其马价绢之后不久，乌介可汗更越过边界，深入云州。于是唐廷决策调遣军队，待明春以武力驱逐。

对于回鹘乌介可汗的犯边，唐廷的总方针是令其退出边境，返回漠南。在贯彻执行这一方针过程中，唐廷不断根据信息反馈而调整决策，前两次是图谋以间接的、较为和平的手段令其退出，最后不得已才决定以武力手段达到目的。这是在总方针不变的情况下调整、变换策略手段。

其次，国际影响也是调整、修正外交决策的因素之一。外交决策的重要特点是它不仅与当事国发生直接关系，而且具有国际间的连锁反应，从而产生正面或负面的国际影响。当这一决策可能产生负面的、消极的国际影响时，也促使改变或调整原先的决策。

前述汉宣帝神爵二年（前60）决定以相夫公主嫁乌孙后，因乌孙政局变化，朝廷再次商议是否继续与乌孙和亲。萧望之主张召回公主，不再与乌孙和亲，其所阐述的理由之一是："今少主以元贵靡不得立而还，信无负于四夷，此中国之大福也。"④ 认为召回相夫公主一事，责任在乌孙一方，因其背约，而己方已履行了承诺，在"四夷"面前并无道义之亏。汉朝最后重新作出召回相夫公主的决策，考虑到在国际上不致产生不良后果和负面影响，也是重要原因之一。

---

① 《资治通鉴》卷二四六"唐武宗会昌二年"条载，第7962—7963页。参见李德裕《奏回鹘事宜状》，《全唐文》附《唐文拾遗》卷二八，第10682—10683页。
② 《全唐文》卷六九九，李德裕：《赐回鹘可汗书》，第7183页。
③ 《资治通鉴》卷二四六"唐武宗会昌二年五月"条胡注，第7962页。
④ 《汉书》卷七八《萧望之传》，第3279页。

东汉和帝永元三年（91），窦宪破北匈奴后，北单于逃亡，其弟於除鞬自立为单于。窦宪提议遣使立於除鞬为单于。和帝付诸廷议，多数附和窦宪之议，袁安等人反对，主张让南单于返回漠北部领北匈奴余众。廷议的结果上奏之后，袁安又上书进一步阐述己见："伏念南单于屯，先父举众归德，自蒙恩以来，四十余年。三帝积累，以遗陛下。陛下深宜遵述先志，成就其业。况屯首唱大谋，空尽北虏，辍而弗图，更立新降，以一朝之计，违三世之规，失信于所养，建立于无功……《论语》曰：'言忠信，行笃敬，虽蛮貊行焉。'今若失信于一屯，则百蛮不敢复保誓矣。又乌桓、鲜卑新杀北单于，凡人之情，咸畏仇雠，今立其弟，则二房怀怨，兵、食可废，信不可去。"① 认为如果重立北单于，一方面失信于南单于，同时也将失信于"百蛮"；另一方面将使参与进攻北匈奴的乌桓、鲜卑担心、怀怨。主张在处理外交关系时也应讲求诚信。由此可见袁安反对再立北单于，主要是从国际上可能产生的负面影响考量的。其时窦宪专权，此议最终虽被和帝批准，但不久於除鞬叛逃，东汉出兵将其消灭。袁安之议当时虽未获通过，但它表明任何一桩外交举措都不是孤立的，都会产生错综复杂的国际影响；后来的事实发展表明袁安的意见是正确的。

贞观十五年（641），遣使册封西突厥叶护可汗，同时"又命使者多赍金帛，历诸国市良马"。于是魏徵谏曰："可汗位未定而先市马，彼必以为陛下意在市马，以立可汗为名耳。使可汗得立，荷德必浅；若不得立，为怨实深。诸国闻之，亦轻中国。市或不得，得亦非美。苟能使彼安宁，则诸国之马，不求自至矣。"② 认为这种做法不仅将招致西突厥的不满，还将导致其他国家轻视中国；反之则不仅增强西突厥之向心力，也可提高唐之国际威望，则诸国之马不求自至。唐太宗接受了魏徵的意见，立即下令召回市马使者。这是从国际影响考虑而收回成命。

最后，国内因素也是修正、调整外交决策的原因之一。外交决策施行的对象虽然是在境外，然而它与内政也是息息相关的。

---

① 《后汉书》卷四五《袁安传》，第1520—1521页。
② 《资治通鉴》卷一九六，唐太宗贞观十五年（641）条，第6168—6169页。《贞观政要》卷二《纳谏第五》所载稍详，第61页。

汉武帝通西域虽然打开了外交的大门，但同时伴随着频繁的军事行动，前后三十余年，导致"海内虚耗"。征和四年（前89）桑弘羊等上书建议屯田轮台以东，"稍筑列亭，连城而西，以威西国，辅乌孙，为便"。武帝就此下诏，"深陈既往之悔"，曰："曩者，朕之不明，以军候弘上书言'匈奴缚马前后足，置城下，驰言"秦人，我匄若马"'，又汉使者久留不还，故兴遣贰师将军，欲以为使者威重也……今请远田轮台，欲起亭隧，是扰劳天下，非所以优民也，今朕不忍闻……当今务在禁苛暴，止擅赋，力本农，修马复令，以补缺，毋乏武备而已。"[1] 武帝主要是就对外征伐而进行反思，但这同时也是对于数十年外交的一次反思。为了进行外交而兴师动众、劳民伤财，以致"民力屈，财用竭"。因而武帝决心减少对外活动，集中力量于内政，减轻人民负担。这是根据国内因素而对外交方针所作的重大调整。

汉宣帝神爵二年（前60）于中途召回和亲乌孙的相夫公主，其中原因之一是："少主不止，徭役将兴。"[2] 认为和亲将加重国内人民的负担，也是从国内因素考量而对外交决策所作的局部调整。

贞观四年（630），高昌王麹文泰入朝，西域诸国纷纷要求随麹文泰遣使朝贡。于是太宗让麹文泰之使臣前往迎接他们。魏徵谏曰："中国始平，疮痍未复，若微有劳役，则不自安。往年文泰入朝，所经州县，犹不能供，况加以此辈。若任其商贾来往，边人则获其利；若为宾客，中国即受其弊矣。汉建武二十二年，天下已宁，西域请置都护、送侍子，光武不许，盖不以蛮夷劳弊中国也。今若许十国入贡，其使不下千人，欲使缘边诸州何以取济？人心万端，后虽悔之，恐无所及。"[3] 当时高昌使者已经出发，唐太宗听取魏徵进谏后，立即派人追赶高昌使者，收回成命。这也是从减轻国内人民负担，尤其是边郡人民负担，以巩固国内统治出发而对外交决策所作的调整。

三 汉唐外交管理体制的演进及其特点

以上我们分别叙述了汉唐时期的中央外交管理机构和地方外交管理

---

[1] 《汉书》卷九六下《西域传下》，第3912—3914页。
[2] 《汉书》卷七八《萧望之传》，第3279页。
[3] 《旧唐书》卷七一《魏征传》，第2548页。

机构，从中可见汉唐时期的外交管理体制大体经历了汉代的确立阶段，魏晋南北朝时期的调整阶段，至唐代而进入其成熟、完善的阶段。

汉代所确立和构架起的从中央到地方的系统的、完整的外交管理体系，为先秦乃至秦代所未见，这在中国古代外交制度发展史上是空前的创举，并为日后历朝外交管理体制奠定了基础。这一外交管理体制的确立，并非一蹴而就，是随着外交形势和政治制度的发展变化以及客观需要而不断建置、充实和改革，逐步形成和确立起来的。

首先，从中央专职机构来看，在汉代曾经历了三次较大的建置和改革。

第一次是在汉武帝时。西汉初年，继承秦制，外交管理机构基本上是单一的，只由"典客"一个机构负责。这一机构就是日后汉代主要的外交管理机构—大鸿胪的前身。从机构名称而言，中经景帝中六年（前144）改称为"大行令"之后，武帝太初元年（前104年）始更名"大鸿胪"，并将其属官"行人"改称为"大行令"。此后除王莽曾一度将其改称"典乐"之外，便固定名称为"大鸿胪"。这不仅是名称上的改变，组织机构上也相应作了设置和充实。太初元年改称"大鸿胪"的同时，增设了新的下属机构，如"别火令""大行治礼丞"等。此外先后设置者尚有"译官令""大鸿胪文学"等。这些都体现了外交管理机构由简单向复杂演变的趋势。由此可见汉武帝时是外交机构建设的一个重要时期。这是因为汉武帝时中国古代外交进入了一个新的阶段。汉初在外交上与秦代相比，还没有太大的改变，自汉武帝通西域，打开了通向世界的大门，积极推展对外交往，外交得以空前发展。为了适应外交发展的需要，于是大力加强外交管理机构的建设。从大鸿胪新设之属官观之，当因外交工作需要而增设，如大行治礼丞为司仪所需，译官令为语言文字沟通之需要等。与此同时汉武帝又增强了尚书的权力，以尚书四员负责政务之上传下达，从《汉旧仪》《汉官仪》等的记载来看，可能已将尚书分为四曹以理事，其中当有分管外交事务之"客曹"。从此，这个部门的地位日益上升，成为与大鸿胪并行之外交管理机构。可以说汉代外交管理的多元化是从汉武帝开始的。

第二次是在汉成帝时。成帝时对外交管理机构作出两项重要建设和改革措施，一是将原来专门掌管归附汉朝的周边民族和属国的"典属国"

撤销,合并于大鸿胪。这是因为典属国的职掌与大鸿胪的职掌有许多交叉、重叠,因而合并为一个机构。这样就进一步加强和扩充了大鸿胪的机构和职能。二是将尚书四曹增设为五曹,其中一曹为主管"外国四夷"政务之"客曹"。这是文献明确记载设置客曹尚书之始。至此尚书客曹正式成为中央外交管理机构,与大鸿胪共同构成双轨并行的外交管理体制。这成为此后中国古代基本的外交管理体制模式。

第三次是在东汉光武帝时。光武帝将尚书主客曹分为南、北两主客曹,在尚书六曹中有二曹负责外交管理。同时增加了协理具体事务之郎官,每曹六郎,两主客曹共有尚书郎十二员,在全部三十六员尚书郎中占了三分之一。由此可见尚书主客曹的机构在东汉有了较大的发展。对于大鸿胪则进行了精简,裁撤了译官、别火二令、丞,把与外交无关之郡邸长、丞撤销,由郎官具体管理郡邸事务。经过改革和调整,东汉大鸿胪减少了一些与外交无关的职事,《历代职官表》按语有云:"西汉封拜诸侯王,以大鸿胪行事,至后汉而《礼仪志》所载,则皆谒者引赞,是其职已移之谒者台。"[①] 大鸿胪所主封国事务已被谒者台分割一部分。这是大鸿胪外交职能在逐步突出的一个表现。光武帝的改革进一步巩固了中央外交管理机构的双轨制度。

其次,从地方外交管理机构来看,汉代也有过三次比较重要的建置时期。

第一次还是在汉武帝时。其时一方面在边疆地区"开置边郡"[②],将其与内地一般行政机构加以区别,赋予重要的外交权力;另一方面则在外交任务尤为重大、繁忙的边境地区,设置镇抚机构,这主要是在开通西域后,于其地"置使者校尉领护,以给使外国者"[③],开日后设置西域都护之先河。此外还在上谷设置护乌桓校尉,拥节监领乌桓、鲜卑。这样就构成了由"边郡"和镇抚机构组成的边境外交管理体系。汉代边境地区这一多元的外交管理体制,也是在汉武帝时期确立起来的。

第二次是在宣、元时期。宣帝神爵三年(前59)正式设置西域都护,

---

① 《历代职官表》卷三三《鸿胪寺》"北齐"按语,第883页。
② 《汉书》卷六四下《严助传》,第2776页。
③ 《汉书》卷九六上《西域传上》,第3873页。

并护南北道，成为正式的职官，大大加强了其外交职能。元帝时又增置西域戊己校尉，进一步强化了对西域的镇抚和对外职能。

第三次也是在东汉光武帝时。其时一项重要措施是设置使匈奴中郎将，以负责匈奴事务。

通过上述三次较大的建置，从两个方面加强了地方外交管理机构建置，一方面通过设置"边郡"以加强边境地方行政机构的外交职能；另一方面则通过设置完备的边境镇抚机构，构筑和强化了从西北经北边直达东北边境的庞大的镇抚体系，与边境州郡及边防部门共同构成三位一体的对外管理网络，完成了地方外交管理体制的多元化进程。

魏晋南北朝是外交管理机构的调整时期，其间进行了几次重大的调整。

第一次为太康改制。魏晋继承汉制，曹魏的五曹尚书和西晋初年的六曹尚书中，均有客曹尚书的设置，太康年间撤销了客曹尚书的建制，从此以后在尚书机构中不再设置客曹这一部门。太康改制后，只保留尚书主客曹郎的建置，从此以后尚书主客曹郎成为外交政务之主要管理者，表明尚书台中的外交管理机构降格为尚书诸部之下的一曹。这也意味着主管外交之官员被排除于决策集团，成为专业的外交行政官员。太康改制后将尚书台外交管理部门定格于主客曹，遂成为此后历朝之成制。

第二次为东晋缩编。西晋皇朝瓦解之后，司马氏偏安江左建立东晋政权，由于国势羸弱，土宇窄小，外交事务大为减少，于是进入了外交管理机构的大缩编时期。①将主管外交事务之大鸿胪撤销，采用"有事权置，事毕即省"的办法，根据实际需要而随时权设。大鸿胪之职掌亦有所削减，"惟掌导护赞拜，不复主宾客之礼"①。几沦为司仪之官。②裁撤尚书主客曹郎，先是将西晋之左右南北四主客曹合并为一个主客曹，尔后又将其撤销。今世有"弱国无外交"之语，衡诸历史事实，似有几分道理。

第三次为南北朝之复振。经过东晋十六国一百余年战乱中的调整和交融，演至南北朝时期，南北政权陆续进入相对稳定阶段，国势有所上升，外交亦有了相应的起色和不同程度的发展，因而外交管理机构亦随

---

① 《历代职官表》卷一一七《理藩院》"宋齐梁陈"按语，第461页。

之复振，并不断进行改革和调整，以适应变化了的形势，从而为隋唐外交管理机构的完善和成熟准备了条件。南朝于刘宋初年恢复了尚书主客曹的建置，虽然在元嘉十年（433）曾一度废置，但旋即恢复，此后相沿不替。北魏前期甚至模仿汉制设主客尚书，孝文帝时则仿南朝之制设置尚书主客曹。另一外交管理机构大鸿胪的恢复，北朝要早于南朝，北魏前期已见大鸿胪之记载，太和十五年（491）已明令设置"主客少卿"（即鸿胪少卿）。而南朝则迟至梁武帝天监七年（508）始恢复大鸿胪的建制。至此中央两个专职外交管理机构在南北方均得到了恢复。重建之后的这两个专职外交管理机构及其相互关系均已有所发展变化。魏晋时期尚书与曹郎的统辖关系不明，至南北朝中后期统属关系逐渐明晰，主客曹在南朝统辖于左仆射，在北齐统辖于祠部，开隋唐主客曹隶属于礼部尚书之先河。南朝将"大鸿胪"名称改为"鸿胪"，以鸿胪卿为其长，北齐将大鸿胪改称鸿胪寺，遂均为隋唐所沿用。两者职权的轻重关系也已十分明显。尚书主客曹掌管外交政务，鸿胪寺掌管外交事务的特性日益鲜明。尚书主客曹不仅继续掌管外交政令，而且承担外交礼宾接待事务，原属大鸿胪的执掌不少已转归尚书主客曹。尚书主客曹在外交管理中的地位和作用上升，凌驾于鸿胪之上。但是在主客曹地位和作用上升，取代大鸿胪许多外交职掌的同时，中书省的中书舍人又取代尚书主客曹、鸿胪寺而承担了重要的外交职掌，他们不仅负责外交文书的起草，而且担负具体的外交接待事务。

南北朝时期外交管理机构调整、改革的进程中，其外交管理的专业性质日趋明显突出，从而推动了外交管理水平的提高。外交接待制度和使馆制度的提高就是其突出的表现。前者可以主客郎在接待来使之后须上交接使《语词》的工作总结报告为代表，后者可以"诸国使邸"即国别使馆之出现，及使馆之外交场所职能的日益突出为代表。这些都表明到了南北朝时期外交的管理制度和水平已达到了一个崭新的高度。

魏晋南北朝地方外交管理方面最突出的一个特点就是边境镇抚系统的陵替。由于这一时期分裂割据，失却了汉代统一皇朝之对外国力，外交之注意力和重点已转移至各割据政权之间，因而边境镇抚系统较之汉代大为收缩和削弱。魏晋南北朝虽然继承汉代制度，各政权均设置各种持节领护郎将、校尉之职，然而大多由刺史兼领，徒具虚名；有的向着虚衔化发展,成为赠官;有的只管理民族事务,并无外交职事。真正负有外交管理职责者寥寥无几。

历经两汉魏晋南北朝八百余年的演进,至唐代外交管理体制已发展成熟与完善,其主要表现在以下五个方面。

(一)外交决策与执行之分离

汉唐时期的外交管理体制经历了决策与执行功能由合而分的发展变化进程。

西汉前期,外交决策与执行基本上是合一的,其时丞相总理万机,集决策与执行于一身,遇有外交大事,行政系统的公卿与武官系统的将军往往共同会议,共商决策。到了西汉中后期,外交决策与执行出现了第一次分离。从武帝开始逐步形成"中外朝",皇帝常依靠中朝进行外交决策,一定程度上削弱了外朝的决策权力,导致外交决策与执行功能的分离现象。到了东汉时期,由于中外朝界限的消失,两者又在新的意义上合一。

产生这一变化的原因,主要是与中央职官制度和权力配置的变化有关。西汉前期丞相位尊权大,从而可以做到决策与执行的合一。汉武帝时期削弱相权,皇帝转而直接依靠中朝,导致了决策与执行功能的分离。到了东汉,作为中朝官首领之大司马成为三公之一的太尉,他与外朝官首领丞相(东汉称司徒)、御史大夫(东汉称司空)共同构成"三公",集体掌管决策与执行大权。东汉制度规定:"凡国有大造大疑",均由三公"通而论之";"国有过事",亦由三公"通谏争之"[1]。外交作为国家大事,自然亦由三公"通而议之""通谏争之",外交决策与执行又在新的条件下归于合一。

魏晋南北朝时期外交决策与执行的分合关系经历了曲折的演变进程。曹魏时期继续东汉之制,尚书基本上仍作为皇帝的近臣而在内廷决策中起着重要作用,与外朝公卿还存在一定的"内""外"关系。与此同时又有中书监、令"制断时政"[2]于"中"。到了西晋时期,这一发展趋势的

---

[1] 《续汉书》志二四《百官志一》,见点校本(宋)范晔《后汉书》,中华书局1965年版,第3557页。

[2] 《三国志》卷二五《魏志·辛毗传》,第698页。

结果导致"尚书制断,诸卿奉成"①,尚书从后台出现于前台,既主持决策,又指挥执行,从而使决策与执行又在新的条件下归于合一。到了南北朝时期,尚书台的决策权力又不断被中书、门下和皇帝的恩幸所侵夺。到了梁代更发展为以中书、门下为主的"内省"与以尚书为代表的"外朝"的内外关系②,从而使决策与执行再次呈现分离的趋势,这为隋唐时期进一步从制度上明确规定决策与执行的分离准备了条件。这一变化进程虽然曲折复杂,但是总的说来是向着两者分离的方向发展,这是外交管理制度进一步成熟和完善的表现。

经过两汉魏晋南北朝长期实践的积累与探索,到了唐代,随着三省制的确立,决策与执行功能分离关系已经制度化,这就是"中书主出令,门下主封驳,尚书主奉行"体制的确立。中书、门下为决策机构,尚书为执行机构,这就从职官制度上对两者的分离作了明确的规范。这是八百多年来两者不断分合演进的一个总结。唐初尚书省长官作为宰相参与决策时,决策与执行仍然是合一的。随着尚书省长官之从宰相中析出,以及宰相之从兼职向专职之转变,终于使决策与执行实现了明确的分离。唐后期使职差遣在外交领域的盛行并没有改变这种分离关系,仍然在由中书门下指挥下由使职差遣执行各项外交任务。翰林学士在决策中地位的上升,则在新的意义上使决策与执行功能进一步分离。

决策与执行功能分离关系的发展,导致决策机构的常务化、规范化、小型化,对于提高决策水平,推动决策质量与效率的提高具有积极意义。同时又使外交行政管理机构更加专业化,尤以作为专职外交机构的鸿胪、主客,其外交职能较以往任何朝代都更为鲜明突出。这标志着我国古代外交管理制度到了唐代已发展到了一个新的高度和水平,并为日后两者之进一步分离奠定了基础。

(二) 外交政令与外交事务之分离

汉唐时期外交政令与外交事务亦经历了由相互纠缠不清而至分工明确、相互分离的发展进程。汉代虽然基本上以大鸿胪为外交事务机构,

---

① 《晋书》卷四六《刘颂传》,第1303页。
② 参见祝总斌《两汉魏晋南北朝宰相制度研究》第七章第一节(四),中国社会科学出版社1990年版,第220页。

以客曹尚书主管外交之政令，但是两者之间职事分工不明、相互侵权之现象已日益增多。及至魏晋南北朝，随着尚书台地位之上升，尚书主客曹不仅负责外交政令之颁行，凌驾于大鸿胪之上，而且取代其执行大量外交事务，外交政令与外交事务之缠绕不清，较汉代又有过之而无不及。不独作为外交专职机构之鸿胪、主客之间职掌多所重叠缠绕，关涉机构中亦存在相同的情况，已经发展成为决策机构的中书省，其属官中书舍人不仅掌管外交政令，亦参与大量的外交事务。

及至唐代，随着古代官制之发育成熟，外交管理部门中外交政令与外交事务之分工明确，两者相互分离，各司其职，密切配合。尚书省作为全国行政枢纽，掌管政令之颁行，九寺五监诸省作为行政事务机构，具体办理各项行政事务，分工明确，秩序井然。外交管理部门亦然，其具体表现在如下两个方面：一是作为外交专职机构之主客司与鸿胪寺之间，以前者主管外交政令，后者掌管外交事务。《唐六典》和《旧唐书·职官志》在记述尚书主客郎中的职掌时，均谓其"皆载于鸿胪之职焉"。作此省略记载，就是因为二者之职掌是一致的，其区别仅在于一者"掌政令"，一者"行政令"。作为外交事务机构之鸿胪寺虽然主要接受尚书主客司所颁之政令，同时亦接受尚书其他部门之政令，如涉外之宗教事务接受祠部之政令，蕃国资料之搜集，接受兵部职方司之政令等。二是外交关涉机构间之颁政令与行事务亦同样分工明确。唐代的行政事务机构除九寺之外，尚有五监、诸省等，它们中有不少与外交事务有关。这些外交关涉机构，亦同样接受尚书省有关部门之政令指挥。如光禄寺负责宴飨蕃客事务，须接受礼部膳部司之政令。司农寺负责宴飨蕃客食料及日常生活用品之供应，亦须接受礼部诸司之政令，等等。此诚如严耕望氏所谓，唐代"尚书六部与九寺诸监，其职掌之性质大异，而有下行上承之关系……尚书六部为上级机构，主政务；寺监为下级机关，掌事务"[1]。

（三）主管机构与关涉机构关系之协调

汉唐时期外交主管机构与关涉机构之间的关系也日趋协调。虽然在汉代已确立了外交主管机构与关涉机构相互配合的管理体制，但是其时

---

[1] 严耕望：《唐仆尚丞郎表》卷一《述制》，中华书局1986年版，第2页。

关涉机构尚少，相互之间虽然还未见明显的职务之冲突和纠缠，亦未见密切与协调之配合，显示了其时外交管理体系尚属粗疏之早期阶段特征。魏晋南北朝时期关涉机构有了较大的增加，新兴的中央机要部门中书、门下、尚书三省及其他传统机构均或多或少地承担了一定的外交管理职责，但是它们与外交主管机构之间明显地存在着职责上的某些相互重叠与纠缠，如中书舍人既承担一定的外交政令，又参与不少具体的外交事务，而与鸿胪、主客之职务均有所交叉与重叠。

及至唐代，由于中央职官制度之发育成熟，外交主管机构与关涉机构之关系亦随之而进入了新的阶段。其时关涉机构本身已构成庞大而严密的体系，从决策中枢机构中书、门下两省，至总理万机之尚书省各部，下及九寺、五监、诸省等行政事务部门，均在不同程度上承担着一定的外交政令与事务管理职责。外交管理之关涉机构已覆盖中央政府之绝大多数部门。这些关涉机构与主管机构之间分工明确，协同运作，配合密切而协调。以接受蕃客贡献为例，第一步须先将蕃客贡献物品之数量、品种上报鸿胪寺；第二步鸿胪寺会同有关部门进行检查，如所献为马匹，则会同殿中省、太仆寺官员查验，药物等则由鸿胪寺自行查验；第三步会同少府监、太府寺根据物品质量定价；第四步由鸿胪寺将验收合格之物品数量上报中书，再听候决策部门做出决定；第五步决策部门将其决定通过尚书省下达如何处理之指示，再由有关部门遵照执行。在这一外交行政运作过程中，以外交专职机构鸿胪寺为中心和联络点，旁及同级部门之殿中监、太仆寺、少府监、太府寺等，上及决策中枢之中书门下，以及行政中枢之尚书省。可以说几乎动员了三省六部九寺五监之有关部门，相互协作，密切配合，方得以圆满完成。在这一外交行政运转过程中，作为外交专职机构之鸿胪寺，一方面得到了各个行政事务机构之密切合作，另一方面则接受决策与政令部门之指导，各司其职，井然有序，环环相扣，繁而不乱，充分表现了外交专职机构与关涉机构之间的协调关系。

（四）中央与地方外交管理更为专业与协调

汉唐间一千余年中，外交管理有着一个逐渐专业化的发展过程。

汉代中央政府的典客、鸿胪原先集封国王侯、地方政府、四方民族、国家乃至宗教的管理和接待事务于一身，外交只是其诸多职务之一。随着国家内外形势和内政、外交的发展变化，于是封国王侯事务、地方政府事务、民族和宗教事务不断剥离，其外交职能日益凸显。在汉代确立了中央以九卿之一的大鸿胪、诸曹尚书之一的主客曹为外交主管机构，并以若干部门配合运作的管理体制基础上，经过魏晋南北朝时期逐渐克服两者之间职责的模糊和交叉。向着后起的、负责外交政务的尚书主客曹为主，负责外交事务的大鸿胪为辅，以及两者管理幅度相应调整和职责区分逐渐分明的方向发展。中央关涉机构在汉代原有的少数几个部门的基础上向着增加和周备的方向发展。及至唐代，由于三省六部制的确立和完善，尚书与卿监关系的相对顺畅，尚书主客司与鸿胪寺职责分明，分工明确，外交管理的专业性更为突出，协同完成外交有关各项职事。关涉机构几乎覆盖中央政府各部门，但各自在外交工作中的职责、地位以及与专职机构的关系都有比较明确的规定，多而不乱，有条不紊地运转，协同完成外交任务。到了唐代鸿胪、主客已经基本上成为专职外交管理机构，完成了外交管理机构的专业化进程。

汉唐时期外交管理的专业化，不仅表现为中央外交管理机构的专业化，同时也体现于地方政府外交管理的专业化方面。汉代虽然已基本上确立了地方行政系统、边防军事系统与边境镇抚系统三位一体的外交管理体系，但是其时边疆行政与边防军事实际上主要是由"边郡"兼而行之。边境镇抚系统的设置先后参差，职官名称、职能各异，其中有不少为临时性质的加官，显示了其早期阶段的特征。魏晋南北朝时期虽然地方行政与边防系统已逐渐有所分别，但是两者均处于混乱与多变的状态，边境镇抚系统则较汉代大为削弱，大多已名存实亡。到了唐代，地方外交管理体系已进入空前完善与周密的阶段。边疆行政与边防军事已自成系统，关系分明；边境镇抚系统则统一于都护一职，成为正式的职官。地方行政系统、边防军事系统、边境镇抚系统以及中央派出机构和使职，四位一体，井然有序，各司其职，在中央外交政令统一指挥下，各自行使地方外交管理职能。"译语人"之从中央到地方政府的有关机构或部门中的普遍设置，即为外交管理专业化的具体表现之一。唐中后期外交管理的使职化，更促进了外交管理的专业化进程，边疆军政长官，在内陆地区者兼任押蕃使，在滨海地区者兼任押蕃舶使，赋予他们更为鲜明突出的外交职能。同时在边境地区设置互市监等中央派出机构，以及市舶使等使职，从而使地方外交管理更为集中与专业。由于从中央到地方外交管理专业化的基本完成，于是到了唐代，在外交权力集中和强化的同时，在外交政务方面遂有条件、有可能大为放手，在中央则放手由三省六部、九寺五监分工负责，在地方则放手由地方军政长官积极主动开展，充分调动了从中央到地方各级行政部门的外交管理积极性，大大强化了从中央到地方周密完备而又高效的管理网络的建构和运作，来自中央的外交政令皆可迅速地逐级下达到基层，基层的涉外问题也可迅速地逐级上达天听，中央与地方的外交信息，依靠从首都伸向周边的馆驿系统而迅速传递与沟通，中央与地方外交管理更为协调，配合更为默契，从而将唐代的外交推进到中国古代历史的巅峰状态。

（五）集权与分权基本适度合理

汉唐外交制度的根本特点是外交权力的高度集中，在这一外交管理体制中存在着两个不同层次的权力中心，在中央集中于皇帝，在地方集中于地方长官。这两个不同层次的金字塔尖，构成国家外交权力的中枢神经和周围神经系统，指挥和操纵着外交躯干与手足之运转，不可或缺地、相辅相成地构成一个有机的整体。如何处理好权力的集中与分散、中央集权与地方分权之间的关系，是外交管理中一个重要而复杂的问题。到了唐代，外交管理体制成熟的突出表现是外交管理中的集权与分权的适度与合理。外交作为国家重大政事，其权力高度集中于中央是毫无疑义的，这在汉唐时期是一贯的。但是在汉代外交权力有过分集中之缺陷，这主要表现在皇帝对于外交权力，不论在决策与执行方面均揽得过多过死，未能充分发挥公卿百官的主动性和积极性。其时不仅外交决策权力高度集中，在外交执行中亦然，虽然汉朝政府建立起三公九卿制的庞大行政体系，但是行政的最高权力仍然是集中于皇帝手中的。外交管理方面也不例外，一切权力集中于皇帝，他不仅通过各种诏令指挥、干预重大的外交行政，而且指挥、干预具体的外交事务，如东汉顺帝汉安二年（143）为了欢送匈奴单于兜楼储返回南庭而举行的一次盛大的"祖会"活动，是由顺帝下诏指定大鸿胪与太常负责组织的。汉明帝在下诏赏赐"降胡"之后，还亲自查阅大司农的执行报告，当他发现数字有误时，特召负责书写的尚书郎而笞罚之。由此可见，皇帝对于外交行政事务之指挥与干预几乎是无所不至的。不仅中央如此，地方亦然。汉代地方政府长官也是高度集权的，举凡当地的政治、军事、外交、财政以及文化教育等，均集中于其手，俨然如皇帝在中央之集权。虽然汉代地方政府在处理外交问题时，必须听命于中央，但是我们从前文地方外交管理机构的叙述中可以清楚地看到，地方长官有着很大的对外权力，而且总揽外交方面的一切事务。魏晋时期则发展为两个极端，或则帝王独断，或则权臣专决，至南北朝中后期随着三省制为代表的皇权政治制度的日益发展，皇帝与臣僚之间权力的分配有所调整，始向着较为合理的方向发展。

及至唐代，由于皇权政治制度的发育成熟，外交管理中的集权与分权关系调整得比较适度与合理。这首先表现在常务核心决策制度的定型化、规范化，使皇帝决策与宰相决策结合起来，构成一种相互制衡的机制，一方面制约了皇帝的独断专行，另一方面在发挥宰相的主动性和积极性的同时又制约了其专权。其次表现在外交决策与执行，外交政令与事务的分离，把不同权力分散于不同部门，各司其职，环环相扣，充分调动和发挥了整个统治集团的智慧和才能，在集权中包含着分权，在分权中贯穿着集权。最后表现在中央与地方权力分配的相对合理和适度。唐代的地方行政长官虽然仍如汉代一样有很大的权力，但是外交权力掌握于中央并没有变化，两者在执行对外事务时，权力的分配比较规范和合理，如外交文书就是在中央统一指挥下，根据不同情况或由中央的有关部门发出，或由地方的有关部门发出，既调动了地方的主动性和积极性，又提高了外交的实际功效。

汉唐时期所确立和架构的外交管理体制，在中国古代外交制度发展史上是空前的创举，并为日后历朝外交管理体制奠定了基础。这套外交管理体制主要有如下特点。

第一个特点是其模糊性。中国古代没有单纯的外交管理机构，它与诸侯封国事务、民族事务等方面的管理总是结合在一起，难以分割清楚。这是由于中国古代关于世界的观念以及由此而形成的外交观念所决定的。在当时人们的眼光中，中原王朝居天下之中，而世界被划分为"五服"或"九服"。所谓"五服"，"邦内甸服，邦外侯服，侯卫宾服，夷蛮要服，戎狄荒服"。韦昭解释道，甸服为"天子畿内千里之地"，侯服为"诸侯之近者"，宾服为"中国之界也"，要服为"九州之界也"，荒服为"九州之外，荒裔之地"。又据韦昭说，商代以前将天下划分为上述之

"五服"，西周以后则在此基础上进一步划分为"九服"①。所谓"九服"，据《周礼·夏官·职方氏》所载为"王畿"之外的"侯服""甸服""男服""采服""卫服""蛮服""夷服""镇服""藩服"。据贾公彦的解释，自"蛮服"以内是"九州"的范围，自"蛮服"以下"皆夷狄"②。贾氏所谓"夷狄"，即《周礼·秋官·大行人》所谓"九州之外，谓之藩国"。具体即为郑玄所注："九州之外，夷服、镇服、藩服也。"③ 此三"服"即为"夷狄""藩国"。这样我们可以看到，在所谓"五服"或"九服"中实际上包含着中原地区的诸侯、边疆地区的少数民族和外国，而这三类地区都要服从中央天子并有朝贡义务，这就是这三类地区都称为"服"的原因，郑玄解释说："服，服事天子也。"④ 在一定意义上毋宁说这三类地区都是中央王朝的"诸侯"，因为它们都在不同程度上有服事中央天子的义务。

从这种观念出发，古代的礼宾机构便具有诸侯事务、民族事务、外交事务三者合一的特点和性质。古代的"行人"便是这种性质的官员或机构，据《周礼》记载："大行人掌大宾之礼，大客之仪，以亲诸侯。"⑤ "小行人掌邦国宾客之礼籍，以待四方之使者……大客则摈，小客则受其币而听其辞。"据郑玄解释，这里的"大宾"，为"要服（即蛮服）以内诸侯"，即亲自来朝见天子的诸侯。据贾公彦解释，"大客"为"要服以内诸侯之使臣"，"小客"为"藩国诸侯之使臣"⑥。前者为诸侯所遣使节，后者为藩国所遣使节。传说舜时"龙主宾客，远人至……各以其职来贡，不失厥宜。方五千里，至于荒服。南抚交趾、北发，西戎、析枝、渠廋、氐、羌，北山戎、发、息慎，东长、鸟夷，四海之内，咸戴帝舜之功"⑦。龙这位中国历史上第一位"外交部部长"，其所管理的就是民族事务与外交事务兼而有之，只是由于当时封邦建国制度尚未有显著的

---

① 《国语集解》，《周语上》，第6—7页。
② 《周礼注疏》卷三三《夏官司马·职方氏》，第863页。
③ 《周礼注疏》卷三七《秋官司寇·大行人》，第892页。
④ 《周礼注疏》卷三三《夏官司马·职方氏》注，第863页。
⑤ 《周礼注疏》卷三七《秋官司寇·大行人》，第890页。
⑥ 同上书，第893页。
⑦ 《史记》卷一《五帝本纪》，第43页。

发展，故尚不含有封国王侯事务。

汉唐时期继承前代的传统，外交事务与封国王侯事务、少数民族事务也是结合在一起，由共同的机构进行综合管理，其间并没有严格的划分。不过由于封邦建国制度的逐步变化与式微，其中的封国王侯事务便日益相对削弱，而由于对外关系的逐步发展，其管理外交的功能则日益加强和突出。

汉代外交管理体制的模糊性即相当突出，首先表现在外交事务与民族事务之混合。大鸿胪与主客曹的职责都是管理所谓"四方夷狄"，而这一概念在当时是模糊的，它既包含了真正意义上的外国，也包含了各类边疆民族。而有的边疆民族在不同时期虽有所变化，但这种变化并没有在管理机构方面反映出来，而发生相应的改变。以匈奴为例，其在西汉前期是独立于汉皇朝的少数民族国家；宣帝甘露三年（前51）呼韩邪单于"称藩"于汉，成为汉皇朝的藩属国；东汉光武帝建武二十四年（48）匈奴分裂为南北两部，南匈奴进一步依附汉皇朝，逐渐入居塞内，匈奴国家消亡，成为汉皇朝的边疆少数民族。尽管匈奴在两汉时期经历了不同性质的变化，但是在管理机构的归属上并没有发生相应的变化，仍以"四方夷狄"由原有机构对其进行管理。西汉后期"典属国"之合并于"大鸿胪"，将边境地区所设安置内附少数民族的"属国"及相关事宜也划归大鸿胪管辖，其结果是使大鸿胪的民族事务职能较前又有所加强。

汉代外交管理体制的模糊性，还表现在以下几个方面。其一，一职多能。大鸿胪除了管理外交事务与民族事务之外，还掌管封国王侯事务、郡国计吏事务及郊庙行礼等，其一职多能相当突出。其二，外交行政与外交事务之混杂。西汉前期大鸿胪虽然以外交事务为主要职司，但也负责一定的外交政务。随着客曹尚书地位的上升，外交政令为其所辖，但是它也日益承担一些外交具体事务，一定程度上分割了大鸿胪的外交事务。其三，皇室事务与国家行政事务之混杂。虽然大鸿胪是诸卿中承担国家政务较多的少数几个部门之一，但是它仍然承担着不少皇室事务，如皇室郊庙园陵祭祀、丧礼以及宗室王侯封拜等。

魏晋南北朝时期外交管理体制的模糊性仍有一定的发展。除了继承汉代传统之外，又由于这个时期宗教信仰有较大发展，因而宗教事务亦由外交管理部门负责，北齐时于鸿胪寺下设典寺署，专司宗教事务。这种情况在隋及唐初仍然继续。不过在魏晋南北朝时期，外交管理部门职责之专业化趋势也有了一定的发展，北齐时将北魏左右南北四主客曹加以调整，合并为一主客曹，专司外交管理，而另设主爵曹以负责封爵事务，将这一事务从外交管理部门中析出。

唐代的外交管理体制虽然基本上继承前代传统而具有模糊性特征，但是其外交管理专业化性质已较前代鲜明突出。开元二十五年（737）将宗教事务从外交管理部门划归宗正寺及尚书祠部分管之后，作为外交专职机构的鸿胪、主客的职掌，除管理周、隋后裔"二王"之事外，则集中于管理"诸蕃朝聘之事"[①]。而这一职掌主要即为外交性质，由于唐代对外关系之空前发展，因此所谓"诸蕃"中的外国成分亦空前增加，在《唐六典》所载七十余蕃中，即绝大部分为外国[②]，由此可见，鸿胪、主客的外交机构的专业性质有了很大的发展。

第二个特点是其多元性。汉唐时期确立和构架起来的外交管理体制，其另一突出特点表现为外交工作并非由单一的机构或部门包揽，而是由诸多机构、有主有从、相互配合、协同运作而进行的，总体而言，有专职机构与关涉机构两大系统共同管理；就这两大方面而言，专职机构又是双轨并行，甚至多轨运行，关涉机构更是几乎覆盖中央政府的各个部门。这一多元性的外交管理体制正是在汉唐时期确立和完善起来，并成为后代中国古代外交管理体制的基本格局。汉唐时期的外交管理机构就中央政府而言，大体上可以分为两类：一类为专职管理机构，一类为关涉机构。专职管理机构又主要有两个部门：一为九卿（诸卿）系统的鸿胪，一为尚书系统的主客。而由于外交工作是一项繁复的"系统工程"，需要中央政府各个部门的配合与协作，所以除专职管理机构以外，尚有诸多关涉机构，即从不同的角度配合、协助进行外交管理工作的其他机构或部门。又由于外交工作不仅需要中央有关部门进行管理，还需要地方各级部门的密切配合，所以在地方上也有相应的外交管理机构或职能部门。地方外交管理体系，基本上由地方行政系统、边防军事系统及边境镇抚系统三个方面构成。这样我们可以看到，在汉唐时期从中央到地

[①] 《唐六典》卷四《尚书礼部》"主客郎中"条，第129页。
[②] 同上书，第129—130页。

方都有一套多元的外交管理机构和部门，它们各司其职而又密切配合，逐步构成了一个系统的、完整的、严密的，而且运转灵活高效的外交管理体制。

外交管理体制的多元性，至唐代更有所发展。以外交专职管理机构而言，除了传统的鸿胪、主客之外，在唐代又增加了四方馆，中后期又增加了礼宾院、客省院等部门，故唐后期的文献中在谈及外交管理时，常将"鸿胪、礼宾"并提。在唐后期外交使职盛行，设置鸿胪礼宾使、客省使等外交管理专使同时，传统的鸿胪、主客机构亦未废。以外交关涉机构而言，则更是空前庞大周备，几乎涉及中央行政机构的各个部门。

外交管理专职机构的双轨制，加强了外交管理权力的相互制衡。在这一管理体制下，外交政令与外交事务基本上分属于两个不同部门，主客曹负责外交政令管理，大鸿胪负责外交事务管理，两者相互制约而又分工协作，既提高了外交管理的政策水平，又加强了外交事务的管理水平。而这又从总体上加强了以皇帝为首的中枢对于外交管理的集权统一。但是其负面作用也是明显的，主要是造成两者在职能上的交叉、重叠，这方面从东汉后期已经表现出来，魏晋南北朝时期愈益严重，主客曹不仅管理外交政令，同时也承担不少外交事务，造成与大鸿胪职能的混淆。直至唐代才将两者关系调整顺畅。

四 汉唐外交管理体制的运行机制

汉唐时期外交管理体制之运行，基本上分为决策、政令与事务三个层次而实施。在两汉时期先后以丞相、三公及尚书台为政令之枢纽，魏晋南北朝时期基本上以尚书台为政令之枢纽，说"基本上"是因为在不同时期中书或门下也曾在一定程度上扮演这一角色。到了唐代，上述三个层次的运行已经规范化，在唐前期由政事堂，中后期由中书门下出令，经尚书都省转发，再交由各有关部门贯彻执行。尚书省为国家政令之总枢纽。

汉唐时期外交管理的运行主要通过如下三个方面进行。

一是皇帝的诏敕。皇帝既是外交的最高决策者，又是最高行政长官。以皇帝为首的中央决策集团对外交所作的决策，均以皇帝诏敕的名义下达相关部门贯彻执行。汉制："帝之下书有四：一曰策书，二曰制书，三曰诏书，四曰诫敕。"策书"以命诸侯王。三公以罪免亦赐策"。其余三

后论　汉唐外交制度的发展衍变及其特点　/　581

种的形制和用途是："制书者，帝者制度之命，其文曰制诏三公，皆玺封，尚书令印重封，露布州郡也。诏书者，诏，告也，其文曰告某官云〔云〕，如故事。诫敕者，谓敕刺史、太守，其文曰有诏敕某官。它皆仿此。"① 由此可见皇帝主要通过后三种方式，即"制书""诏书""诫敕"以指挥中央公卿百官和地方长官执行政令。皇帝诏敕下达之具体途径，在西汉时是由丞相、御史大夫"两府"（或称"二府"）负责下达中央各部门或地方政府，元狩六年（前117）四月，"御史大夫（张）汤下丞相，丞相下中二千石，二千石下郡太守、诸侯相，丞书从事下当用者。如律令"②。皇帝的诏敕先下达御史大夫府，御史大夫再转达丞相府，由丞相再下达中央诸卿和地方郡国。到东汉时诏敕之下达枢纽由"两府"转归尚书台，此即"尚书出纳王命"③，"盖政令之所由宣"④ 之谓。外交政令之运行亦然。"四方夷狄封者，台下鸿胪诏拜之。"⑤ 封拜外国侯王时，由尚书台将诏书下达大鸿胪，大鸿胪根据诏书命令具体执行。《后汉书·钟离意传》所载对四夷之赏赐，亦将皇帝诏旨先下达尚书台，由尚书台起草诏书之后，下达大司农负责执行⑥。魏晋南北朝时期亦基本上由尚书省下达，但中书、门下也在不同时期不同程度上发挥这一作用。

　　唐代诏敕及行政文书之上传下达已经达到相当规范化程度。尚书都省为其上传下达之总枢纽，"凡上之所以逮下，其制有六，曰：制、敕、册、令、教、符。凡下之所以达上，其制亦有六，曰：表、状、笺、启、牒、辞。诸司自相质问，其义有三，曰：关、刺、移。"这里归纳唐代行政文书有三大类，一为下行文书，主要为以皇帝名义下达的"制""敕""册"，以及尚书省自身制订、下发州县乃至最基层的"符"。二为上行文书，主要为臣下呈奏皇帝之"表""状"。三为平行文书，主要为同级机构间的"移"文。尚书都省为天下文书之总枢纽，"凡制、敕施行，京师

---

① 《后汉书》卷一上《光武帝纪上》注引《汉制度》，第24页。
② 《史记》卷六〇《三王世家》，第2111页。
③ 《后汉书》卷六三《李固传》，第2076页。
④ 《通典》卷二二《职官典四·尚书上》，第129页。
⑤ 《续汉书》志二五《百官志二》，见点校本（宋）范晔《后汉书》，中华书局1965年版，第3583页。
⑥ 《后汉书》卷四一《钟离意传》，第1409页。

诸司有符、移、关、牒下诸州者，必由于都省以遣之。"① 中央公卿百司之间横向之运行，大体遵循"大事承制敕，小事则听于尚书省"② 之原则。中央与地方之间纵向之运行，可从下述事例明之。天宝二年（743）有四位日本留学僧拟携鉴真偷渡赴日，被扬州当局抓获，其处理过程是：淮南道节度使将此事上奏，"奏至京鸿胪寺"；经鸿胪寺调查了解四位留学僧的情况后，又将所掌握之情况上奏；然后"敕下扬州"，具体处理③。中央与地方通过上"奏"与下"敕"处理外交事务，这是唐前期的运行情况。大历十二年（777）小野石根所率日本遣唐使抵达扬州，观察使陈少游一面上奏一面安排使团以六十人入京，出发百余里后，接到"中书门下敕牒"，令其减为二十人④。这是根据宰相机构所下达的"敕牒"以指挥外国使团之行动。开成三年（838）藤原常嗣所率日本遣唐使抵达扬州不久，淮南节度使"奏状之报符"便已下达至节度府⑤。这是由地方政府上奏日本使团之到来，中央接到地方"奏状"后，下"符"指示如何安排来使之行止。这是通过上"奏"与颁下"符""牒"等公文处理外交事务，是为唐后期之情况。

　　二是有关的律令。律令是汉唐时期政府机关日常行政运转所须遵循之法规。汉初"命萧何次律令，韩信申军法，张苍定章程，叔孙通制礼仪。"⑥ 在秦法基础上进行一系列的立法活动。这些律令也是外交管理中的行政规范。韩延年于代理大行令期间，"留外国书一月"⑦，因"乏兴"之罪而受到惩处。此即触犯了《九章律》之《厩》律。可见外交机构官员亦须依据法规行事，受其约束。叔孙通所撰礼仪也属行政法典，"叔孙通所撰礼仪，与律令同录，臧于理官"⑧。将其与律令一起收藏于法官之所，可见其性质是相同的。"叔孙通益律所不及，傍章十八篇。"⑨ 《傍

---

① 《唐六典》卷一《尚书都省》，第10—11页。
② 《新唐书》卷四八《百官志三》，第1249页。
③ ［日］真人元开：《唐大和上东征传》，中华书局1979年版，第45—46页。
④ 《续日本纪》卷三五《天宗高绍天皇》宝龟九年十一月条，第445页。
⑤ 《入唐求法巡礼行记》卷一，第44页。
⑥ 《汉书》卷一下《高帝纪下》，第81页。
⑦ 《汉书》卷一七《景武昭宣元成功臣表》，第653页。
⑧ 《汉书》卷二二《礼乐志》，1035页。
⑨ 《晋书》卷三〇《刑法志》，第922页。

章》十八篇的具体内容已不可考，但从《史》《汉》之零星记载可知朝仪及君臣礼仪规范之法典亦属其中。1986 年湖北江陵张家山 336 号汉墓出土的汉律中有《朝律》，是在汉七年叔孙通所订朝仪基础上，景帝中元六年（前 144）之前所修订的。现已公布的汉简《朝律》有云：

(1) 趋。下就立（位）√少府中郎进
(2) 并趍（跪）大行左。大行进趍（跪）曰
(3) 后五步，北上，谒者一人立东陛者，南面。立定，典客言具，谒者以闻。皇帝出房，宾九宾及朝者[①]

汉简《朝律》较汉七年叔孙通朝仪有所补充和发展，主要体现于朝者入场、就位及传声上报方面较后者具体、详细，其要有二：一是《史》《汉》所缺载的礼仪官员的职责和地位有所补充而得以明确，即大行、典客在殿下值守引导，而谒者立于"东陛"，负责殿下与殿上之沟通，表明谒者作为宫内近侍较宫外行政官员大行、典客与皇帝要亲近；二是将《史》、《汉》所载"胪句传"具体化，即："大行进趍（跪）曰"→"典客言具"→"谒者以闻"，这样依次向上传言。此外，典客与谒者在朝会中的出现，亦为《史》《汉》所不载，赖汉简《朝律》而得以补缺。

汉武帝"招进张汤、赵禹之属，条定法令"[②]。据张斐《律序》称，有"赵禹作《朝会正见律》"[③]，此当在叔孙通之礼仪与汉简《朝律》基础上之增订。叔孙通之礼仪、汉简《朝律》与赵禹之《朝会正见律》，构成了汉代朝会礼仪的基本体系。在外交中，朝见礼仪十分重要，因而是汉统治集团特别关注的问题。宣帝甘露二年（前 52）匈奴呼韩邪单于将于明年正月来朝，汉朝特召开公卿会议以"议其仪"，会上两派意见激烈争论，或谓"其礼仪宜如诸侯王，位次在下"。或谓"宜待以不臣之礼，

[①] 引自胡平生《中国湖北江陵张家山汉墓出土竹简概述》，收于大庭修主编《汉简研究国际シンポジウム92 报告书——汉简研究の现状と展望》，第 273 页，日本关西大学出版部 1993 年版。简文中的标点，引者作了一些改动。

[②] 《汉书》卷二三《刑法志》，第 1101 页。

[③] 《太平御览》卷六三八《刑法部四·律令下》引，第 2859 页。

位在诸侯王上"①。尽管双方意见对立，但有一点是共同的，即接待礼仪必须依据礼仪法规以斟酌取舍，定其高下。

律令是皇帝意志的另一种表现形式，正如杜周所说："三尺安出哉？前主所是著为律，后主所是疏为令。"② 当时律令以三尺长的竹简书写，故以"三尺"代指律令。杜周的说法，道出了律令的本质。

尚书主客曹还有自己专业范围内的律令。"五曹自有条品"③，条品，即列曹尚书职责范围内的法令规章条款。属于政府各有关部门的具体法令，分别保存于列曹尚书那里。五曹之一的主客曹也应当有自己的"条品"，是为其日常行政之法规依据。

魏晋南北朝时期法律形式较汉代增多，继承汉代律、令、科、比的基础上，增加了格、式等。魏明帝时在总结汉律的基础上，制定魏法，有《新律》十八篇，《州郡令》四十五篇，以及《尚书官令》《军中令》等，合计一百八十余篇④。这是为了适应变化了的社会新情况，由汉律转变为魏晋新律的一次重大改革。曹魏新律除了一般的刑事、民事法规之外，还有大量的行政法规，这无疑为外交之专职机构及中央与地方之关涉机构提供了行政规范和章程。北朝时期所制定的《后魏律》及《北齐律》，则具有上承汉魏、下启隋唐之意义，程树德谓："唐宋以来相沿之律，皆属北系，而寻流溯源，又当以元魏之律为北系诸律之嚆矢。"而北朝又"尤以齐律为最"⑤。此外北朝后期"格""式"上升为独立之法规形式，为隋唐时期将法典统一于"律""令""格""式"准备了条件。

唐代法律形式主要为律、令、格、式四种，"唐之刑书有四，曰：律、令、格、式。令者，尊卑贵贱之等数，国家之制度也；格者，百官有司之所常行之事也；式者，其所常守之法也。凡邦国之政，必从事于此三者。其有所违及人之为恶而入于罪戾者，一断于律"⑥。显然，令、

---

① 《汉书》卷七八《萧望之传》，第 3282 页。
② 《汉书》卷六〇《杜周传》，第 2659 页。
③ 王充：《论衡·程材篇》，第 120 页，《诸子集成》（第七册），中华书局 1954 年 12 月。
④ 《晋书》卷三〇《刑法志》，第 923 页。
⑤ 程树德：《九朝律考》之《后魏律考序》，第 339 页；《北齐律考序》，第 393 页，商务印书馆 1955 年重版。
⑥ 《新唐书》卷五六《刑法志》，第 1407 页。

格、式三者乃国家制度、政府组织及百官行政规章制度之法规，律者为刑罚之根本大法。唐代法律体系之完善，为外交管理提供了行政规范和法律之依据。唐代的令、格、式多已佚失残缺，唐令方面，基本上承袭《永徽令》之《日本养老令》今天仍保存完整，日本学者仁井田升以此为参照，加以复原，著成《唐令拾遗》一书，共恢复原唐令715条，约相当于唐令之半，共有《官品令》《考课令》《军防令》《仪制令》《公式令》《关市令》《杂令》等三十三篇，涵盖社会的各个方面，为唐代典章制度之大成。这里就包括外交管理方面的制度规定，如《关市令》中有关于"外蕃与缘边互市"之法令，规定了互市官员之职责与管理程序，互市场所之设置与具体管理事项等①，从中可以了解边境互市管理之法规。

在唐代法律形式中唯唐律得以完整保存至今，此即现今传世之《唐律疏义》。唐太宗时撰定《贞观律》，为有唐一代之法律大典，高宗时又命长孙无忌等撰《律疏》，对《贞观律》文加以注疏阐释，其中还包涵了许多唐代的"令""格""式"。此即今传之《唐律疏议》。从《唐律疏议》中我们可以看到，唐律从刑罚方面对于外交管理有周密和具体的规定，从中也可以窥见唐代外交机构及外交官员之行政规范和行为准则。唐律《职制律》规定："诸漏泄大事应密者，绞。非大事应密者，徒一年半；漏泄于蕃国使者，加一等。"此条之疏议曰："国家之事，不欲蕃国闻知，若漏泄于蕃国使者，加一等，合徒二年。其大事，纵漏泄于蕃国使，亦不加至斩。"② 规定如将国家机密泄漏于外国使节，要比一般情况下加罪一等，但其量刑不超过斩刑。这就从刑罚方面对于外交管理机构及各种涉外事务及人员的行政和行为准则作了明确的规范。疏议所引唐代《主客式》曰："蕃客入朝，于在路不得与客交杂，亦不得令客与人言语。州、县官人若无事，亦不得与客相见。"疏议对此解释道："即是国内官人、百姓，不得与客交关。"③《主客式》是在我国古代法律中首见

---

① ［日］仁井田升：《唐令拾遗·关市令第二十六》第643页，栗劲等编译，长春出版社1989年11月版，第643—644页。
② 《唐律疏议》卷九《职制》"漏泄大事"条，中华书局1983年版，第195页。
③ 《唐律疏议》卷八《卫禁》"越度缘边关塞"条，中华书局1983年版，第178页。

对于专职外交管理机构"主客"部门所制订的专门法规,可见唐代的外交机构及其管理制度已达到了法典化、规范化的程度。《唐律疏议》所引《主客式》这条律文,规定了外交官员及涉外人员在接待外国使节时的职责及其行为准则和纪律。

唐律还对处理外国人的罪罚原则做出了明确的规定:"诸化外人,同类相犯,各依本俗法;异类相犯者,以法律论。"疏议对此解释道:"'化外人',谓蕃夷之国,别立君长,各有风俗,制法不同。其有同类自相犯者,须问本国之制,依其俗法断之。异类相犯者,若高丽之与百济相犯之类,皆以国家法律,论定刑名。"① 意即相同国籍的外国人之间的法律问题,按照其本国的法律处理,不同国籍人员之间的法律问题,则按照唐朝法律处理。这表明唐代在处理涉外案件时,不像中世纪欧洲那样存在属人法和属地法两个极端,而是把二者结合起来,区别对待。唐律在这方面的规定,已具有国际私法之性质。这一法律原则,为唐朝外交管理部门处理涉外案件提供了依据。

三是施政"故事"。何谓"故事"?"故事"即官府施政过程中保留下来的成规、惯例,又称"旧书""旧事"。《隋书·经籍志》对"故事"的起源和含义作了解释:"古者朝廷之政,发号施令,百司奉之,藏于官府,各修其职,守而勿忘。"这些保存于官府中的施政实践中的"品式章程"即为"故事"②。汉代已开始将"故事"汇编成册,《新唐书》所录有《秦汉以来旧事》八卷、《汉武帝故事》二卷、韦氏《三辅旧事》一卷、葛洪《西京杂记》二卷、《建武故事》三卷、《永平故事》二卷、应劭《汉朝驳》三十卷、《汉诸王奏事》十卷、《汉魏吴蜀旧事》八卷等③。汉代的"故事"保管于尚书台,东汉人应劭撰有《尚书旧事》,这是尚书台所保存的官府"故事"档案之汇编。"汉故事,皆尚书主之也。"④ 尚书诸曹均保存相关之"故事",故曰"五曹……自有故事"⑤。五曹之一的主客曹自然也有自己的"故事"。

---

① 《唐律疏议》卷六《名例》"化外人相犯"条,中华书局1983年版,第133页。
② 《隋书》卷三三《经籍志二》,第967页。
③ 《新唐书》卷五八《艺文志二》,第1473—1474页。
④ 《资治通鉴》卷五一,汉顺帝阳嘉二年(133)条胡注,第1664页。
⑤ 王充《论衡·程材篇》,第120页,《诸子集成》(第七册),中华书局1954年版。

在外交管理中，经常根据已有之"故事"行事。元帝建昭三年（前36）陈汤出使西域时，设计斩匈奴郅支单于首，此事在汉朝廷决策集团中引起激烈的争论，或以为陈汤此举乃擅兴师矫制，不宜奖赏；或谓此乃便宜行事，有大功于汉，应受嘉奖。直至竟宁元年（前33）仍久议不决，于是元帝"取安远侯郑吉故事，封千户"①。这是在无所适从之时，以"故事"为依据而做出决断。所谓郑吉"故事"，宣帝地节三年（前67）屯田于西域之郑吉发兵攻破依附于匈奴的车师，又于神爵二年（前60）招降匈奴日逐王，威震西域，于是"上嘉其功，乃下诏曰：'都护西域骑都尉郑吉，拊循外蛮，宣明威信，迎匈奴单于从兄日逐王众，击破车师兜訾城，功效茂著。其封吉为安远侯，食邑千户'"②。这次褒奖郑吉的诏令，保存于尚书，成为"故事"，为后来嘉奖陈汤的依据。

由于尚书保管了大量的有关"故事"，因此在遇到外交上的疑难问题时，就可以从中查阅有关资料，以为定夺之参考和根据。东汉安帝永宁元年（120）十二月，西南夷掸国王遣使来献音乐及"幻人"，这些幻人所表演的杂技有吐火、自支解、易牛马头等。次年元会时，演出了这些杂技，安帝与群臣共同观赏，大为惊奇。谏大夫陈禅当场举手大声反对说："帝王之庭，不宜设夷狄之技。"但尚书陈忠批驳了陈禅的意见，他劾奏陈禅曰："古者合欢之乐舞于堂，四夷之乐陈于门……今掸国越流沙，逾县度，万里贡献，非郑卫之声，佞人之比，而禅廷讪朝政，请劾禅下狱。"③这件事在东汉朝廷中引发了一桩有关外交问题的纷争。应劭谓此事曰："邓太后时，西夷檀国来朝贺，诏令为之。而谏大夫陈禅以为夷狄伪道不可施行。后数日，尚书陈忠案汉旧书，乃知世宗时氂轩献见幻人，天子大悦，与俱巡狩，乃知古有此事。"④应劭所曰与《陈禅传》所记为同一事。这场关于可否在朝廷中表演掸国所献杂技的争执，终于因尚书陈忠查到了历史根据，才解决了这一争议。而陈忠所查阅的"汉旧书"，即保存于尚书台的档案资料，亦即汉代文献常称的"故事"或

---

① 《汉书》卷七〇《陈汤传》，第3020页。
② 《汉书》卷七〇《郑吉传》，第3006页。
③ 《后汉书》卷五一《陈禅传》，第1685页。
④ 《汉书》卷六一《张骞传》颜师古注引应劭曰，第2696页。

"旧事"。在"汉旧书"中记载了汉武帝时犛轩以幻人献于汉,受到武帝热烈欢迎的故事,表明此事已有先例,故演出掸国杂技亦属名正言顺。由此可见,尚书"故事""旧事"对于外交方针政策的执行是有很大参考价值的。陈忠所查阅的无疑是主客曹保存下来的有关外交方面的档案资料,亦即与日后应劭所编《尚书旧事》同一性质的"故事"。

在中国古代"故事"有很强的承袭性。汉代外交施政中,不仅把汉代所有之"故事"作为根据,也把汉代以前的成例作为参考,这在某种意义上也是一种"故事"。上文所述陈汤斩郅支单于首事,陈汤将郅支首级解送京师后,提议将其悬挂于藁街蛮夷邸间,丞相匡衡、御史大夫繁延寿反对,理由是《礼记·月令》说春天是"掩骼埋胔"之时,车骑将军许嘉、右将军王商赞成悬挂,理由是春秋时齐鲁两国君主会盟于夹谷,齐君安排侏儒演戏,孔子认为有讥笑鲁君之嫌,于是将其演员斩首。时值盛夏,孔子犹将其"首足异门而出"。故可将郅支首悬挂十日后再掩埋。主张悬挂的一派,援引春秋时的"故事"以为决断之依据[①]。又上文所述东汉安帝时关于是否应演出掸国乐舞杂技的争论中,陈禅反对的理由是:"昔齐鲁为夹谷之会,齐作侏儒之乐,仲尼诛之。"也是援引春秋孔子诛齐优的"故事"为依据。陈忠批驳陈禅时,也以先秦"故事""古者合欢之乐舞于堂,四夷之乐陈于门"[②]为依据,认为于明堂四门之外演奏四夷之乐,乃自古成例。同样的道理,汉代外交中的"故事",也可成为其后历朝施政中的依据。北魏孝明帝熙平(516—518)年间,柔然主丑奴"遣使来朝,抗敌国之书,不修臣敬。朝议将依汉答匈奴故事,遣使报之"[③]。这是北魏在考量如何处理与柔然的外交问题时,参照了汉代报答匈奴的"故事"。

魏晋时期继承汉代保存"故事"的制度,"其常事品式章程,各还其府,为故事"[④]。西晋时贾充等人在撰律、令的同时,又"删定当时制、诏之条,为《故事》三十卷,与《律》、《令》并行"[⑤]。此外据《隋书·

---

① 《汉书》卷七〇《陈汤传》,第3015页。
② 《后汉书》卷五一《陈禅传》,第1685页。
③ 《魏书》卷二四《张衮传》附《张伦传》,第617页。
④ 《晋书》卷三〇《刑法志》,第927页。
⑤ 《唐六典》卷六《尚书刑部》"刑部尚书"条注,第185页。

经籍志二》载,尚有《晋故事》四十三卷、《晋建武故事》一卷、《晋咸和、咸康故事》四卷、《晋东宫旧事》十卷等①。据《新唐书·艺文志二》载,尚有《晋太始、太康故事》八卷、《晋建武以来故事》三卷、《晋氏故事》三卷、《晋诸杂故事》二十二卷等②。魏晋至南北朝前期"故事"编撰最为兴盛。至南北朝后期,"故事"开始向"格"的形式转变。萧梁时"取故事之宜于时者为《梁科》",据称"梁易《故事》为《梁科》三十卷,蔡法度所删定"③。这是"故事"开始向其他法令形式转变之始。与此同时"后魏以'格'代'科',于麟趾殿删定,名为《麟趾格》。北齐因魏立格,撰《权格》,与《律》、《令》并行"④。北朝后期完成了由"故事"向"格"的转变,至隋唐时期"故事"已纳入"格"的范畴,成为与"律""令""式"并存之主要法典形式。

唐代大抵历朝均要修《格》,重要者有《贞观格》《永徽格》《开元格》等。这些《格》分为二十四篇,以尚书省六部二十四司作为篇名,"其曹之常务但留本司者,别为《留司格》一卷。盖编录当时制敕,永为法则,以为故事"⑤。外交专职机构之主客司,自有《主客格》一篇,作为其行政之规章。另有《散颁格》作为普遍遵循的行政规章。唐代的《格》实为前代之"故事",这种《格》便成为当时政府机关施政之重要法规之一。

汉唐时期以皇帝为首的中央统治集团,主要通过上述三种方式或途径指挥从中央到地方的外交政务。对于外交来说,中央与周边地区的通讯与交通联系尤为重要和必需,为此汉唐时期建立了一套交通邮驿系统,作为中央与地方联系的渠道和网络。举凡中央诏敕之下达及边情之上报,主要通过这些渠道和网络以进行。

汉初承秦而有传车、驿马,后来则主要使用驿马。"秦世旧有厩置、乘传、副车、食厨,汉初承秦不改,后以费广稍省,故后汉但设骑置而无车马,而律犹著其文,则为虚设,故除厩律取其可用合科者,以为

---

① 《隋书》卷三三《经籍志二》,第 966—967 页。
② 《新唐书》卷五八《艺文志二》,第 1474 页。
③ 《唐六典》卷六《尚书刑部》"刑部尚书"条注,第 185 页。
④ 《隋书》卷三三《经籍志二》,第 974 页。
⑤ 《唐六典》卷六《尚书刑部》"刑部尚书"条注,第 185 页。

《邮驿令》。"① 汉初田横"乘传诣洛阳",颜注曰:"传者,若今之驿,古者以车,谓之传车,其后又单置马,谓之驿骑。"② 汉代后来改为以驿马为主,除了节省费用之外,亦因"患其不速,一概乘马矣"③。汉制"驿马三十里一置,卒皆赤帻绛韛云"④。驿路上的停留设施为"置"。考古发掘已发现了汉代"置"的遗迹,1990 年在甘肃敦煌发现的汉悬泉置遗址就是这种驿站设施。驿骑有严格的行程规定,"奉玺书使者乘驰传,其驿骑也,三骑行,昼夜千里为程"⑤。居延汉简中多有邮递文书"中程"、"不中程"或"失期"与否的记载:

十一月邮书留迟不中程各如牒晏等知邮书数留迟为府
职不身拘校而委⑥
邮书失期前檄召候长敞诣官对状⑦

对于达不到规定行程标准的"不中程"者,或延误日期的"失期"者,都要严格追究责任,加以不同的罪罚。

汉代边境地区就是通过这些"传""置"而与中央保持密切的、迅速的外交业务联系。元狩二年(前 121)匈奴"浑邪王与休屠王等谋欲降汉,使人先要边。大行李息将城河上,得浑邪王使,即驰传以闻"⑧。桑弘羊与丞相御史向武帝奏言:"张掖、酒泉遣骑假司马为斥候,属校尉,事有便宜,因骑置以闻。"⑨ 这些都是通过"传""置"而向中央报告外交情报。成帝建始四年(前 29)"西域都护段会宗为乌孙兵所围,驿骑上书,愿发城郭敦煌兵以自救"。成帝为此与朝臣商议对策,特召"习外

---

① 《晋书》卷三〇《刑法志》,第 924—925 页。
② 《汉书》卷一下《高帝纪下》,第 57—58 页。
③ (清)顾炎武著,(清)黄汝成集释:《日知录集释》卷二九《驿》,上海古籍出版社 1985 年版,第 2128 页。
④ 《续汉书》志二九《舆服志上》,见点校本(宋)范晔《后汉书》,第 3651 页。
⑤ 《通典》卷六三《礼二十三》引《汉官仪》,第 355 页。
⑥ 《合校》55.11,137.6,224.3。
⑦ 《合校》123.55。
⑧ 《史记》卷一一一《卫将军骠骑列传》,第 2933 页。
⑨ 《汉书》卷九六下《西域传下》,第 3912 页。

后论　汉唐外交制度的发展衍变及其特点　／　591

国事"的陈汤垂询,陈汤估计不过数日必可解围。果然"居四日,军书到,言已解"①。这是西域都护通过"骑置"不断向朝廷请示、报告的情况。史称"列邮置于要害之路,驰命走驿,不绝于时月"②。就是边境与中央通过"邮置"进行频繁联系的写照。

　　遇有紧急情况,则以"奔命书"与皇帝直接联系。宣帝时丙吉为丞相,他的"驭吏"有一天在街上"适见驿骑持赤白囊,边郡发奔命书驰来至。驭吏因随驿骑至公车刺取,知虏入云中、代郡"。此"驭吏"原是边郡人,故"习知边塞发奔命警备事"③。这是边郡通过驿骑将"奔命书"速递朝廷。"奔命书"以赤白囊包裹,或谓赤白囊"似为赤表白囊"④。此说似可商榷。汉代边塞烽布有赤、白及赤白三种颜色,汉简载:"今月余赤烽一"⑤,这是赤烽;"烽皆白"⑥,这是白烽;"八月甲子买赤白缯蓬一完"⑦,这是赤白烽。"奔命书"用赤白囊,与边塞烽布有赤白烽相类,当表示紧急情况之最。那么"赤白"是什么颜色呢?《说文解字》:"红,帛赤白色也。"段注:"按此今人所谓粉红、桃红也。"⑧ 据此则"赤白囊"为粉红色缯帛所制,以此为特急函件之标志。这位驿骑持赤白囊直奔"公车",丙吉的驭吏到那里打听到了其所带来的紧急情报是匈奴进犯云中、代郡。"公车"为卫尉属官,卫尉"掌宫门卫屯兵",属官有公车司马。颜师古注引《汉官仪》云:"公车司马掌殿司马门,夜徼宫中,天下上事,及阙下凡所征召,皆总领之。"⑨ 公车司马即皇宫的门卫、收发,由于其昼夜值班警戒,故紧急公文直送其处,由其转交宫内。可见"奔命书"是边郡与皇帝直接联系的一种"特快专递"。通常地方的文书是由御史大夫(后由尚书)接受,"奔命书"则直送皇帝。丙吉的驭

---

① 《汉书》卷七〇《陈汤传》,第3022—3023页。
② 《后汉书》卷八八《西域传》,第2931页。
③ 《汉书》卷七四《丙吉传》载,
④ 陈直:《汉书新证》,天津人民出版社1979年版,第387页。
⑤ 中国社会科学院考古研究所编:《居延汉简甲乙编》下册517.11(甲2270),中华书局1980年版,第269页。
⑥ 《居延汉简甲乙编》下册311.31A,第216页。
⑦ 《合校》284.24。
⑧ 《说文解字注》,第651页。
⑨ 《汉书》卷一九上《百官公卿表上》,第728—729页。

吏探得情报后，立即向丙吉报告，请其预作准备，以待皇帝召见。果然不久皇帝就召见丞相及御史大夫，商量对策。由于丙吉事先有所准备，甚得圣意。这个事件清楚地展示了当时边郡与中央进行讯息沟通的过程：边郡遇有紧急情报上呈，即以粉红色缯帛封装为"奔命书"，通过驿骑速递京师，直叩宫门，送达皇帝，然后由皇帝召见宰相或决策集团其他成员议处。

悬泉置出土汉简表明，不仅边境地区通过邮置向朝廷传递书信，朝廷亦通过邮置向边境地区传递书信，甚至可以向出使外国的汉使传递书信。

> 西书十四封，合檄一……一封章破，诣使送大月氏使者……正月丁亥，日未入，出西界。①

这是某次通过悬泉置向西传递的十四封书信中，有一封是朝廷给"使送大月氏使者"的，可知当时中央与边境地区外交事项的沟通联络是相当完善而高效的。

汉代就是通过这套从中央到边疆、布满全国的交通邮驿系统，把以皇帝为中枢的外交管理系统组成为一个有机的整体，保证了外交政令之集中统一指挥和高效的贯彻执行。

唐代建立了更为发达、先进的驿传系统，以向朝廷传递信息。唐制"凡三十里一驿，天下凡一千六百三十有九所"。注称其中有水驿二百六十所，陆驿一千二百九十七所，水陆相兼之驿八十六所。每驿皆置驿长一人，并根据该驿站繁忙程度配置多少不等之马匹或船只，陆驿之马匹从最高七十五匹依次递减，水驿之船只为四至二只②。对于驿传系统制定了严格的管理制度。程期方面，对于"殊俗入朝者"，一般情况下规定"乘传者日四驿，乘驿者六驿"③。每驿三十里计，则分别为一百二十里和

---

① 《悬泉汉简研究》（V92DXT1210③：97），第82页。
② 《唐六典》卷五《尚书兵部》"驾部郎中"条，第163页。按：据此注之数字统计实为1643所。
③ 《新唐书》卷四六《百官志一》，第1196页。

一百八十里不等。重要文书则要求"日行五百里"①。驿使稽程，要根据不同情况加以惩处，唐律规定："诸驿使稽程者，一日杖八十，二日加一等，罪止徒二年。若军务要速，加三等。"《疏议》对此解释道："'军务要速'，谓是征讨、掩袭、报告外境消息及告贼之类，稽一日徒一年，十一日流二千里，是为'加三等'。"②外交情报即属"军务要速"之列，由此可见，如果延误外交情报之传递，比一般情况要加重三等罪罚。

唐代《公式令》规定："在京诸司有事须乘驿，及诸州有急速大事，皆合遣驿。"③中央政府之公文及地方政府之"急速大事"均须通过驿传系统递送，如不通过驿传系统，要加以处罚。外交文书及情报也属"急速大事"之内。遇有"急速大事"，还可通过"飞驿"传送。贞观十九年（645）唐太宗征辽东时，就建立了"飞驿"制度④。德宗贞元三年（787）唐与吐蕃会盟于平凉川，韩游瓌率军负责安全保卫。会盟之日，吐蕃以武力劫盟，杀唐方代表、士卒数百人，俘一千余人。"其夜三更，邠宁节度韩游瓌飞驿叩苑门，奏盟会不成，将校覆没，兵临近镇。"⑤这就是边境发生的"急速大事"，通过"飞驿"速递京师，直叩天廷，有类汉代之"奔命书"。

唐代边镇还通过专职的"进奏官"和"奏事官"向朝廷报告边情。唐前期地方政府在首都设有"邸务"，作为驻京办事处。大历十二年（777）将其改为"进奏院"⑥，设进奏官负责地方与中央的信息沟通。唐后期又频见诸道及军镇有"奏事官"负责向中央传递信息，其职责："服勤藩镇，敷奏阙庭，奉主帅之表章，达军府之情状。"⑦他们的报告或写成"奏状""奏报"上报，或面陈口述。进奏官及奏事官对于唐朝廷及时掌握边境动态，进行外交管理，发挥了重要作用。唐代外交之空前发展，与其建立了一套周密、迅捷的信息传递系统和网络有着直接的关系。

---

① 《唐大诏令集》卷四《改元载初赦》，第19页。
② 《唐律疏议》卷一〇《职制》"驿使稽程"条，第208页。
③ 《唐律疏议》卷一〇《职制》"文书应遣驿不遣"条，第209页。
④ 《唐会要》卷六一《御史台中·馆驿使》，第1247页。
⑤ 《旧唐书》卷一二五《柳浑传》，第3555页。
⑥ 《唐会要》卷七八《诸使中·诸使杂录上》。
⑦ 《全唐文》卷六五七，白居易：《义武军奏事官虞候卫绍则可检校秘书监职如故制》，第6691页。

参考文献

（一）古籍与考古资料

《十三经注疏》，中华书局 1980 年版。
  ——《尚书正义》
  ——《周礼注疏》
  ——《礼记正义》
  ——《春秋左传正义》
  ——《春秋公羊传注疏》
  ——《春秋榖梁传注疏》
  ——《论语注疏》

《诸子集成》，中华书局 1954 年版。
  ——王充《论衡》。

（汉）宋衷注（清）秦嘉谟等辑：《世本八种》，书目文献出版社 2008 年版。

徐元诰撰，王树民、沈长云点校：《国语集解》，中华书局 2002 年版。

缪文远：《战国策新校注》，巴蜀书社 1987 年版。

（汉）司马迁著，（南朝宋）裴骃集解，（唐）司马贞索隐，（唐）张守节正义：《史记》，中华书局 1982 年版。

（汉）班固著，（唐）颜师古注：《汉书》，中华书局 1962 年版。

（南朝·宋）范晔著，（唐）李贤等注：《后汉书》，中华书局 1965 年版。

（晋）陈寿著，（南朝·宋）裴松之注：《三国志》，中华书局 1959 年版。

（唐）房玄龄等：《晋书》，中华书局 1974 年版。

（梁）沈约：《宋书》，中华书局1974年版。

（梁）萧子显：《南齐书》，中华书局1972年版。

（唐）姚思廉：《梁书》，中华书局1973年版。

（唐）姚思廉：《陈书》，中华书局1974年版。

（唐）李延寿：《南史》，中华书局1975年版。

（唐）李延寿：《北史》，中华书局1974年版。

（北齐）魏收：《魏书》，中华书局1974年版。

（唐）李百药：《北齐书》，中华书局1971年版。

（唐）令狐德棻：《周书》，中华书局1971年版。

（唐）魏徵等：《隋书》，中华书局1973年版。

（五代·后晋）刘昫等：《旧唐书》，中华书局1975年版。

（宋）欧阳修、宋祁：《新唐书》，中华书局1975年版。

（元）脱脱等：《宋史》，中华书局1977年版。

（宋）薛居正等：《旧五代史》，中华书局1976年版。

（晋）司马彪撰，（梁）刘昭注补：《续汉书》志，载点校本（宋）范晔《后汉书》，中华书局1965年版。

（晋）袁宏撰，张烈点校：《后汉纪》，中华书局2002年版。

（汉）许慎编撰，（清）段玉裁注：《说文解字注》，上海古籍出版社1981年版。

（北魏）郦道元著，（清）王先谦校：《水经注》，巴蜀书社1985年版。

（北魏）杨衒之撰，范祥雍校注：《洛阳伽蓝记校注》，上海古籍出版社1978年版。

（梁）萧统编选，（唐）李善注：《文选》，中华书局1977年版。

（唐）许嵩：《建康实录》，中华书局1986年版。

（唐）虞世南编撰：《北堂书钞》，中国书店1989年版。

（宋）王溥：《唐会要》，上海古籍出版社1991年版。

（唐）李林甫等，陈仲夫点校：《唐六典》，中华书局1992年版。

[日]仁井田陞：《唐令拾遗》，栗劲等译，长春出版社1989年版。

（唐）长孙无忌等：《唐律疏议》，中华书局1983年版。

（宋）宋敏求编：《唐大诏令集》，商务印书馆1959年版。

《宋大诏令集》，中华书局1962年版。

（唐）徐坚等：《初学记》，中华书局 1962 年版。

（唐）欧阳询撰，汪绍楹校：《艺文类聚》，上海古籍出版社 1965 年版。

（唐）吴兢编著：《贞观政要》，上海古籍出版社 1978 年版。

（唐）李德裕撰，吴企明点校：《次柳氏旧闻》，中华书局 2012 年版。

（唐）许敬宗编，罗国威整理：《日藏弘仁本文馆词林校证》，中华书局 2001 年版。

（唐）杜佑：《通典》，中华书局 1984 年版。

（唐）李吉甫著，贺次君点校：《元和郡县图志》，中华书局 1983 年版。

（唐）段成式著，许逸民校笺：《酉阳杂俎》，中华书局 2015 年版。

（唐）白居易撰，（宋）孔傅续撰：《白孔六帖》，《文渊阁四库全书》，台湾商务印书馆 1986 年版。

（唐）张鷟撰，田涛、郭成伟校注：《龙筋凤髓判校注》，中国政法大学出版社 1996 年版。

（五代·后蜀）何光远：《鉴诫录》，傅璇琮、徐海荣、徐吉军主编：《五代史书汇编》丙编，杭州出版社 2004 年版。

（宋）王谠：《唐语林》，上海古籍出版社 1978 年版。

（宋）沈括撰，金良年点校：《梦溪笔谈》，中华书局 2015 年版。

（宋）钱易撰，黄寿成点校：《南部新书》，中华书局 2002 年版。

（宋）李昉等编：《太平广记》，中华书局 1961 年版。

（宋）李昉等编：《文苑英华》，中华书局 1966 年版。

（宋）李昉等：《太平御览》，中华书局 1960 年版。

（宋）王钦若等：《册府元龟》，中华书局 1960 年版。

（宋）欧阳修著，李逸安点校：《欧阳修全集》，中华书局 2001 年版。

（宋）司马光主编：（元）胡三省注：《资治通鉴》，中华书局 1956 年版。

（宋）李焘：《续资治通鉴长编》，中华书局 1990 年版。

（宋）程大昌撰，黄永年点校：《雍录》，中华书局 2002 年版。

（宋）赞宁：《宋高僧传》，范祥雍点校，中华书局 1987 年版。

（宋）马端临：《文献通考》，中华书局 1986 年版。

（宋）王应麟：《玉海》，江苏古籍出版社、上海书店 1987 年版。

（清）顾炎武著，（清）黄汝成集释：《日知录集释》，上海古籍出版社 1985 年版。

（清）董诰：《全唐文》，上海古籍出版社 1990 年版。

（清）彭定求：《全唐诗》，中华书局 1960 年版。

（清）赵翼著、王树民校证：《廿二史劄记校证》，中华书局 1984 年版。

（清）钱大昕：《廿二史考异》，商务印书馆 1958 年重印版。

（清）钱大昕著，田汉云点校：《三史拾遗》，江苏古籍出版社 1997 年版。

（清）孙星衍等辑，周天游点校：《汉官六种》，中华书局 1990 年版。

（清）劳格、赵钺：《唐尚书省郎官石柱题名考》，中华书局 1992 年版。

（清）洪饴孙：《三国职官表》，（宋）熊方等撰，刘祐仁点校：《后汉书三国志补表三十种》下册，中华书局 1984 年版。

（清）陆增祥：《八琼室金石补正》，文物出版社 1985 版。

（清）王昶辑：《金石萃编》，中国书店 1985 年版。

（清）永瑢等：《历代职官表》，《丛书集成初编》本，中华书局 1985 年版。

（清）徐松：《唐两京城坊考》，中华书局 1985 年版。

王先谦：《汉书补注》，中华书局影印本 1983 年版。

王先谦：《后汉书集解》，中华书局 1984 年版。

卢弼：《三国志集解》，中华书局 1982 年版。

罗振玉、王国维编著：《流沙坠简》，中华书局 1993 年版。

岑仲勉：《郎官石柱题名新考订》（外三种），上海古籍出版社 1984 年版。

周绍良等编：《唐代墓志汇编》，上海古籍出版社 1992 年版

周绍良、赵超主编：《唐代墓志汇编续集》，上海古籍出版社 2001 年版。

赵超：《汉魏南北朝墓志汇编》，天津古籍出版社 1992 年版。

中国社会科学院考古研究所编：《居延汉简甲乙编》，中华书局 1980 年版。

谢桂华等：《居延汉简释文合校》，文物出版社 1987 年版。

林梅村、李均明：《疏勒河流域出土汉简》，文物出版社 1994 年版。

林梅村：《楼兰尼雅出土文书》，文物出版社 1985 年版。

中国文物研究所胡平生、甘肃省文物考古研究所张德芳编撰：《敦煌悬泉汉简释粹》，上海古籍出版社 2001 年版。

郝树声、张德芳《悬泉汉简研究》，甘肃文化出版社 2009 年版。

甘肃省文物考古研究所编：《敦煌汉简》，中华书局 1991 年版。

广州市文物管理委员会、中国社会科学院考古研究所、广东省博物馆：《西汉南越王墓》，文物出版社 1991 年版。

国家文物局文献研究室新疆维吾尔自治区博物馆、武汉大学历史系：《吐鲁番出土文书》第二册，文物出版社 1981 年版。

国家文物局文献研究生室新疆维吾尔自治区博物馆、武汉大学历史系：《吐鲁番出土文书》第三册，文物出版社 1981 年版。

国家文物局文献研究生室新疆维吾尔自治区博物馆、武汉大学历史系：《吐鲁番出土文书》第七册，文物出版社 1986 年版。

国家文物局古文献研究室、新疆维吾尔自治区博物馆、武汉大学历史系编：《吐鲁番出土文书》第八册，文物出版社 1987 年版。

国家文物局古文献研究室、新疆维吾尔自治区博物馆、武汉大学历史系编：《吐鲁番出土文书》第九册，文物出版社 1990 年版。

国家文物局古文献研究室、新疆维吾尔自治区博物馆、武汉大学历史系编：《吐鲁番出土文书》第十册，文物出版社 1991 年版。

张星烺编著，朱杰勤校订：《中西交通史料汇编》第一册第一编《古代中国与欧洲之交通》，中华书局 1977 年版。

大通上孙家寨汉简整理小组：《大通上孙家寨汉简释文》，《文物》1981 年第 2 期。

（二）现代论著

安作璋、熊铁基：《秦汉官制史稿》，齐鲁书社 1985 年版。

陈梦家：《汉简缀述》，中华书局 1980 年版。

陈垣：《廿二史朔闰表》，古籍出版社 1956 年版。

徐锡祺：《新编中国三千年历日检索表》，人民教育出版社 1992 年版。

祝总斌：《两汉魏晋南北朝宰相制度研究》，中国社会科学出版社 1990 年版。

陈仲安、王素：《汉唐职官制度研究》，中华书局 1993 年版。

冯承钧：《西域地名》，中华书局 1980 年版。

陈佳荣、谢方、陆峻岭：《古代南海地名汇释》，中华书局 1986 年版。

陈直：《汉书新证》，天津人民出版社 1979 年版。

陈直：《三辅黄图校证》，陕西人民出版社 1980 年版。

程树德：《九朝律考》，商务印书馆 1955 年重版。

程喜霖：《〈唐垂拱元年康尾义罗施等请过所案卷〉考释》，武汉大学历史系魏晋南北朝隋唐史研究室编《魏晋南北朝隋唐史资料》第十一期。

池步洲：《日本遣唐使简史》，上海社会科学院出版社 1983 年版。

邓小南：《为肃州刺史刘臣璧答南蕃书（伯二五五五）校释》，北京大学中国中古史研究中心编：《敦煌吐鲁蕃文献研究论集》第二辑，中华书局 1982 年版。

姜伯勤：《高昌鞠氏朝与东西突厥——吐鲁番所出客馆文书研究》，北京大学中国中古史研究中心编：《敦煌吐鲁番文献研究论集》第五集，北京大学出版社 1990 年版。

范文澜：《中国通史简编》，人民出版社 1955 年版。

冯承钧：《西域南海史地考证论著汇辑》，中华书局 1957 年版。

甘肃省文物考古研究所：《汉悬泉置遗址发掘获重大收获》，《中国文物报》1992 年 1 月 5 日。

胡平生：《中国湖北江陵张家山汉墓出土竹简概述》，收于大庭修主编《汉简研究国际シンポジウム92 报告书——汉简研究の现状と展望》，日本关西大学出版部 1993 年版。

黄时鉴主编：《插图解说中西关系史年表》，浙江人民出版社 1994 年版。

黎虎：《汉唐外交制度史》，兰州大学出版社 1998 年版。

黎虎：《殷代外交制度初探》，《历史研究》1988 年第 5 期。

黎虎：《说"真吏"——从长沙走马楼吴简谈起》，《史学月刊》2009 年第 5 期。

黎虎：《汉代外交体制研究》，商务印书馆 2015 年版。

黎虎：《先秦汉唐史论》，北京师范大学出版社 2016 年版。

刘俊文：《敦煌吐鲁番唐代法制文书考释》，中华书局 1989 年版。

林幹：《匈奴通史》，人民出版社 1986 年版。

培伦主编、董本建副主编：《印度通史》，黑龙江人民出版社 1990 年版。

沈福伟：《中国与非洲》，中华书局 1990 年版。

汪向荣、夏应元：《中日关系史资料汇编》，中华书局 1984 年版。

孙晓林：《关于唐前期西州设馆的考察》，武汉大学历史系：《魏晋南北朝隋唐史资料》第十一期，武汉大学出版社 1991 年版。

谭其骧主编：《中国历史地图集》，中国地图出版社 1982 年版。

［日］平冈武夫：《唐代的长安与洛阳地图》，上海古籍出版社 1991 年版。

谭其骧：《唐代羁縻州述论》，《纪念顾颉刚学术论文集》，巴蜀书社 1990 年版。

王铁崖主编：《国际法》，法律出版社 1981 年版。

王国维：《王国维遗书》，上海古籍书店 1983 年版。

王仲荦：《北周六典》，中华书局 1979 年版。

王素：《三省制略论》，齐鲁书社 1986 年版。

吴廷燮：《唐方镇年表》，二十五史刊行委员会编：《二十五史补编》第六册，中华书局 1955 年版。

谢元鲁：《唐代中央政权决策研究》，台湾文津出版社 1992 年版。

严耕望：《唐仆尚丞郎表》，中华书局 1986 年版。

严耕望：《北魏尚书制度考》，《中央研究院历史语言研究所集刊》第十八本，商务印书馆发行，1948 年出版。

杨鸿年：《汉魏制度丛考》，武汉大学出版社 1985 年版。

杨鸿年：《隋唐宫廷建筑考》，陕西人民出版社 1992 年版。

余太山：《关于"李柏文书"》，《西域研究》1995 年第 1 期。

张国刚：《唐代官制》，三秦出版社 1987 年版。

赵鸿昌：《南诏编年史稿》，云南人民出版社 1994 年版。

吕宗力主编：《中国官制大辞典》，北京出版社 1994 年版。

（三）国外文献

吉林师范大学、北京师范大学历史系世界古代及中世纪史教研组编：《世界古代史史料选集》（上），北京师范大学出版社（内部发行），1959 年。

周启明等编译：《国外外交学》，中国人民公安大学出版社 1990 年版。

［法］迭朗善译，马香雪中译：《摩奴法典》，商务印书馆 1982 年版。

［苏联］弗·鲍爵姆金主编，叶文雄译：《世界外交史》第一分册，五十年代出版社 1950 年版。

［英］戈尔—布思主编：《萨道义外交实践指南》第五版，杨立义等译，上海译文出版社 1984 年版。

穆根来等译：《中国印度见闻录》，中华书局 1983 年版。

[日] 黑板胜美校订：《国史大系》，《日本书记》，吉川弘文馆 1971 年版。

[日] 黑板胜美校订：《国史大系》，《续日本纪》，大八洲出版株式会社 1935 年版。

[日] 黑板胜美校订：《国史大系》，《日本后纪》，吉川弘文馆 1971 年版。

[日] 黑板胜美校订：《国史大系》，《续日本后纪》，吉川弘文馆 1971 年版。

[日] 黑板胜美校订：《国史大系》，《日本文德天皇实录》，吉川弘文馆 1934 年版。

[日] 田中健夫编：《善邻国宝记　新订续善邻国宝记》，集英社 1995 年版。

[日] 筒井英俊编校：《东大寺要録》，国书刊行会 1971 年版。

[日] 竹内理三编：《平安遗文》，株式会社东京堂 1964 年版。

[日] 藤原仲实撰：《古今和歌集目録》，收于塙保己一编撰《群书类従》，平文社 1993 年版（1934 年初版）。

[日] 释圆仁著，[日] 小野胜年校注，[中] 白化文等修订校注：《入唐求法巡礼行记》，花山文艺出版社 1992 年版。

[日] 真人元开：《唐大和上东征传》，中华书局 1979 年版。

（唐）慧超著，张毅笺释：《往五天竺国传笺释》，中华书局 1994 年版。

[韩] 金富轼：《三国史记》，韩国景仁文化社 1995 年（再版）。

[韩] 朝鲜古书刊行会编：《东史纲目》，景仁文化社 1987 年版。

[新罗] 崔致远撰，党银平校注：《桂苑笔耕集》，中华书局 2007 年版。

[日] 木宫彦泰：《日中文化交流史》，商务印书馆 1980 年版。

[日] 砺波护：《入唐僧带来的公验和过所》，龚卫国译，武汉大学《魏晋南北朝隋唐史资料》第十三辑，武汉大学出版社 1994 年版。

初版后记

呈现在读者面前的这本《汉唐外交制度史》，是我所确定的"汉唐外交制度研究"课题的一部分，还有另一部分尚未完成，待其完成之后，庶几勾勒出汉唐外交制度之全貌。然而就这么一册书，前后历时十有五年，驽钝若斯，良深愧叹！

这个课题是在20世纪80年代初酝酿确定的。从1982年开始资料搜集工作，当时决定从最基础的工作做起，用笨办法、下苦功夫，力图全面、系统地掌握第一手资料。80年代末90年代初做完了基本资料的搜集，共得卡片16盒2万余张。之后便开始将已经抄录的卡片进行分类排比，思考、酝酿如何把握有关问题。从排比、分析资料中逐渐理出了一些头绪，放弃了一些不符合历史实际情况的想法，肯定了一些被资料证明是符合历史实际的想法，从而形成了大体上可以提挈这一问题的纲领，初步确立了本书的结构。这些认识来自对基本史料的分析理解，并非凭空臆想。1992年决定动笔撰写，适逢本系动员教师申报国家教委"八五"社会科学研究基金，于是以"汉唐外交制度研究"为题提出了申请，得到了批准，项目期限为1993—1995年。为此，从1992年下半年开始有意识地排除各种杂务，到1993年秋基本上排除完毕，开始正式撰写。于1995年11月完成了初稿。接着就着手下一部分书稿的撰写准备，计划待全书完成之后再谈出版之事。但有几位朋友屡屡建议将已经写成的部分先行出版，犹豫再三，直至1996年夏才下决心拿出去。但当时因手头有另一书稿亟须处理，延宕至1997年上半年才得以对初稿加工修改，今始得以付梓。

这十余年，欣逢盛世，士农工商，终能各勤其业。人生最富创造力的盛年已经虚度，如今有幸可以坐下来搞点研究工作，因而决心做一点实事，以夺回和弥补荒废之岁月。然而天不佑吾，贱躯多恙，十余年间，两罹顽疾，三度入院，严重时伏案半小时即感不支，于是求医问药，吐纳导引，百计图存，如是者数年，除应付日常最必需工作之外，研究工作几乎停止。其间商海腾涌，学术之舟亦为之震荡。在经济建设突飞猛进同时，学术研究亦大有一日千里之势，或谓"知识爆炸"时代已然降临，霎时间著作等身者有之，论文以数百篇、千篇计者有之。自感落伍于时代，见弃于潮流，孤灯黄卷，环堵萧然，不免自惭形秽，贻笑大方。窃愧虚索长安之米，每惧养愚藏拙之嫌。个中况味，亦一言难尽矣。然而守愚自得，初衷无改，日就月将，居然成篇。如今虽然完成了部分计划，拿出了区区成果，但此时的心境不仅没有变得平静，反而平添了诸多波澜与不安。古语云：十年磨一剑。十年则有过之矣，剑则实未敢许，时生"覆瓿书成空自苦"之叹。

科学研究的本质是创造而不是重复，是认识未知而不是重复已知。科学巨哲爱因斯坦曾言，提出一个问题比解决一个问题更重要，认为前者为创造性想象力，后者为一种技能。要认识未知必先提出问题，是为创造之始之母。创造中可能会有这样那样的错误，然而在创造中出现错误比在重复中不出错误要有意义。故不揣浅陋，提出"中国古代外交制度"这一问题进行讨论，实因深感这是一个客观存在的、重要的却至今无人问津的问题。人生苦短，十年无几，假我天年，庶几克成抛砖引玉之功，余愿足矣。

值此拙稿付梓之际，我要对于从各个方面帮助、关心和支持我的研究工作的前辈、师友和学生表示最衷心的感谢，他们是：

前辈学界泰斗中，北京大学教授季羡林先生不仅欣然为拙著题签，而且拨冗审阅书稿，写出评语，给予了高度的肯定和赞许；北京师范大学教授白寿彝先生不仅关心我的研究工作，而且给予了大力的、切实的支持和帮助；在动笔撰写之初，我曾向北京大学教授周一良先生请教，周先生充分肯定这一课题的价值，并建议从先秦写起，允诺审阅拙稿，虽因后来先生清恙而未果，然而他的热情支持对我却起了很大的精神鼓舞作用；北京师范大学教授赵光贤先生对于我的研究也给予了充分的肯定和热情的鼓励。这些年高德劭的学术大师的奖掖提携，关怀呵护，对后学如我者不论在治学与为人方面都起了垂范作用。

北京大学历史系教授祝总斌、吴宗国先生，为魏晋南北朝史、隋唐史领域著名专家，而且均于政治制度史之研究造诣精湛，建树卓著。由于国家教委研究基金管理规定结项时需有同行专家之评定，因而曾请两位先生审阅了拙稿。他们不惮烦劳，非常认真、仔细地审阅了全稿，不仅写出了评议，而且提出了许多中肯的、极有价值的具体修改意见，对于改进和提高拙稿质量起了重要作用。他们还欣然应我之请，以评语为基础，为拙著赐序。

在撰稿过程中，有些急需参考而书店或图书馆一时所无的书籍，承蒙以下先生或惠寄藏书，或慷慨赠予。他们是：厦门大学郑学檬教授、山东大学郑佩欣教授、南开大学张国刚教授、烟台大学崔明德教授、台湾文津出版社邱镇京教授等。

在研究过程中，还有许多朋友从不同角度给予了关心和帮助。中国社会科学院历史研究所张弓研究员、北京师范大学历史系张宏毅教授均自始至终关注并鼓励我的研究工作，给予了很多切实的帮助。我曾向中国社会科学院历史研究所张泽咸研究员请教了几个具体问题，承蒙他给予了热情的指教。北京师范大学历史系郭小凌教授帮助我掌握电脑技术，从启蒙至日后操作中一切问题与故障之处理，数年如一日，召之即来，风雨无阻，不厌其烦，亲切耐心，令人感动。北京师范大学历史系施建中教授藏书甚丰，每逢节假日而又急需参考书时，向其求助，总是慷慨相借。

在 20 世纪 80 年代搜集资料阶段，以下几位硕士研究生曾帮助抄录卡片，他们是 1984 级的张文强君、邓奕琦君，1985 级的余桂元君、符丽明君，1988 级的何文格君。在 1995 年撰稿后期，张金龙君考取为我的博士研究生，他以极大的热情帮助我搜集有关论著。初稿完成后，他是第一位读者，提出了许多修改意见，又为本书的出版做了很多具体工作。由于他熟悉书稿的情况，因而被兰州大学出版社特聘为本书的责任编辑之一。他为本书的修改和出版付出甚多。在修改过程中，1995 级博士生李文才君、1996 级博士生汪波君、1997 级博士生张兴成君曾帮助做了一些核对资料的工作。

最后我要特别提出兰州大学出版社的于泽俊社长和张克非总编两位

先生，在当今学术著作众所周知的出版困难情况下，他们不仅慨允出版此书，而且将此书作为重点图书以最快的速度出版发行，这种出版家的气度令人油然起敬。

可以说，如果没有这些在我急需或困难时伸出援手的师长、朋友、同学的帮助，是不可能顺利完成并出版这本书稿的，故特郑重记述于此，以示永志不忘！

日月其迈。当年开始搜集资料之时，长女黎惠尚在初中、次子黎杨尚在高小，他们也曾踊跃帮助抄写了一些卡片，女儿字迹尚可，儿子则纯为涂鸦，娇女憨男，怡怡如也。如今均已走上工作岗位有年矣。

水平所限，书中疏漏纰缪、论断失中之处在所难免，敬祈读者诸君不吝赐正焉。

黎　虎

1997 年仲秋识于

北京师范大学

再版跋语

日月其迈！《汉唐外交制度史》初版至今倏然已经二十年。

二十年前本书初版时，还不得不申申其言：中国古代同世界各国一样也是存在外交这一国家必要职能的。如今这已成为广泛的共识。

本书初版问世之后，学术界反映之热烈、评价之高，为始料所不及，这是对于笔者莫大的鼓励和鞭策。

中外学者相继发表专文评介此书，其主要者有：中国社会科学院历史研究所朱大渭先生于《中国史研究》2000年第1期发表的《中国古典外交制度的开拓奠基之作——〈汉唐外交制度史〉评介》；河南大学历史系教授朱绍侯先生于《史学月刊》2000年第1期发表的《中国古代外交史的创新奠基之作——评〈汉唐外交制度史〉》；原武汉大学教授、现为华东师范大学教授牟发松先生于中华书局《书品》2000年第2期发表的《〈汉唐外交制度史〉浅评》；大阪市立大学教授中村圭尔先生于日本《东洋学报》（第84卷第3号，2002年12月）发表的《黎虎著〈汉唐外交制度史〉评介》；首都师范大学教授张金龙先生发表的《〈汉唐外交制度史〉评分》（见于氏著《北魏政治与制度论稿》，甘肃教育出版社2013年版），等等。此外还有许多学者在其著述中给予积极的肯定和评价。

尤为可喜的是二十年来以中国古代外交制度为研究课题的学术著述陆续问世，以此为研究课题的博士、硕士论文相继出现，诸如《宋代外交制度研究》[1]、《北魏外交制度研究》[2]、《金丽外交制度初探》[3]、《中古前期的交聘与南北互动》[4]、《朝贡制度史论》[5]、《宋朝的对外交往格局——论宋朝外交文书形态》[6]、《宋代外交思想研究》[7]、《先秦时期的国礼与国家外交——从氏族部落交往的国家交往》[8]、《宋朝外交运作研究》[9]、《北宋外交机构的形成与演变——以官僚体制和周边局势的变动为线索》[10] 等。此风的影响还及于日本学术界，例如大阪市立大学也出现了以《遣唐使と唐の外交制度——唐の後半期を中心にして一》为题的硕士学位论文[11]。外交制度是"中国古典外交学"的基础，以往虽然也不乏古代外交史著述，但从制度层面进行者少，二十年来这种状况已有所改变。

　　二十年来的考古发现，尤其是河西走廊一带的考古发现及其陆续公布，不仅不是动摇，而是日益为"中国古代外交""外交制度"这一命题不断地增加砝码。敦煌效谷县境内的悬泉置汉简资料，展示了一幅中外使节熙来攘往的繁忙景象，汉方所派遣之"使外国"[12] 者，是由皇帝下达"制诏"，经由宰相出具"传信"，行文地方行政、边防单位乃至沿途邮置，国家财政提供使节往还之全部费用，他们是肩负国家使命而行动的，是一种国家的政治行为。对方来使也多明确奉"王"命而来，诸如"康

---

[1] 吴晓萍：《宋代外交制度研究》，安徽人民出版社2006年版。
[2] 韩雪松：《北魏外交制度研究》，博士学位论文，吉林大学，2009年。
[3] 玄花：《金丽外交制度初探》，硕士学位论文，吉林大学，2007年。
[4] 蔡宗宪：《中古前期的交聘与南北互动》，台湾稻香出版社2008年版。
[5] 李云泉：《朝贡制度史论》，新华出版社2004年版。
[6] 冒志祥：《宋朝的对外交往格局——论宋朝外交文书形态》，广陵书社2012年版。
[7] 张云筝：《宋代外交思想研究》，中国社会科学出版社2012年版。
[8] 张健：《先秦时期的国礼与国家外交——从氏族部落交往的国家交往》，文物出版社2013年版。
[9] 周立志：《宋朝外交运作研究》，博士学位论文，河北大学，2013年。
[10] 朱溢：《北宋外交机构的形成与演变——以官僚体制和周边局势的变动为线索》，《史学月刊》2013年第12期。
[11] 姜晓丽：《遣唐使と唐の外交制度——唐の後半期を中心にして一》，硕士学位论文，日本大阪市立大学，2006年。
[12] 《汉书》卷九六上《西域传上》，第3873页；《敦煌悬泉汉简释粹》（Ⅱ0114②：291），编号五三，第53页。

居王使者"①"大月氏王副使者"②"山王副使"③"折垣王（贡）狮使者"④"乌孙、莎车王使者四人"⑤"大月氏、大宛、疎（疏）勒、于阗、莎车、渠勒、精绝、扜弥王使者十八人"⑥等，此类简牍目不暇接，表明双方都是奉君主之命而进行交往。中国古代存在"外交"是客观的事实，可谓"铁证如山"，断然而无疑。

承蒙中国社会科学出版社垂青，由他们承担全部出版费用再版拙著，使拙著得以跻身此一流出版社，何幸如之！二十年后再次得到出版部门的眷顾，这是对于拙著最大的肯定和最高的奖赏！

季羡林先生二十多年前为拙著所写《推荐书》，现在首次公之于世，老一辈学术大师对于后学的拳拳之心，跃然纸上，令人铭感奋发，抚今思昔，不禁感慨系之。二十年来中国古代外交制度研究所呈现的新面貌，证明了季老在《推荐书》中所提出的论断的正确性，已被学术发展的客观实践并将继续被其发展趋势所证实。本书在二十年之后得以再版，或可告慰季老在天之灵！

这次再版，补充了一些个人二十年间的某些研究成果，增添了一些新的资料，如出土张家山汉简《朝律》，陆续公布的悬泉置汉简等。原来征引文献均置于正文之中，这次全部移为页下注，使得行文较初版顺畅了一些，所有征引文献均注明了页码，便于读者查找。除改正了一些学者在公开发表的书评中所指出存在的问题之外，还根据一些友人提供的意见作了修改，例如苏州大学历史系张承宗教授在阅读拙著之后，特意赐函提出了一些修改意见；中国民革中央的刘则永博士，对于拙著存在的字词乃至标点符号方面的问题写出了极其详细的修改意见。

东北大学教授、历史学博士董劭伟先生一贯对于我的研究工作给予大力的支持和帮助，往往以瞬时速度给我提供有关学术信息。这次再版，又承蒙他在教学科研、行政工作百忙之中拨冗为拙著的修订提出许多宝

---

① 《悬泉汉简研究》（Ⅱ90DXT0213③∶6），第195页。
② 《悬泉汉简研究》（Ⅱ90DXT0114③∶273），第207页。
③ 《敦煌悬泉汉简释粹》（Ⅱ0214②∶385），编号194。
④ 《悬泉汉简研究》（Ⅱ90DXT0214S∶55），第209页。
⑤ 《敦煌悬泉汉简释粹》（Ⅰ0309③∶20），编号144。
⑥ 《悬泉汉简研究》（Ⅰ91DXT0309③∶97），第205页。

贵意见，并在查找或核对资料、统一格式等方面做了大量工作。日本神户大学大学院的村井恭子副教授于繁忙的教学科研工作中挤出时间帮助查找、核对了一些日本古籍。谨致谢忱。

可以说拙著是在学术界同道、友人的关爱之下得以不断完善的。

本书的再版是在中国社会科学出版社历史与考古出版中心副主任宋燕鹏先生的关心和具体帮助下完成的，以其中国古代历史的深厚学养和丰富的社科著作编审历练，负责编辑拙著可谓得心应手，使这次再版中的合作如鱼得水，留下了美好的记忆。

岁月沧桑。当年我开始研究汉唐外交制度时，还是手抄笔写的"手工业"时代，如今已进入计算机的电子时代。"汉唐外交制度"这一课题的研究计划，三十余年中仅完成了《汉唐外交制度史》《汉代外交体制研究》两书，深感愧疚。不过，此两书合起来，基本上构成了我关于"中国古典外交制度"的研究体系：

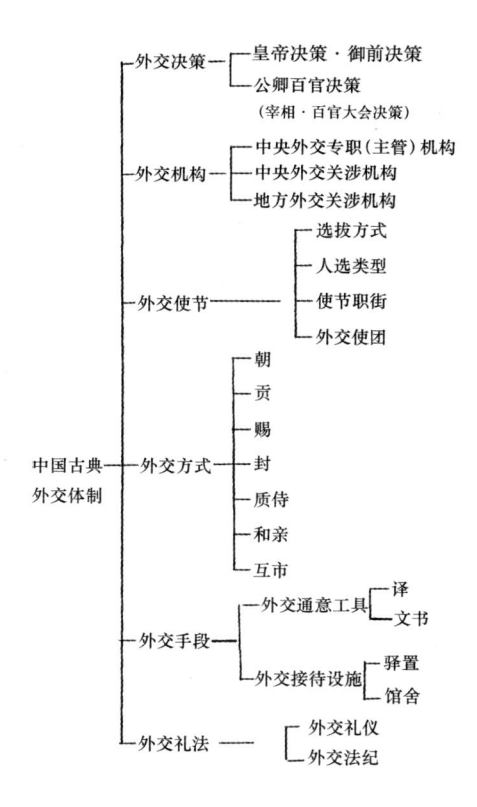

```
                    ┌─ 外交决策 ─┬─ 皇帝决策·御前决策
                    │            └─ 公卿百官决策
                    │               （宰相·百官大会决策）
                    │
                    ├─ 外交机构 ─┬─ 中央外交专职（主管）机构
                    │            ├─ 中央外交关涉机构
                    │            └─ 地方外交关涉机构
                    │
                    │            ┌─ 选拔方式
                    ├─ 外交使节 ─┼─ 人选类型
                    │            ├─ 使节职衔
                    │            └─ 外交使团
中国古典            │            ┌─ 朝
外交体制 ───────────┤            ├─ 贡
                    │            ├─ 赐
                    ├─ 外交方式 ─┼─ 封
                    │            ├─ 质侍
                    │            ├─ 和亲
                    │            └─ 互市
                    │
                    │            ┌─ 外交通意工具 ─┬─ 译
                    ├─ 外交手段 ─┤                └─ 文书
                    │            └─ 外交接待设施 ─┬─ 驿置
                    │                             └─ 馆舍
                    │
                    └─ 外交礼法 ─┬─ 外交礼仪
                                 └─ 外交法纪
```

现在，汉代的基本问题算是写出来了，尚缺魏晋南北朝隋唐其余部分没有完成。由于自然规律的决定，我已经不可能完成全部汉唐外交制度研究的其余部分的撰写了，尽管这部分资料仍然静悄悄地待在我的卡片盒中，尽管现在自我感觉完成魏晋南北朝隋唐其余部分的撰写对我来说是比前两部书更为得心应手的事情，但是，也只能是望着这些卡片而兴叹了，中夜徘徊，跋前疐后，只能寄望于有志于此的后来者了。若果有此后来者，我想说的是：这是个大有可为的领域。记得当年曾经与一位对我选择外交制度作为专题研究而好奇的同事交流时，他说这个问题没有什么材料，他是研究魏晋南北朝史的，于是我问他：你觉得魏晋南北朝部分能够写多少字？他说也就是一两万字吧。历史研究者可能都经历过这么一个阶段，觉得没有什么问题可写、没有什么资料可资利用的时候。这除了我们的学术积累和功力还未到家这样的客观原因之外，还有一个很重要的原因，就是个人的观念和思维方式的问题，观念和思维方式不调整、不改变、不上轨的话，就会觉得没有什么问题可写，没有什么资料可资利用，反之则有问题甚至很多问题可写，有材料甚至很多材料可资利用。观念和思维方式调整了、对头了，则很多以前不以为是材料的现在变成材料了，别人不以为是材料的，在你的手里就会成为材料了。所以，当时我与这位同事说，我觉得自己是找到了一个"富矿"。衷心冀望有志于此者能够开发这个"富矿"，庶几筑起"中国古典外交学"这座学术大厦，俾矗立于欧亚大陆东方地平线上！

黎　虎
谨识于碣石之滨"山海同湾"
2017 岁杪